学术印迹

新时代学人自选集

宇文利自选集

宇文利　著

教育部哲学社会科学研究重大专项项目『习近平文化思想融入高校育人体系研究』阶段性成果（项目批准号：2024JZDZ017）

河北出版传媒集团
河北人民出版社
石家庄

图书在版编目（CIP）数据

宇文利自选集 / 宇文利著. -- 石家庄 : 河北人民出版社, 2024. 11. -- (学术印迹 : 新时代学人自选集). -- ISBN 978-7-202-17256-8

Ⅰ. G641-53

中国国家版本馆CIP数据核字第2024MB6196号

丛 书 名 学术印迹：新时代学人自选集
XUESHU YINJI XINSHIDAI XUEREN ZIXUANJI

书　　名 宇文利自选集
YUWEN LI ZIXUANJI

著　　者 宇文利

选题策划 陆明宇　侯福河
责任编辑 刘大伟
美术编辑 李　欣
责任校对 付敬华

出版发行 河北出版传媒集团　河北人民出版社
(石家庄市友谊北大街330号)
印　　刷 河北新华第一印刷有限责任公司
开　　本 787毫米×1092毫米　1/16
印　　张 39.25
字　　数 574 000
版　　次 2024年11月第1版　　2024年11月第1次印刷
书　　号 ISBN 978-7-202-17256-8
定　　价 198.00元

出版说明

习近平总书记对我国的哲学社会科学工作高度重视，多次作出指示批示，发表重要讲话，指出中国特色哲学社会科学应该体现“继承性、民族性”“原创性、时代性”“系统性、专业性”。党的十八大以来，我国哲学社会科学领域解放思想、实事求是、与时俱进，取得了历史性成就，发生了历史性变革，为全面建设社会主义现代化国家作出了重要贡献，积累了宝贵经验。

为展现新时代我国哲学社会科学领域取得的重要成果，我们组织编写了“学术印迹：新时代学人自选集”。丛书以习近平新时代中国特色社会主义思想为指导，以时代性、思想性、学术性为准绳，坚持百花齐放、百家争鸣的方针，遴选哲学社会科学领域有一定成就的学者，收录其新时代以来发表的有代表性的学术文章。

丛书的作者们不仅在哲学、政治、经济、历史、语言文学等各个领域有着深厚的学术造诣，而且具有丰富的教学或实践经验。书中收录的文章均曾发表于权威报刊，具备较强的专业性、学术性、理论性，是作者对其新时代以来研究成果的系统梳理和总结，一方面清晰地展示了作者近些年的学术思考、学术印迹，另一方面也体现了该专业领域的发展方向和前沿动态；同时，作者在系统梳理总结学术思想、研究成果的基础上，挖掘新材料、发现新问题、提出新观点，力求为新时代中国特色哲学社会科学的学科体系、学术体系、话语体系建设和创新贡献力量。

通过对这些学者的学术思考、学术成就、学术脉络进行系统梳理和总结，可以从一个侧面反映新时代以来我国哲学社会科学领域所取得的新进展新成就；同时，也可为相关研究者提供参考和借鉴，对相关领域的研究进一步深化拓展起到积极的推动作用。

河北人民出版社

2024 年 3 月

自序

平生作序不多，给自己作序更少。之所以愿意编辑这本学人自选集，主要是当人生迈入知天命之年时，就走入了人生下半场，对前半场总要有个小结，对自己过去职业生涯和走过的学术之路进行一下回顾和反思，这是很必要，也是我很期待的。为此，当河北人民出版社的领导同志们提出将我也纳入“新时代学人自选集”的考虑对象时，我是颇为感激，也深感荣幸的。在这里，首先要对河北人民出版社的领导和编辑同志道声谢！

从党的十八大召开到今天这十余年，恰恰是我从不惑之年迈向知天命之年的时段，也是我在学术上爬坡过坎、埋头掘进的时段。人总是在不同的年龄阶段思考不同的事情，我在这过去的十余年中，尽管经历了人生之中最难避免的家族变故，也的确经受了一些生活和工作的压力，然而总体上却是很平顺的，在学术和事业上也比较平和静谧、未见波澜。因此，当回望和总结过去十余年自己作为学人的历程时，虽然有惶恐之感，但同时也颇为欣慰，其中的原因，恰恰在于这十余年来，我一直在良师益友的陪伴下慢慢成长、静静地教书和研究。十余年时间，说长不长，说短也不短，能够有十余年的清静而和谐的读书研究生活，也是人生的幸事。所幸的是能够在国家最和平和奋发的年代、在我人生最壮年的时段，投身于马克思主义理论与思想政治教育学的教育教学工作，能够在党和国家高度重视马克思主义理论学科建设的时代，获得成长的机遇和发展的机会。

本书系教育部人文社科重点研究基地北京大学中国特色社会主义理论体系研究中心出版项目。汇编入本书的论文，实际上展示了我十余年来从事中国特色社会主义理论研究和思想政治教育研究与教学的历程。从上百篇论文中，选取了一些或长或短的论文，兼以未曾公开发表但的确是我反复思考的一些学术命题的讲稿，构成了本卷册。看似简单的编选工作，实际上并不轻松，尤其当开始对已经公开发表的或者未曾公开发表的论文进行编辑、整理和重新阅读审定时，更是感到不轻松。个中原因是，孟子说过："学问之道无他，求其放心而已矣。"面对即将编入卷册的文章，自己能否放心？自己何以放心？念及此，学术的沉重感倍增、压力陡然降临。因为，从文章分类上一则可以看到自己的学术关注点和侧重点，二则可以看到自己思维的深度和思考的力度，而当仔细地看清了自己的学术痕迹和学术力度，汗颜之意顿作，而歉疚之心油然而生。每当斟酌从上百篇论文中删除哪篇、添加哪篇时，就更费思量、更感惶恐了。毕竟，作为学人痕迹的自选集，原则上是要选择自己的得意之作的。而面对摆在案头、看似壮观的论文发问，又怎敢说哪一篇是得意之作呢。鉴于此，在实际编选论文时，我真真是有些打退堂鼓的，总觉得很多文章还是不够格的，拿出来示人多有丢人现眼之嫌。这是我写这篇小序文时，最想讲明的话，也最需要讲清的话。当然，过去的文章毕竟属于过去，学人的思考是一直指向未来的。旧文芜杂，不碍前瞻。宋儒朱熹说："旧学商量加邃密，新知培养转深沉。却愁说到无言处，不信人间有古今。"对于已掌握的学问，共同再作商讨，以求更加精密深邃；对于新的知识，努力探索钻研，以求更加深入完善。如果从这样的视角考虑，编辑入册的文章即便不成熟，但也可作批评的靶子。

收入本卷册的59篇短长文章，按研究主题分为七个类别，其中：第一编为对中国特色社会主义的总体研究，虽有8篇，但短文较多，宣传味道浓厚，唯一值得提及的是我侧重对中国特色社会主义制度及其治理的研究，限于篇幅，这方面的论文并未全部编入。第二编是对党的创新理论的研究，约稿和应急之作较多，兼及思想和实践。第三编、第四编分别为文化建设研究、价值观及道德建设研究，命题多出自于学术兴趣和科研旨趣。第五编是思想政治教育理论研究，聚焦思想政治教育学科制度和专业建设。第六编为高校思想政治理论课教学研究，涉及教什么、如何教等基本问题的思考。第七编为党史党建相关研究，一则与我之前的专业相关、不可能丢弃，二则与学术兼职工作有关，均为前前后后的思考。至于内容，因为较为浅显，实无必要赘述。

学古之道，犹食笋而去其箨也。对于旧作，固不堪敝帚自珍，其价值只在于做个学术小结，借此为支点推陈出新，方才饶有别致。马克斯·韦伯说过："在学术园地里，我们每个人都知道，我们所成就的，在十、二十、五十年内就会过时。这是学术研究必须面对的命运，或者说，这正是学术工作的意义。文化的其他领域，也受制于同样的情况，但是学术工作在一种十分特殊的意思之下，投身于这种意义：在学术工作上，每一次'完满'，意思就是新'问题'的提出；学术工作要求被'超越'，要求过时。任何有志献身学术工作的人，都必须接受这项事实。学术研究，若由于本身所带有的艺术性，能够提供人们的'满足'，当然可以流传；或是作为一种训练方法，也可以有持久的重要性。然而就学术本身的观点来说，我再重复一遍，将来总有一天，我们都会被别人超越，这不仅是我们共同的命运，更是我们共同的目标。"我自认为处在人生和学术的第二季，对第一季的痕迹描写一下，借以静观反思、触类旁通，仅此而已！

是为序！

2024 年皋月于燕秀园

目录

第一编　中国特色社会主义研究

第二编　党的创新理论研究

第三编　文化建设研究

第四编　价值观与道德建设研究

第五编　思想政治教育理论研究

第一编

中国特色社会主义研究

一

中国特色社会主义的基本精神

党的十八大以来，以习近平同志为核心的党中央高举中国特色社会主义旗帜，以实现中华民族伟大复兴的中国梦为目标，推动中国特色社会主义进入新时代，创造性地发展了中国特色社会主义事业。经过七十多年来的艰辛探索和十多年来的不懈努力，中国特色社会主义建设取得了前所未有的重大成就，中国特色社会主义道路、理论、制度和文化不断走向成熟和巩固，中国式现代化新道路得以开辟，中国智慧、中国方案的国际影响不断增强。历史证明，中国特色社会主义是前无古人的伟大创造，是中国共产党百年奋斗、接力奋进的伟大成就，也是马克思主义中国化的实践结晶。凝结于中国特色社会主义之中的，是中国特色社会主义基本精神，这一基本精神是马克思主义与中华优秀传统文化相结合、与中国社会主义的实际相结合的产物，也是中国特色社会主义的精神特质、实践品格和思想表征。中国特色社会主义基本精神是反映中华民族新文明、凝结社会主义新价值、彰显社会发展新时代的精神，其主要内容可以概括为以下五个方面：

（一）中国特色社会主义的文明精神

中华文明是人类文明大家庭中的重要成员，在人类文明史上具有重要地位。数千年来，中华文明绵延不绝、独树一帜，形成并延续了具有特定属性和形态的实体文明。继承并发扬中华文明的优秀品质，在马克思主义中国化的进程中孕育、发展和不断成熟的中国特色社会主义，实现了中华文明的新发展，创造了人类文明的新形态。中国特色社会主义文明是包含物质文明、精神文明、政治文明、社会文明和生态文明在内的综合性文明，是社会主义文明的基本体现和阶段呈现。文明精神是中国特色社会主义的显著特征和内在品质，是彰显社会主义优越性、独立性和主体性的制度精神。因此，要全面地认识中国特色社会主义，就应当从文明的视角理解中国特色社会主义在中华文明和人类文明中的精神特质与价值特征，看到中国特色社会主义文明对中华文明的继承和发展，对外来文明的借鉴和吸取，对人类文明的独特贡献。

文明固然可以体现为物的层面，但在本质上却意味着一种精神追求，文明精神代表和反映文明的精神品质与精神样态。中国特色社会主义以马克思主义文明观为指导，继承了社会主义文明的本质规定性，在政治、经济、文化和社会等诸多层面实现了科学发展、协同创新和整体进步。中国特色社会主义在其道路、理论、制度和文化中所蕴含和葆有的科学、进取、民主、和谐的品格，另辟蹊径地实现了建设中的社会主义文明对资本主义文明的超越和扬弃，实现了传统文明的新发展，创造了人类文明的新形态，展现了中华文明的新气象和新境界。在这个意义上说，中国特色社会主义文明精神是中国特色社会主义的文明标识码，是中国特色社会主义所达到的文明新高度的显著标志，也是中国特色社会主义新成就的集中体现。

（二）中国特色社会主义的集体精神

在千百年来共同生活生产和共同创造历史的进程中，中华民族形成了浓厚的集体主义观念。集体主义是中华文化的优秀瑰宝，崇尚集体主义是中华民族的传统美德。近代以后，经过新民主主义革命的奠基，社会主义理想逐渐在中国大地上扎根、发芽、开花和结果，集体主义也就在社会主义从理想到现实的进程中得到转型和巩固。社会主义有别于资本主义的一个重要特征，就在于它是以社会为本位而非以资本为本位的，倡导的是集体主义而非自由主义。中国特色社会主义在本质上是社会主义性质的。因此，保持、培育和发展集体精神是中国特色社会主义的基本任务和内在要求。在中国特色社会主义建设中，集体精神不断成长、壮大，呈现为社会的基本精神和人民的普遍认同，也成为中国特色社会主义的“普照之光”。

作为基本精神，中国特色社会主义的集体精神并不是自发形成的，而是有鲜明的组织领导作为全社会精神活动的核心。中国共产党的领导是中国特色社会主义最本质的特征。在党的领导之下，中国国内民族团结、人民团结，妥善地解决和处理人民内部矛盾，实现全社会和谐统一、和衷共济，共同为建设中国特色社会主义而各施所长、各尽所能。在实现中华民族伟大复兴的进程中，中国特色社会主义的集体精神是全体中国人共同遵循的内在价值标准和伦理道德准则。在集体精神的指引下，中国共产党带领全国各族人民团结奋斗、攻坚克难，不断取得中国特色社会主义的胜利。中国特色社会主义的集体精神是中国特色社会主义的规定性精神主义，也是它区别于资本主义精神的重要特征之一。

（三）中国特色社会主义的公正精神

公平正义是社会主义的内在价值，也是中国特色社会主义的根本原则。正是基于实现社会公平和劳动者正义的目标追求，无产阶级才开启了推翻资本主义制度的社会革命，并由此开辟了建设社会主义的伟大事业。社会主义事业是公平正义的事业，而公平正义的事业是不可战胜的事业。与资本主义所标榜的公平正义不同，社会主义的公平正义并不像资本主义那样按照等差替代和优先补偿原则建构起来的形式公平和程序正义，而是全体人民普遍享有的实质公平和结果正义，是保证以公有制为基础、按劳分配为原则的社会制度化的公平正义。秉持社会主义的公平正义精神，中国特色社会主义在扩大生产、加强积累和改造生产关系的过程中努力推进共同富裕、抵制和克服社会的两极分化，捍卫社会主义的基本原则，在维护和发展社会主义的公平正义上取得了巨大成就。

公正精神是中国特色社会主义的基本精神，也是中国特色社会主义的内在规定性，它制约着中国特色社会主义作为社会主义初级阶段的社会性质和发展方向，规定着中国特色社会主义的基本价值。公正精神并不是抽象的、空泛的，而是具体的、客观的。中国特色社会主义的公正精神是对人民、由人民、为人民的公平正义，人民是公平正义的维护者，也是公平正义的享有者。在中国特色社会主义建设的进程中，真正的公平正义就在人民群众身边，就在人民群众的实际生活和具体生产实践中，也就在党和国家的各项制度、政策和组织体系中。当前，维护和发展中国特色社会主义的正义精神，一方面要防止传统封建主义遗患对社会公平正义的戕害，另一方面也要抵制资本主义市场交换原则对社会公平主义的腐蚀，尽最大可能发展由社会主义本质所决定，体现社会主义核心价值观的正义精神。

（四）中国特色社会主义的民主精神

民主的口号是近代资产阶级在推翻封建主义的进程中提出来的，具有历史的进步性和阶级的优越性。但资产阶级民主并没有走出历史上少数人占统治地位的“民主怪圈”，本质上还是资产阶级专政条件下对广大劳动群众的剥削和统治。无产阶级所要实现的民主与资产阶级维护和发展本阶级的民主不同，是最大范围、最大多数受资本主义剥削和压迫的劳动群众的民主，是社会主义的民主，因此就要推翻私有制、实现生产资料公有，实现人民民主。自从社会主义制度建立以来，中国共产党就领导中国人民在新生的国家政权中开辟了社会主义民主新道路，建立和发展人民民主，完善和巩固社会主义民主制度。中国特色社会主义民主是社会主义民主的重要发展阶段和历史建构过程，是社会主义民主的阶段性成果和过程性体现。

在本质上，中国特色社会主义民主既不同于过去一些社会主义国家采取的激进的人民民主，也不同于当今世界资本主义国家依旧标榜的宪政民主，而是符合中国国情和实际、符合中国社会发展阶段与人民利益和愿望的现代社会主义民主。社会主义民主是真实的人民民主，是人民民主专政条件下的人民当家作主，是始终发展和维护最广大人民群众根本利益的全面民主。作为社会主义的初级阶段和具体过程，中国特色社会主义培育和发展了全过程人民民主，致力于捍卫和实现人民最真实的民主权利，保障人民最广泛的民主权益，构建了具有中国特色的社会主义民主道路和制度，发展了中国式现代化的民主理论和文化。中国特色社会主义民主精神最真实地体现了社会主义民主政治的思想品格，也最大程度上彰显了社会主义核心价值观的实践精神，体现了中国特色社会主义的基本精神。

（五）中国特色社会主义的和平精神

和平是千百年来中华民族的生存夙愿，也是中华文明的内在价值旨趣。中国人向来渴望和平、珍视和平，视和平为最重要的生存关切和价值追求。长期以来，中华民族珍爱和平的品格也多为国际有识之士称道。英国哲学家罗素就说过，如果世界上有一个民族骄傲到不肯打仗，那就非中华民族莫属。可以说，和平是中华文化的主导性基因，也是中国社会发展中的主潮和主轴。社会主义崇尚和平并致力于维护和发展和平事业，既不推行殖民主义和霸权主义，更不崇尚穷兵黩武。中国特色社会主义的根本任务是推进经济社会迅速发展，为最终建成社会主义奠定基础。唯有和平的国内条件和国际环境，才能最大限度地保证中国特色社会主义的建设成就和发展成效。因此，和平精神是镶嵌在社会主义价值体系内部的精神品质，是与中国特色社会主义紧密相连的基本精神。在中国特色社会主义建设进程中，和平精神既有内向要求，也有外向体现。在社会主义核心价值观中，和谐是国家层面的价值目标，其现实要求也就是要处理好社会发展进程中的国内矛盾，消除发展带来的各种不平衡和不充分的状况，达到社会和谐，促进关系和谐，促进全国人民大团结、中华儿女大团结，最大限度凝聚共同奋斗的力量。在对外关系中，社会主义中国历来倡导各国之间和平共处，近年来又提出构建人类命运共同体的倡议，以世界眼光关注人类前途命运，坚持胸怀天下，坚持对外开放和互利共赢，坚持和平发展道路，同世界上一切进步力量携手并进，为维护和发展世界和平贡献力量。藉此，可以说，和平精神是中国特色社会主义不可剥离的内在精神品质和根本精神追求，是中国特色社会主义的基本精神。这种精神的培育和发扬，必将使中国特色社会主义建设取得更大成就，也必将更大程度上展现社会主义的优越性。

（原文发表于《中国青年报》2022 年 6 月 14 日，人大复印报刊资料《精神文明导刊》2022 年第 7 期全文转载）

二

论新时代脱贫攻坚精神

脱贫攻坚是新时代中国特色社会主义建设进程中具有划时代意义的摆脱贫困的实践活动，是完成“两个一百年”奋斗目标中的第一个百年奋斗目标即全面建成小康社会的保障性工作，也是为实现第二个百年奋斗目标即建设社会主义现代化强国做铺垫的基础性工作。党的十八大以来，在习近平新时代中国特色社会主义思想指引下，我国的脱贫攻坚工作取得了历史性成就，不仅帮助数千万中国人摆脱了贫困，过上了富裕生活，极大地促进了中国社会主义现代化建设，也极大地改善了中国的国家面貌和国际地位，为世界千年发展目标和减贫行动计划作出了巨大贡献。在脱贫攻坚的伟大实践中，中国共产党领导培育了新时代脱贫攻坚精神。新时代脱贫攻坚精神是以爱国主义为核心的民族精神和以改革创新为核心的时代精神的时代彰显与具体运用，是在建设中国特色社会主义伟大实践中培育出的新时代中国精神的重要内容。与此同时，新时代脱贫攻坚精神是在习近平新时代中国特色社会主义思想指引下全面建成小康社会、为实现中华民族伟大复兴奠基的时代精神，其思想内涵可以概括为如下几个方面：

（一）天下为公、强国富民的爱国精神

崇尚天下为公、追求强国富民是中华优秀传统文化中长期葆有的高尚精神传统，是自古以来志士贤达追慕和践履的美好品德。在中国优秀文化传统中，倡导“大道之行，天下为公，无私于物”，主张“非私天下之利，为天下位天下、为天下治天下”，提倡“国而忘家，公而忘私”，既是主导性的治国之策，也是主流性的社会美德。所谓“天无私覆、地无私载、日月无私烛、四时无私为”，既是倡导天下为公的理性

依据，更是力行仁义的道德约束。实际上，倡导天下为公、无私有义并非只是停留在口头上的说辞，而是有着具体的要求。其中，强国富民就是与它紧密相连的目标性要求之一。强国必先治国，治国以富强为本，而求强以致富为先，国强要求富民，也依靠民富。《管子·治国》中提出："凡治国之道，必先富民。"《潜夫论》中提出："夫为国者，以富民为本。"不论是追求天下公义，还是寻求强国富民之路，本质上都是爱国精神的表达，也是爱国道德的内在要求。中国共产党是马克思主义的坚守者和创造者，也是中华优秀传统文化的继承者和发展者，自其成立之日起，中国共产党就把天下为公、强国富民的爱国精神厚植于自己的价值理想和行动宗旨之中，镶嵌在带领全国各族人民实现国家富强、人民幸福的伟大实践之中。

脱贫攻坚是中国共产党致力于全面建成小康社会的时代任务，是实现国家富强、人民富足的必由之路。党的十八大确立了全面建成小康社会的奋斗目标，提出要实行政策和资源倾斜，加大对贫困地区的扶持力度。党的十九大在充分肯定十八大以来脱贫攻坚所取得的决定性进展的基础上，清醒分析了脱贫攻坚所面临的艰巨任务，提出深入开展脱贫攻坚，坚决打赢脱贫攻坚战的目标。习近平总书记在党的十九大上指出，让贫困人口和贫困地区同全国一道进入全面小康社会是我们党的庄严承诺。要动员全党全国全社会力量，坚持精准扶贫、精准脱贫，确保到二〇二〇年我国现行标准下农村贫困人口实现脱贫，贫困县全部摘帽，解决区域性整体贫困，做到脱真贫、真脱贫。实际上，自中国特色社会主义进入新时代以来，党中央领导脱贫攻坚的持续接力，丰富了新时代中国特色社会主义建设的生动实践，不仅创造了前所未有的经济社会奇迹，也涵养和培育了新时代的脱贫攻坚精神。其中最为重要的精神，就是在继承传统爱国主义精神的基础上，在脱贫攻坚实践中培育和弘扬了新时代天下为公、强国富民的爱国精神。可以说，这种精神是中国共产党和中华民族爱国精神的时代发扬，也是新时代脱贫攻坚伟大工程的精神内核。

（二）党民同心、众志成城的团结精神

中华民族葆有团结统一的民族精神，自古以来重视团结共事、崇尚集体主义。同样，这种团结精神和集体主义也并不是只停留在思想观念之中，而是体现在社会生活和社会实践的具体过程中。古语有云：“为国者以民为基，民以衣食为本”，“千人之众无绝粮，万人之群无废功”。脱贫攻坚既是党的事业，也是人民的事业，既是利党的事业，也是利民的事业，是党和人民共同的理想目标，也是需要党和人民共同参与的伟大实践。在脱贫攻坚中，离开了党的领导和组织，离开了广大人民群众的参与，就难以取得最终胜利，难以达到人民幸福和民族复兴的目的。习近平总书记指出，打好脱贫攻坚战，关键在人。他强调加强党的组织领导，要求党政干部特别是一把手要增强政治担当和责任担当，壮大扶贫攻坚队伍。他要求吸引各类人才参与脱贫攻坚和农村发展，鼓励大学生、退伍军人、在外务工经商等本土人才返乡担任村干部并创新创业，想方设法激励基层一线扶贫脱贫人员，特别是提出要激发脱贫攻坚的内生动力，激发作为主体和对象的贫困群众的积极性和主动性。只有全党全国各族人民都团结起来了，脱贫攻坚事业才能取得辉煌战果。

党民同心、众志成城的团结精神是在新时代脱贫攻坚实践中得到孕育和发扬的时代精神。人心齐，泰山移。“以众人之力起事者，无不成也。”在决战脱贫攻坚的伟大实践中，党组织发挥着领导带头作用，广大民众是参与主体也是受益主体，全党和社会各界团结一心、共同奋斗，促使脱贫攻坚大业不断走向节节胜利。近年来，贫困人口越发减少，人民群众的富裕程度越来越高，全面建成小康社会的目标即将变成现实。实际上，这种党民同心、众志成城的团结精神过去是党领导革命、建设和改革成功的强大精神支撑，也是未来在建设社会主义现代化强国、实现中华民族复兴大业中攻坚克难、迎头而上的强大精神动力。发扬党民同心、众志成城的团结精神，党仍然需要继续保持谦虚谨慎、不骄不躁的作风，保持全心全意为人民服务的根本宗旨，保持同人民群众的血肉联系。广大人民群众也需要自觉地团结在党的周围，坚持党的领导，拥护党的正确路线、方针和政策，拥护党的科学决策，从而铸成

最伟大的精神长城，形成最强大的行动合力，在新的团结奋斗中铸就新的时代辉煌。

（三）创业攻坚、励精图治的担当精神

担当是一种敢于承担责任、勇于创业攻坚的品质，也代表了一种创业攻坚、励精图治的思想境界。担当意味着接受并负起责任。在现实生活中，有担当就要敢于肩膺责任、不推诿、不避难。在中国特色社会主义建设中，有担当就要敢于做事、敢于承担责任、敢于挑起重担，敢于迎难而上。宋代邵雍说过："既为十分人，须责十分事。"明代的顾炎武也说："天下兴亡，匹夫有责。"尽管古代的王公仕宦不乏对担当和责任的体察，但他们所谓的担当最主要的还是为了维护封建统治阶级的利益，为了维护对广大劳苦大众的统治和盘剥，在其阶级性上具有显著的局限性。但是，在担当精神之中，也有一部分可以汲取的优秀内容，即弘毅担纲、扫除天下、奋发有为、积极进取的意志和埋头苦干、善于破局、愿意担责的品质，这是我们应当吸取并可以用之于今天的中国特色社会主义实践的。

脱贫攻坚是一项为了人民的富足和幸福而奋斗的艰辛、伟大的事业。脱贫越到深处，攻坚的难度就越大；改革越到深处，就越需要担当作为、奋勇前进。对中国共产党人来说，摆脱贫困、消除贫穷，让中国走向富强、让人民过上富足幸福的生活，这不仅是政治责任也是历史使命。习近平总书记在党的十八大上指出，人民对美好生活的向往，就是我们的奋斗目标。要建设美好生活，实现责任担当，需要党领导人民群众在全面建成小康社会中扎实肯干、拼命硬干。社会主义是干出来的，脱贫攻坚同样也只能靠实干。在脱贫攻坚的伟大斗争中，广大党员干部和人民群众以只争朝夕、攻坚克难的奋斗姿态和忠勇无比、励精图治的责任意识，钉钉子抓落实、布阵点打攻坚。广大党员干部和人民群众携手并肩，不等不停不靠不歇，以每年帮助成百上千万人脱贫的速度迅速走向全面小康，这无疑是中国社会发展史上的奇迹，是中国社会主义建设史上的奇迹，也是人类与贫困抗争史上的奇迹。中国共产党带领中国人民在战胜贫困中所展现出来的创业攻坚、励精图治的担当精神，无疑

也成为新时代脱贫攻坚精神的重要内容。

（四）扎根基层、甘于奉献的牺牲精神

邓小平指出：“贫穷不是社会主义，社会主义要消灭贫穷。”改革开放以来中国特色社会主义建设之路，是一条努力让中国人民不断富起来的道路。改革开放之初，我国农村生产力低下，人民生活水平普遍较低，广大基层农村地区更是处于普遍贫困状态，有八亿多人口亟待解决温饱问题。脱贫攻坚不能停留在书面文件中，而必须付诸实践。在中国共产党建设建成全面小康社会和建设社会主义现代化国家的蓝图规划中，脱贫攻坚是有限期、有步骤、必须按时攻克的硬堡垒和必须按时啃掉的硬骨头。进入新时代以来，在党中央的坚强领导下，通过持续性的脱贫攻坚接力，我国不少贫困地区和深度贫困人口陆续走出了贫困的深渊，摆脱了挨冻挨饿的命运。在这一过程中，扎根基层工作的领导干部和基层群众携手并肩、甘于奉献、敢于牺牲，为解决贫困问题作出了巨大贡献。据不完全统计，在脱贫攻坚过程中，到2018年底，全国已经有662名基层扶贫干部献出了生命，有成百上千上万名干部长期驻扎在扶贫一线，帮助群众脱贫致富，努力打赢脱贫攻坚这场没有硝烟的战争。

脱贫攻坚是党向全国人民作出的庄严承诺，是一场必须打赢打好的硬仗，是党领导人民在新时代必须完成的非凡之举。习近平总书记指出，完成非凡之事，要有非凡之精神和行动，在解决区域性整体贫困中，无论是农村基层党组织还是驻村工作队，带领群众脱贫致富的扶贫干部扎根在基层、奋斗在基层，用自己的辛苦和牺牲换来贫困群众的幸福。“为有牺牲多壮志，敢教日月换新天。”广大扶贫干部在脱贫攻坚中所展现出的扎根基层、甘于奉献的牺牲精神，是投身新时代中国特色社会主义建设的改革创新精神，也是为全面建成小康社会、实现中华民族伟大复兴而创造的新时代精神。这种精神植根于中国共产党全心全意为人民服务的根本宗旨，源自于立党为公、执政为民的价值理念，体现在新时代以人民为中心的基本方略，彰显于密切联系群众、带领群众建设美好生活的脱贫攻坚的伟大实践中。在向贫困打响的战斗中，扎根基层就是要守住阵地、守住责任，甘于奉献就是要不己私利、倾心付出。正

是由于有了千千万万坚守脱贫一线、坚持全力付出的“时代脊梁”，有了广大人民群众的努力和配合，才有了打赢脱贫攻坚战的坚强保障。藉此可以说，扎根基层、甘于奉献的牺牲精神是新时代脱贫攻坚精神的题中之义。

（五）统筹谋划、精准施策的科学精神

“珍策重计，古今所尚”，自古以来，做事创业都需要有统筹有谋划。古人说过，“夫虑之以谋，计之以数，为之以渐，而又勉之以成，断之以果”，所说正是做事创业需要统筹安排、统一规划，循序渐进、果断决策，由此做事创业便会政出有源、计出有度、协同筹措、规划有序。毋庸置疑，脱贫攻坚是一项长期的、复杂和艰巨的任务。要完成这项任务，应当有组织、有规划、有步骤、有方略，应当按照科学精神和科学方法做事，把脱贫攻坚当作科学任务去谋划和推进。习近平总书记在指导脱贫攻坚工作时强调指出，要统筹谋划、讲究科学、讲究方法、讲究效率，坚持因地制宜、精准识贫、精准扶贫、精准脱贫。脱贫攻坚，统筹谋划是关键、精准施策是要义，要因村因户因人施策，对症下药、精准滴灌、靶向治疗。他还提出要做到“六个精准”，切实解决好扶持谁、谁来扶、怎么扶、如何退的问题。在以习近平同志为核心的党中央领导下，从加强组织领导到坚持目标标准，从强化机制保障到实施精准战略，从完善资金管理到加强作风建设，从激发群众脱贫动力到引导群众自我组织，都贯穿了全局谋划、统筹协同、规范组织和精准实践的科学精神。

脱贫攻坚事业符合科学规律，脱贫攻坚实践也需要科学精神。全面建成小康社会，让人民群众过上富裕幸福的生活，这符合马克思主义的唯物史观、符合社会发展规律和社会主义社会建设规律，体现价值科学性；坚持“两个确保”，首先做到“两不愁三保障”，然后循序渐进实现全面富裕、高质量富裕，体现目标科学性；从体制机制入手，做好统筹和顶层设计，兼及政策、人力、财力、方案、程序和管理，体现组织科学性；从普查一般贫困到重点扶贫、从精准识贫到定点脱贫、从通过教育提高扶贫能力到通过评估检验脱贫效果，体现行动科学性。科学布

局、科学决策、科学实践都贯穿了科学救贫、科学治贫、科学脱贫的思想指导和精神支撑。正是在这个意义上说，新时代的脱贫攻坚是一场科学会战，其中，统筹谋划、精准施策的科学精神正是指引脱贫攻坚走向最终胜利的精神保障。

（原文以《脱贫攻坚为什么能》发表于《红旗文稿》2021 年第 5 期）

三

中国制度具有强大韧性

一种制度能否长期延续、持久发展并进而谱写文明和铸就辉煌，与该制度自身所具有的韧性有密切关系。制度的韧性由其内在品质、存在基础、组织结构和价值目标决定，具体体现为制度的生存能力、发展潜力和实现水平。中国制度是具有强大韧性的制度，在该制度自身的文明性质、价值目标、实践基础和组织结构上都超越了以往的社会制度，具有前所未有的制度价值和制度优势，也展现了强大的制度建设能力和广阔的制度发展空间。因此，对中国制度的自信并不是盲目的，这份自信恰恰就来源于对中国制度韧性的体认、捍卫和发展。

（一）中国制度的韧性来源于中华文明的韧性

中国特色社会主义制度植根于中国土壤，脱胎于中华文明，既是传统文明的延嗣，也是当代文明的表征。众所周知，中华文明是独具特色的文明，是世界文明中迄今为止唯一未曾断流的文明。在历史的长河中，中华文明是人类文明大道上昂首阔步前进的一支。在未来的途程中，中华文明也是不断进步、铺设并拓宽人类文明大道的中坚力量。中华文明是有强大韧性的文明，它具有鲜明的主体性，但绝不封闭保守，而是对异域文明高度开放、积极包容。中国制度继承了中华文明的韧性基因，它具备强大的自主建构能力，但同时也对世界文明持有温情和敬意，高度开放、善于包容，从而在内生外铄、博观约取间始终能够保持科学、健康和进步的方向，衍生不断持续发展的活力。当然，中国特色社会主义制度的建立和发展并不是一帆风顺的，它遇到了诸多挫折和压力，也在应对着各种挑战。不过，正是在千磨万击、折冲樽俎中，中国制度练就了坚劲，实现了坚韧的成长和韧性的积累。

（二）中国制度的价值目标决定其韧性空间

一种制度有何种价值目标，也就会有多强的运作力、革新力和生命力。现实中的中国特色社会主义制度尽管还并不够健全和完善，还有这样那样的缺点，仍需要几代人、十几代人甚至几十代人持续地付出努力，不断地建设和完善它，但是，中国特色社会主义制度以马克思主义为指导，是马克思主义中国化和中国无产阶级革命所缔造的产物，这是不能忽视的客观事实；中国特色社会主义制度毕竟也是现今世界上最具先进性和超越性的制度，它的本质是社会主义，目标是共产主义，这一本质和目标也不能抹煞。从终极价值关怀看，中国制度以实现人的解放、促进每个人从而全体人自由全面的发展为目的。从现实价值目标看，中国制度以服务人民为宗旨，以维护、保障和实现最广大人民群众的根本利益为指向。因此，中国制度是从“道德境界”走向“天地境界”的制度，是拥有崇高价值关怀和至上伦理旨趣的制度。这样的一种价值特性就使中国制度注定成为人类有史以来最具有发展前途和潜力、具有超强延伸度和巨大生长空间的制度，当然也是最具有韧性且能不断发展这种韧性的制度。

（三）制度与基础的互动支撑着制度韧性的生长

在人类历史上，任何一种制度的存在都依赖于其物质基础和精神基础的支撑，物质基础和精神基础堪称其物质生命力和精神生命力。但一种制度是否具有强大的韧性，除了要看其物质基础和精神基础是否雄厚坚实以外，还要看两个方面：一是当该制度还处于弱势或遭到压制和创伤时，其应对挑战的能力，这取决于该制度是否足够先进、能不能抵抗和战胜内外的压力。二是在获得基础支撑的同时，制度反过来巩固、发展和增强其物质基础与精神基础的能力，也即制度本身对于其原始基础的反哺能力。毫无疑问，中国特色社会主义制度是在不断抵御外部冲击、修正内部失误、消除内外矛盾和风险的进程中才得以形成并最终确立的。之所以历经磨难而不倒、饱受挫折而不亡，原因就在于它是进步、先进的制度。与此同时，中国的成长发展能力不仅体现在最终能够战胜一切困难上，更重要的是它能够发挥制度作用力，保障并增强其物质基础和精神基础。新中国成立以来特别是改革开放以来中国经济社会的发展及其所取得的成就，充分证明了中国制度在获得原有基础支撑的同时也具备强大的壮大基础的反哺能力，这当然也是中国制度具备强大韧性的基础与表现。

（四）中国制度的韧性表现在社会统合和结构平衡中

社会是制度孕育、存在和发展的土壤。制度是否具有韧性、其韧性的程度和水平如何，都与社会组织结构有很大关系。中国社会的一个显著特点是具有超强的社会统构性和整合力，具有强大的社会稳定性和凝聚性。在整体化且稳定的社会发展中所形成中国特色社会主义制度，其强大韧性突出地表现在四个方面：一是制度整体性的自组织力，其中主要是制度自身所具有的号召力、凝聚力和集中力，利于社会集中各种资源和力量办大事和办成大事。二是制度的学习力和模仿力。中国制度在健全和完善自身的进程中既能坚持自身的根本方向，也能学习和模仿他人的优秀之点，善于利用高效和新颖的方式获取革新的可能性。三是应变修复能力。中国制度在坚持自身特色和保持发展中不是没有挫折，也不可能永远不犯错误，但通过多元社会运行机制和具有统合力的组织结构，它拥有了强大的应变能力和快速修正错误的能力，从而能够对各种变化作出动态化的反应和应对，在坚持正确、修正错误中不断进步，寻找到最优发展路径。四是策略协调和平衡调控能力。中国制度有明确的发展目标，在不轻言放弃大目标的前提下也会结合实情采取阶段性、分步骤的发展策略，并由此协调配置资源、平衡发展状态，调控社会发展节奏，实现全面、科学和可持续发展。

韧性是制度生命力的表现，也是其生命力的内容。中国制度的韧性不仅表现在其发展目标和方向上的坚毅，也表现在其发展状态上的柔韧和灵活。这种韧性赋予了中国特色社会主义制度以“适者生存”的弹性化的强大发展动力。在坚定地走中国特色社会主义道路、建设中国特色社会主义事业进程中培育并发展其制度韧性，正是中国特色社会主义制度建设的本质和要求，也是对中国特色社会主义制度充满自信的缘由和基础。

（原文以《韧性展现制度发展能力和建设空间》发表于《人民日报》2015 年 6 月 12 日理论版）

四

新中国 70 年与中国特色社会主义制度自信

中国特色社会主义制度是中国特色社会主义的根本保障，其与中国特色社会主义道路、中国特色社会主义理论、中国特色社会主义文化共同构成中国特色社会主义的基本要素，统一于中国特色社会主义建设的伟大实践中。中国特色社会主义制度自信是在新中国 70 年来发展的基础上形成的，它既包括对中国特色社会主义制度体系和组织结构的自信，也包括对中国特色社会主义实践过程和价值功能的自信，是对中国特色社会主义作为一种制度形式所拥有并展现的科学性、先进性和实践性的自信。回顾新中国 70 年来的历史和实践，认识和把握中国特色社会主义制度自信的内涵与依据，既是深刻理解中国特色社会主义科学价值的题中之义，也是增强中国特色社会主义实践认同感和理论自信心的前提，是提升新时代中国特色社会主义制度自信的基础。

（一）中国特色社会主义制度自信的基本定位

制度是在一定历史条件下形成的政治、经济、文化等各方面的体系。人类历史上形成并经历了各种各样的制度，所有的制度都代表了一定的组织结构和组织体系，也反映了一定的组织价值。可以说，制度是人们存在和发展的组织方式之一，也是人类活动的必然产物。生活在某一特定制度之中的人们对于该制度的信任和信赖，就是制度自信。就其基本含义而言，所谓制度自信指的是一个国家的人们（含各种政治组织）对本国内部的政治、经济、文化、社会等各方面的制度、体系、机制持高度认同和充分信任的思想情感与价值观念，表现为对社会制度的自觉信赖和真实信奉。制度自信不是无缘无故发生的，往往是由制度给处于该制度之中的人们提供生存目标、利益福祉和精神护佑而引发，其存在和发展也与制度实践特别是人们的制度体验紧密相关。在一般情况下，制度自信是建立在人们对制度创立和制度实施的过程有深刻理解和认同基础之上的。顾名思义，中国特色社会主义制度自信就是对中国特色社会主义这一具有中国特色、中国风格、中国气派的现实的总体的社会制度的自信，是中国人对当代中国所选择的社会制度的价值认同和实践崇信。具体说来，中国特色社会主义制度自信至少包含以下三个方面的基本定位：

1. 中国特色社会主义制度自信是基于近代中国与世界历史变革的国家自信

中国人民是中国特色社会主义制度自信的主体，中国特色社会主义制度则是自信的对象。众所周知，中国特色社会主义制度不是从来就有的，也不是凭空产生的，人民对于中国特色社会主义制度的自信当然也不是从来就有的，更不是凭空产生的。那么，中国特色社会主义制度自信是怎样产生的呢？它具有什么样的特质呢？英国历史学家阿诺德·汤因比曾经说过，传统的中国国家和社会制度是“一个绝无仅有的、完整伟大的体制。这一体制的连续性即使是在中华文明的其他要素发生最严重断裂的情况下，也没有出现任何中断”①。这里的制度和体制显然是指中国传统封建社会的制度和体制，而不是中国社会主义制度和体制。就中国历史和传统社会而言，中华文明所孕育的封建社会的制度和体制在近代革命爆发之前是绵延未绝的，展现了超越西方封建社会的长期性和延续性。但是，当历史车轮行进到近代，伴随着西方工业技术和殖民主义的扩张，在西方列强和帝国主义的入侵与压迫下，近代中国社会发生了巨大变革并由此催生了中国的社会主义制度和中国特色社会主义制度。质言之，由社会主义制度到中国特色社会主义制度的演变，是近代以来中国革命和改革的历史逻辑与实践逻辑的自然发展，是一个具有必然性的社会历史过程。

从历史发展的角度看，中国特色社会主义制度自信是基于近代中国与世界历史变革的国家自信。近代中国社会发生了天翻地覆的变化，近

①［英］阿诺德·汤因比：《历史研究》，刘北成、郭小凌译，上海：上海人民出版社 2000 年版，第 36 页。

代世界历史格局也历经了前所未有的变革。就近代以来中国与世界历史变革的关系而言，中国由受西方列强奴役和侵略的半殖民地半封建国家变成了独立而自由的人民民主共和国，西方压迫东方的世界历史也逐渐由式微转为中断乃至停止。现实的中国特色社会主义制度是历史中国社会变革的延续与创新，是在中国封建社会被推翻、资产阶级不能成功领导中国无产阶级革命的条件下，由中国共产党领导中国人民经过艰苦卓绝的新民主主义革命建立的社会主义制度中国化、时代化的结果。因此可以说，对社会制度的自信是与历史变革中中国的国家命运分不开的，也是与中国人民自身的命运分不开的。这也就意味着，中国特色社会主义制度自信是伴随着新中国建立和发展的历史进程而不断孕育的，是中国人民在目睹和体验了中国社会由衰败到兴起的历史过程之后而自然生发的国家自信。毫无疑问，这种国家自信的情境是近代中国与世界历史的变革过程，其开端则要从中华人民共和国成立算起。可以说，1949年10月1日，毛泽东在天安门城楼上所发出的“中华人民共和国中央人民政府成立了”的历史呐喊，为当代中国人的国家自信注入了一剂强心剂，也为今天中国人对于中国特色社会主义的制度自信奠定了国家基础。从中国作为一个整体国度来看，中国特色社会主义制度自信必定是基于近代中国发展和世界历史变革的国家自信。

2. 中国特色社会主义制度自信是符合社会发展逻辑和实践规律的社会自信

马克思和恩格斯分析并揭示了人类社会发展的一般逻辑和人类实践的基本规律。他们一方面指明了社会生产对于社会关系和社会制度的基础性作用，另一方面也强调全部社会生活在本质上的实践性。他们指出：“生产以及随生产而来的产品交换是一切社会制度的基础。”①“在生产、交换和消费发展的一定阶段上，就会有相应的社会制度形式。”②结合上述基本观点来看，中国特色社会主义制度也必然是中国特定时期特定条件下社会生产及社会关系的产物，是与社会生产、交换和消费发展的阶段相适应的制度形式，是反映中国特色社会主义社会发展阶段和建

①《马克思恩格斯选集》（第3卷），北京：人民出版社2012年版，第797页。
②《马克思恩格斯选集》（第4卷），北京：人民出版社2012年版，第408页。

设实践的制度形式。因此，中国特色社会主义制度自信也就是与这样的社会发展阶段和实践形式相吻合的社会自信，是符合该社会阶段的特定社会发展逻辑和实践规律的社会自信。

近代中国社会发展具有其独特的历史境遇和社会生态。封建时代的中国因为其自给自足的农业经济和稳固的宗教礼法秩序而得以长期延嗣，因为礼教制度而建构了稳固的社会自信，但是封建地主阶级与广大被剥削被压迫的农民阶级的矛盾也在王朝循环和皇权更迭中日积月累、愈演愈烈。从近代开始，中国社会发展的机遇遭遇了内外双重矛盾和压力，除去原有的封建主义与人民大众的矛盾外，又增添了帝国主义与中华民族的矛盾。中国社会发展的逻辑便由单一的内生性困局演变成了内求发展、外求生存的双重困局，社会发展的首要任务也由发展优先转变成为了生存优先。在民族解放和民族独立中获取民族生存此时就成为了近代中国社会发展的基本逻辑。由此逻辑出发，先进行社会革命的实践，之后再进行社会生产和社会建设的实践，这就是近代中国社会变革中先破后立、在破中立、不破不立的发展逻辑，而先进行社会革命再进行社会生产也就顺理成章地成为近代以来中国社会发展的实践规律。毋庸讳言，在社会转型的动荡和社会转折的变奏中，人们难以获得对过渡性社会的社会自信。与中华人民共和国成立之前的情境不同，中国特色社会主义是承接了以国家为基础的社会主义制度的发展阶段，也是赓续了社会主义现代化进程的特定社会阶段。因此，中国特色社会主义制度自信以社会主义国家政权和社会制度为前提，以中国特色社会主义的改革开放及其所取得的可见成就为条件，以人们业已形成的广泛的社会认同为支撑，因而也就获得了广泛的群众基础和社会基础。正是在这个意义上说，中国特色社会主义制度自信赢得了中国全社会的认可，自然也就是符合社会发展逻辑和实践规律的社会自信。

3. 中国特色社会主义制度自信本质上是对中国特色社会主义的政治自信

马克思认为，人是在社会中才能独立的名副其实的政治动物。[①] 他

① 参见《马克思恩格斯选集》（第2卷），北京：人民出版社2012年版，第684页。

和恩格斯同时指出，社会结构和国家总是从发生一定的社会关系和政治关系的个人的生活过程中产生的。[①] 从这两句话中我们不难判断出，关乎社会制度的问题是与人的存在和发展紧密相关的政治问题。实际上，从作为社会人的角度看，社会制度问题是一个社会系统中具有根本性的政治问题。中国特色社会主义制度是当代中国最重要最现实的主题，亦是当代中国最大的政治。之所以如此说，是因为中国特色社会主义制度的建立，是近代以来中国社会发展进程中解决了最深刻的政治命题与政权问题的结果，它不仅是在社会主义中国这棵大树上结出的果实，代表了其属于社会主义制度的根本性质，也反映了中国仍处在社会主义初级阶段这样一个最基本的国情，反映了当代中国致力于推进和完善社会主义制度的政治特色与政治情境。易言之，中国特色社会主义制度代表了中国既处在社会主义社会阶段之中，但又是不发达社会主义的客观状态，但在社会制度和社会形态上已经属于社会主义。这就是关于我国社会性质与社会形态的最真实的政治状况。

中国特色社会主义制度是社会主义中国的国家制度和政治制度。承认中国进入社会主义无疑是对中国社会制度的政治自信，承认中国特色社会主义制度也代表了对中国特色社会主义的政治自信，这两者之间存在着一种互洽共生的关系，是难以分割开来的。中国特色社会主义制度自信在本质上是对中国特色社会主义的政治自信。笔者认为，对中国特色社会主义的政治自信至少包含着以下几个方面的内容：首先，尽管中国特色社会主义仍然是不发达的社会主义阶段，但其性质是社会主义，这在政治上是坚定不移、不可动摇的，表明的是建设中国特色社会主义的政治立场。其次，承认中国特色社会主义仍处在社会主义初级阶段这一当代中国最大的国情，这表明了中国共产党和中国人民的政治勇气。最后，坚信中国特色社会主义具有无比光明的前景，中国特色社会主义的发展必将推动实现中国的社会主义现代化，这是支撑中国特色社会主义伟大事业不断推向前进的政治信念。

---

① 参见《马克思恩格斯选集》（第 1 卷），北京：人民出版社 2012 年版，第 151 页。

（二）中国特色社会主义制度自信的根本依据

新中国成立70多年来，从社会主义革命、建设到改革开放开辟出中国特色社会主义道路，再到中国特色社会主义新时代，中国改革开放新步伐日益加快，中国特色社会主义建设新成就不断彰显，这就使得中国特色社会主义制度自信日益增强。回顾70多年来中国社会主义建设之历史途程，中国特色社会主义制度自信无疑从中获得了强大支撑和根本依据。

1. 在继承和发展中推进社会主义现代化是中国特色社会主义制度自信的历史线索

现代化是近代中国历史进程的拐点，也是中国社会变革的趋势。在西方工业文明强势裹挟中被带入近代历史的中国，很早就有了对现代化的觉醒。但是，囿于中华民族被帝国主义、封建主义和官僚资本主义压迫的困境，中华民族必须先得到解放，然后方可发展；中国必须先自立，然后方可自强。20世纪二三十年代，就有人呼吁中国要走现代化的道路。历史证明，国民党不可能带领中国人民走上独立自主的现代化道路。新民主主义革命进程中，中国共产党人对未来走现代化道路充满了预期。在20世纪40年代，毛泽东曾经提出了“把落后的农业国变成先进的工业国”的目标，进而在社会主义国家政权确立、社会主义制度建立伊始就提出来现代化的命题。然而需要指出的是：中国共产党所领导的现代化并不是西方的现代化，而是东方中国的现代化；不是东方中国的资本主义现代化，而是东方中国的社会主义现代化。1957年3月，毛泽东指出：社会主义是中国的唯一出路，建立新的社会主义制度是一场伟大的斗争；社会主义新制度一定会巩固起来的，我们一定会建设一个现代工业、现代农业和现代科学文化的社会主义国家。[①] 这就把与社会主义制度相联系的社会主义现代化的奋斗目标确立下来了。换言之，从中国的社会主义制度确立开始，要走的就是中国自己的社会主义现代化道路，而不是西方的现代化道路。

① 参见《毛泽东文集》（第7卷），北京：人民出版社1999年版，第267—268页。

早年的中国共产党人是站在民族独立、人民解放的立场上建立社会主义制度并推动社会主义现代化的。改革开放以来，中国共产党在人民幸福和民族复兴的立场上继承和发展了社会主义现代化这一历史线索。20 世纪 80 年代，邓小平领导设计的“三步走”发展战略的第三步提出要基本实现现代化。在新时代，以习近平同志为核心的党中央领导中国接过社会主义现代化的接力棒，不仅提出要在 2035 年基本实现现代化，而且要在 21 世纪中叶建成富强民主文明和谐美丽的社会主义现代化强国。毫无疑问，从社会主义革命和建设初期开始，一直到中国特色社会主义制度探索的全部过程，社会主义现代化这一线索贯穿社会主义建设之中，其目标恰恰是为了巩固和完善社会主义制度。中国特色社会主义是社会主义自改革开放以来的具体应用和科学表达，对中国特色社会主义的制度自信无疑就包含在继承和发展社会主义、推进社会主义现代化之中。正是在这个意义上说，在继承和发展中推进社会主义现代化，这是中国特色社会主义制度自信的历史线索。

2. 在变革和创新中实现中华民族伟大复兴是中国特色社会主义制度自信的实践主题

实现中华民族伟大复兴是近代以来中国在西方帝国主义打压之下、遭受落败之后而产生的强烈愿望，是百年来中国人最深沉最期盼的梦想。资产阶级民主革命的先行者孙中山喊出了“振兴中华”的口号，也积极寻求中华民族复兴的道路。但遗憾的是，由于阶级局限性，中国的资产阶级无法承担起实现民族复兴的任务，这个任务历史地落在了中国无产阶级和广大劳动人民的肩上。中国共产党领导新民主主义革命的胜利，使中华民族复兴的历史任务迈出了第一步。中华人民共和国的建立和社会主义制度的确立，使长期遭受压迫的中华民族终于站了起来，为中华民族伟大复兴提供了坚强的保障。经过新中国 70 多年的艰辛探索，特别是改革开放 40 多年来的持续努力，中国变成了一个经济强盛、人民生活富足的国家，离中华民族伟大复兴的目标又接近了一步。迈进新时代的历史门槛，以习近平同志为核心的党中央接过历史的接力棒，团结带领全党全国各族人民继续为实现中华民族伟大复兴而努力奋斗。在变革和创新中实现中华民族伟大复兴，是贯穿近代以来中国社会发展和中国特色社会主义的实践主题。

实现中华民族伟大复兴是中国特色社会主义制度自信的实践之源。中国特色社会主义制度不是凭空产生的，也不是无缘无故从天上掉下来的。它脱胎于新中国成立后长期建设社会主义的艰辛探索，是在纠正了社会主义建设探索中的失误特别是“文化大革命”严重错误之后在改革开放中得来的。中国特色社会主义制度是把马克思主义基本原理与中国国情相结合的产物，是新中国成立后确立的社会主义制度的继承、变革和创新，其继承的是社会主义的本质、原则和方向，变革的是对传统社会主义建设模式的僵化理解和教条执行，创新的是社会主义的实现形式和建设方式，实现了马克思主义与中国国情的第二次结合。习近平强调，我们要实现中华民族的伟大复兴，“必须始终高举中国特色社会主义伟大旗帜，坚定不移坚持和发展中国特色社会主义”①。由此可见，有民族复兴这一发展目标的支撑，中国特色社会主义就有了实践依归，也就获得了制度自信的底气。

3. 在巩固和完善中加强中国共产党的领导是中国特色社会主义制度自信的政治保障

新民主主义革命的成功要归功于中国共产党的领导，新中国成立70多年来中国所发生的翻天覆地的变化要归功于中国共产党的领导。没有中国共产党的领导，就没有国家独立、民族解放和人民幸福，也就没有今日中国的一切成就和辉煌。革命战争年代，党的领导发挥了不可代替的作用。在社会主义革命和建设时期，毛泽东强调：“领导我们事业的核心力量是中国共产党。”②“工、农、商、学、兵、政、党这七个方面，党是领导一切的。”③在改革开放新时期，党的领导同样是中国特色社会主义建设的坚强保障。邓小平在领导中国改革开放时就多次强调过坚持、加强和改善党的领导的重要性。他指出，要建设社会主义，没有共产党的领导是不可能的。④中国共产党不仅领导中国人民建立了社会主义制

①《习近平谈治国理政》（第1卷），北京：外文出版社2018年版，第8页。
②《毛泽东文集》（第6卷），北京：人民出版社1999年版，第350页。
③《毛泽东文集》（第8卷），北京：人民出版社1999年版，第305页。
④《邓小平文选》（第3卷），北京：人民出版社1994年版，第208页。

度，而且团结带领中国人民发展了中国特色社会主义制度。党的领导反映了社会主义制度的独特性和优越性，这既是社会主义制度建立的政治基础，也是中国特色社会主义制度自信的政治保证。

众所周知，中国发展和完善中国特色社会主义制度并非一帆风顺，改革开放历程也充满艰难险阻。在中国特色社会主义建设的重大的历史转折和社会转型的关头，无疑会遭遇各种“险滩”和“暗礁”。国内不同利益集团的阻挠、国际反动势力的破坏，都会干扰和影响中国特色社会主义事业的顺利进行。在这样的时刻，党的领导作用就异常明显地突出出来，加强党的领导就变得异常迫切。而面对各种风险和挑战，中国特色社会主义制度自信就更加显著地体现在党的坚强而有力的领导上。缘于此，习近平高度重视在巩固和完善中加强党的领导。他特别指出，中国特色社会主义最本质的特征是中国共产党的领导，中国特色社会主义制度的最大优势是中国共产党的领导。① 要坚持党对一切工作的领导，通过坚持党要管党、全面从严治党来推进新时代党的建设伟大工程，特别是通过开展新时代党的政治建设、思想建设等全方位建设，使中国特色社会主义制度这一最大优势和本质特征得到彰显，使党的领导得到巩固和完善，使中国特色社会主义制度自信获得坚强的政治保障。

4. 在尊重和服务中恪守人民群众的主体地位是中国特色社会主义制度自信的道义基础

历史唯物主义和历史唯心主义的一个重要分野是对待人民群众的态度。这种态度不仅反映了历史观的差别，也反映了道德观的差别。马克思和恩格斯指出，无产阶级的运动不同于过去为少数人谋利益的运动，是为绝大多数人谋利益的运动。② 上述论述，实际上为社会主义和资本主义社会中人民群众的阶级地位和利益关系划出来一道道义的分水岭。这就是，资产阶级专政和资本主义生产是少数人利益至上的，而无产阶级革命和社会主义社会则需要维护多数人即广大人民群众的主体地位。社会主义制度在中国的建立，标志着一切剥削阶级的统治被推翻，人民

① 中共中央宣传部：《习近平新时代中国特色社会主义思想学习纲要》，北京：学习出版社、人民出版社 2019 年版，第 68 页。

② 参见《马克思恩格斯选集》（第 1 卷），北京：人民出版社 2012 年版，第 411 页。

群众成为国家和社会的主人，在历史上首次占据了主体地位。社会主义制度是人民当家作主的制度，其维护和发展人民群众的根本利益，尊重和服务人民群众的主体地位。为最广大人民群众谋利益、维护人民群众的主体地位，这是社会主义制度赢得自信和发展自信的道义基础。忽略了人民群众的主体地位，丧失了为人民群众谋利益的道义价值，社会主义就不成其为社会主义，社会主义的制度自信何以存在？恪守人民群众的主体地位为其道义基础，是中国特色社会主义制度自信的时代呈现和具体发展，这是毋庸置疑的。

中国共产党始终坚持唯物史观，认可人民群众的主体地位。以毛泽东为代表的中国共产党人在中国革命、建设和改革的历史进程中，始终尊重人民群众的主体地位，始终重视人民群众的伟大力量，始终注重发挥人民群众的首创精神。这是因为人民群众奠定了中国革命成功的基础，人民群众给了社会主义制度强大而巩固的自信力量。进入中国特色社会主义新时代之后，以习近平同志为核心的党中央坚持人民主体地位，提出以人民为中心的理念，把人民对美好生活的向往作为奋斗目标，并依靠人民创造历史伟业。这既是中国共产党坚持马克思主义唯物史观的表现，也是中国共产党执政为民立场的表达，更是中国共产党执行群众路线的时代要求。可以说，正是人民群众及其所发挥的伟大力量，才是改变历史的力量，也才是中国特色社会主义制度自信的道义基础。

（三）新时代提升和发展中国特色社会主义制度自信的基本思路

新时代是中国特色社会主义新时代。在新时代巩固和发展中国特色社会主义，应不断改进和完善中国特色社会主义制度，提升对中国特色社会主义制度的自信。习近平指出：“要把坚定制度自信和不断改革创新统一起来。”[①] 新时代提升和发展中国特色社会主义制度自信，需要进一步巩固中国特色社会主义制度基础，完善中国特色社会主义制度设计，

①《习近平谈治国理政》（第2卷），北京：外文出版社2017年版，第289页。

提升中国特色社会主义制度效能，在发展中增强中国特色社会主义制度自信的科学性和辩证性。

1. 进一步巩固中国特色社会主义制度基础

任何制度都有其赖以存在、创新和发展的基础，中国特色社会主义制度亦是如此。中国特色社会主义的制度基础有两类：一类是为中国特色社会主义这一社会形态提供强大物质支撑的经济基础；另一类是为其提供思想、文化支撑的精神基础，即中国特色社会主义作为社会意识形式的精神存在条件。前者具体表现为现实的经济基础，后者具体表现为客观存在的历史、文化和思想上层建筑。人们之所以对中国特色社会主义制度有自信，在很大程度上是因为有雄厚的经济基础和扎实巩固的上层建筑提供支撑，这是中国特色社会主义制度发展的前提。

巩固中国特色社会主义制度基础的过程也就是巩固为其提供支撑的两类基础、发展更为完善更有创新性的社会制度的过程。马克思、恩格斯论及社会制度变革的原因时指出，新的生产力不适应旧的所有制关系时，必然产生社会制度的变化和所有制关系的变革。[①] 他们强调指出，生产力是由前一代人根据自身所处的条件创立的社会形式，生产力这种既得力量不由人们自由选择。[②] 这里隐含着的就是社会制度变革需要改变的两类基础。为巩固中国特色社会主义物质基础，需要我们以经济建设为中心，大力发展社会生产力，提高人民群众的物质生活水平并不断改善其生存条件，借以巩固中国特色社会主义制度的物质基础。与此同时，我们也需要从历史和传统的社会制度中汲取有益的成分，特别是发挥好社会主义制度的优势，在创新中巩固中国特色社会主义制度的上层建筑基础。中国特色社会主义制度基础巩固了，中国特色社会主义制度自信就会得到提升。

2. 进一步完善中国特色社会主义制度设计

中国特色社会主义制度有强大而优越的制度基础，有先进而崇高的制度价值，有卓越而显著的制度表达，有积极而高效的制度功能，同时它亦是处于改革和探索之中的制度，尚有待发展和待完善之处。习近平

① 参见《马克思恩格斯选集》(第1卷)，北京：人民出版社2012年版，第303页。
② 参见《马克思恩格斯选集》(第4卷)，北京：人民出版社2012年版，第408—409页。

指出，中国特色社会主义制度特色鲜明而富有效率，但还不是成熟定型的，需要随着中国特色社会主义事业的发展而不断完善；我们要坚持以实践基础上的理论创新推动制度创新，构建系统完备、科学规范、运行有效的制度体系，为夺取中国特色社会主义新胜利提供更加有效的制度保障。[①] 实际上，党的十八大以来，党中央结合深化改革开放加大了制度治国的力度，从政治、经济、文化、社会、党建、军事、外交等各个方面进行了体制机制改革，在没有制度的领域建立了制度，对已有制度加强制度的落实和监督，促进制度转化为可期成果。由是观之，随着中国特色社会主义制度体系的逐步完善，制度自信必将得到提升。

中国特色社会主义制度设计的完善，一方面要尊重制度形成和发展的规律，把制度的合目的性与合规律性结合起来；另一方面也需要注重制度所针对的国情和现实，注意制度的针对性和现实性，把其思想内容与制度实现形式、本土性与外来性有机结合起来。习近平强调："只有扎根本国土壤、汲取充沛养分的制度，才最可靠，也最管用。"[②] 英国历史学家汤因比分析中国社会主义制度后乐观地认为，中国共产党如果能够在社会和经济战略选择方面开辟出一条新路，即结合前工业社会传统生活方式和近代以来西方工业方式优点又避免其缺点的中间道路，那将证明其有能力给全世界提供中国和世界都需要的礼物。[③] 中国特色社会主义制度恰恰就是把制度的本土性和外来性有机结合起来，在汲取外来经验的同时充分体现中国的历史、现实和未来发展趋势。也恰如汤因比所预言的那样，中国特色社会主义制度展现出了充分的中国特色、中国风格和中国气派，从而也成为了独具魅力的中国智慧和中国方案，是新时代中国给世界的一份有益的礼物。

3. 进一步提升中国特色社会主义制度效能

制度效能是制度成效和功能的标志，是制度在具体化和落实过程中所能取得的价值与绩效的表达。保持改革创新的中国特色社会主义制度

① 参见中共中央宣传部：《习近平新时代中国特色社会主义思想三十讲》，北京：学习出版社 2018 年版，第 25 页。

②《习近平谈治国理政》（第 2 卷），北京：外文出版社 2017 年版，第 286 页。

③［英］阿诺德·汤因比：《历史研究》，刘北成、郭小凌译，上海：上海人民出版社 2000 年版，第 394 页。

既保证了经典社会主义制度的原则和方向，又吸取了制度探索过程中失误的教训和经验，同时有条件地吸收了西方市场经济制度的长处，既具有集中力量办大事的优势，又具有分散开来办具体事的弹性。改革开放40多年来，依靠中国灵活而坚定的制度保障，中国特色社会主义已经取得了令世界刮目相看的成就。中国特色社会主义制度既有顶层设计，又有具体步骤，既鼓励大胆试大胆闯，又强调防范风险，摸着石头过河。新加坡资政李光耀指出："中国彰显优势的方式肯定不同以往……中国有成为世界强国的实力。所有政府的对华政策，尤其是中国邻国的对华政策，都已考虑到这一点。这些政府正在重新调整自己，因为它们知道如果侵犯了中国的核心利益，将承担一定的后果。"[①] 这个判断，既暗含了对中国特色社会主义制度优势的肯定，又表达了对中国特色社会主义制度效能的认可。

毋庸讳言，中国特色社会主义事业的深入发展离不开中国特色社会主义制度效能的再提高。恩格斯说过，社会主义制度将给所有的人提供健康有益的工作、充裕的物质生活和闲暇时间以及真正的充分的自由。[②] 对照恩格斯的设想，中国特色社会主义必须在所有人的工作、生活休闲和生命自由上提供保障，在人的物质财富和精神财富、个人生活和公共生活上提供充分自由。为此，就有必要进一步提升中国特色社会主义制度的效能。首先，进行科学的制度分析，厘清中国特色社会主义制度的优势和潜力，取长避短，在中国特色社会主义建设的各领域充分发挥中国特色社会主义制度的优势。其次，狠抓制度落实。有了制度而不去落实制度，制度就是一个空架子，制度效能的生命在于制度的实化细化具体化。当前和今后很长时间，制度落实都是提升中国特色社会主义制度效能的关键。再次，加强对制度效能的检测和反馈。在中国特色社会主义建设的进程中，各项制度落实得怎么样，是否科学合理、是否准确到位，都有赖于及时有力的制度效能监督。加强对制度效能的检测和反馈，有利于制度调整和制度更新，也有利于把握制度变革和制度创新

① 艾利森、布莱克威尔、温尼:《李光耀论中国与世界》，蒋宗强译，北京：中信出版社2013年版，第182页。

②《马克思恩格斯全集》(第21卷)，北京：人民出版社1965年版，第570页。

的方向。最后，强化制度赋能。一项制度究竟能够产生多大的效果，在很大程度上与制度本身的先进性、制度价值的崇高性、制度机构体系的合理性有密切关系。中国特色社会主义制度保持了社会主义制度的积极性、先进性、科学性和卓越性，在制度落实过程中应始终注意为制度赋予新的动能，不断注入新的能量、激发新的活力。从社会主义的本质和原则出发，结合不断变化的世情、国情、社情和民情，为中国特色社会主义制度探寻新的能源和能量，这既是提升中国特色社会主义制度效能的根本途径，也是提升中国特色社会主义制度自信的关键。

（原文发表于《学术论坛》2019 年第 4 期）

五

论中国特色社会主义制度自信教育

党的十八大以来，习近平总书记科学阐释了中国特色社会主义制度的思想内涵、特色优势和政治定位，多次强调了坚定中国特色社会主义制度自信的历史逻辑、时代价值和实践意义。在谈到“四个自信”教育时，他指出，我们办中国特色社会主义教育，就是要引导学生增强中国特色社会主义道路自信、理论自信、制度自信、文化自信；广泛开展宣传教育，加强思想舆论引导，坚定广大干部群众对中国特色社会主义的道路自信、理论自信、制度自信、文化自信，进一步激发全体人民爱党、爱国、爱社会主义的巨大热情。中国特色社会主义制度自信教育是“四个自信”教育的重要内容和组成部分，开展中国特色社会主义制度自信教育是办好中国特色社会主义教育的题中之义，也是新时代思想理论教育的关键命题。

（一）基本定位：中国特色社会主义教育的根和魂

教育是人类解放自身、寻求发展、争取进步、走向文明的标志，也是世界文明国家致力发展的事业。中国是文明大国，也是教育大国。无论是在传统社会还是在现代社会中，中国人都有重视教育、力行教育的习惯。教育是实现现代化的必由之路，在中国办教育要坚持中国特色社会主义教育发展道路。党的十八大以来，以习近平同志为核心的党中央继承和发展了科教兴国战略，致力于建设社会主义现代化强国，把教育摆在优先发展的战略地位。他在把握世界发展大势的基础上提出：“当今世界的综合国力竞争，说到底是人才竞争，人才越来越成为推动经济社会发展的战略性资源，教育的基础性、先导性、全局性地位和作用更加凸显。”[①] 对于建设社会主义现代化强国、推进中国特色社会主义事业而言，教育的价值则更加显著、更为突出。习近平总书记把教育看作国之大计、党之大计，他指出：“教育是民族振兴、社会进步的重要基石，是功在当代、利在千秋的德政工程，对提高人民综合素质、促进人的全面发展、增强中华民族创新创造活力、实现中华民族伟大复兴具有决定性意义。”[②] 从属性上看，当代中国教育本质上就是中国特色社会主义教育，它要求坚持社会主义方向、服务社会主义建设、发展社会主义事业。

在社会系统中，社会制度是带有根本性和决定性的组织体系。中国特色社会主义制度既是中国特色社会主义的标志，也是中国特色社会主义的支撑。对中国特色社会主义制度的自信，本质上也是对中国特色社会主义的自信。因此，开展中国特色社会主义制度自信教育，实际上就成为与中国特色社会主义的建设和发展紧密相关、增强对中国特色社会主义信心的教育。习近平总书记指出，新时代贯彻党的教育方针，要“为巩固和发展中国特色社会主义制度服务”[③]。在中国特色社会主义教育体系中，制度自信教育是中国特色社会主义教育的根和魂。所谓根也意味着中国特色社会主义制度自信教育是中国特色社会主义立教之本，关系人们对中国特色社会主义的认可和认同。通过中国特色社会主义制度自信教育可以增进人们对中国特色社会主义制度的理解、增强对中国特色社会主义道路、理论和文化的信心。所谓魂也意味着中国特色社会主义制度自信教育是中国特色社会主义施教之魂，关系中国特色社会主义教育事业的前进方向和价值层次。从属性看，制度自信教育首先是政治性的教育，是服务于国家政治的教育。中国特色社会主义制度自信教育直抵中国特色社会主义教育的政治本质、政治目标和政治方向，为中国特色社会主义教育注入精魂，影响并决定着中国特色社会主义教育的政治价值和政治前景。

① 习近平：《做党和人民满意的好老师——同北京师范大学师生代表座谈时的讲话》，《人民日报》2014 年 9 月 10 日，第 2 版。

② 习近平：《坚持中国特色社会主义教育发展道路　培养德智体美劳全面发展的社会主义建设者和接班人》，《人民日报》2018 年 9 月 11 日，第 1 版。

③ 习近平：《思政课是落实立德树人根本任务的关键课程》，《求是》2020 年第 17 期。

（二）根本目的：服务中国特色社会主义制度的巩固和发展

中国特色社会主义是当代中国发展的核心命题，也是十八大以来以习近平同志为核心的党中央矢志不渝坚持推进的伟大事业。中国特色社会主义制度是中国特色社会主义的根本，集中体现了中国特色社会主义的特点和优势，是中国发展进步的根本制度保障。中国特色社会主义制度是不断发展的制度，也需要在坚持和巩固中得到健全与完善。党的十九届四中全会指出："坚持和完善中国特色社会主义制度、推进国家治理体系和治理能力现代化，是全党的一项重大战略任务。各级党委和政府以及各级领导干部要切实强化制度意识，带头维护制度权威，做制度执行的表率，带动全党全社会自觉尊崇制度、严格执行制度、坚决维护制度。"[①]只有尊崇制度才能尊重制度权威，只有执行制度才能落实制度优势，只有维护制度才能发展和完善制度。由此可知，开展中国特色社会主义制度自信教育是围绕着制度建设和制度落实进行的，其根本目的就是服务中国特色社会主义制度的巩固和发展。

社会主义制度是从资本主义体系中脱胎而出的新社会制度，自其孕育和产生以来，不断遭遇各种风险和挑战，也始终需要巩固和发展。开展社会制度的教育是体现社会阶级性质、反映社会本质要求的教育。毛泽东曾经指出："社会主义教育乃是工人阶级手中的工具。"[②]使用这个工具就是为了维护工人阶级的政权、捍卫工人阶级的社会制度。改革开放以来，中国特色社会主义制度建设得以启程。党的十八大以来，中国特色社会主义制度建设又进入了快车道。然而，国外总有一些敌对势力极端仇视并想方设法围攻和破坏中国特色社会主义制度，受外部势力的诱导和影响，国内也有一些人对中国特色社会主义制度缺乏理解和认同，缺乏自尊和自信。他们有的认为中国特色社会主义制度不如资本主义制度优越，有的认为中国特色社会主义制度背离了社会主义的本质要求。因此，不管是主张要回到老路的，还是主张改旗易帜的，本质上都是对中国特色社会主义制度缺乏自信的表现，而其中有的人站到敌视中

①《中共十九届四中全会在京举行》，《人民日报》2019年11月1日，第1版。

②《毛泽东文集》（第7卷），北京：人民出版社1999年版，第398页。

国特色社会主义的立场，更有甚者则蓄意破坏中国特色社会主义事业、危害中国特色社会主义制度。习近平总书记指出，教育要为巩固和发展中国特色社会主义制度服务。他强调："我们说坚定制度自信，不是要固步自封，而是要不断革除体制机制弊端，让我们的制度成熟而持久。"[①]由此说，开展中国特色社会主义制度自信教育，根本目的就是要服务于中国特色社会主义制度的巩固和发展，以打牢中国特色社会主义的制度根基、发展和完善中国特色社会主义事业为主旨。

（三）直接目标：引导人们认识中国特色社会主义制度的本质特征和优越性

社会制度是人们赖以生活生产的社会根本组织模式。不同的社会制度塑造和支撑不同的社会生活和生产方式，人们对社会制度的感知和体认也影响制度及其运行。实际上，人们对于社会制度的感受状况和评价意见是极其重要的制度发展的镜鉴。学者钱穆指出："要讲某一代的制度得失，必须知道在此制度实施时期之有关各方意见之反映。"[②]在制度体系中，至少有两方面的内容直接影响人们对制度的感受和认知：其一是制度的本质特征；其二是制度所具有并呈现出的多维优越性。前者根本上决定了人与制度的基本关系以及人存在和活动的制度样式，后者则决定着制度给人的生存及其活动所提供的资源和条件。从总体上看，中国特色社会主义制度体系是展现中国社会主义本质及其优越性的体系。对中国特色社会主义制度本质特征和优越性的认同，是人们理解和尊崇中国特色社会主义制度并对之产生信赖的认识基础，也是人们从根本上信赖和拥护中国特色社会主义的思想前提。

习近平总书记指出："中国特色社会主义制度是当代中国发展进步的根本制度保障，是具有鲜明中国特色、明显制度优势、强大自我完善能力的先进制度。"[③]在全国抗击新冠肺炎疫情表彰大会上的讲话中，

①《习近平谈治国理政》（第1卷），北京：外文出版社2018年版，第106页。

② 钱穆：《中国历代政治得失》，北京：生活·读书·新知三联书店2001年版，前言第2—3页。

③《习近平谈治国理政》（第2卷），北京：外文出版社2017年版，第51页。

习近平总书记又明确指出："我国社会主义制度具有非凡的组织动员能力、统筹协调能力、贯彻执行能力，能够充分发挥集中力量办大事、办难事、办急事的独特优势，这些抗疫斗争有力彰显了我国国家制度和国家治理体系的优越性。"[①] 党的十九届四中全会系统提出了中国特色社会主义国家制度和治理体系所具有的显著优势，强调这些显著优势是坚定中国特色社会主义道路自信、理论自信、制度自信、文化自信的基本依据，提出要"加强制度理论研究和宣传教育，引导全党全社会充分认识中国特色社会主义制度的本质特征和优越性，坚定制度自信"[②]。这一要求，阐明了中国特色社会主义制度自信教育的直接目标，也提出了通过制度自信教育来提高人们认识中国特色社会主义制度本质特征及其优越性的实践要求。从根本属性上看，中国特色社会主义本质是社会主义，它既不是历史上曾经出现的空想的、经典的或传统的社会主义，也不是某些特定历史阶段出现的国家社会主义和民族社会主义，既不是现行世界中某些国家奉行的所谓"民主社会主义"，也不是固守旧条框几近僵化的所谓"正版社会主义"，更不是中国特色的资本主义。因此，把握中国特色社会主义的本质特征就是要把握其既属于社会主义的根本性质又是处在社会主义初级阶段的具体特征、处在建设和发展中的社会主义的特殊性。与此同时，中国特色社会主义是社会主义中国广大人民群众的社会主义，其优越性不仅体现为社会主义所具有的传统政治优势，也体现在中国特色社会主义的制度优势和实践优势。因此，开展中国特色社会主义制度自信教育，关键就是要通过对中国特色社会主义本质特征和优越性的把握，增进人们对中国特色社会主义道路的制度认同，增强人们走中国特色社会主义道路、坚持中国特色社会主义理论、培育中国特色社会主义文化的信心和信念。

（四）实践基础：中国特色社会主义的生动实践与创新发展

开展中国特色社会主义制度自信教育必须有扎实的实践基础。自从

① 习近平：《在全国抗击新冠肺炎疫情表彰大会上的讲话》，《人民日报》2020年9月9日，第2版。

②《中共十九届四中全会在京举行》，《人民日报》2019年11月1日，第1版。

马克思主义传入中国、社会主义思想开始在中国扎根以来，经过新民主主义革命、社会主义革命和建设、改革开放和中国特色社会主义建设，一直到今天新时代中国特色社会主义事业，社会主义便成为先进的中国共产党带领全国各族人民摆脱苦难、走向光明的指路明灯，始终与中国的命运息息相关、与中华民族的前途密不可分。社会主义制度就成为中华民族得解放、中国人民得幸福的坚实保障。正如习近平总书记在党的十九大上指出的："实现中华民族伟大复兴，必须建立符合我国实际的先进社会制度。我们党团结带领人民完成社会主义革命，确立社会主义基本制度，推进社会主义建设，完成了中华民族有史以来最为广泛而深刻的社会变革，为当代中国一切发展进步奠定了根本政治前提和制度基础。"①百年来，社会主义在中国大地上经历了从无到有、从小到大、从弱到强、从思想到实际、从理论到实践的转变，其中所包含的生动实践和创造发展无疑既是中国特色社会主义制度形成的前提，也是中国特色社会主义制度自信的基础。

中国特色社会主义制度是历史形成的，也是实践创造的。列宁说过："生气勃勃的创造性的社会主义是由人民群众自己创立的。"②党的十九届四中全会指出："中国特色社会主义制度是党和人民在长期实践探索中形成的科学制度体系，我国国家治理一切工作和活动都依照中国特色社会主义制度展开，我国国家治理体系和治理能力是中国特色社会主义制度及其执行能力的集中体现。"③进入新时代以来，中国特色社会主义建设取得了令国人振奋、令世界瞩目的成就，中国特色社会主义制度在中国大地上展现出新优势、新气象和新面貌，中华民族前所未有地靠近世界舞台中心，前所未有地接近中华民族伟大复兴的目标，前所未有地具有实现这个目标的能力和信心。这个时代方位、实践成果和民族信心，无疑就是中国特色社会主义制度自信的缘由，也是开展中国特色社会主义制度自信教育的基础。习近平总书记指出："我们讲要坚定道路

① 习近平：《决胜全面建成小康社会　夺取新时代中国特色社会主义伟大胜利——在中国共产党第十九次全国代表大会上的报告》，北京：人民出版社 2017 年版，第 14 页。

②《列宁全集》（第 33 卷），北京：人民出版社 2017 年版，第 53 页。

③《中共十九届四中全会在京举行》，《人民日报》2019 年 11 月 1 日，第 1 版。

自信、理论自信、制度自信，要有坚如磐石的精神和信仰力量，也要有支撑这种精神和信仰的强大物质力量。这就要靠通过不断改革创新，使中国特色社会主义在解放和发展社会生产力、解放和增强社会活力、促进人的全面发展上比资本主义制度更有效率，更能激发全体人民的积极性、主动性、创造性，更能为社会发展提供有利条件，更能在竞争中赢得比较优势，把中国特色社会主义制度的优越性充分体现出来。”①社会主义是干出来的。实干创造了中国特色社会主义的实绩，也奠定了中国特色社会主义制度自信的基础。开展中国特色社会主义制度自信教育，显然离不开由中国特色社会主义伟大成就和中国特色社会主义制度创造所带来的思想认知与心理认同。换言之，如果没有中国特色社会主义的实绩作为基础，就无从培育人们对中国特色社会主义制度的自信。

（五）思想支点：强化中国化马克思主义理论与“四史”教育

制度是历史的体系性产物，也是思想的组织性结晶。中国特色社会主义制度与中国特色社会主义道路、理论和文化一样，是历史形成、不断积累的结果，与中国的历史和现实不可分。因此，除去制度形成的实践基础和实践逻辑外，中国特色社会主义制度自信还具有内在的理论逻辑和客观的历史逻辑。从其理论逻辑看，中国特色社会主义制度自信是建立在近代以来马克思主义理论的指导之上、与中国化马克思主义理论相辅相成的。只有理论上的清醒才有政治上的坚定，只有理论上的坚定才有制度上的自信。由此，开展中国特色社会主义制度自信教育离不开对中国化马克思主义理论的教育。从其历史逻辑看，由于中国特色社会主义制度形成具有历史过程性和历史规律性，要找寻制度自信就必须结合制度形成、制度创造和制度发展的历史开展相应的教育。在庆祝中国共产党成立95周年大会上，习近平总书记就强调指出：“当今世界，要说哪个政党、哪个国家、哪个民族能够自信的话，那中国共产党、中华人民共和国、中华民族是最有理由自信的。”②事实也恰如此，正是中国

①《习近平谈治国理政》（第1卷），北京：外文出版社2018年版，第93页。

② 习近平：《在庆祝中国共产党成立95周年大会上的讲话》，北京：人民出版社2016年版，第12页。

共产党领导建立的人民共和国和社会主义制度，才让中华民族摆脱了近代遭受奴役和压迫的悲惨命运，昂首屹立于世界民族之林，也才提供了中国特色社会主义制度自信的基础。而进行中国化马克思主义理论教育，进行中共党史、中华人民共和国史、改革开放史和社会主义发展史的“四史”教育，就为增强人们的制度自信提供了思想支撑，因而也就成为开展中国特色社会主义制度自信教育的思想支点。

“善歌者，使人继其声。善教者，使人继其志。”[①] 古今中外思想教育的历史表明，灌输和教育什么样的思想，就会产生什么样的观念，而真正好的教育要立足于塑造人们的思想意识、价值观念和情操志趣。中国特色社会主义制度自信本身就是一个极具时代性的思想问题，对制度是否有自信取决于人们在思想上能否认可制度。倘若所开展的制度自信教育能够解决人们的思想困惑和价值迷惑，人们自然就会对中国特色社会主义产生自信或保持信心。在当代中国，人们的思想困惑和价值迷惑中最能影响制度自信的就是对中国特色社会主义理论、道路和历史缺乏了解或者抱有误解。中国化马克思主义理论是中国特色社会主义建设的理论指南，是在民族复兴的鲜活实践中孕育和产生的马克思主义理论，是马克思主义的基本原理运用于中国社会主义建设实践而产生的具有针对性、规律性和创造性的思想理论成果。用中国化马克思主义理论教育人民以澄清人们思想上的迷惑，从科学的层次上理解中国特色社会主义的来龙去脉，认识中国特色社会主义制度的内涵和本质。与此同时，历史是现实的镜子，是理解现实和把握未来的前提。中国特色社会主义制度并不是凭空出现的。恰如钱穆所言：“某一制度之创立，决不是凭空忽然地创立，它必有渊源，早在此项制度创立之先，已有此项制度之前身，渐渐地在创立。某一制度之消失，也决不是无端忽然地消失了，它必有流变，早在此项制度消失之前，已有此项制度之后影，渐渐地在变质。”[②] 以中共党史、中华人民共和国史、改革开放史和社会主义发展史为内容的“四史”教育勾勒的是中国特色社会主义形成与发展的前世今

①《礼记 · 学记》，程昌明译注，呼和浩特：远方出版社2007年版，第80页。

② 钱穆：《中国历代政治得失》，北京：生活 · 读书 · 新知三联书店2001年版，前言第5页。

生，确证了中国特色社会主义制度的历史规律性和历史过程性，它内在地诉说着中国特色社会主义制度是如何一步一步走过来的，又如何成为人民的选择、实践的选择和历史的选择。用“四史”教育人们可以更好地促使人们客观准确地把握中国特色社会主义制度的形成过程和发展历史，理解制度变迁的时代程序和阶段特征，把握中国特色社会主义制度的历史基础和现实条件，从而也更易于接受现存的中国特色社会主义制度。由此，开展中国化马克思主义理论教育和“四史”教育无疑能够为人们解除思想困惑、消除价值迷惑，从而为人们的行为指向导航，也为中国特色社会主义制度自信教育奠定思想基础。

（六）具体内容：中国特色社会主义制度的结构体系和功能价值

毫无疑问，让人们了解、熟悉并认同中国特色社会主义制度对于提升其制度自信至关重要。制度是一个复杂、综合的体系，制度自信也包含多方面的内容，但其中最重要的是对国家政治制度的自信。习近平总书记指出：“一个国家的政治制度决定于这个国家的经济社会基础，同时又反作用于这个国家的经济社会基础，乃至于起到决定性作用。在一个国家的各种制度中，政治制度处于关键环节。所以，坚定中国特色社会主义制度自信，首先要坚定对中国特色社会主义政治制度的自信，增强走中国特色社会主义政治发展道路的信心和决心。”①可以说，中国特色社会主义政治制度是中国特色社会主义制度体系的核心内容，对中国特色社会主义制度的自信首要的、根本的就是对中国特色社会主义政治制度的自信。这也可以说是对中国特色社会主义制度自信最基本、最重要和最关键的要求。由此，在中国特色社会主义制度自信教育中，理应把政治制度教育摆在首位并切实发挥其引领作用。当然，强调政治制度的重要性并不能取代制度教育的过程。要切实增强人们对中国特色社会主义制度的自信，由此开展的教育就不应该停留在表面上，不能仅凭单向度的宣传一味地强调制度之好，而应当深入就里，把中国特色社会主义

①《十八大以来重要文献选编》(中)，北京：中央文献出版社 2016 年版，第 62 页。

制度的结构体系和功能价值作为制度自信教育的具体内容。

在现实生活中，不少人之所以对中国特色社会主义制度存有误解和曲解，在很大程度上是因为他们尽管生活在中国特色社会主义制度之下，也深受中国特色社会主义制度的影响，但并不真正了解中国特色社会主义制度本身，甚至并不真正知道中国特色社会主义制度到底是怎样的制度，而只是凭着模糊的印象或者道听途说的说辞来下结论、作判断。照此看来，了解中国特色社会主义制度到底是怎样一回事是增强制度自信的前提，也是开展中国特色社会主义制度自信教育的基础工作。就中国特色社会主义制度自信教育的内容来看，最关键的是要开展两方面的教育：一方面，着重开展中国特色社会主义制度结构体系的教育。党的十九届四中全会全面提出了中国特色社会主义的根本制度、基本制度和重要制度，搭起了中国特色社会主义制度体系的框架结构，构建了完备和健全的中国特色社会主义制度体系。在这个制度体系中，“任何一项制度，决不是孤立存在的。各项制度间，必然是互相配合，形成一整套。否则那些制度各各分裂，决不会存在，也不能推行”[①]。事实上，就现实情况看，人们对中国特色社会主义制度体系中某些根本性的制度、历史继承性的制度和与自身紧密相关的制度相对熟悉，而对其他制度则相对陌生，或者并不关心。因此，要通过恰当的教育方式让人们懂得中国特色社会主义制度的基本框架结构，不仅要熟悉长期以来已经进入到人们的思想和头脑中的那些根本制度，真正掌握其历史基础性、现实针对性、客观实践性、科学适用性和根本优越性，而且要了解那些与人们的生活息息相关但并不真知的体制、机制、规范和制度，熟悉各项制度的依存性、互补性和实用性。另一方面，开展中国特色社会主义制度功能价值的教育。制度的价值在于落实和应用。一项制度只有在实践和应用中才能够发挥其约束、协调和指导的力量。中国特色社会主义制度是具有崇高道义关怀和显著比较优势的制度，也是正在健全和发展中的制度，其功能的发挥和价值的呈现既具有强烈的现实性，也具有广阔的拓展性。因此，既要通过中国特色社会主义制度功能价值的教育让人们看

① 钱穆:《中国历代政治得失》，北京：生活 · 读书 · 新知三联书店2001年版，前言第4—5页。

到中国特色社会主义制度的现实作用和具体功能，又应该让人们认识到其潜在价值和长远意义；既要让人们看到中国特色社会主义制度如何改变了个体生活和社会生活，更要让人们看到它又将会怎样改变未来的生活和社会面貌。

（七）主要途径：普遍化的社会宣教与专门化的学校教育

教育是进行思想灌输、价值建构和行为矫正的重要途径。在无产阶级为夺取政权、建立共产主义和社会主义而进行阶级斗争的年代，马克思和恩格斯就强调过阶级教育的重要性。他们指出："……工人阶级中比较先进的那部分人则完全懂得，他们阶级的未来，因而也是人类的未来，完全取决于新一代工人的成长。"[①]社会主义是在取代资本主义的基础上建立起来的先进社会制度。要让人们认识到社会主义制度的先进性和资本主义的腐朽落后，就必须进行有针对性的宣传教育。列宁在提到社会主义社会的国民教育时也强调说："学校应当成为无产阶级专政的工具，就是说，不仅应当传播一般共产主义原则，而且应当对劳动群众中的半无产者和非无产者的阶层传播无产阶级在思想、组织、教育等方面的影响。"[②]社会主义制度在中国建立以来，党和国家的领导人认识到教育是无产阶级专政的工具，高度重视开展增强对社会主义制度认同的教育。毛泽东鲜明提出："我们要教育人民，不是为了个人，而是为了集体，为了后代，为了社会前途而努力奋斗。"[③]可以认为，社会主义制度进而中国特色社会主义制度只有在有效的社会宣传教育和专门化的学校教育中才能够被认可，对其自信也只有在不断的教育中才能够增强。

进行宣传教育是巩固和提升中国特色社会主义制度自信的主要途径。其中，普遍化的社会宣传教育是社会教育的常见形式，也是普及中国特色社会主义制度基本常识和基础知识的常用手段，它所针对的对象是最广泛意义上的人民群众，往往需要采取与人民群众的生活、生产活动最为密切、能够融入生活和生产的灵活方式进行。"我们要在人民群

①《马克思恩格斯全集》（第21卷），北京：人民出版社2003年版，第270页。
②《列宁全集》（第36卷），北京：人民出版社2017年版，第106页。
③《毛泽东文集》（第8卷），北京：人民出版社1999年版，第134页。

众中间，广泛地进行宣传教育工作，使人民认识到中国的真实情况和动向，对于自己的力量具备信心。”[①] 然而，正如前面所提到的，普遍化的宣传教育不能流于形式、不能止于肤浅，应当记住“这个宣传是逐步的宣传，要宣传得好，使人愿意接受”[②]。专门化的学校教育则是思想观念形成期的青少年人群、党员领导干部和其他承担重要社会管理职能的人士进行制度自信教育的根本途径。在专门化的学校教育中，需要通过规范的课程、教材、课堂等方式介绍中国特色社会主义制度的形成发展、实际运用和未来前景。专门化的学校教育无疑是进行中国特色社会主义制度自信教育的主阵地和主渠道，承担着培育社会主义建设人才、巩固和发展中国特色社会主义制度的重要使命。需要指出的是，在专门化的学校教育系统中，旨在增强中国特色社会主义制度自信的教育也不能是教条的、僵化的，而应当灵活多样、丰富多彩。凡是有助于巩固和提升学生对中国特色社会主义制度自信的教育内容、课程形式和教学方法，都应当积极采用。党的十八大以来，习近平总书记从建设社会主义教育强国的高度出发，多次强调要扎根中国大地办教育，他强调开展中华传统文化教育、强调改进和加强思想政治工作、加强马克思主义理论教育、爱国主义、集体主义和社会主义教育，倡导培育和践行社会主义核心价值观，组织进行党的路线方针政策教育，领导推动全党全社会开展多种形式的主题教育。凡此种种，既包含了普遍意义上的社会宣传教育，也包含了专门化的学校教育，而教育的直接效果显然有助于提振全党全社会对中国特色社会主义制度的自信心和凝聚力，也无疑有助于在打造社会价值共同性中为中国特色社会主义制度创造更加美好的未来。

（原文发表于《思想理论教育》2020 年第 12 期）

①《毛泽东选集》(第 4 卷)，北京：人民出版社 1991 年版，第 1131 页。
②《毛泽东文集》(第 7 卷)，北京：人民出版社 1999 年版，第 270 页。

六

论中国特色社会主义的制度治理

马克思恩格斯指出：“一切划时代的体系的真正的内容都是由于产生这些体系的那个时期的需要而形成起来的。”[①] 作为一个综合性、整体性的思想体系，习近平治国理政思想适应了当代中国全面深化改革和持续发展的时代要求，把握了中国特色社会主义制度治理这一时代发展和社会进步的特征、趋势与要求，展示了现时代中国全面制度化改革和制度性发展的思想品格与精神气质。中国特色社会主义制度治理堪称习近平治国理政思想的特质。

（一）中国特色社会主义制度治理的本质规定性

通常情况下，制度治理包含两个层面的含义，就其微观层面而言，它是指针对一个国家体系内的各种制度进行有目的、有程序的治理，即对制度本身采取治理措施和监督方略，在此意义上的制度治理实际上也就是“治理制度”，即对制度的形成、发展和运行进行监督与管理。在宏观层面上，制度治理是一种治理模型和管理范式，指运用并依靠制度的力量、目标和信仰体系对国家与社会进行有效治理的特殊管理方式，是依靠制度化治理和制度性治理为途径，以制度体系的构建、完善和实施为基本模型与总体运行方式的治理类型。不过，这两种层面的制度治理之间并没有绝对的鸿沟，对具体制度进行治理不仅是作为模式和类型的制度治理的重要内容和组成部分，也是其实践支撑和基本要求。换言之，对一个国家和社会的制度治理必须通过并依靠对具体制度的治理来实现、来进行。本文所指的制度治理是从国家和社会治理模式的角度所

①《马克思恩格斯全集》（第 3 卷），北京：人民出版社 1960 年版，第 544 页。

谈的一种整体性的制度治理。它是一种高层次的现代化国家和社会治理的模式，是在超越以往“图腾符号崇拜”“宗教情感魅惑”和“权力资本配置”为特征的专制制度治理模式之后出现并发挥制度主导作用的治理形态。中国特色社会主义的制度治理是社会主义社会治理的当代中国形式，它首先和最重要的就是一种现代化的国家治理模型和范式，是全面制度化的中国特色社会主义社会治理，是围绕着中国特色社会主义这一重大实践主题和基本制度进行的包括国家、社会、政治、经济、文化和组织在内的全方位制度性的系统治理。当然，这种模式化的制度治理的实现无疑要借助中国特色社会主义的制度包括基本制度和各项具体制度的实施来实现。

从世界范围看，人类社会自从国家出现以后就进入了制度存在和制度发生的治理进程中。从宗教神权治理到封建皇权治理再到资本治理，社会主义国家出现之前的国家治理尽管也存在制度，甚至到资本主义阶段出现了较高程度的制度化的国家治理，某些制度也具有较为鲜明的人文色彩，但从本质上说，无论是宗教制度、封建主义制度还是资本主义制度，这些制度都是基于私有制、为构建并维护某种剥削关系、以剥削和私有化为内在价值追求的专制制度，在这样的制度上所推行的制度治理本质上是私有制的专制制度治理。马克思指出：“专制制度必然具有兽性，并且和人性是不相容的。”针对历史上的私有制和剥削制度，他又深刻地指出：“人们的私有制和剥削制度正在比人口的繁殖不知快多少倍地引起现今社会内部的分裂，这种分裂，旧制度是无法医治的，因为它根本就不医治，不创造，它只是存在和享乐而已。”[①] 社会主义经历了从理想到现实的转变，尽管现实中的中国特色社会主义制度治理尚不够完善，但由于社会主义社会与以往专制社会的最大不同是它具有公有制的本质规定性，社会主义的制度治理不论是在实现进程还是在发展预期上都是基于社会主义公有制的制度治理，因而也是高度人性化的制度治理。实际上，在根本属性上，社会主义制度治理是基于社会主义公有制的制度治理，这是由科学社会主义和共产主义运动从一开始就确立下的

①《马克思恩格斯全集》(第1卷)，北京：人民出版社1956年版，第414页。

规定性，也是社会主义制度不同于以往一切剥削制度的根本所在。恰如马克思和恩格斯在《共产党宣言》中指出的："共产主义的特征并不是要废除一般的所有制，而是要废除资产阶级的所有制……共产党人可以把自己的理论概括为一句话：消灭私有制。"①"共产党人到处都支持一切反对现存的社会制度和政治制度的革命运动。在所有这些运动中，他们都强调所有制问题是运动的基本问题，不管这个问题的发展程度怎样。"②

恩格斯在谈到社会主义社会的基本特征时曾指出："我们的目的是要建立社会主义制度，这种制度将给所有的人提供健康而有益的工作，给所有的人提供充裕的物质生活和闲暇时间，给所有的人提供真正的充分的自由。"③按照邓小平后来的解释，社会主义的本质是"解放生产力，发展生产力，消灭剥削，消除两极分化，最终达到共同富裕"④。这个概括实际上揭示了社会主义公有制的基本要求和发展目标。之所以必须要经过解放和发展生产力的阶段，是因为"劳动者在经济上受劳动资料即生活源泉的垄断者的支配，是一切形式的奴役的基础，是一切社会贫困、精神沉沦和政治依附的基础"⑤。发展社会生产、实现经济解放是社会主义公有制的内在要求，也是其获得发展和进步的坚实基础。基于社会主义公有制的中国特色社会主义制度治理，自然应当追求人的自由全面发展，应当把以人为本作为制度治理的出发点和立足点。这种制度治理从根本上是为了实现人的需要、价值、权利和主体性的治理。其中，一切制度都来源于人，同时也在根本上是服务于人的。与以往专制制度不同的是，社会主义社会的制度及其治理是高度人性化的，以人性的终极关怀和人性向着无私的发展作为制度建设的前提，也以人性的全面解放作为制度发展的目标。当然，既然是制度，也就需要人们去恪守。个中的原因是，人们制定制度的目的不是为了赏玩制度，而是为了使之更好地服务于人，是为了在制度发展的基础上使之更好地服务于整个国家和社会的整体利益。由此，在中国特色社会主义的制度治理中，制度既

①《马克思恩格斯选集》(第2卷)，北京：人民出版社2012年版，第414页。
② 同上书，第435页。
③《马克思恩格斯全集》(第21卷)，北京：人民出版社1965年版，第570页。
④《邓小平文选》(第3卷)，北京：人民出版社1993年版，第373页。
⑤《马克思恩格斯全集》(第3卷)，北京：人民出版社1960年版，第171页。

不能被僭越，也不能被破坏，而只能被遵守。

（二）习近平治国理政思想中制度治理的内涵

党的十八大以来，以习近平同志为核心的党中央在带领全国各族人民推进中国特色社会主义建设、实现中华民族伟大复兴的进程中对党、国家和社会治理的方方面面作出了全新的战略部署。习近平本人也就改革发展稳定、内政外交国防、治党治国治军作出了系列论述，形成了一整套系统的、综合的治国理政思想，其中他关于政治治理、政党治理、社会治理、文化治理、生态治理、组织治理和军队治理等方面的内容构成了一个国家治理体系，该体系思想内容丰富、内涵深刻，贯穿其中的一条红线就是中国特色社会主义的制度治理，即以各个领域逐渐规范、成熟和定型的制度来统领各项具体工作、治理国家和社会。不言而喻，制度是治理的依据，制度治理是国家治理体系的灵魂，中国特色社会主义的制度治理具有统领性和指导性，这种制度治理正是习近平治国理政思想的重要特质。

1. 中国特色社会主义的制度治理实质是中国式的现代化国家治理

党的十八届三中全会提出了全面深化改革的总目标。在这个总目标中，中国特色社会主义制度与国家治理体系和治理能力是两项相辅相成的重要内容。按照习近平的解释，“国家治理体系和治理能力是一个国家制度和制度执行能力的集中体现”[①]。其中，国家治理体系本质上就是在党领导下管理国家的制度体系，“包括经济、政治、文化、社会、生态文明和党的建设等各领域体制机制、法律法规安排，也就是一整套紧密相连、相互协调的国家制度”[②]。这里的国家治理体系和治理能力显然就是中国特色社会主义制度在国家和社会管理层面上运用时的同义语，国家治理本质上也就是中国特色社会主义的制度治理。之所以作出这样的判断，是因为党中央考虑全面深化改革时是按照一种总体化地治理社会主义社会的高度和角度来设计改革和中国特色社会主义建设基本布局的。习近平总结了科学社会主义史和苏联在社会主义治理上的经验教

①《习近平谈治国理政》，北京：外文出版社 2014 年版，第 91 页。
② 同上。

训，充分肯定了中国社会主义治理的成功之处。他强调指出："怎样治理社会主义社会这样全新的社会，在以往的世界社会主义中没有解决得很好。……真正实现社会和谐稳定、国家长治久安，还是要靠制度，靠我们在国家治理上的高超能力。"① 社会主义社会治理也是社会主义国家治理，但这种国家治理在其体系和能力不断完善和提高的进程中逐渐走上制度化的轨道，这不能不说是其现代化的要求和表现。可以说，社会主义国家治理现代化的程度越高，治理的制度化、规范化程度也就越高，制度治理的色彩就越明显。这不仅是过去社会主义发展历史中的教训，也是现代国家治理和社会治理的通则。不过值得指出的是，我国的社会主义治理和国家治理既不同于历史上的封建王朝治理，也不应照搬西方国家所采取的资本主义的制度治理。中国特色社会主义的制度治理既要立足中国的国情和实际，也要走出一条中国式的社会主义现代化的制度治理道路。

2. 完善和发展中国特色社会主义制度是进行制度治理的前提

党的十八大系统地总结和阐述了中国特色社会主义制度的内容，指出了制度在三位一体的中国特色社会主义体系中的根本保障作用。在主持十八届中央政治局第一次集体学习时，习近平强调中国特色社会主义制度是中国发展进步的根本制度保障，指出："中国特色社会主义制度是特色鲜明、富有成效的，但还不是尽善尽美、成熟定型的。中国特色社会主义事业不断发展，中国特色社会主义制度也需要不断完善。"他提出："我们要坚持以实践基础上的理论创新推动制度创新，坚持和完善现有制度，从实际出发，及时制定一些新的制度，构建系统完备、科学规范、运行有效的制度体系，使各方面制度更加成熟更加定型，为夺取中国特色社会主义新胜利提供更加有效的制度保障。"② 这个判断，实际上是与当代中国特色社会主义建设的进程及其实际状况相吻合的。1992年，邓小平在南方谈话中提出："恐怕再有三十年的时间，我们才会在各方面形成一整套更加成熟、更加定型的制度。在这个制度下的方针、政策，

①《习近平谈治国理政》，北京：外文出版社2014年版，第91—92页。
② 同上书，第10页。

也将更加定型化。”[①] 从 1992 年到 2022 年的这 30 年，是中国特色社会主义建设探索进程中逐步制度化的阶段。其中，从 2012 年到 2022 年这 10 年，正是中国特色社会主义制度完善和治理的关键期，不但需要在制度健全方面取得更多的成就，而且各项制度的生命力和作用力也会更好地发挥出来。鉴于此，我们可以看到，习近平总书记在作出治国理政的重大战略设计时，自然格外地强调制度建设，制度治理由此也堪称他经略国政的内在红线和思想主脉。

2013 年，党的十八届三中全会公布了由习近平担任文件起草组组长的《中共中央关于全面深化改革若干重大问题的决定》(以下简称《决定》)。《决定》指出全面深化改革的总目标是完善和发展中国特色社会主义制度，推进国家治理体系和治理能力现代化，“制度”和“治理”是其中的关键词。在《决定》所论及的十五项内容中，“制度”“体系”“体制”“机制”这样的字眼频频出现，始终贯穿在经济、政治、文化、社会、生态、国防军队和党的建设的各个方面，成为中国特色社会主义制度化改革和制度治理的宣言书。[②] 在随后省部级主要领导干部专题学习研讨班上，习近平提出了不断提高运用中国特色社会主义制度有效治理国家的能力的重大命题。他强调:“改革开放以来，我们党开始以全新的角度思考国家治理体系问题，强调领导制度、组织制度问题更带有根本性、全局性、稳定性和长期性。今天，摆在我们面前的一项重大历史任务，就是推动中国特色社会主义制度更加成熟更加定型，为党和国家事业发展、为人民幸福安康、为社会和谐稳定、为国家长治久安提供一整套更完备、更稳定、更管用的制度体系。这项工程极为宏大，必须是全面的系统的改革和改进，是各领域改革和改进的联动和集成。”[③] 在推进制度化改革的同时，习近平也倡导依法治国并领导推动在党的十八届四中全会上颁布了《中共中央关于全面推进依法治国若干重大问题的决定》。他强调:“治理一个国家、一个社会，关键是要立规矩、讲规矩、守规矩。法律是治国理政最大最重要的规矩。必须坚持依法治国，为党

①《邓小平文选》(第 3 卷)，北京：人民出版社 1993 年版，第 372 页。
②参见《中共中央关于全面深化改革若干重大问题的决定》，北京：人民出版社 2013 年版。
③《习近平谈治国理政》，北京：外文出版社 2014 年版，第 104—105 页。

和国家事业发展提供根本性、全局性、长期性的制度保障。”[①] 法律是制度的化身，法治是制度治理的具体体现。全面依法治国决策的制定和实施，标志着中国特色社会主义进入系统化的制度治理的新阶段。

3. 坚持中国特色社会主义制度自信是进行制度治理的保障

中国特色社会主义制度尽管还不够完善，尚需要建设和健全，但在实践中却展现了卓越的先进性和强大的优越性，从根本上说是值得自信的。对中国特色社会主义制度充满自信，这既是对改革开放以来中国社会主义建设道路选择和理论创新的自信，也是对中华民族伟大复兴的实践目标的自信。党的十八大提出了中国特色社会主义道路自信、理论自信和制度自信。三个自信之间是三位一体、合三为一的，其中道路自信是实践基础，理论自信是思想基础，制度自信是组织基础。“对一个国家而言，道路选择和理论创新，都要靠制度来保障；道路自信和理论自信，也必然体现为制度自信。”[②] 由于制度自信是道路自信和理论自信的抓手，是最可靠且最终要依靠的组织依据，因而它又是中国特色社会主义建设中所有实践得以展开的标准。只有对中国特色社会主义制度抱有自信，才能有信心、有立场地进行中国特色社会主义的制度治理。习近平从多方面论述了中国特色社会主义制度自信的问题，其中最关键的有两点：一是制度自信来源于实践、来源于人民、来源于真理。基于此，中国特色社会主义制度治理就应当服务于实践、服务于人民、服务于真理。这实际上涉及中国特色社会主义制度治理的本质属性、实施过程和实践标准问题。二是制度自信要在改革中提升，制度治理也在改革中实现。他强调：“没有坚定的制度自信就不可能有全面深化改革的勇气，同样，离开不断改革，制度自信也不可能彻底、不可能久远。我们全面深化改革，是要使中国特色社会主义制度更好；我们说坚定制度自信，不是要固步自封，而是要不断革除体制机制弊端，让我们的制度成熟而持久。”[③] 不难看出，制度治理不是一句空话，也不是一个口号，而是一个

①《习近平关于党风廉政建设和反腐败斗争论述摘编》，北京：中央文献出版社、中国方正出版社2015年版，第2页。

②《走自己的路，坚定制度自信——三论学习贯彻习近平在省部级专题研讨班重要讲话》，《人民日报》2014年2月21日，第1版。

③《习近平谈治国理政》，北京：外文出版社2014年版，第106页。

实实在在的进程，这个进程就是全面深化改革的进程，就是推进中国特色社会主义建设不断向前发展的进程。

4. 严格执行制度是进行中国特色社会主义制度治理的关键

"制定出一个好文件，只是万里长征走完了第一步，关键还在于落实文件。"① 文件是制度的载体，文件需要落实，制度也同样如此。也就是说，制度的生命在于执行，没有执行，再好的制度也会失去价值，流行形式，成为一纸空文，对于制度治理起不到任何促进和保障作用。习近平多次指出执行制度的重要性，强调制度治理的关键就在于严格执行制度。早在主政浙江时，他就形象地提出了"稻草人"的比喻，指出："各项制度制定了，就要立说立行、严格执行，不能说在嘴上，挂在墙上，写在纸上，把制度当'稻草人'摆设，而应落实到实际行动上，体现在具体工作中。"② 在党的群众路线教育实践活动工作会议上，他强调："要以这次活动为契机，制定新的制度，完善已有的制度，废止不适用的制度。制度一经形成，就要严格遵守，执行制度没有例外。"③ 在谈到司法制度改革时，他又强调："制度的生命力在执行，有了制度没有严格执行就会形成'破窗效应'。……谁违反制度就要给谁最严厉的处罚。"④ 实际上，在习近平治国理政思想中，制度治理是一个带总的概念，是对中国特色社会主义建设模式的概括，其具体内容包括了政府治理、政党治理、文化治理、军队治理、生态治理和社会治理的方方面面。不管是哪种治理，都是中国特色社会主义制度治理系统中的一项内容，都需要通过制度的制定和落实来实现有效治理。中国特色社会主义制度治理的关键就在于对各项制度的贯彻与落实要严格。在严于治党、严于治政、严于治理社会和文化的各项事业中促使各种制度得到落实和完善，使中国特色社会主义制度更加成熟，效果更加明显和到位。

---

①《习近平谈治国理政》，北京：外文出版社 2014 年版，第 106 页。

② 习近平：《之江新语》，杭州：浙江人民出版社 2007 年版，第 71 页。

③ 习近平：《深入扎实开展党的群众路线教育实践活动　为实现党的十八大目标任务提供坚强保证》，《人民日报》2013 年 6 月 19 日，第 1 版。

④《十八大以来重要文选选编》（上），北京：中央文献出版社 2014 年版，第 720 页。

（三）中国特色社会主义制度治理的模式价值

如前所论，制度治理是贯通国家治理、社会治理和文化治理等现代化治理体系的经脉，是涵盖和统辖所有治理内容、蕴含治理目标和治理特色的建设模式。党的十八届三中全会以后，中国特色社会主义建设中的一个基本命题就是国家治理体系和治理能力的现代化，这既是习近平治国理政思想的重要内容和显著特征，也是完善和健全中国特色社会主义制度治理的直接目的。说到底，国家治理体系和治理能力也就是制度体系及其执行能力，而国家治理体系和治理能力的现代化毫无疑问也就指向了中国特色社会主义制度治理的现代化。

中国特色社会主义事业是前无古人的开创性事业，中国特色社会主义的制度治理也是充满探索性、包容性和创新性的制度治理。“制度与治理，是决定一个国家性质和竞争力的根本问题。”① 此言不虚，制度与国家性质紧密相关，制度的本质决定了国家性质，而制度的执行力决定了国家的竞争力。中国特色社会主义的制度治理既要遵循和体现中国社会主义的本质属性，又要展示其优越性和竞争力。在实现社会主义现代化的进程中，中国特色社会主义的制度治理既发挥着对现代化的定向作用，也发挥着保驾护航的作用。从具体层面看，中国特色社会主义的制度治理有很多阶段性目标和价值，譬如，各项制度的健全、完善与高效、社会的和谐与稳定、阶段性发展目标的实现、人们生活水平的改善和提高，等等。但在根本目标上，中国特色社会主义的制度治理却旨在铸成一种具有中国特色的社会主义发展道路和治理模式，即建设社会主义的中国模式。这个中国模式是开放的、发展的、渐进的，又是集合了古今中外的智慧和制度优势而形成的独一无二的社会主义制度治理模式。正如习近平所指出的，“我们要根据形势任务发展变化，通过全面深化改革，不断拓展中国特色社会主义道路，不断丰富中国特色社会主义理论体系，不断完善中国特色社会主义制度。我们要虚心学习借鉴人类社会创造的一切文明成果，但我们不能数典忘祖，不能照抄照搬别国

①《深刻理解全面深化改革总目标——一论学习贯彻习近平在省部级专题研讨班重要讲话》，《人民日报》2014年2月19日，第1版。

的发展模式”[①]。

自从国家出现以后，便有了对国家的治理。毋庸讳言，从古到今，无论中外，每个国家都有自己的历史、经济、政治、文化和制度传统，也有基于自身禀赋和特点的治理模式。中华民族有着悠久的历史和独特的政治传统，有着不同于西方文明的东方治理模式。今天中国所奉行和构建的中国特色社会主义制度治理是历史中国的延续和创新。尽管它不会再沿袭传统中国社会的制度治理方式，但也不可能完全与历史传统隔绝。中国特色社会主义的制度治理所包含的国家社会治理模式，是面向现代化、面向未来的全面制度化的新模式，这种新模式在文明根基上是中国的，在世界观和方法论上是马克思主义的，在社会性质上是社会主义的，而在发展阶段上则是借鉴资本主义的优势并最终超越资本主义的。它依托中国特色社会主义的制度体系，以解决当代中国特色社会主义建设中的各项治理任务、完善和发展中国特色社会主义为基本任务，以中国特色社会主义的科学发展与和平发展道路为基本路径选择，必将在中国特色社会主义建设中不断完善和成熟。可以说，在当代中国，由中国特色社会主义的制度治理所蕴含的发展模式，是一种高度自信和自觉的发展模式，“这种自信和自觉，来源于中华文明的深厚渊源，来源于对实现中国发展目标条件的认知，来源于对世界发展大势的把握”[②]。

（原文发表于《新疆师范大学学报》2016 年第 1 期）

①《习近平谈治国理政》，北京：外文出版社 2014 年版，第 30 页。

② 习近平：《在德国科尔伯基金会的演讲》，《人民日报》2014 年 3 月 30 日，第 1 版。

七

努力推进中国特色社会主义文明建设

在党的十八大报告中，“文明”这一字眼先后出现30余次，关于“文明”的论述寓意深刻、内涵丰富、立意高远，准确地揭示了在全面建成小康社会和实现中华民族伟大复兴征程中继承传统文明成果、创造和发展中国特色社会主义新文明的现实需要与美好前景，发出了推进中国特色社会主义文明建设的动员令。

（一）十八大关于中国特色社会主义文明建设的新概括

“文明”一词有多种含义，既可以指个人或群体具有较高文化素养的状态，也可指国家和社会进步发达的程度。多数情况下，文明主要是对社会发展到一定阶段的社会属性和特征的综合，表示社会某个方面或整体性的进步和发展的状态。自从开辟鸿蒙、摆脱愚昧以来，人类就在努力建构和发展新文明的征程上不断迈进。尽管在不同的社会形态中有不同状态、形式和质量的文明，也有对于文明的不同理解，但按照马克思主义对人类社会发展规律的揭示，人类社会发展的总体趋势却是逐步从低一级的文明走向高一级的文明，从不完善、不成熟、不发达的文明逐步走向完善、成熟和发达的文明。社会主义社会经过长期的积累和发展最终必将代替资本主义社会，社会主义文明也终将超越资本主义文明。当代中国所进行的中国特色社会主义建设，其目的就在于发展中国特色社会主义文明，建设得来的成果也成为中国特色社会主义文明的组成部分。由于当代中国仍处于社会主义的初级阶段，因此中国特色社会主义文明仍是社会主义初级阶段的文明，是处在不断发展和完善中的文明。

回顾历史，新中国成立以前中国共产党领导的新民主主义革命，为社会主义文明的创生奠定了基础。新中国成立后很长一段时间内进行的社会主义革命和建设，在事实上开辟了社会主义文明的发展道路。改革开放以后，中国共产党领导中国人民致力于探索中国特色社会主义道路，不断取得中国特色社会主义建设的巨大成就，对社会主义文明的认识也日渐清晰、愈加准确和丰富，并逐步创造出中国特色社会主义文明发展道路的生动现实，描绘了中国特色社会主义文明建设的远大图景。党的十八大报告关于文明的论述，就是中国共产党领导中国人民长期探索社会主义文明道路的集中概括，是对文明建设任务、成果与经验的基本总结，揭示的也正是中国特色社会主义文明的新意涵。报告中屡屡出现的关于文明的表述可以用“一个时代”“一个国家”“一种价值”“一条道路”来加以概括。具体而言：第一，“一个时代”就是生态文明建设的时代。在文明建设的基本内容上，报告突出了生态文明，强调不仅要树立生态文明理念，而且要加强生态文明宣传教育；不仅要推进生态文明建设实践，而且要健全生态文明制度。生态文明建设的提出，与此前已经提出的经济建设、政治建设、文化建设和社会建设一起形成了经济社会建设“五位一体”的总体布局，开启了走向社会主义生态文明的新时代。第二，“一个国家”就是文明国家。在文明建设的实践要求上，报告提出要坚持物质文明和精神文明全面发展，通过开展广泛的群众性精神文明创建活动，不仅提高公民文明素质，而且提高社会文明程度；不仅建设政治文明，而且推进法治文明、做到严格规范公正文明执法，通过文明的全面发展和文明建设的全面铺开来书写新文明，建设文明国家。第三，“一种价值”就是文明的价值。在文明建设的内在原则上，报告把文明作为社会主义价值观之一，并与经济上的富强、政治上的民主、社会上的和谐相提并论。这不仅意味着要在文化层面上培育文明，而且意味着必须将文明作为包括经济、政治、文化、社会和自然生态在内的中国特色社会主义建设的价值尺度，作为社会主义发展进步的基本目标和价值标准。第四，“一条道路”就是文明发展道路。在文明建设的道路选择上，报告把中国的文明历史、优秀传统与世界文明的多样性以及人类文明的进步联系起来，提出了一条把自然界、人与社会的发展统一起来的，促进现代化建设各方面相协调，促进生产关系与生产力、上层建筑与经济基础相协调的生产发展、生活富裕、生态良好的文明发展道路。

党的十八大把文明与时代、国家、价值和道路联系起来，是中国共产党和中国人民对于文明的新认识，这种新认识把中国特色社会主义建设和中国特色社会主义事业纳入到了文明的系统结构和实践框架中，是对文明建设的社会方位、时代任务、国家战略和价值选择作出的科学判断。可以认为，十八大报告对于文明的论述以及对于全面推进中国特色社会主义文明建设的设计，展示了当代中国共产党人、中国人民和中华民族崭新的文明观。这一新文明观的提出既继承了传统文明观注重经济发展水平和社会稳定程度的优点，又创造性地发展了文明的评价维度和实践范围，丰富了文明建设的内涵，拓展了文明存在和生长的空间，因此也开启了培育和建设中国特色社会主义文明的新篇章。

（二）中国特色社会主义文明的基本规定性

人类社会发展史上出现过不同类型的文明，每种文明都有属于自身的基本规定性。把握文明的基本规定性是了解文明得以存在和发展、长盛不衰的密钥，也是认识和解析文明的关键。中国特色社会主义文明植根于历史悠久的中华文明，同时也充满了时代的气息和精神。中国特色社会主义文明的基本规定性集中表现在以下几个方面：

1. 中国特色社会主义文明本质上是社会主义性质的文明

文明类型与社会形态息息相关。不同的社会形态包含着不同的占主导地位的社会生产力状况以及生产形式和结构，具有并展示不同的社会发展程度和状态，因而也就呈现不同的文明特征。与原始社会相关联的是原始形态的文明，而与有阶级的奴隶社会、封建社会和资本主义社会相关联的则分别是奴隶制文明、封建制文明和资本主义文明。中国特色社会主义是社会主义的初级阶段，中国特色社会主义文明是社会主义初级阶段内社会生产的属性和社会进步状态的反映，因而不可避免地带有社会主义的性质，而且必须体现社会主义的本质，坚持文明的不断积累发展和文明成果的普遍共享。

2. 中国特色社会主义文明是以人为本的文明

一种文明在多大程度上体现人的因素，决定了文明的性质、文明的质量甚至文明的命运。在人类文明史上，有的文明片面地强调物质的主导性，在本质上是重物而不重人的，而有的文明虽然也把人的因素考虑在内，但在本质上确是属物而不属人的。中国特色社会主义文明是作为人类社会发展高级阶段的社会主义文明的具体形式，把包括人的生命、价值、尊严和实践在内的所有属人因素都视作自身文明的核心和灵魂，把人的需要及其实现作为第一要义，把人的解放和发展作为文明的最终评价要素。这样一来，坚持以人为本就使得中国特色社会主义文明获得了此前社会形态下的诸文明所不能比拟的先进性和超越性。

3. 中国特色社会主义文明是高度开放和包容的文明

在人类文明演进的历程中，有的文明在初期善于开放和吸纳，具有包容性，但一旦发展到一定规模和程度就转而成为封闭性和排斥性的文明，不仅不再对其他文明开放，甚至故意与其他文明对立冲突。恰恰是封闭性和排斥性扼杀了这类文明，使得它限于困顿、遭到中断甚至灭亡。中国特色社会主义文明继承了几千年来中华文明的优势，是一种高度开放和包容的文明。高度开放和包容是与社会主义的先进性、进步性相关联的内在品质，是社会主义文明的天然优势。这种高度开放性不是有限的、权宜的和临界的，而是广泛的、始终的和一贯的，它对于其他文明的包容和吸纳与对其他文明的给予同时存在、并行不悖。

4. 中国特色社会主义文明是富于创新和发展的文明

中国特色社会主义文明在性质上是社会主义文明，在发展时序上仍处于社会主义的初级阶段。它既不是社会主义文明的代替物，也没有终结社会主义文明，而是不断地创新和发展，不断向着社会主义文明更高级的、更成熟的阶段迈进。创新是中国特色社会主义文明的重要属性，是其发展的动力之源。发展是中国特色社会主义文明的基本状态，是其创新的表现和目的。没有创新和发展，中国特色社会主义事业就没有前途，中国特色社会主义文明也就会陷入困顿和停滞。在不断改革开放和经常性地调整社会生产结构和关系的基础上，中国特色社会主义文明就能够得到不断的创新和发展，不断地积累新的文明成果。

（三）扎实做好中国特色社会主义文明建设的工作

文明建设是一个笼统的称呼，具体工作却有千头万绪。党的十八大首次全面而系统地提出了推进中国特色社会主义建设、全面建成小康社会的任务，其中“文明建设”既是题中之义，也是具有贯通性的环节。推进中国特色社会主义文明建设是顺应时代潮流、社会发展趋势和人民群众期待的重要举措，是为人民幸福、社会和谐、中华民族复兴和人类文明进步作出的智慧选择。扎实做好中国特色社会主义文明建设的各项工作，有待于全党和全国人民付出更大的艰辛和更多的努力。

一是继续抓好经济建设，推进改革开放，为中国特色社会主义文明建设奠定物质基础。

经济建设是文明发展之基，改革开放是文明强大之举。中国特色社会主义文明不是一个空中楼阁，而是要有扎实的文明积累和开阔的文明胸怀。发展经济、扩大开放、深化改革是中国特色社会主义文明建设的题中之义。中国特色社会主义文明建设的重要内容之一就是经济建设。只有经济强大了，物质基础才能巩固，也才能为政治文明、精神文明和生态文明的建设提供坚实的基础和强大的保障。改革开放有利于消除积弊、开阔视野，有利于文明自身的革故鼎新和吐故纳新。因此，要建设中国特色社会主义文明，首要任务就是要扭住经济建设这一关键，通过改革转变和消除不适应经济发展的一切障碍，通过开放吸收一切可以利用的资源，藉此为中国特色社会主义文明建设奠定坚实的物质基础。

二是发展文化事业，提升文化软实力，为中国特色社会主义文明建设奠定思想基础。

文明归根结底是人的文明，一切文明的发展的最终目的是为了获得人的文明和进步。人的文明与文化思想密切相关，离开了文化思想，文明也就无从谈起。建设中国特色社会主义文明应着眼于人的文明和进步，从维护、实现和发展人的理性需要和根本利益出发，做好文化服务人、思想鼓舞人和文明提升人的工作。因此，在建设中国特色社会主义的进程中，除去要提升社会的物质文明外，更应该大力发展文化事业，加强社会主义核心价值体系的创新建设和宣传教育，提升文化软实力，促进文化的繁荣、思想的繁育和文明的繁盛，提升公民的文明素质和社会的文明程度。这个任务既是中国特色社会主义文化建设的基本任务，也能够为中国特色社会主义文明建设奠定思想基础。

三是坚持合理布局和科学发展，构筑并完善中国特色社会主义文明建设的实践体系。

生态文明建设是十八大提出的我国经济社会建设的新亮点，也是中国特色社会主义文明建设的新重点。十八大报告从理念、制度、机制和宣传教育等方面提出要求，加速推动形成人与自然和谐发展现代化建设的新格局，开创社会主义生态文明新时代。开展生态文明建设是党和国家落实科学发展观、对经济社会生产进行合理布局、长远筹划的结果。实际上，在推进中国特色社会主义文明建设的进程中，不仅仅是生态文明建设，其他文明建设工作都需要以切实可行的实践体系为保障。物质文明和精神文明、生态文明和社会文明之间应当合理协同，做到科学发展、有序发展和有效发展，而且任何一种文明建设都需要建构起从思想到实际、从理论到制度、从政策到机制的实践体系，实现理用结合、知行对接，抓好文明的实践与落实。

（原文发表于《思想政治工作研究》2013 年第 2 期）

八

建设中华民族现代文明

建设中华民族现代文明是习近平文化思想的重要命题，它既是强国建设、民族复兴的题中之义，也是推进中国式现代化、实现“两个结合”的必然要求。习近平在2023年6月2日文化传承发展座谈会上的讲话中指出：“对历史最好的继承就是创造新的历史，对人类文明最大的礼敬就是创造人类文明新形态。”“在新的起点上继续推动文化繁荣、建设文化强国、建设中华民族现代文明，是我们在新时代新的文化使命。”[①] 在新时代新征程上提出建设中华民族现代文明，昭示了中国共产党奋力推进中国式现代化、加快建设社会主义文化强国的时代责任，也指引着中华民族继承和创新中华优秀文明、创造人类文明新形态的伟大进程。

（一）根植中华民族优秀传统文化，推动中华文明现代化

文明是一个具有丰富内涵和复杂指向的范畴，对其最早的界定是围绕着对人们所寄寓的某种文化生活的考量展开的。英国历史学家阿诺德·汤因比在考察人类社会的历史进程时曾引用过美国文化学者菲利普·巴格比的解释，认为“我们应当从‘文明’一词的词源上去寻求它的含义，应把文明定位为‘在城市中发现的那种文化’。”但相对而言，汤因比更认同“将文明等同于一种社会状态”。他还引用了英国文化哲学家克里斯托弗·道森的看法，认为“每个文明的背后，都别有一番景象”[②]。德国的文明研究者诺贝特·埃利亚斯提出：“‘文明’一词涵盖如下概念：较高水准的科学技术，社会组织，以及某种生活方式。‘文明’

① 习近平：《在文化传承发展座谈会上的讲话》，《求是》2023年第17期。

②［英］阿诺德·汤因比：《历史研究》，刘北成、郭小凌译，上海：上海人民出版社2000年版，第19页。

是一个过程，至少是一种过程的结果。这一过程抑或进程被大多数西方人理解为社会进步和优势的证明。”[①] 实际上，无论是在学术思想系统还是在社会宣传系统中，人们对文明的理解总是千差万别、不一而足的。当人们使用文明这个概念时，既可以散指文明的具体存在形式和表现状态，也可以综指文明的整体形态和发展状态。但是，无论是论域差别还是观念分歧，都不会妨碍这样一种共识，即文明是在某个特定的时间和空间中孕育而成、反映某些特定人群或民族国家改造自然和社会而得到的那些积极的社会成果，或呈现的那种进步的社会状态。事实上，文明之所以成为文明，并不是就个人意义而言的，而是就社会集体意义而言的，是对社会整体创造的综合价值的衡量和评判。正是在这个意义上说，人们固然可以从经济的、政治的和社会的维度去说明文明的成果或成就，但毫无疑问的是，文明作为一种实体，往往是与民族国家或社会群体的终极性的价值创造相关联。进一步说，就文明的历时性的价值而言，它所包含的整体性的文化价值和综合性的精神意义要更加接近于文明存在和发展的本真。事实上，“文明和文化都涉及一个民族全面的生活方式，文明是放大了的文化。它们都包括‘价值观、准则、体制和在一个既定社会中历代人赋予了头等重要性的思维模式’”[②]。进而言之，文化作为文明的精神密码，往往代表和预示着文明的内在精神品质和价值品格。由此，当人们谈论一种文明时，会自然不自然地把该文明的物质创造归之于其在文化上和精神上的创造来衡量或评价。

众所周知，中华文明是人类文明大家庭中的重要一员。就文明的内在品质而言，中华文明所蕴含的优秀文化基因使之卓然立世，也成就了她为世界所不能不承认也不可忽视的文明事实。习近平指出：“中国文化源远流长，中华文明博大精深。只有全面深入了解中华文明的历史，才能更有效地推动中华优秀传统文化创造性转化、创新性发展，更有力地推进中国特色社会主义文化建设，建设中华民族现代文明。”[③] 他强调：

①［德］诺贝特·埃利亚斯：《文明的进程：文明的社会起源和心理起源的研究》（第2卷），袁志英译，北京：生活·读书·新知三联书店1999年版，第392页。

②［美］塞缪尔·亨廷顿：《文明的冲突与世界秩序的重建》，周琪等译，北京：新华出版社2009年版，第36页。

③ 习近平：《在文化传承发展座谈会上的讲话》，《求是》2023年第17期。

“中华优秀传统文化有很多重要元素，比如，天下为公、天下大同的社会理想，民为邦本、为政以德的治理思想，九州共贯、多元一体的大一统传统，修齐治平、兴亡有责的家国情怀，厚德载物、明德弘道的精神追求，富民厚生、义利兼顾的经济伦理，天人合一、万物并育的生态理念，实事求是、知行合一的哲学思想，执两用中、守中致和的思维方法，讲信修睦、亲仁善邻的交往之道等，共同塑造出中华文明的突出特性。”[①] 可以说，中华优秀传统文化构成了中华文明的显著标识和内在标尺。在中华优秀传统文化的支撑下，与世界其他文明相比，中华文明至少具有以下五个方面的特质：其一，中华文明具有突出的连续性，她历史悠久、积淀深厚、源远流长，迄今始终未湮灭、未断流。其二，中华文明具有突出的创新性，她有旧邦更有新命，虽历经磨难、蒙受尘垢，但始终自强不息、守正创新，绝不固步自封。其三，中华文明具有突出的统一性，她自成一家、浑然一体，虽内有躁动，但始终是完整而齐全的主体性文明。其四，中华文明具有突出的包容性，她兼爱通达、兼收并蓄，始终对人类优秀文明成果虚诚接纳，博采众长以成其大、以畅其流。其五，中华文明具有突出的和平性，她内镶和合、外铸和平，致力于成就和美的人间，对人类的进步贡献有加，对世界的繁荣贡献卓著。这五个方面的特质不但是中华文明得以长期赓续、弦歌不绝的动因，也是中华文明别开生面、创造人类文明新形态、建设中华民族现代文明的基础。

在数千年的历史中，中华民族所涵育的独特的农业文明曾长期领先于世界其他国家和民族，这与其内在的制度先进性和文化主体性不无关系。正是由中华传统文化所搭建的超稳定的社会结构，使得中华文明传统得以长期更迭和不断延续。但是，在近代与西方工业强国的碰撞中，中华民族却陷于被动和落后状态。正如习近平指出的：“1840 年鸦片战争以后，中国逐步成为半殖民地半封建社会，国家蒙辱、人民蒙难、文明蒙尘，中华民族遭受了前所未有的劫难。”[②] 彼时，中华文明落后的具体表征和归因就是文化的封闭、思想的保守和制度的颓废。20 世纪初叶，

① 习近平：《在文化传承发展座谈会上的讲话》，《求是》2023 年第 17 期。
② 习近平：《在庆祝中国共产党成立 100 周年大会上的讲话》，《求是》2021 年第 14 期。

当中国的封建主义文化穷途末路之时，中华文明中蕴藏的优秀文化基因被应运而生并适时传入中国的马克思主义激活了。正是在掌握了马克思主义这一强大思想武器的中国共产党的领导下，中国才真正踏上了一条通过社会革命实现文化革新和文明现代化的康庄大道。从新民主主义革命到中国特色社会主义新时代百余年的历史进程，可见一代又一代中国共产党人身先士卒带领中华民族亿万民众探求中国式现代化道路的志气和豪情，也可见中国共产党领导中华民族创造人类文明新形态的理想和智慧。中国共产党带领中华民族百余年奋斗的历史，为中华民族现代化道路的开创书写了光辉的篇章，也为中华民族现代文明的建设闯出了一条前无古人的道路，促使流传了数千年之久的中华传统文明发生了走向现代化的巨大转变。这其中，马克思主义普遍真理同中国的具体国情相结合、同中华优秀传统文化相结合而成的中国化的马克思主义则成为了促进中华文化现代化、促进中华民族现代文明得以孕育的思想酵母。因此，从大历史的视野看，数千年的中华传统文明无疑是建设中华民族现代文明须臾不可脱离的始基，悠久辉煌的中华优秀传统文化是中华民族现代文明永远不可剥离的根脉，马克思主义则是建设中华民族现代文明的魂脉。在改变和塑造近代以来历史的过程中，中国共产党是带领中国人民缔造中华民族现代文明的坚强舵手和坚定核心，而她所带领实现的从新民主主义文化到中国特色社会主义文化的巨大变革，则毫无疑问地推动了中华民族文明的现代化，推动了中华文明在革新中获得新的机遇和活力。

（二）在推进中国式现代化中培育中国特色社会主义新文化

建设中华民族现代文明是中国式现代化的必然要求。党的二十大提出:“从现在起，中国共产党的中心任务就是团结带领全国各族人民全面建成社会主义现代化强国、实现第二个百年奋斗目标，以中国式现代化全面推进中华民族伟大复兴。”[①] 这一宣示表明，以中国式现代化推进强

① 习近平:《高举中国特色社会主义伟大旗帜　为全面建设社会主义现代化国家而团结奋斗——在中国共产党第二十次全国代表大会上的报告》，北京：人民出版社 2022 年版，第 21 页。

国建设和民族复兴成为中国共产党在新的历史起点上的中心任务。中国式现代化是思想坚定、旗帜鲜明、内涵丰富的现代化。从其基本内涵上看，中国式现代化是中国共产党领导的社会主义现代化，是实现全体人民共同富裕、惠及十数亿中国人民和推进世界和平的现代化，是人与自然和谐共生的现代化，也是物质文明和精神文明相协调的现代化。这个现代化所要推进的文明绝非某个单方面的文明，而是包括物质文明、政治文明、精神文明、社会文明和生态文明在内的全方位、综合性的现代文明。归结起来说，“文明有两个方面，即外在的事物和内在的精神。外在的文明易取，内在的文明难求”①。由此推论，倘若没有中华文化的现代化，倘若建设不好中华民族现代文明，就很难说我们建成了社会主义文化强国，也很难说真正实现了中国式现代化。建设中华民族现代文明自然隶属于中国式现代化的系统工程中，既是中国式现代化的题中之义，也是中国式现代化的必然要求。由此来看，中国式现代化是中华民族的旧邦新命，必将推动中华文明重焕荣光。

文化作为文明的显性标识，向来在现代化强国建设中占有重要地位。“文化不是一成不变的人类遗产，它必须在每天的现实中不断地重新贯彻并加以确认，如果有必要，也需要保护或者改变。”②在推进中国式现代化建设中，建设中华民族现代文明的重点在于在推进“两个结合”中塑造出新时代中华民族和中国人民得以安身立命的价值信仰和文化之魂。换言之，在中华传统文化、西方文化和马克思主义交融化合的进程中，真正值得深思和回答的问题是，如何通过建设中华民族现代文明来为社会主义文化强国巩固时代文化的本源和时代精神的精髓，从而为文化强国和文化治理奠定坚实而强大的精神“强心剂”和价值“主心骨”。我们认为，在当代中国，建设中华民族现代文明需要从纷繁复杂的文化思潮中理清中国特色社会主义文化发展的方向和思路，大力培育中国特色社会主义新文化。毫无疑问，中国特色社会主义文化是面向现

①［日］福泽谕吉:《文明论概略》，北京编译社译，北京：商务印书馆 1997 年版，第 12 页。

②［德］哈拉尔德·米勒:《文明的共存——对塞缪尔·亨廷顿“文明冲突论”的批判》，郦红等译，北京：新华出版社 2002 年版，第 125 页。

代化、面向世界、面向未来的，民族的科学的大众的文化。在这里，“三个面向”指明了中国特色社会主义文化的发展面向和建设指归，预示了文化建设的实践逻辑和演进趋势。民族的科学的大众的构成了中国特色社会主义文化建设的根本原则，此三者的辩证统一和有机结合构成了社会主义文化在中国式现代化进程中彰显其中国特色、科学思维和民主价值的规范性之所在。换言之，尽管中国特色社会主义文化是处于发展中和建设中、具有显著过渡性和转变性的复合型文化，但它绝不是封闭保守、自甘落后的，更不是良莠不分、善恶不辨、取舍不明的。建设中华民族现代文明、建设中国特色社会主义文化，需要用现代化的、世界的和未来的眼光择取最佳的文化进路，也需要用民族的、科学的和大众的滤镜审视现代化进程中的一切文化元素和精神要素，保留其进步性的精华，剔除其颓废性的糟粕，发掘并使用好有利于社会主义文化健康发展的积极因素，进而培育出中国特色社会主义文化的新质。

众所周知，中华民族的古代文明曾辉煌灿烂、泽被于世，中华优秀传统文化生生不息，至今仍具有强大生机和活力。但是，历史的进程表明，“现代化打破了缓慢的文化进化过程，促使它飞速前进。文化的惯性虽然很大，但它还是无法经受住现代化猛烈的、强制性的冲击。所有文化都被卷入快速并且是痛苦的转变漩涡之中”[①]。建设中华民族现代文明，关键是要培育中国特色社会主义新文化。习近平指出：“中国特色社会主义文化，源自中华民族五千多年文明历史所孕育的中华优秀传统文化，熔铸于党领导人民在革命、建设、改革中创造的革命文化和社会主义先进文化，植根于中国特色社会主义伟大实践。”[②] 培育中国特色社会主义新文化，需要以马克思主义为指导，坚守中华文化立场，立足当代中国现实，结合当今时代条件，发展面向现代化、面向世界、面向未来的社会主义文化。关于培育中国特色社会主义新文化，我们认为，至少需要把握好三个关键问题：一是文化的方向和性质。毋庸讳言，中国特

① [德] 哈拉尔德·米勒：《文明的共存——对塞缪尔·亨廷顿“文明冲突论”的批判》，郦红等译，北京：新华出版社 2002 年版，第 37 页。

② 习近平：《决胜全面建成小康社会　夺取新时代中国特色社会主义伟大胜利——在中国共产党第十九次全国代表大会上的报告》，北京：人民出版社 2017 年版，第 41 页。

色社会主义新文化是社会主义文化，必须坚持社会主义方向和社会主义性质。为此，一方面要处理好传统文化的创造性转化和创新性发展，发掘优秀传统文化的基因并创造性地运用到中国特色社会主义文化的培育和发展中。另一方面也要批判地审视西方文明和文化，借鉴其中对中国特色社会主义文化建设有益的文明内容和文化元素，补益中国特色社会主义新文化建设。二是文化的作用和价值。文化是用以指引方向和指示道路的。文化中既有社会杰出人物创造和呈现的精气神，也有广大人民群众日用而不觉的价值观。中国特色社会主义文化的突出作用在于它对于中国特色社会主义事业的引领。正是在这个意义上说，文化是最基础、最深沉和最持久的力量。三是文化建设的目的和任务问题。中国特色社会主义文化建设的根本任务是用社会主义文化来化人和育人，培养社会主义建设者和接班人。这就需要用文化来熏染、浸润和教育人尤其是青年人，借以养成有利于社会主义建设、有助于社会发展和国家进步的美好人格，培育出中国特色社会主义优秀人才。

（三）坚持党对文化建设的领导与满足人民精神文化需要的统一

文化对人的影响途径大致有两个方面：一是有意识的教育，二是潜移默化的环境熏染。从历时的角度看，文化是代代相传的财富。就文化传承而言，“一个人的内心最深处的欲望和信仰，主要是由他受到的教诲和无意之间从同伴处吸取来的东西所塑造的。同样，他在任何特定时间内所面临的境况在很大程度上也是同一或不同社会成员们先前行为的产物”①。当然，能够被自然传承的精神文化，往往也是人们最需要自我满足的东西。从总体上看，一个社会和国家的文化建设往往需要靠先进人物的引领和创造，但从根本上说，文化建设最终还是属于大众并要有利于大众的。在既定的政治形式和国家体系内，文化建设从来都不是一盘散沙，反而历来就是有意识、有目的、有计划的实践活动，既要靠先进政党和组织的指引，也要靠大众的力量来推动和实现文化建设的目

①［美］菲利普·巴格比:《文化：历史的投影——比较文明研究》，夏克等译，上海：上海人民出版社 1987 年版，第 154 页。

标。中国共产党从成立之日起，就既是中国先进文化的积极引领者和践行者，又是中华优秀传统文化的忠实传承者和弘扬者。中国共产党领导中国式现代化的历程，既是书写中华民族新文明的历程，也是领导建设中国文化的历程。正如法国历史学家费尔南·布罗代尔所说的，在中国共产党的领导下，“在非常短的时间里，这一活着的最古老的文明就变成了所有欠发达国家中最年轻、最活跃的力量”[①]。面对建设社会主义文化强国的任务，“当代中国共产党人和中国人民应该而且一定能够担负起新的文化使命，在实践创造中进行文化创造，在历史进步中实现文化进步”[②]。具体到建设中华民族现代文明，则需要坚持党对文化建设的领导与满足人民精神文化需要相结合并有机统一起来，在坚持党对文化建设的领导权的同时加强和改进社会主义精神文明建设、提升全社会文明程度，在提升党的领导力的同时最大程度地实现人民不断增长的精神文化需求。

在新时代，中国共产党对中国特色社会主义文化的领导，既是中国共产党完善和加强自身建设的要求，也是对中国特色社会主义文化建设的保障。众所周知，党的领导是全面领导，对文化建设的领导是党的领导的题中之义。中国共产党在创建和领导中国革命之初，就提出了加强对文化领导的命题。在领导中国革命、建设和改革的过程中，中国共产党也始终重视文化建设，不仅提出文化建设的原则和方向，而且制定文化发展的纲领和政策，指引文化建设的进路。建设中华民族现代文明，自然需要毫不动摇地坚持党对中国特色社会主义文化建设的领导。与此同时，伴随着全面小康社会的建成，人民群众物质生活状况得到了前所未有的改善，随之而来的就是人们对精神文化需求不断升级和增强，在民主、法治、公平、正义、安全、环境等方面的要求日益增长。藉此，当我国社会主要矛盾已经转化为人民日益增长的美好生活需要和不平衡不充分的发展之间的矛盾时，满足人民对美好生活的广泛需要尤其是精

①［法］费尔南·布罗代尔：《文明史纲》，肖昶等译，桂林：广西师范大学出版社 2003 年版，第 215 页。

② 习近平：《决胜全面建成小康社会　夺取新时代中国特色社会主义伟大胜利——在中国共产党第十九次全国代表大会上的报告》，北京：人民出版社 2017 年版，第 44 页。

神文化需要就变得尤为突出和紧迫。建设中华民族现代文明，理所当然要满足人民群众的精神文化需要。

在建设中华民族现代文明的进程中，坚持党对文化建设的领导与满足人民精神文化需要应达到内在一致、紧密契合，实现有机统一。从本质上看，党对文化建设的领导不仅仅是政治表达的方式，也是精神文化的生长，更是人民的期盼。恰如有论者所言："中国共产党走在时代前列，坚持以人民为中心，和广大人民密切联系，致力于促进人的全面发展和全体人民共同富裕，勇于自我革命，勇于不断创新，在各种风浪考验中毫不动摇，这本身即是一个伟大的精神存在，一个文化存在。"[①] 从目的上看，中国共产党领导中国特色社会主义文化建设的目标是要建成社会主义文化强国，增强实现中华民族复兴的精神力量，而目的则在于为广大人民群众提供丰富的精神文化营养。因此，党对文化建设的领导最终以服务和满足人民的精神文化需要为根本，而满足人民的精神文化需要实际上是中国共产党所坚持的以人民为中心的发展理念在文化建设上的具体表达。从过程上看，坚持党对文化建设的领导需要充分发挥党对文化建设的政治保障作用，发挥党对文化发展的路线方针政策的决定作用，发挥党对文化机构和组织的统领作用，所有这些作用的发挥都离不开对人民精神文化需要的把握，因此发挥党对文化建设领导作用的过程与满足人民精神文化需要的过程要紧密结合、真正统一起来。惟有如此，才是对党的领导负责，也才是对人民群众根本利益负责。

（四）坚持中国特色社会主义文化发展道路和现代文明发展方向

现代文明是相较于传统文明而言的，可以说，在中国共产党的领导下，中华民族开辟了中国特色社会主义道路、形成了中国特色社会主义理论、建设了中国特色社会主义制度、发展了中国特色社会主义文化，已经昂首阔步地走在建设中华民族现代文明的道路上。文化的现代化是现代文明的标志和标尺。毋庸讳言，文明建设不能够计日程功，建设中

① 姜义华:《中华文明三论：中华文明的鼎新》，上海：上海人民出版社 2021 年版，第 21 页。

华民族现代文明是一项长期的、复杂的系统工程，其中中国特色社会主义文化建设既是核心性工程，也是基础性和引领性工程。党的二十大提出："全面建设社会主义现代化国家，必须坚持中国特色社会主义文化发展道路，增强文化自信，围绕举旗帜、聚民心、育新人、兴文化、展形象建设社会主义文化强国。"[①] 建设社会主义文化强国、建设中华民族现代文明必须坚持中国特色社会主义文化发展道路和现代文明发展方向。

1. 坚持"两个结合"，推进党的理论创新和社会主义文化创新

马克思主义是当代中国最显著最突出的政治文化，也是中国特色社会主义文化的魂脉。建设中华民族现代文明，要弘扬优秀传统文化、立足中国实际、坚守马克思主义，在推进"两个结合"中实现党的理论创新和社会主义文化创新。习近平指出："必须以守正创新的正气和锐气，赓续历史文脉、谱写当代华章。"[②] 这里的"守正"就是要守住马克思主义之正，守住中华优秀传统文化之正，守住中国特色社会主义之正。这里的"创新"就是要创造马克思主义中国化之新，创造中国共产党的理论之新，创造中国特色社会主义文化之新。把马克思主义基本原理同中国具体实际相结合、同中华优秀传统文化相结合是推进党的理论创新和中国特色社会主义文化创新的必由之路。要坚持"两个结合"，就要把马克思主义同中国特色社会主义建设的具体条件、具体环境和具体过程相结合，同中华优秀传统文化的创造性转化和创新性发展相结合，始终运用马克思主义基本立场、观点和方法解决中国特色社会主义建设实践中的现实问题，实现马克思主义在中国的飞跃，促进党的理论创新和社会主义文化创新。

2. 弘扬中华文化主体性，培育文化自信自强

文化主体性是文化的性命所系、文明的精魂所在。文化主体性昭示文明的品格和气质，"所以，要想知道一国的文明，就必须首先考察支

① 习近平：《高举中国特色社会主义伟大旗帜　为全面建设社会主义现代化国家而团结奋斗——在中国共产党第二十次全国代表大会上的报告》，北京：人民出版社 2022 年版，第 42—43 页。

② 习近平：《在文化传承发展座谈会上的讲话》，《求是》2023 年第 17 期。

配这个国家的风气。同时，这个风气，是全国人民智德的反映”①。建设中华民族现代文明，除去器物和制度的文明之外，真正镶嵌在现代文明内部的恰恰是文化上的风气和精神上的文明。要真正建设好中华民族现代文明，就要保持文化上的自主性和精神上的独立性，也就必须弘扬中华文化主体性，培育文化自信自强。概括地说，弘扬中华文化主体性、培育文化自信自强至少要做到三个方面：其一，坚守中华文化命脉，用中华文化经典哺育新人，培育文化自尊自爱，强化对中华文化的自我体认，巩固中华文化之根。其二，在尊重文化创新规律和逻辑的基础上培育国人的文化自主意识，加快塑造中华文化特色品牌，打造中华文化的精神标识。其三，有效抵御外来文化的侵蚀，防止中华文化的西化和异化，避免中华文化遭流放、被拔根。

3. 加强文明交流和互鉴，捍卫人类文明进步

世界各国文明之间既有交往交流交融，也有碰撞和对抗。马克思指出：“当文明一开始的时候，生产就开始建立在级别、等级和阶级的对抗上，最后建立在积累的劳动和直接的劳动的对抗上。没有对抗就没有进步。这是文明直到今天所遵循的规律。”②出于对本国利益的考虑，或由于现代社会中意识形态划界，以国家形式存在的不同文明类型之间常常存在睚眦和抵牾。世界进入近代以来，人类文明的历史进程更多地呈现出已经先期实现了现代化的西方国家文明形态对东方欠发达国家文明形态的诋毁、挤对和打压。美国学者安乐哲认为：“看起来，西方的大众传媒几乎总是在病理学的意义上致力于妖魔化中国以及中国所做的一切。……中国作为一支世界力量的稳步增长，正在给中国注入一种新生然而却十分重要的自觉，那就是：自身的文化传统是自我理解的一种重要资源，也是参与迟缓但如今却不可避免的全球化过程的一个平台。”③事实上，各文明的和谐共处和共同繁荣毕竟是人类文明的正道，也是一切良善人们的愿望。建设中华民族现代文明，固然需要首先坚持“两个

①[日]福泽谕吉：《文明论概略》，北京编译社译，北京：商务印书馆1997年版，第12页。

②《马克思恩格斯全集》（第4卷），北京：人民出版社1958年版，第104页。

③哈佛燕京学社主编：《全球化与文明对话》，南京：江苏教育出版社2004年版，第341—343页。

结合”，但正如习近平指出的，“讲同中国具体实际相结合、同中华优秀传统文化相结合，并不排斥吸收人类文明创造的有益成果，不仅不排斥，而且要积极学习借鉴，用人类创造的一切文明成果武装自己”[①]。为此，要充分尊重世界文明多样性，切实加强文明的交流和互鉴，努力做到以文明交流超越文明隔阂、文明互鉴超越文明冲突、文明共存超越文明优越，始终捍卫人类文明发展的光明前途和文明进步的阳光大道。

（原文发表于《北京大学学报》2024 年第 2 期）

① 习近平：《为实现党的二十大确定的目标任务而团结奋斗》，《求是》2023 年第 1 期。

第二编

党的创新理论研究

一

坚定不移地坚持和巩固马克思主义的指导地位

马克思主义是中国共产党的指导思想，是指导中国共产党由成立到发展壮大、指引着党带领广大人民群众进行革命、建设和改革的思想武器与理论工具。自建党开始，马克思主义就在其逐步中国化的进程中成为中国共产党坚定不移的思想指南。近一个世纪以来，在中国的土地上所发生的翻天覆地的历史巨变，中国人民和中华民族命运的重大转变，社会主义制度和社会主义国家从理想到现实、从弱小到强大的事实，都与中国共产党的艰辛奋斗有关，也都与她对马克思主义的坚持、巩固和发展紧密地联系在一起。这是不争的历史事实，也是现实中任何人用任何借口也都不能改变的客观事实。在当代中国，马克思主义的指导地位面临着各种非马克思主义、反马克思主义思潮的干扰，特别是面临着新自由主义的强烈冲击，但是马克思主义在我们党和国家的指导地位没有变，它仍然是指导全党和全国人民建设中国特色社会主义、实现中华民族伟大复兴中国梦的强大思想武器。全党必须高度重视并坚定不移地坚持马克思主义，不断巩固马克思主义在意识形态领域的指导地位。

（一）中国共产党领导中国革命、建设和改革的历程，始终是坚持和巩固马克思主义指导地位的过程

马克思主义传入中国，逐步开始了其中国化的历程，开始了马克思主义基本原理与中国的具体国情相结合的过程，也开始了以科学的理论指导中国革命、建设和改革具体实践的进程。马克思主义中国化的理论成果是产生了毛泽东思想和包含邓小平理论、“三个代表”重要思想、科学发展观以及其他一系列最新思想在内的中国特色社会主义理论体系，制度成果是建立了社会主义的根本制度和基本制度，创立并不断完善中国特色社会主义制度体系、法律体系，而其实践成就则表现为中

国共产党所领导的革命、建设和改革的成功，这其中既有物质方面的表现，也有制度和思想方面的表现。不论是在理论上，还是在实践上，中国革命、建设和改革所取得的成果和成就，无一不是在马克思主义的指导下获得的，无一不是坚持和巩固马克思主义的结果。

马克思主义不是死教条，坚持马克思主义也不是奉行本本主义，这是作为创始人的马克思和恩格斯从一开始就反复强调的马克思主义的基本精神。作为科学的世界观和方法论，马克思主义要求各国的革命者要根据本国的情况作判断，要依据本国的具体革命形势确定革命的目标与任务，探索适合本国情况、具有本国特点的革命道路。中国共产党成立初期，革命力量是弱小的，党的活动受到反动政府的打压和破坏。马克思主义不仅在全国范围内影响很小，即便在党内也没有占据指导地位。但是，由于看到了马克思主义作为科学和真理的魅力，看到了在马克思主义指导下苏联革命成功的力量，看到了马克思主义是医治中国社会痼疾的一剂良方，看到了马克思主义及其所包含的社会主义和共产主义是不断发展并最终能够成功的光明前景，无数共产党人坚定了对马克思主义的信仰和对社会主义、共产主义的信念，党矢志不渝地坚持了马克思主义的指导。从"农村包围城市、武装夺取政权"的新民主主义革命道路的开辟，到探索适合中国国情的发展道路，再到中国特色社会主义道路的开创，从毛泽东思想到中国特色社会主义理论体系，社会主义在中国从理想到现实、从理论到实践、从制度到不断完善的进程，中国共产党领导中国革命、建设和改革的历程，始终是坚持马克思主义的思想真谛、不断发展和创新马克思主义，始终巩固马克思主义指导地位的进程。

坚持和巩固马克思主义的指导地位，就是坚持把马克思主义作为中国共产党唯一指导思想这一不可动摇的根本原则。马克思主义的指导地位，不是天然就有的，也不是凭空确立的，而是从中国革命、建设和改革的实践中孕育和产生出来的，是经过革命斗争和建设实践考验的，具有历史的必然性、实践的合理性和选择的合规律性。当然，不论是在血雨腥风的革命年代，还是在新中国成立后热火朝天的社会主义革命和建设时期，抑或是思想活跃的改革开放时期，相信马克思主义和坚持马克思主义都并不容易，巩固马克思主义的指导地位在多数时候也是相当艰难的。国内外、党内外，各种思潮纷纭呈现，各种思想多元多样并存，各种势力时时争锋，对马克思主义及其指导地位的诋毁、干扰和破坏频频出现。不过，正义终能征服邪恶、真理终能战胜谬误，马克思主义至今仍是中国共产党的思想指南，是永远也不会消失的革命信仰。历史和实践充分表明，正是由于坚持马克思主义以及对马克思主义指导地位的不断巩固，中国共产党才从当初一个只有 53 人的小党成长壮大为今天一个拥有 8500 多万党员的大党，中国也才从一个积贫积弱的半殖民地半封建弱国转变为一个国内和谐稳定、繁荣富强、国际地位得到巨大提升的社会主义大国，中国的经济社会和人民生活才会发生史所未有的沧桑巨变。

（二）坚持和巩固马克思主义的指导地位，必须反对新自由主义、民主社会主义以及文化多元主义等错误思潮

由于世情、国情、社情和党情的变化，在当代中国，马克思主义的指导地位面临着多方面的挑战。就社会思潮来说，有三种与经济全球化相关联的西方社会思潮近年来影响较大，对马克思主义的指导地位构成了挑战。这三种思潮是：新自由主义、民主社会主义以及文化多元主义。这三种思潮出现在不同的领域，都戴着“改革”的面具，也都滋生于西方的社会思想土壤之中。它们虽然代表了不同领域中的思潮和主张，但都申言价值相对主义，以解构统一性和消解主导意识形态为旨归，严重地腐蚀着党员领导干部的思想，削弱了对马克思主义的信仰和信心，也妨碍了马克思主义的凝聚力和影响力，必须加以抵制。

新自由主义是以美国为首的西方社会在其经济结构和“市场—社会—政府”运行模式基础上所采纳和衍生出来的主导性思潮，也是西方国家政治意识形态的基础。客观地说，新自由主义在西方社会特定发展阶段确实曾对其经济增长发挥了比较大的助推作用，但从实际上说，新自由主义又绝非在任何时候、任何国家都适用并且必须要采纳的“灵丹妙药”。有很多证据都表明，新自由主义不仅不能避免马克思主义在《资本论》中所指出的资本主义生产的根本矛盾，而且还会在一定程度

上加剧资本主义的内生性危机，最终使社会生产不可避免地陷入滞胀和逼近崩溃的命运。我们建设中国特色社会主义，需要开创一条适合中国国情并且最大程度地符合中国与世界共同利益的道路，这条道路可以而且必须借鉴西方社会的文明成果，但绝不等于盲目地照搬照抄西方的一切，特别是不能够用资本主义的意识形态价值体系主导中国社会主义的经济社会发展。改革开放以来，中国的发展道路是以经济为引擎的，但中国特色的社会主义经济之路不是跟在西方屁股后面亦步亦趋，更不是在新自由主义指导下走以虚拟繁荣的权宜之计为特征的西化之路。

民主社会主义是近年来在中国引起反响和关注的社会思潮，其影响虽然没有新自由主义持久和强烈，但也绝不可以小觑和忽视。民主社会主义在经济上主张“混合经济”，在政治上鼓吹联合专政和多党制，在思想上主张理论基础的多元性，主张放弃统一的世界观，也否认马克思主义的指导作用。实际上，民主社会主义并不是什么创新性的主张，它很早就已经出现，属于欧洲文艺复兴运动和思想启蒙运动时期政治理论的变种，在20世纪前后无产阶级革命时代已经暴露了其改良主义和实用主义的主张，也曾被列入修正主义和改良主义的黑名单。从实质上看，民主社会主义的社会改革计划并不改变资本主义的经济基础，而是寄希望于通过限制竞争、推行有限国有化和社会高福利政策来推动社会发展。这种改革的极限不是消除资本主义生产的根本矛盾，而是始终在自由市场的怪圈内逗留徘徊，从而沦为向自由资本主义低头的“画地为牢派”。近年来，欧洲一些国家频频爆发的产业罢工和经济危机，已经展示了民主社会主义旗帜下的国有化和高福利政策的穷途末路，也已经暴露了民主社会主义行进到历史拐点的事实。

文化多元主义是经济全球化的副产品，是基于文化产品的全球性流动而出现的一种学说和思潮。伴随着世界市场的开辟和各国经济交流的扩大，不同文化之间会在更大范围内交融、交流和互动，这本是再正常不过的事情。但是，不同种属的文化再怎样交流，也不可能自愿丧失其内在灵魂、超越其根本边界，更不可能自愿被另一种文化所替代、所消灭。由于深层的文化具有鲜明的意识形态性和政治性，因而也被善于打文化政治化牌的西方国家当作影响他国政治的一柄利器。近年来，西方国家在不减经济侵略势头的同时，也悄悄地拿起了文化武器，大搞文化感染和文化渗透。与之相匹配，“cultural politics”（文化政治）俨然成为西方哲学社会科学研究的热门领域和热点词汇。文化多元主义与价值相对主义相伴而生，倡导文化多元主义的直接后果就是价值相对主义，即倡导价值多元化和价值中立化为取向的思潮。文化多元主义被强加到一国之内，并且跳出学术的圈子而被政策化和政治化，这恰恰迎合了西方国家在文化领域进行和平演变、大搞文化殖民主义的企图。在我国思想文化领域，马克思主义是具有文化统一力和思想凝聚力的科学价值观，文化多元主义的泛滥直接导致人们价值观念的多元化和无序化，导致社会凝聚力的散落和丧失，从而也影响和消解了马克思主义的指导地位。

（三）坚持和巩固马克思主义的指导地位，必须始终高举马克思主义的旗帜，不断开辟马克思主义中国化的新境界

坚持和巩固马克思主义的指导地位，关系到党和国家意识形态的“主心骨”是否稳固，关系到党的思想建设和能力建设是否有所遵循，也关系到中国特色社会主义的根本思想指南是否牢靠。习近平总书记在全国宣传思想工作会议上的讲话中指出，在我国社会深刻变革和对外开放不断扩大的条件下，宣传思想工作发生了很大变化，但其根本任务没有变，就是要巩固马克思主义在意识形态领域的指导地位。要实现“两个一百年”的奋斗目标，全面建成小康社会，实现中华民族伟大复兴的中国梦，必须牢牢巩固马克思主义的指导地位，不断夯实党带领全国各族人民团结奋斗的思想政治基础。

坚持和巩固马克思主义的指导地位，必须始终高举马克思主义的旗帜。旗帜是方向，也是形象。举什么样的旗帜，就代表有什么样的信念和走什么的道路。马克思主义与中国共产党及其活动的历史紧紧联系在一起，也与中国现在以及通向未来的道路联系在一起。高举马克思主义的旗帜是当代中国共产党人的政治使命，也是党在意识形态领域站稳脚跟的基础。是否高举马克思主义的旗帜，是中国共产党在新时代新任务新形势面前是否具有政治勇气和理论勇气的表现。面对当今时代意识形态领域的复杂情况和艰巨斗争，共产党人要敢于高举马克思主义的旗帜、敢于亮出马克思主义的利剑、敢于同各种错误思潮作坚决斗争。面对利益的诱惑，共产党人要始终坚守马克思主义的信仰，筑牢理想信念

的堤坝，做忠诚的马克思主义者。

坚持和巩固马克思主义的指导地位，需要不断开辟马克思主义中国化的新境界。马克思主义是发展的，只有在不断发展中，马克思主义才能永葆青春和活力。马克思主义也是应用的，只有在不断应用中，马克思主义才能实现其价值和意义。近代以来，马克思主义作为中国共产党指导思想的形成及其指导地位的巩固，都与马克思主义在中国化进程中不断发展和应用有关。坚持和巩固马克思主义的指导地位，并不意味着要把马克思主义放在神龛中，或者置放在圣坛上不敢再触碰，而是要不断用发展着的马克思主义指导中国的具体实践，不断开辟马克思主义中国化的新境界，创造出马克思主义理论与实践相结合的新成果。新中国成立前后，毛泽东思想得以形成、发展和运用；改革开放以来，中国特色社会主义理论体系逐步形成和发展，不断创新和丰富，这些中国化马克思主义成果的产生和应用，无疑都是马克思主义中国化的典范，也都有助于马克思主义指导地位的坚持和巩固。

坚持和巩固马克思主义的指导地位，需要加强马克思主义的思想宣传、理论学习和教育。坚持和巩固马克思主义首先需要学好马克思主义，同时也要抓好马克思主义的宣传教育。马克思主义是科学的思想体系、理论体系和价值体系，要在学习、研究和传播中不断发展并发挥其效用。建党之前，以陈独秀、李大钊、毛泽东等为代表的先进分子组织马克思主义研究团体和共产主义小组，创办报纸杂志，积极宣传马列主义，做了大量思想武装和宣传教育的工作。从 1920 年《共产党宣言》单行本的出版和 1923 年成立以上海书店为中心的传播马列著作的发行网，到 1938 年成立延安马列学院编译部并编译出版马列著作，乃至到新中国成立后党内多次组织学习马列主义理论、大量组织编译马列经典著作，中国共产党已经养成了学习马克思主义的优良学风、丰富经验和优秀传统。在崭新的时代条件下，要坚持和巩固马克思主义的指导地位，必须高度重视并科学地开展马克思主义的学习、研究和宣传教育，重新恢复真正学马列、科学用马列、忠贞信马列的传统，这是坚持和巩固马克思主义指导地位的基础和前提，也是信奉和运用马克思主义的根本要求。

（原文发表于《思想理论教育导刊》2013 年第 12 期）

二

“两个结合”的思想意蕴

党的二十大提出开辟马克思主义中国化时代化新境界的使命和任务，深刻指出：“中国共产党人深刻认识到，只有把马克思主义基本原理同中国具体实际相结合、同中华优秀传统文化相结合，坚持运用辩证唯物主义和历史唯物主义，才能正确回答时代和实践提出的重大问题，才能始终保持马克思主义的蓬勃生机和旺盛活力。”[①] 把马克思主义基本原理同中国具体实际相结合、同中华优秀传统文化相结合，是中国共产党人在马克思主义中国化观上所持守的“结合论”，是立足本来和面向未来的中国共产党人在运用马克思主义、发展马克思主义上的基本立场、观点和方法。“结合论”是以早期中国共产党人在建党初期所倡导的“应用说”和在马克思主义中国化问题上出现思想理论自觉时提出的“具体化”为基础的，蕴含着艰辛的理论思考和实践探索的过程。时至今日，提出并践行两个“相结合”代表了新时代中国共产党的马克思主义中国化观，展现了中国共产党人锐意开辟马克思主义中国化时代化新境界的思想自觉与豪情壮志。

（一）“结合”的历史起点是马克思主义在中国的“应用”和“具体化”

人类社会的变革要靠反映社会发展进步规律的先进思想来引领，先进思想发挥启蒙和指引作用的前提是必须与受在地的实际情况相结合。马克思主义是反映自然界、人类社会和思维发展规律的科学，指引着人

① 习近平：《高举中国特色社会主义伟大旗帜　为全面建设社会主义现代化国家而团结奋斗——在中国共产党第二十次全国代表大会上的报告》，北京：人民出版社 2022 年版，第 17 页。

类走向光明未来的前进方向。1917 年，俄国十月革命的爆发，代表着世界无产阶级革命揭开了新的一页，也震撼了整个世界。伴随着革命的发生，马克思列宁主义开始传入中国。毛泽东指出："十月革命一声炮响，给全世界无产阶级及其他先进分子上了共产主义的一课"[①]，"给我们送来了马克思列宁主义"[②]。马克思主义传入中国的大门是由那些一直在苦苦追寻救国救民道路的先进知识分子开启的，他们在学习和介绍马克思列宁主义、社会主义思潮时最先提出的是要"采用""应用"和"运用"它，最先关注的是"适合国情"的问题。可以说，在明确提出马克思主义与中国实际相结合的思想之前，中国共产党的早期创建者和先进知识分子就意识到运用马克思列宁主义，要注意到我们的国情和环境，这无疑是异常可贵的思想觉悟。正是这种思想觉悟，为后来进一步思考如何应用马克思列宁主义、应用它要采用什么样的道路提供了前提条件和思想基础。

1. 早期革命者对初入中国的马克思主义的"应用"主张

早在十月革命后不久，革命先驱李大钊在传播主义的同时就遭到了胡适等人的反对。在"问题与主义"的论争中，双方就宣传主义还是解决问题进行了争论。1919 年 8 月，李大钊在《再论问题与主义》中指出："一个社会主义者，为使他的主义在世界上发生一些影响，必须要研究怎么可以把他的理想尽量应用于环绕着他的实境。所以现代的社会主义，包含着许多把他的精神变作实际的形式使合于现在需要的企图。这可以证明主义的本性，原有适应实际的可能性。""把这个理想适用到实际的政治上去，那就因时、因所、因事的性质情形，有些不同。社会主义，亦复如是。"[③] 同年 9—11 月间，李大钊又在《我的马克思主义观》中指出："一个学说的成立，与其时代环境，有莫大的关系。马氏的唯物史观，何以不产生于十八世纪以前，也不产生于今日，而独产生于马氏时代呢？因为当时的他的环境，有使他创立这种学说的必要和机会。""我们批评或采用一个人的学说，不要忘了他的时代环境和我们的

①《毛泽东文集》(第 3 卷)，北京：人民出版社 1996 年版，第 290 页。
②《毛泽东选集》(第 4 卷)，北京：人民出版社 1991 年版，第 1471 页。
③《李大钊文集》(下)，北京：人民出版社 1984 年版，第 34 页。

时代环境就是了。”[①] 李大钊这里所提到的“应用于环绕着他的实境”“因时、因所、因事”和“我们的时代环境”等问题，所强调的显然不是要固守僵化的理论教条和不变的教义，而是要结合实际环境灵活地运用理论。

继李大钊之后，在中国共产党成立前后，不少赞成共产主义的先进积极分子都不约而同地提出了适合国情应用马克思主义和共产主义纲领的问题。青年毛泽东提出要为世界尽力，就要关注中国的情形。他指出：“吾人如果要在现今的世界稍为尽一点力，当然脱不开‘中国’这个地盘。关于这地盘内的情形，似不可不加以实地的调查及研究。”[②] 青年周恩来在分析比较欧洲各种社会思潮后也强调了把共产主义原则适用中国时要适时变化的问题。他指出：“我们当信共产主义的原理和阶级革命与无产阶级专政两大原则，而实行的手段则当因时制宜。”[③] 更多的革命知识分子则多强调要在适合国情的基础上把马克思主义用到中国来。“应用”“采用”“运用”成为不少革命志士的共识。1920年，恽代英提出：“所以我们的任务，在寻求一个适合国情，而又合于共产主义的方针来。”[④] 1921年，张太雷提出：“无产阶级运动的国际主义任务，过去和将来都只有在把国际无产阶级政党的纲领和方法正确地运用于各国具体特点的基础之上才能实现。”[⑤] 1926年，蔡和森提出：“马克思主义列宁主义在世界各国共产党是一致的，但当应用到各国去，应用到实际上去才行的。要在自己的争斗中把列宁主义形成自己的理论武器，即以马克思主义列宁主义的精神来定出适合客观情形的策略和组织才行。”[⑥] 诸如此类言论尚有许多，其中都蕴含着要应用马克思主义于中国、要把无产阶级革命理论实行起来的意思。概而言之，当时不少思想先进、头脑清醒的革命知识分子都觉悟到不但要学而且要用马克思主义，即如罗亦农

①《李大钊文集》(下)，北京：人民出版社1984年版，第68—69页。
②《毛泽东早期文稿》，长沙：湖南人民出版社1990年版，第474页。
③《周恩来早期文集》(下卷)，北京：中央文献出版社、天津：南开大学出版社1998年版，第451页。
④《恽代英全集》(第4卷)，北京：人民出版社2014年版，第273页。
⑤《张太雷文集》，北京：人民出版社2013年版，第33页。
⑥《蔡和森文集》(下)，北京：人民出版社2013年版，第807页。

所言："所以要学无产阶级革命的理论和实践，换言之，即学根本解决中国问题的方法。但是纵然学得一种革命的方法，还是不够，非把这种方法应用起来，实行起来不可。"[①] 总的来看，这一时期的中国共产党人对待马克思主义采取了欢迎态度，也提出以"适合"国情、各国具体特点而"采用"马克思主义的看法。就其所论，不管是"采用"也好，"运用""应用"也罢，无论他们使用的是哪个具体字眼，但在根本态度上却是鲜明的、一致的，那就是要把马克思主义用于中国，中国要采用马克思主义。

2."使马克思主义在中国具体化"的提出及其内涵

在经历了长期艰苦的探索特别是革命挫折和失败之后，中国共产党人在总结经验和教训中迎来了逐步掌握革命的主动权、不断节节胜利的曙光，也迎来了从思想自觉到实践自觉再到理论自觉的飞跃。经过第一、二次国内革命战争的洗礼，在抗日战争初期，中国共产党人在领导民族战争中愈发意识到科学运用马克思主义理论的重要性，意识到马克思主义普遍真理与中国革命具体实际相结合的重要性。1938年，在党的六届六中全会上，毛泽东指出："共产党员是国际主义的马克思主义者，但是马克思主义必须和我国的具体特点相结合并通过一定的民族形式才能实现。马克思列宁主义的伟大力量，就在于它是和各个国家具体的革命实践相联系的。对于中国共产党说来，就是要学会把马克思列宁主义的理论应用于中国的具体的环境。成为伟大中华民族的一部分而和这个民族血肉相连的共产党员，离开中国特点来谈马克思主义，只是抽象的空洞的马克思主义。因此，使马克思主义在中国具体化，使之在其每一表现中带着必须有的中国的特性，即是说，按照中国的特点去应用它，成为全党亟待了解并亟须解决的问题。"[②] 不难看出，"使马克思主义在中国具体化"实际上就成为马克思主义中国化的代名词。它既是一个意味深长的思想命题，也是一个事关重大的实践命题。马克思主义要在中国得到应用并具体化成为指导中国革命实践的思想，只有具体化了，才能成为中国的东西，成为中国化的马克思主义。这里的"具体化"一是和

①《罗亦农文集》，北京：人民出版社1999年版，第1—2页。

②《毛泽东选集》(第2卷)，北京：人民出版社1991年版，第534页。

具体特点相结合并通过一定的民族形式才能实现。无疑，具体特点包括国情特点、社会特点、实践特点，当然也包括思想文化特点。与具体特点结合后还要转化为一定的民族形式。二是思想力量的发挥是在与具体革命实践的联系中产生的，离开了与革命实践的联系，就不会产生伟大力量。这里的具体革命实践是客观而鲜活的阶级斗争、社会革命，即要与具体革命要求和实践过程相结合。三是应用于中国的具体环境，即与外部条件相适应、与外部环境相融汇。

3. 中国化的命题及实现“结合”的主张

毛泽东在党的六届六中全会上提出的“使马克思主义在中国具体化”的主张，其最初表达和实际意图就是使马克思主义中国化。之所以使用“具体化”的说法，实际上把中国化的实现过程给具体化了。可以说，在延安时期的中国共产党党内，马克思主义中国化已经成为了主要领导者们的思想共识。1938 年 10 月，张闻天在中共六届六中全会上的发言中提到党的组织工作要中国化。他提出马克思主义就是不但要有原则性，还要有具体性，要根据各地的情况实现马克思主义。他指出：“马克思主义的原则、方法是国际性的，但我们是在中国做组织工作，一定要严格估计到中国政治、经济、文化、思想、民族习惯、道德的特点，正确认识这些特点，再来决定我们的斗争形式、组织形式、工作方法。我们要的是国际主义的内容，民族的形式，我们要使组织工作中国化，否则我们就不是中国的共产党员。……所以不仅要懂得马克思主义的原则，而且要在民族环境中来实现这些原则。”[①] 1939 年 4 月间，李维汉在鲁迅艺术学院全体教职学员大会上作报告提出把马列主义运用到艺术理论的研究与创作上。他指出，我们要“研究中国文艺历史，建设中国文艺理论与实际，就必不可少地要研究了解中华民族的历史，它的生活，它的运动，它的当前运动规律，并把握住这个规律。要做到这一切，就必须确实把握马列主义这个思想武器，并学会使用这个武器”。“马列主义不是教条，而是行动的指南。学习马列主义，必须学会运用马列主义来认识现实、解决现实的问题。”[②] 这也可以说是在文化艺术领域倡导与

①《张闻天选集》，北京：人民出版社 1985 年版，第 225—226 页。
②《李维汉选集》，北京：人民出版社 1987 年版，第 118—119 页。

马克思主义相结合、运用马克思主义思想武器的范例。到1945年中共七大召开时，刘少奇则集中而系统地阐释了马克思主义中国化和中国化的马克思主义的命题，指出："要使马克思主义系统地中国化，要使马克思主义从欧洲形式变为中国形式，就是说，要用马克思主义的立场与方法来解决现代中国革命中的各种问题。"①

从主张应用或采用马克思主义到提出使马克思主义在中国具体化，代表了中国共产党人对马克思主义中国化的认识演进和思想历程，也内含着马克思主义在中国被采纳并应用的实践历程。可以认为，处在马克思主义与中国实际相结合起始阶段的"应用"主张和"具体化"的思想，是马克思主义中国化认知逻辑和行动逻辑的统一，也是具有时代特点的马克思主义中国化观。

（二）"相结合"符合唯物辩证法的科学原则

从毛泽东到习近平，中国共产党的数代领导核心都非常关注马克思主义与中国实际相结合的重大命题，也都对马克思主义与中国实际相结合作出过多次强调和论述。总起来看，他们在论述"相结合"时的具体语境不同、用语也有所差别，尤其是在具体时代条件下对马克思主义所发挥的作用及它与中国国情、实际、实践的关系向度有所不同，但所强调的重点都在"结合"上，而且都强调"结合"的思想基础和根本原则。因此，要深入地把握"相结合"的思想意蕴，有必要对"结合"的哲学思想基础进行深入分析和探究。

1."相结合"是马克思主义理论与中国实践双向互动式的结合

众所周知，马克思主义是科学的、发展的理论，发展性是马克思主义的基本特性之一，发展也是马克思主义保持生机和活力的关键。恩格斯指出："我们的理论是发展中的理论，不是必须背得烂熟并且机械地加以重复的教条。"② 要实现马克思主义的科学运用，使其产生指导价值，"需要的是把这一理论应用于本国的经济条件和政治条件"③，而且

①《刘少奇选集》（上卷），北京：人民出版社1981年版，第335页。

②《马克思恩格斯选集》（第4卷），北京：人民出版社2012年版，第588页。

③ 同上书，第574页。

“随时随地都要以当时的历史条件为转移”①。恩格斯这里所描述的是马克思主义走向世界各国时的一个普遍真理，也即，马克思主义本身并不是可以照搬不动、不加变更的条条框框，而是需要结合各国的具体情况和条件，灵活地运用到各国的实际中去，需要在实际应用中有所改变和创新。换言之，“马克思的整个世界观不是教义，而是方法，它提供的不是现成的教条，而是进一步研究的出发点和供这种研究使用的方法”②。照此来看，要实现马克思主义中国化，首先就要认识到马克思主义本身是要发展的，只有在与中国实际的结合中才能够获得其崭新的发展机遇和鲜活的生命力。

与此同时，中国的实践和实际也要主动地接纳和拥抱马克思主义这一科学理论。马克思曾指出：“理论在一个国家实现的程度，总是决定于理论满足这个国家的需要的程度。……理论需要是否会直接成为实践需要呢？光是思想力求成为现实是不够的，现实本身应当力求趋向思想。”③在马克思主义传入中国之前，从资产阶级改良派到资产阶级民主革命者试图挽救中国的努力和尝试都遭到了失败，一个重要的原因是没有真正看清世界与中国的形势，同时也没有找到科学的思想理论武器作为指导。马克思主义传入中国不仅直接催生了中国共产党，而且确立了建设社会主义的目标。中国共产党人在运用马克思主义的过程中，虽然历尽了千辛万苦，历经了挫折和失败，但最终实现了科学理论与中国现实的衔接和结合。马克思主义同中国具体实际相结合、同中华优秀传统文化相结合的过程是马克思主义理论与中国实践双向互动的过程。一方面，马克思主义走到了中国先进的革命者之中，成为他们有力的思想武器，也成为他们毕生追求、始终不渝的坚定信仰。同时，马克思主义理论也科学地解释了中国的社会现实，特别是中国阶级社会深层、内在的阶级关系和矛盾状况，满足了中国社会革命的客观需要。另一方面，中国的社会现实也通过革命者们的努力探寻和艰苦探索，得以与马克思主义衔接并联系起来，促使中国的实际和实践实现了马克思主义化。在这

①《马克思恩格斯选集》（第1卷），北京：人民出版社2012年版，第376页。
②《马克思恩格斯选集》（第4卷），北京：人民出版社2012年版，第664页。
③《马克思恩格斯选集》（第1卷），北京：人民出版社2012年版，第11页。

方面，中国真正的马克思主义者们做到了保持理论上和实践上的清醒，自觉地反对和克服各种错误思想倾向，为理论和实践的有效结合作出了贡献。正如毛泽东指出的：“我们反对主观主义，是为着提高理论，不是降低马克思主义。我们要使中国革命丰富的实际马克思主义化。”①

2.“相结合”是符合马克思主义辩证唯物论基本原则的结合

毛泽东曾从唯物辩证法的角度阐释了马克思主义普遍真理与中国具体实际相结合的命题。他把马克思主义辩证法唯物论的宇宙观概括为两大原则，即物质论与运动论。物质论是辩证法唯物论的第一个基本原则，它承认世界的物质性，强调物质的客观实在性和物质对于意识的根源性。这一原则揭示的是世界统一原理，按照这一原理，物质具有客观实在性，对精神和意识具有决定性。中国是一个客观的社会实在，中国的实际和中国的实践都具有自身的客观性，具有自身的特点。这种客观实在性是由中国的人文历史传统、政治体制结构、经济社会存在等客观条件和现实状况决定的。根据社会存在决定社会意识的原则，中国的实际属于“物质”性存在，马克思主义属于“意识”性存在，要实现“相结合”“中国化”“意识性”存在就要服从并服务于“物质性”的存在。要把马克思主义运用于中国，首先就应当尊重中国的国情和现实，尊重中国的实际和实践，尤其是根据中国的客观存在和现实条件来应用或改造马克思主义，否则就容易出现马克思主义“水土不服”的情况。运动论是辩证法唯物论的第二个基本原则，它承认世界的运动性，即承认运动是物质存在的形式，是物质内在的属性，也是物质多样性的表达。这一原则揭示的是世界的发展原理，即世界总是处在运动和发展变化之中的。众所周知，不论是马克思主义还是中国的客观实际，都不是变动不居的，理论在发展，实践也在发展，理论和实践的结合孕育着新的发展契机。如果生搬硬套马克思主义，那就是把它静止化和绝对化了。如果不尊重中国客观情况和实际状况，显然就不能够制定出灵活可行、符合实际的路线、方针和政策，那也等于把中国凝滞和固化了。由此，按照唯物辩证法原则，我们需要用科学的思想方法和认识方法来看待马克思

①《毛泽东文集》（第2卷），北京：人民出版社1993年版，第374页。

主义与中国实际相结合的命题，既要用马克思主义促进中国的发展变化，也要用中国的发展来丰富马克思主义。在这个过程中，照搬照抄马克思主义不但无益，反而有害。正如毛泽东所指出的："搬，要有分析，不要硬搬，硬搬就是不独立思考，忘记了历史上教条主义的教训。教训就是理论和实践相脱离，理论从实践中来，又到实践中去，这个道理没有运用到经济建设上。马列主义的普遍真理与中国革命具体实际相结合，这是唯物论；二者是对立的统一，也就是辩证法。为什么硬搬，就是不讲辩证法。"①

3. 实现"相结合"需要坚持实事求是的思想与实践原则

实事求是是唯物辩证法的精髓，是按照事物的本来面目和事物发展的内在规律看问题、想办法、做决策的科学原则。毛泽东指出："'实事'就是客观存在着的一切事物，'是'就是客观事物的内部联系，即规律性，'求'就是我们去研究。我们要从国内外、省内外、县内外、区内外的实际情况出发，从其中引出其固有的而不是臆造的规律性，即找出周围事变的内部联系，作为我们行动的向导。而要这样做，就须不凭主观想象，不凭一时的热情，不凭死的书本，而凭客观存在的事实，详细地占有材料，在马克思列宁主义一般原理的指导下，从这些材料中引出正确的结论。"② 马克思主义传入中国，只有从尊重中国国情、实际和中国革命的实践出发，把马克思主义的思想方法、工作方法科学地运用到中国实际中，才能够产生真正的效果，也才能够形成中国化的思想理论成果。譬如，中国革命早期照搬了俄国"十月革命"成功的经验，按照"城市中心论"、采用发动大城市工人武装起义的办法来组织和发动革命，但遗憾的是早期在大城市组织的城市武装暴动都因为不符合中国的国情和实际而遭遇失利。鉴于中国农民群众人数的庞大和工人阶级的先进性，从灵活地运用马克思主义武装斗争学说、尊重中国国情和实际出发形成的"工农联盟"的革命道路被证明是真正符合中国革命实际的正确道路。

需要进一步说明的是，在两个"相结合"中，除去要把马克思主义

①《毛泽东文集》（第7卷），北京：人民出版社1999年版，第366页。

②《毛泽东选集》（第3卷），北京：人民出版社1991年版，第801页。

与中国实际相结合外，还要把它与中华优秀传统文化相结合。在早期中国共产党人所提到的“使马克思主义在中国具体化”中，所谓“具体特点”“具体环境”和“具体革命实践”当然也包括国情特点和思想文化特点，离开了对中国文化土壤的重视和尊重，马克思主义中国化是不可能实现的。只不过，由于思想认识的发展是循序渐进、日趋进步并逐渐深化和创新的，今天提出马克思主义与中华优秀传统文化相结合的命题，当然是在过去思想和实践的基础上获得的更为深入的认识和更为明确的判断。今天是经过了昨天、从昨天走来的，新思想也是从过去的思想认识和实践经验中得来的。众所周知，文化是具有迁移和传承特点的“信息库”，也是制约和影响后来者思想和行动的“基因库”。按照马克思主义的辩证唯物主义，社会存在决定社会意识，社会意识对社会存在具有反作用。文化作为既定社会的意识形式，不但对当时的社会实践活动产生反作用，而且其遗存对于后世依然会有影响。换言之，一个民族的优秀传统文化在民族后世的发展中能够发挥积极的影响力，也值得继承和发扬。作为思想观念和理论体系的马克思主义，如果要在中国的思想文化土壤中扎根，必然要与中华优秀传统文化相结合，必然要在适应中改造和提升中国人的思想状态与精神境界。马克思主义与中华优秀传统文化相结合，同样是世界统一原理和世界发展原理的客观要求，符合唯物辩证法的基本原则。马克思主义要实现同中华优秀传统文化相结合，同样也需要我们秉持实事求是的原则，对优秀传统文化的“过去式”“现在时”和“未来事”进行科学的分析和谋划，对文化的价值基因进行客观的、准确的、符合事实的判断和把握，从而以马克思主义的基本原理解析文化发展变化的规律和趋势，提升优秀传统文化现代化的境界，实现中华优秀传统文化的创造性转化和创新性发展。

（三）两个“相结合”的思想进阶

中国特色社会主义进入新时代以来，习近平高度重视马克思主义中国化时代化问题。在党的二十大上，他强调指出：“实践告诉我们，中国共产党为什么能，中国特色社会主义为什么好，归根到底是马克思主义行，是中国化时代化的马克思主义行。”[①] 在马克思主义与中国具体实际、中华优秀传统文化的关系上，他先后对马克思主义同中国实际相结合、同中华优秀传统文化相结合进行过多次论述，集中强调了两个“相结合”的科学内涵和思想原则。可以说，两个“相结合”遵从了马克思主义中国化的内在规律，实现了马克思主义与中国实际“结合”上的思想进阶。概括地说，两个“相结合”实现的思想上的递进表现在以下几个方面：

1. 从“普遍真理”到“基本原理”的话语转换，意味着新时代中国共产党人对马克思主义根本作用认识上得到了深化

在对“结合”这一重大命题的阐发与揭示上，新时代的中国共产党人实现了关键话语的转换，即从在革命战争年代和社会主义建设初期较多地强调马克思主义是“普遍真理”，到在新的历史条件下强调运用马克思主义“基本原理”的转变。从一般意义上看，所谓普遍真理，强调的是马克思主义作为不可质疑的科学真理的普遍适用性和广泛应用性，是对马克思主义本身所具有的广义真理价值的肯定。而“基本原理”则并不像普遍真理那样普遍性地肯定马克思主义的真理价值和泛用意义，而是强调具体可用的马克思主义的基本主张，包括代表基本规律、基本立场、基本方法的马克思主义的思想要义和理论观点。不难看出，两者所作强调的侧重点不同，对可资适用的马克思主义思想理论体系的检视点和切入点也不同。尽管从本质上讲，马克思主义的普遍真理性恰恰体现在它的基本原理的科学性、根本性和适用性，但是并非马克思主义经典作家的所有文字和所有论断都是丝毫不可变动、必须完全照抄照搬的普遍真理。换言之，尽管马克思主义作为普遍真理的价值不在别处，而在于它的基本原理以及这些原理所体现的世界观和方法论，所渗透的立场、观点和方法，但是普遍真理与基本原理也不是全等的、毫无二致的。从“普遍真理”到“基本原理”的话语转换，并不意味着新时代的中国共产党人否定了马克思主义的科学性和真理性，而是更加深入地

① 习近平：《高举中国特色社会主义伟大旗帜　为全面建设社会主义现代化国家而团结奋斗——在中国共产党第二十次全国代表大会上的报告》，北京：人民出版社2022年版，第16页。

把握了马克思主义作为普遍真理的具体表现，把握了真正使马克思主义发挥其普遍真理价值、作为马克思主义思想精髓的基本原理的价值和意义。这一转变意味着新时代中国共产党人在对马克思主义所能发挥根本作用的认识上的进阶和深化。

2．从强调马克思主义对中国的作用转向集中关注马克思主义要获得新发展的现实，意味着新时代马克思主义与中国具体实际的结合发生了时代化进阶

马克思主义具有永恒的历史价值，也具有鲜活的时代价值。马克思主义的历史价值和时代价值是相对统一的。在新民主主义革命时期和社会主义建设时期，不论是提出“使马克思主义在中国具体化”还是强调实现马克思主义与中国社会主义建设的结合，其立足点都是偏重于强调马克思主义对中国革命和建设的指导作用，结合与联系的着眼点也都在于强调马克思主义能够而且可以发挥思想指导、理论指引的效用，恰当地运用马克思主义就能够改变中国实践的前途和命运。但是，当马克思主义历经时代变换、中国国情历经发展变化后，单纯地强调马克思主义之“用”自然就不能很好地揭示马克思主义的强大生命力和巨大发展活力了。藉此，新时代的中国共产党人在考虑如何运用马克思主义之时，更多地把着眼点放在了已经变化了的国情和形势之上，把对马克思主义之“用”推进到马克思主义之发展和创新上，深入中国具体实际和优秀传统文化进而思考马克思主义的时代面貌和时代价值。因此，两个“相结合”是把“用”与“体”紧密融合的相结合，它不仅仅强调当代中国马克思主义、21世纪马克思主义之“用”，而且也强调它对于经典马克思主义以及此前中国化马克思主义思想理论成果的继承和发展、弘扬和创新。毫无疑问，随着时代发展和社会进步，马克思主义总归是要发展和进步的，它的价值和意义不会停留在它在过去所能发挥的作用上，甚至不仅仅局限于它今天所能发挥的效用上。比马克思主义的作用呈现更为重要的，是它在新时代实现了自身的发展和创新，实现了自身的变革和进步，而它的作用恰恰也包含在已经实现的创新和进步之中。

3. 适时提出马克思主义要同中华优秀传统文化相结合的命题，意味着新时代的“相结合”要深入推进到大众化新阶段

两个“相结合”不仅仅包含着如何对待不断发展变化的中国国情、实际和形势的问题，而且也包含着如何对待社会的思想文化体系的问题。马克思主义同中国具体实际相结合是当下的、现实的、客观的结合，而同中华优秀传统文化的结合则是深层的、持久的、主体化的结合。从结合的次序和层次上看，马克思主义首先是解析中国思想文化的价值工具和思想武器。习近平曾经指出：“马克思主义基本原理必须同中国具体实际紧密结合起来，应该科学对待民族传统文化，科学对待世界各国文化，用人类创造的一切优秀思想文化成果武装自己。”[①] 作为具有真理性的科学思想理论，马克思主义是观察中华传统文化的“显微镜”，也是洞悉中华传统文化思想的“解剖刀”。马克思主义同中华优秀传统文化的结合，是分别代表人类优秀文明成果和集中智慧的结合。这个结合，由先进分子来促进和实现，但并不等于由先进分子来终结。马克思主义同中华优秀传统文化相结合的进程，其最佳效果仍是“飞入寻常百姓家”，深入到普罗大众的生活和存在体系中去。众所周知，文化本身就是一个集合对象，是历史时代的累积和思想沉淀而成的复合体。马克思主义同中国具体实际相结合，自然要实现其具体化的过程，即关注到中国实践和实际、中国环境和特点，但深层次的思想文化融合却是持久的、漫长的。新时代中国共产党人提出马克思主义同中国具体实际相结合、同中华优秀传统文化相结合，一方面创造了代表当代中国马克思主义、21 世纪马克思主义的习近平新时代中国特色社会主义思想，另一方面也需要促进这一思想在广大人民群众中的内化和致知，藉此汇聚最广泛的社会共识，凝聚最强大的人民力量，在实现当代中国马克思主义大众化中实现中华民族伟大复兴的奋斗目标。

① 习近平：《在纪念孔子诞辰 2565 周年国际学术研讨会暨国际儒学联合会第五届会员大会开幕式上的讲话》，《人民日报》2014 年 9 月 25 日，第 2 版。

4. 提出马克思主义同中国具体实际相结合、同中华优秀传统文化相结合的主张，意味着新时代的“相结合”是融思想武装和理论创新于一体的综合创新

众所周知，具有划时代意义的思想理论的产生、发展和创新，历来都不是无中生有的，也不是一蹴而就的。长期以来，中国共产党把马克思主义基本原理与中国具体实际相结合视作党的一个重要思想原则。毛泽东曾经指出：“把马克思列宁主义的理论和中国革命的实践密切地联系起来，这是我们党的一贯的思想原则。”[①] 按照这样的思想原则，马克思列宁主义与中国特色社会主义的实践相结合，自然就会产生新的思想理论成果。在谈到中国特色社会主义理论体系与马克思主义的关系时，习近平也曾经指出：“中国特色社会主义理论体系归根到底是以马克思主义基本理论为指导的，是把这些基本理论同中国具体实际相结合的结果。……不了解、不熟悉马克思主义基本原理，就不可能真正了解和掌握中国特色社会主义理论体系。”[②] 这一论断，明确地指出了中国特色社会主义理论体系是马克思主义基本理论在中国运用和发展的产物，是用马克思主义基本原理分析中国问题、解决中国问题的结果。毋庸讳言，马克思主义在同中国具体实际相结合、同中华优秀传统文化相结合时，不但产生实践成果，也产生思想理论成果。从毛泽东思想到中国特色社会主义理论体系，再到习近平新时代中国特色社会主义思想，无一不是相结合的产物。但是，相结合的过程是一个综合创新的过程，其中，思想理论是不断发展的，也是在不断丰富中实现综合创新的。党的十八大以来，马克思主义同中国具体实际相结合、同中华优秀传统文化相结合的过程是与中国特色社会主义建设的实践进程、与党的思想理论进步、与中国社会变革的节奏密切统一的。在统一的过程中，理论与实践互动、思想与实际结合，思想理论的创造性发展与社会实践的系统性变革互促共生，为新时代中国特色社会主义的实践创造出前所未有的成就，也为思想理论领域提供了崭新的中国化时代化的马克思主义。

①《毛泽东文集》(第7卷)，北京：人民出版社1999年版，第116页。

② 习近平：《在全国党校工作会议上的讲话》，《求是》2016年第9期。

（四）推进新时代两个“相结合”的思想要求

结合着马克思主义中国化命题提出以来中国共产党领导中国人民进行自我革命和社会革命的历史来看，坚持不懈推动并实现马克思主义中国化，不断促进马克思主义同中国具体实际相结合、同中华优秀传统文化相结合是中国共产党领导开辟思想发展和实践发展新境界的密码。正如同李维汉在建党60周年时指出的，马克思列宁主义普遍真理同中国具体实践艰难曲折而又成功地结合和统一，是中国共产党和现代中国历史发展的一根基轴。百年来的历史表明，中国共产党领导进行的革命、建设和改革事业，以及正在领导全国各族人民致力推进的民族复兴的伟大事业，都是围绕着“相结合”这样的基轴转动的。从实践的角度看，两个“相结合”是一个系统工程，体现了新时代中国共产党人思想创新和实践创造之间合目的性的与合规律性的统一，构成了新时代推进马克思主义和中国特色社会主义发展、中华文化创造性转化和创新性发展的根本原则，也成为开辟马克思主义中国化时代化新境界的思想动力。概括而言，新时代两个“相结合”的思想要求有如下几个方面：

首先，两个“相结合”是长期的结合，不可能一劳永逸，也不能半途而废。中国是一个大国，国情复杂，历史悠久。中华文化积淀深厚，思想复杂。“马克思主义理论不是教条而是行动指南，必须随着实践发展而发展，必须中国化才能落地生根、本土化才能深入人心。”[①]用马克思主义观察和分析时代、洞悉中国的国情和实际本身就不是容易的事情，同中华优秀传统文化相结合则更不容易，不可能一蹴而就，也不会唾手可得。习近平指出：“坚持把马克思主义基本原理同中国具体实际相结合、同中华优秀传统文化相结合，用马克思主义观察时代、把握时代、引领时代，继续发展当代中国马克思主义、21世纪马克思主义！”[②]要推进和实现这样的任务，显然不是短期内能够完成的，而是一个长期

①《中共中央关于党的百年奋斗重大成就和历史经验的决议》，北京：人民出版社2021年版，第66页。

② 习近平：《在庆祝中国共产党成立100周年大会上的讲话》，北京：人民出版社2021年版，第13页。

的历史过程。

其次，两个“相结合”是动态的结合，是在不断发展和变化过程中实现的。马克思主义同中国实际、中华优秀传统文化相结合不是口头上的结合，而是行动上、实践上的结合，结合是动态的而不是静止的，是发展的而不是僵化的。在两个“相结合”上，静止化只能制造误解，僵化也只会产生教条，只有在不断适应变化了的形势和任务的前提下，马克思主义的世界观和方法论、其基本原理和根本原则才能够在中国实际和实践中得到应用并在与中华优秀传统文化的融合中结出硕果。在中国革命的初期，由于革命经验的匮乏和党的部分领导人自身的错误，曾经出现过静止地、教条化地理解和运用马克思主义的失误，也曾给中国革命造成了重大损失。在全面推进中国特色社会主义现代化强国建设、全面推进中华民族伟大复兴的进程中，马克思主义的基本原理始终要得到动态的理解和应用，中国具体实际和中华优秀传统文化须臾不可固化和教条化。

再次，两个“相结合”是全面的结合，具有整体性、系统性和贯穿性。两个“相结合”提供的是运用马克思主义基本原理和当代中国马克思主义、21 世纪马克思主义指导中国特色社会主义建设的思想原则。把马克思主义与中国具体实际、中华优秀传统文化相结合的布局不是片面的，而是全面的、全局性的。一方面，尽管中国具体实际与中华优秀传统文化是各有所指、确有侧重的，但二者并不是割裂的，而是统一的。马克思主义同中国具体实际相结合、同中华优秀传统文化相结合并不是分段式、相对立、相割裂的结合，与具体实际相结合的过程自然也包含着与中华优秀传统文化相结合。另一方面，马克思主义同中国具体实际、同中华优秀传统文化相结合不是片面的、局部的结合，而是要全面无缝结合，结合的思维和实践应当渗透到运用马克思主义解决中国问题的全过程、全方位和全细节之中。

复次，两个“相结合”是主动的结合，不是被动的、消极的结合。两个“相结合”并不是一个僵化的原则，而是一个伟大的过程和一场生动的实践。在相结合的过程中，作为思想理论的马克思主义与作为客观实际的中国实践以及作为基因特质的中华优秀传统文化之间并不是强拉硬扯到一起的，而是基于互相需要和共同的目标而发生的主动结合。换言之，马克思主义同中国具体实际相结合、同中华优秀传统文化相结合，并不是天然的自动的，也不能够自发而生、自主实现，而是要靠中国马克思主义者们积极主动地运用马克思主义的立场、观点和方法，主动把马克思主义基本原理运用到对中国具体实际的分析、观察和理解中，在与中华优秀传统文化相结合的前提下和过程中实现创造创新，达到解决中国现实问题的目的。在两个“相结合”上，食而不化、墨守成规是最大的消极，而教条主义、形式主义则是最大的被动。

还有，两个“相结合”是科学的结合，是带有针对性、依据规律性的结合，不是盲目的结合，也不是随意的结合。“马克思主义是科学的理论，创造性地揭示了人类社会发展规律。”① 马克思主义之所以具有普遍真理性，之所以能够对各国共产主义活动产生广泛的指导作用，关键就在于它本身是自然界、人类社会和思维发展的规律的表达。在把马克思主义运用到中国具体实际、实现马克思主义同中华优秀传统文化相结合的过程中，马克思主义发挥的是普遍科学的价值。因此，运用马克思主义这一科学理论要有科学的态度、科学的精神和科学的方法，要遵循科学的基本规律和基本逻辑。把马克思主义同中国具体实际相结合、同中华优秀传统文化相结合，关键是要运用马克思主义科学性的普遍真理和基本原理与中国的具体问题及其条件、环境相结合，发挥其科学规律的指导作用，提升解决中国实际问题的可能性和必然性。

最后，两个“相结合”是有效结合，是孕育实际效能并能产生有益效果的结合。马克思主义同中国具体实际相结合、同中华优秀传统文化相结合不是空泛无机的结合，而是能够切实指导中国革命、建设和改革的实践，带来思想变革和社会变革的结合。在中国革命历史进程的某个特定时间和特定阶段，由于片面地、错误地运用马克思主义，也曾经出现过不能指导革命和建设取得预期成效的情况，有过不能达到实践目标的教训。在马克思主义同中国具体实际相结合、同中华优秀传统文化相结合的实践中，我们应当力避由于各种原因出现的盲目性，力避两个

① 习近平:《在纪念马克思诞辰200周年大会上的讲话》，北京：人民出版社2018年版，第7页。

“相结合”流于空虚和无效，而是要致力于使马克思主义基本原理得到应用，使中国革命和建设的实践获得指导，使中国人的思想和精神得到洗礼，使中国特色社会主义的发展和建设得以大大推动。从目前已经取得的实效上看，两个“相结合”推动了马克思主义中国化时代化，促使创立了习近平新时代中国特色社会主义思想这一当代中国马克思主义、21 世纪马克思主义，使得马克思主义在中国得到了新进步，开辟了新境界并永葆生机和活力。接下来，伴随着两个“相结合”的推进，伴随着习近平新时代中国特色社会主义思想的贯彻落实和丰富发展，全面建设社会主义现代化强国和全面实现中华民族伟大复兴的实践也必将成功。

（原文发表于《甘肃社会科学》2023 年第 2 期）

三

实现美好梦想的蓝图规划

党的十九届五中全会通过了《中共中央关于国民经济和社会发展第十四个五年规划和二〇三五年远景目标的建议》（以下简称《建议》），擘画了未来十五年内中国经济社会发展的蓝图。众所周知，做好发展规划是中国共产党领导建设社会主义事业的基本策略和重要方法，也是中国共产党在探索中国特色社会主义建设进程中获得的重要实践“密码”。早在1955年制定第一个五年计划草案之际，毛泽东主席就在中国共产党全国代表会议上谈到党的总路线并明确指出，这个总路线“以求达到在我国建成社会主义社会的目的。党的总路线以及为着实现这个总路线而采取的各项重要的政策和办法，已经在事实上被证明是正确的。……发展国民经济的第一个五年计划是实现党的总路线的一个重大的步骤”[①]。可见，五年计划是为了实现党的路线，而党的路线又直接服务于建设社会主义的目的。因此说，做规划和落实规划都是为了实现建设社会主义和发展社会主义。作为新时代中国特色社会主义建设的蓝图，《建议》既带有起锚远航的色彩，也延续了建设社会主义的根本指向。

（一）以推进中华民族伟大复兴中国梦为根本目标

习近平总书记指出，编制和实施国民经济和社会发展五年规划，是我们党治国理政的重要方式。党领导国家治理和实施政策的过程中包含着党的理想与目标。党的十八大提出了实现中华民族伟大复兴中国梦的理想，习近平总书记强调指出，人民对美好生活的向往，就是我们的奋斗目标。在这个意义上说，党的十九届五中全会通过的《建议》就是为

①《毛泽东文集》（第6卷），北京：人民出版社1999年版，第389—390页。

实现中国梦而铺设的科学轨道，是为实现人民对美好生活的向往而作出的实践蓝图，也是为实现社会主义现代化强国、实现民族复兴这一长期目标而设计的接力规划。

回望中国近代以来的历史进程可见，自从1840年鸦片战争开始，中国逐步落后并滑入了历史的谷底，中华民族也遭到了西方列强的欺凌和压迫，承受了前所未有的耻辱。在经历漫长的徘徊、痛苦的挣扎和艰辛的求索之后，直到中国共产党诞生以后，中华民族和中国人民才获得了解放的曙光，赢得了振兴的契机。在艰苦的革命、改革和建设中，中国共产党领导中国人民开辟了实现民族复兴的道路，并一步一步走向了民族复兴的辉煌。因此，纵观一百年来中国社会发展的历史，可以说，实现中华民族伟大复兴的中国梦是一个总目标。党在不同阶段领导进行的伟大实践，所完成的都是这个总目标中的阶段性任务。

实现中华民族伟大复兴的中国梦并不是空想和虚幻的梦，而是可以转化为现实任务和实际目标的梦。从站起来到富起来到强起来，从民族独立、人民解放到国家富强、人民幸福，从全面建成小康社会到全面建设社会主义现代化强国，都是伟大民族复兴梦想的题中之义和阶段任务，也都是中国梦的组成部分和现实要求。但毫无疑问，实现中国梦并不是一蹴而就、计日程功的，而是需要付出长期艰苦的接力式的努力才有可能达到的。党的十九届五中全会所提出的《建议》，正是对新时代共产党人接过历史接力棒、持续推进民族复兴中的一个较长阶段的发展规划。而在每一阶段所设定的目标和所实施的规划，自然也就成就了伟大民族复兴的中国梦这一根本目标。

（二）以坚持和发展中国特色社会主义为前进方向

中国特色社会主义这一旗帜，是党所领导的当代中国实践的根本旗帜，也是当代中国经济社会发展的前进方向。习近平总书记早在多年前就曾说过，党的十八大精神，说一千道一万，就是坚持和发展中国特色社会主义。党的十九大也继续号召要夺取新时代中国特色社会主义伟大胜利。党的十九届五中全会通过的《建议》是承前启后、继往开来的重要决策部署和规划安排，它承接着此前的规划，也启动了新的目标。《建议》既是继全面建成小康社会之后、开启全面建设社会主义现代化国家新征程的起点，也是持续推进中国特色社会主义建设的接力点。

习近平总书记指出，中国特色社会主义，承载着几代中国共产党人的理想和探索，寄托着无数仁人志士的夙愿和期盼，凝聚着亿万人民的奋斗和牺牲，是发展中国、稳定中国的必由之路，也是中国共产党和中国人民团结的旗帜、奋进的旗帜、胜利的旗帜。党要领导全国各族人民全面建成小康社会、加快推进社会主义现代化、实现中华民族伟大复兴，必须始终高举中国特色社会主义伟大旗帜，坚定不移坚持和发展中国特色社会主义。正缘于此，党才强调要坚持中国特色社会主义道路自信、理论自信、制度自信和文化自信。正基于此，党才在这一总主题下根据经济社会发展的进度、建设目标实现的程度和实践创新获得的效度不断制定新的规划、调整改革和发展的节奏与步伐，构建接力式建设中国特色社会主义的计划表和行程图。

中国特色社会主义是建设中的社会主义，也是发展中的社会主义，这既是我国的国情，也是我国的实际。就其思想实质看，《建议》所高举的旗帜，正是中国特色社会主义的旗帜;《建议》所规划的方向，正是中国特色社会主义的方向;《建议》所基于的现实，正是中国特色社会主义的现实;《建议》所部署的任务，正是建设中国特色社会主义的任务。由此，在内容安排上，《建议》突出强调并妥善处理了继承和创新的关系、政府和市场的关系、开放和自主的关系、发展和安全的关系，着力解决中国特色社会主义在发展思路、建设阶段、依靠主体和内外环境上相统一、相协调、相补充的问题，为高举中国特色社会主义旗帜提供了保障。

（三）以全面建设社会主义现代化国家为实践主题

在谈到新中国规划之路时，习近平总书记指出:“从第一个五年计划，到第十四个五年规划，一以贯之的主题，是把我国建设成为社会主义现代化国家。”这一论断，指明了我国社会主义现代化建设的具体任务，也指明了我国发展社会主义的实践主题。建设社会主义现代化国家是近代以来无数无产阶级革命志士的夙愿，也是无数中华儿女的期盼。

中华人民共和国成立以后，特别是社会主义制度建立以来，建成社会主义现代化国家就成了与中国共产党的奋斗目标相一致、与我国的国体政体基本要求相适应、与人民群众的根本利益相统一的基本任务。在这个意义上说，建成社会主义现代化国家是社会主义的题中之义，也是发展社会主义的不二选择。

现代化有不同的实现方式，也有不同的建设路径。在西方资本主义的挤压和诱使下，近代中国曾有不少人提出过走现代化道路的主张。然而，在没有实现国家独立、民族解放之前，现代化只不过是美好的幻想而已。某些资产阶级开明人士所主张的现代化，其实质也不过是依附式的现代化，是西方帝国主义和殖民主义压迫下的扭曲的现代化。新中国成立后，经过国民经济的过渡和恢复，中国共产党提出了“将中国建设成为一个工业化的具有高度现代文化程度的伟大国家”的奋斗目标，并提出了全面实现“四个现代化”的“两步走”战略。1978 年党的十一届三中全会提出把工作中心转移到社会主义现代化建设上来。1987 年，党中央又提出了“三步走”的发展战略。在经过不懈努力之后，党的十九大在完成此前发展任务的基础上又明确了“两个一百年”的奋斗目标，确立了新的“两步走”战略。党的十九届五中全会作出的《建议》，科学规划了在全面建成小康社会之后启动全面建设社会主义现代化国家的路径。

全面建设社会主义现代化国家是一项综合的、复杂的、长期的系统工程，其内容涵盖了政治、经济、文化、社会、生态等诸多领域、涉及治党治国治军、内政外交国防等诸多方面。因此，要建成社会主义现代化国家，就必须有计划、有步骤、分阶段地完成国家现代化的任务、积累国家现代化的条件，扎实推进社会主义现代化国家建设的进程。《建议》正是就开启全面建设社会主义现代化国家这一现实任务作出规划，其目标在于通过未来十五年内的努力，基本实现现代化。在这个意义上说，《建议》把全面建设社会主义现代化国家作为最符合中国社会发展实际、最切合社会主义建设规律的实践主题。

（四）以优化改革和发展的互动关系为规划主线

习近平总书记在2020年11月2日召开的中央深改委第十六次会议上指出，贯彻党的十九届五中全会精神，要继续把握好改革和发展的内在联系，使改革更好对接发展所需，推动改革和发展深度融合、高效联动。在推动中国特色社会主义建设进程中，改革是动力，发展是目标，改革与发展如同车之双轮、鸟之双翼，环环相扣、相辅相成。改革旨在解决发展中遇到的矛盾和困境，消除体制、机制、组织和系统中的制约与障碍，为发展创造良好环境和优越条件。发展则为改革提供条件和命题，呼唤改革并不断支撑改革走向深入，从而催生新的增长。因此说，每当发展遇到障碍和瓶颈时，就需要进行改革；而当改革消除了各种发展关系上的掣肘和藩篱时，就会激励和促进新的发展。改革和发展密不可分，始终统一于建设中国特色社会主义、实现社会主义现代化的进程中。

改革和发展的相互补充、相互促进，既符合社会发展的基本规律，也符合社会主义建设的基本规律。实际上，中国特色社会主义建设就始终是在不断改革和发展中实现的。1978年的改革开放解放了人们的思想，为新时期的发展破除了思想禁锢，从而引发了中国经济社会的大发展、大进步。进入新时代以来，党中央继续坚持全面深化改革，为经济社会发展提供动力、创造条件，也就为实现更可持续、更加有效、更高质量的发展奠定了基础。《建议》在预判“十四五”时期中国经济社会发展形势的基础上，分析了发展所处的新阶段，提出了新发展理念，明确了新发展格局，并把坚持新发展理念和坚持深化改革开放作为该时期内经济社会发展必须遵循的原则，为进一步深化改革和实现高质量发展、创新发展指引了方向。

可以说，改革和发展之间的融合与联动是贯穿《建议》的一条主线。从这一要求出发，就要不断优化改革和发展的互动互益关系，改善改革和发展相互支撑、相互促进的状态。《建议》强调，要在发展中推动质量变革、效率变革、动力变革，通过改革破除制约高质量发展、高品质生活的体制机制障碍，持续增强发展的动力和活力。毋庸置疑，改革和发展的融合程度越高，二者互动的效果越好、联动的实效越强，就越能增进物质条件、制度因素和文化系统的沟通，疏浚市场、人才和实践的通道，提升各类资源配置的机能和效率，也就越能促使改革发展稳定跃上新台阶，从而在新发展阶段和新发展格局中提升中国经济社会发展的质量和水平。

（原文发表于《思想政治工作研究》2021 年第 1 期）

四

扎实推进新时代党的理论创新成果的实践应用

党的十八大以来，在带领全党和全国各族人民推进中国特色社会主义伟大实践中，以习近平为代表的中国共产党人领导创立了习近平新时代中国特色社会主义思想。习近平新时代中国特色社会主义思想是当代中国马克思主义、21世纪马克思主义，是马克思主义中国化时代化的最新理论成果。党的二十大确立了以中国式现代化全面推进社会主义现代化强国建设、全面推进中华民族伟大复兴的中心任务。要完成这样的中心任务，就需要全党凝神聚力、全国人民勠力同心，扎实推进新时代中国特色社会主义理论与实践的结合和发展。习近平总书记在二十届中央政治局第六次集体学习时也指出："我们要不断深化对党的理论创新的规律性认识，在新时代新征程上取得更为丰硕的理论创新成果。"他强调："一切划时代的理论，都是满足时代需要的产物。用以观察时代、把握时代、引领时代的理论，必须反映时代的声音，绝不能脱离所在时代的实践，必须不断总结实践经验，将其凝结成时代的思想精华。我们推进理论创新是实践基础上的理论创新，而不是坐在象牙塔内的空想，必须坚持在实践中发现真理、发展真理。"① 这既为丰富和创新党的理论成果提出了实践要求，也为扎实推进党的理论创新成果的实践应用作出了思想指导。

（一）新时代党的理论创新成果在中国特色社会主义建设伟大实践中不断丰富和发展

在中国革命、建设和改革的伟大历史进程中，马克思主义中国化

① 习近平：《不断深化对党的理论创新的规律性认识　在新时代新征程上取得更为丰硕的理论创新成果》，《人民日报》2023年7月2日，第1版。

时代化始终是一条支撑革命实践和理论创新的不间断的生命线。从采纳和引用经典的马克思主义到马克思主义在中国实现本土化和具体化，从接受马克思主义作为普遍真理到运用马克思主义的基本原理和科学原则，马克思列宁主义在中国大地上生根开花结果，陆续创立了毛泽东思想、邓小平理论，形成了“三个代表”重要思想、科学发展观，创立了习近平新时代中国特色社会主义思想。可以说，自马克思列宁主义传入中国一直到今天的百余年来，中国共产党的理论创新根脉不断、弦歌不绝。中国特色社会主义进入新时代，习近平新时代中国特色社会主义思想成为了最具时代精神和实践价值的党的理论创新的最高成就，也成为马克思主义中国化时代化的最新成果。

伟大的时代呼唤伟大的思想，伟大的实践孕育伟大的理论。作为新时代党的理论创新成果的集大成者，习近平新时代中国特色社会主义思想是在中国特色社会主义实践中孕育并发展的，它具有鲜明的时代特征和强烈的现实针对性。党的二十大系统概括了这一思想的主要内容，指出：“十八大以来，国内外形势新变化和实践新要求，迫切需要我们从理论和实践的结合上深入回答关系党和国家事业发展、党治国理政的一系列重大时代课题。我们党勇于进行理论探索和创新，以全新的视野深化对共产党执政规律、社会主义建设规律、人类社会发展规律的认识，取得重大理论创新成果，集中体现为新时代中国特色社会主义思想。十九大、十九届六中全会提出的‘十个明确’‘十四个坚持’‘十三个方面成就’概括了这一思想的主要内容，必须长期坚持并不断丰富发展。”①这些内容无一不是从实践中来，从实际中来，从解决客观存在的问题中来的。可以说，从改革发展稳定到内政外交国防再到治党治国治军的各个领域、诸多范围，从“五位一体”的总布局到“四个全面”的战略布局，这一新时代党的理论创新成果涵盖了中国特色社会主义建设的方方面面，深深植根并结合于新时代改革开放和社会发展的宏阔实践之中。

习近平总书记指出：“马克思主义必定随着时代、实践和科学的发展

① 习近平：《高举中国特色社会主义伟大旗帜　为全面建设社会主义现代化国家而团结奋斗——在中国共产党第二十次全国代表大会上的报告》，北京：人民出版社2022年版，第16—17页。

而不断发展，不可能一成不变，社会主义从来都是在开拓中前进的。”[①] 新时代中国特色社会主义建设是变动不居的伟大实践，也是极其鲜活而生动的实践。从消除贫困、全面建成小康社会的党的第一个百年奋斗目标的实现到致力实现以中国式现代化全面推进社会主义现代化强国建设、全面推进中华民族伟大复兴的党的第二个百年奋斗目标，中国特色社会主义建设按部就班、有条不紊地逐步推进，实现中华民族伟大复兴的鸿篇巨制接续书写。众所周知，实践的变化要求思想理论也随之发展变化，而具有前瞻性、符合规律性、富于指导性的伟大思想理论又能指导和引领着人们的实践不断走向前进。作为马克思主义同中国具体实际相结合、同中华优秀传统文化相结合的思想结晶，习近平新时代中国特色社会主义思想这一党的理论创新成果既会更好地为新时代中国特色社会主义建设提供思想指导，也会在伟大实践中不断丰富和发展。

（二）在新的历史起点上实现党的第二个百年奋斗目标需要伟大理论的指导

中国共产党是以马克思主义为指导的伟大政党，富有革命创新精神，善于思想武装和理论创新，始终坚持以科学的马克思主义理论为指导。毛泽东就曾经指出：“我们的党从它一开始，就是一个以马克思列宁主义的理论为基础的党，这是因为这个主义是全世界无产阶级的最正确最革命的科学思想的结晶。”[②] 革命时期如此，社会主义建设时期依然如此。即使在经历了“文化大革命”所造成的重大历史挫折后，邓小平在领导总结历史经验、开创改革开放新局面之时仍清醒地指出：“不把毛泽东思想，即经过实践检验证明是正确的、应该作为我们今后工作指南的东西，写到决议里去，我们过去和今后进行的革命、建设的分量，它的历史意义，都要削弱。不写或不坚持毛泽东思想，我们要犯历史性的大错误。”[③] 历史经验告诉我们，实践每前进一步，理论创新就要跟进一步。而理论每前进一步，思想武装就要跟进一步。

①《习近平谈治国理政》（第 1 卷），北京：外文出版社 2018 年版，第 23 页。
②《毛泽东选集》（第 3 卷），北京：人民出版社 1991 年版，第 1093 页。
③《邓小平文选》（第 2 卷），北京：人民出版社 1994 年版，第 300 页。

在以习近平同志为核心的党中央坚强领导下，新时代中国特色社会主义建设取得了前所未有的历史性成就。中国前所未有地靠近世界舞台中心，中华民族前所未有地接近中华民族伟大复兴的目标，中国共产党和中国人民也前所未有地具有了实现这个目标的能力和信心。党的十九届四中全会、五中全会和二十大擘画了在新的历史起点上实现党的第二个百年奋斗目标的路线图，指明了以中国式现代化不可逆转地推进社会主义现代化强国建设和实现中华民族伟大复兴的战略步骤。在前进方向已明确、发展蓝图已绘出的新的历史起点上，至关重要的就是要用习近平新时代中国特色社会主义思想武装头脑、指导实践，把党的理论创新的成果科学有效地转化为指引全党全国各族人民投身民族复兴伟业的思路、方法和能力，转变为增强和激励亿万人民群众奋进新时代的豪情、意志和信心。毋庸置疑，科学的指导思想是全党全国各族人民统一思想、统一意志、统一行动的重要基础，是号召亿万党员群众方向一致、目标一致、思想一致、行动一致的根本保障。只有用习近平新时代中国特色社会主义思想这一党的理论创新成果教育和引导全党全军和全国各族人民，实现思想上的大统一，我们的事业才能够不断从胜利走向更大的胜利，从成功走向更大的成功。

党的第二个百年奋斗目标是崇高而伟大的目标，是为实现中国的国富民强和世界的繁荣发展而确立的目标。但是，再伟大的目标也要靠人们的实践来实现。毛泽东说过："一切事情是要人做的，……做就必须先有人根据客观事实，引出思想、道理、意见，提出计划、方针、政策、战略、战术，方能做得好。"[①] 习近平总书记也指出："实现'两个一百年'奋斗目标，需要全社会方方面面同心干，需要全国各族人民心往一处想、劲往一处使。如果一个社会没有共同理想，没有共同目标，没有共同价值观，整天乱哄哄的，那就什么事也办不成。"[②] 习近平新时代中国特色社会主义思想这一党的理论创新成果就是凝结了全党和全国各族人民智慧的经验总结和哲学精华，以这一思想理论为指导，就要求各地各方在领会其思想精髓和理论要义的基础上，转化为具体工作的领导方法、思想方法和工作方法，转化为实践过程的方针、政策和做法，转化

①《毛泽东选集》（第2卷），北京：人民出版社1991年版，第477页。
②《习近平谈治国理政》（第2卷），北京：外文出版社2017年版，第335页。

为实实在在的实践成果，从而保障既定目标的实现。

（三）准确把握用好新时代党的理论创新成果的实践要求

毛泽东指出："任何思想，如果不和客观的实际的事物相联系，如果没有客观存在的需要，如果不为人民群众所掌握，即使是最好的东西，即使是马克思列宁主义，也是不起作用的。"[①] 习近平总书记也强调："坚持马克思主义，坚持社会主义，一定要有发展的观点，一定要以我国改革开放和现代化建设的实际问题、以我们正在做的事情为中心，着眼于马克思主义理论的运用，着眼于对实际问题的理论思考，着眼于新的实践和新的发展。"[②] 扎实推进新时代党的理论创新成果的实践应用，要求我们准确把握用好这一成果的实践要求。

一是要原原本本地学好思想理论，扎实做好思想武装和理论教育工作。马克思恩格斯曾经指出："一切划时代的体系的真正的内容都是由于产生这些体系的那个时期的需要而形成起来的。"[③] 习近平新时代中国特色社会主义思想是富于时代性、规律性、针对性和创造性的科学思想理论体系，是彰显时代精神的哲学精华。要扎实推进新时代党的理论创新成果的应用，一个基本前提就是要原原本本地学好习近平新时代中国特色社会主义思想，扎实做好思想武装和理论教育工作，在读原著、学原文和悟原理中提高思想觉悟、理论水平和实践能力，把握从思想理论到政策方法的内在逻辑，在知其然和知其所以然中感受到党的理论创新成果的思想理论魅力和精神实质。就此而言，既要从贴近普遍真理的高度把握习近平新时代中国特色社会主义思想所蕴含的一般规律性和普遍原则性，感知其中所蕴含的科学世界观和方法论，又要从掌握基本原则的深度把握这一思想的适用性和效用性，把其中所蕴含的思想理论转化为能够与实际工作和具体实践相结合的政策方针和策略路线。

二是要明明白白地确立理论自信，切实铸牢对党的理论创新成果的思想认同。列宁曾经指出："马克思主义是一门非常深刻、全面的学问。因此，在那些背弃马克思主义的人提出的'理由'中，常常看到引自马

①《毛泽东选集》（第 4 卷），北京：人民出版社 1991 年版，第 1515 页。
②《十八大以来重要文献选编》（上），北京：中央文献出版社 2014 年版，第 114 页。
③《马克思恩格斯全集》（第 3 卷），北京：人民出版社 1960 年版，第 544 页。

克思的只言片语，特别是引证得不对头的地方，这是不足为奇的。”[①] 他还强调说：“在认识论上和在科学的其他一切领域中一样，我们应该辩证地思考，也就是说，不要以为我们的认识是一成不变的，而要去分析怎样从不知到知，怎样从不完全的不确切的知识到比较完全比较确切的知识。”在日常的思想理论学习中，常常存在着装点门面、大搞形式主义的行为，看似热闹的学习实则浅尝辄止、收效甚微；也往往有生搬硬套、大搞教条主义的行为，看似忠诚的研读实则流毒千里、害人不浅。对新时代党的理论创新成果，既不能搞低级红也不能搞高级黑，既不能片面化也不能庸俗化。我们深化对党的理论创新成果的学习，需要明明白白地确立对该成果的理论自信，既看到认识真理把握真理的复杂性和过程性，又要在扎实汲取思想能量和理论力量的基础上巩固好理论自信，确立对党的理论创新规律性和理论成果科学性的高度信任，切实铸牢对党的理论创新成果崇高而真挚的思想认同。

三是要踏踏实实地抓好成果转化，在推进理论应用中提升行动实效。学习的目的全在于应用，认同的效果只见于行动。“如果有了正确的理论，只是把它空谈一阵，束之高阁，并不实行，那末，这种理论再好也是没有意义的。”[②] 要把新时代党的理论创新成果应用到全面推进社会主义现代化强国、全面推进中华民族伟大复兴的伟大历史进程中来，就要求各行各业都必须把习近平新时代中国特色社会主义思想贯彻到实际工作中，把党的路线方针政策落实到各项具体实践中。具体来说，一方面要从切实领会党中央精神和方针要求，在实际工作中把握精准党中央的根本思路和基本意图，做到贯彻党中央要求到位到底到实处，不偏差不走样；另一方面也要按照实事求是的原则，把党中央提出的方针和原则有效地转化为解决本地区、本领域和本部门问题的具体方案和方法，具体问题具体分析，有步骤地、有分别地推进党的理论创新成果的落地和落实，切实推动矛盾化解和实际问题的解决，促使党的理论创新成果转化为实现党和人民奋斗目标的实际成效。

（原文发表于《中国高等教育》2023 年第 17 期）

①《列宁全集》（第 26 卷），北京：人民出版社 1959 年版，第 192 页。

②《毛泽东选集》（第 1 卷），北京：人民出版社 1991 年版，第 292 页。

五

以新时代教育家精神铸魂强师

2023年9月9日，习近平总书记在致信全国优秀教师代表时提出“教育家精神”的重要命题。在2024年教师节召开的全国教育大会上，习近平总书记又强调：“要实施教育家精神铸魂强师行动，加强师德师风建设，提高教师培养培训质量，培养造就新时代高水平教师队伍。提高教师政治地位、社会地位、职业地位，加强教师待遇保障，维护教师职业尊严和合法权益，让教师享有崇高社会声望、成为最受社会尊重的职业之一。”①教育家精神是新时代教育工作者的精神旗帜，也是全体教师投身建设教育强国目标的精神支撑。用教育家精神铸魂强师，是面向教育强国、熔铸高尚师格的根本举措，也是培育高质量教育队伍的必然要求。

（一）教育家精神的内涵

中国自古以来就是崇文尚教、尊师重教的伟大国度，自周秦以来就形成了改过迁善的尚学传统和诲人不倦的师道风范。孔子提出：“三人行，必有我师焉；择其善者而从之，其不善者而改之。”②也倡导“夫子循循然善诱人”③。《论语·述而》中所提出的“志于道、据于德、依于仁、游于艺”不仅是古人求学习艺的内容，也蕴含着古时教师从教行道的标准。今天所倡导的教育家精神上承中华优秀教育思想传统，又被赋予了新社会、新时代的特殊意涵。理解新时代的教育家精神，需要首先把握

①《习近平在全国教育大会上强调：紧紧围绕立德树人根本任务　朝着建成教育强国战略目标扎实迈进》，《人民日报》2024年9月11日，第1版。

②《论语·述而》，杨伯峻、杨逢彬注译，长沙：岳麓书社2000年版，第63—64页。

③《论语·子罕》，杨伯峻、杨逢彬注译，长沙：岳麓书社2000年版，第80页。

其思想内涵。

习近平总书记从教育工作者为学善教、为师善成的角度概括了教育家精神的科学内涵，涵盖了教育者的理想信念、道德情操、育人智慧、躬耕态度、仁爱之心和弘道追求六个方面。这六个方面构成了浑然一体的“新师说”，也标识了一个教育工作者作为现代教育家的综合标准体系。首先，“心有大我、至诚报国的理想信念”说的是“师志”。众所周知，志为士人之心，也就是教育者作为士人的理想。这个“师志”代表的是教育工作者“舍小我、成大我”的崇高理想和“忠诚爱国、赤诚报国”的坚定信念。其次，“言为士则、行为世范的道德情操”说的是“师德”。《尚书》中说：“德无常师，主善为师。”[①] 教育工作者的职责在于教书育人，但育人必须育德。教育者的师德是标杆和旗帜，是学生追慕的榜样，理应高而美，且应体现在教育者的言行之中。教育者之言应为文人知识分子确立准则，其行则应成为世人的榜样。再次，“启智润心、因材施教的育人智慧”说的是“师艺”，也就是教育工作者应具备启发学生智慧、滋润学生心田的技艺，具有因材施教的本领。复次，“勤学笃行、求是创新的躬耕态度”说的是“师风”。一般来说，师风是指教师的风格与风范，是教师身上所体现出的精神风貌的统称。为学必勤，求学必精，做学问不同于其他事情，做教师也不同于其他职业，需要的是踏踏实实、勤勉务实。只有遵循求是求真的精神，才能在学术上有所斩获、有所创新。又次，“乐教爱生、甘于奉献的仁爱之心”说的是“师爱”。教育者对学生的爱是大爱，是乐于付出的仁慈和乐于奉献的博爱。最后，“胸怀天下、以文化人的弘道追求”说的是“师成”。古语有云：“关乎人文，以化成天下。”教育者不仅仅是知识的创造者和传播者，也是文化的传承者和创新者。作为新时代的教育者，以宽广的胸怀和闳放的视野做好人文化成的工作，是教育者的历史使命和时代责任。

由此看来，习近平总书记提出的教育家精神是承袭优秀教育传统且又富有时代特色的时代精神。教育家精神的六项内容构成了新时代师道的六要素，其中既有对教育者的志、德、仁、艺的规定，也更增加了

①《尚书》，周秉钧注译，长沙：岳麓书社 2001 年版，第 75 页。

对教育者自身知、情、意和行的规范，构成了对教育者成长为教育家的特殊规定性。从为师的角度看，教育家精神所提倡的并不仅仅限于将教育者培育为“经师”，更对其要成长为“人师”提出了要求。教育家是“经师”和“人师”的完美结合，是具有远大理想、高尚师德、良好师风、扎实学识、育人智慧、仁爱之心和闳放视野的现代宗师。因此，从总体上看，教育家精神无疑成为具有标志意义的现代师魂，也成为广大教育工作者的精神高标。

（二）教育家精神的实质

从严格意义上说，教育家精神不等同于教育精神，后者往往是指教育行业和教育事业所承载的那种职业精神。教育家精神也不同于教育者精神，后者仅仅是作为教育从业者或教育实践者所具备的群体精神。教育家精神的关键字眼在于“家”，核心要义也在于“家”。陶行知先生曾经评判说，第一流的教育家要“敢探未发明的新理，敢入未开化的边疆”[①]。当然，陶先生这里是就教育家所必须具备的创新特质来说的。实际上，司马迁曾经说过：“究天人之际，通古今之变，成一家之言。”对于教育家而言，其特质在于他不但要敢说一家之言，也要敢成一家之事，更要敢扬一家之气。从上述教育家精神的内涵中可以看出，真正的教育家既讲做人做事做学问，更讲利家利国利天下。教育家精神实际上就是把立身、为学、树人和治世有机统一起来的精神坐标。在教育家精神中，既可以看到教育家身上所必具的人格精神和伦理精神，又可以看到他们要献身教书育人事业的奋斗精神和奉献精神。

1. 民族精神和时代精神的统一与彰显

长期以来，中华民族在千锤百炼中凝结成了以爱国主义为核心的团结统一、爱好和平、勤劳勇敢、自强不息的民族精神。为推动社会发展和时代进步，中华民族的杰出人物又塑造和培育了以改革创新为核心的时代精神。民族精神与时代精神的有机统一，就构成了以伟大创造精神、伟大奋斗精神、伟大团结精神和伟大梦想精神为主要内容的中国精

① 陶行知：《第一流的教育家》，《时报·教育周刊·世界教育新思潮》1919 年 4 月 21 日第 9 号。

神。中国精神在各行各业都有具体体现，教育家精神就是中国精神在教育家身上的具体呈现，也即以爱国主义为核心的民族精神和以改革创新为核心的时代精神在教育家身上的有机统一与实践彰显。在教育家精神中，至诚报国体现的正是爱国主义的民族精神，求是创新体现的正是改革创新的时代精神。实际上，在教育家精神中，我们可以看到历史传统与现实思想的交汇、民族精神与时代精神的交融、职业规范与普世道德的统一、个体意志与群体价值的结合。因此说，教育家精神构成了现代社会价值体系的基本组成，也成为中国共产党精神谱系的重要内容。

2. 集体主义和社会主义的凝结与发扬

教育家精神倡导心有大我、胸怀天下，内在地主张以大我超越小我，以群体超越个人，以天下情怀超越本位主义，是集体主义精神的具体彰显。另一方面，教育家精神也要求自尊爱生、报国利世、甘于奉献，以仁爱之心育人、化人，内在地镶嵌着爱国主义、民主主义、进步主义、和平主义的基因，渗透着为人民服务、为社会主义服务的情怀，也内在地排斥资本主义的个人主义、利己主义的资本逻辑取向。习近平总书记在提出教育家精神的同时要求广大教育工作者要“牢记为党育人、为国育才的初心使命，树立‘躬耕教坛、强国有我’的志向和抱负，自信自强、踔厉奋发，为强国建设、民族复兴伟业作出新的更大贡献”[①]。这也意味着教育家精神在根本目标和实践价值上是与中国特色社会主义的道路、理论、制度和文化密切相关、与建设社会主义现代化教育强国高度一致的。藉此，可以说，教育家精神也是集体主义精神和社会主义精神的凝结与发扬。

3. 社会主义核心价值观的渗透与浓缩

教育家不同于一般的教育者之处，不但在于其格局、境界和视野上的差别，更在于其人生目的、人生价值和人生态度的迥异。同理，教育家精神不同于一般意义上教育者精神之处，在于它是教育者要用毕生的崇高追求才能实现和达到的精神高标。在教育家精神中，我们不难看到其中蕴含的国家层面的价值目标，即对建成富强、民主、文明、和谐

①《习近平致信全国优秀教师代表强调：大力弘扬教育家精神　为强国建设民族复兴伟业作出新的更大贡献》，《人民日报》2023 年 9 月 10 日，第 1 版。

的社会主义现代化强国的教育价值追求，也不难看到社会层面的价值取向，即对建设自由、平等、公正、法治的社会主义社会的教育价值追求，还有公民个人层面的价值准则，即对爱国、敬业、诚信、友善的社会主义道德的教育价值追求。换言之，从价值维度看，教育家精神实际上标注了社会主义核心价值观在教育者人生目的、人生价值和人生态度方面的坐标，内在地体现了社会主义价值体系对教育者人生价值系统的规定。由此可以说，教育家精神实际上也是社会主义核心价值观在教育家人生价值上的渗透与浓缩，是社会主义核心价值观的教育人格化与教育价值化的具体表现。

（三）以教育家精神铸魂强师

以教育家精神铸魂强师，基本目标是建好建强教育工作者队伍，培育理想高远、信念坚定、品格高尚、学术精良、威望崇高、堪为师表的教师群体，为建设社会主义教育强国奠定坚实基础。实施以教育家精神铸魂强师行动，应当切实做好以下几个方面的工作：

1. 深入学习习近平新时代中国特色社会主义思想，提升政治素质和思想素养

世界各国的教育和教育家，自古以来就没有不是为本国家本民族的根本利益服务的。教育从来离不开政治，缺乏政治觉悟和政治情怀的教育家也难以成为真正的教育家。中国特色社会主义进入新时代以来，党和国家赋予教育以重大的责任，赋予教育家以无上的光荣。新时代的教育家首先要坚定地拥护党和国家的方针政策，自觉提高政治站位，自觉把自己的事业与强国建设、民族复兴的时代使命连结在一起。政治上的坚定源于理论上的清醒。实施以教育家精神铸魂强师行动，所铸的魂应当是中国魂、民族魂和为祖国和人民服务的思想精魂，所强的也应当是政治上强、思想上强。为此，要推动广大教育工作者深入学习习近平新时代中国特色社会主义思想，尤其是习近平总书记关于教育的重要论述，切实提升教育工作者的思想政治素质和理论素养。通过政治思想和理论学习，切实使教育者运用好其中蕴含的思想方法和工作方法，掌握马克思主义的立场、观点和方法，提高政治敏锐性，提高政治判断力和思想鉴别力。

2. 抓好师德师风建设，维护师道尊严，培育崇高师格

习近平总书记指出："评价教师队伍素质的第一标准应该是师德师风。师德师风建设应该是每一所学校常抓不懈的工作，既要有严格制度规定，也要有日常教育督导。"[①] 党的二十届三中全会也提出要"健全师德师风建设长效机制"[②]。从一定意义上说，教师的师德师风是教师师格的根本标志，是教师从教为师的基础，也是教师风范的底色。在教育工作中，教师的师德师风对学生影响最显著、最深远，对社会的影响也最巨大、最强烈。当前受各种内外部因素的影响，师德师风建设出现了前所未有的复杂情况，也面临了前所未有的挑战。实施以教育家精神铸魂强师行动，应当狠抓师德师风建设，维护师道尊严，培育崇高师格。一方面，要大力加强对教师群体中违背师德师风现象的治理，教育广大教师和教育管理者、工作者自警自励、谨言慎行，引导他们做到以德立身、以德立学、以德施教，切实提高教育工作者的道德觉悟，培育崇高师格；另一方面也要打击各种从道德伦理上编织谣言、蓄意诋毁和破坏教师和教育工作者形象的图谋及势力，努力维护和提高教师威望，提高教育工作者的道德使命感、职业责任感和生存荣誉感。

3. 恪守立德树人的根本标准，妥善处理教学做的辩证关系

"善歌者使人继其声，善教者使人继其志。"立德是教育的根本，树人是教育的核心。立德树人的成效是检验学校一切工作的根本标准。这里所说的"德"，并不仅仅指作为一个人应当恪守的基本的个体道德与社会规范，而应当是大德，是与国家发展、民族进步紧密相关的国家之德、民族之德。这里所说的"人"，也不仅仅指掌握了生存技能和交往本领的普通社会公民，而是大写的人，即能够为国家和民族作出较大贡献的优秀人才。教育这项工作是教育者自身成长发展与学生成长成才紧密结合、有机统一的工作，教师不但要学好，而且要教好，学生不仅要学好，而且要转化到良善的思想和良好的行为中。教师不应当成为夸夸

① 习近平:《在北京大学师生座谈会上的讲话》，北京：人民出版社 2018 年版，第 9 页。

②《中共中央关于进一步全面深化改革　推进中国式现代化的决定》，《人民日报》2024 年 7 月 22 日，第 2 版。

其谈的空头主义者，学生也不应当成为精于算计的利己主义者。实施以教育家精神铸魂强师行动，要引导广大教育工作者把教书育人和自我修养结合起来，把自己的事业进步与学生的成才成人统一起来，妥善处理好教学做的辩证关系，尤其要处理好教育之义与教学之理、育人之道与育人之术、教与学、知与行的统一与互动关系。

4. 提升教育工作者的业务能力，保障教育教学高质量发展

从古到今，从教者都必须尚学崇教、善学精教，善于不断提高自身的能力和水平。东汉王符说："天地之所贵者人也，圣人之所尚者义也，德义之所成者智也，明智之所求者学问也。"① 唐代韩愈也说过，"业患不能精"，"行患不能成"。② 从教育家精神中可以看出，教育工作者不仅应当具备高尚师格，而且要有扎实且精湛的业务能力，尤其是要有能够启智润心、求是创新、勤学笃行的本领。习近平总书记指出："人才培养，关键在教师。教师队伍素质直接决定着大学办学能力和水平。建设社会主义现代化强国，需要一大批各方面各领域的优秀人才。这对我们的教师队伍能力和水平提出了新的更高的要求。"③ 事实也正是如此，用教育家精神铸魂强师，就要使教育工作者不但在人格志向上强，而且在业务能力上强。建成社会主义现代化教育强国，必须有大批业务精良、水平高超的教育家。藉此，要大力弘扬教育家精神，着力提升教育工作者尚学善教的能力，提高他们做好教育教学和管理服务的本领和能力，保证教育教学的高质量发展，同时也锤炼和培育大批真正高水平的、一流的教育家。

（原文发表于《学校党建与思想教育》2024 年第 17 期）

---

①［东汉］王符：《潜夫论 · 赞学》，王健注说，开封：河南大学出版社 2008 年版，第 94 页。

② 钱基博：《韩愈志 · 韩愈文读》，傅宏星校订，武汉：华中师范大学出版社 2012 年版，第 171 页。

③ 习近平：《在北京大学师生座谈会上的讲话》，北京：人民出版社 2018 年版，第 7—8 页。

六

新时代中华文化主体性的坚守与巩固

文化主体性是文化的存在依据和价值依托，是文化自信的基础和源泉。习近平在2023年6月2日文化传承发展座谈会上指出："任何文化要立得住、行得远，要有引领力、凝聚力、塑造力、辐射力，就必须有自己的主体性。中国共产党历来重视文化，新时代我们在道路自信、理论自信、制度自信的基础上增加了文化自信。文化自信就来自我们的文化主体性。"[①] 全面建设社会主义现代化国家的题中之义之一，就是建设社会主义文化强国，为中华民族伟大复兴增强精神力量。强国建设、民族复兴需要坚定文化自信、巩固中华文化主体性。然而，中华文化主体性有什么特点？新时代中华文化主体性何以坚守、如何坚守？如何坚定文化自信和巩固中华文化主体性？这些是建设社会主义文化强国进程中亟待解答的现实问题，也是实现中华文化大发展大繁荣的重要课题。

（一）文化主体性的意涵及其特征

主体性（Subjectivity）是一个在西方社会科学领域广泛使用的概念，自柏拉图以后的西方哲学家对此概念多有解释。他们往往把主体性与人的意识形式、认知世界和实践关系联系起来。古希腊哲学家柏拉图曾把人的认识主体化，提出理念世界和现象世界、可知世界和可见世界的划分方法，并从主客关系的角度明确了主体性的独立存在。西方古典经院哲学则把人的主体性归为神性的附庸，把主体性神秘化了。文艺复兴的思想家们强调人的解放，彰显了人超越神秘主义的主体性。法国思想家笛卡尔提出了"我思故我在"的说法，强调人的理智胜过自由意志，从

① 习近平：《在文化传承发展座谈会上的讲话》，北京：人民出版社2023年版，第8页。

而确立了人作为主体的能动性原则。近代西方主观唯心主义者把人的经验和理性看作创造实体之源，认为主体性创造客体。德国哲学家康德反对笛卡尔对主体性的解释，认为他混淆了认识与被认识的主体。在康德之后，黑格尔认为主体性是主观性的同义语，他从哲学逻辑论和美学感知论两个维度对主体性作出解释。在哲学逻辑维度上，黑格尔认为主体性和客体性都是精神自身矛盾分化的结果，绝对精神的运动表现为能动的发展过程，即主体自我认识和认识世界的过程。对他而言，在“法哲学”即客观精神领域，主体性指个体的特殊性、自我意识的独立性、自由和能动性。在美学领域，主体性则指体现在艺术家绘画、音乐和抒情诗等艺术形式中的内心生活和自我意识。法国哲学家萨特认为主体性是人之为人的主要特性，即人必须造就自己的特质。他提出：“当我们谈主体性的时候，我们会看到，我们谈的是某种内在的活动，某种系统，某种内在性的系统，而不是某种与主体的直接关系。”[①] 与上述哲学家观点不同，马克思恩格斯揭示了自然界、人类社会和思维发展的一般规律，提供了认识事物的科学世界观和方法论。在主体性问题上，马克思恩格斯批判了黑格尔唯心主义认识论和美学观在人的主体性上的错误观念，同时也批判了费尔巴哈直观人本主义的主体性诠释论，建立了以实践原则为基础的人的主体性学说。马克思指出：“从前的一切唯物主义（包括费尔巴哈的唯物主义）的主要缺点是：对对象、现实、感性，只是从客体的或者直观的形式去理解，而不是把它们当做感性的人的活动，当做实践去理解，不是从主体方面去理解。”[②] 循着辩证唯物主义和历史唯物主义的基本原则，通过各种对主体性的解释的综合与辨析，可作如下归结：主体性一般指主体在主客体关系中所具有的能力、地位、作用和特性，是主体彰显自身主体意识、能动性和独立性的特质，也是主体驾驭自身和客体的价值属性与品质属性。就此而言，人的主体性的核心要素则可以归结为基于人的能动性和独立性而产生的对主体自身价值的忠诚坚守与坚定信仰。

①［法］让－保罗·萨特：《什么是主体性？》，吴子枫译，上海：上海人民出版社2017年版，第25页。

②《马克思恩格斯选集》（第1卷），北京：人民出版社2012年版，第133页。

文化是人类能动性实践活动的结果，是人的创造物的积累和呈现。文化主体性是人们基于对文化的理解而衍生出来的对文化主体根本特质的判断，是对文化主体价值的一种描述。长期以来，人们对文化到底是什么有过多种解释，并常常以内容、形式、载体、目标和结果来代指文化。从创造主体角度看，文化始终是人创造和传承的，也始终离不开人这一主体因素。马克思指出人是社会联系的主体，“是总体、观念的总体、被思考和被感知的社会的主体的自为存在，正如他在现实中既作为社会存在的直观和现实享受而存在，又作为人的生命表现的总体而存在一样”[①]。这样一来，由人所创造和传承的文化就始终离不开人在文化上所留下的痕迹。因此，从原初意义上看，所谓文化其实也就是人化，即人改造外在的客观物质世界而产生的变化及其结果。众所周知，文化的形成离不开客观存在的物质对象及其外部环境，更离不开作为创造文化的主体的人，尤其离不开人的思维创造与实践活动。在一种文化的形成和发展过程中，人们通过经济的、政治的和社会的手段模塑文化生活，形成特定的文化样式和文化规制，从而赋予文化以特定的主体范式。文化主体性在很大程度上就代表和反映了作为文化创造主体的人的主体性。换言之，文化之所以会有主体性，是因为创造和传承文化的人把自身的思想意识、道德情操、思维习惯和价值观念凝聚和熔铸于文化之中，进而使集成的文化观念和精神成果呈现出文化本身独有的品质和个性。这样一来，作为从人的主体性中衍生出的概念，文化主体性就成为某种文化所拥有的对自身作为内在主体而非外在对象的确证。它是享有特定文化生活方式的人对该文化的基本势位、内在价值和社会意义的理性认同，也是文化本身所具有的自在性、自主性和自觉性的有机统一。文化主体性为人们的文化认同提供了立身之本，为社会的文化自信提供了力量之源。当一种文化发现并拥有了自身的主体性时，该文化就不再是漂浮的、游移的和跟从性的文化，而成为恒定的、主动的、自觉的文化，在该文化中生活和成长的人也就成为自信而善成的人，就会成为捍卫自己母体文化的主体，成为文化价值的忠实践行者、文化形象的坚定

①《马克思恩格斯全集》（第 42 卷），北京：人民出版社 1979 年版，第 123 页。

维护者和文化创新的主要驱动者。

文化主体性反映文化的本质属性，揭示了文化作为主体存在的根本价值。从总体上看，文化主体性是文化的核心表征，是以下诸方面特性的凝结与体现：其一，客观独立性。某种文化之所以具有主体性，首先是因为它是客观且独立的文化，具有客观存在的实在性和卓尔不群的独立性。客观独立性是某一文化主体与其他文化相区别，同时也不依赖其他文化对象而自成自在的性质，是文化成为自然主体的内在规定性。其二，主体自觉性。主体自觉性是指文化主体对自身的地位、价值、优势和劣势有鲜明而准确的认知，有清晰而独到的主体自觉的意识和主动自知的能力。费孝通曾指出："'文化自觉'指生活在一定文化中的人对其文化有'自知之明'，明白它的来历、形成过程、所具有的特色和它的发展趋向。"[①] 其三，能动自强性。在对文化本身的形式和状态所具有的基本把握之外，文化的能动自强性是指某文化主体通过对自身优势的占有和发挥，能动地使本文化发挥出综合的竞争优势，促使文化自身日益走向光明前景的能力和动力。其四，改造创新性。具有主体性的文化不是僵化的、停滞的文化，而是具有创造品质和创新潜质的文化。改造创新性是文化主体性的内在品质和基本属性，是文化在不断的改造和创新中实现自立自强的根本保障。其五，开放包容性。古语有云：泰山不让土壤，故能成其大；河海不择细流，故能就其深。开放包容性是文化发展和维护其主体性的基本特质，具备主体性的文化绝非封闭狭隘的文化，而往往是闳放的、开放的文化。坚持开放包容是文化避免湮塞自绝，促进文化因子统合、归化，并维护其主体地位的重要途径。总之，作为文化的本质属性，文化主体性是一种文化区别于他种文化的根本标志，也是主体文化能够独立存在和自主发展的前提与条件。

（二）中华文化主体性的历史变迁

中华民族是具有悠久历史和灿烂文明的民族，从上古时期就开启了创造具有自身特质文化的历程。中华文明起源的早慧性、文明形态的独

① 费孝通：《对文化的历史性和社会性的思考》，《思想战线》2004年第2期。

特性、中华先民在文化创造上的主体性以及思想文化对人们生存生产所发挥的主导性既塑造了中华文明的特殊样态，也熔铸了中华文化的主体性，使中华文化呈现出同其他文明截然不同的品质和特色。众所周知，中华民族是多民族聚居、共同生存发展、共同书写历史的民族，中华文化并不是某个单一实体民族的文化，而是多民族共同创造、共同拥有的融合性的文化。中华文化主体性也是融合性文化在中华民族文化生命中的主位性及其对全民族文化发展方向的主导性的体现。近代有学者曾使用过“中华文化主位性”的说法，并指出：“中国文化是否有其本身的主位性？这则不只是一个应付一时需要的问题，此乃永恒性的、高一层次的问题……必得往后、往深处看这个文化的动源、文化生命的方向。”[①] 实际上，中华文化主体性的形成并不是一个简单纯粹、一蹴而就的文化生成过程，而是伴随着中华先民创造中华文明的生活生产过程而形成的。在这一过程中，中华文化的积累与中华文明的创造同程并进、相得益彰。与此同时，中华文化主体性的形成并不是仅由文化单一因素造成的。在独特的自然地理环境中谋求生存和发展的中华先民形成了独特的文化生活方式和生产方式，蕴含了中华民族卓尔不群的精神品格、社会风俗、道德价值、思维习惯、信仰模式和行动取向，并由此构筑和塑造了中华文化独特的主体性。

从历史上看，先秦时期是中华文明孕育和发展的首个“轴心时期”，该时期也是在诸子百家的思想争鸣中塑造传统中华文化主体性的关键时期。思想的碰撞、观念的折冲以及文化形态的竞相迸发，代表了中华民族在思想上的活跃和繁荣，也反映了不同文化思想在碰撞与融合中争取主位权，熔铸中华文化主体性的事实。秦朝统一后所形成的大一统的中央集权的国家体制，尤其是“车同轨、书同文、行同伦、地同域、量同衡、币同形”的社会运行和管理体制，为中华文化的统一化进程提供了重要保障，也为中华文化主体性的塑造做了铺垫。自秦以后，土地由皇权分封和贵族私人占有以及纳税赋租种经营的经济发展方式、以封建礼教和宗法体制维系的政权组织方式、儒释道相蓄共振的社会观念体系和

① 王岳川：《牟宗三学术文化随笔》，北京：中国青年出版社1996年版，第95—96页。

文化价值传承模式，共铸了中华文明的运行机制和发展模式，也支撑并形成了相对稳定的中华文化主体性。在社会发展、时代变幻和朝代更迭中，中华文化思想经历了汉代经学、魏晋玄学、隋唐佛学、宋明理学、清代朴学的形变与革新。从总体上看，这些思想学说所代表的文化形态始终没有离开儒学的基础根脉，而儒家文化由于实现了学统与政统、道统的融合，而在中国传统文化体系中占据了主导地位，支撑了中国文化自身的主体价值。需要指出的是，在长期的社会历史发展进程中，中华文化之所以能够保持自身的主体性，关键在于中华文化本身构成了一个相对完善的运行系统。这个系统实现了内部的自我循环、自主运行和自动调控，也保持了适度的包容性、开放性和吸纳性。因此，中国历史上因时而化的政治、经济和文化要素在排斥中有容纳、在关联中互制衡，构成了一个具有高度自洽性、强大平衡性和持久凝聚力的复合性的文化体系。

当然，中华文化主体性也并不是固定不变的，而是随着时代发展和历史变革而不断发展变化的。时至今日，中华文化主体性的呈现方式和支撑因素已随经济社会进步和文明变革而发生了巨大的变化，在某些领域出现了历时性更新。所以，今天所说的中华文化主体性固然有其深厚的历史渊源和思想基础，也有其一脉相承的主体要素和主位价值，但也在与时俱进地丰富发展。就此而言，文化主体性不应当从被历史尘封的传统儒家学说中去探寻，而应当从建构发展鲜活而客观的中华新文化的实践中去发现和定义中华文化的主体性会是什么、何以如此、应当如何。就中国近现代以来的历史进程看，以毛泽东同志为代表的中国共产党人正是在打碎旧社会、建设新中国的过程中推动了马克思主义中国化时代化，夺取新民主主义革命伟大胜利，建立新民主主义文化和社会主义文化，使中国人民在精神上由被动变为主动。此后，中国共产党的数代领导人也正是在继承中华优秀传统文化、培育革命文化、借鉴西方优秀文化与发展社会主义先进文化的基础上，培育并夯实了中华新文化的主体性。就其形成和发展的历程而言，“这一主体性是中国共产党带领中国人民在中国大地上建立起来的；是在创造性转化、创新性发展中华优秀传统文化，继承革命文化，发展社会主义先进文化的基础上，借鉴吸收人类一切优秀文明成果的基础上建立起来的；是通过把马克思主义基本原理同中国具体实际、同中华优秀传统文化相结合建立起来的”[①]。由此，在每个划时代的历史时期内，中华文化的主体性都会呈现出其时代特色和实践特色。党的十八大以来，以习近平同志为核心的党中央肩膺强国建设、民族复兴的历史重任，领导全党和全国人民开创了社会主义现代化建设的新局面，创立了习近平新时代中国特色社会主义思想。习近平指出："创立新时代中国特色社会主义思想就是这一文化主体性的最有力体现。"[②] 这一思想中具有鲜明时代精神的思想创新和文化创造，恰恰彰显了新时代中国特色社会主义的内在品质和主体精神，反映了新时代中华民族现代文明的时代品格。

（三）新时代提倡中华文化自信与文化主体性的意义

如前所述，中华文化具有悠久的历史和深厚的积淀，在长达数千年的变革和演进中培育了显著的文化主体性，塑造了中华文化的自尊自信和自立自强，也形成了中华民族独有的思想品格和文化精神。不同时代对文化主体性的倡扬，是以该时代的政治经济状况、体制机制条件和思想文化氛围为基础的。从数千年来中国历史的基本进程看，国运昌隆的时代往往伴随着文化的大发展大繁荣，也是文化主体性得到发扬甚至大放异彩的时代。而当国运凋敝之时，文化常常处在封闭保守甚至僵化停滞的状态，不仅文化主体性丧失，人们的文化自信也不复存在。在经历了历史的沧桑巨变和文化的创新变革后，中国特色社会主义进入了新时代，中国共产党自觉承担起了新时代新的文化使命，领导开辟了建设社会主义文化强国的新征程。新时代的中华文化尽管仍处在动荡变革之中，在文化领域仍存在着传统文化与现代文化、本土文化与外来文化、进步文化与落后文化、积极文化与颓废文化、新兴文化与过时文化的交织和激荡，但深植于中国人生活世界和精神世界的优秀传统文化基因并没有根本湮灭。当今时代，由中国共产党领导、以马克思主义为指导的中国特色社会主义文化在历经变革和励新后获得了新的经济基础、思想

① 习近平:《在文化传承发展座谈会上的讲话》，北京：人民出版社 2023 年版，第 8—9 页。
② 同上书，第 9 页。

保障和制度支撑，无疑成为占主导地位的先进文化，代表了新时代中华文化的前进方向。在建设中国特色社会主义文化的进程中，文化自强与文化主体性的命题应运而生，成为新时代中华文化建设的关键议题，也成为建设社会主义文化强国的重要课题。

新时代中华文化自信与文化主体性的提出是中国特色社会主义文化建设的题中之义，也是推进中国特色社会主义全面建设的必然要求。众所周知，在中国共产党领导开辟的改革开放以来正确发展道路的基础上，新时代中国的经济社会发展实现了历史性跨越，取得了历史性成就，书写了经济快速发展和社会长期稳定两大奇迹新篇章，使中国发展具备了更为坚实的物质基础和更为完善的制度保障。相较于经济发展成就，当前我国的文化进步和国家文化软实力建设仍然相对滞后。在中国特色社会主义建设的总体布局和现实进程中，无论是从促进社会全面发展和提升国家综合实力的角度看，还是从满足人民群众精神文化需要和提高全社会文明程度的角度看，大力推动中国特色社会主义文化建设、提升中华民族文化自信都势在必行。习近平总书记指出："中国特色社会主义是物质文明和精神文明全面发展的社会主义。一个没有精神力量的民族难以自立自强，一项没有文化支撑的事业难以持续长久。"[①]"一个国家、一个民族的强盛，总是以文化兴盛为支撑的，中华民族伟大复兴需要以中华文化发展繁荣为条件。"[②]由此，党的十八大召开后不久，出于对中国特色社会主义建设总体布局的科学设计，习近平总书记在中国特色社会主义道路自信、理论自信和制度自信的基础上提出了文化自信的命题。2014 年 2 月 24 日，习近平总书记在主持十八届中央政治局第十三次集体学习时强调："要讲清楚中华优秀传统文化的历史渊源、发展脉络、基本走向，讲清楚中华文化的独特创造、价值理念、鲜明特色，增强文化自信和价值观自信。"[③]至此，文化自信与道路自信、理论自信和制度自信并列，成为中国特色社会主义自信的重要组成部分，也成为

①《十八大以来重要文献选编》(上)，北京：中央文献出版社 2014 年版，第 280 页。

②《习近平：汇聚起全面深化改革的强大正能量》,《人民日报》2013 年 11 月 29 日，第 1 版。

③《习近平关于社会主义精神文明建设论述摘编》，北京：中央文献出版社 2022 年版，第 213 页。

坚守和巩固中华文化主体性的关键议题。2023 年 6 月 2 日，在文化传承发展座谈会上，习近平总书记指出:“文化自信就来自我们的文化主体性……有了文化主体性，就有了文化意义上坚定的自我，文化自信就有了根本依托，中国共产党就有了引领时代的强大文化力量，中华民族和中国人民就有了国家认同的坚实文化基础，中华文明就有了和世界其他文明交流互鉴的鲜明文化特性。”[①] 这一论断揭示了文化自信与文化主体性的内在联系，为中国特色社会主义文化的历史创造和实践关系提供了根本遵循。

繁荣和发展中国特色社会主义文化、提升中华文化自信、坚守和巩固中华文化主体性是适应中国经济发展现阶段的客观要求，是解决经济与文化、物质与精神之间的协调发展的现实需要。党的十九大报告指出，我国社会主要矛盾已经转化为人民日益增长的美好生活需要和不平衡不充分的发展之间的矛盾。人民对民主、法治、公平、正义等精神文化的要求也日益增长，所以注重满足人民群众的精神文化生活需要，就必须在更大范围内把提升文化自信和巩固文化主体性作为重要任务抓紧抓好。众所周知，文化自信与文化主体性内在统一、有机结合。文化自信来自于文化主体性，是文化主体性的客观表达和外在表现。毋庸置疑，没有主体性的文化不会是自信的文化，丧失了主体性的文化也难以支撑人们的文化自信。作为中国特色社会主义先进文化的引领者和实践者，中国共产党开展了一系列主题教育、学习教育、专题教育和教育实践活动，把提升党员干部政治思想的价值主体性与提升全社会各界群众思想文化的价值主体性结合起来，把政治文化和社会精神文化统合到人们思想教育和文化建设的系统工程中。通过理想信念教育和党的初心使命教育夯实了党的信仰基础，通过群众路线教育、“三严三实”、“两学一做”教育再植了党的宗旨原则，通过习近平新时代中国特色社会主义思想主题教育巩固了党的思想阵地，通过提倡培育和践行社会主义核心价值观统一了全社会价值共识，通过发掘党的精神谱系高扬了全党的精神旗帜。这些思想文化育人活动贯穿的主线是社会主义文化和共产主义

① 习近平:《在文化传承发展座谈会上的讲话》，北京:人民出版社 2023 年版，第 8—9 页。

思想，也可以说是围绕着夯实人的文化主体性、坚定文化自信和巩固中华文化主体性来开展的思想文化建设。

（四）新时代坚守中华文化主体性的基本条件

新时代是中华文化大发展大繁荣的时代。中国的经济、政治和文化体制不断完善发展，新时代中华文化主体性在本质、形态、目标、内容和载体上已经截然不同于历史上中国传统文化的主体性。坚守新时代中华文化主体性需要新时代中国特色社会主义所具备的政治、经济、思想文化等方面作为支撑条件。

1. 政治条件：坚持中国共产党的领导

中国共产党既是中华优秀传统文化的忠实传承者和弘扬者，又是中国先进文化的积极引领者和实践者。长期以来，中国共产党领导了中国文化建设，为改造旧文化和创造新文化作出艰辛努力。中国共产党指引着中华文化前进的方向，带领中国人民走上了民族的、科学的、大众的中国特色社会主义文化发展道路。可以说，中国共产党一直以来都是中华文化发展和建设的定盘星，是熔铸中华文化主体性的强大政治力量和内在组织灵魂。在坚守新时代中华文化主体性的过程中，中国共产党是中国特色社会主义先进文化的领导力量，发挥着重要的政治领导和组织保证作用。社会主义核心价值观、中国共产党精神谱系等是构成新时代中华文化自强的核心内容，是新时代中华文化主体性的中流砥柱。藉此，坚守新时代中华文化主体性必须坚持党对文化的领导，充分发挥党在文化主体性建设中的核心作用。

2. 思想条件：以习近平新时代中国特色社会主义思想为指导

马克思主义为中华文化注入了生机和活力，发展了中华传统文化的主体性，为中华文化赋予了崭新的世界观、价值观和方法论。近代以来，中华文化主体性的塑造一方面是源自中国具体实际和客观实践，另一方面是源自马克思主义对中华文化的创新和提升。坚持把马克思主义基本原理同中国具体实际相结合、同中华优秀传统文化相结合，是推进马克思主义中国化时代化的根本途径。习近平总书记指出：“‘结合’巩固了文化主体性。”[①] 作为在“两个结合”基础上中华文化主体性的有力体现和科学证明，习近平新时代中国特色社会主义思想是新时代中国特色社会主义建设的思想指南，而其中的习近平文化思想则是习近平新时代中国特色社会主义思想的文化篇，是新时代中国特色社会主义文化建设最直接的思想武器，能够为新时代中华文化主体性注入思想精髓与价值灵魂。坚守新时代中华文化主体性，离不开习近平新时代中国特色社会主义思想的指导。

3. 制度条件：中国特色社会主义制度的保障

一般情况下，文化与社会制度相互依存、密不可分，文化反映社会制度的性质和要求，社会制度决定文化的本质和形态。在特定的社会形态中，文化的存在和发展受到社会制度的制约，但同时文化在一定程度上也对社会制度产生影响。具体来说，社会制度为文化的存在和发展提供坚实基础和可靠保障。有什么样的社会制度，就会孕育和产生出与之相适应的文化形式，从而呈现出特定的文化主体性。中国特色社会主义制度具有长期的实践基础，也汇聚和借鉴了人类文明社会的综合优势，拥有涵养新时代中华文化主体性的价值标准和内容资源。有中国特色社会主义制度提供的制度条件，新时代中华文化主体性必然会得到坚强的保障。伴随着中国特色社会主义制度的健全完善和成熟定型，中国特色社会主义文化自信必然会得到增强，中华文化主体性也必定会在更大程度上彰显。由此，坚守新时代中华文化主体性，始终离不开中国特色社会主义制度的支撑和保障。

4. 经济条件：强大的经济基础的支撑

文化是上层建筑的内容，并由经济基础决定。物质条件和经济状况是文化形成的基础，决定了文化的基本样态、主体模式和核心品质，影响了文化的发展走向，塑造了文化主体性。社会经济发展是文化建设的重要保障，为文化主体性的基质和内涵注入动力与活力，并从根本上决定了各文化发展阶段的主体价值。当前，数字经济的蓬勃发展及其积累的物质条件为网络文化主体性的塑造做了铺垫和支撑，促使网络文化

① 习近平：《在文化传承发展座谈会上的讲话》，北京：人民出版社2023年版，第8页。

呈现出不同于传统经济模式的新颖的文化主体特征和价值主体取向。同时，依托于互联网平台而产生的“流量经济”深刻影响了网络文化主体性，网络世界出现了文化经济化和文化物质化的发展方向。由此可见，坚守新时代中华文化主体性是以当前的物质条件和经济条件为基础的。

5. 政策条件：文化纲领和发展政策的引导

长期以来，中国共产党高度重视文化建设和文化发展，始终把文化发展纳入国家五年建设的总体布局之中，从文化纲领和政策上予以设计和规划。中国特色社会主义进入新时代以来，中央连续制定了“十二五”“十三五”和“十四五”文化发展改革和规划纲要，从文化纲领和文化政策上指引文化发展道路，保障文化建设的社会主义性质和方向。在中国特色社会主义文化建设进程中，中华文化主体性并不是仅仅停留在思想推论和逻辑演绎层面的空泛概念，而是有着具体的、现实的内容和客观呈现载体的重要范畴。简言之，新时代中华文化主体性与文化的社会主义性质密不可分，与中国共产党的领导密不可分，与马克思主义的世界观、价值观和方法论密不可分。这种主体性只能在文化建设和发展的实际过程中得以塑造和坚守，也只能依靠科学的文化方针和政策引领。因此说，坚守新时代中华文化主体性恰恰寓于中国特色社会主义文化建设的实际过程中，由文化纲领和文化发展政策来引导，由文化建设的基本原则来规范。

（五）新时代巩固中华文化主体性的实践路径

文化主体性是文化的核心和灵魂，是一种文化得以存在和创新的基础，也是一种文化区别于其他文化的特质。在新时代中国特色社会主义建设中坚定文化自信，需要坚守并不断巩固中华文化的主体性。对中华民族而言，巩固中华文化主体性是统一思想观念、建构社会秩序、凝聚价值共识、厘清文化边界、捍卫国家权益的必然选择。从实践的角度看，新时代巩固中华文化主体性是一项长期的、复杂的系统工程，需要持续不断地推进马克思主义基本原理同中国具体实际相结合、同中华优秀传统文化相结合，不断夯实和巩固中华文化主体性的根基。

1. 增强社会主义意识形态的凝聚力和引领力，巩固其主导地位

“意识形态工作是为国家立心、为民族立魂的工作。”[①] 在民族国家体系内，主导意识形态是文化主体性的中枢神经和集中表达。社会主义意识形态是新时代中华文明的显著标志，是中华文化主体性的核心和灵魂。巩固新时代中华文化主体性，首要的任务是巩固社会主义意识形态的主导地位，增强社会主义意识形态的凝聚力、吸引力和引领力，用社会主义意识形态引领文化建设和文化发展的方向。具体来说，一要始终坚持党对意识形态的领导，牢牢掌握党对意识形态工作领导权，特别是掌握思想舆论引领权和话语权，消除思想杂音和舆论逆流，巩固壮大奋进新时代的主流思想舆论。二要在“两个结合”中不断丰富和发展党的创新理论，推进马克思主义中国化时代化，夯实习近平新时代中国特色社会主义思想的思想基础，巩固其作为新时代中华文化主体性之核心思想的坚实地位。三要培育中国特色、中国风格、中国气派的哲学社会科学体系，夯实新时代中国哲学社会科学的思想基础、理论基础和学术基础，完善中国哲学社会科学的学科体系、学术体系和话语体系，构建中国学术思想的主体性，用中国学术创新提振中国学术精神，用中国式学理支撑中国式现代化道路。总之，只有建设强有力的社会主义意识形态，才能巩固中华文化的根基，从根本上坚守住中华文化主体性。

2. 推动社会主义核心价值观在人们的生活和生产实践中深度扎根

价值观是文化主体性的要件，也是文化主体性的体现。社会主义核心价值观既是中华优秀传统价值观的继承和发扬，也是社会主义核心价值体系的凝结和创造。在新时代中华文化体系中，社会主义核心价值观代表了社会主义先进文化的发展方向，承载和展现了中华文化主体性。因此，培育和践行社会主义核心价值观的过程，实质上也是巩固社会主义核心价值体系、巩固中华文化主体性的过程。党的十八大以来，社会主义核心价值观经历了从酝酿提出到培育践行的历程，弘扬了社会主义、集体主义和爱国主义精神，展现了中国特色社会主义基本精神风

---

① 习近平:《高举中国特色社会主义伟大旗帜　为全面建设社会主义现代化国家而团结奋斗——在中国共产党第二十次全国代表大会上的报告》，北京：人民出版社2022年版，第43页。

貌。要坚守和巩固新时代中华文化主体性，就要铸牢社会主义核心价值体系，推动社会主义核心价值观在人们的生活和生产实践中深度扎根。具体而言，一要加强对社会主义核心价值观的理论阐释，从科学社会主义价值原则与人们日用而不觉的价值体系相结合的角度，讲清文化主体性与价值观的关系，避免出现对社会主义核心价值观的肤浅理解和片面认知。二要抓好社会主义核心价值观的宣传教育和生活践行，让社会主义核心价值观真正落细落小落实，成为人民群众文化生活和社会生活的践行方针。三要运用社会主义核心价值观指导人们的思想选择和价值判断，敢于与不良的价值倾向和思想观念作斗争，防止不良的思潮对人们思想价值主体性的侵蚀和影响。

3. 建设中华民族现代文明，培育中国特色社会主义新文化

中华民族传统文明是中华传统文化主体性的坚实支柱，在历经历史的沧桑巨变后，如今已经转型为中国特色社会主义这一人类文明的新形态。建设中华民族现代文明就是要在传统文明的基础上不断丰富和完善中国特色社会主义文明，培育新时代中华文化主体性。习近平总书记指出："在新的起点上继续推动文化繁荣、建设文化强国、建设中华民族现代文明，是我们在新时代新的文化使命。……对历史最好的继承就是创造新的历史，对人类文明最大的礼敬就是创造人类文明新形态。"[①]建设中华民族现代文明的关键就是努力培育中国特色社会主义新文化，其主要做法是：一要在文化建设上立足本来、面向未来，用现代化的、世界的和未来的眼光择取最佳的文化进路，在中国式现代化强国建设中涵养新质文化生命体，培育新质文化生产力，发展壮大中华文化主体性。二要充实和扩大民族的、科学的、大众的中国特色社会主义文化的时代内涵，培育和提升新时代文化的中国特色、科学思维和民主价值，吸收进步性文化的精华。三要始终把握文化建设的主动权，厘清文化发展的主方向，坚守文化进步的中国阵地。

4. 扩大中华文明的世界影响，提升中华文化软实力

"一花独放不是春，百花齐放春满园。"当今世界，文化是难以阻挡

① 习近平：《在文化传承发展座谈会上的讲话》，北京：人民出版社2023年版，第10—12页。

的不断流动的水，时常会跨越国家边界而互动共生，仅仅把本土文化局限于一国范围内是不现实的。中华文化主体性是中华文化的内在属性，是中华文化自觉自信、自立自强的文化特质，但中华文化的发展和创新也离不开与其他国家的文化交往、交流和交融。在一定程度上，中华文化主体性只有在与其他文化的对话中才能更好地得到坚守与巩固。所以，要不断扩大中华文明对世界的影响力，彰显中华文化主体性，提升中华文化软实力。一要在世界文化交流中增强中华文化自信，坚守中华文化立场，保持中华文化自信和尊严，捍卫中国的文化利益和中华文化主体性，维护中华文化的国际形象。二要加快构建中国话语和中国叙事体系，提高中华文化美誉度和认同度。三要加快培育和锤炼中华民族现代文化的主体性，加快形成具有国际通约性的中华民族现代化文明的内容，提高中华民族现代文明的核心竞争力和国际影响力，扩大中华民族现代文明走出去并扎下根的疆域，提升中华民族现代文明的世界交往水平。只有不断扩大中华民族现代文明的世界影响力，中华文化主体性才会得到长期坚守和持续巩固。

七

用社会主义核心价值观凝聚和铸牢中华民族共同体意识

党的二十大报告指出："社会主义核心价值观是凝聚人心、汇聚民力的强大力量。"[①] 强调要"以铸牢中华民族共同体意识为主线，坚定不移走中国特色解决民族问题的正确道路"[②]。社会主义核心价值观是社会的价值黏合剂，是培育全社会共同价值意识、养成共同价值觉悟、指引共同价值行动的基本遵循。中华民族共同体意识是引领各民族走向凝聚统一、倡导民族团结进步的共同意识，铸牢中华民族共同体意识要求生活在中华大地上的各民族都遵从一致的社会价值原则，恪守共同的社会秩序规范。用社会主义核心价值观凝聚和铸牢中华民族共同体意识，汇聚千千万万中华儿女的力量，是强国建设的力量之源、民族复兴的必由之路。

（一）社会主义核心价值观与中华民族共同体意识的融汇

价值观既是个人的价值灵魂，也是社会的价值原则，是个人和社会达成价值共识、实现价值和睦的核心要素。在价值哲学领域，人们对价值观的理解多种多样，但主要可以归结为四种解释：一是人们对价值问题的根本看法；二是人们处理价值关系时所持的立场、观点和态度的综合，体现为人们关于生活中基本价值的信念、信仰、理想等综合性的思想认知和价值标准体系；三是存在于人的精神系统之中的人的精神目标的内核，以内在的价值选择和价值判断为前提，之后转化为行为和行

① 习近平：《高举中国特色社会主义伟大旗帜　为全面建设社会主义现代化国家而团结奋斗——在中国共产党第二十次全国代表大会上的报告》，北京：人民出版社2022年版，第44页。

② 同上书，第39页。

动；四是反映主体的根本地位、利益和需要以及主体实现自己利益和需要的能力、活动方式等方面的主观特征，常由信什么、要什么、坚持追求和实现什么等问题引发。这四种解释分别从不同侧面揭示了价值观的根本性、综合性、内在性和主观性，实际上也揭示了价值观的基本内涵和主要特征。如果对价值观加以更为简洁的概括，可以说价值观实际上是一个人或一个社会进行价值选择和价值判断的根本标准。美国社会学家塔尔科特·帕森斯在分析社会的结构功能系统时也使用了价值观这一概念，并把价值观解释为“社会中人们一致接受的象征系统（文化系统）中的一个因素。它是社会里各种选择或行动目标的标准”[①]。他进而把这个标准划分为与人们的认识、欣赏鉴别、选择行动和道德良心相匹配的功能区间。换言之，价值观是认识的标准、欣赏鉴别的标准、选择行动的标准和道德良心标准。依据这些标准，人们获得对某个对象或事物的认知和判断，从而为其行为或行动做好铺垫与准备。

任何社会都有与其社会制度、形态和文化相适应的价值观系统，生活在该社会中的人们也有相应的价值观念体系。“对一个民族、一个国家来说，最持久、最深层的力量是全社会共同认可的核心价值观。核心价值观，承载着一个民族、一个国家的精神追求，体现着一个社会判断是非曲直的价值标准。”[②]社会主义核心价值观是社会主义社会的价值标准，是生活在社会主义社会中的人们所拥有并践行的价值原则，也是维持和维护社会主义社会正常运行并持续进步的秩序之本。党的十八大以来，在中国共产党的带领和指引下，以富强、民主、文明、和谐，自由、平等、公正、法治，爱国、敬业、诚信、友善为基本内容的社会主义核心价值观逐步培育并得以践行，为中国特色社会主义提供了根本的价值遵循，也为人们的生产生活提供了最可信赖的价值依据。作为根本的价值标准，社会主义核心价值观具有多方面的价值功能，但最主要地体现在两个方面：其一，矛盾化解功能。众所周知，社会是一个矛盾体，是充满着矛盾并需要不断化解矛盾的复合体。在中国特色社会主义新时代，社会的主要矛盾体现为人民日益增长的美好生活需要和不平衡不充分的

① Talcott Parsons, *The Social System*, New York: Free Press, 1951, p. 12.

②《习近平谈治国理政》（第 1 卷），北京：外文出版社 2018 年版，第 168 页。

发展之间的矛盾。“人民美好生活需要日益广泛，不仅对物质文化生活提出了更高要求，而且在民主、法治、公平、正义、安全、环境等方面的要求日益增长。”[①] 在社会的主要矛盾背后，隐藏着人们生产生活中的价值矛盾，集中体现为对客观事物和事实的是与非、善与恶、美与丑、公与私、义与利、理与欲的价值判断和价值选择上的矛盾。社会主义核心价值观是调节社会矛盾和化解人们生产生活领域诸种矛盾的利器。依据社会主义核心价值观所提供的社会标准，人们遇到的是非对错就能够得到有效甄别，正常的社会生活生产关系就能够得到有效维系。其二，价值引领功能。社会主义核心价值观不仅是秩序标准，也是理想目标，其中所蕴含的国家层面、社会层面和公民个人层面的价值范畴，为人们的思想和行为提供了方向指引与价值引领。建设富强、民主、文明、和谐的国家，建设自由、平等、公正、法治的社会，培育爱国、敬业、诚信、友善的公民，要求自在其中，观念也是目标。因此说，社会主义核心价值观不仅有助于维护良好的价值秩序，也指引着社会和个人的价值方向。

从基本精神上看，社会主义核心价值观是社会主义、集体主义和爱国主义的有机统一体。培育和弘扬社会主义核心价值观的过程，也是培育和弘扬社会主义原则、集体主义道德和爱国主义精神的过程。社会主义、集体主义和爱国主义都内在地蕴含着社会共同体的规范要求，内在地支持中华民族共同体意识的生成和生长。具体而言，社会主义核心价值观至少在四个方面涵养、融汇并规范着中华民族的共同体意识：其一，政治本性。社会主义核心价值观具有鲜明的政治属性，与政治要求不可分，反映着新时代的政治规定性和共同体价值观的政治本性。因此，社会主义核心价值观所蕴含的价值要求，居于第一位的是政治要求。它由中国共产党提出，体现着党的理想和人民理想的结合，代表着党的意志和人民意志的统一。社会主义核心价值观的政治本性为中华民族共同体意识提供了最高的政治规定性，彰显了中华民族集体意识的政治追求。其二，社会习性。价值观形成于人们的生产生活并指引其生产生活，与社会习俗和人们的社会习性密不可分。社会主义核心价值观是人们社会

① 习近平：《决胜全面建成小康社会　夺取新时代中国特色社会主义伟大胜利——在中国共产党第十九次全国代表大会上的报告》，北京：人民出版社 2017 年版，第 11 页。

习性的超越和升华，既凝结着人们日用而不觉的价值观念，也融汇着历久而弥新的社会风俗习惯，同时还以更为高远的目标引领着人们的思想行为和社会的更新进步。鉴于社会主义核心价值观具有鲜明的社会性，是全社会普遍认同和共同践行的核心价值观念，它实际上凝结了中华民族的共同体意识，展现着民族共同体的社会习惯和社会觉悟。其三，文化根性。价值观是文化的核心，代表着文化最深厚、最基础和最强大的力量，展现着文化的根性。社会主义核心价值观是中国特色社会主义精神的价值内核，是马克思主义基本原理同中国具体实际、同中华优秀传统文化相结合的产物。社会主义核心价值观承袭了中华优秀传统文化的基因，凝结着中华优秀传统文化的精华。社会主义核心价值观的内容体现了中华优秀传统文化的根性，是中华民族共同体意识的时代复活和价值升华。其四，主体德性。价值观表现主体德性，所有价值观都是展现某一主体的内在德性的价值观，社会主义核心价值观也不例外。社会主义核心价值观展现了中华民族的主体德性，内在地包含并规定了中华民族共同体这一主体的伦理主张和道德追求。培育和践行社会主义核心价值观，实际上也就是要求人们按照中华民族共同体的伦理意识和道德良心来行为做事。总之，社会主义核心价值观凝结和融汇了中华民族的共同体意识，是新时代中华民族共同体意识的价值表达和价值升华。

（二）中华民族共同体意识的生成归因与思想蕴含

众所周知，中华民族是历史悠久、文明卓越的伟大民族，是千百年来生活在中华大地上的各实体民族在交流交往交融中熔铸而成的复合型民族。梁启超认为：“华夏民族，非一族所成。太古以来诸族错居，接触交通，各去小异而大同，渐化合以成一族之形，后世所谓诸夏是也。”[①] 从构成上看，中华民族是由汉族和五十五个少数民族组成的民族大家庭，她既是一个民族实体，也是一个民族共同体。费孝通曾就此指出：“中华民族作为一个自觉的民族实体，是近百年来中国和西方列强对抗中出现的，但作为一个自在的民族实体则是几千年的历史过程所形成

① 梁启超：《中华民族之成分》，《史地丛刊》1923 年 4 月第 2 卷，第 2—3 号。

的。……它的主流是由许许多多分散孤立的民族单位，经过接触、混杂、联结和融合，同时也有分裂和消亡，形成一个你来我去、我来你去，我中有你、你中有我，而又各具个性的多元统一体。”[①]中华民族之所以能够成为一个相对稳固的民族共同体，是因为各民族既有自己独立的民族意识，又能够求同存异、凝结成并遵从一种共有的民族共同体意识。也就是说，“在这个民族实体里所有归属的成分都已具有高一层次的民族认同意识，即共休戚、共存亡、共荣辱、共命运的感情和道义”[②]。由此，在多元一体的中华民族族群结构中，民族的共同体意识是最显著也最强力的黏结剂。

1. 中华民族共同体意识的生成归因

中华民族的共同体意识并不是与生俱来的，而是在后天的社会生产生活实践中逐渐形成的，其实践基础在于生产协作、生存依赖和社会交往的扩大。众所周知，上古时代的社会生产力水平低下，人们生活生产受外部自然条件的限制和影响极大。在单靠个体或少数几个人的力量难以对抗外部恶劣环境的前提下，人们自然会倾向于结成更大的社会单元，以获取更加丰富和充足的生活资料来维持生存。藉此，在生活的相互扶持、生产的相互帮助和生存的相互依赖中，人们会培育协同合作的共同体意识。伴随着以依赖式协作为基础的社会交往模式的扩大，中华民族共同体意识就得到前所未有的强化和巩固。

中华民族共同体意识的生成，关键在于人们的价值观念实现了从分散化向一体化、从个在式向共有式的归依。诚然，人的存在首先是以单子形式的自我存在，这是个体意识独立存在和有效发展的基础。但是，在中国传统社会结构体系中，个人并不仅仅是唯个体而存在的，而是依托于更大范围的社会单位和群体而存在。中国人在上古的自然崇拜中衍生出世俗化的祖先崇拜，并把尊天法地、孝长敬先奉为社会交往的法则来恪守。以此为基础，按照血缘、地缘、业缘、志缘的顺序次第深化，中国人遵循于身向外推展的交往逻辑和反身向内的心意生成逻辑双向归依，由此拓展出逐层扩大的家园意识和天下情怀。人们在价值观念上的

① 费孝通:《费孝通文集》(第11卷)，北京：群言出版社1999年版，第381页。

② 费孝通:《费孝通文集》(第14卷)，北京：群言出版社1999年版，第101页。

相互渗透和交相耦合使得中华民族共同体获得了内在的意识支撑和价值支撑，这便是中华民族共同体意识得以建立的内在价值逻辑链条。

中华民族共同体意识的生成还依赖于民族成员共同思维方式的养成。在共同的社会生产生活中，中华民族内部各成员之间在思维方式上逐渐归化趋同。在强有力的宗法体制中，小散居、大聚居的各民族成员尽管持有差异化的民族信仰，但大一统的文化氛围却哺育了民族共同体的整体思维。换言之，尽管各少数民族之间、少数民族与汉族之间会有生存利益的分歧，但维持民族家园的统一和完整、捍卫中华民族共同利益的思维逐渐生成并成为最显著最持久的共同体思维。藉此，在“中华民族是一个而非多个”思维的支撑下，任何分裂民族共同体的思维都会受到批判，而维持民族团结、促进民族凝聚的思维会受到推崇和褒扬。当中华民族共同体意识在近代以来对抗外来侵略、反对民族分裂的斗争中得到加强和巩固时，中华民族就在严格意义上成为一个不可分割的整体了。

2. 中华民族共同体意识的思想蕴含

客观地说，中华民族在历史上已经形成了具有鲜明特质的共同体意识。传统的中华民族共同体意识以中华民族这个共同体为实体基础，以共同的中华文化为维系手段和展现形式，在创造中华文明中得到衍生和延续。党的十八大以来，面对世界百年未有之大变局和中华民族伟大复兴的战略全局，以习近平同志为核心的党中央再次提出铸牢中华民族共同体意识这个时代命题，并赋予其崭新的时代精神和思想意蕴。在此，我们重点对新时代中华民族共同体意识的思想蕴含作一归纳和分析。

中华民族共同体意识的命题是从党的十八大后提出的人类命运共同体理念中衍生出来的，并与之共同构成了中国内部治理和世界治理的鲜明思路。按照新时代党治国理政的基本逻辑和客观思路来看，民族共同体被赋予现时代的解读，获得了丰富的内涵。首先，从结构范畴看，民族属于人类共同体，民族共同体是人类共同体的组成部分。随着经济全球化的拓展，人类普遍价值备受重视，但只要民族的语言、文化、信仰和制度等特质因素和维系条件还在，民族特性就不会消失，民族共同体就仍然会保持独立地位，民族共同体的意识就依然会受到关注和重视。其次，从生存范畴看，民族共同体是命运共同体，各民族之间的交往逐渐增多，交融程度逐步提高，生存依赖度日渐增强，俨然形成了命运与共、休戚与共的生命共同体。维系各民族共同体的共同命运，需要各民族共同努力，单靠任何一方都难以最终奏效。再次，从关系范畴看，民族共同体是利益共同体，各民族共同体之间存在着日益增强和扩大的交换利益，在利益交换中促进利益互成、共同享受公有利益的趋势更加明显，只讲本民族利益而不兼顾其他民族的利益，将会越发受限。复次，从实施范畴看，民族共同体是治理共同体。各民族内部的关系、民族与民族间的关系，都需要在日益完善和科学的治理中得到协调。作为治理共同体，民族共同体不再是形而上的存在，而是调整结构、改善功能的治理实体。又次，从过程范畴看，民族共同体是发展共同体。发展不仅是民族共同体的状态，也是民族共同体的目标和方向。任何民族若要存在并得到繁荣，就必须依靠发展来壮大自身，停滞不前、不思进取的民族共同体是没有前途的。还有，从实践范畴看，民族共同体是行动共同体。有了良善的科学的理念，尚需要行动来落实。作为行动共同体，民族共同体并不是虚置的，而是在具体的行为活动中实现共同体的建设和提升的。

民族始终是一个历史的、思想文化和社会组织的共同体，中华民族共同体是中华各族人民在长期历史发展中形成的政治上团结统一，文化上兼容并蓄，经济上相互依存，情感上相互亲近，你中有我、我中有你、谁也离不开谁的民族共同体，是建立在共同历史条件、共同价值追求、共同物质基础、共同身份认同、共有精神家园基础上的命运共同体。作为人类族群中独具东方特色的民族共同体意识，中华民族共同体意识是基于中华民族作为民族实体在长期的历史发展的过程中形成的、在现实的客观需要中重构和巩固而成的共同意识形式，也是基于中华民族共同的生产生活实践而孕育的公共意识和集体意识。从形成逻辑上看，中华民族共同体意识是中华民族集体活动的历史逻辑、实践逻辑和思想逻辑的有机统一，展现了中华民族由自在到自为、从自发到自觉、从共在到共生的意识觉悟。从思想内容看，中华民族共同体意识应当包括但不限于中华民族在风险共担、利益共享、命运共建上的思想认知和意识觉悟。在日益复杂的国际国内形势面前，中华民族共同体意识是涉及中华民族存在和发展、前途和命运的公共意识，也是影响中华民族未来前景和发展前途的集体意识，需要牢固确立并转化为解决民族问题、凝聚民族力量、巩固民族团结的强大力量。

（三）铸牢中华民族共同体意识的实践要求

铸牢中华民族共同体意识、促进中华民族团结进步是实现强国建设、民族复兴的基础性工程。习近平指出："实现中华民族伟大复兴的中国梦，就要以铸牢中华民族共同体意识为主线，把民族团结进步事业作为基础性事业抓紧抓好。我们要全面贯彻党的民族理论和民族政策，坚持共同团结奋斗、共同繁荣发展，促进各民族像石榴籽一样紧紧拥抱在一起，推动中华民族走向包容性更强、凝聚力更大的命运共同体。"① 以铸牢中华民族共同体意识为主线，意味着铸牢中华民族共同体意识将不仅仅停留在各民族成员的思想认知和意识觉悟层面，而是要通过党的民族工作和民族地区的各项工作，使铸牢中华民族共同体意识成为渗透于各项具体工作、贯穿民族地区工作和民族工作的主线。按照这一思路，铸牢中华民族共同体意识就需要在实践上达到一些基本要求。具体而言，可概括为以下几个方面：

1. 促进各民族命运共生

民族是有生命的实体，民族的生命在很大程度上取决于其精神生命的长短。当一个民族的精神生命逐渐趋于丧失，该民族的生命也就要走到头了。法国社会学家孔多塞指出："当我们看一下各民族的通史时，我们便可依次地看到他们时而作出新的进步，时而重新投身于愚昧之中，时而又在这种交替之间延续着或者是停留在某一点上，时而是在侵略者的铁蹄之下从大地上消灭，或者与征服者相融合或是生活于奴役之中，最后时而是接受某个更开化的民族的知识，把它们再传给别的民族。"② 中华民族共同体意识是中华民族精神生命之源、终极价值之根，不但影响也决定了中华民族的命运。中华民族形成和发展的过程就是中华民族

①《习近平谈治国理政》（第 3 卷），北京：外文出版社 2020 年版，第 299 页。

②［法］孔多塞：《人类精神进步史表纲要》，何兆武、何冰译，北京：生活 · 读书 · 新知三联书店 1998 年版，第 6 页。

共同体意识得到培育、塑造和锤炼的过程，也是中华民族各民族单位结成相互依赖的命运共同体的过程。从根本上说，铸牢中华民族共同体意识的目标就是要打造新时代的中华民族命运共同体，使得各具体民族都能够清楚地认识到本民族自古以来就是中华民族共同体不可分割的部分，各民族之间始终是休戚与共、荣辱与共的。铸牢中华民族共同体意识既有长久的历史积淀，也是面向美好未来的客观要求。认识到各民族之间血脉相融、命运与共的事实，能够促使各民族摒弃民族虚无主义和狭隘利己主义的偏见，站在整个中华民族前途命运的角度看问题、想办法、做事情、谋未来，为新时代中国特色社会主义建设添砖加瓦，为社会主义现代化强国和中华民族伟大复兴贡献智慧和力量。

2. 加强中华民族家园共建

中国具有漫长的封建社会和小农经济的历史，安土重迁、守护家园是中国人自然生发的情怀与志趣。在中国人的传统观念中，家园是人的归宿，是人毕生难以割舍的情结，也是人始终心之所向、心之所愿的地方。钱穆在谈到中国人家国关系时指出："中国人称身、家、国、天下。人生各有身，又有家。家之上乃有国，有天下。人生不能离此四者以为生。身、家、国各有别，天下则尽人所同，故更无驾天下之上者。"[①]"或曰宗法社会，其本则为家。家与家同处一地，曰乡党邻里，曰都邑。其上有国，有天下。家国天下，皆指人与人之关系。"[②]实际上，在中国人的家国情怀中，家园意识是起点，也是基础。对于中华民族的所有成员而言，最自然也最普遍的共同体意识就是各民族都怀有浓厚的家园意识，而最真实最广泛的家园意识就是对中国、中华文化和中华民族的认同和珍爱。铸牢中华民族共同体意识，在实践上就要求我们努力建设好中华民族共同家园，即从物质的、地理的、制度的、文化的等各个领域建设好中华民族的物质家园和精神家园。当今时代，面对西方分裂势力的渗透和干扰，全体中华儿女必须牢固树立家园意识，以铸牢中华民族共同体意识为根基，把建设美好家园、美丽中国作为奋斗目标，加强团结，凝聚力量，汇成推进家园共建、民族复兴的强大的时代洪流。

①《钱宾四先生全集》(第25卷)，台北：联经出版事业股份有限公司1998年版，第229页。
② 同上书，第235页。

3. 推动经济社会发展共赢

推动经济社会高质量发展是新时代中国特色社会主义建设的题中之义，也是实现强国建设、民族复兴的根本保证。2024年《政府工作报告》提出："我们要以铸牢中华民族共同体意识为主线，坚持和完善民族区域自治制度，促进各民族广泛交往交流交融，推动民族地区加快现代化建设步伐。"[①] 民族地区的现代化是共同发展、共同进步、共同富裕的现代化，是消除各民族之间因不平衡不充分的发展而造成的现实落差的现代化。长期以来，由于地理、气候、物产和资源禀赋等诸多方面条件的差异，我国不少边疆地区尤其是少数民族聚居区在发展水平和发展能力上仍处于落后状态，至今仍有部分人口脱贫程度和生活水平还不够高。这种境况实际上给人们理解和认识中华民族共同体造成了不小的障碍。我们所提倡的铸牢中华民族共同体意识，不能够仅仅停留在理论说教和意识建设的形而上层面，而是要从解决实际问题入手，从解决民族地区和少数民族群众现实生产生活困难和问题入手，切实改善和提高欠发达地区人民群众的生产生活水平，推动经济社会协同发展、高效发展和共同发展，给中华民族共同体建设打造坚实的物质经济基础、群众心理基础和社会舆论基础。藉此，铸牢中华民族共同体意识，需要推动各民族在经济社会发展上共赢，实现各少数民族地区之间、少数民族地区与内地之间协同发展、共同进步。

4. 保障中华儿女福祉共享

千百年来，无数中华儿女在长期的辛勤劳作和共同奋斗中创造了辉煌灿烂的中华文明，也共享着中华文明的荣光和福祉。今天，生活在九百六十万平方公里土地上的中华儿女是中华民族共同体的成员，是中国特色社会主义建设伟大成就的创造者，也是推进中国式现代化、建设社会主义强国、实现民族复兴的有生力量。福祉共享是各民族群众的热切期盼，也是中国共产党为人民服务根本宗旨在对待社会分配上的具体要求，是保障各民族群众合法权益的具体体现。习近平指出："党的民族工作创新发展，就是要坚持正确的，调整过时的，更好保障各民族群

①《李强作的政府工作报告（摘登）》，《人民日报》2024年3月6日，第3版。

众合法权益。”[①] 铸牢中华民族共同体意识，需要从发展获得感的角度提升各民族群众对于中华民族一体性和共同性的思想价值认同，巩固中华民族共同体的团结性和统一性。为此，要坚持人民至上、以人民为中心的发展理念，坚持发展为了人民、发展依靠人民、发展成果由人民共享的原则，始终坚持把全体中华儿女视作改革发展的主力军和发展成果的享有者，保障中华儿女充分共享改革发展的成就和福祉，坚定不移地走好共同发展、共同富裕的道路，解决好各民族群众的利益分歧和福祉差别，充分提升社会发展的获得感、幸福感和安全感，切实提升参与中国特色社会主义建设的主动性、积极性和创造性。

（四）用社会主义核心价值观凝聚和铸牢中华民族共同体意识的理路

用社会主义核心价值观凝聚和铸牢中华民族共同体意识，既是培育和践行社会主义核心价值观的具体表现，也是铸牢中华民族共同体意识的客观要求。习近平指出：“铸牢中华民族共同体意识，就是要引导各族人民牢固树立休戚与共、荣辱与共、生死与共、命运与共的共同体理念。”[②] 共同价值观是共同体理念的内在支撑，没有共同价值观作为基础，就难以形成真正的共同体理念，也就难以铸成真正的共同体意识。为此，要发挥社会主义核心价值观的引领作用，围绕铸牢中华民族共同体意识的主线，促进价值引领和意识构建相统一，努力做好党的民族工作和民族地区各项工作，为强国建设和民族复兴凝聚强大合力。

1. 发挥社会主义核心价值观的政治引领作用，引导树立民族共同体政治意识

社会主义核心价值观具有鲜明的政治规定性，是习近平新时代中国特色社会主义思想的原创性内容，也是新思想新理念新战略的价值内核。用社会主义核心价值观凝聚和铸牢中华民族共同体意识，首要的是要引导各民族群众树立坚定的政治意识。政治意识是人们对政治体制、

①《习近平谈治国理政》（第 4 卷），北京：外文出版社 2022 年版，第 246 页。

② 习近平：《铸牢中华民族共同体意识　推进新时代党的民族工作高质量发展》，《求是》2024 年第 3 期。

政治现象、政治活动的认知觉悟和理解态度。发挥社会主义核心价值观的引领作用，需要通过巩固社会主义核心价值观在凝聚和铸牢中华民族共同体意识中的政治“定盘星”和政治“主心骨”的价值，推动各民族坚定对马克思主义、伟大祖国、中华民族、中国共产党和中国特色社会主义的高度认同，培育全民族和谐统一的政治信仰，增强中华民族共同体的政治凝聚力和政治向心力。毋庸讳言，各少数民族地区和少数民族群众拥有长期以来就已经形成和客观存在的宗教信仰，需要尊重和维护其宗教信仰的历史合法性和现实合理性，但这与促进少数民族地区和少数民族群众在政治上认同中国共产党、中华人民共和国和中国特色社会主义并不矛盾。用社会主义核心价值观凝聚和铸牢中华民族共同体的政治意识，就要在政治高度上发挥社会主义价值观的引领作用，提升全体民族成员的政治意识，使之保持政治思维底线和高度的政治觉悟。为此，要围绕着社会主义核心价值观的思想内容来诠释当前的各项路线方针政策，讲清楚党的主张和人民群众意志的真实契合与高度统一，讲清楚中国特色社会主义与中华民族前途命运的政治关系，讲清楚伟大祖国和中华民族对于各民族共同发展、共同进步的政治价值，帮助人们树立牢固的中华民族共同体政治意识。

2. 发挥社会主义核心价值观的文化导向作用，引导树立民族共同体文化意识

社会主义核心价值观是社会主义文化的核心，是中国特色社会主义先进文化的灵魂。如果说文化是构建民族体共同意识的“黏合胶”，那么社会主义核心价值观就是熔铸中华民族共同体文化意识的“强心剂”。在中华民族数千年的历史进程中，中华优秀传统文化始终哺育着中华民族的共同体意识，塑造着中华民族的共同价值观念。作为马克思主义基本原理同中国具体实际相结合、同中华优秀传统文化相结合的产物，社会主义核心价值观也吸纳了西方优秀文化成果，构建了社会主义核心价值体系的内核，也构筑了当代中国人和中华民族的价值共识。用社会主义核心价值观凝聚和铸牢中华民族共同体意识，关键是要发挥社会主义核心价值观的文化导向作用，引导树立中华民族共同体的文化意识，增进各民族尊重中华文化一体性、保持民族文化创新性的文化自觉和文化自信。在这方面，“要正确把握中华文化和各民族文化的关系，各民族优秀传统文化都是中华文化的组成部分，中华文化是主干，各民族文化是枝叶，根深干壮才能枝繁叶茂”①。为此，要在社会主义核心价值观的引领下，把建设面向世界、面向未来、面向现代化的民族的科学的大众的中国特色社会主义先进文化作为中华民族共同体文化意识的原则导向，把繁荣民族文化和振兴中华文化统一起来，把是否符合社会主义核心价值观作为检验民族文化优劣和中华文化得失的基本标准，推动社会主义文化大发展大繁荣，推动社会主义文化强国建设，构建中华民族共同体的精神文化家园。

3. 发挥社会主义核心价值观的道德规范作用，引导树立民族共同体道德意识

价值观关乎道德良心，社会主义核心价值观包含着对人们行为活动的道德要求和道德评价，体现社会主义道德标准。“核心价值观，其实就是一种德，既是个人的德，也是一种大德，就是国家的德、社会的德。国无德不兴，人无德不立。”②弘扬和培育社会主义核心价值观的过程，也是践行社会主义道德的过程，是塑造道德观念、整合道德价值、规范道德行为的过程。对于全社会而言，社会主义核心价值观具有鲜明的道德规范作用，能够起到以德润心、以德化人、以德喻世的效果。用社会主义核心价值观凝聚和铸牢中华民族共同体意识，重点在于发挥社会主义核心价值观的道德规范作用，引导树立民族共同体道德意识，提升各民族群众的思想道德觉悟和道德践履能力，支持各民族群众在道德认知、道德思维和道德价值上不断更新，促进各民族的道德建设，引领人们过上健康、文明、富足的道德生活。具体来说，一要开展系统的社会主义核心价值观教育，有重点地、有分别地设置好社会主义核心价值观教育议题，确保社会主义核心价值观教育产生实效。二要把社会主义核心价值观落细落小落实，从社会生活细节尤其是大众文化心理中寻找社会主义核心价值观的切入点，让社会主义核心价值观渗入全社会大众的日常生活，与人们的生产生活实际相结合。三要强化社会主义核心价

①《习近平谈治国理政》(第4卷)，北京：外文出版社2022年版，第246页。
②《习近平谈治国理政》(第1卷)，北京：外文出版社2018年版，第168页。

值观的道德甄别与道德评价作用，充分发挥社会主义核心价值观对各民族群众的价值指引和道德引领功能。四要将道德榜样作用与普通民族群众道德活动有机统一起来，在充分发挥榜样作用的同时防止随意和过度拔高道德人物及其事迹，以免产生反向作用。

4. 发挥社会主义核心价值观的历史启迪作用，引导树立民族共同体历史意识

一个民族和国家的价值观，是该民族思想价值标准的写照，也是其历史发展进程的写照。不同的价值观，背后代表的是不同民族和国家价值养成和价值变迁的历史。中华民族数千年的历史，涵养了最能体现中华民族思想精华和精神气质的中国人的价值观。社会主义核心价值观在性质上是社会主义的，其提出和形成的过程自然就书写了社会主义价值发展的历史。历史虽然代表了过去，但可以照亮现实和启迪未来。社会主义核心价值观具有鲜明的历史启迪作用，为人们理解社会主义的理想目标、发展过程、实践价值作出了历史指引，对人们把握社会主义的发展方向和发展道路具有重要的历史启发意义。用社会主义核心价值观凝聚和铸牢中华民族共同体意识，必须着重发挥社会主义核心价值观的历史启迪作用，引导树立民族共同体历史意识。历史意识是人类对自然、人类自身在时间长河中发展变化的现象与本质的认识。“我们从哪里来？我们是什么？我们往何处去？……对这些问题的回答称为‘历史意识’。”[①]引导树立民族共同体历史意识，需要扎实开展历史教育，使各民族群众不仅了解和尊重本民族的历史，同时也都能够充分认识、理解和尊重中华民族的历史、中国共产党的历史、中华人民共和国的历史、改革开放的历史和中国特色社会主义的历史，从而知晓我们是谁、我们是从哪里来的、我们正在做什么、我们要往哪里去这一系列关系中华民族共同体的前途和命运的问题，这对于巩固中华民族大家庭的团结和凝聚至关重要，对于实现强国建设和民族复兴至关重要。

①［匈］阿格尼丝·赫勒:《现代性理论》，李瑞华译，北京：商务印书馆2005年版，第10页。

第三编

文化建设研究

新时代推进文化自信自强

民族复兴离不开文化复兴

文化自信与民族精神互促共生

努力建设社会主义先进文化制度

当代中国文化马克思主义批判

构建人类命运共同体视域下当代中国人的全球意识培育

中国人民凝聚力的核心内涵与主要表现

一

新时代推进文化自信自强

党的二十大在全面建设社会主义现代化强国的总体部署中提出“必须坚持中国特色社会主义文化发展道路，增强文化自信，围绕举旗帜、聚民心、育新人、兴文化、展形象建设社会主义文化强国。”[①]文化的自信自强是社会主义文化强国的前提和基础，也是中华民族伟大复兴的内容和标尺。中国特色社会主义进入新时代以来，提升文化自信自强成为中国共产党领导推进中国特色社会主义建设的基本方略，也成为全面建设社会主义现代化强国的题中之义。可以认为，新时代推进文化自信自强既是繁荣和发展社会主义文化、铸就社会主义文化新辉煌的必然趋势，也是走好中国特色社会主义文化发展道路、实现文化强国和文化复兴的客观要求。藉此，推进文化自信自强既要深入洞察和精准把握文化自信自强的内在逻辑与发展规律，也要推动文化自信自强的转化提升与实践落实。

（一）文化自信自强的思想蕴涵

文化有广义和狭义之分，广义的文化是指人类社会历史实践过程中所创造的物质财富和精神财富的总和，反映了人类活动的集体创造和特定生产生活方式。狭义的文化则专指包括社会成员的知识、艺术、道德、信仰和习俗在内的社会意识形态的复合体。不管是狭义还是广义，文化都是与民族国家发展的历史和过程相关联的特征标识码，也是与特定人群和社会的思想变迁与精神变革相联系的黏合剂。对于人类的存在

① 习近平:《高举中国特色社会主义伟大旗帜　为全面建设社会主义现代化国家而团结奋斗——在中国共产党第二十次全国代表大会上的报告》，北京：人民出版社2022年版，第42—43页。

和发展而言，文化具有特殊重要的作用，它既可以说是人类发展过程和痕迹的可留存的证照，又可以说是人类发展和进步状态与质量可迁移的标尺。对任何国家和民族而言，文化都具有不可替代的价值与意义。习近平指出："文化是一个国家、一个民族的灵魂。文化兴国运兴，文化强民族强。"[①] 文化发展的状态，是展示民族和国家发达程度的精神样貌。对文化发展状态的体察、认同和强化程度，则是表征人们文化自信自强的标志。

1. 文化自信自强的基本特质

文化自信和文化自强原属于不同层次的概念，具有不同的意涵。文化自信是指一个民族或国家的成员对本族本国文化所持有的自我信赖，即对自身主体性文化的价值和意义所抱有的信心。文化自强则是指为发展和建设本族本国文化而作出的自我强化的实践和努力。尽管二者的意涵有所不同，但从生成逻辑上看，文化自信与文化自强是结合在一起的，可以互为前提和基础，也可以互相支撑和补充。一方面，人们的文化自强往往以文化自信为前提，唯有文化自信，人们才会努力实现文化自强。另一方面，文化自强也会增加人们的文化自信，文化的繁荣兴盛和强大无疑更让人们感到自信和从容。从实践逻辑上看，文化自信与文化自强又是统一在一起的，没有文化自信，难以达到文化自强，而没有文化自强显然又不能建立好文化自信。由此，在一定意义上可以说，文化自信之中有文化自强，文化自强之中有文化自信，文化自信自强常常融为一体，渗透并体现在民族国家的成员为特定目标而生成的文化觉悟和文化意志中。

从文化主体的状态看，文化自信自强既可以指人们在思想观念层面的意识性觉悟，也指向了他们在行为价值层面的实践性活动，因而往往成为一个民族、一个国家内的政党和民众所葆有的文化样貌，代表着他们为发展和建设本民族国家事业而呈现的精神面貌和实践意志。作为文化主体精神状态或实践态度的表达，文化自信自强反映了文化直接相关者在对待文化发展和建设上的根本意愿，代表并呈现人们的文化取向和

① 习近平：《决胜全面建成小康社会　夺取新时代中国特色社会主义伟大胜利——在中国共产党第十九次全国代表大会上的报告》，北京：人民出版社 2017 年版，第 40—41 页。

文化态度。一般说来，当一种文化具备自信自强的品格时，它会呈现出某些思想特质，择要而言，文化自信自强的思想特质有如下几个方面：

一是觉悟性。文化是人们思维和观念的迭代累积，代表着人对自身生存条件和状态的觉察。当隶属于某个国家和民族的人们有了文化自信自强时，首先意味着他们会自觉地省察自身所处的文化境况，并由此选择合适的行为活动。觉悟性是文化自信自强的内在特质，是文化自信自强产生的前提和基础。所谓觉悟性，直接指向人们对自身文化的觉察，尤其是对文化的源流、本质、形势和前景的认知。觉悟性意味着各个民族和国家的人们会跳出自身生存的样态和本身进行思考，从而认识到自身的生存样态和发展状况，并进而从内在的、精神的和本质的层面获得文化觉悟，为文化的自信自强提供支撑和动力。文化自信自强的觉悟性是以人们的自觉意识为开端、以文化自觉为基础的。正是具备了觉悟性，文化自信自强才有其价值，才得以发生和发展。

二是自立性。文化是国之所立的精神要素，是民族独立的基本标志。“无论是哪一个国家，哪一个民族，如果不珍惜自己的思想文化，丢掉了思想文化这个灵魂，这个国家、这个民族是立不起来的。”[①]在一定意义上说，文化是不同的族群和社会得以区分、相互区别的重要元素。正是因为有了文化，才有了人们的认同意识或标准，民族国家共同的事业才能获得精神基础。事实证明，“一个没有精神力量的民族难以自立自强，一项没有文化支撑的事业难以持续长久”[②]。一种文化得以发挥价值和作用的关键在于它具有立世益事价值。对于文化的自信自强而言，自立性是其基本属性，也是其思想特质。文化自信自强的自立性体现在对文化发展的客观需要、根本取向、价值目标和实践目的上。因为自立而自信自强，因为文化的自信自强而使得文化主体挺立起来。在这个意义上说，正是出于自立的要求，文化自信自强才得以形成和建构起来。

三是进取性。众所周知，并不是所有的文化都是天然地进取性的文化。在人类文化的百花园中，有些类型或部类的文化并不是积极的、进

① 习近平：《在纪念孔子诞辰2565周年国际学术研讨会暨国际儒学联合会第五届会员大会开幕会上的讲话》，《人民日报》2014年9月24日，第2版。

②《十八大以来重要文献选编》(上)，北京：中央文献出版社2014年版，第280页。

取的，甚至会是腐朽落后、不思进取的，但它们也会在一定范围和时期内累积并存在。不过，凡是自信自强的文化都内在地包含着进取性。文化因进取而自信，在进取中自强。文化自信自强意味着文化必须具备激励人们前进的品质。照此说，进取性是文化自信自强的基本规定性，也是文化得以自信和自强的根本保障。文化自信自强的进取性体现在它可以给人们指示前进方向、激发奋斗意志、提供进取动力。正是因为具有了进取心，人们才能够在奋斗抗争中前进；正是因为具有了进取性，文化才具有了进步性质和积极意义，文化自信自强才对民族国家的事业具有了支撑价值和促进作用。

四是凝聚性。文化是一种黏合剂，是把人们凝聚和团结起来的重要思想营养剂。“在文化综合体中，正是那推动一个民族，并在很大程度上控制了他们的发展的观念与信念的核心才形成了骨干，至少也构成了统一的因素。”[①] 追求自信自强的文化并不是涣散的文化，而是应共同目标和原则而凝聚的文化。文化自信自强是一种普遍意识，是人们集体拥有并共同感受和施行的实践原则。拥有文化自信自强的民族是强大或致力于强大的民族，会因共同的目标而团结奋斗。文化自信自强的凝聚性突出地表现在它以适应或满足人们需求的思想原则、价值目标或利益诉求为人们的凝聚设置了前提，从而使得自信和自强成为人们的共同追求和集体意志。在这个意义上说，推进文化自信自强也就意味着要不断增强社会凝聚力，提高人们的团结心，从而使得文化的自信和自强获得普遍的心理基础和精神支撑。

五是创造性。文化的生命活力和发展潜力在于其创造性，有创造性的文化是鲜活的、发展的文化。文化的创造性体现在它不断孕育新文化、创造文化新生命上，体现在它在自信和自强中不断追求进步上。文化自信自强并不是仅仅停留在思想和意识层面的观念形态，而是需要并且可以转化为可见结果的行为原则和实践标准。创造性是自信自强文化的显著特征，也是文化自信自强的思想特质。文化自信自强的创造性是文化实践价值和创新价值的体现，主要体现为一种文化一旦拥有自信力

①［美］威斯勒:《人与文化》，钱岗南、傅志强译，北京：商务印书馆2004年版，第7页。

和自强心，就会带来可见的创造性成果。实际上，文化自信自强的创造性并不仅仅局限于文化的创造创新上，而在于它所提供的文化能量和精神力量可以牵动社会多个领域多个方面的创造和创新，从而促进社会发展和民族国家进步。

2. 文化自信自强的思想内涵

一种文化，何以自信自强？文化自信自强是怎样生发出来的，将会把文化乃至文化主体带向何方、带到何处？文化自信自强有何种内部发展规律？这类问题直接指向了文化自信自强的思想逻辑。众所周知，文化是一个异常复杂的综合性概念，也是一个可大可小、可动可静的复合型范畴。人是文化最重要的创造者和承载者，“文化是一种在我们每个人身上起作用的普遍的主体性”[①]。因此，文化自信在本质上不过是人的自信，文化自强也是人的自强，所谓文化自信自强，从根本上说就是人对于人的思想、观念和精神的自信自强。但是，从基础逻辑上看，文化自信自强该如何建构呢？

首先，文化自信自强是历史、理论和实践的统一，包含着一个民族国家的文化历史行程与客观现实选择。文化是在人们存在和发展的社会历史中积累和形成的，是一个社会历史性的概念。没有社会历史作为基础，文化就难称悠久，甚至难以成为文化。与此同时，文化也是思想理论的凝聚，是人们实践的产物和结果。费孝通曾经描述过：“不同的人的生与死，是有时间差的，生不同时，死不同刻，而不同时间生死的人，不同代际的人，有共处的时间，在共处的这段时间里，每个人的人生经验、知识、感受、发现、发明等等，可以互相交流，互相学习，互相传递，可以变成别人的东西，保存在别人那里。一个人的生命可能会逝去，但是他一生的知识积累，不一定随他的生命结束而消失，它们会传递给别人，传递给继续活着的人，别人再传递给别人，可以传给很多人，这种不断传递，就成为社会很多人共同的知识即文化。”[②]由此可以看出，文化及其传承无疑是一个历史、思想和活动相结合的过程。文化自信自强是反映文化主体意志的概念，是文化主体发展历史、思想理论

①［英］伊格尔顿：《文化的观念》，方杰译，南京：南京大学出版社2003年版，第9页。
②《费孝通文集》（第16卷），北京：群言出版社2004年版，第154页。

和生存实践的统一。换言之，文化自信自强并不是凭空产生的，有其历史发展的基础、思想理论的支撑和生存实践的奠基。正是因为有对历史与现实、思想与实际、理论与实践的联系和比较，有历史逻辑、理论逻辑和实践逻辑的叠加统合，人们才能孕育和产生文化自信自强的观念和行动。在这个意义上说，文化自信自强既是历史性的也是现实性的，既是思想性的也是实践性的。

其次，文化自信自强体现文化主体的自觉、自立和自主，包含着何种文化、谁的文化以及文化如何发展的问题。文化自信自强代表了一个群体对自身存在和发展的觉察，反映了主体的文化上的自觉、自立和自主。要实现文化自信自强，一是要有文化自觉，也就是在文化上有所"知"的问题，"其意义在于生活在一定文化中的人对其文化有'自知之明'，明白它的来历、形成的过程，所具有的特色和它的发展的趋向"①。二是要有文化自立，即通过人们的文化抗争和实践努力使得本民族本国家的文化站立起来，成为鼓舞和激励人们的强大文化力量与精神支柱，并且能够在世界众多文化中占有一席之地。三是要实现文化自主，即自己决定文化发展方向和道路的主体性，掌握通过文化发展促进社会进步的主导性。由此看来，文化自信自强内在地彰显着文化的本体性、主体性和主导性，而要实现文化自信自强就需要弄清楚文化的类型是什么、文化的主体是谁以及文化发展的方向和路径如何。这些问题是文化自信自强命题中所包含的基本问题，也是推进文化自信自强的前提性问题。

最后，文化自信自强意味着文化创造从感性常识判断到理性经验实践的升华，包含着思想文化化和文化大众化相融合的过程。从象征意义上看，文化是共同体意识的显性表达，但客观上却存在内部差异和矛盾分歧。文化学者爱德华·萨义德指出："所有的文化都是混杂的；没有任何文化是单一、纯粹的，所有的文化都是混杂的、异类的、非常不同的、不统一的。"② 即便在一个民族国家内部，不同的民众或人群之间在思想观念上也会同异相参，不可能毫无二致、浑然无别。张岱年认为，文化体系"是一个矛盾综合体。它的各部分内容之间不是没有矛盾的。

①《费孝通文集》（第16卷），北京：群言出版社2004年版，第59—60页。

② Edward Said, *Culture and Imperialism*, London: Knopf, 1993, p. xxix.

相反，其内部包含着许多相互对立、相互冲突、相互矛盾的内容”[①]。文化自信自强是带有趋势性和统一性的思想革新与文化变革，自信自强的基础是消除文化群体内部的歧见，以便于形成统一的价值目标和行动意愿。由于认知分层和觉悟差异，一个民族的文化自觉往往是由少数人发端和引领，继之而来的文化自信自强则常常由人们感性化的常识判断开始，在逐渐清醒而科学的认识和实践基础上才慢慢升华为理性的经验实践。因此，从实践角度看，文化自信自强实际上就是一个体现在文化领域的由“知”到“信”，再到“行”的过程，其实践形态则呈现为从自在到自觉再到自为的样式。对于文化群体而言，推进文化自信自强显然需要经历从思想理论的文化解读到文化观念的普及性实践，这个过程也即思想文化化和文化大众化相融合的过程。

（二）中国特色社会主义文化何以自信自强

在当今中国发展的思想论域与政策语境中，所要推进并使之自信自强的文化，显然就是新时代中国特色社会主义文化，而要推进的文化自信自强显然也就是中国特色社会主义文化自信自强。结合当下中国经济社会发展的客观形势与现实要求看，中国特色社会主义文化自信自强，无疑是事关中国特色社会主义文化发展道路、事关全面建成社会主义现代化强国、事关以中国式现代化推进中华民族伟大复兴的大事要事。那么，中国特色社会主义文化何以自信自强？其自信自强有何基础保障与支撑条件？这是需要作出回答的重要问题。

1. 传统优势：中华优秀传统文化的基因与资源

文化是不断流动的思想江河，是绵延不绝的精神赓续。“我们知道，文化的各方面，不但有了密切的关系，不但是变化的，而且是累积的。前一代的文化，不只是有了不少的成分，往往传递到后一代，而且往往成为后一代的文化的基础。”[②]一个民族的传统文化在所经历的时间变迁中可能会发生革新或变形，但优秀的文化基因却不会轻易毁坏或湮灭。中华民族有着数千年的文明史，创造了辉煌灿烂的思想文化，很

① 张岱年：《张岱年学术文化随笔》，北京：中国青年出版社1996年版，第172页。
② 陈序经：《文化学概观》，北京：中国人民大学出版社2005年版，第27页。

长历史时期内始终在世界民族之林中独占鳌头、备享尊荣。尽管中华传统文化在近代遭受沉沦裂变并出现解体，但中华传统文化的优秀基因却被顽强地保留下来并在社会现代化的进程中重植和再生。从文化基因的角度看，中华文化之所以能够享誉世界，是与其文明的早慧和绵延分不开。钱穆说过："中国文化，不仅有其展扩，而尤有其绵延。必就时空立方大体观之，乃见中国文化优秀之价值。"[①] 从文化属性上看，中华传统文化在长期的积累和融合中保持宏阔的开放性和强大的包容性，不断吸附优秀文明因子到中国文化肌体中，这既是中华传统文化保持强大的密码，也是中华文化的优秀基因。从文化资源上看，早在"轴心时代"形成的以儒释道和诸家学说融合一体的思想文化综合体就奠定了中华文化的多元一体性。习近平指出："中华文化独一无二的理念、智慧、气度、神韵，增添了中国人民和中华民族内心深处的自信和自豪。"[②] 中华优秀传统文化中蕴含的天下为公、民为邦本、为政以德、革故鼎新、任人唯贤、天人合一、自强不息、厚德载物、讲信修睦、亲仁善邻等，既是中国人在长期生产生活中积累的宇宙观、天下观、社会观、道德观的重要体现，也是中华优秀传统文化的精华资源。这些优秀文化基因和文化资源，不但持久而且励新，不但益世而且利人，不但利于过去而且利于未来。推进中华优秀传统文化现代化的过程，也是实现文化自信自强的过程。在此过程中，中华优秀传统文化的优秀基因和资源无疑为今天文化的自信自强提供了雄厚而扎实的基础。

2. 现实基础：中国特色社会主义发展成就

众所周知，文化并不是一个自变量，"源于文化的行为，与经济体制所促成或强化的行为，是很难分开的"[③]。文化发展创造并不仅仅是文化本身的问题，而是与经济社会的总体发展及其支撑条件有密切联系的。文化自信自强也并不仅仅是文化自身的事情，而是与经济社会发展的现实基础和客观条件的支撑紧密相关的。毫无疑问，当一个民族或国

---

① 钱穆：《文化与教育》，桂林：广西师范大学出版社 2004 年版，第 8 页。

② 习近平：《在中国文联十大、中国作协九大开幕式上的讲话》，北京：人民出版社 2016 年版，第 4 页。

③ [美] 亨廷顿、哈里森主编：《文化的重要作用》，程克雄译，北京：新华出版社 2002 年版，第 56 页。

家取得了经济社会发展的显著物质成就时，其民众的文化自信自强必然会得到鼓舞和激发。就现有基础和条件看，中国特色社会主义文化之所以自信自强，一是与改革开放以来中国所取得的经济成就以及由此所奠定的物质基础有关。党的十八大以来，中国特色社会主义进入新时代，我国经济实力实现历史性跃升，经济总量稳居世界第二位，中国的发展站在了更新更高的历史起点上。经济成就大大提振了中国人的信心，催生了文化自信自强。二是与中国特色社会主义道路、理论、制度的日渐完善有关。在改革开放以来中国经济社会发展取得历史性奇迹的基础上，中国特色社会主义事业正展现出蓬勃生机和巨大发展活力。中国特色社会主义道路的开辟提供了不可移易的发展路径，习近平新时代中国特色社会主义思想指引着发展方向，中国特色社会主义制度体系更加成熟更加定型，社会主义核心价值观与社会主义道德及精神文明建设稳步推进。所有这些，无疑都为文化自信自强奠定了思想实践基础、培育了发展创新条件、提供了坚实的保障。党的二十大在总结中国特色社会主义进入新时代以来我国经济社会发展的历史性变革和历史性成就时指出，“改革开放和社会主义现代化建设深入推进，书写了经济快速发展和社会长期稳定两大奇迹新篇章，我国发展具备了更为坚实的物质基础、更为完善的制度保证”。正是在经济社会发展巨大成就的支撑下，中国特色社会主义文化自信自强得到激励，“中国人民的前进动力更加强大、奋斗精神更加昂扬、必胜信念更加坚定，焕发出更为强烈的历史自觉和主动精神”[①]。

3. 未来目标：国家强盛与民族复兴的光明前景

社会发展的未来目标既属于社会理想的范畴，也属于社会实践的范畴。目标蕴含着人们认可的共同理念、价值、信仰和规范，凝聚着人们的期盼，代表着人们的希冀，在很大程度上构成了人们活动的文化环境，也成为人们自觉主动地投身社会实践、自信自强地为实现这些目标而奋斗的精神支撑和思想动力。从人类社会发展的一般规律看，当一个

① 习近平：《高举中国特色社会主义伟大旗帜　为全面建设社会主义现代化国家而团结奋斗——在中国共产党第二十次全国代表大会上的报告》，北京：人民出版社2022年版，第15页。

社会确立了令人向往、使人确信的发展目标时，生活在其中的人们就容易获得探索、奋斗和进取的方向，容易形成自信自强的文化观念。目标蕴含着希望，也凝结着人们关于发展和探索发展的文化环境。英国历史学家阿诺德·汤因比指出："不同的文化所激发起的探索人类社会事务的好奇心在程度上相差很大。……人们推进这种探索的深度各有不同，而这种执着程度的差异不仅取决于个人性格的内在差异，而且也取决于人们的文化环境。"①党的十八大召开之际，习近平就代表新一届中央提出两个令人瞩目的目标：其一是新时代中国共产党人的奋斗目标。他强调："人民对美好生活的向往，就是我们的奋斗目标。"②这个目标是中国共产党独有的目标，表明了新时代中国共产党人的政治理想和奋斗方向。其二是实现中华民族伟大复兴中国梦的目标。他指出："现在，我们比历史上任何时期都更接近中华民族伟大复兴的目标，比历史上任何时期都更有信心、有能力实现这个目标。"③这个目标属于中华民族的所有成员，是关系社会发展前途的目标。毫无疑问，这两个目标都关联到中国共产党和中国人民，也凝聚着中国共产党人和全中国人民的集体意志，鼓舞着中华儿女的奋斗热情。在新时代中国特色社会主义建设中，从消除贫困、全面建成小康社会到全面建设社会主义现代化强国、以中国式现代化全面推进中华民族伟大复兴，发展目标成为凝聚人们共识、增进文化自信自强的重要支点。藉此，也可以说，对实现中国强盛和中华民族复兴光明前景的憧憬，以及由此目标所产生的价值指引和实践探索，无疑会成为中国特色社会主义文化自信自强的重要支撑。

（三）新时代推进文化自信自强的基本思路

习近平指出："文化自信，是更基础、更广泛、更深厚的自信，是更基本、更深沉、更持久的力量。"④文化自信自强是中国特色社会主义道

①［英］阿诺德·汤因比：《历史研究》，刘北成、郭小凌译，上海：上海人民出版社 2000 年版，第 429 页。

②《习近平谈治国理政》（第 1 卷），北京：外文出版社 2018 年版，第 4 页。

③ 同上书，第 35—36 页。

④ 习近平：《在中国文联十大、中国作协九大开幕式上的讲话》，北京：人民出版社 2016 年版，第 6 页。

路自信、理论自信、制度自信的基础和根本。党的二十大围绕全面建设社会主义现代化国家进行了谋篇布局，并就推进文化自信自强、铸就社会主义文化新辉煌作出战略部署，提出要“以社会主义核心价值观为引领，发展社会主义先进文化，弘扬革命文化，传承中华优秀传统文化，满足人民日益增长的精神文化需求，巩固全党全国各族人民团结奋斗的共同思想基础”[①]。从总体上看，二十大关于文化建设的战略部署是推进新时代中国特色社会主义文化自信自强的纲领，其中包含着对中国特色社会主义文化发展道路、根本性质、建设目的、实践原则和发展目标作出的规定和安排。概而言之，推进文化自信自强，需要从文化发展道路、文化领导权、文化价值观、文化制度与政策以及文化建设新任务等方面扎实做好工作，取得实绩。

1. 坚定走好中国特色社会主义文化发展道路

文运同国运相牵，文脉同国脉相连。文化发展道路是反映国家的国体、政体和社会制度要求的根本道路，是文化自信自强的直接实践和直观体现。可以说，中国特色社会主义文化自信自强最重要的体现就在于对中国特色社会主义的坚持、对中国特色社会主义文化发展道路的坚持。从本质上说，中国特色社会主义文化发展道路是隶属于中国特色社会主义道路、反映中国特色社会主义制度、体现中国特色社会主义理论的文化道路。中国特色社会主义文化是民族的科学的大众的社会主义文化，坚持中国特色社会主义文化发展道路就要致力于把文化建设的民族利益、科学价值和大众需求紧密结合起来，坚持马克思主义在意识形态领域指导地位的根本制度，坚持践行社会主义核心价值观，坚持为人民服务、为社会主义服务的根本方向，坚持百花齐放、百家争鸣的基本方针，推进中华优秀传统文化的创造性转化和创新性发展，结合中国经济社会发展的实际和人民群众需要的实际，不断为中国特色社会主义文化发展注入强大活力和蓬勃生机，增强全面建成社会主义现代化强国和实现中华民族伟大复兴的精神力量。

---

① 习近平：《高举中国特色社会主义伟大旗帜　为全面建设社会主义现代化国家而团结奋斗——在中国共产党第二十次全国代表大会上的报告》，北京：人民出版社2022年版，第43页。

2. 加强党对文化建设的领导

中国共产党百年来奋斗的历史经验之一就是要坚持党的领导。“中国人民和中华民族之所以能够扭转近代以后的历史命运、取得今天的伟大成就，最根本的是有中国共产党的坚强领导。”[①]中国共产党的领导是全面的领导，要始终总揽全局、协调各方，落实到党和国家事业各领域各方面各环节，在文化建设领域自然也不能例外。党的领导是文化建设保持正确政治方向的灵魂所在，是实现文化自信自强的要务所托。在过去的革命战争年代，掌握笔杆子、做好文化战线工作是实现党的领导的基本内容和重要保障。在全面深化改革和扩大开放、推进新时代中国特色社会主义建设的今天，加强党对文化建设的领导更加重要、尤为关键。加强党对文化建设的领导，一是要加强党对文化事业和文化建设的思想领导，这就需要坚持马克思主义文化观、用中国化马克思主义指导文化发展和文化建设，深入贯彻落实习近平新时代中国特色社会主义思想，把党的指引的道路方向作为文化发展和文化建设的道路方向，使中国特色社会主义文化领导权牢牢掌握在党的手中。二是要加强党对文化领域的政治领导，在文化领域的政治组织中贯彻维护党中央权威和党的集中统一领导。三是要加强党对文化领域的组织领导，选好配好文化管理部门和机构的党政负责人，让政治家抓文化建设、办文化事业。四是要加强党对文化领域的制度领导，建立健全党管文化的制度，完善党引领文化发展的机制，把党的政策融入到文化建设的各方面全过程中。

3. 坚持以人民为中心的发展思想

坚持以人民为中心的发展思想是推进中国特色社会主义文化自信自强的价值原则。人民是历史的创造者和时代的塑造者，也是新时代中国特色社会主义文化的主人。在新时代中国特色社会主义建设中，人民是文化建设的承担者、文化生产的创造者、文化利益的享有者，也是文化自信自强的实践者。文化的自信自强最终要体现和落实到人民的自信自强上，而人民的自信自强则体现在与自然关系、社会生产乃至精神活动产生联系的诸多领域。因此，推进文化自信自强实际上是一个牵涉面很广、覆盖

---

①《中共中央关于党的百年奋斗重大成就和历史经验的决议》，北京：人民出版社2021年版，第65页。

面很宽的命题，在经济社会生活和物质文化生产的各个层面都可以得到体现。在新时代中国特色社会主义文化创作中，要推进人民的文化自信自强，就要始终坚持以人民为中心的创作导向，坚持在文化创作中高擎民族精神火炬，吹响时代前进号角，把文化理想融入党和人民事业之中，做到胸中有大义、心里有人民、肩头有责任、笔下有乾坤，推出更多反映时代呼声、展现人民奋斗、振奋民族精神、陶冶高尚情操的优秀文化作品，为人民昭示更加美好的前景，为民族描绘更加光明的未来。

4. 完善文化发展政策制度和体系规划

文化建设是有目的、有意识、有秩序的实践活动，不能放任自流、听之任之。美国文化学者巴格比指出："一个特定的共同体群的文化在发生变迁。我们必须坦率地把这看作是一种过渡，而且，我们只有通过指明哪些特性属于旧文化，哪些属于新文化，来描述这些过渡。我们给予这个过渡时期的界限将依赖于我们所画的那张制度之表，依赖于我们给予每一制度的重要性。"[①] 推进文化自信自强也不是随意的、任性的活动，而是有方向、有规制的安排。从文化建设的一般规律来看，对文化发展进行制度规范和政策指引、进行体系化建设无疑是明智、有效的。进入新世纪以来，中国共产党在领导推进社会主义文化建设的进程中，逐步加强对文化发展和建设的规划力度，通过制定和完善相应的政策和制度体系来增强对文化事业的领导和治理，使中国特色社会主义文化发展和建设有章可循、有制可依。2022 年 8 月，中共中央在制定的《"十四五"文化发展规划》中再次详细而明确地部署了文化发展和建设的任务，提出完善政策支持、健全规划实施保障机制的要求。这一制度性的安排和政策化举措，无疑将激发各类文化主体参与规划实施的积极性、主动性和创造性，形成强大文化建设合力，增进人们的文化自信自强。

5. 抓好新时代文化建设的重点任务

新时代是中国经济社会大发展、国家综合实力大提升的时代，也是中国特色社会主义文化大繁荣大进步的时代。推进中国特色社会主义文化自信自强是一项系统工程，有许多重点任务需要逐步推动和落实。从

①［美］菲利普·巴格比：《文化：历史的投影——比较文明研究》，夏克、李天纲、陈江岚译，上海：上海人民出版社 1987 年版，第 136 页。

党的二十大所作出的铸就社会主义文化新辉煌的工作布局上看，文化建设的核心要义是增强文化自信自强，重点任务是从文化方向、文化力量、文化功能、文化质量和文化影响五个方面循序渐进并有所突破。具体来说，在文化方向方面，主要是举旗帜，即着力建设具有强大凝聚力和引领力的社会主义意识形态，其中包括在主体组织上加强意识形态工作的领导权和责任制，在思想内容上开展党的创新理论教育和实践工作体系建设，在载体介质上继续推进马克思主义理论研究和建设工程，在环境生态上着重加强网络媒体传统和治理体系建设。在文化力量方面，最重要的任务是广泛践行社会主义核心价值观，包括用丰富的精神资源教育人、推动理想信念教育常态化制度化、深化思政育人、坚持推动依法治国和以德治国相结合。在文化功能方面，重点开展提高全社会文明程度的工作，包括实施公民道德建设工程和统筹精神文明实践工程、加强国家科普能力建设和深化全民阅读、完善志愿服务制度和工作体系以及健全社会诚信机制和发挥典型示范引领作用。在文化质量方面，主要是繁荣发展文化事业和文化产业，提升文化经济效益和文化社会效益。在文化影响方面，重点任务是通过加强国际传播能力建设来增强中华文明和中国文化的对外影响力，在坚守中国文化立场和深化文明交流互鉴中增进中国人的文化自信自强。不难预见，伴随着上述文化任务的推进和落实，中华儿女的文化面貌必将逐步励新，也必将以更加昂扬奋发、更加自信自强的精神屹立于世界民族之林。

党的二十大确立了以中国式现代化全面推进中华民族伟大复兴的中心任务，中国式现代化包含着中华文化的现代化，中华民族伟大复兴内在地要求并呼唤文化复兴。要实现这一中心任务，就要坚持推进中华文化的自信自强，统一民族最大限度的价值共识，凝聚民族最磅礴的精神力量，实现中华文化的繁荣兴盛，为全面建设社会主义现代化强国凝神聚力、扎根铸魂。

（原文发表于《新视野》2023 年第 3 期）

二

民族复兴离不开文化复兴

文化是一个民族的思想结晶和精神血脉，也是一个国家的思想根基和精神支撑。中华民族的发展历史既是民族为生存而奋斗的历史，也是中华文化得到创新和进步的历史。在近代中国社会转型、中西文明碰撞和文化交融的历史关头，中国共产党诞生了。中国共产党诞生，既是近代中国经济政治发展和社会变革的结果，也是思想文化冲决斗争的结果。百年来，中国共产党身怀为中国人民谋幸福、为中华民族谋复兴的初心使命，肩膺挽国运于狂澜、救民族于水火的责任担当，在领导革命、建设和改革的进程中推动并实现了中华文化的复兴。可以说，百年中共党史，也是一部中华文化变革和复兴的历史。党成长壮大并带领中国人民追求民族复兴的道路，同样也包含党领导开创并实现中华文化复兴之路。在中国共产党百年华诞之际，考察党领导推动中华文化复兴的历程，展望中华文化的光明前景和辉煌未来，具有重要意义。

（一）中国共产党是中华优秀文化的继承者和创新者

中国共产党是无产阶级的政党，她既是中国工人阶级的先锋队，也是中国人民和中华民族的先锋队。自诞生以来，中国共产党就始终把改造中国封建主义旧文化、建设无产阶级新文化的责任扛在肩上。党的第一个决议专门安排了宣传工作的任务，对书籍、日报、周报、标语传单等出版和宣传文化工作必须接受党的领导的情况作出了明确规定。1922年，中国共产党在对时局的主张中也分析了处在半殖民地半封建社会中无产阶级革命的文化对象，提出了打倒资产阶级统治的任务，明确指出："共产党是所有阶级觉悟的无产阶级分子的组合，是无产阶级的先锋军，有一定的党纲，是一个以打倒资产阶级和资本主义为目的的无产阶级的政党。”[①] 其中关于共产党开展革命宣传和教育的任务，已经包含了使工人接受“怎样用社会主义和共产主义精神去奋斗”的教育。在探索中国新民主主义革命道路的过程中，毛泽东深刻把握了文化与政治、经济的关系。他指出：“一定的文化（当作观念形态的文化）是一定社会的政治和经济的反映，又给予伟大影响和作用于一定社会的政治和经济。……这样说来，问题是很清楚的，我们要革除的那种中华民族旧文化中的反动成分，它是不能离开中华民族的旧政治和旧经济的。”[②] 这表明，中国共产党所领导的无产阶级革命，既是一场破旧立新的政治的、经济的革命，也是一场破旧立新的思想文化的革命。

中国共产党人领导的是无产阶级革命，反对封建主义腐朽文化和资产阶级消极文化。革命的破旧立新要求中国共产党人不但要善于破坏一个旧世界，更要善于建设一个新世界。文化的破旧立新要求中国共产党人不但要善于批判旧文化，更要善于继承优秀传统文化和创造无产阶级新文化。毛泽东在分析中国共产党在民族战争中的地位时指出：“今天的中国是历史的中国的一个发展；我们是马克思主义的历史主义者，我们不应当割断历史。从孔夫子到孙中山，我们应当给以总结，承继这一份珍贵的遗产。”[③] 从新民主主义文化到社会主义文化，中国共产党人坚持以马克思主义为指导，在继承和变革优秀传统文化中实现了文化的创造和创新。继承并发扬党的优良传统，以习近平同志为核心的共产党人坚持继承优秀传统文化，坚持立足本来、吸收外来，面向未来，积极推动新时代中国特色社会主义文化建设。他指出：“不忘历史才能开辟未来，善于继承才能善于创新。……我们要善于把弘扬优秀传统文化和发展现实文化有机统一起来，紧密结合起来，在继承中发展，在发展中继承。……努力实现传统文化的创造性转化、创新性发展，使之与现实文化相融相通，共同服务以文化人的时代任务。”[④] 从革命、建设、改革到中国特色社会主义新时代，从毛泽东到习近平，中国共产党人秉持辩证

① 中央档案馆编：《中共中央文件选集》（第 1 册），北京：中共中央党校出版社 1989 年版，第 80 页。
②《毛泽东选集》（第 2 卷），北京：人民出版社 1991 年版，第 663—664 页。
③ 同上书，第 534 页。
④《习近平谈治国理政》（第 2 卷），北京：外文出版社 2017 年版，第 313 页。

唯物主义和历史唯物主义文化观，一以贯之地推进了中国文化的继承和创新，证明中国共产党人是中华优秀传统文化的继承者和创新者。

优秀文化是民族国家的精神血脉，也是政党需要传承并藉以发展的根本。优秀文化中所蕴含的思想精华、思维方式、价值观念是政党适应文化土壤、融合先进观念、助力自身优势、调动群众参与的必要工具和根本武器。在成长壮大并进而成功领导中国革命、建设和改革事业的进程中，中国共产党尊重中国的文化生态和社会现实，坚持解放思想、实事求是、与时俱进，成功实现马克思主义、社会主义与中国文化的结合，并不断探索出适合中国国情的道路、理论、制度和文化。正是在吸收中华优秀传统文化的基础上，中国共产党才继承和发展了中华优秀文化，实现了文化的创造和创新。可以说，优秀文化是中国共产党领导中国革命、建设和改革实践的内在思想动力，也是保障中国共产党事业成功的精神武器。中国共产党领导的文化战线上的革命与建设，不仅发挥了熔铸思想、凝聚人心、团结民众、鼓舞士气的作用，也促使中国共产党成为了优秀文化的继承者和新文化的创造者。

（二）百年党史蕴含中华文化复兴之路

一部百年中共党史，恰是一部中华民族伟大复兴史。从一百年前在历史发展谷底的不懈抗争，到今天昂首挺胸屹立在世界东方，从站起来到富起来再到强起来，中华民族经历了浴火重生的过程，中华民族的命运也发生了翻天覆地的变化。昔日“人为刀俎，我为鱼肉”的悲怆局面，如今已经一去不复返了。回首百年来中国共产党领导中华民族艰苦奋斗和不懈进取的历程，可以看到，这其中不仅包含着社会变革、民族独立和国家崛起的道路，也包含着中华文化日益复兴的道路。

中国共产党成立前后的新文化运动是近代中华文化复兴的前奏，也是找寻民族文化复兴之路的准备。新文化运动是近代的思想文化运动，也是中国社会变革和转型在思想文化领域的直接要求和现实反映。从性质上讲，新文化运动是资产阶级的文化运动而并非无产阶级领导的文化运动，但它却通过思想论争和文化启蒙为马克思主义的传播开辟了道路，为中国无产阶级文化的形成作了酝酿和铺垫。毛泽东指出：“在

‘五四’以前，中国文化战线上的斗争，是资产阶级的新文化和封建阶级的旧文化的斗争。学校与科学之争，新学与旧学之争，西学与中学之争，都带着这种性质。……在‘五四’以后，中国产生了完全崭新的文化生力军，这就是中国共产党人所领导的共产主义的文化思想，即共产主义的宇宙观和社会革命论。”[①]由此可以说，中国近代文化的复兴是在阶级文化的激荡和斗争中，具有先进思想的知识分子和革命志士打破旧文化束缚的基础上、涤荡了封建主义文化和资产阶级文化的污泥浊水之后而作出的科学选择。中国共产党成立之前的新文化运动和之后持续多年的思想文化论争，预示着中华文化复兴之路从一开始就不是平坦的、顺直的，当然也不会一蹴而就、计日程功。

建设新民主主义文化是百年党史中铸成中华文化复兴之路的正式起点，也是新民主主义革命的文化里程碑。中国共产党成立之后，不但在政治上、经济上而且在文化上开启了独立领导新民主主义革命的道路。新民主主义文化是无产阶级领导的民族的科学的大众的文化，是人民大众反帝反封建的文化。“这种文化，只能由无产阶级的文化思想即共产主义思想去领导，任何别的阶级的文化思想都是不能领导了的。”[②]这种文化具有明显的无产阶级性质，具有社会主义的因素。它是经过新民主主义阶段达到社会主义的必经之路，也是符合中国国情的新民主主义文化革命道路。新民主主义文化之路是中华文化复兴的基础，它的领导阶级只能是中国共产党，从而决定它的性质只能是无产阶级文化，是广大工农群众的文化。新民主主义文化彻底的反帝反封建的阶级立场、为广大无产阶级和人民大众立言的价值情怀以及建设社会主义国家政权的实践目标，蕴含了为实现民族解放、国家独立和人民幸福而奋斗的文化复兴之路，也奠定了建设无产阶级和人民民主政权的崭新文化形态。当然，由于新民主主义文化具有破旧立新的转折性和过程性，它所代表的文化复兴之路自然也是奠基性的，是为建立无产阶级的新政权而进行的文化斗争之路。

新中国成立之前，毛泽东清醒地认识到，中国是处在经济落后和

①《毛泽东选集》(第2卷)，北京：人民出版社1991年版，第696—697页。
② 同上书，第698页。

文化落后的情况中。他指出，在革命胜利后，我们的任务主要的就是发展生产和发展文化教育。他满怀豪情地预言：随着经济建设的高潮的到来，不可避免地将要出现一个文化建设的高潮。因此，新中国成立后社会主义革命和建设文化的发展之路是百年党史中铸成中华文化复兴之路的接续。新中国成立后，中国共产党领导中国人民在不太长的时间内迅速进行了生产资料的社会主义改造，努力恢复和发展社会主义生产，确立了社会主义经济、政治制度。在思想文化领域，为实现民族的、科学的、大众的文化纲领，党领导对旧教育制度和社会文化事业进行了有步骤的改革，从舆论上、思想上、体制上为发展社会主义文化事业打基础、定路线。沿着“为人民服务、为社会主义服务”的方针，推行“百花齐放、推陈出新”的文艺政策，大大繁荣了社会主义文化，充实了中华文化除旧布新、革故鼎新之路。遗憾的是，文化复兴的道路并不是一帆风顺的，上世纪六七十年代发生的“文化大革命”使中国经济社会发展陷入泥淖，遭受了重大损失，也在一定程度上使中华文化的复兴遭遇了挫折。改革开放之后，中国经济社会发展走上了健康轨道，中国共产党领导的文化复兴事业得以重新步入正轨，中华文化复兴之路得以健康延续。

改革开放以来的中国特色社会主义文化建设是百年党史中文化复兴的新时期。改革开放之初，邓小平就强调指出，我们要在建设高度物质文明的同时，提高全民族的科学文化水平，发展高尚的丰富多彩的文化生活，建设高度的社会主义精神文明。自改革开放开始，中国共产党领导中国人民开辟了中国特色社会主义建设道路，迎来了持续建设中国特色社会主义文化的新契机，也开辟了文化在扩大的开放和交流中更新发展的新道路。进入新时代以来，习近平总书记高度重视中国特色社会主义文化建设，积极倡导提高全民族的文化自信。他指出：“文化是一个国家、一个民族的灵魂。文化兴国运兴，文化强民族强。没有高度的文化自信，没有文化的繁荣兴盛，就没有中华民族伟大复兴。要坚持走中国特色社会主义文化发展道路，激发全民族文化创新创造活力，建设社会主义文化强国。"[①] 从提出推动文化繁荣到倡导铸就中华文化新辉煌，从立足本来到面向未来、吸收外来，以习近平同志为核心的新时代共产党人积极部署中国文化复兴之路，从方向、目标、内容、体系、过程等多方面持续推进中国特色社会主义文化发展和创新，坚持和完善繁荣发展社会主义先进文化的制度，使新时代的社会主义文化建设展现出了系统性、全局性、体系化、制度化的特点，为建设社会主义文化强国作出了新部署，推动中华文化复兴进入了新时代，掀起了新高潮。可以说，新时代文化强国之路得到了更加完善的制度保障，获得了更加强劲的文化力量，也必将展现出更加辉煌灿烂的发展前景。

（三）在推进民族复兴中铸就中华文化新辉煌

从最深刻最本质的意义上讲，百年苦难党史也是百年中华文化抗争史，百年辉煌党史也是百年中华文化奋进史。在推进中华民族伟大复兴的新时代新阶段，中国共产党人必须秉持高度的文化自觉、文化自信和文化自强，坚定实现中华文化复兴的信念和信心，努力铸就中华文化复兴的新辉煌。

1. 完善社会主义先进文化的制度

从人类社会发展和国家强盛的历史经验看，任何民族的复兴都离不开强有力的文化制度的支撑，任何国家的强盛也都离不开文化制度力量的维系。党的十九届四中全会提出，发展社会主义先进文化、广泛凝聚人民精神力量，是国家治理体系和治理能力现代化的深厚支撑。文化制度规范文化发展的方向、凝聚文化发展的资源。社会主义先进文化制度是国家制度不可剥离的组成部分，既是国家文化事业发展的根本保障，也是促进文化复兴的组织基础。百年来社会主义文化建设和发展的历史表明，社会主义先进制度的建设离不开中国共产党的领导。因此，面向未来的中华文化复兴，首要的任务就是要坚持党对社会主义先进文化的领导。具体而言，也就是要坚定不移地坚持党对社会主义文化制度、体系、机制和政策的领导，发挥党在社会主义先进文化制度建设和实践发

---

① 习近平：《决胜全面建成小康社会　夺取新时代中国特色社会主义伟大胜利——在中国共产党第十九次全国代表大会上的报告》，北京：人民出版社 2017 年版，第 40—41 页。

展中的指导作用。在发挥共产党员投身社会主义先进文化、培育社会主义文化精神的同时，调动全社会各方面的力量构筑起强大的文化战线，巩固中华文化复兴的组织基础和制度基础。

2. 巩固社会主义核心价值体系

社会主义核心价值体系是立国之本、兴国之魂、强国之道，是全党和全国人民团结凝聚的思想基础。作为社会主义核心价值体系的内核和精华，社会主义核心价值观是民族的价值法则，也是人们的价值指引。党的十八大以来，以习近平同志为核心的党中央把文化建设提升到一个新的历史高度，把坚持社会主义核心价值体系纳入新时代坚持和发展中国特色社会主义的基本方略，牢牢把握马克思主义对文化发展的指引，不断巩固人民团结奋斗的思想基础。文化建设在正本清源、守正创新中取得历史性成就、发生历史性变革，为新时代坚持和发展中国特色社会主义、开创党和国家事业新局面提供了强大正能量。面对比过去更加严峻的挑战和困难，只有不断巩固社会主义核心价值体系，让社会主义核心价值观在人们头脑和心灵中扎根，才能够真正凝聚人心、团结各方，为中华文化复兴夯实基础、开辟新路。为此，按照习近平总书记所提出的，在“十四五”时期，把文化建设放在全局工作的突出位置，切实抓紧抓好，坚持马克思主义在意识形态领域的指导地位，坚守中华文化立场，坚持以社会主义核心价值观引领文化建设，实现举旗帜、聚民心、育新人、兴文化、展形象的使命任务。

3. 增强中华文化软实力

文化软实力是体现一个国家综合实力最核心、最高层的内容，是国家力量不可替代的重要组成部分，是展示国家精神、代表国家形象、凝聚文化认同的重要武器。中华文化具有悠久而辉煌的历史，也曾产生过无与伦比的国际影响力和辐射力。近代以来，中国处于落后状态，文化的软实力未能充分展示和发挥出来。在经历了从站起来到富起来，再到强起来的历史巨变后，新时代中国特色社会主义的题中之义和强盛之基都在于中华文化能否繁荣强盛并产生强大的国内凝聚力和国际影响力。诚如习近平总书记所言，没有中华文化的复兴也就没有中华民族的复兴。党的十九届五中全会明确提出，到2035年把我国建成文化强国，国民素质和社会文明程度达到新高度，国家文化软实力显著增强。这就要求我们必须从战略高度提升增强中华文化软实力的使命感和实现度，提高社会文明程度，提高中华文化的国际话语权，从根本上解决当前国际文化界“西强我弱”的局面，消除国际舆论格局中我们“失语失声”“疲软羸弱”的被动状态，在不断繁荣发展文化事业、文化产业中提升国家文化软实力、筑起中华文化复兴的新长城。

（原文发表于《前线》2021 年第 5 期）

三

文化自信与民族精神互促共生

习近平总书记多次提到了文化自信问题，他认为与道路自信、理论自信和制度自信相比，文化自信是更基础、更广泛、更深厚的自信，也是更基本、更深沉、更持久的力量。他强调指出：“在5000多年文明发展中孕育的中华优秀传统文化，在党和人民伟大斗争中孕育的革命文化和社会主义先进文化，积淀着中华民族最深层的精神追求，代表着中华民族独特的精神标识。……要弘扬以爱国主义为核心的民族精神和以改革创新为核心的时代精神，不断增强全党全国各族人民的精神力量。”[①]这一论述包含着文化与民族精神的关系，也引发了对文化自信与民族精神关系的思考。文化自信内在地包含着对本国本民族文化传统和文化现实的信任和认同，也包含着对优秀民族精神的激越和张扬。文化自信的当代建构，离不开对民族精神的提振。在提升当代中国文化自信的进程中，我们应当继承和发展优秀文化，唤醒并发扬民族精神的力量。

（一）文化自信与民族精神的关系辨析

文化，就其狭义而言，是一个民族在长期的历史发展和社会实践中的精神创造物，是与其物质、制度创造相对而言的精神层面的“思想遗留”和“实践印痕”，主要包括其思想传统和精神产物。不论是物质文化、制度文化还是精神文化，所有文化都是民族实践基础上的创造物，它基于实践又超越实践，可以浓缩为精神又包含着精神。民族精神是一个民族在长期的历史发展和社会实践过程中所形成并积淀下来的思想与精神品质的综合，是凝聚和反映民族心理、意识、情操、意志的理想、

① 习近平：《在庆祝中国共产党成立95周年大会上的讲话》，《人民日报》2016年7月2日，第2版。

信仰等道德品格、价值标准、社会规范的基本品格。民族精神蕴藏在民族文化之中，是民族文化的核心和灵魂，在内体现民族的价值追求，在外展现民族的精神气质。所谓文化自信指的就是一个民族群体在心理、思想和精神上对于本民族在历史发展进程中所取得的各种成就的认可及由此所展现为文化态度和文化价值上的自信，也即对本民族所获得的精神经历和所取得的精神成果的自信，这种自信既不是文化自卑，也不是文化自负，而是基于文化自觉之上的对本民族心路历程和精神追求的科学体认。社会学家费孝通先生曾经探讨过文化自觉问题，他认为文化自觉是“指生活在一定文化中的人对其文化有‘自知之明’，明白它的来历，形成过程，所具有的特色和它发展的趋向，不带任何‘文化回归’的意思，不是要‘复旧’，同时也不主张‘全盘西化’或‘全盘他化’。自知之明是为了加强对文化转型的自主能力，取得决定适应新环境、新时代文化选择的自主地位”[①]。在这种文化自觉的基础上，文化自信是对自身发展及其成果的文化价值和文化生命力的充分肯定，也是对民族文化独特性、实践优越感和精神生命力的有机认同。

在长期的历史发展中，自觉地省察到本民族文化的优秀之处和光荣之点并由此而产生对自身文化类型的本位性的崇信和正向体认，既是民族文化自信的表现，也是民族精神自强的要求。在国际学术思想史上，德国思想家冯・赫尔德最早提出和使用了“民族精神（Volksgeist）”这一概念，也较为深入地辨析了民族的文化自信和民族精神的关系。在他看来，民族不仅仅是人类共同体，也是文化共同体。每个民族都有其独特的文化和精神，这种精神反映民族的禀赋和特质，也即民族精神。由于民族精神反映的是民族共同的心理素质和价值结构，它因此也成为民族文化的内核。伴随着民族社会的发展，同时也受民族发展进程中物质的、制度的等各种条件的限制，民族心理、意识和精神自然会随着历史变迁而发生变化。从宏大的历史视角看，与民族文化盛衰荣枯之变相呼应的，便是民族精神的起落扬抑。而当一个民族呈现出对自身文化的高度自信时，其民族认同度和凝聚力也势必会升高。反之，当民族严重缺

① 费孝通:《反思・对话・文化自觉》，见马戎等主编:《田野工作与文化自觉》，北京：群言出版社 1998 年版，第 52—53 页。

乏了自信心，民族自信力薄弱，其民族精神也不可能高涨。从中外各民族国家的发展史中，我们均能够找到在同一时空中的民族和国家在文化自信与民族精神之间存在着的两者同频共振、互促共生的事实和范例。例如，在西方，当罗马帝国的文明达到顶峰、罗马文化开始以传道者的身份向外部世界传播之际，罗马精神也正是旗帜高扬、鼎沸涨起之时。在东方，当中国的唐朝达到治理圣明、盛世辉煌之际，其文化繁荣的气象和昂扬自信的姿态，无疑也传递着民族精神的亮丽辉煌。可以认为，文化自信支撑着民族精神的弘扬，而民族精神的高涨也为文化的自信做出了不可更改的背书。

文化自信来源于对民族国家在长期发展进程中所选择的制度、路径和思想观念的自信，而这种自信的源头在民族的社会实践中又是多维多端的。它不仅不局限于狭义的文化本身，而且会展现为民族国家甚为广泛的各种具有文化价值和文化意义的选择，这些选择既可能是物化的，也可能是制式的，不管其具体形态如何，但总反映民族国家的集体文化决定和文化心理取向。正是这些选择奠定了民族群体产生文化自信的基础，决定了文化自信是否会产生，民族精神能否得到提振。18世纪英国著名思想史学家亚当·弗格森就曾指出："公共安全、国家的相对利益、政治制度（establishments）、党派的权利要求、商业、艺术，这些都是国家所关注的问题。在其中某些方面获得的优势决定了一个国家的繁荣程度。在任何一个时期，人们在追求这些目标时所表现出的热情和活力是衡量民族精神的标准。当这些目标不再激发人们的热情时，国家也失去了活力。如果这些目标在相当长的一段时间里被忽视了，国家势必会走向衰亡，国民也势必会走向堕落。"① 由此可见，对于同一个民族群体而言，其文化自信实际上产生于民族有独特优势的实践选择及其成就，缺乏了这样的成就和选择，文化自信就成了无源之水、无本之木。而在作出独特选择并取得成就的过程中，民族精神不仅孕育其中，同时也能发挥无法替代的作用。离开了民族精神及其激励，民族实践选择和成就不能得到保障，文化自信也就无从谈起。藉此可以认为，文化自信依赖

①［英］弗格森：《文明社会史论》，林本椿、王绍祥译，沈阳：辽宁教育出版社1999年版，第232—233页。

并涵养民族精神，民族精神支撑并熔铸文化自信。一个民族有充分而坚定的文化自信心，本身就是具有高昂民族精神的表现，反过来，一个民族的民族精神一旦得到振奋和激发，也必然会产生促进社会进步的积极心理和正向意识，从而凝聚并形成民族的文化自信。

（二）文化自信与民族精神互促共生的历史进程

中华民族在历史上创造了灿烂的文明和优秀的文化，其文明的周延和文化的传播也曾经震撼了西方世界。由于文化模式在长期封建社会的钳制下达到了前所未有的一体化和规制化，尽管中国封建社会中屡屡出现朝代更替和政权变革，但中华民族的文化自信在高度发达文明的围护中得到了延伸，中华民族精神的血脉也得到了赓续。准确地说，中华民族的文化自信只是在近代遭遇西方工业文明的冲击时才开始出现裂隙和滑坡。在“三千年未有之大变局”中，中华文化遭遇了“三千年未有之大敌”，从而出现了离散和沉沦。可以说，晚清七十年间，中国社会逐渐走了一个下坡路，国力衰微、政治衰败、文化凋敝、民气不振，中华民族精神在那一段时间内陷入了有史以来的历史进程的“谷底”。伴随着西方工业文明和技术霸权的冲击，中华文明开始在碰撞和冲击中下滑，中华民族的文化自信在19世纪中期后跌落下来，中国社会进入到了“万马齐喑”的境地，中华民族的精神也沉沦低落。清末思想家龚自珍在《尊隐》中用“俄而寂然”“曷旦不鸣”描述当时沉闷死寂的社会情势，揭示中国社会进入到无人关心天下、无人关注政权能否延续、对清王朝的倾危听之任之、清廷亦不复凝聚民气民力、不能唤起民心的状态。彼时的中国，民族精神萎靡不振，国人的文化自信心也丧失殆尽。我们无从辨明到底是民族文化自信的丧失导致了民族精神的衰落，还是民族精神的萎靡加速了中国人文化自信的丧失，但毫无疑问的是，当中国人的文化自信心不再时，民族精神也就难以张扬了。

20世纪之交的历史转折中，先进的中国人在对比中国的落败与西方的强悍中意识到了唤起文化自信和振奋民族精神对于中华复兴的意义。从梁启超所思考的制造“新民”到孙中山倡导的“用固有的文化作基础”[①]“恢复民族精神”[②]“用民族精神来救国”[③]，反映了当时仁人志士的文化觉醒。文化救国是思路，但显然并不是最佳、最有效的选择。20世纪前三十年的中西文化大论战，未能真正解决解救中国于水火、使中华民族脱离磨难、摆脱生存危机的问题。其中那些坚持文化保守主义和文化本位主义的知识人士，固然有捍卫中国传统封建文化的强烈意愿，甚至有守护封建道统和维持封建文化命脉的过激言行，但终究不是持有健康的适时的文化自信观。可以认为，自20世纪初叶以降，中国人恰恰是在探寻生存道路的进程中捡回了文化自信，也激扬了民族精神。迫于生存危机和革命形势，先进的中国共产党人不得不寻找一条不同于苏俄的革命道路，不得不走出一条适合中国国情和社会形势的中国化的成功之途。以毛泽东为代表的中国共产党人是探索中国革命成功道路的拓荒者，也是挽救近代以来中国文化社会危机、重建中国文化自信的引路人。20世纪上半叶中国革命在探寻得到的成功道路中无疑证明了革命道路既要着眼于现实的革命形势，也要切合中国文化传统的重要性。因此，适应于新民主主义的革命，新民主主义的文化必须是革命的文化，是除旧布新的文化，这种新文化对传统文化只能继承其民主性的精华、剔除其封建性的糟粕。历史证明，革命斗争的鲜活实践恰恰是培育和锤炼革命精神的摇篮。在轰轰烈烈的新民主主义革命中，以爱国主义为核心的中华民族精神不仅被重新唤起，而且得到了浴火重生。伴随着在新民主主义革命中中国文化自信的增强，新的民族精神诞生而且在战火的洗礼中得到了升华。这种认识，并不是直到今天才发现的。在当年的革命战争进程中，有先见的人士就已经作出了预言和判断。譬如，革命斗士鲁迅赞誉过当时挽救民族危机的那一批“并不失掉自信力”的“中国的脊梁”[④]。林语堂也更明确地指出，应对那样一场革命性变革和战争，“光有那种古老民族的自负，很显然是不够的。如果中国获胜——我相信她准能获胜——那是因为新的民族精神大放光彩。……一种民族自信

①《孙中山全集》(第11卷)，北京：中华书局1981年版，第407页。

②《孙中山全集》(第9卷)，北京：中华书局1981年版，第247页。

③ 同上书，第188页。

④《鲁迅全集》(第6卷)，北京：人民文学出版社1991年版，第119页。

的新精神诞生了。不过，只有在战争开始之后，这种新精神的内涵力量和新的结构才变得引人注目”[①]。可以认为，中国新民主主义革命的胜利也是中国文化的胜利。脱离开中国的文化传统、精神脉络和思维方式，中国革命绝不能仅仅依靠别人家的药方治愈自身的痼疾，也绝不能凭借人家文化来找到自身的革命道路。从总体上看，新民主主义革命的进程与中国文化所发挥的效用是内在地镶嵌在一起的。尽管中华民族的文化自信和民族精神的提振在时间节奏上并非与中国新民主主义革命同时起步，但民族精神的自觉自醒和文化的自信自强却在革命进程中同频共振、互促互生，并得到孕育发展和砥砺革新。

由于实现了政治制度和社会发展模式的革命，新中国的成立大大解放了长期受封建主义压迫和近代资本主义剥削的劳动群众。伴随着民族解放和国家独立，中华民族赢得了自由和民主，获得了空前的解放，中华民族精神也得到了极大的激扬和振奋。可以认为，自从 19 世纪末 20 世纪初中国在西方列强的侵略和欺凌中丧失了文化自信之后，中国人的文化生活和精神生活就陷入了一片泥淖之中，而直到新中国的成立，中华民族的文化自信心才得以真正拾捡起来。在全面掀起社会主义建设序幕之时，中华民族的文化自信也伴随着民族精神的高涨而开始增强。毛泽东科学地预见了这一趋势并提出了文化建设的任务，他早在 1949 年 9 月的中国人民政治协商会议上就满怀信心地宣布：“随着经济建设的高潮的到来，不可避免地将要出现一个文化建设的高潮。中国人被人认为不文明的时代已经过去了，我们将以一个具有高度文化的民族出现于世界。”[②]因此，从进入社会主义革命和建设时期开始，一直到改革开放之前，中国人的文化自信心是强烈的，中华民族以爱国主义为核心的团结统一、爱好和平、勤劳勇敢、自强不息的民族精神也是高涨的。从文化建设的进程上看，这一时期，中国共产党领导中国人民实际上是在社会主义建设进程中探寻并建设社会主义文化、重构中华民族文化自信的时期。此时的社会主义文化建设遵循了以马克思主义为指导、致力于建设民族的科学的大众的文化的原则，也取得了可圈可点的成就，奠定了社

① 林语堂:《中国人》，杭州：浙江人民出版社 1988 年版，第 325 页。
②《建国以来毛泽东文稿》（第 1 册），北京：中央文献出版社 1987 年版，第 7 页。

会主义新文化的基础。当然，在社会主义建设理想炽热、建设激情燃烧的岁月中，中华民族精神始终处于高涨之中，真正支撑中国人文化自信的社会主义新文化也需要找到继承与创造、除旧与布新、普遍与特殊、一致与和谐之间的结合点，找到支撑社会主义文化自信的文化作为其相关的平衡点。

改革开放以来，中国特色社会主义经济建设所取得的伟大成就举世瞩目，民主政治建设和社会各方面建设也大大推进。改革开放所释放的巨大能量和所提供的巨大活力使中国的国家实力和国际地位都登上了一个新的台阶，也大大促进了中华文化和民族精神的转型与更新。由此，在20世纪80年代末，国内兴起了一次关于中国文化走向的讨论热潮，中华文化自信的命题在改革开放的新时期由此被正式提将出来。毋庸置疑，文化自信是对文化类型的整体性反思，但构成文化自信的因素却并不仅仅局限于文化本身，而是包括政治、经济和社会发展系统在内的所有与文化有关的对象。换言之，一个社会的经济、政治状况等都实质性内在性地制约着该社会中人们的文化自信。文化自信显然不是毫无根据且徒有虚荣心的妄自尊大，必须依赖经济社会发展中的实际对象，特别是物质力量并以之作为自信的来源和基础。在这个意义上看，邓小平领导中国进行的改革开放乃至今天我们仍然在坚持推进的中国特色社会主义道路，正是在一种全新的开放的视野中坚持走中国自己的道路、完善中国的理论和制度的自信。

在接过历史的接力棒后，以习近平同志为核心的党中央审时度势，洞悉了当代中国特色社会主义所处的历史方位、时代方位和世界方位，高度重视并系统地提出了新形势下提升中华文化自信的命题，标志着在新的历史高度和起点上的文化新觉醒。党的十八大以来，习近平总书记先后在多个场合强调增强文化自信的问题，扼要指明了中华文化自信的历史源头、根本地位、实践基础、承载群体和科学支撑。概括地说，习近平总书记提出文化自信的命题不仅在频度和强度上超越了前代领导人，而且也具有系统的理论关怀和显著的实践特征。他所提出的关于文化自信的要求，不仅强调了党在增强文化自信上的任务和担当，也强调了哲学社会科学与文艺对于增强文化自信的“载道”价值，凸显了当今时代中华文化自信所具有的国际视野和世界格局，展示了中华文化的独特性、包容性和开放性。可以认为，系统有效地解决好提升当今中国人的文化自信这一重要命题，不仅是中国经济社会得到快速发展、国家实力得到有效提升的现实要求，也是把握好中国特色社会主义道路基本方向的内在规定。因为在文化自信的背后，不仅仅是对微观文化自身价值和水平的考量，也反映了增强国家文化软实力、提升中国特色社会主义思想含量和文化品质的价值追求，包含了对中国特色社会主义理论自信、道路自信和制度自信的文化支撑。正是在这个意义上说，文化自信才是更基础、更广泛、最深厚的自信，是彰显中国特色社会主义这一历史和时代命题的最精准的思想自信。毫无疑问，在当今多元变动的社会进程中，增强文化自信无疑也意味着再次凝聚和振奋民族精神，在已有实践基础上的再出发。

（三）提振民族精神，增强文化自信

民族精神是民族文化的核心和灵魂，它所蕴含的民族精神品质的独特性、发展目标的指向性、民族力量的同一性和行动价值的恒定性既是构成并展现文化自信的要素，也是提升文化自信的价值要求。历史的经验启示我们，在多元变动社会中提升民族的文化自信与提振民族精神是同程的、相融的，在文化建设和精神指引的方向上也是并行的、一致的。众所周知，改革开放以来，由于社会发展速度和节奏的变化，中国文化在古与今、中与外、雅与俗、新与旧、体与用等层次结构上一直发生着的碰撞与交融比过去更为剧烈、更为突出，因而文化的疏离性和精神的离散性也更加明显。时至今日，多元文化竞争、新观念新文化崭露头角的形势依然是当代中国文化领域呈现出的基本态势。伴随着中国国际地位的变化与中国特色社会主义建设进程的深化，增强文化自信和提振民族精神更成为中国走向复兴和强大的一个重要保障。

在当代中国，增强文化自信就要在多元文化交融中认清并发现中国文化的主体性和本体性，提振民族精神就需要提升中华文化的吸引力和凝聚力，激发民众投身中国特色社会主义建设的积极性、主动性和创造性。要实现这样的目标，当然需要从经济、政治、文化和社会各个层面采取有力措施，以形成协同效应和凝聚效应。但是，如果单从文化的角度讲，提升文化自信需要解决的一个基本问题就是深入推进文化的综合创新、实现中华文化的虹吸效应。为实现文化的综合创新与提振民族精神，我们应当在以下几个方面作出尝试和努力：

一是处理好文化的一致与和谐的关系，在保持文化主体性的同时也容纳不同样态但有益有利的亚文化和异文化存在。

二是处理好文化的自由与平等的关系。文化的自由和平等关系到文化价值的均衡与公平，关系到人心的离散和精神的聚散。用自由与平等的价值观消除文化发展中的不均衡取向、消除精神上的歧视和压迫现象，提升文化与精神的融通性、融合性、融化性。

三是处理好文化的引领性与大众化的关系。文化是具有引领性的，引领意味着超越和带动，但文化在发挥其导向作用时并不是与文化受众隔绝的，而是一体的。因此，文化既要走向大众化，走入人们心中来劝服人性、归化人心，同时又要保持超越性和示范性，从而产生引导作用。一言以蔽之，只有当我们处理好了文化建设中的均衡与发展的关系，解决了文化的自我体认和广泛认同问题，文化自信才能够真正地建构起来，民族精神也才能够得到培育和提升。

（原文发表于《前线》2017 年第 3 期）

四

努力建设社会主义先进文化制度

党的十九届四中全会通过的《中共中央关于坚持和完善中国特色社会主义制度　推进国家治理体系和治理能力现代化若干重大问题的决定》绘就了以治理体系和制度建设统领中国特色社会主义事业的宏伟蓝图，其中关于文化建设部分提出要坚持和完善繁荣发展社会主义先进文化的制度，巩固全体人民团结奋斗的共同思想基础。党的二十大明确指出，全面建设社会主义现代化国家，必须坚持中国特色社会主义文化发展道路，增强文化自信，围绕举旗帜、聚民心、育新人、兴文化、展形象建设社会主义文化强国，发展面向现代化、面向世界、面向未来的，民族的科学的大众的社会主义文化。坚持中国特色社会主义文化发展道路、建设社会主义先进文化既是推进文化强国建设的题中之义，也是实现民族文化复兴的必然要求。在当前和今后很长一段时间内，要走好中国特色社会主义文化发展道路、建设好社会主义先进文化，就必须坚持和完善繁荣发展社会主义先进文化的制度，大力推进社会主义先进文化制度建设。

（一）深刻把握建设社会主义先进文化制度的重大意义

“经国序民，正其制度。”一个国家要经略其发展、维持其稳定并得到有效治理，首要的任务是要有一套体系完备、成熟定型的制度。党的十八大以来，在习近平总书记的擘画和带领下，我国开启了新时代中国特色社会主义制度建设的新征程。从党的十八届三中全会启动的全面深化改革开始，历经党的十九届四中全会对中国特色社会主义制度的坚持和完善，再到党的二十大以来的各项改革和建设，党和国家的制度建设与制度治理获得了长足发展，取得了历史性进步。在日益成熟和定型的中国特色社会主义制度的保障下，中国特色社会主义建设事业行稳致远，制度自信生机勃勃，强国建设和民族复兴如火如荼。习近平总书记指出："一个国家、一个民族的强盛，总是以文化兴盛为支撑的，中华民族伟大复兴需要以中华文化发展繁荣为条件。"在中国特色社会主义制度的总体框架和宏伟蓝图中，坚持和完善有利于社会主义先进文化繁荣发展的体制机制、建立健全社会主义先进文化制度至关重要。

1. 建设社会主义先进文化制度是巩固党的文化领导权的根本保证

中国共产党领导中国革命、建设、改革和推进民族复兴的成功经验之一，就是始终牢牢坚持党对思想文化和意识形态的坚强领导。在中国特色社会主义新时代，中国特色社会主义最本质的特征是中国共产党领导，中国特色社会主义制度的最大优势是中国共产党领导，这是我们必须明确而且必须坚持的政治原则。毫不动摇地坚持和加强党的全面领导，自然就要坚持和加强党对文化事业的领导。巩固党的文化领导权是加强党的全面领导的题中之义，是党领导和组织文化事业的基本权，其实施和实现要靠制度来保障。因为文化建设不是一盘散沙，不能建而无序、抓而无道，对文化的领导必须有章可循、有法可据、有制可依。有完备的文化制度做支撑，党的文化领导权才能落到实处，社会主义先进文化前进的方向才能得到正确而强有力的引领。藉此，建设好有利于繁荣发展社会主义先进文化的制度是巩固党的文化领导权的重要举措，是落实党对文化事业领导的基本抓手。下大力气建设社会主义先进文化制度，无疑是巩固党的文化领导权的根本保证。

2. 建设社会主义先进文化制度是实现文化强国的核心支撑

党的二十大明确了强国建设、民族复兴的宏伟目标和建设路径。文化兴，民族兴；文化强，国家强。文化强国是社会主义现代化强国的题中之义，在一定意义上说也是影响和制约社会主义现代化强国建设进程的关键。党的十八大以来，我国连续制定了诸多有利于繁荣发展社会主义先进文化的政策、方针和规划，为文化强国建设指引方向、铺设道路。从政策、方针和规划的落地落实中总结概括，提炼升华出更具长远性和规律性的社会主义先进文化制度，既符合文化发展的一般规律，也符合文化建设实践的客观需要。为此，根据社会主义先进文化建设进程和进度，制定和实施有利于文化繁荣发展的体制机制，促进中国特色社会主义文化制度的成熟定型，无疑是当前文化建设的要务。从价值上说，繁荣和发展社会主义先进文化制度必将为社会主义文化建设立柱架梁，也必然为社会主义文化强国建设举旗定向。大力建设社会主义先进文化的制度，既可以看作社会主义文化强国建设的成就，也是推进文化强国进程的核心支撑。

3. 建设社会主义先进文化制度是推进中国之治的至善之举

众所周知，在社会发展的进程中，文化扮演着十分重要的作用。文化治理向来具有以文化人、礼教治政的功能，文化建设向来也都是启智润心、培根铸魂、凝神聚力的良善之策。在中国特色社会主义新时代，推进中国国家和社会的治理必须依靠中国特色社会主义制度。坚持和完善中国特色社会主义制度，不能不建立健全中国特色社会主义文化制度。中国特色社会主义文化制度不仅是文化自信的基础，也是文化建设的保障。建设和发展社会主义先进文化的体制机制与制度体系显然是中国特色社会主义文化制度不可或缺也不可代替的组成部分。坚持和完善繁荣发展社会主义先进文化的体制机制和制度体系，既为巩固全国各族人民团结奋斗的思想基础提供体制依据，也为提升文化经国序民提供制度保障。在中国特色社会主义的制度体系和治理实践中，社会主义先进文化制度是更柔性、更坚韧、更深沉的制度，也蕴藏着更强大的文化力量，更易于焕发出社会主义的凝聚力、战斗力和引领力。因此，建设社会主义先进文化制度是中国治理之策的善之善者，建立健全这项制度无疑是推进中国之治的至善之举。

4. 建设社会主义先进文化制度是实现“两个结合”的必由之路

建设中国特色社会主义文化不仅要继承弘扬中华优秀传统文化和现当代革命文化，批判地借鉴西方优秀文明成果，而且要培育社会主义先进文化，建设中华民族现代文明。习近平文化思想是马克思主义基本原理同中国具体实际相结合、同中华优秀传统文化相结合的产物，是习近平新时代中国特色社会主义的文化篇，也是建设社会主义先进文化的思想指南。贯彻落实习近平文化思想，需要继续推进和实现“两个结合”的新发展。在文化发展和建设上，“两个结合”既是思想原则，也是实践理路。在“两个结合”的基础上培育社会主义先进文化，不仅需要政策支持，而且需要机制体制保障，需要把习近平文化思想贯彻落实到制度体系中，借以促进社会主义先进文化的孕育生成和应用实践。遵循新时代党治国理政的制度逻辑，社会主义先进文化制度是深化和巩固“两个结合”的必然选择，是健全和完善中国特色社会主义文化制度的必然要求。所以，建设社会主义先进文化制度对于促进中国特色社会主义文化制度的成熟定型至关重要，堪称实现“两个结合”的必由之路。

（二）社会主义先进文化制度的主要内容

在当前中国特色社会主义文化的百花园里，各类文化相互交织、相互激荡，吸纳排斥、融合斗争、渗透抵御，既有传统文化，也有现代文化；既有外来文化，也有本土文化；既有先进文化，也有腐朽文化；既有积极进取的进步文化，也有消极颓废的落后文化；既有过时文化的沉渣泛起，也有新兴文化的齐头并进。与此前的封建主义文化和资本主义文化相比，社会主义文化无疑是科学的文化、先进的文化、有益于人民的文化。建设社会主义先进文化制度的目的，就是要通过政策的手段、以体制机制的形式规范和引领文化发展的方向，化解消极文化的影响，增强积极文化的作用。从构成上说，社会主义先进文化制度的建设内容主要有以下几个方面：

1. 以马克思主义为指导的根本制度

马克思主义是科学的世界观和方法论，是中国革命、建设和改革事业的思想指南，也是指导社会主义先进文化制度建设的根本思想。在社会主义意识形态体系内，只有坚持以马克思主义为指导的根本制度，才能为社会主义先进文化建设确立正确的思想原则和科学的思想方法。坚持以马克思主义为指导的根本制度，要求坚持马克思主义在社会主义意识形态领域的指导地位，坚持中国特色社会主义文化发展道路，坚持从马克思主义的科学世界观和方法论出发判定文化的先进与否。坚持以马克思主义为指导的根本制度，要求在当前和今后的实践中全面贯彻落实习近平新时代中国特色社会主义思想，建立健全一系列繁荣发展社会主义先进文化的体制机制，坚持和完善社会主义意识形态学习制度、工作制度和责任制度，为社会主义先进文化制度夯基固锚、举旗定向。

2. 以社会主义核心价值观为统领的基本制度

任何独立的社会都有与社会制度和社会形态相适应、相匹配的核心价值观，核心价值观是该社会文化主体性的反映。在中国特色社会主义新时代，我们提倡弘扬和培育以富强民主文明和谐、自由平等公正法治、爱国敬业诚信友善为主要内容的社会主义核心价值观。社会主义核心价值观确立了中国特色社会主义文化建设发展的基本标准，明确了繁荣发展社会主义先进文化的价值依据。建立健全以社会主义核心价值观为统领的基本制度，不仅有利于弘扬革命文化和传承中华优秀传统文化，更有利于繁荣发展社会主义先进文化，保障文化的先进性和科学性，提升先进文化的发展质量和建设水平。以社会主义核心价值观为统领的基本制度包括理想信念教育制度、社会精神和党史国史教育机制、公民思想道德建设和文明实践体制、德法融合政策体系、文化创作和传承机制等。建立健全这类制度体系的目的在于发展社会主义先进文化，不断满足人民群众日益增长的对健康有益精神文化的需求。

3. 以保障人民文化权益为核心的重要制度

中国式现代化是中国共产党领导的社会主义现代化，是物质文明和精神文明相协调的现代化。实现中国式现代化要求我们不断夯实人民幸福生活的物质条件，同时大力发展社会主义先进文化。社会主义先进文化是人民的文化、大众的文化，是源于人民和服务人民的文化。坚持和完善社会主义先进文化制度，必须建立健全人民文化权益保障制度，坚持以人民为中心的工作导向，把一切文化工作的立足点和着眼点调整到保障和发展人民文化权益上来。为此，要建立有利于文化产品创作和传播的体制机制，完善公共文化资源配置和供给机制，建强公共文化社会服务体系，健全群众文化活动支持机制。伴随着人民群众对精神文化需求的日益增长，保障社会主义先进文化生产和质量评价的机制也需要建立健全。围绕着保障和发展人民文化权益这一中心点，我们需要下更大力气建设好与满足人民群众精神文化需要相适应的各项制度。

4. 以提升社会效益为要务的生产制度

从社会生产的部类上看，文化创作生产属于精神生产的范畴，具有精神生产的特定规律。对于国家和社会而言，文化创作生产活动既可以是文化产业，也可以是文化事业，其产品具有社会效益和经济效益二重性。社会主义先进文化是为人民服务的文化，是利国利民的文化，理应把文化产品的社会效益置于首位，同时兼顾经济效益。为此，要建立完善社会效益与经济效益相统一的文化创作生产制度、文化经营管理制度、文化企业责任制度、文化生活保障制度和文化业态发展制度等一系列与文化事业、文化产业的健康发展相联系的制度体系。需要指出的是，近年来，党和国家制定了诸多文化政策和文化发展规划，也在文化领导和文化管理中确立了诸多与文化产业和文化事业相关的体制机制，积累了丰富的文化体制化的经验，这无疑为形成更加成熟定型的文化创作生产制度奠定了基础。

5. 以正确舆论导向为主线的宣传制度

文化具有显著的育人功能，社会主义先进文化的育人价值体现在它在文化传播上必须以正确的舆论导向，给人民群众提供积极健康向上的正能量。毋庸置疑，现代社会的文化信息世界是极其复杂多变的，互联网世界的文化治理复杂性、突发性、随机性很强，信息舆论传播的不确定性和不可控性都远远超过现实世界。藉此，要围绕着营造良好舆论氛围、打造健康传播文化来强化党管媒体、党管宣传制度，建立健全文化全域和网络全盘综合协调治理体系，改进和加强互联网领域的体制机制和体系制度建设，健全网上网下一体、内宣外宣联动的文化宣传、全媒体传播和舆论引导体系，完善舆情监控测评、舆论监督引导和突发事件应急处置的机制体制，建好联动机制，改进和完善文化经营和信息管理主体责任制度。惟如此，才能够解决好现代文化传播中涌现的新问题和新情况，营造清朗干净的文化空间和信息世界。

（三）建设社会主义先进文化制度的路径

习近平总书记指出："没有先进文化的积极引领，没有人民精神世界的极大丰富，没有民族精神力量的不断增强，一个国家、一个民族不可能屹立于世界民族之林。"只有用社会主义先进文化制度保障和引领广大人民群众的精神需求，才能真正实现人民思想文化素质和精神境界的提升。然而，建设社会主义先进文化制度是一个复杂而漫长的过程，不可能一蹴而就，也不会计日程功。当前，要建设好社会主义先进文化制度，我们应当从以下几个方面下足功夫：

1. 明确社会主义先进文化制度的核心价值与建设目标

任何制度都是围绕着一定的核心价值和发展目标来制定的，这是制度之为制度的根本和依据。建设社会主义先进文化制度的根本目的是为了维护和发展广大人民群众的文化权益、满足人民群众的精神文化需要、提升人民群众的文化自信、建设社会主义文化强国并进而助推中华民族的伟大复兴。依据此目的，社会主义先进文化制度理应成为全国各族人民团结奋斗共同思想基础的制度保障，成为用文化来凝神聚力、培根铸魂、化俗成制、立德树人的制度基础。为此，建设社会主义先进文化制度需要以社会主义核心价值观为统领，以文化的育人利民、强国利世为建设目标，把社会主义先进文化的历史积淀、传统优势、现实需要、发展趋势和长远规划结合起来，按照历史与现实相承接、思想与实际相统一、理论与实践相结合、事实与价值相适应的总体原则设计社会主义先进文化制度的建设思路和价值取向，确保社会主义先进文化制度为中国特色社会主义事业服务，为党的治国理政服务，为广大人民群众的利益服务，为建成社会主义文化强国服务。

2. 评估分析文化政策和文化发展规划的综合绩效

在一个社会的文化体系内，影响人们文化活动的元素很多，其中最直接影响人们文化观念和行为的是国家的文化政策和文化发展规划。文化政策代表了国家的文化价值取向与文化建设目标，常常直接作用于人们的文化生产和生活实践。文化发展规划则体现着政党和国家关于文化建设和文化发展的最高意志，代表着文化建设的路向。对所有国家而言，文化政策和文化发展规划的贯彻落实都不是整齐划一、等量齐观的，而往往在文化实践中存在着落差和失效。也就是说，当国家制定了既定的文化政策或发展规划后，它的落地实施往往会因主客观条件的制约而呈现文化实践上的不均衡和不一致。故此，要形成一定的文化制度，就必须对文化政策和文化发展规划的实践效果进行综合评定，从中评估和分析文化活动的社会效益和经济效益，在此基础上形成评测、监督和保障文化政策实践的反馈体制、运行机制和管理体系。可以说，文化制度能否形成、宜否建立，在很大程度上取决于文化运行和实践的体制机制是否成熟管用。

3. 制定保障社会主义先进文化政策实施的法律法规

当前我国的文化政策和发展规划是保障社会主义先进文化建设的重要依据和实践抓手，对于把习近平文化思想落实到社会生产和生活实践中至关重要。为建设社会主义先进文化，党的十八大以来，以习近平同志为核心的党中央连续制定和实施了文化发展的政策规划，积极推进中国特色社会主义文化建设落到实处。为保障文化政策、方针和发展规划能够切实落地转化，成为满足人民群众精神文化需要的文化生产力，有必要加强对文化政策和发展规划的立法建制，制定保障社会主义先进文化政策规划实施的法律法规，从而实现执策有据、行策有法、化策成制。对于能够落地且产生了良好社会效益和经济效益、能够促进文化生产力增长和社会关系和谐进步的文化政策，以法律法规的形式加以固定下来，纳入文化法律制度体系，符合由政策规划上升为法律法规的基本程序，对于社会主义先进文化制度的成熟定型不但必要，而且重要。在社会主义先进文化制度逐步走向成熟和定型的过程中，政策和规划发挥的是引导作用，而关于文化建设的法律法规则是促进文化制度从不成熟到成熟、从未定型到定型的坚强保障。

4. 健全完善社会主义先进文化法制化的体制机制

要形成成熟而定型的社会主义先进文化制度，前期的文化政策是基础，确立文化法律法规是保障，关键还要健全和完善社会主义先进文化法制化的体制机制，保证社会主义先进文化建设真正进入法律化、制度化的轨道。众所周知，文化是渗透在人们生产和生活之中的观念体系和行为体系，只有将之纳入法制化的轨道才能使人们的文化活动循章建制、有制而为，也才能实现文化从法制化到法治化的过渡与升华。当前，我国的社会主义先进文化建设仍处在探索之中，中国特色社会主义文化发展的正确道路只有在法制化和法治化中才能得到切实保障，人们的文化行为才能在文化制度的指引和约束下有序开展、规范进行。因此，应当建立健全社会主义先进文化法制化的各项体制机制，使各项文化政策的落地和文化发展规划的执行获得持续、稳定和有效的体制支撑和机制保障，使社会主义先进文化法制化的进程不会因为人们文化生产生活的无序性和任意性而受到阻断。总之，文化法制化的体制机制构成了社会主义先进文化制度化的桥梁，它的建立健全和完善稳定必将为建设好社会主义先进文化制度提供强大助力，奠定扎实基础。

五

当代中国文化马克思主义批判

文化马克思主义是传统或经典马克思主义在经历革命风霜之后、于观瞻世界历史发展进程中因“哲学转折”而衍生的一种学术流派和社会思潮，是聚焦文化和思想领域，乃至把马克思主义文化化、视马克思主义为文化原型的思想学术派别。据汤姆·博托莫尔所编《马克思主义思想辞典》，“西方马克思主义对文化和意识形态问题所赋予的重视显然不仅仅是一个理论问题。特伦特·史卢尔所称之‘文化马克思主义’是一个重要的元素”[①]。实际上，文化马克思主义可追溯至20世纪二三十年代的欧陆思想界，以马克思主义研究中的左翼文化学派及其代表人物为中坚，聚焦于对实践美学及一般文化问题的思考和批判，并进而形成对马克思主义的文化诠释。受西方马克思主义思潮东渐的影响，近些年来中国马克思主义学界出现了把马克思主义文化化的倾向，文化马克思主义渐成思潮。文化马克思主义在中国的兴起，是马克思主义在中国时代化、大众化进程中西方学术逻辑的迁移和延伸，既有特殊的目标意义，也有需要规避的价值风险。探究马克思主义在当代中国与文化研究的互动、厘清文化马克思主义的实践志趣和价值导向，是促进马克思主义正确地科学化和大众化的要旨，也是马克思主义健康地学科化和时代化的保障。

（一）文化马克思主义在中国的兴起

在马克思主义诞生和发展的全部历史中，都充满着马克思主义正统与异端、本体与他体、事实与规范的争辩，马克思恩格斯本人毕生也为

① Tom Bottomore ed., *A Dictionary of Marxist Thought*, 2nd edition, Oxford: Blackwell Publishers Ltd, 1991, p. 130.

澄清什么是真正的马克思主义进行过不间断的思想检省和无数次的理论讨伐。20世纪20年代，欧陆的马克思主义传统出现了朝向俄国革命实践模式与西欧思想研究模式的明显差异化的发展取向，这种差异既与马克思主义在不同国家实践中的具体情况有关，又与马克思恩格斯之后的马克思主义信奉者们理解和解读马克思主义传统的具体思路有关。列宁主义和欧洲西方马克思主义的诞生，是基于资本主义世界中客观存在的不同发展样态和阶级力量对比状态的思想结果。列宁在领导第三国际时深刻认识到："在资本主义世界中从来没有而且不会有什么平衡，什么谐和，什么均匀。在每个国家的发展中，都是有时是资本主义和工人运动的这一方面、这一特征，或这一类特点特别突出，有时是另一方面、另一特征或另一类特点特别突出。发展过程从来都是不平衡的。"[①] 发展的不平衡性和差异性是造成对原典马克思主义理解出现差异的原因，但不是证明所有对马克思主义的解读都天然是科学的、事实上是正确的条件。文化马克思主义作为西方马克思主义流派之一，伴随着诸多持论者对国家体制、意识形态、科技宗教、日常生活等诸多范畴中政治的、阶级的文化形式的根源研究与本质沉思，在历史波动和思想争讼中渐成学术潮流。

截止到目前，关于文化马克思主义的名称、起源、目标和样态仍是争讼不止、模糊不清的研究命题，但多数研究者都将文化马克思主义与20世纪二三十年代德国的法兰克福学派、英国的伯明翰学派中所继承的马克思主义传统联系起来。美国学者道格拉斯·凯尔纳持续研究法兰克福学派和英国文化研究学派多年，他认为"许多20世纪的马克思主义理论家（无论是卢克奇、葛兰西、布洛赫、本雅明、阿多尔诺还是詹姆逊和伊格尔顿），都运用马克思主义理论去分析相关的文化形式及其在大众和社会生活中的作用和影响"，"由此建立了一种马克思主义文化分析模式"[②]。这是目前对文化马克思主义基本研究命题的权威解释之一，此外，把文化马克思主义视作文化唯物主义、针对文化资本和文化价值开

①《列宁全集》（第36卷），北京：人民出版社2017年版，第292页。

②［美］道格拉斯·凯尔纳：《文化马克思主义和文化研究》，张秀琴、王葳蕤译，《学术研究》2011年第11期。

展研究、认为文化马克思主义就是意识形态批判和文化批判理论，都是对文化马克思主义的主要解释方式。但不管怎样，文化马克思主义者把“文化”作为他们思考的中心点和破解“资本主义—社会主义”这一二元方程式的“解剖刀”。正如美国学者丹尼斯·德沃金指出的：“文化马克思主义者首要关注的是：重新定义结构和动力之间的关系，因为传统社会主义的动力即工业的工人阶级正遭受质疑。他们试图认识战后研究的特征，重新定义社会斗争，阐明与发达资本主义社会中民主的和社会主义的政治相适应的新的抵抗形式。在这个计划中，处于核心地位的是‘文化’。”①

实际上，一直到今天，对文化马克思主义研究都在持续研究中，其中既有英、美、德、法等马克思主义研究领域的学者出于对自身传统的学术追述，也有东方学者在西学东渐背景下对上述命题的学术引介。文化马克思主义朝向中国的东渐和在中国的兴起就是在这样的情境中发生的，所伴随的是东西方思想文化交流过程中西方思想的强势东进和中国思想的开放接纳。众所周知，早在民主革命时期，马克思主义传入中国时的实践模式，是通过苏俄渠道传入的革命模式。当时尽管也有其他渠道，但因为意识形态的差异和屏障并未充分彰显。新中国成立后，伴随着国际关系和国际秩序的调整，经过中国与西方、苏联大国关系的博弈变化，马克思主义与中国实际再度结合的命题发生了重大转向。经过“文化大革命”这一马克思主义与中国传统的深度碰撞，改革开放后的中国毅然打开了与西方世界沟通的大门。20 世纪 80 年代，尼采热、萨特热、弗洛伊德热、结构主义、人道主义等西方思想文化思潮在中国思想界大为流行。掺与其中的是以哲学和学术面貌涌入的文化马克思主义思潮。从那时起，中国学术界开始逐渐了解和接触梅洛·庞蒂、布洛赫、柯拉柯夫斯基、勒斐伏尔、马尔库塞、弗洛姆、阿尔都塞乃至法兰克福学派、英国文化研究学派、美国多元文化学派的诸多学术观念。当革命的血与火不再是时代的强音时，书斋中的取与舍便成了学术文化的常见景观。西方思想文化在选择和被选择中开始进入中国。由于马克思

①［美］丹尼斯·德沃金：《文化马克思主义在战后英国——历史学、新左派和文化研究的起源》，李凤丹译，北京：人民出版社 2008 年版，导言第 5 页。

主义的传统在中国早已扎根，涌入中国来的思想文化首先就以已经被文化化但又保持着马克思主义传统的文化马克思主义为主。由此，当源于西方的文化马克思主义迅速登陆中国大地时，不少思想先是被译介，接着被诠读，有的被奉为圭臬，或又遭到评判和摒弃。可以说，文化马克思主义在中国的兴起，是后革命时代马克思主义中国化进程中西方马克思主义思潮涌入中国并与中国思想遭遇时的重要思想文化与学术现象，迄今仍是一股强盛的学术潮流。21 世纪以来，伴随着马克思主义中国化的进程，马克思主义被纳入学科化的轨道，高校马克思主义理论学科建设更是在思想逻辑的延伸中把西方马克思主义中的文化研究纳入到中国马克思主义学术体系中来，从而使得源自西方的文化马克思主义借助思想文化和学科学术的途径在中国高等教育、思想学术的殿堂中站稳了脚跟。

（二）对当代中国文化马克思主义若干价值取向的批判

经由思想文化交流和学术借鉴而进入中国的文化马克思主义，在其译介上尽管存在着难以避免的不同形式的误读，仍凭借中国文化包容性和学术新颖性获得了巨大的传播机遇。从 20 世纪传入中国的西方马克思主义诸学说开始，经过 21 世纪初马克思主义学科建设特别是近些年的学科加速发展，文化马克思主义在中国已经呈现出若干显著趋势和样态。就其实质而言，文化马克思主义的实践方式有二：其一是用文化的形式对象化资本主义社会的结构和逻辑、功能和线索、事实和规范。其二是着力对资本主义文化体系进行解剖，借以“魂”击“尸”，揭露资本主义躯体的腐朽。归结起来，文化马克思主义的本真命题就是如何文化化马克思主义。透视当代中国思想文化界对来自西方的文化马克思主义的研究和借鉴，其中已有值得警惕的思想动向和学术趋势。对业已兴起的文化马克思主义的中国样态进行批判性反思，不仅有助于我们正确地理解政治的马克思主义与学术的马克思主义之间的关系，而且有助于我们更好地坚持马克思主义的指导、更好地抓好马克思主义的科学研究和学科建设。

1. 至上主义“元文化论”

简单地说，元文化就是关于文化的文化，即“文化于其中言说自身的方式，不管这个文化是如何被界定的。更准确地说，它是一种话语，文化于其中表达其普遍性和存在条件”[①]。美国文化学者格雷·厄本提出：“元文化由人们对同一性和差异性所作的判断构成，……是符号反思性的第二序列形式，以帮助人们架构第一序列的进程。”[②]毋庸置疑，在对文化的层次划分中，元文化是最高层次、核心范畴的文化。文化马克思主义虽然关系文化层次和文化范畴问题，但本质上却关系到对马克思主义的属性定位和价值定位。自中国化以来，马克思主义不断与中国实际结合，也不断改造和提升中国文化，产生了中国马克思主义的新的思想理论成果。鉴于马克思主义在近代以来中国历史发展和社会进步中的指导作用，特别是其作为中国共产党指导思想的实际地位，在理解和诠释文化马克思主义上，存在着一种过分夸大马克思主义文化衍生能力和文化创始价值、把马克思主义拔高为一切文化鼻祖和根源的至上主义“元文化论”。这种至上主义“元文化论”接受了从文化上解读马克思主义的立场，但过分推崇马克思主义作为元文化的原始创造性，表面上看似乎是对马克思主义的重视和尊重，实际上却曲解了马克思主义源于特定时代的客观性，降低了马克思主义的科学价值和文化意义。从历史哲学看，马克思主义可以被视作一种文化，也揭示了文化发展和文化研究的科学规律，它是人类文化的科学高峰，指出了人类文明的未来发展方向，其科学性也会在人类发展和世界历史的行进途程中得到充分证明，但其显然并非人类文化历史的起点和源头。因此，在文化马克思主义的研究中，学者们大可不必借至上主义“元文化”的躯壳来抬高马克思主义的理论价值和实践价值。

2. 狭隘主义“唯文化论”

马克思主义在中国革命的环境和进程中发挥了不可替代的作用，其实践逻辑和理论力量在中国革命成功中也得到了证明。在和平发展的环

① Francis Mulhern, *Culture/Metaculture*, London: Routledge, 2000, p. 14.

② Greg Urban, *Metaculture: How Culture Moves through the World*, Minneapolis: The Regents of the University of Minnesota, 2001, p. 11.

境中，马克思主义的革命性和斗争性往往被忽略，社会主义建设需要精神动力从而也呼唤社会主义文化精神，因此，当文化马克思主义进入中国后，文化被置顶为重要的思想命题和时代命题。但遗憾的是，不少文化马克思主义的拥趸仅仅把马克思主义视作“文化形式”，把马克思主义的本质解读为“革命文化”，从而走向了狭隘主义“唯文化论”。文化马克思主义的“唯文化论”看似以文化存在的形式现实化了马克思主义的思想力量，但实际上却窄化了马克思主义的实践功能，曲解了马克思主义作为革命思想工具的价值，掩盖并抹杀了马克思主义的实践品质和科学属性。以思想形式传入中国的马克思主义，其发生的境遇是新文化代替旧文化、新制度抨击旧制度、新思想战胜旧思想的时代，但它并不应该仅仅被视作是一种文化，也不应该采取文化狭隘主义的立场，以文化取代一切，以文化解释一切。应当承认，马克思主义当然是一种以光明的社会主义和共产主义未来取代落后的封建主义和资本主义存在的强大思想力量，但它所蕴含的揭示自然界、人类社会和思维发展规律的科学性、由科学思维和历史逻辑而建构的实践精神、关怀人类共同体命运的价值品格乃至彻底地改变人类社会结构和走向的革命性却远非“文化”二字所能容纳和概况的。在一定意义上说，马克思主义可以是文化但又超越了一般意义上的文化概念，它需要一种全面准确和科学完整的理解与言说方式，而不应该仅仅被当作一个文化或一种文化来对待。

3. 取消主义“旧文化论”

马克思主义具有鲜明的时代性，但更具有显著的历史性。从时代性的角度看，马克思主义是针对资本主义时代最终被社会主义和共产主义代替的大时代而作出的历史判断。马克思主义所揭示的资本主义生产的规律是，资本主义社会生产的终极发展以及由此带来的社会生产力结构和社会生产关系的变革，必然引发难以克服的循环性的生产危机，从而导致社会上层建筑变革，这其中就蕴含着资本主义必将被社会主义所代替的规律。毫无疑问，这样的规律并不是针对一个时段、一个国家而言的，而是针对人类社会发展的总体趋势和普遍规律而言的。在这个意义上说，马克思主义又是关乎全人类发展和命运的历史哲学。西方文化马克思主义持论者尽管都侧重从文化上解剖和揭批资本主义的命运，但其中“左”、中、右的分歧则在于：“左”翼论者抱彻底反对资本主义文化的态度，中间派反对资本主义，但过分依赖文化形式作为斗争的合法途径，而右翼论者则不去从根本上否定资本主义，而是通过为资本主义文化辩护变相地化石化了马克思主义。在引介西方文化马克思主义思潮时，国内也有人亦步亦趋地照搬了其中的“旧文化论”，想当然地把马克思主义视作一种过气过时的旧文化，认为马克思主义的革命时代已经过去，马克思主义的革命形态已经成为一种被封存起来的文化形态，代之而来的则是在资本主义文化内部按照文化革命的逻辑而发生的“移形换位”。这种“旧文化论”本质上是取消主义的，是通过文化的时代性来宣扬马克思主义的过时论，借此取消马克思主义的当代价值和未来价值。显而易见，这种对马克思主义的研究和判断，尽管会采取学术的面目、罩上学科的面纱，但其最终结果却是取消马克思主义的现实意义和实现功能。

4. 自由主义“泛文化论”

纵观文化马克思主义的成长和发展史可见，这种脉系的后马克思主义研究之所以被冠以“文化”之名，一个很重要的原因在于它的立足点、视野和重心都放在文化之上，而由此衍生的整个社会运行的结构和功能也都具体性地投射到资本主义文化上。然而，文化是一个很宽泛的范畴，几乎涵盖了人类主客体反馈机制和精神世界的全领域。正源于此，文化马克思主义研究领域中也出现了一种自由主义的“泛文化论”，采取一切都归因于文化、一切都见之于文化的态度，言必称文化。处于文化大发展大繁荣时代的中国学术，正适应了文化马克思主义对于文化的广泛关注和重点发掘。文化可以启蒙和解放，从而带来思想自由，然而马克思主义却不能因为自由而丧失规范，自由而全面发展的人也并非完全随心所欲、无所畏惧的人。从科学和学科的角度看，中国马克思主义研究中的文化学派，不能在借鉴和吸收西方马克思主义文化学术的过程中丧失觉悟而陷入自由主义的“泛文化论”。这种自由主义“泛文化论”看似有助于繁荣学术、助长学科，但实际上危害不浅，最危险的是通过多维文化形式的举检催生了文化多中心主义和文化相对主义，从而以文化性和学术性瓦解了马克思主义的政治性和革命性。对马克思主义保持着高度警惕的美国文化马克思主义者詹姆逊曾指出："文化研究是一种愿望。探讨这种愿望也许最好从政治和社会角度入手，把它看作是一项促成'历史大联合'的事业，而不是理论化地将它视为某种新学科的规划图。……文化研究作为知识分子或教育事业的系统表述，就可能不像它的追随者所感觉的那么重要。"[①] 需要注意的是，在政治马克思主义与文化马克思主义的对冲中，自由主义"泛文化论"是肢解马克思主义的刀具。马克思主义学科建设和文化研究应对此保持足够警惕和诫勉。

（三）当代中国文化马克思主义的发展前景

倘若不考虑其路径科学性和实践针对性的话，仅从其产生的渊源看，文化马克思主义无疑是西方学者在资本主义社会发展和革命时代变迁中对传统马克思主义的一种接续性阐释。他们努力继承马克思恩格斯的思想遗产，力图捍卫马克思恩格斯对资本主义的批判，也想方设法地寻找批判资本主义的思想路径。尽管所选择的命题不同、所采用的思路不同，但几乎所有的文化马克思主义者都是用文化解剖刀从资本主义社会中现存对象入手来解读资本主义、延续马克思恩格斯的批判精神和革命思想。正如马克思本人当年所自我宣称的那样，文化马克思主义者未必是真正的马克思主义者，甚至也不是纯粹的马克思主义学者。但是，当革命时代的热潮逐渐沉寂、一代人的革命热情逐渐销蚀、人类陷入对未来路向的沉思时，文化马克思主义者尽管发动的只是"脑海里的风暴"、掀起的只是"书斋里的革命"，但他们所保留的对资本主义的批判反思却显得异常珍贵。实际上，移植到中国的文化马克思主义，其关注焦点和言说方式自然具有浓厚的西方思维逻辑的色彩，其借鉴价值和实用意义更多地体现在它所提供的批判精神上，而非按照现代学科逻辑充作学术繁荣的门面。文化马克思主义的源头出自西方，其中众多思想者和研究者的思想观点今天已经被作为西方马克思主义的内容和质料。对于当代中国而言，马克思主义在党和国家政治意识形态中占有主导地位，马克思主义学科也有其独特的发展路径。从西方马克思主义体系中

①［美］詹姆逊：《詹姆逊文集》（第3卷），王逢振主编，北京：中国人民大学出版社2004年版，第1页。

衍生的文化马克思主义流派，其观察方式是通过文化的滤镜透视资本主义社会体系和结构，显然不会切中中国情境的肯綮，也无法按照中国化的步伐纳入当代中国实践的逻辑体系中。正如学者徐友渔所提出的，从西方马克思主义中寻找在本土进行批判的灵感，是给它派上了最好的用场。他认为："不论'西马'在当下如何有其魅力，不论我们多么有必要在其武器库中借用一二，它本身作为理论形态就是大有问题的（不然不会在西方由盛而衰，现今已处于花叶飘零的境地），而将其从西方语境搬弄到中国语境中来，更应加倍小心，只能取其神髓而决不能用其皮毛。"[①] 进而言之，西方马克思主义和文化马克思主义的价值主旨在于批判，这与马克思主义不但重视批判更重视建设的价值主旨是相违的，在这一点上，西方马克思主义和文化马克思主义并没有也无力继承经典马克思主义的精神衣钵。因此，当见证了西方马克思主义中文化马克思主义的盛衰荣枯之后，中国思想学术界更重要的不是将之捧上神坛顶礼膜拜，而是在反思中对照马克思主义中国化的实际进境，解决马克思主义中国化的实际困境。归结起来，文化马克思主义在中国的思想价值就在于一方面对"围剿"中国特色社会主义的国际资本主义进行揭露和批判，另一方面通过批判和反思纠正中国市场中可能潜在的资本主义发展趋势。

文化马克思主义的核心命题是用马克思主义的方法对待和处理文化形式的或文化化的客观对象。显而易见，尽管当代中国文化的创新发展迫在眉睫，但文化毕竟不能涵盖中国的一切实际，马克思主义中国化显然也不等同于仅仅把马克思主义文化化，其思想内涵无疑要深刻和丰富许多。众所周知，马克思主义是伴随着俄国十月革命的胜利、以政治学说和社会思潮的面貌进入中国的。在被运用和被接纳的进程中，马克思主义又遭遇了中国实际并逐步实现着与中国思想文化的渗透融合。可以说，马克思主义中国化的过程是一个综合的、复杂的、长期的过程，马克思主义与中国实际相结合不是单方面、单维度和单向度的，而是与中国政治、经济、文化和社会诸领域的实际状况交相作用、相互结合的过

① 徐友渔：《西方马克思主义在中国》，见《自由的言说：徐友渔文选》，长春：长春出版社1999年版，第324页。

程。一方面，马克思主义与中国实际相结合要求用马克思主义的立场、观点和方法来指导中国革命、建设与改革，这已经被历史证明取得了巨大的成功：中国实际与马克思主义深入融合，不仅大大改变了中国面貌和中国实际，也产生了马克思主义中国化的思想理论成果。另一方面，中国的情境和实际也为马克思主义提供了鲜活的场景和实现空间，同时也使得马克思主义基本原理焕发出新的应用价值，从而走出在中国具体化的道路。可以认为，马克思主义与中国实际相结合的过程是二者双向互动的过程，也是二者彼此适应、相互融合、共同发展、协同创新的过程。在这个过程中，马克思主义的中国化、时代化和大众化融合在一起，中国化内在地包含了马克思主义的大众化和时代化。这其中，既可以见到马克思主义上升为政党的指导思想、实现政治化并不断发展的过程，也可以看到马克思主义不断改造和提升人们的思想观念、实现文化化的过程。

马克思主义不仅仅是中国共产党的指导思想，也需要不断走入人民群众的思想世界。恰如马克思所言：“理论一经掌握群众，也会变成物质力量。”[①] 走入人民群众的过程也是马克思主义大众化的过程，在推进当代中国马克思主义大众化的进程中，如何切实把马克思主义中国化的思想理论成果通过文化化的途径使之“飞入寻常百姓家”，无疑是中国文化马克思主义的首要命题。在这里需要看到的是，“文化作为一个概念结构，由对现实的表述组成，可以看成是定向直接地组织起行动体系，赋予每一行动自己的逻辑。文化使社会体系具有目的性，并保证它的平衡”，“对大多数人而言，文化化是一个无止境的不断的外在活动，并不适用社会科学家们的分类体系”。[②] 由此可见，在把马克思主义文化化的过程中，重要的不是通过学科和学术的方式把当代中国马克思主义抽象化、学院化和书斋化，把鲜活的当代中国马克思主义装扮成穿着典雅华丽的学术盛装、罩着神秘玄幻的学术面纱，甚至面目可憎、拒人千里之外的雅痞之作，而是找到马克思主义与人民群众鲜活实践的契合点，从

①《马克思恩格斯选集》（第 1 卷），北京：人民出版社 2012 年版，第 9 页。

②［英］奈杰尔·拉波特、乔安娜·奥弗林：《社会文化人类学的关键概念》，鲍雯妍、张亚辉译，北京：华夏出版社 2005 年版，第 80—81 页。

当代中国马克思主义所提供的生产世界观、思维方法论和实践价值观处着力，真正让人们以马克思主义思想文化的方式生活，而不是仅仅生活在马克思主义的思想文化中。

（本文系作者2023年10月在国家教育行政学院文化干部班授课时的讲稿）

六

构建人类命运共同体视域下当代中国人的全球意识培育

党的十九大报告指出:“没有哪个国家能够独自应对人类面临的各种挑战，也没有哪个国家能够退回到自我封闭的孤岛。……中国人民愿同各国人民一道，推动人类命运共同体建设，共同创造人类的美好未来!”①构建人类命运共同体是当代中国在国际化发展和全球性合作进程中提出的新时代坚持和发展中国特色社会主义的基本方略之一，也是中国面向未来对促进国际社会和平与发展所作的重要选择。结合当代中国发展的现实来看，构建人类命运共同体是一项融合国内发展和国际战略于一体的综合性战略，需要从多方面营造基础和条件。本文聚焦于当代中国人的社会意识，从现代化和全球化的视角探讨培育当代中国人全球意识的问题，藉此研究构建人类命运共同体进程对当代中国人全球意识的诉求和培育问题。

(一)构建人类命运共同体需要全球意识

人类首先是自然共同体，具有相同的自然类特征和生理类需求，也具有面对自然世界的共同命运。基于生存需求的自然结盟到充满生活和发展需要的社会协作，人类社会发展的历史是一个在愈发高级的程度和愈发广泛的范围内结成命运共同体的过程。伴随着经济全球化的发展，人类在市场、科技、信息和交往扩大化中逐渐结成多维多构、层叠交织的命运共同体。作为命运共同体，人类在面对自然和社会发展变化时不仅面对着共同的问题，也承担着共同的使命和责任。从古时候起，关于

① 习近平:《决胜全面建成小康社会　夺取新时代中国特色社会主义伟大胜利——在中国共产党第十九次全国代表大会上的报告》，北京:人民出版社2017年版，第58、60页。

人类命运的最为根本的问题便是人类生存始末、发展过程与存在意义的问题。古希腊德尔菲神庙上镌刻的“认识你自己”的偈语就包含着对人自身的属性、本质、由来和命运的诘问。20世纪美国作家房龙在《人类的故事》中也指出：“我们人类的生活一直被一个巨大的问号的阴影所笼罩。我们到底是谁？我们原本从哪儿来？我们究竟要去向何方？”[①]可以说，诸如此类关于人类存在源头和前途命运的问答，都包含着对人类作为命运共同体存在与发展问题的思考，也都指向了人类作为自然存在和社会存在所拥有的本体意识和主体自觉。

人类是神圣的类群，是万物之灵，是社会性的高级动物，它不同于动物的根本区别之一就是人类可以自主地思考并拥有高度发达的自我意识和社会意识。马克思指出：“动物和自己的生命活动是直接同一的。动物不把自己同自己的生命活动区别开来。它就是自己的生命活动。人则使自己的生命活动本身变成自己意志的和自己意识的对象。他具有有意识的生命活动。这不是人与之直接融为一体的那种规定性。有意识的生命活动把人同动物的生命活动直接区别开来。正是由于这一点，人才是类存在物。或者说，正因为人是类存在物，他才是有意识的存在物。”[②]他还指出：“在社会历史领域内进行活动的，全是具有意识的、经过思虑或凭激情行动的、追求某种目的的人；任何事情的发生都不是没有自觉的意图，没有预期的目的的。”[③]而恰恰是因为具有了自觉意识和预设目的的能力，人类才获得了更好的生存与发展的能力，也就是说：“人的类本质，无论是自然界，还是人的精神的类能力，都变成了对人来说是异己的本质，变成了维持他的个人生存的手段。”[④]因此说，具备意识能力既是人类的精神特征，也是人类赖以发展的思维工具和精神手段。也正是在高度的自我意识和社会意识中，人类才创造出了只有人类才能创造的不凡的社会历史和社会成就。

结成命运共同体的人类在自我意识中应具备对人类生存世界的自

①［美］亨德里克·威廉·房龙：《人类的故事》，欧阳旭、李晓星译，南京：凤凰传媒出版集团2009年版，第1页。

②《马克思恩格斯选集》（第1卷），北京：人民出版社2012年版，第56页。

③《马克思恩格斯全集》（第21卷），北京：人民出版社1965年版，第341页。

④《马克思恩格斯选集》（第1卷），北京：人民出版社2012年版，第57页。

主察觉和主动关切，这是由人类自身的超越性和社会性所决定的，也是人类面对外部世界时所具有的社会本能和自我发展的工具。在全球化的时代，对人类命运共同体的关注实际上需要具备全球意识。所谓全球意识，是把存在于地球上的各个国家和民族共同体视为政治的、经济的、社会的和文化复合体的自觉意识。全球意识的思维基础是人类共同拥有地球，而以各种形式存在的共同体，不论是处在何种发展阶段的社会组织、民族组织和国家组织，都是全球的组成部分，全球是人类命运共同体存在和活动的公共场域，也是人类平等友善交往与和谐共存的共同空间。在全球意识的引导下，任何隶属于特定国族的人都应以自由公正之心，摒弃狭隘偏私的自我中心主义并平等对待其他国族成员。概括地说，在人类命运共同体的体系和格局中，全球意识必须具备五方面的基本特征：一是科学性，即全球意识并不是盲目迷信和偏执依赖某种万能的全球体系，而是科学辩证地看待地域与全球、民族国家体系与全球体系的关系，辩证地处理全球认同与国家认异的关系。二是开放性，即全球意识并非闭塞和局限的，而是闳放地对待非本民族国家的人群及其存在。三是包容性，即全球意识并非狭隘的、排斥的，而是能够吸纳和凝聚外来力量和资源。四是互惠性，即全球意识并非没有支点，其支点在于构成人类命运共同体的所有成员之间所酝酿的全球意识是以互惠为前提的。五是持续性，即全球意识并不是随机偶发或转瞬即逝的观念意识，不会昙花一现，也并非权宜之计，而是始终与人类命运共同体的发展历程相伴随。

全球意识本质上是一种把其他国家和民族融合并视为与己同等同类的整体意识，也是相对于国家和民族意识的高远视界和宏大格局。在全球意识中，人类是天然的命运共同体，具有生存依赖性和发展共同性。正如英国思想家齐格蒙特·鲍曼所说的："共同体是一个温暖而舒适的场所……在共同体中，我们能够互相依靠对方。"[①] 他援引乔夫·邓奇的话说："共同体理想的一个固有的部分是成员之间共享好处的'兄弟般的

①［英］齐格蒙特·鲍曼：《共同体》，欧阳景根译，南京：江苏人民出版社 2003 年版，第 4—5 页。

责任'，而不管他们是多么聪明和重要。"[①] 不过，上述的共同性和共同体必须依赖共同的价值支撑。"一个共同体的共同价值也作为个人吸引联系的媒介，因为它们构成了社会吸引的特殊主义标准，它促进了该共同体中的成员在短暂认识之后友好关系的形成。……在一个共同体中，人们必须对一个价值标准达成普遍的一致看法，根据这个价值标准，不同的商品和服务才可以加以比较。"[②] 当然，也需要看到的是，全球意识在组织和承载主体上既非无根的，在思想范围和利益空间中也并非无限的。在人类命运共同体意义上的全球意识与客观上存在的现实性的民族国家意识之间既有明显差别，但也并非截然对立。实际上，全球意识与民族国家意识之间是辩证统一的，共同构成人类命运共同体系统中现代人类意识的重要内容。如果说民族国家意识强调的是隶属于某一民族或国家的成员在利益、需求上的自洽性和独立性的话，那么全球意识则强调所有成员在现代世界体系和格局中利益相关和需求互彰的互洽性和依赖性。当今天的世界进入到全球化时代、地球被称作"地球村"之时，强烈的现代化思潮和信息化社会的发展已经迫使人类在全新的视角上审视命运的共同性问题，也呼唤人类摆脱陈旧思维框架和片面观念镜像的局限，以现代化的全球眼光思考命运共同体的存在和发展。

（二）当代中国人构建人类命运共同体的全球意识

在人类社会发展的进程中和古今中外的历史上，出现过各种形式的人类联合体。在马克思主义创始人马克思和恩格斯那里，"联合体"这样的字眼尽管可以指代村落、城市、社团这样的群体组织，但在一定意义上也代表了基于某种特定的生产力水平、以某种社会交往方式组织而成的社会共同体。就其本心而言，马克思和恩格斯所致力于实现的共产主义社会，就是他们对于作为命运共同体的人类在社会发展远景和未来存在状态上的理想设计。换言之，人类在其生存现实中享有诸多共同的

①［英］齐格蒙特·鲍曼:《共同体》，欧阳景根译，南京：江苏人民出版社 2003 年版，第 69—70 页。

②［美］彼得·M. 布劳:《社会生活中的交换与权力》，李国武译，北京：商务印书馆 2011 年版，第 386—387 页。

命运，是利益共同体、责任共同体和命运共同体。但在指向未来的发展前景上，人类命运共同体的终极选择就是共产主义。当然，马克思和恩格斯也并非脱离实际的空想主义者，而是清醒的现实主义者，他们尖锐地指明了阻碍人类共同体的利益障碍和政治纠葛，为后来人清醒地看到打造未来人类命运共同体实践中潜在的路障。1884 年，恩格斯就撰文指出："迄今存在过的联合体，不论是自然地形成的，或者是人为地造成的，实质上都是为经济目的服务的，但是这些目的被意识形态的附带物掩饰和遮盖了。……未来的联合体将把后者（指资本主义商业社会——引者注）的清醒同古代联合体对共同的社会福利的关心结合起来，并且这样来达到自己的目的。"① 这个论断，实际上暗喻了以各种形式联合的共同体的利益范围与思想边界，也为我们清醒地认识和把握所要构建的人类命运共同体的科学内涵以及所要倡导的全球意识提供了重要的思维支点和价值参考。就此而言，以马克思主义为指导的中国共产党构建人类命运共同体的倡议，显然不会倡导一种无原则、无标准和无底限的全球意识。

与此同时，就文明原型和文化传统来看，中华文明是一种开放包容的文明，中华文化也是一种闳放旷达的文化。在中华文明的基因和中华文化的血脉中并不缺乏救济天下的意识和体恤苍生的胸怀，这显然会为当代中国人涵育中国人独特的全球意识思想文化基础。但是，就国家和朝代而言，中国历史上的汉唐两个朝代是最为开放和包容的，其他朝代中的封建专制主义统治大大压制了中国人的开放意识。德国思想家黑格尔就对由中国传统社会的封建专制所造成的盲目自大和封闭锁国批评说："造成中国的落后的原因是中国人内在精神的黑暗，中国是一片还没有被人类精神之光照亮的土地，在那里，理性与自由的太阳还没有升起，人还没有摆脱原始的、自然的愚昧状态。"② 清代以前的内乱与锁国和清代以后被迫打开国门，都未能真正展现并充分发扬中华文明和中国文化闳放的精神真谛。近代以来，正是在一方面学习外国长处，另一方面也需抵抗西方侵略的矛盾和悖论中，中国人才逐渐睁开眼睛看世界，

①《马克思恩格斯全集》（第 21 卷），北京：人民出版社 1965 年版，第 447 页。
②［德］黑格尔：《历史哲学》，王造时译，上海：上海书店出版社 1999 年版，第 208 页。

慢慢涵育着对外部世界和异域国家的意识觉悟与心理体验。这种在开放中逐步扩大的意识变革和精神变迁在向慕西方的先贤志士中率先发生，进而缓慢地波及并启蒙国人。以近代中国资产阶级革命的先行者孙中山先生为例，他是在走出国门并“始见轮舟之奇、沧海之阔，自是有慕西学之心，穷天地之想”[①]后，才萌生了借力西强献身中华的全球意识，并逐渐确立了对于中国和世界人类共同命运的信念。1904 年，孙中山在《中国问题的真解决》中强调：“一旦我们革新中国的伟大目标得以完成，不但在我们的美丽的国家将会出现新纪元的曙光，整个人类也将得以共享更为光明的前景。普遍和平必将随中国的新生接踵而至，一个从来也梦想不到的宏伟场所，将要向文明世界的社会经济活动而敞开。”[②]从中，我们看到以孙中山为代表的先贤志士在思虑中国问题时所抱有的对人类命运的关切。毫无疑问的是，只有具备了全球意识，在广阔的人类视野和高远的世界格局中思考并处理好中国与世界的关系，才能真正为人类命运共同体作出有历史意义的贡献。

党的十九大提出了构建人类命运共同体的基本方略，指出：“中国人民的梦想同各国人民的梦想息息相通，实现中国梦离不开和平的国际环境和稳定的国际秩序。必须统筹国内国际两个大局，始终不渝走和平发展道路、奉行互利共赢的开放战略……始终做世界和平的建设者、全球发展的贡献者、国际秩序的维护者。”[③]这个基本方略是面向新时代的中国共产党恪守并致力推进的重要外交思想的体现，是基于对当代国际秩序体系中中国和世界关系的缜密审思而作出的战略倡议，也是在高远的国际格局和宽广的世界视野中定位当今中国发展及对世界贡献而作出的重要部署。作为该基本方略的制定者和引领者，中国共产党始终秉持着把中国命运与世界前途、中华民族命运和人类命运相结合的发展道路与建设模式。这既是由中国共产党的历史使命和时代任务所决定的，也是继承发扬中国共产党优良传统和历史经验的表现。但要扎实推进和实

①《孙中山全集》（第 1 卷），北京：中华书局 1981 年版，第 47 页。

② 同上书，第 225 页。

③ 习近平：《决胜全面建成小康社会　夺取新时代中国特色社会主义伟大胜利——在中国共产党第十九次全国代表大会上的报告》，北京：人民出版社 2017 年版，第 25 页。

践好上述基本方略，毫无疑问要有广大人民群众的参与和支持。就此而言，构建人类命运共同体也并不仅仅是中国共产党在新时代的重要方略，也是中华民族和中国人民在新时代的必然选择。由此，可以说，提升中国人的全球意识也是当今时代构建人类命运共同体的题中之义。

构建人类命运共同体的倡议不仅着眼于中华民族伟大复兴与世界各国共同繁荣的发展前景，而且致力于造福全人类即造福中国人民和世界人民。对共同体的认同需要以全球意识为基础，实际上就包含着人类意识的变革和不同民族国家群体在思想意识上的沟通。德国学者卡尔·曼海姆指出："当我们现在说任何一个生活共同体都具有一个与众不同的世界的时候，我们指的是所有这四种精神性实在的总体性在不同的共同生活空间中是有所不同的。因此，共同体不仅（有可能像在我们的第一阶段论述之中所出现的那样）是某种由共同的生活行动结合而成的总体性；它同时也是由那些在它内部出现、包含着它的集体生活之结晶的精神形成过程结合而成的总体性。"[①]对于当代中国人而言，要获得对人类共同体的认同，需要培育作为意识"总体性"的全球意识。在这种意识的指引下，当代中国人能够在构建人类命运共同体实践中秉承亲诚惠容的理念，积极参与到人类共同命运的建构中，在政治上保障中国人民与世界人民之间相互尊重、中国与世界之间按照平等协商的原则处理相互关系；在经济上促进经济自由与合作共享，促使经济全球化朝着开放、包容、普惠、平衡和共赢的方向发展；在文化上提升文明多样性的话语权和文明交流的扩大化；在国家安全上反对国际的、地区的争端与威胁，消弭分歧、管控危机；在生态上建构并维持全球一体的生态文明观，加强共同资源保护与利用。

需要指出的是，之所以把全球意识视作当代中国人在构建人类命运共同体中的总体性的意识，也是与当代中国人在全球意识上尚处于总体性匮乏有关。众所周知，波谲云诡的国际关系变局使得近代以来中国人在本国的革命和建设中始终处于想要开放而又不能开放、希望融入世界但又屡遭排斥和打击的状态。长期的任人欺凌和被迫封闭的状态，严

①［德］卡尔·曼海姆：《文化生活学论要》，刘继同、左芙蓉译，北京：中国城市出版社 2001 年版，第 337 页。

重地压抑着中国人的心灵，使得中国人无法真正做到放眼全球、拥抱世界。因此，在过去很长一段时间，由于地缘关系、文化背景、思维特征、发展方式和意识形态的隔膜，传统的中国人对外部世界了解得并不够多，谈不上有完整的全球意识。20世纪七八十年代启动的改革开放，大大加速了中国人与外部世界交流合作的进程，也大大解放了中国人的思想。毫无疑问，当代中国人的开放意识、自由意识、包容意识等都大大增强，但是，由于中外交流合作的范围、阶段、层次和领域所限，除去为数不多的学术精英和知识分子对国外有较为深入的了解和较宽广的眼界，从普遍意义上说，当代中国人在许多深层次方面至今仍然并不深入了解西方。尤其是面对构建人类命运共同体这样重大的时代责任和宏大的实践命题，当代中国人仍需要培育适应时代和实践要求的健康而积极的全球意识。实际上，培育健康而积极的全球意识，其目的正在于让当代中国人一方面正确地认识中国自身的发展阶段和发展状态，认清当代中国在世界格局中的地位及与世界上其他国家的关系，增强文化自信和社会自信；另一方面充分地了解外部世界和其他国家人们的真实社会生活样态，把握人类作为命运共同体所面临的历史机遇和时代责任，增强与世界的沟通、交流与合作，把当今世界建设得更加美好。

（三）当代中国人培育全球意识的基本途径

构建人类命运共同体意味着人类将能够在相互交流与协作中共享最大程度的共同性，也意味着必须支持共同体之间的意识互动和精神共融。有论者指出："正在出现的世界共同体唤起我们对全球境况寻求一种全新的理解，这在历史上尚无先例。……我们是一个具有共同命运的人类大家庭。随着世界相互依存程度的提高，我们不仅认同于整个全球共同体，也认同于我们的本土共同体。"[①] 只有本土共同体的意识与全球共同体的意识之间得到了沟通、协调并最终达成了一致的共识，全球意识才能够建构起来。因此，当代中国人全球意识的培育过程，实际上也是把当代中国人作为本土共同体的民族国家意识与全球共同体的世界意识

① 哈佛燕京学社主编:《全球化与文明对话》，南京：江苏教育出版社2004年版，第88页。

相互桥接并逐步融合的过程。在构建人类命运共同体进程中，当代中国人的全球意识培育应该侧重从以下几个方面抓紧：

第一，开展积极健康和广泛深入的闳放文化的教育。在世界文明大家庭中，中华文明是迄今为止唯一未曾断流的文明类型。这一点，近世以来许多中外思想家都普遍认可。中华文明之所以能够源远流长，其中很重要的一点就在于它有吐故纳新的机制、有开放包容的品质、有博观约取的优势。这是中华文明的特质，也是其生命力和活力的源泉。中华文化是中华文明的重要呈现形式和载体。在绵延不绝的中华文明体系中，闳放旷达的中华文化是促成中华文明吐故纳新、开放包容、博观约取的要因。今天的时代是开放的时代，今天的世界也是一体化的世界；本性的中国人是心灵博大的人，当代中国人更应是闳放包容的人。当代中国要引领时代、走向世界，特别是要在构建人类命运共同体中有所作为，就必须努力提升当代中国人的全球意识。培育当代中国人的全球意识，首先有赖于国人养成开放胸怀和外向视野。只有心中怀有全球，才能够理解人类命运共同体的时代意义和历史使命；只有把目光投向世界，才能有博大的胸怀和包容的心态。为此，应充分发扬中华文明的博观约取的优势和开放包容品格，开展积极健康和广泛深入的闳放文化，把宽舒豁达的文化基因植入当代中国人的思维世界和心灵生活中。

对当代中国人进行闳放文化教育，需要在更大范围和更高程度上提供关于其他国家的准确、全面的和必要的介绍，从基本国情、政情、民情和社会情况，到历史、现实和未来发展趋势，准确的知识和信息有益于补充当代中国人对全球其他国家情况和异域文化的科学认知，增强人们对外部世界的理性认识。一般来说，只有当充分地了解另一种文化和世情后，才能够在国际交往和世界联系中建立起积极健康的认知。同时，为保证能够广泛深入地了解和认识其他国家和人民的实情，也需要教育人们以宽容的心态去甄别和处理与其他国家民众交流中的思维差异，协调不同国家、不同民族和地球上不同地方人们价值立场和价值观念的分歧。客观地说，不同国家的民众在思维方式上的差异是造成思想分歧和交流隔阂的深层原因，也是影响共同体内部人们的认知，造成思维对立和观念对立的关键因素。开展对当代中国人的闳放文化教育就是要逐渐打开人们的视野，赋予人们开放、进步、包容、辩证的文化观念，从思维方式和思想方法上提升人们的认识能力、理解能力和判断能力，解决好当代中国人思想认识中的矛盾和悖论，消除对不同国家和人群认识中明显存在的理解偏差和认知偏误，增进人们对全球共同价值的科学认识，以便更有效地提升当代中国人对不断发展变化着的外部世界的新认识。

第二，以科学的政策激发并提高当代中国人参与全球治理的积极性。全球治理是新时代的中国共产党面对世界、适应构建人类命运共同体而提出的战略思路。在党的十九大报告中，中国共产党提出要秉持共商共建共享的全球治理观，支持联合国发挥积极作用，积极参与全球治理体系改革和建设，不断贡献中国智慧和力量。[①] 毫无疑问，参与全球治理是在中国共产党领导和指引下，以中国人民为主体的集体化的行动，也是当代中国人全球意识得到培育和提升的空间与场域。按照唯物史观的基本观点，人民群众是历史的创造者，是改变历史和创造历史的决定力量。中国共产党所倡导的构建人类命运共同体、参与全球治理的行动，必须依靠广大人民群众的智慧和力量，必须激励人民群众参与其中。惟如此，才能在真正意义上建构好人类命运共同体，也才能为人类共同体设定和谐、稳定、发展和美好的前景与未来。

对当代中国人而言，构建人类命运共同体既是一种共同的思想信念，也是一种鲜活的行动实践。德国社会学家滕尼斯认为："相互之间的共同的、有约束力的思想信念作为一个共同体自己的意志，就是这里应该被理解为默认一致（consensus）的概念。它就是把人作为一个整体的成员团结在一起的特殊的社会力量和同情。"[②] 在建构人类命运共同体的实践中，人类命运共同体的概念中所包含的默认一致的思想信念必须靠科学而适宜的政策来规制、支撑和保障。政策是手段，是工具，能够产生活力，也能够产生效果。科学的政策能够激发和保障人们参与社会实

① 参见习近平：《决胜全面建成小康社会　夺取新时代中国特色社会主义伟大胜利——在中国共产党第十九次全国代表大会上的报告》，北京：人民出版社 2017 年版，第 60 页。

②［德］斐迪南·滕尼斯：《共同体与社会》，林荣远译，北京：商务印书馆 1999 年版，第 71—72 页。

践活动的积极性和主动性，保障行动的成果和效益。为此，要培育当代中国人的全球意识，需要从政策激励上着手，提高人们参与全球治理的积极性。在这方面，一是要强化国内政策利用，借助“一带一路”区域与国际合作的契机，提供适宜的经济政策扶助国内民众和企业参与到走出国门的创业实践和建设行动中，通过政策调动人心，鼓舞干劲，提高人们加强国际合作、建立经济发展联盟和合作共同体的积极性。二是要强化对外政策沟通，与国外经济社会发展的政策实现有效对接，同时用科学的对外合作政策纠正人们思想观念中的价值偏差，为当代中国人参与全球治理的实践提供政策护航。三是要创新政策平台，借助当代中国经济社会蓬勃发展的良好机遇继续构建政治性、文化性和社会性全球发展联络与治理的新平台，同时加强政策配套和机制扶持，激发中国人参与全球治理的动能。四是要保障政策落实，通过制定有效的政策保障机制和监督机制，敦促并检查政策激励的落实与实现程度，提高当代中国人参与全球治理体系、治理实践的针对性和实效性。

第三，在日益扩大的全球合作交往中提升当代中国人的共同体觉悟。当代世界是一个开放的世界，是国际交往普遍化、深入化和充分化的世界，世界上的各国各民族已经实际上形成了一个相互联结、互相影响，难以割舍的命运共同体。就其实际状况而言，从过去常见的经济合作、政治协同、文化交流到现在涌现的区域综合协作、跨界联合作业，全球性的交往与合作已经扩展到地球的所有角落，其形式极其多样，其影响至深至远。可以说，伴随着全球化和信息化的扩展，没有任何国家、任何民族能够逃离全球化的影响之外，所有人类都纳入并在越来越高的程度上分享着共同的命运。在这样的时代和世界中，对任何国家、任何民族而言，闭关锁国都是不明智的，也是不可取的。在构建人类命运共同体的进程中，新时代的中国坚持对外开放的基本国策，坚持打开国门搞建设，积极发展全球伙伴关系，扩大同各国的利益交汇点，推进与大国的协调和合作，努力打造国际合作新平台。在这样的情势下，当代中国人不仅应认识到自身在实现中华民族伟大复兴事业中的角色，而且应当认识到作为中国人在参与全球合作交往中的地位，承担起做世界和平建设者、全球发展贡献者和国际秩序维护者的义务与责任。

构建人类命运共同体是着眼全球、服务世界的行动方案。意识是行为的前提，思想是行动的前导。没有科学、健康和普遍的全球意识，人民群众就无法参与到构建人类命运共同体的行动方案中来。然而，意识的养成意味着思维方式和精神结构的转变。德国学者卡尔·曼海姆指出："任何一个社会都是通过接纳新的世代——就他们的方案而言——而继续生存下去的；而且，由于他们把新的方案加入到共同体的生活空间之中，所以，这些新的世代变成了实际存在的东西的承载者、变成了即将产生的东西的塑造者。这意味着，这里存在一个使整个精神结构进行稳定的和持续不断的革命化的过程。"① 换句话说，当代中国人需要在日益扩大的全球合作交往中实现民族意识和国家意识的转换与变革，实现对传统世界观念的现代更新。其中，最为重要的是在提升全球意识的基础上进一步增强当代中国人的共同体觉悟。

提升当代中国人关注并参与与构建人类未来前途和发展命运息息相关的共同体觉悟，需要通过日益扩大的国际交往合作塑造人们的意识变革和精神革新，让中国人认识到自身不仅拥有作为中国人的基本身份，而且也要意识到中国人同时也是人类命运共同体的成员。就前者而言，全球化和国际交往合作实际上是一个二律背反的过程，它们所带来的既有对自身身份的认同，也有对既有政治和文化体征的认异。因此，要提升对人类及其命运的共同体觉悟，需要人们锻炼并提升对自身与人类共同体关系的理性自觉。就后者而言，在日益扩大的国际化协作与交往沟通中，人们会因为与源于其他文化、国族的人群的交互协作而获得对自身与人类共同体关系的他觉，即由他者带来的对人类共同生活的体验和感知。毋庸讳言，人们的共同体觉悟养成和提升的过程是一个复杂而漫长的过程，不可能短时间完成，而且也会因时因地因情境的变化而出现反复。不过，对于构建人类命运共同体这一目标而言，在国际交往合作中增强当代中国人的共同体觉悟，终将是必然的不可推卸的使命。

（原文发表于《学术论坛》2018 年第 2 期）

①［德］卡尔·曼海姆:《文化生活学论要》，刘继同、左芙蓉译，北京：中国城市出版社 2001 年版，第 337 页。

七

中国人民凝聚力的核心内涵与主要表现

在全国抗击新冠肺炎疫情表彰大会上，习近平总书记指出："千百年来，中国人民就以生命力的顽强、凝聚力的深厚、忍耐力的坚韧、创造力的巨大而闻名于世。"[①] 中国人民所蕴含的强大力量是历史形成的、是实践形成的。在这强大的力量中，中国人民的凝聚力是至为深厚、至关重要的。众所周知，凝聚力是一个民族、国家或特定人群作为共同体团结凝聚、开展共同行动所展示的指标性力量。凝聚力常常是以认同为基础、以共同目标为指向、以思想和行动的一致性为标志而生发并散发出的力量。中华民族是一个在长期的历史发展中形成的命运共同体，在亲密交流、不断交融中结成了维系中国人生存和发展的强大凝聚力。这种凝聚力有着深厚的历史底蕴、悠久的文化积淀和扎实的交往基础，深沉而博大、雄壮而强劲，是中国人民对抗外来挑战、求得生存和发展、赢得生机和胜利的力量基础。中国人民所具有的凝聚力是中华民族和中华文明长盛不衰的能量之本，也是中国抵御并化解各种危机、战胜各种困难和危险、保持国运昌隆、基业长青的力量之源。在社会平稳发展的日常状态下，中国人民的凝聚力往往内敛并潜隐在人民平素的生活和生产实践中，波澜不惊、静水深流。但每当遇到重大的危机和灾难时，中国人民的凝聚力就显著地爆发出来，高亢昂扬、激越雄壮，支撑人民战胜困难和危险。无论是其潜在状态还是显扬状态，中国人民的凝聚力始终是人民生存和发展的内在精神支柱和精神保障。结合中华民族千百年来战天斗地、攻坚克难的历史来看，中国人民的凝聚力主要表现在以下几个方面：

① 习近平：《在全国抗击新冠肺炎疫情表彰大会上的讲话》，《人民日报》2020年9月9日，第2版。

（一）凝聚力的源泉：精神生命力

一个人有生理的、物质的生命，也有思想的、精神的生命。一个民族、一个人群同样既有物质的生命，也有精神的生命。物质生命是人存在和发展的前提，精神生命则是人健康生存、全面发展和成熟完善的基础。作为命运共同体，中华民族在长期的历史发展中锻造了共同的精神生命，培养了共同的精神品格，也涵育了坚韧而强大的精神生命力。中华文明之所以成为世界上唯一未曾断流的文明，中华文化之所以成为历史悠久、光辉灿烂的文化，与中国人民所具有的强大的精神生命力密不可分。中国人之所以成为中国人，与中国人民所具有的精神独特性也是难以分开的。

精神生命力是中国人民精神独立发展的内在动力，也是中国人民精神凝聚的力量源泉。在一般情况下，精神的发展是在人们战胜自然环境并且进行自我改造的过程中获得的，精神生命力往往会表现为人们在对抗困难和危机时的意志力、坚韧性和进取度。与西方人在精神上依赖和笃信宗教不同，中国人民的精神生命力依赖天人之间、人际之间和自我内在的宗法、道德关系来维系和发展，其伟力植根于人们对于自我和外部世界的日常关联和生存法则中。由此，从上古时期战天斗地的神话传说一直到今天征服自然、改造和利用自然的各种斗争，中国人民在抗击内忧外患、天灾人祸中培育出了独特而鲜明的精神生命延续和发展的方式。可以说，从历史的大视野来看，中国人民的精神生命不是一成不变、没有挫折和更新的，而是在断裂中找到了延续的新路，从而使中国人民的凝聚力在遭遇挑战后重新聚合。恰如法国史学家费尔南·布罗代尔所说的："中国在历经诸多磨难后达到了一个罕见的时刻，此时文明通过与过去决裂、牺牲它的迄今一直是其根本的某些结构性特征，获得了重生。"[①] 可以说，中国人民精神生命力的坚韧和强大，是中国人民凝聚力的坚强基石和强大支柱，是中国人团结统一精神品格的内因。

---

①［法］费尔南·布罗代尔：《文明史纲》，肖昶等译，桂林：广西师范大学出版社 2003 年版，第 206 页。

（二）凝聚力的精神支点：道德觉悟力

中华民族有着历史悠久的道德学说，中国人重道德、守道德和行道德不仅是生活习惯，也是价值观念。可以说，从古到今，中国人最看重也最持守的生存法则便是道德。中国人的道德觉悟力孕育在生命过程中，也体现在生活细节中。从过去的孔孟之道和今天的生活哲学，中国人民的道德意识始终酝酿着一种不同凡响的觉悟力量。道德在本质上是个关系范畴，是从个体与他人、群体的关系中生发出的思维方式和行为法则。中国人对于道德关系的觉察是敏锐的、显著的，按照黑格尔的说法，“他们既然取得了不依赖‘自然’的生存，同时他们又能够看出对象间的区别——对象的现实形态，——看出对象确定的方式和相互间的联系”①。这也就意味着，中国人结成道德共同体的基础在于对相互关系的敏锐把握和依照关系法则行为做事的精神取向。

每一次重大的历史性灾难，无不以人类的进步作为补偿，道德觉悟力则在社会的进步中扮演了重要角色。近代中国社会发生的巨大历史变迁，除去“科学”“民主”作为引领先知阶层觉悟的旗帜之外，广大人民群众则是在以新道德取代旧道德的生活方式变革中前行的，其中道德觉悟力是使人们摒弃腐朽旧恶、拥抱新生活的原动力。实际上，在许多重大的自然灾害压迫降临之际，譬如地震、洪水和瘟疫所带来的危险与困难，中国人民往往依靠着强大而内在的道德觉悟力团结和凝聚起来，彼此驰援，守望相助，共克时艰。可以说，守道德是维系中国人生存关系和交往关系的重要手段，而道德觉悟力也是中国人民团结凝聚的内在动力。正是亲邻善仁、悲天悯人、扶持关爱的道德觉悟，才让中国人民在遇到重大的灾难和挑战时能够和衷共济、众志成城、团结一致，聚成一团火，拧成一股绳，全民同心同德，全国同向同行。

（三）凝聚力的社会表现：社会向心力

不同的社会有着不同的社会向心力，与注重个体意志和单子化生存的西方相比，中国社会是一个群体本位的社会，中国人民也是注重社会

①［德］黑格尔：《历史哲学》，王造时译，上海：上海书店出版社 1999 年版，第 167 页。

价值、尊重集体意志、具有强大社会向心力的群体。孙中山曾经把社会解释为“分工之最大场所”。他认为，“合农、工、商等之各种组织，而始成一大社会”[①]。每个人都是社会的一分子，每个人都承担相应的社会责任。当社会具有了共同的愿望和目标时，作为社会成员的个人也就有了与他人共同的行动目标，社会也就有了共向之心。中国社会向心力与中国由来已久的政治集权、经济互补、文化共生、人伦互济的生活模式和生存法则息息相关，往往以维护政权和民生的稳定、实现共同的价值目标为基本追求。社会向心力是中国人民思想统一、行动一致、保持强大凝聚力和团结力的前提，也是长期以来中国人崇尚集体主义、追求社会主义的内在原因。

近代以来，中国共产党作为中国人民和中华民族的先锋队，在民族独立、国家富强和人民幸福的历史征程中发挥了坚强的领导和组织作用，成为引导社会进步、凝聚社会人心、团结社会力量的政治核心，也成为吸引中国人民社会向心力的组织基础。在反对封建主义的民族解放战争中，中国人民团结和凝聚在中国共产党的周围，追逐光明、驱逐黑暗；在反抗帝国主义的压迫和侵略、实现民族独立的斗争中，中国人民的社会向心力空前高涨、积极迸发，展现了空前的人民伟力。中华人民共和国成立以后，中国人民意气风发、群情振奋，建设社会主义的伟大目标吸引和凝聚了中国人民的社会向心力。改革开放让亿万中国人民思想解放，实现中华民族伟大复兴中国梦又大大激发了新时代中国人民的社会向心力。可以说，中国人民凝聚力的最集中表现就是作为社会成员的个体都具有向社会性的一面，具有以社会利益、社会目标和社会价值为首要选择，以集体主义、共同目标为核心依赖的意识和动力。由此说，中国人民的凝聚力的核心就是全社会的向心力。

（四）凝聚力的体制因由：政治动员力

人是社会性的动物，社会依靠政治组织和政治动员来运行。政治动员是形成社会凝聚、打造社会团结、构筑社会共性的重要途径。中国在历史上形成了悠久的政治动员传统，储备了强大的政治动员能力。英国

①《孙中山全集》（第6卷），北京：中华书局1981年版，第18页。

历史学家阿诺德·汤因比就此指出:“供养着如此庞大人口的广袤领土自公元前221年起就在单一政府的统治下保持着政治上的统一。……中国所承担的天命概念及其在维护中华帝国政治统一方面的实际作用，通过从公元前221年到公元1839年的长达2060年之久的历史经验，在中国人的意识中打下了深刻的烙印。”① 近代以来，在西方侵略势力的打压下，中国传统社会的政治动员力遭到了断裂和毁灭。在领导中国革命、建设和改革的进程中，中国共产党重新锻造了不同于以往的强大政治动员力，由此她也成为近代以来中国政治舞台的核心。正是由于中国共产党的领导和动员，中国社会才空前地团结和统一起来，中国人民的凝聚力才得到大幅度的充分彰显。

在重大的危机和灾难面前，开展强有力的政治动员不仅不可替代，而且势在必行。20世纪30年代，面对日本军国主义的入侵，中国共产党开展了有效的政治动员，领导结成了全民族抗日统一战线，凝聚起了全民族的正义力量，为赢得抗日战争的胜利作出了坚实的政治保障。在新中国成立后的社会主义革命和建设时期，中国共产党同样发挥了强大政治动员能力，为保卫祖国、建设祖国争取了最雄厚的社会力量。在抗击新冠肺炎疫情的斗争中，中国共产党同样开展了有效的政治动员，发挥了强大政治领导和组织保障作用。党中央高度重视，总书记亲自领导部署，各级党组织充分发动，党员冲到抗疫一线，社会各界积极动员，汇成了一幅政治领导、全民动员、社会互助的壮丽画卷，为抗疫斗争取得战略性胜利提供了坚强的政治保障。在中国人民形成凝聚力的过程中，中国共产党所发挥的政治动员力无疑是极其巨大、不可代替的。

（五）凝聚力的思想武器：文化同化力

文化具有润泽人品、养育人格、教化人性、凝聚人心的作用，能够很好地把不同种群、不同习惯的人们凝聚和团结起来。当不同类型的文化相遇时，会出现文化融合和同化现象。一种文化所具有的感染、征服并转化其他文化的力量就是该文化的同化力。文化所具有的同化力集中

①［英］阿诺德·汤因比:《历史研究》，刘北成、郭小凌译，上海：上海人民出版社2000年版，第394页。

表现为通过理解、沟通、交流、容纳等手段，最终达到转化异己、同化对手的力量。一种文化的同化力往往与文化自身所具有的吸引力、包容性、生命力和创造性有关。在不同文化交流交融的过程中，哪一种文化的同化力强，它就容易吸纳和改造其他文化，使之接受自身并从而纳入自身的系统中。文化所具有的同化力是一种内在的、强大的但柔软的力量，往往与文化主体所具备的德性有关。虽然是柔软的力量，但却具有显著的转化功能和变革作用，常常能够达到不战而屈人之兵的效果。因此，自古以来，文化都被视作社会治理的首要手段，辅助进行社会教化和社会管理。

中国文化历史悠久、积淀深厚，是具有非凡同化力的混凝型、综合性、主体性的文化。中国文化的同化力是历史形成的，从远古时期开始，生活在中华大地上的各民族彼此来往，相互学习，取长补短，在沟通和交流中建立起了包容性强、容异率大、延展性强的文化。在长期的冲突与融合、凝聚与拒斥、同化与革新的过程中，汉族文化与其他少数民族文化得到了互纳与凝聚，中国人才形成了共同的文化品格，共同构成了相互包容、紧密结合、多元一体的中华文化，凝结成了文化共同体，中国文化自身达到了“万物并育而不相害，道并行而不悖”的境界。在近代战乱和社会动荡期，诸如犹太人、基督教徒等持有其他文化信仰的人群来到中国大地上生活避难，久而久之就变成了中国人的亲人，与中国人、中国文化亲密无间。这样的例子不胜枚举。时至今日，中国各族人民像石榴籽一样紧紧抱在一起，内部呈现出强大的亲和力和凝聚力，对外也具有强大的吸引力和同化力。正缘于此，每当重大危机和困难来临时，中国人民都能够自发团结起来，为共同目标而齐心协力，共战时艰，共渡难关。

（六）凝聚力的实践表达：群体行动力

凝聚力不是一个抽象的概念和范畴，而是要具体化到实践和行动中的。一个民族、一个人群是否具有凝聚力，需要从长期的历史进程中看其族际或群际关系是否和谐融洽，是否形成了共同的利益，能否为共同目标而采取共同行动，是否通过共同行动表达共同意愿。恩格斯指出：

“没有共同的利益，也就不会有统一的目的，更谈不上统一的行动。”[①] 法国学者勒庞认为：“群体的行动是受感情激起并主导的，这种感情的强弱程度，直接决定着群体的行为能力。”[②] 因此，在群体的凝聚力之中，共同的情感、意志和目标往往是促使群体采取共同行动的思想基础和情感动力。有共同的行动，必定有内在的凝聚力。反过来，有强大的凝聚力，就必定有共同的思想和情感基础，从而为共同行动提供动力。从历史上看，中华民族在走过风风雨雨，战胜各种困难、风险和挑战中铸就了深厚的友谊，增强并展示了强大的凝聚力。

中华民族是具有强大凝聚力的民族，中国人民在创造历史、书写历史的过程中所形成的凝聚力集中表现为为了共同的命运、共同的目标而团结奋斗、不断开辟新境界的磅礴力量。八十多年前，面对日本帝国主义的疯狂进攻，中国人民在中国共产党的领导下开展了伟大的抗日民族斗争，展现了强大的群体行动力。毛泽东强调说：“我们中华民族有同自己的敌人血战到底的气概，有在自力更生的基础上光复旧物的决心，有自立于世界民族之林的能力。”[③] 这是对中国人民凝聚力的描述，也是对中华民族团结统一精神的自信。近一年时间以来，在抗击新冠肺炎疫情的斗争中，中国人民风雨同舟、众志成城、团结一致、命运与共，书写了敢于应战危机、敢于争取胜利的豪情。习近平就此指出：抗击新冠肺炎疫情斗争取得重大战略成果，充分展现了中国人民和中华民族的伟大力量，“极大增强了全党全国各族人民的自信心和自豪感、凝聚力和向心力”[④]。中华民族的团结与中国人民的凝聚既是历史形成的，也是经过实践检验的。这种强大的凝聚力在中国人民应战困难的群体行动中愈挫愈强、愈战愈勇，成为国家取得胜利、人民赢得幸福、民族获以赓续、事业得到成功的不竭动力。

（原文发表于《人民论坛》2020年第28期）

①《马克思恩格斯选集》（第1卷），北京：人民出版社2012年版，第573页。

②［法］古斯塔夫・勒庞：《乌合之众》，北京：新世界出版社2010年版，第18页。

③《毛泽东选集》（第1卷），北京：人民出版社1991年版，第161页。

④ 习近平：《在全国抗击新冠肺炎疫情表彰大会上的讲话》，《人民日报》2020年9月9日，第2版。

第四编

价值观与道德建设研究

一

价值观与人类文明进步

党的二十大报告指出，要“以社会主义核心价值观为引领”“用社会主义核心价值观铸魂育人”。同时提出要“坚定地站在人类文明进步的一边”“不断丰富和发展人类文明新形态”“创造人类文明新形态”。[①]价值观是人们在长期的社会交往和实践活动中形成的关于价值问题的根本看法，是指导人们社会生活行为和社会生产活动的价值标准，也是人们进行价值判断和价值选择的基本依据。价值观渗透在人们思想和行为之中，留存在社会精神价值体系内部，与人们的道德觉悟、价值体系和文明水平密切相关。不同的社会有不同的价值观，即便在同一个社会系统中，价值观也因人们所处的时空条件、经济状况、社会组织结构和交往方式的不同而具有多样性。从文明的视角看，价值观是文明内部的决定性因素，是塑造文明的基因，也是保持文明独立性和进行文明区分的内在标准。社会主义核心价值观是社会主义文化的内核，它的提出确立了社会主义先进文化前进的标准和方向，标志着中华优秀传统文化向社会主义先进文化转型获得了价值确定性和本质规定性，不但有助于中华文明的现代化发展和社会主义文明的提升，也有助于促进人类文明的繁荣和进步。

（一）价值观是文明发展的内在标尺

价值观是贯穿主体精神体系的核心内容，是代表主体价值认知的思想观念，也是反映主体对价值事实或价值对象产生效用评价、关系判断和意义反馈的基本范畴。在特定的社会系统中，价值观是人们对社会存

① 习近平:《高举中国特色社会主义伟大旗帜　为全面建设社会主义现代化国家而团结奋斗——在中国共产党第二十次全国代表大会上的报告》,《求是》2022年第21期。

在的反映，是“社会成员用来评价行为、事物以及从各种可能的目标中选择自己合意目标的准则”①。按照美国社会学家塔尔卡特·帕森斯的解释，价值观所代表的标准有四类，即认识标准、欣赏鉴别标准、选择行动标准和道德标准。② 毫无疑问，这四个方面的标准都是存在于或发生在主体自身思想和精神世界中的价值活动的评价尺度，其评价的对象既可能是自然物，也可能是其他主体对象，既包括主体的内部世界，也包括主体之外的外部世界。人们通过价值观对自身思想行动和外部事物对象进行价值判断，并由此产生道德的、审美的价值评价。由于从价值观所产生的价值判断与主体对人生看法的重要组成部分，反映了人生的追求和愿望，也反映了对人生中具体事物和对象的根本价值判断，因此，对特定主体而言，价值观既是其人生观的组成部分，也是其人生观的具体反映。

文明是对人类改造自然和社会的物质和精神成果的总称。在中国文化和思想体系中，文明常用来表示社会的开发状况和发达程度，尤其是社会物质和精神文化所达到的质量高度和美好程度。在西方文化和思想体系中，文明最早是指公民的品质和社会生活的规则。18 世纪后，文明即被用以指人类社会将要达到的那种有教养、有秩序、公平合理的高级发展阶段，即人类的开化状态和国家社会的进步状态。从总体上看，现代中西方社会对于文明的理解大致相同，都是指与野蛮、蒙昧相对立的社会开化、人类进步的发展状态，特别是社会文化的进步程度和社会文明的水平。法国历史学家布罗代尔对人类文明历史作了考察，并把文明划分为作为地理区域的文明、作为社会的文明、作为经济的文明和作为集体心态的文明。他指出：“一个文明既不是某种特定的经济，也不是某种特定的社会，而是持续存在于一系列经济或社会之中、不易发生渐变的某种东西。”③ 实际上，文明是一个高度综合化的范畴，文明的构成也有多种要素。而且，标志某种文明发展水平和发达程度的内容指标也

① 中国大百科全书出版社编辑部、中国大百科全书总编辑委员会《社会学》编辑委员会编：《中国大百科全书（社会学）》，北京：中国大百科全书出版社 1998 年版，第 113 页。

② Talcott Parsons, *The Social System*, New York: Free Press, 1951, p. 12.

③［法］费尔南·布罗代尔：《文明史纲》，肖昶等译，桂林：广西师范大学出版社 2003 年版，第 54 页。

有很多，但不管有什么内容指标，价值观都是其中最内在、最根本的指标。究其原因，可以发现，在用以显示文明发展水平和发达程度的要素和指标中，价值观作为人们思想和行动的标准，集中凝结和代表了人们的思想意识和精神文化的精华。文明的核心是文化，而文化的核心则是价值观，价值观是文明得以区分的标尺，也是文明发展的内在动因。换句话说，正是在价值观的支配下，人们才获得了从事文明创造、推动文明发展的动力、方向和目标。

有论者指出："态度、价值观和信念，有时笼统地称之为'文化'，它们在人类行为和进步的过程中，无疑起着作用。"①恩格斯在《自然辩证法》中也指出："迅速前进的文明完全被归功于头脑，归功于脑的发展和活动；人们已经习惯于用他们的思维而不是用他们的需要来解释他们的行为（当然，这些需要是反映在头脑中，是进入意识的）。"②当然，恩格斯这里重点是强调人们思维意识的发展对于理解世界即形成世界观的价值，但无疑也意味着思想意识对于改造世界和创造文明的价值。事实上，价值观是一种强大的共同意识和稳定的集体意志，人类在改造社会和创造文明中始终无法逃脱价值观的支配，就像人类无法离开头脑进行思考一样。不同的社会有不同的价值观，这些价值观像镶嵌在人们思想和精神系统中的芯片一样，制约着人们生产生活的实践行为，从而也调节着人们或消极或积极，或慵懒或进取的行动取向。文明的发展需要多方面的条件，内在于人类文明系统中的价值观贯穿和渗透在主体创造文明的活动之中，是支配文明发展的核心性的精神要素。由此，在创造文明的活动中，价值观的差别也造就了文明样态和文明程度的差别。从人类社会发展的历史和阶段看，封建主义的农业文明孕育了农业社会的价值观，同时也受到此种价值观的支配。资本主义的工业文明孕育和产生了工业社会的价值观，自然也受到该价值观的支配。社会主义社会倡导并培育社会主义的核心价值观，也正是在这种价值观的支配下，社会主义社会才可能创造出社会主义的文明成果。由此说来，不同文明社会

①［美］亨廷顿、哈里森主编：《文化的重要作用：价值观如何影响人类进步》，程克雄译，北京：新华出版社2002年版，第43页。

②《马克思恩格斯选集》（第3卷），北京：人民出版社2012年版，第996页。

与其所奉行的价值观是紧密结合在一起的。价值观作为社会精神文化内核，与文明社会的类型以及社会文明的根本性质和发展状况密不可分。

尽管人们对文明的理解千差万别，文明本身也包含多个层次和多种要素，但从总体上看，文明就是一种价值观，人类社会文明发展的构成也不外乎物质文明和精神文明两个层面，物质文明和精神文明构成了人类社会文明中两个相互联系、相互作用、互为补充的领域和内容。物质文明是人类生存和发展的物质基础，物质文明的创造内在地受到价值观的支配。精神文明是人类生存和发展的思想基础，精神文明的创造同样围绕着价值观而展开并受到价值观的支配。价值观作为文明创造的“中枢神经”，既成于人们的物质生产生活实践和精神生产生活实践，也制约着人们的物质生产生活行为和精神生产生活行为。在一定的社会系统中，价值观具有相对稳定性和调节性，当人们的行为实践落后于先进价值观的要求时，先进的价值观就鼓励、支持和引导人们开展创造性实践。而当人们的行为实践超出固有价值观的要求时，固有价值观就限制、约束和规范人们的实践活动。如此一来，价值观就成为人类文明创造活动天平上的“准星”，对文明的创造和发展起到衡量测度和检验调节的作用。正是在这个意义上说，价值观就是社会文明创造的价值衡器，是人类文明发展的内在标尺。

（二）社会主义核心价值观是中华文明新形态的价值体现

任何社会都要有与社会本质相适应、与社会形态相匹配的核心价值体系。在社会的核心价值体系中，价值观是其中的重要组成部分。社会中的价值观是分层的，因社会成员职业、地域、种族和年龄等要素的差异而有所不同，但全社会也有普遍认可和共同接受的核心价值观。核心价值观往往由在社会中占主导地位的阶级或政党提议，是凝聚了全社会价值共识的实现观念，是全社会成员价值协商后得到的差异性认同观念，也是核心价值体系中最具代表性和普遍性的思想观念。在一个社会的价值观范畴中，“具有根本性的共同意识，可以归结为一些基本的、核心的价值观念。这些核心观念并不一定构成一种‘制度’，而往往作为一种倾向，出现或蕴藏于公民社会和多元主义国家中。不同价值观，只要它不占主导地位，就从属于核心价值观，我们可以称它为特殊或从属性价值观”①。自从20世纪50年代中后期建立社会主义制度以来，中国就开始了培育和塑造社会主义价值观的进程。从60年代开始的社会主义思想道德建设到80年代开始的社会主义精神文明建设，本质上都是探索社会主义核心价值观的积极尝试。在经历从宏大到精细、从宏观到微观、从抽象到具体的理论和实践探索后，在社会主义核心价值体系和社会主义荣辱观的基础上，中国共产党创造性地提出了以“富强、民主、文明、和谐，自由、平等、公正、法治，爱国、敬业、诚信、友善”为主要内容的社会主义核心价值观，大大推进了社会主义思想道德建设和精神文明建设的步伐，也为社会主义文明的发展和进步提供了价值前提，奠定了价值基础。

中华文明是人类文明大家庭中的重要成员，历史上曾经为人类文明的发展和进步作出过重要贡献。近代以后，在西方工业文明的冲击和挤压下，中华民族陷入被动、落后的局面，传统的中华文明也面临着向现代转型的时代选择。在中国共产党的领导下，经过百年奋斗和不懈抗争，中国人民和中华民族取得了历史性成就，实现了站起来和富起来的夙愿，迎来了强起来的历史契机，中华民族伟大复兴也进入了不可逆转的历史进程。在庆祝中国共产党成立100周年大会上，习近平总书记指出：“我们坚持和发展中国特色社会主义，推动物质文明、政治文明、精神文明、社会文明、生态文明协调发展，创造了中国式现代化新道路，创造了人类文明新形态。”②在推进中国特色社会主义中进行的伟大社会变革，不是简单延续中国历史文化的母版，不是简单套用马克思主义经典作家设想的模板，不是其他国家社会主义实践的再版，也不是国外现代化发展的翻版，而是中国式现代化的新样板。在中国特色社会主义道路、理论、制度和文化中所实现的创新，中国特色社会主义建设中物质文明、政治文明、精神文明、社会文明和生态文明中所蕴含的文明

①[美]菲利克斯·格罗斯:《公民与国家：民族、部落和族属身份》，王建娥、魏强译，北京：新华出版社2003年版，第220页。

②习近平:《在庆祝中国共产党成立100周年大会上的讲话》，北京：人民出版社2021年版，第13—14页。

创造，既不同于传统中国社会的文明形态，也不同于资本主义社会的文明形态，而是在社会主义社会和社会主义制度框架内既保持了社会主义本质又发展了社会主义事业的文明创造。这个文明创造实现了中华文明的现代转型和时代创新，展现了中华文明新样态，也创造了人类文明新形态。

文明形态是对文明存在和发展状况的基本描述。从文明的存在形态看，人类的社会文明大体有农业文明、工业文明、商业文明、知识文明、信息文明和科技文明等不同形态的文明类型，这些文明类型与特定的社会结构体系和发展模式相结合，便成为某种文明形态。从文明社会的发展状态看，人类社会先后经历了原始社会、奴隶社会、封建社会并且正在经历着资本主义和社会主义在并存中博弈发展的社会形态，不同社会形态也代表着不同的社会文明。之所以说中国特色社会主义创造人类文明新形态，在很大程度上是因为它继承和扬弃了旧文明，同时也开启和引导了新文明。从文明发展的样态看，中国特色社会主义是集社会发展道路、国家指导理论、社会形态制度和思想文化模式于一体的文明样态，是一种囊括了经济建设、政治建设、社会建设、文化建设、生态文明建设、国防科技和军事外交发展于其中的现代化、综合性、成长型的文明体。从文明构成的内容看，中国特色社会主义不仅兼蓄了农业文明、工业文明、商业文明的基础，而且正在集中和扩大知识文明、信息文明和科技文明的优势。从文明发展的社会目标看，中国特色社会主义从经济结构、科技优势和管理模式等方面批判地吸收了资本主义文明的长处，汲取了资本主义社会中可资借鉴的优势，但整体性、制度性地超越了资本主义的文明阶段，在价值目标和发展路向上直接指向了建筑一种更高层次、更加健全、更全面发展的社会主义社会文明。

社会主义核心价值观是中国优秀思想文化的现代继承和发扬，也是当代中国精神的集中体现。当代中国精神是中国文化和中华文明新形态的基本精神，也是与中国特色社会主义密不可分的时代精神。在价值目标上，社会主义核心价值观既基于中国特色社会主义的现实，又指向中国特色社会主义的未来，特别是指向了中华文明在社会主义新形态中的未来。在价值属性上，社会主义核心价值观是中华文明新形态的内在价值规定性，不仅规定了中华文明新形态的社会主义的社会属性，而且也规定了中华文明新形态的现代文明属性。在价值内容上，社会主义核心价值观以富强民主文明和谐规定了中华文明新形态在国家层面的价值内容，以自由平等公正法治规定了中华文明新形态在社会层面的价值内容，以爱国敬业诚信友善规定了中华文明新形态在公民个人层面的价值内容。在价值实践上，沿着社会主义核心价值观所指引的方向和所设定的目标建设中国特色社会主义，必将实现社会主义现代化，必将建成富强民主文明和谐美丽的社会主义现代化强国，也必将推进中华文明新形态的发展和完善。在社会主义核心价值观的引领下，中国特色社会主义在价值觉悟和价值层次上超越了传统中华文明和资本主义文明，创造了不同于资本主义模式的新发展道路，促使中华民族朝着社会主义文明的方向迈出了坚实的步伐，取得了前所未有的成就，既实现了中华文明的新创造，也实现了人类文明的新发展。由此，社会主义核心价值观是中华文明新形态的价值体现，同时也代表了人类文明进步的价值方向。

（三）用社会主义核心价值观引领中华文明新发展和人类文明新进步

人类文明的发展和进步是一个缓慢积累、螺旋上升的过程。“历史常常是跳跃式地和曲折地前进的。”[①] 文明取代野蛮、光明驱逐黑暗、先进代替落后既是自然法则，也是社会规律。封建社会取代奴隶社会、资本主义战胜封建主义不仅是因为前者比后者具备了更发达的物质条件，而且是因为它孕育并实行了更适合生产力发展要求的先进的价值观念和精神文化。站在人类社会发展的宏阔历史视野和高远政治格局上看，社会主义要取得超越资本主义的竞争优势，就必须在综合性的文明实力上发展出比较优势。社会主义核心价值观的提出，不仅仅为中国特色社会主义的国家治理和社会治理奠定了坚实的价值基础，而且为社会主义文明超越资本主义文明提供了可靠的价值支撑，为人类文明新形态和新进步作出了价值指引。

①《马克思恩格斯选集》（第 2 卷），北京：人民出版社 2012 年版，第 13 页。

用社会主义核心价值观引领中华文明新发展。中华文明源远流长，近代以来又在中国共产党领导的社会革命中浴火重生，马克思主义中国化为中华文明的新生注入了思想灵魂，社会主义从理想到现实的发展也促进了中华文明的现代转型。从中国共产党领导的新民主主义革命开始一直到今天中国特色社会主义进入新时代，中国走出了一条中国式现代化新道路，中华文明实现了新变革和新发展。社会主义核心价值观与社会主义本质紧密相连，为中华文明的社会主义性质奠定了价值基础。用社会主义核心价值观引领中华文明新发展，一方面要把社会主义核心价值观融入个体生活，化为个人价值准则，并以此提升个体文明素质和文明能力。“社会所经历的几百年的文明进程，体现在文明社会中每一个正在成长的人身上，他们从小就程度不同地、机械地经历着个人的文明进程，每个人都在这一过程中取得了或大或小的成就。”[①] 在个体取得文明成就的过程中，社会主义核心价值观显然能够在生活化中发挥价值规范和价值导向作用，使个体朝着符合社会主义文明的方向成长和发展。另一方面也要把社会主义核心价值观融入社会治理和国家管理，化为社会价值准则和国家管理准则，并以此提升社会文明程度和国家文明水平。在当代中国，社会发展的文明化与国家治理的现代化在根本方向上是一致的。我们要把社会主义核心价值观的基本内容纳入到国家管理和社会治理的政策体系中来，转化为推进中国特色社会主义的治理方案，这无疑有助于全社会文明程度的提高和社会主义文明的构建和完善，也有助于中华文明的新发展和社会主义现代化的新进步。

用社会主义核心价值观服务人类文明新进步。人类文明进步是在沟通交流中实现的。历史上的中华文明就以宏阔开放、博大包容、善纳四方而著称。在新时代中国特色社会主义建设进程中，中国共产党更是以博大的胸怀拥抱世界人民、善待人类文明。习近平指出：“文明因多样而交流，因交流而互鉴，因互鉴而发展。……我们既要让本国文明充满勃勃生机，又要为他国文明发展创造条件，让世界文明百花园群芳竞

①［德］诺贝特·埃利亚斯：《文明的进程：文明的社会起源和心理起源的研究》（第1卷），王佩莉译，北京：生活·读书·新知三联书店1998年版，第51页。

艳。”[①]“我们应坚持世界是丰富多彩的、文明是多样的理念，让人类创造的各种文明交相辉映，编织出斑斓绚丽的图画，共同消除现实生活中的文化壁垒，共同抵制妨碍人类心灵互动的观念纰缪，共同打破阻碍人类交流的精神隔阂，让各种文明和谐共存，让人人享有文化滋养。”[②]用社会主义核心价值观服务人类文明新进步，一方面要加强社会主义核心价值观的国际传播和世界适应，用真实、客观和生动的中国故事讲述发生在中国的历史巨变及其内在价值，讲述社会主义核心价值观与人类优秀价值观念融通一致、中华新文明既属于中国也属于世界的基本理念，打开现实世界中依旧存在的封闭心墙和价值壁垒，让中国价值、中国精神和中华新文明拥抱世界，造福人类；另一方面也要扎实推进人类命运共同体的构建和完善，统合实现中华民族伟大复兴和促进人类进步的主线，在维护中国国家主权、安全、发展利益的同时积极参与引领全球价值变革和治理体系改革，用社会主义核心价值观支撑中国与世界、中华文明与人类文明的安全发展和持续进步，营建公平正义、共建共享的安全发展格局，持续推进开放、包容、普惠、平衡、共赢的经济全球化，创造人类文明共同发展的良好条件，共同推动世界的繁荣和人类的福祉，共同打造人类文明和谐昌盛的新局面。

（原文发表于《思想教育研究》2022 年第 11 期，被人大复印报刊资料《精神文明导刊》2023 年第 4 期转载）

① 习近平:《习近平谈治国理政》(第 3 卷)，北京：外文出版社 2020 年版，第 468—469 页。
② [德]诺贝特·埃利亚斯:《文明的进程：文明的社会起源和心理起源的研究》(第 1 卷)，王佩莉译，北京：生活·读书·新知三联书店 1998 年版，第 434 页。

二

社会主义核心价值观与中华民族伟大复兴

实现伟大复兴是中华民族百年来的夙愿，也是亿万中华儿女长期艰辛求索和不懈奋斗的目标。习近平总书记指出："经过鸦片战争以来170多年的持续奋斗，中华民族伟大复兴展现出光明的前景。现在，我们比历史上任何时期都更接近中华民族伟大复兴的目标，比历史上任何时期都更有信心、有能力实现这个目标。"[①] 从历史方位上看，在中国共产党的领导下，中华民族伟大复兴的目标今天已不再遥远。然而，我们也需要清楚地认识到，在奋力实现复兴目标的进程中，行百里者九十尚半，越是接近民族复兴的目标，我们所遭遇到的困难和挑战就会越多越艰巨。进一步说，中华民族的伟大复兴不仅仅意味着政治的安定团结、经济的富足强大、科技的尖端高新和社会的活跃振兴，也包含着文化的繁荣发展特别是价值观的强盛有力。在实践意义上，只有中华文化和中国人价值观的复兴，才是中华民族复兴最坚实、最强大的精神保障，才是完全意义上的民族复兴。由此，弘扬和培育社会主义核心价值观、促使价值观在人民心灵中扎根并以坚定昂扬的姿态展示于国际社会，不仅是中华民族复兴的题中之义，也是社会主义现代化强国的伟力之源和强盛之基。

（一）朝向民族复兴的社会主义价值观求索

中国近代的落后不仅仅是经济技术的落后，也是社会制度和思想观念的落后。在西方列强坚船利炮的威逼胁迫下，19世纪中期以后，中华民族逐步陷入了水深火热、被动挨打的局面，遭逢了中国历史上前所未

①《习近平谈治国理政》（第1卷），北京：外文出版社2018年版，第35—36页。

有的奇耻大辱。知耻而勇，雪耻而动，具有先进思想的知识分子和社会贤达在民族困境中开始了寻求民族复兴的艰辛探索，先后实施了多种扶危济困的计划，尝试了多个救国救民的方案，经历了多番曲折和失败，最终寻找到用马克思主义和科学社会主义挽救中国的道路。20世纪初叶，伴随着俄国十月革命的一声炮响，马克思主义和社会主义来到了中国，给处在挣扎和痛苦中的中华民族带来了生的希望，中华民族复兴也揭开了新篇章。然而，接受马克思主义和社会主义的过程并不是一帆风顺的，先进分子要改变自身的和社会的固有文化观念绝非易事。社会主义之于当时的先进人士，仍停留在一种朦胧的向往中，犹如“隔着窗纱看晓雾，社会主义流派，社会主义意义都是纷乱，不十分清晰的”①。以最早接触社会主义思潮的梁启超为例，他一方面宣称社会主义必将磅礴于20世纪，称社会主义为将来世界最高尚美妙之主义②，同时也把社会主义说成中国古已有之的思想，认为“中国古代井田制度，正与近世之社会主义同一立脚点”③。大凡接受了马克思主义、立志从事社会主义事业的革命人士，对社会主义的理解或许不尽相同、对实现社会主义的道路也各有持见，尽管如此，他们大都会对社会主义所蕴含的美好未来特别是其在精神和价值观念上的光明抱有巨大的希冀。对他们而言，一个确定无疑的事实是，“社会主义的制度还没有实现，一切社会运动仅仅是趋向于社会主义的步骤，并不就是社会主义”，“殊不知道社会主义的科学正是彻底的以因果律应用之于社会现象，或所谓‘精神文明’的”。④也就是说，社会主义从一开始就给革命人士注入了精神目标和价值愿望，他们心目中的社会主义理想，与其说是一种对未来的向往，倒不如说是一种逐步植入心田的价值观念与思想信仰。

谁的社会主义？什么是真正的社会主义？社会主义应采取什么样的道路，又要实现怎样的发展目标？这一系列问题是关系社会主义本质规定性的问题，也是体现社会主义精神实质和价值观念的核心问题，是反

①《瞿秋白文选》，北京：人民文学出版社1982年版，第35页。

② 参见梁启超:《杂答某报》,《新民丛报》第四年第十三号，第1—4页。

③ 梁启超:《饮冰室合集》(专集第二册)，上海：上海中华书局1936年版，第102页。

④《瞿秋白选集》，北京：人民出版社1985年版，第98、106页。

映社会主义精髓的至关重要的问题。对这些问题的理解以及由此提供的实践方案，恰恰是判断在价值观上对社会主义的理解是否失真、社会主义思路是否失实的关键。换句话说，对社会主义是什么的思考也就从广义上包含着对社会主义价值观念的思考。事实上，社会主义思潮在中国初兴的时代，除去科学社会主义之外，也曾出现很多社会主义拥趸，有诸多不同形式的社会主义思潮。基尔特社会主义、民主社会主义、实利社会主义、空想社会主义和改良社会主义等等，不一而足。而真正区分这些社会主义思潮的不是其传播范围广狭、信众多寡，而是所主张的社会主义的精神和价值观。一部分资产阶级民主革命志士也曾对社会主义有所关注，抱有乐观心态，一度追捧。譬如，孙中山就说过："我当选中华民国总统时，原计划以社会主义的理想来建设中国；但我孤掌难鸣，因为中国人民对于社会主义毫无所知，而我的革命同志当中，社会主义者寥寥无几，而且他们对社会主义的了解也是粗浅而模糊的。……我坚信，只有中国成为一个社会主义国家，我们的人民才能更幸福，他们的苦痛也才能减轻。社会主义将治愈中国的疾苦。……中国是可以实现社会主义的国度，这个国度应用来作为社会主义政府的典范。"[①]他坦言："鄙人对于社会主义，实欢迎其利国福民之神圣，本社会之真理，集种种生产之物产，归为公有，而收其利。实行社会主义之日，即我民幼有所教，老有所养，分业操作，各得其所。我中华民国之国家，一变而为社会主义之国家矣。予言至此，极抱乐观。"[②]然而，遗憾的是，孙中山心目中的社会主义并不是科学社会主义，他把社会主义等同于民生主义（又名共产主义，即大同主义）、人道主义、人类经济主义，把社会主义真髓等同于自由、平等和博爱并为之鼓与呼，这就从价值观上把社会主义与资本主义的目标诉求混为一谈，从而也就无法清楚地区分开无产阶级价值观与资产阶级价值观了。

中国共产党人对社会主义价值观问题的思考是深邃的、持久的，也是直抵社会主义本质的。对于开启了民族复兴道路的共产党人来说，社

① 郝盛潮主编、王耿雄等编：《孙中山集外集补编》，上海：上海人民出版社1994年版，第183—185页。

②《孙中山全集》（第2卷），北京：中华书局1981年版，第523页。

会主义是远大的目标，不仅代表了良善的理想，也蕴含了美好的社会价值观。中国共产党的创始人之一李大钊探讨中国的社会主义及其实行方法的问题，批判了那种先发展实业、在现行制度下谋求实业兴盛的观点，指出："在中国想发展实业，非由纯粹生产者组织政府，以铲除国内的掠夺阶级，抵抗此世界的资本主义，依社会主义的组织经营实业不可。"[①]这就从发展实业问题上划清了社会主义和资本主义的界限，确立了必须消除资本主义、先建立社会主义再发展实业的价值判断和思想观念，从而在社会制度层面和价值体系意义上表明了社会主义与资本主义的差异。而对于社会主义的价值、精神和本质，李大钊更是从多个方面提及。譬如，他认为"社会主义的精神，固极主张民族自决。……社会主义的本质，不能有侵略的意味。……社会主义的制度，是以事物的管理代（替）人的统治的制度"[②]。值得一提的是，李大钊在建党后对社会主义与社会运动的分析中，不仅介绍了各种社会主义学派，列数了对社会主义的种种误解，还重点探讨了社会主义必须发扬民主、保护自由、加强法制、加强道德文化建设、建立合理社会伦理关系的问题。他区分了社会主义与平民主义，探讨了社会主义实行后包括学问、艺术在内的精神和价值进步的关系，提出了社会主义不但不阻碍精神发展、更能使人的精神能力进步的观点。对社会主义价值观的求索包含在构设和实现社会主义的历史途程中。李大钊只是建党早期对社会主义的价值体系进行探索的代表，类似的革命志士和理论家在他生活的时代有很多，在他身后则更多，探索社会主义价值观念的内容更广泛、观点更多样。这样一来，即便是在中国共产党内部，不同时期的人士对社会主义的理解也不尽相同。然而，正是在对社会主义及其实现方式的不同理解上，也才导致了百年来中国社会主义道路的开辟充满艰辛和坎坷，遭遇重重困难，经历多次挫折。

在中国共产党领导下进行社会主义价值观求索和建设的历程是长期的、持续的。从探索社会主义价值观的基本历程和实践形式上看，第一阶段是通过新民主主义革命来推翻大地主大资产阶级的统治，其间对社

① 朱文通等编：《李大钊全集》（第 4 卷），石家庄：河北教育出版社 1999 年版，第 604 页。
②《李大钊全集》（第 4 卷），北京：人民出版社 2006 年版，第 136—137 页。

会主义价值观的求索一方面表现为政治上为新民主主义的民主而作出的努力，另一方面也表现为对民族的、科学的、大众的社会主义文化的构想。例如，毛泽东在1940年曾指出："我们现在要的民主政治，是什么民主政治呢？是新民主主义的政治，是新民主主义的宪政。……到了将来，有了一定的条件之后，才能实行社会主义的民主。现在，我们中国需要的民主政治，既非旧式的民主，又还非社会主义的民主，而是合乎现在中国国情的新民主主义。"① 第二阶段是在建立人民共和国和社会主义制度后，在社会主义革命和建设进程中同步开展社会主义文化建设、社会主义革命精神和思想道德建设，在人们的思想和精神中消除资产阶级思想、增加社会主义观念。第三阶段是改革开放后为防止资产阶级思想污染而启动的持续性的中国特色社会主义文化与精神文明建设，其直接目标是在精神领域确立社会主义观念，提升社会主义思想觉悟。第四阶段是在构建社会主义和谐社会进程中，推动社会主义文化大发展大繁荣，加强对包括马克思主义指导思想、中国特色社会主义共同理想、民族精神和时代精神、社会主义荣辱观在内的社会主义核心价值体系的建设。第五阶段是进入新时代以来，增强文化自信、建设社会主义文化强国，对以富强、民主、文明、和谐，自由、平等、公正、法治，爱国、敬业、诚信、友善为主要内容的社会主义核心价值观的倡导和建设。站在今天的时代立足点上回望历史，可以发现，百年来中国共产党人在探索民族复兴的过程中，对社会主义价值观的求索遵循着从迫于形势到自觉自信、从理论思考到实践尝试、从宏观布局到具体设计、从外围摸索到渐入内核的基本发展逻辑，其中始终贯穿着一条红线，即对什么是社会主义以及如何建设社会主义的诘问，始终伴随着对民族复兴、国家富强和人民幸福的向往。换句话说，对社会主义价值观的求索不是抽象的，也没有停留在纯粹思辨层面，而是有着鲜明的思想内涵和时代主题。从努力实现民族解放、国家独立和人民自由的新民主主义革命，到建立和巩固社会主义政治经济基础的社会主义革命和建设；从解放生产力、发展生产力的新时期改革开放，到新时代继续深化改革、扩大开

①《毛泽东选集》(第2卷)，北京：人民出版社1991年版，第732—733页。

放、推进中国特色社会主义建设，对社会主义价值观的追问始终没有离开中国共产党人的思维视野和实践探索。

（二）社会主义核心价值观助力民族复兴的因由

中共中央在《关于培育和践行社会主义核心价值观的意见》中把培育和践行社会主义核心价值观列为推进中国特色社会主义伟大事业、实现中华民族伟大复兴中国梦的战略任务，认为它对于巩固马克思主义在意识形态领域的指导地位、巩固全党全国人民团结奋斗的共同思想基础，对于促进人的全面发展、引领社会全面进步，对于集聚全面建成小康社会、实现中华民族伟大复兴中国梦的强大正能量具有重要现实意义和深远历史意义。① 这个判断，为我们思考社会主义核心价值观促成民族复兴的因由提供了线索和依据。那么，社会主义核心价值观何以有助于实现中华民族的伟大复兴呢？

1. 社会主义核心价值观综合了价值观自觉、价值观自信和价值观自强三种思维品质，支撑引领民族复兴的思维逻辑

价值观是民族精神生活的核心，是容纳并渗透着情操、意志、理想、信念和信仰的最内核的精神观念和最终端的道德品质。所有的民族都有自己的价值观，而所有民族的价值观都是该民族内在的精神品质。在一个民族成长发展的进程中，并非在所有阶段，也并非所有的民族都能够清晰地意识到自己的价值观到底是什么样的。简单来说，对民族价值观的自我体认就是价值观自觉，对本民族的价值观抱有比较高的崇信、以之为荣为傲就是价值观自信，意识到本民族的价值观并致力于强化自身的价值认知和对外的价值影响就是价值观自强。一般来讲，一个民族意识到自己的价值观，在认可自身价值观自觉的基础上致力于进行价值观建设，就能够实现价值观自觉、自信和自强的统一。近代以来，中华民族的仁人志士是在西方的欺凌和压迫下开始意识到自身的落后，并在中西对比中开始呼唤文化革新和价值观革新的。新文化运动和五四运动是具有代表性的中华民族在价值观上自发觉醒的表现。彼时，五四

① 参见《关于培育和践行社会主义核心价值观的意见》，北京：人民出版社 2013 年版，第 4—5 页。

先锋傅斯年哀叹“心气薄弱之中国人”没有“主义”，这里的“主义就是他的标准”。[①]此后，伴随着中国新民主主义革命的发生和胜利，中国人民逐渐摆脱了被动挨打的局面，实现了民族独立、民族解放。新中国的成立和社会主义制度的建立，让中华民族从此摆脱了帝国主义的压迫而站立起来，不仅大大提振了民族精神，也提升了中国人的价值观自信，使得中国人民和中华民族对自身选择的道路充满自豪之情。由此说来，中华民族近代以来为追求民族复兴而矢志不渝、艰苦奋斗的过程，也是在精神世界中寻求解放、独立和自由，不断在价值观自觉中实现价值观自信和价值观自强的过程。

尽管自觉、自信和自强都指向并依据主体自身的价值发现，它们其实也有与他者对象的关联性和相对性，是基于他者的刺激或诱惑而产生的内生性且外感型的觉悟、感受和意志。换言之，所谓自觉、自信和自强，都存在着某个外在于主体自身的参照物或相对物。正是在其参照或相对下，才有所谓价值观上的落差和比较，从而才会有价值观自觉、自信和自强。价值观自觉、价值观自信和价值观自强作为思维形式，揭示的是一个民族在自我意识、自我判断和自我实现上的考量视角和思想线索，它们分别代表了民族思维品质的不同阶段。通常情况下，价值观自觉是民族追求价值实现的自我意识阶段，即初级思维阶段，价值观自信和价值观自强分别是民族追求价值实现的比较优势与竞争发现阶段，即中级阶段和高级阶段。社会主义核心价值观既体现了中华民族新时代的价值观自觉，也是在中国共产党领导下中华民族具备价值观自信并致力于价值观自强的表达。在社会主义核心价值观中，中华民族在价值观上的自觉意识、自信观念和自强意志融合在一起，凝聚成新时代中华民族价值追求的主导取向。提出价值观本身就是一种价值观自觉，把 24 字价值观内容定位为社会主义性质，与弘扬中国精神、加强社会主义意识形态建设和新时代治国理政的实践联系起来，同时也列为中国特色社会主义理论的重大发展和突出贡献，视之为中国特色社会主义建设进程中的重大理论创新，充分展现了中国共产党和中华民族的价值观自信的水

① 傅斯年:《中国人的德行》，北京：中国工人出版社 2011 年版，第 3 页。

平与价值观自强的努力。从价值观自觉到价值观自信再到价值观自强，是中华民族追求价值实现的过程，也是努力实现民族复兴的过程。社会主义核心价值观所展现的循序渐进的思维逻辑，把价值观的内在价值目标和民族的外在实践目标统一起来，从而成为了引领中华民族伟大复兴的价值方向盘和实践导航仪。

2. 社会主义核心价值观遵循了人类发展、社会建设和政党执政三种实践规律，符合推进民族复兴的实践模式

人类社会发展是在人类生产和生活中进行的。人类社会的生产既包括物质生产，也包括精神生产，既包括自身的生产，也包括支撑自身存在的条件的生产。人类总是在不断改善自身的物质生产生活条件和丰富提升精神生产生活条件中成长壮大并发展进步的。恩格斯指出："当我们通过思维来考察自然界或人类历史或我们自己的精神活动的时候，首先呈现在我们眼前的，是一幅由种种联系和相互作用无穷无尽地交织起来的画面，其中没有任何东西是不动的和不变的，而是一切都在运动、变化、生成和消逝。"①价值观是人类精神生产的核心要素，价值观的发展是人类社会精神发展的题中之义和重要内容，也是其中最具有标志意义的尺度性的发展对象。就一般状况来说，价值观代表了人类精神发展的先进内容，价值观的发展包含在人类社会发展的整体系统内，往往由作为先进组织的政党来倡导和引领，并与社会的建设同行同程。由于价值观指引着人们行为和实践的方向，因此价值观也就内在地发挥着引领和塑造社会进步方向的作用。从其基本趋势上看，人类社会的发展遵循着从低级到高级、从落后到发达、从弱小到强大、从贫瘠到丰富、从愚昧到文明的进步程式。社会主义核心价值观摆脱了历史上封建主义价值观和近代资本主义价值观的束缚与羁绊，在性质和内容上表现了极大的积极性、进步性和创造性。从其发展逻辑上说，社会主义核心价值观反映的是人类对美好未来的向往和追求，符合人类社会不断演化和发展进步的规律。从其根本价值目标上说，社会主义核心价值观代表的是社会主义的价值本质和精神内核，指引的是走向更加美好的社会主义社会。社

①《马克思恩格斯选集》(第3卷)，北京：人民出版社2012年版，第790页。

会主义核心价值观的进步性与人类社会发展由低级阶段向高级阶段、从少数人剥削压迫多数人到多数人管理国家和社会、全体人民自由全面发展的进步性是一致的。因此说，社会主义核心价值观的提出符合人类社会发展的进步规律，适应中国社会发展的趋势和要求。

社会主义核心价值观是在社会主义运动史上明确提出的社会主义的价值属性。建设社会主义代表了人类对美好未来的向往。数百年来，从资本主义母体内部脱胎，社会主义经历了从空想到科学、从理想到现实、从主义到制度、从理论到实践的变迁与升华。近代中国正是在资本主义的压迫和挑战下，才开始选择走上社会主义的道路。可以说，中华民族的伟大复兴是与中国近代走社会主义道路的根本选择密不可分的。从为社会主义的建立奠定政治、制度基础，到推进社会主义革命和建设以至于推进中国特色社会主义建设，社会主义价值观始终是其中的内在精神命题，勾勒着社会主义建设实践的精神轨迹，伴随着社会主义制度、社会主义建设而不断成熟和完善。改革开放以来，中国经济社会迅速发展，综合国力大大提升，人们的物质生活得到了很大改善，全面建设小康社会提上日程。当人们的物质生活需要基本得到满足以后，精神生活和价值生活的质量如何提升，这是摆在国家经济社会发展进程和人民生活中的现实问题。由此，党的十八大以来，在此前社会主义精神文明和思想道德建设的基础上，特别是在加强社会主义核心价值体系的基础上，逐步凝练并确立社会主义核心价值观，这不仅是中国社会主义建设规律的要求，也是民族复兴实践的题中之义。

中国共产党是中国工人阶级的先锋队，同时是中国人民和中华民族的先锋队。从其成立的第一天起，中国共产党就肩负起为中国人民谋幸福、为中华民族谋复兴的历史重任。中国共产党从无到有、从小到大、从弱到强的历程，既是其肩膺民族复兴责任、推进民族复兴事业的历程，也是构建和完善社会主义核心价值体系、践行社会主义核心价值观的过程。从其发展历史和实践过程来看，社会主义核心价值观的提出和践行至少在三个层面上遵循并符合中国共产党执政规律：其一，始终坚持党的领导的规律。执政必须坚持党的领导，放弃或危害党的领导就放弃或危害了执政地位。社会主义核心价值观由中国共产党来倡导并率先垂范践行，党是社会主义核心价值观的首倡者、维护者和践行者。其二，始终坚持人民性和为人民服务的规律。党是人民的党，是以人民为中心、坚持人民主体地位、始终全心全意为人民服务的党，这是党的执政之基。社会主义核心价值观是人民的价值观，具有人民性，既要人民来践行，也维护人民的利益和权益，服务于人民的需要。其三，始终根据时代和社会发展需要设定并努力实现民族复兴不同阶段目标与任务的规律。党致力于实现中华民族复兴的目标，该目标的实现需要持续的接力和适时调整目标的可行性。社会主义核心价值观的渐成性、体系性和实践性始终与党的解放思想、实事求是、与时俱进的思想路线，依靠群众、发动群众和服务群众的群众路线，不同阶段的工作路线紧密相联系，始终与党所秉持的人民幸福、国家富强、民族复兴的根本价值目标相匹配。因此说来，社会主义核心价值观是在党治国理政、执政兴国的实践中产生的，是遵循党的执政规律、致力于实现民族复兴目标、契合民族复兴进程的实践创造。

3. 社会主义核心价值观融汇了传统文明、普遍价值和先进思想三种优势资源，呈现了支撑民族复兴的思想优势

从思想内容上看，社会主义核心价值观并不是空中楼阁，它立足于当代中国特色社会主义建设的鲜活实践，坚持马克思主义指导思想，既有丰富的传统文明思想资源，也借鉴了西方社会的精神文明成果，是当代中国价值观的集大成者。毫无疑问，社会主义核心价值观容纳了不同指向的价值观要素，“各种各样的价值观，可以按照相容的格局予以归类，这就是‘价值观体系’”[①]。社会主义核心价值观体系的根本思想立场和思想方法是马克思主义的，其内容与中国特色社会主义发展要求相契合，与中华优秀传统文化和人类文明优秀成果相承接。与此同时，社会主义核心价值观也并不完全排斥来自于西方文明的优秀资源，特别是近代以来使西方社会走向发达、强盛、不断文明化的重要思想要素。这样一来，社会主义核心价值观就融汇了传统文明、普遍价值和先进思想三种优势资源，获得了前所未有的开放优势、无可比拟的比较优势和

①［美］亨廷顿、哈里森主编:《文化的重要作用——价值观如何影响人类进步》，程克雄译，北京：新华出版社 2002 年版，第 83 页。

强大雄厚的综合优势。从辩证客观的角度看，尽管中国传统社会已经与现实社会出现了前所未有的落差，但传统文明并非一无是处，它同西方社会的文明一样，自然也有其优秀之点，有可以为今天所借鉴的内容和元素。在如何借鉴传统文明和西方社会文明的问题上，马克思主义给我们提供了最锐利的思想武器和最得心应手的法宝。它所提供的科学辩证的世界观和方法论，是我们对待一切人类优秀文明和思想遗产的得力工具。实现中华民族复兴是一项综合的、复杂的工程，需要借助于各个方面的资源和力量，形成强大合力才能产生最佳的效果，达到最终的目标。为此，把传统文明、普遍价值和先进思想的优势结合起来，是实现民族复兴的必然选择。

需要指出的是，社会主义核心价值观的思想内容并不是马克思主义、中华传统文化和西方政治价值观的简单移植与机械组合，而是含英咀华、博采众长的创造性融合。富强、民主、文明、和谐是马克思主义的思想体系中所突出的思想精华，自由、平等、公正、法治是近代西方文明首先提倡的相对显著的思想精华，爱国、敬业、诚信、友善是中国传统社会倡导的优秀价值理念，但任何社会都是复杂的系统，人们的思想观念系统也是复杂的、综合的观念体系，都不可能绝对地、完全地独有或者彻底隔绝任何一种思想精华。譬如，我们很难说中国传统社会绝对没有富强、民主、文明、和谐的观念，也很难说这些观念不属于西方任何文明和社会。它们只不过是在某个社会类型、某个特定时代和某个地域空间内有特别突出的彰显而已，同时它们之间也并不是相互排斥的，而是彼此关联、有机互补、相得益彰的。但需要强调指出的是，社会主义核心价值观的这些思想要素和基本内容是以扎根中国大地、立足中国国情、体现社会主义的本质要求为前提和基础的。就是说，不论哪一项内容都应立足于当代中国特色社会主义建设的鲜活实践，属于当代中华民族和中国人民的价值需求，符合中国特色社会主义的发展目标，服务于建设社会主义现代化强国的现实任务，有助于实现中华民族伟大复兴的中国梦这一根本方向。为此，社会主义核心价值观的提出是为了从价值层面上为实现中华民族伟大复兴的目标强基固本、正本清源，建构起最大的价值同心圆，打造最现实的中国价值，凝聚最强大的中国力量，实现最伟大的中国目标。正是在这个意义上说，社会主义核心价值观有利于召唤各方面实践主体的力量，呈现了支撑民族复兴的思想优势。

（三）切实推进社会主义核心价值观的扎根与外扬

当今时代，随着经济全球化的发展，各国之间的交往普遍加深，思想文化领域的交融一方面符合各国人民的精神生活，另一方面也造成了弱势国家对强势国家的文化认同和对本民族文化的认异，甚至造成了民族文化的“拔根”和“刨根”现象。社会主义核心价值观的提出，反映了中国特色社会主义现代化建设进程中中华民族和中国人的价值观自觉与文化自信，但要真正实现社会主义核心价值观上的价值观自强，中国仍需要切实推进社会主义核心价值观的扎根与外扬。

1. 建立健全践行社会主义核心价值观的制度体系，保证价值治理的有效实现

价值观是一种德性，代表和反映了个体的道德思想觉悟和道德践履能力。社会核心价值观也是一种道德，只不过是通过个体道德彰显的社会公德和国家大德。习近平总书记指出：“核心价值观，其实就是一种德，既是个人的德，也是一种大德，就是国家的德、社会的德。”[①]对个体来说，德可以润身，也可以利业。但对一个民族和国家来讲，价值观这种大德就是道德治理和价值治理的重要工具，是实现社会价值治理的根本途径。社会主义核心价值观的根本意义和实践价值在于调节社会价值关系，开展社会价值治理，实现社会价值目标。“培育和弘扬核心价值观，有效整合社会意识，是社会系统得以正常运转、社会秩序得以有效维护的重要途径，也是国家治理体系和治理能力的重要方面。”[②]为此，应把社会主义核心价值观的扎根和外扬纳入国家治理体系现代化和国家治理能力现代化建设的体系中，建立健全践行社会主义核心价值观的制度体系，完善其机制保障、政策保障和法律保障，特别是行业价值制度、社会行为准则和道德礼仪规范。也就是说，促进社会主义核心

① 习近平：《青年要自觉践行社会主义核心价值观——在北京大学师生座谈会上的讲话》，《人民日报》2014年5月5日，第2版。

②《习近平谈治国理政》（第1卷），北京：外文出版社2018年版，第163页。

价值观的扎根与外扬就不应该仅仅停留在道德约束层面上，而是应当加快社会主义核心价值观的制度化、机制化和法律化，以制利治，援法入德，使社会价值治理中道德治理和法制治理两种手段相互补充、有机融合、并行不悖、共同作用。亚里士多德说过："对德性只知道还不够，还必须努力去获得。德性以好品质为前提，而好品质需在好法律下养成。"① 在社会主义核心价值观制度体系和管理机制建立之后，"要发挥政策导向作用，使经济、政治、文化、社会等方方面面政策都有利于社会主义核心价值观的培育。要用法律来推动核心价值观建设。各种社会管理要承担起倡导社会主义核心价值观的责任，注重在日常管理中体现价值导向，使符合核心价值观的行为得到鼓励、违背核心价值观的行为受到制约"②。只有这样，才能够避免长期以来道德和价值观仅仅停留在道德软约束上的弊端，通过制度和法律手段强化社会主义核心价值观扎根与外扬的硬约束，使践行社会主义核心价值观的活动能够规范、有序地进行，从而减少人为性和随意性，保证价值治理的有效实现。

2. 大力繁荣社会主义文化教育事业，促进价值观念的内化与外化

价值观是人们行动的原则和标准。美国社会学家塔尔卡特·帕森斯指出："'价值观'可视作一常规象征体系之中的一因子，它能充作一准绳，人们依据它而在一定情况下可供选择的各种行动方针中，作出自己的抉择。"③ 人们在长期的社会生活和社会实践中，依据价值观这一标准而行动，久而久之就形成一定的思考和行为的模式，这在广义上被视作文化的内容。在一个成熟的社会系统内，价值观是作为文化的内核而存在的，教育则是促进价值观内化和外化的重要手段。就价值观培育来说，文化是涵养价值观的母体，起到潜移默化的熏陶浸染的作用。教育则直接把一定的价值标准和原则传授给社会成员，将价值观内化为人们的价值认知，并外化为行为方式。不论是作为德性和智性的价值观，还是作为能力和素质的价值观，其培育和践行都离不开文化与教育。因

①［古希腊］亚里士多德：《尼各马可伦理学》，廖申白译注，北京：商务印书馆2003年版，第330页。

②《习近平谈治国理政》（第1卷），北京：外文出版社2018年版，第165页。

③ Talcott Parsons, *The Social System*, New York: Free Press, 1951, Chap. I.

此，一个国家文化教育事业发展的水平，既是其社会发达程度的标志，也是其社会精神文明建设的标尺。社会主义文化教育是培育社会主义核心价值观的重要阵地和根本途径。十八大以来，党和国家把培育和弘扬社会主义核心价值观列为建设社会主义文化强国的重要任务，强调要将社会主义核心价值观纳入并贯穿到国民教育全过程。习近平总书记在中央政治局集体学习时指出，要切实把社会主义核心价值观贯穿于社会生活方方面面，通过教育引导、文化熏陶等手段使社会主义核心价值观内化为人们的精神追求、外化为人们的自觉行动。[①]要实现这样的目标，当代中国应大力繁荣文化教育事业，在弘扬优秀传统文化、建设社会主义先进文化、开展红色革命文化教育、借鉴吸收外来优秀文化中开展社会主义核心价值观的教育，促进社会主义核心价值观的养成。具体而言，在实现民族复兴进程中弘扬和培育社会主义核心价值观，要努力做到两个进程的合二为一。也就是说，将社会主义核心价值观扎根与外扬的进程与中华民族复兴的实践进程统一起来：一是要促进社会主义核心价值观“走进去”，即一方面走到人们的头脑和心灵中去，内化为人们的价值认知、思想认识和思维方式；另一方面也要走到中国特色社会主义建设的实践中去，不能为价值观教育而教育价值观，将之悬置于课堂、书房和学案中，与鲜活的民族复兴实践相隔离、相脱离。二是要促进社会主义核心价值观“走出去”，即一方面超越知行分离的鸿沟，促使人们把价值观念转变为价值行为和实践活动，转化为行动价值；另一方面要努力通过文化和教育的途径扩大社会主义核心价值观的影响力，通过中国文化教育走出去而使中国人的优秀价值观念、中华民族的优秀思想、中国文化的优秀价值走出国门、走向世界，让中华文明在更大的范围内造福人类。

3. 加强日常生活引导和管理，保证价值观在落细落小落实中扎根

价值观扎根并不是宏大叙事，而是细致入微、小中见实、实中见效的过程。之所以强调要把价值观落细落小落实，就是为了避免价值观抽象化和空泛化，陷入繁琐哲学，流于形式主义。实际上，价值观来源于生活也植根于生活。“对生活的反思形成了我们的生活经验。它把具体

① 参见《习近平谈治国理政》（第1卷），北京：外文出版社2018年版，第164页。

和一般的知识同我们的自我在跟周围的世界及命运接触中所发生的（由冲动和感情在我们内部唤起的）许多分明而细微的事件结为一体。”[①]也就是说，无论制度规范和文化传播多么强大，它们对价值观的传输最终都要落实到日常生活当中来，日常生活实际上是价值观存在和浸入的最可靠的途径。由此，加强日常生活的引导和管理，恰恰是保证价值观落到实处的关键。所谓日常生活，其实关键的是其作为生活的全部方面之间的相互关系，它暗示了普通、平庸，但重要的是蕴含了连续的重现和持续的重复，是人们夯实某种思想观念、真正在心灵和血肉中形成价值认知和价值判断的必然系统。日常生活包含着琐碎但重要的内容，是生命具体化和行为现实化的基本方式。正如法国思想家列斐伏尔所言："日常生活是由重现的事情组成的：劳动与休闲的姿态，人和机器本身的机械运动，小时，天，星期，月，年，直线型和圆圈型的重复，自然的和理性的时间。”[②]日常生活总是在个人的环境中发生并与之关联，对于个人形成价值观念极其重要。“在日常生活中，个人以多种形式使自身对象化。他塑造他的世界（他的直接环境）并以此塑造自身。”[③]为此，加强日常生活引导和管理也就是要加强对个体学习、工作和交往等日常生活方式、交往方式、日常认知和日常行为中思想价值观念的监督，助力正确观念的重复与再现，校正与调整不符合伦理规范、政治关系和社会发展的价值观念，使人们的价值观念在最扎实的土壤中生根发芽、健康成长。在这个意义上说，社会主义核心价值观尽管是与民族复兴大业相联系的高尚的价值观体系，也需要落到实处、进入生活、沁入人心中。因此说，要促进社会主义核心价值观的扎根与外化，加强日常生活的引导和管理是不可忽视的必然选择。

（原文发表于《社会主义核心价值观研究》2022年第2期）

①［德］狄尔泰：《世界观的类型及其在形而上学体系内的展开》，见［美］马斯洛：《人的潜能和价值》，林方主编，北京：华夏出版社1987年版，第7页。

② Henri Lefebvre, *Every Day Life in the Modern World*, New York: Harper & Row, 1971, p. 18.

③［匈］阿格尼丝·赫勒：《日常生活》，衣俊卿译，哈尔滨：黑龙江大学出版社2010年版，第6页。

三

社会主义核心价值观与现代德性人格培育

社会主义核心价值观是党的十八大以来以习近平同志为核心的党中央推进当代中国马克思主义发展和中国特色社会主义建设进程中提出的新理念新思想新战略的重要组成部分。它的提出，反映了当代中国的价值观自觉和文化自信，开启了新阶段和新形势下中国社会主义价值观建设和精神文明治理的新局面。培育和践行社会主义核心价值观的根本目标是要实现价值观扎根于社会的文化和制度之中，成为个体价值世界的标准和社会价值生活的共识，并藉此内化为现代德性人格。因此，从社会主义核心价值观的道德旨趣与现代人格的德性规定性相契合的逻辑出发，社会主义核心价值观只有转化并固定为人的德性人格，才能够成为社会不可撼动的精神支柱和价值规范，也才能为社会主义寻找到稳定可靠的人格支撑。

（一）价值观蕴含德性人格规定性

众所周知，价值观是反映人们在处理价值关系时所持立场、态度和方法等思想标准和价值依据的观念总称，是人们对价值问题的根本看法和综合判断。美国社会学家塔尔卡特·帕森斯认为，价值观是“社会中人们一致接受的象征系统（文化系统）中的一个因素。它是社会里各种选择或行动目标的标准。”[①] 他提出，人们判断事物和对象时所采用的价值标准，不仅包含认识、欣赏鉴别、选择行动的标准，也包含道德良心标准。毫无疑问，不管是哪个层次的标准，价值观的承载者都是人，或者说，人始终是价值观的承载主体。价值观一定是人的价值观而不是物

① Talcott Parsons, *The Social System*, New York: Free Press, 1951, p. 112.

的价值观，价值标准也只能是价值观主体的标准而不是价值观客体的标准。这样看来，价值观是与人的认识世界和实践世界紧密结合的、反映人从思想认识到实践活动过程所采取的基本选择、判断的标准和依据。由于人们认识价值对象、产生价值判断和实施价值实践时的立场、态度、方法和境界的差异性，对于同样的现象和选择，不同的人依据其自身的价值观和社会价值共识采取行为的方式、路径和格局就有差别。这表明，价值观实际上是对人的价值世界和价值实践进行区分的标准系统，反映了内在于人本身的需求及其外化时的行动依据和伦理标准，也是人之为人的规定性之所在。

同价值观类似，人格这个概念也是在西方社会科学中很早就出现并颇受重视的概念。它是与人品、人性和人心紧密联系、对一个人做人做事的品性和规格进行描述的概念，也是对人的思想和行为的格局、层次、水平和境界予以区分的工具。按照古罗马哲学家西塞罗的解释，人格既包括自己在自身和他人心目中的形象，也包括人在适应职业生活和社会生活中的优越感与尊严感，这就把人格聚焦于人的品格特性、身份地位和尊严情操。从西塞罗以降，西方学者从需要、动机、兴趣、欲望、精神、存在等各方面对人格进行过解释。比如，康德认为，“人格只能被认作是人任何一种理性活动的不确定的X”[①]。马克斯·舍勒尔“把人格规定为在他的每一个活动中都始终存在着的纯粹的现实性”[②]。现代人格科学又解释说：“人格是认知、情感和行为的复杂组织，它赋予个人生活的倾向和模式（一致性）。”[③]但不管作出何种解释，人格的界定始终离不开个人和社会、物质和精神等既相互对立又相辅相成的二元范畴，人格的状态也始终是在人的价值选择相对于社会需要的比较中呈现出来的。马克思指出，人格的本质“不是它的胡子、它的血液、它的抽象的肉体，而是它的社会特质”[④]。哲学家叔本华也说过：“人格，由它所造成的一切，乃是我们幸福和福祉唯一直接的源泉，而其他则只是媒介和手

①［联邦德国］施太格缪勒：《当代哲学主流》（上卷），王炳文等译，北京：商务印书馆1986年版，第148页。

②同上书，第132页。

③［美］珀文：《人格科学》，周榕等译，上海：华东师范大学出版社2001年版，第467页。

④《马克思恩格斯全集》（第3卷），北京：人民出版社2002年版，第29页。

段。”[①] 这就凸显了人格的本质及其在人的社会属性和社会需要中的根本性与决定性。因为中西方文化的差异，与西方文化相对重视以自我为中心建构人格不同，中国文化则重视以人与他人的关系即人的社会性为中心建构人格，因而会强调人格的社会化和社会关系。显而易见，在社会生活中，人所有的社会性的价值选择都包含道德性，高尚的动机、目的以及由此引发的高尚行为反映了社会系统中人格层次的高尚性，也蕴含着人格主体高尚的道德觉悟、道德水准和道德层次，反之则体现出道德人格层次的低下。由此，可以认为，正是基于对包含了价值信息的对象进行甄别、判断和选择，道德人格才得以彰显。而道德人格的出现，恰恰就是二元对立的道德矛盾和价值悖论相互碰撞、平衡、协调和积淀的产物，反映了行为主体最终的道德意愿和价值选择。这样看来，人格实际上也是个道德概念，是价值观人性化、人际化过程中的道德品质的凝结和体现，也是人之为人的道德规定性的表达。

西塞罗认为，德性是行为的后果，对德性的赞扬必须与其所指向并实现的责任和义务相匹配。他说:“因为每种德性都有自己一定的责任和义务，每种德性都应有属于自己的特有的称赞，因此例如当称赞公正时，就必须说明被称赞之人究竟诚信地、公正地以及恪守类似的某种义务地做了些什么。同样，在其他情况下，行为必须与相应的德性的性质、意义、名称相符。”[②] 按照中国传统哲学的解释，德性即人“所受于天之正理”[③]，“德性者，非耳目口体之性，乃仁义礼智之根心而具足者也”[④]。简单来说，德性就是人的道德本性，是其生而具有的向善的本性。[⑤] 事实上，德性人格是对人的道德品格形象的描述，而道德品格形象又是在实践基础上得到的比较性后果。显而易见，没有比较就无所谓“格”的高低，而没有实践也就无法验证“格”的存在。只有在实践的基础上进行德性比较，才能知道一个人的道德人格的层次和水平。毫无

①［德］叔本华:《叔本华论说文集》，范进等译，北京：商务印书馆 1999 年版，第 13 页。
②［古罗马］西塞罗:《论演说家》，王焕生译，北京：中国政法大学出版社 2003 年版，第 483 页。
③［宋］朱熹注:《四书集注》，王浩整理，南京：凤凰出版社 2005 年版，第 36 页。
④［宋］张载:《张子正蒙》，［清］王夫之注，上海：上海古籍出版社 2000 年版，第 112 页。
⑤ 参见《张岱年全集》（第 4 卷），石家庄：河北人民出版社 1996 年版，第 695 页。

疑问的是，对人格进行比较时所采取的标准就是社会化的道德标准和价值标准。这也就意味着，以不同的价值观念指导自己的行为时，行为所反映的个体人格实际上是在社会关系内展开的，而只有在社会关系内展开才能有实际意义上的比较，这种比较是一个人对他人、对社会所承担的责任和所实现的奉献的比较，也是社会化的道德观和价值观的比较。恰恰是在这种以道德为基础的价值观比较中，一个人的品格的规定性才能够准确地彰显出来，价值观的道德性也才能存在并得以实现。因此，所有的价值观都内在地包含着对人的道德品性的规定和约束。这也就意味着，受社会化的价值观的指导，一个人总要把个人对于社会的责任和贡献作为衡量其社会价值高低的标尺，也作为自身道德觉悟程度和实现程度的标尺。正如有研究者指出的：“人格就是人的规定性……人是在一定的社会关系中生活的，有一定的社会关系就有一定的要求，就有一定的责任。个人按照一定的要求，尽到自己的责任，就体现出个人的人格和对社会的贡献。”[①]

（二）社会主义核心价值观确立的目的在于形成现代德性人格

社会主义是迥异于它之前的各种社会形态和社会制度的崭新的社会模式，不仅在经济基础上要超越封建主义和资本主义，更要在社会上层建筑特别是社会关系上展现其独特的优越性。如果说社会主义公有制和按劳分配制度是制度层面上的社会主义表征的话，那么社会主义核心价值观则是社会主义社会和社会主义制度在价值层面上的表征。社会主义核心价值观是社会主义公民的价值共识，代表了人民群众的共同价值意志和集体价值愿望。从价值层面讲，社会主义核心价值观既包括社会个体的价值愿望，更凝聚社会大众的价值诉求。从道德层面讲，社会主义核心价值观既包含社会个体的道德利益，更集中社会大众的道德目标。因此，社会主义核心价值观不仅映射着个体的道德品质和道德觉悟，也映射了社会主义社会的伦理关系和道德水平，是个体道德观、价值观与社会道德体系、价值体系的有机融合与辩证统一。从组成内容和发展阶

① 罗国杰主编:《伦理学（修订本)》，北京：人民出版社 2014 年版，第 333 页。

段上讲，社会主义核心价值观必须借鉴中国传统价值观的精华，但并不是中国传统价值观的全盘复活；需要吸取西方社会价值观的优点和可鉴之处，但也不是西方价值观的全面植入和简单搬抄。相对于中国传统社会的核心价值观，社会主义核心价值观体现的是现代性；相对于西方社会的核心价值观，社会主义核心价值观体现的是民族性。总之，社会主义核心价值观始终是与社会主义整体发展和根本命运相关联，始终反映社会主义本质的价值体系。

社会主义核心价值观是反映社会主义本质要求的价值体系，体现社会主义社会的制度规范和社会主义道德的本质要求，代表社会主义社会对其公民的基本价值要求和道德规定。但是，社会主义核心价值观在人们心灵中扎根并内化为其思维方式和行为准则则是一个长期且艰难的过程，这个过程也就是社会主义核心价值观内化为现代德性人格的过程。2013 年年末，中共中央办公厅发布的《关于培育和践行社会主义核心价值观的意见》中提到了两个“人为本”的原则命题，其一是“以人为本”，即“尊重群众主体地位，关注人们利益诉求和价值愿望，促进人的全面发展”，其二是“育人为本”，即“德育为先，立德树人，培养德智体美全面发展的社会主义建设者和接班人”。[①] 不难看出，对于培育和践行社会主义核心价值观而言，不论是从指导原则还是从实践过程看，都需要注重价值观与人自身的关系问题，需要把价值观的培育和践行与人的全面发展、全面培养结合起来。显而易见，这里所提到的“人”既不是抽象的人，也不是片面、孤立的人，而是完整的健全的人。衡量一个人有很多指标，但最具有综合性的指标就是人格指标。也就是说，人的完整和健全首先体现并最终决定于其人格。前面提到，所有价值观都是人的价值观，人是价值观的主体。人的价值方向、素养、水平和能力，综合起来就形成了人格。因此说，价值观问题无疑包含着人格问题，价值观的培育和践行也将指向并取决于行动主体的人格层次、人格质量和人格潜能。依照前面的论述，我们就可以推论，社会主义核心价值观所要培育的人和所依赖以践行之的人，就应当是具备社会主义人格

①《关于培育和践行社会主义核心价值观的意见》，北京：人民出版社 2013 年版，第 5—7 页。

的有道德的人，也应当是把德性作为人之根本、作为全面发展的基础和目标的人。

从描述内容对应的对象上讲，社会主义核心价值观中“富强、民主、文明、和谐”是在国家层面上提出的要求，“自由、平等、公正、法治”是在社会层面上提出的要求，而“爱国、敬业、诚信、友善”则是在公民个人层面上提出的要求。但毫无疑问，无论是国家层面还是社会层面的价值观内容，最终都必须落脚到公民个人层面的感受上，也都与公民个人特别是社会人的评价系统息息相关。此外，上述每一种价值观都内在地包含着因个体的差异化感受和个性标准而带来的价值悖论与道德冲突，这种悖论和冲突恰恰是发生在个体与他者和社会之间的。这样一来，每一种价值观的道德评判支点都既指向了公民个人的需求以及该需求得以满足的状况，又指向了公民的社会需求以及该需求得以满足的程度。换言之，社会主义核心价值观中的每一项价值观都内在地包含了个体与群体的价值关系，主宰这种价值关系的杠杆是权益，而评价权益冲突中个体价值选择的标准则是道德。对个体权益的攫取（或舍弃）和对群体权益的损害（或维护）时的道德觉悟与道德水平的评判，就决定了一个人德性人格的状况。

与中国传统社会的核心价值观不同，社会主义核心价值观代表的是现代社会的价值观体系。张岱年指出：“价值观是随着社会的发展演变而演变的。时代前进了，价值观必然随之而变化。”[①] 社会主义核心价值观以近代以来中国社会所发生的社会主义革命和建设为实践基础，以社会主义社会形态和制度体系为社会制度基础，体现社会主义的本质要求和根本性质。从社会类型和时代关系上说，社会主义核心价值观显然已经成为新的社会主义社会形态和新时代的价值观。“新时代的价值观必然以对个人与社会、物质生活与精神生活的关系的正确理解为基础。……价值观的更新，在于对真善美的更深切的理解。”[②] 就此而言，社会主义核心价值观的现代性所涵育的是超越传统性的现代德性人格，这种人格与传统社会特别是儒家思想指引下的道德人格最大的不同点就是对于人

①《张岱年全集》（第 7 卷），石家庄：河北人民出版社 1996 年版，第 265 页。
② 同上书，第 265—266 页。

本身及其社会存在的现代自觉。可以说，现代德性人格并不是绝对地完全地抛弃了传统中国社会的道德标准和价值准则，而是在原有封建社会伦理观念和价值情操上实现了以社会主义公有制为基础、朝向集体主义的现代提升。由于有了社会主义道德和集体主义价值标准的要求，现代德性人格在对共同体的责任感、社会化的新型人际关系和集体意志的公共性上都明显地超越了传统社会的人格。一言以蔽之，社会主义核心价值观所涵育的现代德性人格是一种对于现时代的真善美有着科学理解和正确关切的现代化的人格。

（三）用社会主义核心价值观塑造现代德性人格

瑞士心理学家荣格指出："人格是一个活生生的人的内在特质的最高实现形式。它是在生活中出现的一种充满勇气的行为，是对所有组成个人的充分肯定，是对生存的普遍状态最成功的适应，再加上在自我决定中具有最大的自由度。"① 从其形态上看，现代德性人格是一种群体性的意象人格，是对社会主义核心价值观作用和指引下的现代社会主流人格的描摹和预设，也是当代中国人应具备并不断发展的现实人格。众所周知，人格培育是一个有方向有目标的长期过程，既不应漫无目的，也不会一蹴而就，因而也就需要极大的细致和耐心，从细处着眼，从实处着手。如前所论，现代德性人格在人的价值标准、价值目标和价值层次上是由社会主义核心价值观来决定的，因此，应当充分发挥社会主义核心价值观在现代德性人格塑造中的作用，使价值观要求与人格养成的全过程有效承接并紧密结合起来。

一是用社会主义核心价值观统领社会思潮和人们的价值选择，捍卫社会主义精神文明和思想道德的主旋律地位。

毋庸讳言，任何社会形态中都会存在着多样化的社会思潮和价值观念，人们的思想意识永远也不可能绝对地整齐划一、毫无二致。但是，社会要保持团结和进步，国家要维护稳定和统一，就必须不仅拥有占主导地位的核心价值观，而且必须用核心价值观统领多样化的社会思潮和

①［瑞士］荣格：《人格的发展》，陈俊松、程心、胡文辉译，北京：国际文化出版公司2011年版，第167页。

价值观念，这在任何时代、任何国家都是不言而喻的。当今时代，经济全球化、文化多样化和社会信息化使国人面临着多元社会思潮和多种价值选择，也由此容易出现文化拔根、思想撕裂和社会离散。同时，国内外敌对势力也打着还原历史真相、守护自由权利的旗号，有意识地散播错误思潮和有害信息，借以消解人们的思想认知，瓦解中国的核心价值观。在复杂的社会意识形态系统中，社会主义核心价值观是其中的“定海神针”，代表的是社会主义中国的主导价值体系，展示的是社会主义精神文明和思想道德风貌，也是培育现代德性人格的主要价值支撑。面对林林总总的社会思潮和多元多样的价值认知，我们应当清晰地认识到社会主义核心价值观在“我们是谁，我们应当成为什么样的人”这一根本生存命题中的重要角色，主动用社会主义核心价值观统领各种社会思潮和人们的价值选择，张扬社会主义的精神品格，激浊扬清，抑恶扬善，使社会主义精神文明和思想道德成为人们现代德性人格培育中的主旋律。

二是打造与社会主义核心价值观相匹配的综合性的当代中国文化教育模式，发挥文化育人的主渠道作用。

人格是行为文化化和文化行为化相互作用的直接产物。“文化实际上影响着我们人格技能的每个方面。我们选择追求的目标和我们如何努力实现它们都受着文化的影响。”① 在一定的社会形态中，特定的文化形态和文化教育模式往往会塑造特定的人格类型。从历史上看，以儒家思想为主体，杂以释道思想并融合其他学说流派后的文化类型和思想传统为母体，为中国封建社会孕育的颇具典型的混合的儒家人格奠定了无法替代的思想基础。可以说，以“仁义礼智信”为主要目的的中国封建社会的核心价值观与中华传统文化模式是契合的。价值观是文化的核心，社会主义核心价值观与当代中国综合性的文化是内在一致的。要培育现代德性人格，无疑需要从文化育人、以文化人入手，但这里的文化育人、以文化人并不是无目的无方向、零碎散落或机械的任意的文化教育。文化始终是有方向有温度有属性的对象，在文化形式纷纭复杂的当代中国，只有把中华优秀传统文化、革命文化和当代社会主义先进文化

①［美］珀文:《人格科学》，周榕等译，上海：华东师范大学出版社2001年版，第473页。

有机融合并综合创新，才能够打造出一种系统性的社会主义文化，而只有以社会主义文化为母体，才能够塑造出具有社会主义方向的现代化的德性人格。正是在这个意义上说，社会主义核心价值观的确定实际上是确立了社会主义文化的主心骨。在社会主义核心价值观的指引下，用综合创新的社会主义文化来哺育国人，校正其方向，塑造其灵魂，使之养成明德向善的德性人格，这是进行现代德性人格培育的主渠道。

三是用利益和权利来引导并调控人们的社会行为习惯，发挥政策引导、制度约束和组织管理的主杠杆功能。

现代人是复杂而睿智的社会生活综合体，是政治人和经济人的有机叠加者。在人的生命历程中，经济生活和政治生活是人们脱离不开的重要生活领域，经济的、政治的利益和权利是人们生活中追逐和争取的对象，也因此成为调整人们社会行为习惯的重要杠杆。张岱年先生认为价值观是围绕着义利、理欲与德力问题展开的。① 价值观矛盾可以归结为义与利、理与欲、德与力乃至法与教之间的冲突。毫无疑问，这四种冲突都不是凭空出现，也不是无由存在的，而是镶嵌并渗透在人们的经济生活和政治生活之中，它们之间的失衡或偏好会成为人们作出价值判断和价值选择的个性依据，而它们之间的平衡则最终造就了人们的价值观念。在现代社会，经济的、政治的利益和权利都毫无例外地影响着人们的价值观念，而社会的政策、制度和组织管理则成为引导和调控人们价值观念转变的强大工具和主要杠杆，撬动并内在地引导着人们的行为取向。因此，在用社会主义核心价值观引导和塑造现代德性人格时，应注意利用好利益和权利的主杠杆功能，以利益驱动和权利目标为基础发挥政策引导、制度约束和组织管理的作用，引导和调控人们的社会行为习惯，对人们思想观念和价值选择进行有目的有意识的建构和调整。据此，社会主义核心价值观必须制度化和政策化，纳入社会组织管理的系统与细节中，渗透到人们社会生活的全过程，这正是用社会主义核心价值观培育现代德性人格不可忽略的重要路径。

（原文发表于《社会主义核心价值观研究》2018 年第 2 期）

① 参见《张岱年全集》（第 7 卷），石家庄：河北人民出版社 1996 年版，第 262 页。

四

价值观的文化甄别与制度化重构

每个国家、每个社群乃至于每个人都有自己的价值观和价值观系统，价值观是文化的内核，也是内在于享有共同文化的人群心目中的思想、行动的标准与法则，是指引个人和共同体作出判断、采取某种特定行为的原则。社会主义核心价值观是由中国共产党和中国政府所提倡、由社会主义社会中人们普遍遵守并努力实行的共同价值观念。社会主义核心价值观的提出和实践，反映了社会主义的文化自觉和制度自强。从基本定位上看，社会主义核心价值观理应与社会主义社会制度、社会形态和社会本质相结合，其发展有阶段性、完善有过程性，但其本质属性是明确的。在当代中国，社会主义核心价值观正经历着一场重大变革和深刻重构，需要长时期的塑造和培育。本文从文化、制度与价值观的关系入手，分析制度变革与价值观重构的关系，并由此提出培育社会主义核心价值观的制度化路径。

一

价值是一个关系范畴，价值观则是基于价值关系的规范和标准，人们凭借价值观形成价值判断和价值选择，从而支配其思想和行为。正如美国社会学家塔尔卡特·帕森斯所说：“‘价值观’可被视作一常规象征体系之中的一因子，它能充作一准绳，人们依据它而在一定情况下可供选择的各种行动方针中，作出自己的抉择。”[①] 价值关系来源于人与其外在相关物的存在关系，由于价值关系的复杂性和评价体系的多元性，在既定社会存在中的人们的价值观就具有多重区分维度和甄别视角。一般

① Talcott Parsons, *The Social System*, New York: Free Press, 1951, Chap. I.

而言，要清晰而准确地理解某种价值观，我们至少应当给它划定一个由时间、空间、领域和受众对象四个维度组成的坐标系，并在特定坐标系中定位价值观的内涵及其表现。脱离了该坐标系谈论价值观，就很容易发生时空错乱，出现对象不清和内容不准的混淆，也就不容易弄清价值观的真面目。不过，在日常生活话语中，人们在甄别价值观时常常有两个视角：一个是从政治的维度谈论价值观，另一个则是从文化维度谈论价值观。前者强调的是价值观的政治性或意识形态性，这是价值观的政治属性，代表价值观的意识形态本质。后者则强调的是价值观的文化性或民族传统性，这是价值观的文化属性，代表价值观的精神文化实质。不过，文化和政治之间并不是毫无瓜葛的，文化具有意识形态性，也能产生政治效应。特别是在现时代，伴随着世界范围内文化政治的兴起，作为政治文化的价值观在民族国家间和国际关系中也并非总扮演着中性的和普世的文化，而是具有强烈的政治气息和意识形态意蕴，甚至包含着政治角力和意识形态对抗。

价值观可以透过人们的日常活动、风俗习惯和行为方式表现出来，也可以通过浅表性的文化形式（如媒体、影视、艺术作品等）展示出来。但是，价值观并不是文化的附着物，而是处于文化深层的价值内核。因此，要甄别和区分价值观，就需要到文化的深层次中去探求和寻找其出现异同的原因。文化有不同的内容、层次和类型，但不论是器物文化、制度文化还是精神文化，所有文化内容都可以浸透人们的价值观念，也都能够代表和反映价值观。因此，价值观的甄别实际上也是一种文化甄别。在一个民族国家范围内，价值观同样是分层分类的，不同人群所持有的价值观反映了民族国家内部不同群体的文化殊别性，以行业、年龄、地域、人种、性别为单位的价值观差别，实际上反映的是在社会“大文化”范围内的“亚文化”的差别。例如，我们通常讲“一方水土养一方人”，当然可以说是生活在不同地域的人在精神气质和思维方式上的差别，也可以说是他们在价值观上的差别，这种差别所反映的就是地域文化的差别。进一步讲，文化的古今之别反映的是价值观的历时性，雅俗之别反映的是价值观的优劣性，行业地域之别反映的是价值观的多样性、多元性和复杂性。当比较的视角在不同民族国家之间展开时，价值观的甄别同样也反映着一种文化上的差别。当然，由于文化也是一种意识形态，而且是意识形态的主要寄存形式，因此不同国家、民族乃至社会形态在价值观上的差异也就代表了具有政治性、阶级性和意识形态性的文化上的差异。在当今世界，当谈到国家间价值观的异同时，政治和意识形态总是隐藏在文化背后的潜台词。

有学者指出："中西文化、古今文化的不同，最根本的是价值观的不同。"①即便是在一个社会中的不同层次不同类型的文化，也包含着价值观上的差异。比如，虽然同处某个时代，农业文化和城市文化会孕育不同的价值观念。英国著名马克思主义文化批评家特里·伊格尔顿在谈到文化一词的起源时说过，文件源自"培养"，但"得到'培养'的是城市居民，而不是那些实际上靠耕种土地生活的人。那些耕种（cultivate）土地的人不太会培养（cultivate）他们自己。农业没有留下用于文化的闲暇"②。在这里，农业未必没有属于自己的文化，不过它和城市文化的确会有价值观上的差异。当文化不同质时，价值观就有差别，这在不同民族国家之间颇为显著。比如，中美两国的文化传统不同，价值观的差异就十分明显，无论是在社会民俗价值观上还是在政治价值观上都是如此。由美国宪法序言所规定的"正义、安宁、国防、福利、自由、幸福"③是美国的核心价值观，也是美国政治价值观。尽管这其中的某些价值范畴与社会主义核心价值观表述雷同，但毋庸赘言，这些雷同的价值范畴在内涵、意义、目标和实现方式上却有重大差异。在美国社会民众中，信奉的民俗价值观有"同情、机遇、责任、平等、勇敢、理想、自由、团结、进取和灵性"④，这些价值观在范畴和名称上与中国社会民众的价值观有交叉与类似，但其文化内涵和思想传统却同样也是异质的（例如，中国文化中的"同情"不仅浓厚，而且偏重于同情弱者；美国文化中的"同情"则不是同情弱者，而是同情与自己有共业、共同利益或相同生存感受者，前不久某报纸所报道的一个美国老牛仔为抵御"强

① 袁贵仁：《建设先进的文化和价值观》，《光明日报》2001年9月25日。

② Terry Eagleton, *The Idea of Culture*, Oxford: Wiley-Blackwell, 2005, p. 2.

③ See Constitution of the United States.

④ Bill Halamandaris and W. Halamandaris, *The Heart of America: Ten Core Values that Make Our Country Great*, Philadelphia: Health communications, 2004.

拆”、捍卫家园而持枪顽抗并得到众多牛仔帮助的故事就是例证）。同一个文化圈乃至具有相同文化传统的不同国家，文化虽具有同源性，基于风俗和习惯的民俗价值观也具有类似性，但作为意识形态核心的政治价值观却同样也总要捍卫自己的国家与意识形态边界，对价值观差异的强调同样胜过对价值观共同性的强调。比如，新加坡虽然在现代化的进程中也接受了西方文化，但却有儒家文化的传统。1991 年，新加坡政府提出了以“国家至上、社会为先；家庭为根、社会为本；关怀扶持、尊重个人；求同存异、协商共识；种族和谐、宗教宽容”为基本内容的“共同价值观”[①]。与此同时，新加坡在学校品格和公民教育以及社会层面上也提出了“尊敬、和谐、责任、正直、关怀、顺应”[②]。从文化渊源上看，该共同价值观与中国人的价值观有着很大的相似性。但是，从意识形态角度看，新加坡的共同价值观与社会主义核心价值观之间又有了儒家集体主义、西方社群主义与马克思主义之间的差异性。

价值观的文化甄别是文化沟通交流和意识形态交往中的深层次命题，在当今时代国际关系和国家交往中也具有重要意义。文化具有认同和认异两重属性。当两种不同的民族国家文化相遇时，因为文化势位的不同而出现对本体文化和异体文化的不同态度。如果对本体文化持有牢固的价值认同，那就不容易认可和接受另一种文化。反之，则会出现对异体文化的认同而摒弃本体文化，这就是法国学者依薇所提出的文化的扎根和拔根现象。价值观的文化甄别包含了价值观的文化认同与文化排异。实际上，任何一种文化都具有认同与认异两种倾向，吸取外来文化是基于对外来文化的认同，而排斥外来文化则是基于对它的认异。当对外来文化的吸收和借鉴逐步积累并与本体文化高度融合时，两种文化原生的价值观就达成了协调与融合。不过，由于价值观是文化的深层内核，文化的交流并不必然带来价值观的融合。哪一种价值观能够占据主导地位，最终还要看决定文化势位的文化力及其支撑力的大小。不过，从文化的角度来甄别和比较价值观，其根本目的不在于评论孰优孰劣，

① 参见新加坡教育部网站（www.moe.gov.sg）。

② Ministry of Education, Singapore and Student Development Curriculum Division, *2014 Syllabus: Character and Citizenship Education (Secondary)*, 2012.

而在于寻找相互借鉴和学习的空间与可能，以达到取长补短的效果。

二

一般而言，价值观的表现形态有三种：制度化形态、知识化形态和生活化形态。换言之，价值观通常是以制度、知识（理论）和习惯的方式存在的。从形成根源上看，价值观无疑是基于社会实践的上层建筑系统中的对象，其根本的源头是实践。但是，从形成的基本方式上看，价值观的形成既是文化的积淀，也是制度的造化。在前制度社会或者制度不完善、不健全的社会发展阶段，人们的价值观植根于一种源自内心体验和生活经验的价值诉求与行为法则，往往由沿袭下来的生活习惯、社会风俗、行为常识和实践经验铸成，也代表一定的文化模式。此时，价值观的内容及其更新常常由受代际影响的遗传性的价值判断、价值认同和价值选择来决定。美国社会学家丹尼尔·贝尔认为："价值观和道德伦理上的变革会推动人们去改变他们的社会安排和体制。"① 在常规化和理性化的制度社会中，价值观与社会各种制度之间存在着一种互动互促的关系：一方面，由前代流传下来的传统价值观会影响新制度的产生和构造；另一方面，虽然价值观渗透在社会生活和生产的各个方面，但常以制度化的价值规范的形式呈现出来，价值观的变迁也会受到制度的约束和塑造。不过，当社会的基本制度确立起来后，由改革引发的制度性变革就会对生活在该制度和社会形态中的人们的价值观产生巨大作用，并在深层次上影响全社会价值观的更新与重构。

制度与价值观之所以能够互动互促，缘于两者之间既有共同性，也有差异性。从共同性上讲，制度与价值观都是具有规定性的范畴，都预设了某种规范。尽管人们在不同学科、不同层面上使用制度这一概念时其具体含义有所不同，但制度的本意就是要求某既定范围内的成员共同遵守的规章或准则，这种规章或准则对于限定或制约人们的行为具有普遍性和强制性。价值观代表着人们对于事物或对象的价值，其中主要是其有效性、有用性和价值大小的基本判断。社会科学家们使用的价值观

①［美］丹尼尔·贝尔：《资本主义文化矛盾》，赵一凡译，北京：生活·读书·新知三联书店1989年版，第527页。

这一概念，强调指由个人或群体所持有的、关于何为所欲的、何为合适的、何为好的与坏的等一套归纳出来的、抽象的观念。[①] 从差异性上讲，价值观是比制度更为深刻、更居于人们的“思想—行为”结构深层的精神对象，它影响人们的价值判断，在人们的精神世界发挥影响。与之相比，制度要更加外化、更富于硬性约束，更依赖于政策、规章和体制等有形规范。但是，不管怎样，制度与价值观总是紧密联系的。固定化的价值观有利于促使制度的成型，而制度的规制也有利于新价值观的形塑，这就是价值观与制度的暗合性所在。从人类社会发展的基本过程看，每当一种新制度出笼时，总是与价值观之间有着难以分割的纠缠，最常见的是新制度将旧价值观改造，形成新价值观。当然，这种新制度也必须充分反映人们的共同价值观，这是制度获得服从者信仰和自愿遵从的必要条件。正如有学者指出的：“人们对制度的遵守必须有起码的自觉性和自愿性，其条件是符合服从者的基本价值观，即在价值观上取得合法性。唯有这样，人们才会‘价值合理’地遵从制度。”[②] 反过来，当人们主动地培育一种新价值观时，一条有效而且实际的路径就是找到价值观的制度依托，推动价值观的制度化重构。

价值观之所以能够实现制度化重构，主要是因为任何制度都有观念基础和秩序理性，而观念和秩序则是形成价值观的基本要件。无论观念在开设时多么凌乱和矛盾，一旦形成秩序，也就培育了价值观，同时为制度的形成奠定了基础。当然，制度既是一种上层建筑对象，也是某种实践活动的结果。在既定的社会形态中，无论制度的区分多么具体、多么精细，也无论是基本制度、具体体制、机制、政策或规章，都能够通过相应的制度化实践而对价值观的变化产生作用。同时，价值观的变革、创新和塑造，也正是伴随着制度及其具体内容的变迁与巩固而逐渐巩固下来的。人类社会发展所提供的一个富有规律性的现象是：每一次重大的社会变革，不管是制度性裂变还是仅仅造成微观制度的变革，都

① Kenneth McLeish, *Bloomsbury Guide to Human Thought*, London: Bloomsbury Publishing Limited, 1993, p. 769.

② 邹吉忠：《自由与秩序：制度价值研究》，北京：北京师范大学出版社 2003 年版，第 91 页。

能够带来价值观的变革。而要构建起新型的共同价值观，单靠习俗和文化的柔性涵养难以在短时间内奏效，强有力的制度约束和制度规范是塑造价值观的必要手段。

价值观的制度化重构意味着以制度作为工具和路径来实现价值观的变革和更新。鉴于不同制度的作用力量和作用空间不同，因此通过制度安排和制度设计来变革价值观的思路和对策也应不同。马克思恩格斯指出："随着每一次社会制度的巨大历史变革，人们的观点和观念也会发生变革。"[①] 一般来说，社会基本制度的变革往往伴随着激烈的革命而发生，此时往往是全新的价值观取消或替代旧价值观的时刻。在一个相对稳定的社会发展进程中，出于凝聚人们的思想共识、唤起人们精神价值追求的目的，所需要的就不再是通过革命和斗争来改变社会的基本制度，而是在保持基本制度稳定的前提下进行中观和微观层面的体制、机制和政策变革。从人类社会发展的基本经验看，一个显而易见的事实是，新的社会制度的建立往往催生新的共同价值观，而社会制度稳定和完善的程度就与新旧两种价值观融合的程度或者新价值观战胜并取代旧价值观的程度有关。在基本社会制度确立以后，价值观的变迁和更新主要依靠的就是政策、机制、体制等非基本制度层面的变革了。后面的这种状况，正符合当代中国的情况，也是培育社会主义核心价值观的要义所在。

价值观的制度化重构需要打破旧的制度价值屏障，构建新的价值制度平台。具体来说，人们需要根据新的价值目标、理想和观念等设计和重构新的制度、体制和体系，对原有的制度系统进行改造和变革。"新的价值观一定要通过人们的认识和行动的中介，引起制度的实际创新，转化成人们新的行为模式、交往方式、生活方式，变成一套新的社会规范，塑造人们的社会关系。"[②] 当然，由于制度、体制、机制和体系总是与权力、利益、法理和道统联系在一起，因此即便是进行温和的中层机制调整，也都不能脱离开对固有权力、利益、法理和道统的调整或变革。显而易见，制度本身构建了权力、利益、法理和道统的巢穴，通过

①《马克思恩格斯全集》(第7卷)，北京：人民出版社1959年版，第240页。

② 吴向东：《历史唯物主义视域中的制度与价值观》，《河北学刊》2005年3月，第124—127页。

价值观的制度化重构来破除固有的权利藩篱和统制关系，本身就不是一件容易的事情。不过，正如有论者指出的："要重建社会价值观，最重要的就是厘清价值观，形成复合的价值观，并鼓励逆向选择的制度，建设鼓励选择好而不是选择坏的制度。"① 培育新型价值观的关键也正在于此。

三

要培育社会主义核心价值观，我们首先应采取辩证的态度、科学的方法来看待它。任何从单个视角出发观察社会主义核心价值观得出的结论都固然有其合理性，但这种合理性并不完整，也并不能取代从其他角度观察社会主义核心价值观得到的结论。因此，要弘扬和培育社会主义核心价值观，应当首先从整体、全面和准确的视角对它有一个清晰的认知和定位。我们可以从文化的角度理解价值观和社会主义核心价值观，但文化并不是全能的，也不是无争的。培育社会主义核心价值观需要从文化的角度切入，但更需要从制度的角度实施，让价值观的变革在人们的生活和实践中展开。

众所周知，在市场经济得到一定程度发展的当代中国，提出社会主义核心价值观既是经济社会协调发展和实现良性社会治理的形势所迫，也是构筑当代中国人积极的精神生活和价值追求的任务所需。"如果没有持续经济发展所需的价值观，诱惑就会占上风。诱惑体现的是短期的愿望，而经济发展是长期的过程。在短期与长期的斗争中，如果决策过程缺乏一种内在的价值观作依据，短期愿望就会得势。这里就看出价值观的功能：充当短期愿望和长期愿望之间的桥梁，决定性地增强长远目标的力量，否则人们就会只顾满足眼前的利益。"② 那么，该如何培育社会主义核心价值观呢？笔者认为，应突出从三个方面进行价值观的建设与养成。

第一，大力加强和推进社会主义文化建设。社会主义文化是一种什么样的文化？它有什么样的特征和内容？对于这一重大命题，正处在中

① 毛寿龙：《社会价值观重建要靠制度变革》，《人民论坛》2011 年 7 月，第 15—17 页。

②［美］亨廷顿、哈里森：《文化的重要作用——价值观如何影响人类进步》，程克雄译，北京：新华出版社 2002 年版，第 82—83 页。

国特色社会主义建设和探索社会主义道路进程中的当代中国人或许没有办法一下子认识准确和回答清楚，但毫无疑问，社会主义文化建设势必与社会主义的本质及制度相联系，势必反映社会主义的终极价值目标和根本价值追求。改革开放以来，党在领导和推进中国特色社会主义建设的进程中逐步提出中国特色社会主义文化、先进文化、和谐文化、社会主义文化大发展大繁荣、建设文化强国和深化文化体制改革等任务，并进而明确提出弘扬和培育社会主义核心价值观。这是一种合目的性的建设逻辑，也是一种合规律性的实践理性。文化能够孕育和滋养价值观，要建设社会主义核心价值观，必须加强社会主义文化特别是先进文化建设。在这方面，当前突出而紧迫的问题是要切实地坚持马克思主义的指导，坚持用马克思主义的立场、观点和方法科学辩证地分析林林总总的文化现象和纷繁复杂的文化观念，用辩证唯物主义和历史唯物主义的解剖刀解剖文化的本体和异体，洞悉文化发展的趋势，深入准确地透析文化内容背后的价值观本质，在抓好文化繁荣的同时抓好文化管理，始终保持文化为社会主义服务和为人民服务的方针。从目前的文化发展态势看，我们既需要大力弘扬中华优秀传统文化，培植中国人的文化根性，同时又不能搞文化复古，把创新和培育社会主义文化的使命转嫁为拿老祖宗的那些家底抵债。当然也不能再盲目地深度引进西方文化，革掉自己的文化命脉，丧失自己的文化魂魄。在这个意义上说，社会主义文化建设的根本任务就是要培育中国人的社会主义文化之魂，构建起国人对于社会主义的文化信仰和价值追求。这也是弘扬和培育社会主义核心价值观的意义所在。

第二，用制度实施来约束和规范价值观形成。改革开放以来，中国实现了由计划经济向市场经济的过渡。在此过程中，政府与市场、个人与社会的关系乃至人们的价值观念都发生了巨大变革。当原有的计划性约束被打破而新的制度约束尚未建立，或者即便建立但尚不能充分、有效地发挥作用时，人们思想行为的自由性、放任性和无拘束性就得到大尺度的发展。许多由市场经济激发的价值观念会生长、增长、膨胀乃至畸变，譬如，人们的利益观特别是金钱观念、消费观念、家庭婚恋观的变化等。在此情势下，制度的约束和规范作用就显得异常重要，通过制度化来重构价值观也就成为必然。应该说，在当代中国全面深化改革的进程中，通过制度化的举措来重构和培育人们的价值观念已经得到重视。2013 年 11 月 12 日通过的《中共中央关于全面深化改革若干重大问题的决定》（以下简称《决定》）就是明证：在《决定》所提出的十六项内容中，明确表示要开展“制度、体系、体制、机制”方面改革的内容就达到十项之多，其他关于政府职能的改革方面也强调了“健全宏观调控体系、优化政府组织结构”，关于法治中国的改革方面也提出了“深化行政执法体制改革、健全司法权力运行机制、完善人权司法保障制度”，关于深化国防和军队改革方面也涉及了“体制编制、政策制度调整改革”等内容。一言以蔽之，《决定》的中心思想就是制度化改革，而制度化改革恰恰是构建、稳固和创新价值观的根本路径。

第三，让社会主义核心价值观融入生存实践。正如前面所提到的，价值观的形成也有化民成俗、积习成性的一面，也有通过风俗习惯和日常生活经验达到涵养价值观的渠道。实际上，在广大民众中积累和流传的社会价值观，往往与占主导地位的政治价值观并不完全吻合，常常保持有一定的距离。这种距离在传统的前现代社会和长期的封建社会中体现为一种利益关系上的冲突和矛盾，但与社会主义核心价值观系统并不呈现为张力，因为社会主义核心价值观既是占主导地位的政治价值观，同时也是维护和发展广大人民群众利益的社会价值观。中国共产党作为中国人民和中华民族的先锋队，其不同于过去封建统治阶级以及近代资产阶级政党的地方，就在于她是为人民谋利益的，是人民利益的维护者、发展者和实践者。在此意义上说，社会主义核心价值观的培育过程，实际上也就是中国共产党所主张的政治价值观与人民群众在日常生活中所信奉并践行的民众社会价值观的融合过程。什么时候这两者融合得彻底了，社会主义核心价值观就在人民心中扎根了。习近平总书记在关于培育社会主义核心价值观的讲话中提到“落细落小落实”，实际上也正是强调要把社会主义核心价值观融入到人民群众的生活和生产实践中，通过生活的细节来涵养价值观，使之深入生活、深入人心。

（原文发表于《石河子大学学报》2015 年第 2 期）

五

从个人诚信到社会信任：价值观内在伦理秩序的建构

诚信作为社会主义核心价值观的思想内容和基本要求，是公民个人需要遵守的价值准则。但现代社会是普遍联系的交往型社会，公民作为社会人除了要遵守个体的价值规范外，更要遵守社会的交往规范。因此从个人诚信到社会信任，实际上就包含了个人在参与社会交往和公共生活中需要恪守的扩展型的价值规范和伦理秩序。因此，即便是针对公民个人提出的价值规范，也内在地承载着社会要求和社会意义。正缘于此，从教化个人诚信开始到培育普遍社会信任，正是构建社会核心价值观内在伦理秩序和外在实践秩序的过程，也是社会主义道德价值由个体性向群体性、由私欲性向公理性、由自信性向互信性、由利己性向利他性演进的过程。本文以诚信和信任为关键范畴，聚焦信任关系的衍生而引起的价值观内在伦理秩序和实践秩序的变化，提出构建由己到群、由小到大、由弱到强、由内到外的社会化的信任生成逻辑，探讨核心价值观内容要素社会扎根的机理和路径，为培育和践行社会主义核心价值观寻向献智。

（一）人际关系伦理中从守信到互信的思想逻辑

诚信和信任是个体的道德品质，也是社会的伦理资源，在社会形成和发展中起着重要的支撑和聚拢作用，在中西方思想文化系统中很早就有彰显。在东方的中国，春秋时期齐相管仲在《管子》中就有“必诺之言，不足信也”[①]“赏罚不信，民无廉耻”[②]“杀僇必信，民畏而惧”[③]“服

①《管子全译》，谢浩范、朱迎平译注，贵阳：贵州人民出版社1996年版，第15页。

② 同上书，第29页。

③ 同上书，第80页。

忠用信则王”[①]“结之以信、威之以诚”[②]“诚信者，天下之结也”[③]等论及个人和社会诚信的睿智观点。孔子是春秋时期思想文化的集大成者，对“信”有过多方面的解释。他在解释《易经》中“见龙在田，利见大人”的说法时说：“庸言之信，庸行之谨。闲邪存其诚，善世而不伐，德博而化。”[④]孔子在这里赞美了具有君王式美德的人，称赞他平常讲话重信用、日常行为很谨慎、防范邪恶而保存内心诚实、净化了社会风气而不自我夸耀、道德博大且深入人心，这实际上就揭示了具有君王之德的人在生活和行为中信守承诺所带来的社会影响，也确立诚信人物的模范样板。在《论语》中，孔子更是提出了“人而无信，不知其可也”[⑤]“言忠信”[⑥]“信则人任焉”[⑦]等一系列关于诚信和信任的主张。孔子以降，中国先哲对“信”的关注和主张频频仍仍、不绝如缕，列子、庄子、孟子、荀子、韩非子、吕不韦等都对个人和社会的诚信、信任问题有所建言，甚至就此提出对社会治理的核心主张。及至西汉，董仲舒把“信”上升到与“仁义礼智”并列的“五常”之一，成为此后两千多年间中国社会恒常的伦理标准和道德要求。在与东方“轴心文明”时期大致平行的时代，“诚实”和“信用”的观念在西方先哲中也有显现。考察柏拉图的哲学论述可见，“信任”“信用”的字眼并不鲜见。他在书信中表达对勒普提涅的信任，称狄奥尼修“信用情况良好”[⑧]。他把诚实视为人性良善的品性，认为“稳重、忠实和诚恳是真正的哲学”[⑨]。他还把忠诚称为“最高的美德”“完全的正义”，认为“一个人决不可能在内讧中证明自己的忠诚和忠心，除非他拥有所有美德”[⑩]。与柏拉图类似，亚里士多德也把诚实或诚信作为一种具体的德性，视为中庸的美德和“真实”的具

①《管子全译》，谢浩范、朱迎平译注，贵阳：贵州人民出版社 1996 年版，第 94 页。
② 同上书，第 95 页。
③ 同上书，第 175 页。
④《易经》，中华古典精华文库（网络版），第 2—3 页。
⑤《论语》，程昌明译注，呼和浩特：远方出版社 2007 年版，第 16 页。
⑥ 同上书，第 155 页。
⑦ 同上书，第 175 页。
⑧《柏拉图全集》（第 4 卷），王晓朝译，北京：人民出版社 2003 年版，第 118 页。
⑨ 同上书，第 115 页。
⑩《柏拉图全集》（第 3 卷），王晓朝译，北京：人民出版社 2003 年版，第 373 页。

体体现。同样，在由此以降的西方哲学和伦理学话语体系中，诚信和信任的话题时强时弱、时隐时显。到启蒙时代及至近代资本主义在西方世界兴起后，信任问题便成为政治学、伦理学和社会学研究中的重要思想命题，也成为解释社会发展和社会关系时常用的学术关键词之一了。

在上述对诚信和信任观念史的粗线条描述中，我们不难发现，无论是在东方还是在西方，诚信首先都是作为一种个体品德出现的，它指向个体品质和主体德性，指的是个体保持自身对于言行、事件或目标所作承诺的一致性，而信任则更多地发生在相对方之间，指某个个体赋予他者的肯定性，往往蕴含着授受双方的相互关系，也与双方相互理解的能力和素质有关。德国社会学家卢曼认为："所有信任的基础都是作为一种社会身份的个体自我的表现，这种社会身份通过互动建立起来并与环境相符合。"① 美国学者福山也提出："信任可以在一个行为规范、诚实而合作的群体中产生，它依赖于人们共同遵守的规则和群体成员的素质。"② 从个体拥有诚信的品格，到诚信在社会治理中发挥作用，乃至信任成为有效交往和有机管理的手段，实际上包含着诚信不断社会化并达到社会互信的过程，包含着个体道德品质社会化的实践趋势和价值方向，也包含着人际伦理建构的思想逻辑。毋庸讳言，诚信和信任既是存在范畴，也是关系范畴。作为存在范畴，它们依赖于作为实体的人和社会。作为关系范畴，它们都包含着实施和评价的相对方，且都与对方的价值判断不可分。实际上，无论是个体诚信还是社会信任，都是在个体和群体之间建构起来的。它们的出现和存在离不开主体对自身内部特征和外部关系的肯定性认可，离不开基于人际关系的道德评价和价值判断。作为个体的内在品质，诚信是在外化过程中开始发展并接受外来评判的。当个体的诚信品质赢得了相关方的肯定后，双方之间就会出现信任关系。因此，在人际关系框架中，首先有个体展现诚实守信的道德品质，之后才会有他者赋予的信任。个体显示诚信是赢得他信的前提和基础。在此基

①［德］尼克拉斯・卢曼：《信任：一个社会复杂性的简化机制》，瞿铁鹏、李强译，上海：上海人民出版社 2005 年版，第 81 页。

②［美］弗朗西斯・福山：《信任：社会美德与创造经济繁荣》，海口：海南出版社 2001 年版，第 30 页。

础上，他者的信任又作为一种品质和资本，为两者的互信提供条件。这意味着，信任关系包含着相互性，包含着诚信品质在人际交往中的思想映射和感受折射。需要注意的是，在人际关系伦理建构过程中，除去肯定性的价值交换外，一方对另一方的信任实际上也包含着特定的关系顺序和逻辑次序。具体地说，只有当一个个体先信守承诺、做到忠诚守信，才会赢得他人的信任，也才会达成互信。这样一来，在人际关系交往中，守信是前提，互信是过程，共信是结果。如果没有个体守信在先，那么互信的道德基础就不会建立起来。当守信的优先性成为相关方交往的前提条件时，人际关系的建构便获得了稳定的道德性的形式条件和假设性的伦理原则。而一旦交往的双方建立起互信关系，信任就形成了可以扩大的人际伦理的价值闭环。无数个信任的价值闭环相互交织，其重叠部分就构成了依不同信任程度而存在的熟人关系。因此，一个道德社会的信任伦理往往依照人际熟悉或可信程度而建构，其结构和次序也常由个体诚信和人群互信的实际状况确定。

就其表现形式看，伦理关系是在社会性、原则性和秩序性的社会交往的基础上建构起来的人际关系。从传统社会到现代社会，伴随着社会生活和生产的发展变化，支撑和支配社会交往的原则性、秩序性和社会性不断演化，社会信任的伦理关系也不断发展和演变。从基本脉络上看，建立在由个体诚信和社会信任组合起来的信任闭环基础上的伦理关系，先后经历了受自然支配、物的支配和人的社会存在支配的演进过程。在传统社会中，人们之间的诚信互动和信任关系往往凭借口头信用或文字契约来维持，其背后却是受自然关系支配的交换价值互益性的形式平衡。此时，血缘、亲缘关系在诚信和信任中自然占据主导地位。近代资本主义兴起以后，在人们的交往方式和社会关系中，商业、资本和利益交换占据了上风和主流，个体诚信和社会信任被蒙上了浓厚的物质利益的色彩，人们之间信任关系的维持依赖于受物化资本支配的分配价值互惠性的结果平衡。此时，地缘、业缘关系由于能够提供可资利用的社会资本，便在人际信任关系和伦理秩序建构中发挥着作用。不过，起支配作用的则是能够给人们带来现实利益的“物”。马克思和恩格斯曾深刻批判“资本时代”，指出：“它使人和人之间除了赤裸裸的利害关系，除了冷酷无情的‘现金交易’，就再也没有任何别的联系了。……它把人的尊严变成了交换价值。”① 显然，马克思和恩格斯这种对资本主义社会交往关系的本质描述，揭露的是资本主义社会中个体信任遭受金钱挤兑、社会信任被严重物化的事实。就资本主义社会的制度基础和伦理价值原则来说，人们之间的信任关系尽管已经摆脱了自然支配的状态，但却受到物的支配。未来社会是人们之间的交往日益普遍化、扩大化的社会。伴随着社会物质产品的日益丰富，人们受物质条件和外在世界的约束越发减弱，人对精神需求的依赖会加剧，人的社会性存在和伦理关系本身会成为支配人际交往的内在逻辑，社会信任关系也会由物的支配阶段转变为人受社会存在和交往存在支配的阶段。此时，人的物质需要不再是主导性的存在需要，人的社会存在及其内在精神需要成为影响人际关系中信任程度的主导因素，人们之间的信任关系则呈现为受社会存在支配的自由交往价值互生性的实质平衡。此时，人的情感评价和精神交际的缘分便在社会伦理关系建构中起到主要作用了。因此，从总的来看，从自然支配到物的支配再到社会存在支配，镶嵌于社会生存价值系统的内在逻辑为社会信任的逻辑建构提供了支撑条件，也为观察社会价值观内在的伦理关系的发展演化提供了思想线索。

（二）社会价值观养成的诚信与信任基础

社会价值观既是思想价值范畴，也是伦理道德范畴。每一种社会价值观都包含了社会个体和群体的思想认知、道德选择与价值判断，由此而来的社会交往也包含了价值交换和伦理关系。诚信作为一种价值观，具有作为个体性道德品质和社会性伦理规范的二重性。但毫无疑问，诚信的品德若要超越个体性而成为社会化的价值观，就必须超越个体的价值判定而进入到社会的价值评价系统中。也就是说，当社会把诚信作为共同的价值范畴时，社会共同体的发展就要求个体把守信作为基本的交往原则和能否赢得社会信任的前提。此时，对个体是否诚信的价值判定，就成为个体能否赢得他人乃至社会信任的基础。社会信任作为一种

①《马克思恩格斯选集》（第 1 卷），北京：人民出版社 2012 年版，第 403 页。

具有交互关系的价值规范，在社会交往中起到了价值评价和价值约束的作用。由此，从诚信到信任的扩展和延伸，不仅体现了一种基于实践关系的价值交换法则，也展示了一种伦理关系和价值规范的共生性。从价值世界和精神生活的总体性上看，从个体性的诚信扩展成为社会性的信任时，“有一种规范的合法性在起作用，正如它在别的领域内起作用一样。在价值体验中，它是作为对价值对优劣和是否履行义务的判断而出现的”①。换言之，诚信和信任在本质上都包含义务关系，也都反映社会平等交换的价值观念。社会的价值观是标准和法则，依此可以判断和评价人们个体行为和社会行为的可接受程度。反过来讲，由于诚信和信任代表了人们对异体价值的可信赖程度，因而它们也构成了社会价值观的信任基础。在社会系统中，没有了各自的诚信和社会的信任，社会价值观也就失去了互生共生的条件。

诚信和信任是人们形成社会价值认同的基础，是促进社会交往合作、防止社会冲突撕裂的黏合剂。众所周知，社会价值观是社会性的公共价值规范，是解决社会成员价值矛盾和价值冲突、通过价值协商构建价值共识、维持个体心理安全和社会共信的观念系统，也是反映社会大多数人思想共识的“价值同心圆”。从社会形成的角度看，社会价值观并不是社会成员价值观念的简单叠加，也不是生活在同一个社会中的人的思想观念的自然混合，而是与社会发展相吻合的公共价值与社会成员间价值共识的有机综合。作为具有共同性的对象，社会价值观显然是把很多人的思想认识和价值理解聚拢起来的共同观念，而人们形成共同价值观的过程也显然包含着价值交换过程。也就是说，通过社会化的价值交换和价值磨合，人们彼此之间消除了思想分歧和价值冲突，认可了他人的价值观，从而形成统一的公共性的社会价值观。在基于个人诚信的信任关系建构中，人们因为履行承诺、承担义务或提供对等服务而达成彼此可信的默契，从而为持续的社会交往和价值交换提供条件。在社会关系系统中，不管是即时性兑现还是长远性的回馈，只要有诚信和信任的存在，人们之间总能达成稳定的、认同性的交往关系。在社会价

①［美］马斯洛、阿德勒、奥尔波特等：《人的潜能和价值》，林方主编，北京：华夏出版社1987年版，第39页。

值观的形成过程中，“社会交换过程——它可能以纯粹的自我利益的形式出现——通过它们的反复发生和逐步扩展的特征在社会关系中产生信任”[①]。就价值系统来看，人们产生价值共识过程中的互动关系是一种在社会交往价值上相互磨合并达到彼此信任的关系，在伦理关系和道德判断上达成了可信性、一致性和共生性。在这个意义上说，个人诚信和社会信任也是社会交换的产物，凭此可以为更大程度的社会合作提供支撑力和驱动力。以个人诚信和社会信任为基础，人们在社会交往和交换中逐渐消除了价值隔阂和价值撕裂，巩固了合作的价值基础，产生了凝聚性的价值共识。

诚信和信任是人们践行社会价值观的基础，是实现社会价值整合、提升社会统一行动质量的润滑剂。价值观是观念形态而非实践形态，但价值观养成的目的并不止于观念形态，而是要指导人们的行为。人的行为一方面受自我价值观支配，另一方面也受社会价值观支配，是在自我价值判断和社会价值观念之间比较权衡后的结果性活动。在个体行为和群体行为之间，诚信和信任在沟通与构建共同价值观方面起到了桥梁纽带的作用。在社会生活和交往中，“给予一项馈赠或帮一个忙表明了对另一个人的信任；对方的回报证实了这种信任是正当的。……个体之间各种利益的扩展性交换使得他们越来越相互依赖，建立起相互信任，并加强他们的社会纽带”[②]。这样一来，在社会价值系统中，一个人只有诚信地忠实于社会价值观的要求，对社会价值观抱有充分的信任，才可能按照社会价值观的指引行为做事。只有人人都付出诚信，才能够真正营建价值信任，社会价值观才能真正发挥支配作用，否则人们只可能生活在虚幻的想象和形式主义的欺骗之中。因此，在任何社会中，为了养成社会价值观并使之扎根，都会有相应的制度、组织和文化机制保证个体诚信和社会信任长期存在并产生效果。“因为信任对稳定社会关系非常重要，并且因为交换义务可促进信任，所以就有特殊的机制使义务永久存

①[美]布劳：《社会生活中的交换与权力》，李国武译，北京：商务印书馆2011年版，第160页。

② 同上书，第177—178页。

在，并因此加强了感激和信任的纽带。”① 正是凭借有形的或无形的机制，使得人们原本冲突的不同价值观念能够在体制和机制中兼容并存，并习惯于按照公共的价值原则和价值规范实施社会行为。彼此之间的信任大大增进了人们的相互理解，有效地进行了价值整合，塑造了人们社会行为的相互依赖性和支撑性，并在实质上提升了人们社会统一行动的质量和效果。

诚信和信任是人们更新社会价值观的基础，是实现社会价值变革、推动价值观体系创新的催化剂。在一个社会系统中，个体价值观不是恒定不变的，社会价值观也不是僵化停滞的。社会价值观在继承中有变革，在发展中有创新，在变迁中有演进。在社会正常发展的状态下，社会价值观的更新是一个缓慢而复杂的过程，一般要经过社会的、文化的代际转换来实现继承和更新。也就是说，人们的价值观念会跨越世代而保存在后来人的生活记忆和行为模式中，形成一个不断增加的、动态的、更新的价值系统，该价值系统又反过来塑造新社会成员的思想和行为。但在特殊的社会境遇中，价值观会以剧烈的方式发生代际断裂或重大跃迁，而这往往又与诸如社会革命、思想巨变、危机突发等社会发展的非正常状态有关。不过，不管是社会发展的常态还是非正常状态，价值观的更新都与社会的诚信和信任问题有着千丝万缕的联系。从属性上看，诚信和信任本身就是一种社会价值观。与其他社会价值观不同，诚信和信任在构建社会生活和社会关系中发挥着显著而独特的功能，是建立和调整社会秩序的重要工具。“信任之所以能发挥这一功能，是因为信任可以使一个人的行为具备更大的确定性。增加行为的确定性又是通过信任在习俗与互惠性合作中扮演的角色来完成的。”② 从本质上看，诚信和信任的价值目标是忠诚与真实，对于忠诚与真实的差异化理解往往会造成人们在立场、观点、视角和价值观念上的分歧，当人的行为因为诚信和信任的缺失而不再具备确定性时，人们就会出现价值矛盾和价值冲突，进而出现价值撕裂和价值观断裂，从而为社会价值变革提供内在

①[美]布劳:《社会生活中的交换与权力》，李国武译，北京：商务印书馆2011年版，第166页。

② 郑也夫:《信任论》，北京：中国广播电视出版社2001年版，第113页。

驱动力。因此，在社会变革中，诚信和信任实际上就成为价值变革和价值体系创新的催化剂，人们之间、群体或集团之间的诚信和信任状态、程度往往是造成社会嫌隙和割裂的推手，而对某一制度、政策、治理体系的不忠诚和不信任更会成为社会秩序易变的潜在因素。

（三）在建设诚信文化和信任社会中涵育社会主义核心价值观

根据新时代加强公民思想道德建设的任务，中共中央、国务院印发了《新时代公民道德建设实施纲要》（以下简称《纲要》），对面向未来的公民道德建设作了顶层设计和战略部署。《纲要》强调了社会主义核心价值观在公民道德建设中的引领作用，把培育和践行社会主义核心价值观作为重点任务，同时也把持续推进诚信建设列为新时代公民道德实践养成的重要内容，并从继承传统、适应时代、构建体系、健全机制和重点治理等方面提出了具体要求。其中，《纲要》提出要“弘扬与社会主义市场经济相适应的诚信理念、诚信文化、契约精神”[①]，实际上就为弘扬诚信文化、建设信任社会鸣响了号角。众所周知，诚信是社会主义核心价值观的内容之一，是专门针对公民个人层面提出的道德要求和价值规范，但它显然不拘泥于公民个人自身，而是具有鲜明的社会性，具有向社会层面扩展的实践意义和行动价值。而且，在社会层面上所规定的诚信不仅是社会主义核心价值观的内在要求，也是建设社会主义信任社会的必要条件。社会主义道德的原则是集体主义，社会主义核心价值观是把公民个人价值和社会价值统一起来的集体观念。个人价值和社会价值相统一的观念始终需要以诚信和信任为前提，以人际互信和社会共信为基础。社会主义核心价值观若要在当代中国扎根，理应抓好公民诚信建设，在构建信任社会中完善价值观的伦理秩序和实践机制。

诚信是社会和谐的基石与重要特征，信任是社会文明的标准与基本属性。在社会主义核心价值观系统中，诚信与其他价值观内容相辅相成，而且为其他价值观奠基。不难想象，在社会主义价值世界中，如果个体丧失了诚信、社会缺乏了信任，那么无论是由人际关系位置构建的角色伦理，还是由社会行为布局构建的实践伦理，抑或是由各种道德约

①《新时代公民道德建设实施纲要》，《人民日报》2019年10月28日，第1版。

束和价值规定编织的规范伦理，都将会遭遇瓦解和崩塌，难以起到约束人们思想和规范人们行为的作用。就社会主义核心价值观自身而言，如果没有了个体诚信和社会信任，那么其他价值观内容都将会被掏空和虚化，社会主义核心价值观也将被整体悬置起来，停留在口头上或者形式上，难以落到实处。诚信意味着社会成员言其所当言、行其所应行，确定了思想与行为的统一性。信任意味着社会成员消除了猜忌和隔阂，代之以坦诚和信赖，确定了规范与秩序的一致性。按照诚信和信任作为社会性价值的规范和要求，要使社会主义核心价值观落到实处，就需要社会成员在道德观念上实现自我超越和价值升华，实现社会主义核心价值观由内在伦理秩序向价值实践秩序的转化。在这个意义上说，诚信和信任是构建社会主义核心价值观内在伦理秩序的中枢，是连结并支撑价值观由思想形态转为实践形态的关节点。

诚信文化反映时代品格、熔铸时代精神，是诚信理念日常化、生活化和行为化的积淀和升华。确定把诚信作为社会主义核心价值观内容要素之一，目的就在于把诚信由一种思想品德上升为社会价值规范、由少数人具备的稀缺精神价值演变成为社会大众普遍具备的日用行为习惯，成为社会成员普遍尊奉并能自觉践行的价值理念，成为社会主义社会的内在文化品格。信任社会是个人诚信普遍化、社会信任常态化的社会。在信任社会中，诚信不仅是一种深入人心的社会文化，更是一种普遍推行的制度体系，而信任不仅是社会的文化精神，也是制度的价值追求。从有益理念到生活习惯，从文化精神到制度规范，从个体诚信到信任社会，诚信和信任作为价值观念内在地包含着一种道德约束，建构了一种从个体到群体共同遵守的伦理秩序。正如福山所说的："当一个社群分享一套道德价值观，借此建立对彼此的诚实行为的期许之后，信任就产生了。从某种程度来说，这些价值观的非同寻常的特点并不如它们被'共享'这个事实重要。总而言之，群体的伦理体系要求的价值观越多，进入这个群体的要求就越高，内部成员之间的相互信任和团结的程度也就越高。"[①] 或者说，当诚信和信任作为社会成员普遍认可的价值观

①［美］弗朗西斯·福山：《信任：社会美德与创造经济繁荣》，海口：海南出版社 2001 年版，第 153 页。

念时，社会上就会出现人们所自愿依赖的诚信文化或必须尊奉的信任制度，此时，信任社会的构建就获得了可以循环复制的“信任圆环”，其中，“信任关系在社会情境中找到合适的立足点，这种社会情境的结构具有关系相对持久的性质，互惠的依赖性，不可预见的特性等。……由于社会系统的内在相互依赖结构，它们在异乎寻常的程度上依靠相互信任，同时它们也为信任的产生创造了更加有利的条件”[①]。不难看出，诚信文化的培育和信任社会的构建中，始终都贯穿着价值观的目标要求和实践过程。

在建设诚信文化和信任社会中涵育社会主义核心价值观，关键需要通过文化的软约束和制度的硬约束来疏浚社会主义核心价值观落地落实的实践渠道，建构支撑社会主义核心价值观的日常生活的伦理秩序和自觉行为的实践秩序。从文化软约束的角度说，建设诚信文化是要提升人们的诚信意识，增强他们日用而不觉的诚信习惯。从制度硬约束的角度说，建设信任社会是要完善社会的信用体系和信任制度，为社会的可信性运行提供组织保障。实际上，诚信文化建设和信任制度建设又是可以且必须贯通的。“文化的真正要素有它相当的永久性、普遍性及独立性，是人类活动有组织的体系，就是我们所谓的‘社会制度’。”[②]从诚信文化到信任制度再到信任社会，是一个逐步完善、梯次推进、社会化的信任生成的发展过程，也是一个由己到群、由小到大、由弱到强、由内到外、合乎个体社会成长逻辑的实践过程。对此，我们一方面需要继续通过建设诚信文化来构筑与社会主义相适应的健康的观念伦理，打造贯通“家庭—单位—社会”的诚信价值链条，在个人与自我、个人与他人、个人与社会之间形成以诚信为底线、呈波纹形逐层扩展、以网格状存在的人际诚信伦理结构，在伦理关系中融入既有效屏蔽唯市场功利取向又具备目标驱动力的诚信契约精神；另一方面，我们更需要把价值观的观念伦理转化为实践伦理，在区分伦理约束层次性和结构性的基础上，建

①［德］尼克拉斯·卢曼:《信任：一个社会复杂性的简化机制》，瞿铁鹏、李强译，上海：上海人民出版社2005年版，第48页。

②［英］马林诺夫斯基:《文化论》，费孝通等译，北京：中国民间文艺出版社1987年版，第18页。

设并不断完善各种信用制度，健全信任实施和监督机制，“对突出的诚信缺失问题，既要抓紧建立覆盖全社会的征信系统，又要完善守法诚信褒奖机制和违法失信惩戒机制，使人不敢失信、不能失信”[①]。藉此，一俟诚信建设和信任社会建设获得了可靠的制度约束和机制保障，社会主义核心价值观的落实便可获得相应的制度支撑，价值观就可以在实践中规范性地融入到人们的自觉行为和日常生活中。

（原文发表于《伦理学研究》2020 年第 6 期）

①《习近平谈治国理政》（第 2 卷），北京：外文出版社 2017 年版，第 134—135 页。

六

网络时代价值观教育的转型与适应

价值观教育是人类社会发展和个体进步的内在要求，是所有时代、所有社会中都存在的一种思想教育和价值教育类型。在价值观自觉程度较低的社会和时代中，人们对价值观本身的认知是模糊的，价值观也往往是内在的、潜隐的，彼时的价值观教育也多以传统继承和习俗熏染的方式存在。在阶级社会中，统治阶级为维护本阶级的利益和统治需要，往往采用显性和硬性价值观教育的方式来管理和统治社会民众，价值观教育便走上了阶级统治和社会管理的前台。当今时代是信息科技高度发达、人类步入网络化社会的时代。网络时代的价值观教育尽管不能完全覆盖和替代传统非网络化社会的价值观教育，但俨然已经脱胎于传统的价值观教育并开始构成崭新的价值观教育类型了。

（一）网络时代价值观教育的重要性

按照美国学者塔尔卡特 · 帕森斯的解释，价值观是“社会中人们一致接受的象征系统（文化系统）中的一个因素。它是社会里各种选择或行动目标的标准”。他还把价值观界定为认识的标准、欣赏鉴别的标准、选择行动的标准和道德标准。也就是说，在一个社会系统中，人们认识事物、采取行动和行为的依据或标准就是价值观。这是在西方哲学社会科学界乃至思想界影响甚大的说法。作为标准系统，价值观内在于人们的思想系统中，但常常会外化为行动和行为。就一般情况而言，只有在价值观的指引下，人们才能够获得思想和行为的规范性，才能够按照既定的标准做事。离开了价值观的指引和导向，人们在思想上就无所依凭，也很难找到行动的方向和行为的归依。

对当今时代信息科技高速发展的直接描述，便是网络在社会生产和生活中的普遍应用。自 20 世纪 90 年代初期接入互联网以来，中国的信息化和网络化在二十多年的时间里突飞猛进。不论是在信息科技硬件上还是在网络文化软件上，现今的中国都已经进入到一个网络化生存的时代。从社会生产到日常生活，人们似乎已经再也离不开网络。网络也成为当今时代人们生存的符码，成为与人们的生活和活动密切伴随的重要工具，成为人们生存的一部分。在这样的网络时代中，价值观教育便成了一个与人们的生存紧密相关的命题。

众所周知，信息和思维是形成价值观、影响价值观的要素。信息提供判断的依据，思维决定判断的方向。在网络时代中，由于人们接收信息和知识的渠道逐渐多样化、多元化，也由于人们网络交往空间的扩展和延伸所带来的思维方式的自由化、交互方式的便捷化和疏离化，人们的认知方式、思考方式、决策方式发生了巨大变化，这也就导致人们在价值观系统上出现分化、虚化和异化。就像德国学者弗兰克·施尔玛赫指出的，信息网络时代中，人们的“注意力极易分散，记忆力严重退化，想象力和创造力被极度扼杀，网络以诱人的海量信息吞噬了我们，人类正被自己顶礼膜拜的信息技术逐渐异化”。人们的知识信息系统、思维方式系统是与其价值系统紧密相关的。信息、思维的变化无疑会引起人们价值观念和价值系统的变化。藉此，网络时代的价值观教育就具有了突出重要的意义。概而言之，在网络时代进行价值观教育具有以下三个方面的重要意义：

第一，发挥定向作用。由于网络时代产生的多种多样的信息可以相对便捷地涌入到人们的日常生活、学习和工作中，人们就很容易受到多元思潮、多样选择和多维伦理的影响与操纵，从而容易出现思想分歧和方向迷失。用一个比喻来说，网络容易使人陷入一个“无所适从、具有多种可能性的巨大蛛网”中。藉此，开展网络时代的价值观教育就是为了给人们进行价值判断和价值选择提供导向，使人们心有归依、行有指向，不至于迷失道路和方向。

第二，确立价值标准。价值观教育的根本前提和主要目的是确立价值标准。人们在网络时代最容易出现思想与精神上的“失真、失信、失魂”，其根本原因就在于价值标准出现了混乱。在网络生活和网络社会里，个体的主体感易于增强而道德感则易于下滑，自我意识易于膨胀而自律意识则常常被淡化。因此，网络时代的价值观教育旨在确立能够将网络世界和现实世界衔接或对接的思想行为标准，从而为人们找到可以依靠的价值依据，以及得以安身立命的“价值法则”。

第三，凝聚精神动力。在网络时代，信息多元化和价值多样化以及网络生活、社会生产的电子化信息化在给人们提供便捷的同时，也在很大程度上触发了人们的精神惰性，消解人们行为的主动性、意志力，离散了人际联系和社交密度，从而扩大了社会人的精神间隙，也冲击着社会的精神动力系统。开展网络时代价值观教育将提升网络居民的价值认知，统一思想认识，寻找到利于发展进步的精神支柱，凝聚全社会的精神动力，构建网络社会的一致性和公共性。

（二）网络时代价值观教育的转型

网络时代的价值观教育应该采取与传统的价值观教育不同的方式来进行，个中原因在于网络大大地改变了人们的存在方式和生活方式，改变了传统的人际互动的模式，也改变了价值观存在及其互动的状态与样态。价值观形成和存在的环境发生了变化，新价值观也自然会孕育出不同于既往的内容。有鉴于此，可以认为，网络的普及和深入使得网络时代的价值观教育必须作出适应性转型。概括而言，这种转型包括以下几个方面：

第一，借助网络进行价值观育人的空间无限扩大，人际距离既远又近。毫无疑问，网络把传统的空间观念给打破了。在网络中，人们之间的距离变得既远又近。说其远，是因为网络在传统的人际交往间架起了一堵墙，成为人们不再面对面交流的借口和屏障，人们之间的关系变得疏远起来。说其近，是因为网络把原来无限遥远、仅凭传统模式难以实现有效沟通的距离障碍消除或大大缩短，从而使远在天边的人也能够在网络世界中变成近邻，甚至变成密友。简言之，网络使传统的二人或多人面对面的单维空间发展为无限多人的面对网的多维空间。藉此，网络时代的价值观教育便呈现出不同于以往的崭新样态，不仅需要面对和处理的人际关系在网络空间的变换中变得复杂化了，而且也增添了新角度和新难度。

第二，价值观教育的社会环境从传统的熟人社会向陌生人瞬间互联互动的网络社会变化。众所周知，中国传统社会是典型的熟人社会，囿于地理的、宗法的和习俗的限制，人们之间的信任和交往首选在熟人间建立和展开，价值观传递也首先在熟人和有亲缘关系的人群中进行。但是，在网络时代，除去原有的交往方式依旧存在外，网络建构起了一个陌生人瞬间联系或变得熟悉的平台。也就是说，原来需要通过很长时间和周期才能够达成的熟悉程度有可能在网络互动中迅速完成，这就大大改变了原有的人际关系由陌生变熟悉的模式和时序，由此也改变了价值观信任关系的构建样态和构建周期，使得价值观教育在陌生关系中的展开变成了客观现实。

第三，价值观教育从单向静态的言传身教向多向动态的言传自教过渡。在传统社会中，价值观教育往往是上对下的单向灌输，采取的方式也多以言传身教为主。此时，价值概念和价值内涵的流动是单向的、直线的，教育者拥有教育权威，受教育者多以服从为天职，教育目的也就是实现受教育者的价值认同和价值服从。但是，在网络时代，那种单向的、静态的、一维的、直线的价值观教育模式被多主体化多观念性的网络交往现实所冲击，价值观教育呈现出人际多向化、动态化和交互化。除去言传身教外，网络社会的价值观教育多表现为言传自教，即人人都需要教育，人人都负有教育的责任。

第四，价值观教育从强规范性强传承性向弱规范性弱传承性转变。传统的价值观教育具有很强的规范性和传承性，具体表现为价值内容的稳定性和传承程序的模式化、秩序化。这是因为价值观本身就代表了一种规范，而且这种规范的传递是后继者能否贯彻并恪守价值规范的保障。为达到有效传承的目的，传统的价值观教育往往要靠严格的礼法制度和条理化的教化模式来实现。但与之不同的是，网络时代的价值观教育在教育者权威、教育内容规范性和教化模式程序化上都出现了变化，原有的强规范性在逐渐失去其固有的威严，强传承性也慢慢地被弱化和消解了。

第五，价值观教育从传统模式下形式的恒定少变向网络模式下形式的活泛多变转化。在传统社会中，价值观教育往往采取较为统一且常常固定的模式，在内容和形式上都保持了较大的稳定性，不轻易发生变化。但是在网络时代，价值观教育因为主体、内容、对象和载体的变化而发生了较大改变，既有的恒定少变的教育形式逐渐在新情况、新形势和新任务面前不得不相应地发生改变，新的教育形式也在随机性、偶发性和应变性上大大提升，呈现出活泛而多变、不易把握、不易掌控的一面。

总之，与传统社会的价值观教育相比，网络时代的价值观教育进入了一个全新的格局和界面中。尽管在当前，价值观教育依旧在传统模式和网络模式之间兼存并备，但无论是在空间、环境还是在模式、内容和状态上，网络时代的价值观教育都展现出了新颖和多变的特点。这无疑是当代中国价值观教育所面临的全新形势和崭新局面，也无疑值得价值观教育者们予以高度重视。

（三）适应网络时代的价值观教育路径

张岱年先生曾指出："价值观是随着社会的发展演变而演变的。时代前进了，价值观必然随之而变化。"当今时代，中国已经进入一个信息技术高速发展、网络生活日渐普及的时代，网络在人们的日常生活进而在整个社会的生产系统中发挥着越来越重大、越来越明显的作用。因为网络信息和技术革命的影响，中国人的价值观进入到了转型期。适应网络时代的变局和网络社会的格局，传统的价值观教育就应当适时作出调整和变革，采取与网络时代相适应的价值观教育新路径。

第一，注重自教自悟，提升人们的价值自觉和价值观自省的能力。新时代的价值观必然以对于个人与社会、物质生活与精神生活的关系的正确理解为基础。在网络时代，人们的行为之所以任意性增强、约束力不够，是因为网络世界所提供的是一个自我意识彰显、自我价值越位和自我选择多元的世界。在这个世界中，人们对群己关系、物质与精神的理解很容易被扭曲和曲解。实际上，网络上出现各种各样的现象，背后所映照的正是形形色色的膨胀而无羁束的"自我意识"。此外，现代社会的快节奏、网络交往的半遮蔽性、个人利益的高诉求，都大尺度地冲击了人们内在的伦理观和道德感，模糊甚至冲垮了人们对自我真实面目的掌控。因此，在网络世界中，一些人会做出平时不敢不愿不能做的事情，一些人会毫无忌惮地选择去超越日常不可超越的底线。一言以蔽之，在网络时代，人们的自教自悟的意识淡薄了、自警自励的能力下降了。与传统社会相比，古人所擅长的“一日三省吾身”的自我教化的意识和意志消失了。为此，要提升网络时代价值观教育的效果，有必要从提升每个个体的自教自悟意识做起。通过自我教化和自我反思，提升人们的价值自觉和价值观自省。这是网络世界和网络社会中不可或缺的教育内容，也是网络时代个体自我提升和自我教育的基本选择。

第二，倡导互助教育，将传统的价值观灌输转变为价值观互补。网络时代是互动互联的时代，网络社会也是互动互联的社会。在互联网高度发达的时代，任何单维的片面的价值观认知都容易受到挑战。在网络世界中，单向灌输的价值观教化模式不仅在形式上陷入落后和低效，而且也不利于新型价值观内容的补充和传播。毋庸讳言，价值观是带有规范性、约束性和方向性的，但在网络世界中，仅仅进行单向度的灌输显然会遭到其他不同向度的思维挑战和观念挑战，同时也不利于主导价值观的传承。这是因为，任何可以被接受的价值观教化都要首先赢得受教育者的信任，获得他们的认同。以平等互联的方式进行网络价值观的教育，不仅有利于消除受教育者心中的芥蒂和潜意识的防范，也确实有利于教育者批判地反思所教育内容的合理性和适应度，以便更好地调整价值观教育的方式、方法和内容，以对话、合作等更贴切的形式和思路开展价值观教育。实际上，价值观教育本身虽然有指向性，但这并非意味着价值观教育只能是单向的、直线的。当今时代，在网络世界中进行价值观教育，其重要的路径之一就是倡导互助教育，倡导教育者和受教育者双方在求同存异的基础上达成最高程度的价值观共识，实现共同的价值目标。

第三，规避网络信息绑架，从历史文化经典中获取正向的价值观力量。一般而言，人们获取价值观的渠道主要有两个：其一是在人际互动中得到价值观的感染和教化。其二是从对展现历史生活智慧的文化经典典籍的学习中汲取价值观的启迪和力量。网络生活的一个突出特征是，网络上的信息林林总总、形形色色，但并不是所有信息都能够给人正能量，给人带来益处。恰恰相反，不少网络信息承载了大量的负面价值，会瓦解人的价值常识和价值直觉，造成人们的价值迷惑和价值失值。通常的情况是，一旦某人沉迷于网络了，他便很容易被网络信息牵着鼻子走，久而久之就受困于泛滥的网络信息而丧失正确的价值选择和价值判断的能力。学习是人们获得价值认知、养成价值观念的重要方式。网络上的信息固然也是学习的对象，但常常因其芜杂而不具有太大的学习价值。为此，生活在网络时代的人们尽管需要享受网络生活的便捷和实惠，但也需要有意识地规避网络信息的绑架，规避网络生活的陷阱。因此说，在网络中沉浸久了的人们也需要离开网络回归到无网的生活和学习空间中来，从学习历史文化经典中获取真正有营养的价值观念，积蓄正向的价值观力量。这一做法，按照唐君毅先生的比喻，即是用充满智慧光芒的经典之镜子照亮我们个人前行的“价值之路”和“心灵之路”。

（原文发表于《高校辅导员》2017 年第 3 期）

七

中国共产党爱国主义教育中的道德价值冲突及其超越

爱国是中国共产党人的重要政治价值和道德品质，爱国主义教育是中国共产党的长期历史责任和实践使命。习近平在党的二十大上指出，要“深化爱国主义、集体主义、社会主义教育，着力培养担当民族复兴大任的时代新人”[①]。深化爱国主义教育是中国共产党在新时代实施思想政治教育的重要任务，也是实现为党育人、为国育才、达到立德树人目标的基本途径。深化对爱国主义教育中人们道德价值实际运行状况的研究是深化爱国主义教育的前提，也是加强新时代思想政治教育研究的题中之义。众所周知，中国共产党的爱国主义教育既有深厚的传统道德渊源，也有鲜明的现代价值基础，但只有从思想深处和价值根源上弄明白了为什么要爱国、怎样才算是爱国，才能真正爱国，爱国主义教育也才能取得真正效果。就此而言，爱国主义教育始终是在明辨是非、抑恶扬善、激浊扬清、扶正祛邪中进行的。本文结合中国共产党开展爱国主义教育的历程和实践，聚焦中国共产党爱国主义教育中的道德价值冲突以及由此进行的道德判断和价值选择，对中国共产党爱国主义教育的道德价值基础加以探讨，以期在深化中国共产党爱国主义教育研究上有所推进。

（一）中华传统爱国观念中道德价值冲突的历史因袭与近代转换

道德价值是个体价值系统和社会价值体系中客观存在的特定维度

① 习近平：《高举中国特色社会主义伟大旗帜　为全面建设社会主义现代化国家而团结奋斗——在中国共产党第二十次全国代表大会上的报告》，北京：人民出版社2022年版，第44页。

的价值，是个人和社会群体用于自我调节、处理人际及个人和社会之间关系的道德行为规范及价值实践准则。中华传统教育在主流和本质上是道德价值教育。道德价值教育是人性化、导向性和权威式教育，既是个体归化的手段，也是社会治理的工具。在中华传统观念中，无论是主张人性善者还是主张人性恶者，抑或是主张非善非恶、无善无恶者，都难免把道德价值作为主体作用于客体的范畴。从本质上说，道德价值终归是基于事实的主体价值，是主体对不同领域、不同层面和不同指向内的价值对象、价值事实进行道德甄别和价值判断的结果。因为行为规范和实践准则并不是天生自在的，也不是自然而就的，而是内在地包含着个体的自我精神世界内部以及不同个体之间的道德价值冲突，由此，一定道德价值原则和标准形成的前提是对各种道德悖论和价值矛盾进行化解与超越。如果把中国传统社会所倡导的仁、义、礼、智、信作为个体和全社会都推崇奉行的道德价值原则，那么客观上存在的非仁、非义、非礼、非智和非信的价值倾向自然就构成了主体内外的道德冲突和价值矛盾。然而，要形成共同的公共道德价值原则和标准，就必须消除人们在道德价值领域中存在的认知悖论、思想矛盾和观念冲突，并最终达到道德和谐与价值协同。由此来看，儒家的克己复礼之辩、立己达人之说，道家的有无相生之论、清心寡欲之决，佛家的出生入死之择、惩恶扬善之策都内在地包含着从根本上解决主体自身或主体之间道德冲突和价值矛盾的要求。如果把儒释道视作社会治理的手段，那么不管它们如何互补或如何轮换更替，就其实现的过程和机理而言，无疑都包含着必须化解个人与社会、物质和精神层面的道德价值冲突这一基本定则。东汉的王符曾经说过：“人君之治，莫大于道，莫盛于德，莫美于教，莫神于化。道者所以持之也，德者所以苞之也，教者所以知之也，化者所以致之也。”[①] 这里，他对道德教化也即德化的要素进行了解释。若要实现道德教化，就需要把所持之道、所苞之德以知之和致之的方式实现出来。毫无疑问，所得之道若要成为无瑕之玉和无疵之宝，自然需要通过是非、善恶、美丑、公私之辨剔除其中的污点，需要通过消除某教育对象

①［东汉］王符：《潜夫论·德化》，王健注说，开封：河南大学出版社2008年版，第247页。

本身所包含的道德价值冲突达到成于真、合于善、臻于美的可教之境。

从总体上看，道德价值是围绕着是非、善恶、美丑和公私的基本问题展开的，其中是非问题属于事实判断，而善恶、美丑和公私问题则属于基于事实的价值判断。但在更深层次上，道德矛盾和价值冲突则围绕着人们的义利、理欲、德力和法教问题来展开。在个人生活与社会生活、物质生活与精神生活的基本系统中，某个特定主体在道德价值选择中所遇到的由义利之辨、理欲之辨、德力之辨和法教之辨所构成的矛盾和冲突会直接影响甚至决定主体的道德觉悟和价值层次。换言之，是取义还是取利，是从理还是从欲，是据德还是据力，是依法还是依教，其反映在主体道德价值层面的矛盾必须得到解决，这是主体的行为前提和实践基础。爱国作为一种体现主体道德意志和价值倾向的道德价值观，无疑从一开始就处在个人与国族、政统与道统、存留与放逐的义利、理欲、德力、法教矛盾之中。从历史上看，中华民族形成和融合的历史过程无疑就包含着个人乃至社会群体在处理由政权更替、社会变革所引起的秩序与归属层面的道德价值冲突，包含着主体精神世界中和谐与斗争、对立与统一的道德判断和价值博弈。在中国传统社会固持的由己到人、由家到国、由此及彼且逐渐扩大的关系圈层结构中，个人延展至天下、血缘上升为宗法、家族升级为国族、社群内部关系延伸扩展为社会外部联系，在蛛网结构中存在的利己选择逐步升华为利他的道德价值选择，形成了“求大同、存小异”的生命共同体。在这个生命共同体中，偶尔破损的蛛丝代表了蛛网内部道德价值的冲突和撕裂。但即便时有破损，也不会影响总体上处于“超稳定”结构和状态的蛛网关系圈。张载说过：“有象斯有对，对必反其为；有反斯有仇，仇必和而解。”[①] 这种朴素的认识论中所包含的对立和统一的辩证法揭示了在个人和群体之间不断流动变化的矛盾及其化解之局，其中矛盾不会永久消除，但化解矛盾达致和合却是对象关系的主要结果和基本趋势。换言之，在中华民族内部，道德价值冲突虽然客观存在且不可避免，但爱国却俨然是人们的共处之道和共谋之举，成为社会关系蛛网结构中的最大同心圆。由于封建

①［宋］张载:《张子正蒙》,［清］王夫之注，上海：上海古籍出版社2000年版，第97页。

小农经济的长期延续、相对稳定的家国同构的社会组织结构以及不断延嗣的皇权宗法制的权力配置体系，中国社会长期保持了大一统的组织状态与和主争辅的运行模式，爱国的价值观作为蛛网纽结的最高道德价值原则，成为中华民族爱国思想和行为的价值支点，成为中华民族精神的核心，也成为中国精神长期发展和不断延续的聚力之源。

伴随着近代以来西方列强的入侵，中华民族陷入了巨大的生存危机之中。传统的家族观念和国家意识在强大外力的挤压下出现了刺激性生长和应激性反弹。在由近代走向现代的社会转型中，中国社会的主要矛盾演变为帝国主义与中华民族的矛盾，而屈服于帝国主义胁迫的中国封建主义与国内人民大众之间的矛盾也越发加深。当国族存亡被提升为公共日程时，现代民族意识和国家意识在内忧外患中得到增生并发生了排异反应，传统的夷夏之辨、本末之争演化成了中外之争和本异对抗。中国本位的道德价值与西方强势的道德价值之间的矛盾冲突涌现出来，传统的爱国观念也出现了包容性增长和现代性转换，中华传统爱国观念中的道德价值冲突不但因袭了传统的道德价值矛盾，而且走向了在东方与西方、本体与异体之间的对立。这样，爱国主义的传统皇权至上性逐渐衰退，现代人民至要性则逐渐提升。原本在中国传统社会中以修齐治平为主线的敬德保民、爱民济世的“立身以平天下”的教育观念和以家教、私塾教育为主的私学精英教育模式也随着现代公学的兴起而转变为更具扁平性和社会化的大众教育模式了。尽管如此，在爱国问题上的道德价值矛盾，特别是其中个人与国家、物质与精神、政治与道术框架系统中的义利、理欲、德力、法教的价值冲突依旧存在，内在于这类范畴中的个体生存张力和社会发展悖论依旧存在，只不过其思想内容和价值指向悄然发生了变化。在这个意义上说，在中国由近代向现代的社会转型中，爱国教育中的道德价值冲突既有所变也有所不变，不变的是存在于人性和社会组织体系中的义利、理欲、德力和法教的对立范畴，变的是这些范畴中的因时而化、因势而新的主体对象、社会体制、行为事实和实践内容。藉此，我们认为，爱国是中华文明和中国传统思想观念中一股永未断息的潮流，但在不同时代有不同的实践主题和行为要求。20世纪20年代初，当国族危亡日渐逼近、民生艰苦日渐沉重之时，应运而生的中国共产党就义无反顾地承担起了救国救民的道德责任和价值使命。

（二）中国共产党爱国主义教育的道德觉悟与价值重构

中国共产党是在马克思主义指导下、适应世界无产阶级革命形势的转变、植根于中国社会土壤的现代革命党。中国共产党是出于救国强国的目的而组织起来的，她的诞生可谓顺势而成、应运而生。中国共产党成立之前，无产阶级革命先驱者们纷纷探讨救国之策。这显然是应时代和世事的呼唤，是在把握国情和世界大势的基础上为挽救自身民族国家的危亡而作出的思考和选择。而由此开始的中国共产党的爱国主义教育也显然是内在于党的初心使命之中，是党与生俱来的道德觉悟和价值选择。可以说，对于中国共产党人而言，救国的责任激起了爱国的觉悟，而爱国的觉悟又支撑了爱国主义教育的价值选择。1916 年 10 月，在谈到对爱国主义的理解时，陈独秀从道德价值层面指出："中国之危，固以迫于独夫与强敌，而所以迫于独夫强敌者，乃民族之公德私德之堕落有以召之耳。"他由此把持续的治本的爱国主义归结为"勤、俭、廉、洁、诚、信"这些"救国之要道"，认为"爱国之义，莫隆于斯"[①]。藉此，他提出的教育方针是"第一当了解人生之真相，第二当了解国家之意义，第三当了解个人与社会经济之关系，第四当了解未来责任之艰巨"[②]。在回应陈独秀的《爱国心与自觉心》一文的观点时，李大钊指出："自觉之义，即在改进立国之精神，求一可爱之国家而爱之，不宜因其国家之不足爱，遂致断念于国家而不爱。更不宜以吾民从未享有可爱之国家，遂乃自暴自弃，以侪于无国之民，自居为无建可爱之国之能力者也。夫国家之成，由人创造，宇宙之大，自我主宰，宇宙之间，而容有我同类之人，而克造国。我则何独不然？"[③] 李大钊把爱国主义教育的重点放在了作为国家之魂的青年人身上，他号召青年"当努力为国家自重……以青

①《陈独秀文集》(第 1 卷)，北京：人民出版社 2013 年版，第 162—169 页。
② 同上书，第 105 页。
③《李大钊全集》(第 1 卷)，北京：人民出版社 2013 年版，第 250 页。

春中华之创造为唯一之使命”[①]。为新国家新生命勇往奋进以赴之，断头流血以从之，殚精竭虑以成之。可以认为，在中国共产党成立早期，李大钊、陈独秀对爱国主义教育的道德觉悟和价值重构并不是个案，而是中国共产党人中自觉弘扬和践行爱国主义的重要代表。从中国共产党诞生之日起，一场崭新的爱国主义运动就拉开了帷幕，中国共产党对爱国主义教育的重构和超越也就开启了新程。这种重构和超越总体上表现在以下几个方面：

1. 中国共产党的爱国主义教育是爱人民的教育，基于对维护和发展人民根本利益的道德觉悟而进行的人民至上、以人民为中心的价值重构，实现了无产阶级主张的人民公义对剥削阶级主张的个人私利的超越

中国共产党爱国主义教育的道德价值觉悟与其阶级觉悟密不可分。中国共产党实现了对中国传统道德的继承和超越，从统治中国两千多年的封建主义道德中解放出来，继承其中优秀的民本思想，对“民胞物与、爱民如子”的道德价值理念予以扬弃，对“民贵君轻”“大公无私”的道德价值观进行了升华。同时，中国共产党揭露了官僚资产阶级的虚伪道德和剥削实质，同时对中国民族资产阶级道德进行了批判和超越。通过新民主主义革命，中国共产党领导建立了人民民主专政的新中国，实现了真正的人民当家作主。基于马克思主义唯物史观，中国共产党把人民群众视为历史的创造者、社会变革的决定力量、社会物质财富和精神财富的创造者，从根本上超越了过去一切剥削阶级道德观念，彻底实现了从君主到民主、从民本到民主的历史性转变。

历史选择了中国共产党，人民选择了中国共产党，中国共产党也主动站到了历史正确的一边，自觉地站到了人民公义一边。对中国共产党而言，爱人民是爱国主义的题中之意，也是中国共产党爱国主义教育的公理和大义。把最广大人民群众从封建时代的臣民地位和被资产阶级剥削的状态中解放出来，并将人民作为社会主义社会和国家的主人，这是中国共产党实现的最根本意义上的爱国主义的道义觉悟和价值转折，也是中国共产党领导实现的爱国主义教育的实践基础。人民是新中国国家

①《李大钊全集》(第1卷)，北京：人民出版社2013年版，第333页。

政权的基础，也是中国共产党执政的坚实依靠和力量保障。离开了爱人民，爱国主义就会变成一句空话。但爱人民并不是口头上和形式上的，而是有实际内容和具体要求的。从提出为人民服务、喊出人民万岁到提出人民至上、以人民为中心，从发展社会主义经济到推动民生进步、实现人民富裕和幸福，从提供民权保障到推进全过程人民民主，中国共产党逐步扩大人民民主的内涵，逐步提升和完善人民民主的质量。基于对维护和发展人民根本利益的道德觉悟，中国共产党已经实现而且也正在不断实现最广泛、最真实的社会主义人民民主。党领导进行的人民至上、以人民为中心的价值重构，最大限度地保障了广大人民群众的根本利益，最大程度地巩固了人民民主专政的阶级基础和群众基础，从根本上实现了无产阶级主张的人民公义对剥削阶级坚持的个人私利的超越。

2. 中国共产党的爱国主义教育是爱社会主义的教育，基于对经济社会协调发展的道德觉悟而进行的满足人民对美好生活的向往、推进共同富裕的价值重构，实现了社会主义价值理性对资本主义工具欲望的超越

中国共产党从诞生之初就确立了实现社会主义和共产主义的初心使命，而要实现社会主义和共产主义，就必须首先推翻资产阶级私有制，建立社会主义公有制。因此，党的第一个纲领中就明确提出“推翻资本家阶级的政权……直到社会的阶级区分消除为止”，“消灭社会的阶级区分”，“消灭资本家私有制，没收机器、土地、厂房和半成品等生产资料，归社会公有”。[①] 一百年来，中国共产党领导的新民主主义革命、社会主义革命和建设、改革开放和中国特色社会主义现代化建设所取得的伟大成就为实现中华民族伟大复兴创造了根本社会条件、奠定了根本政治前提和制度基础、提供了充满活力的体制保证和快速发展的物质条件。新时代中国特色社会主义建设的伟大成就为中华民族伟大复兴提供了更为完善的制度保证、更为坚实的物质基础、更为主动的精神力量。中国共产党领导全国各族人民为社会主义作出的艰辛奋斗和取得的伟大成就，也为建立、发展和完善社会主义奠定了政治基础、经济基础、社会基础和思想文化基础。

---

① 中央档案馆编:《中共中央文件选集》(第 1 册)，北京：中共中央党校出版社 1989 年版，第 3 页。

建设和发展社会主义是现当代中国最鲜活的历史，也是新时代中国正在发生着的最鲜活的现实。社会主义从理想到现实、从思潮到运动、从制度到社会、从低级到高级的发展过程，无疑是一个不断积累、不断变革和不断成熟的过程。建设社会主义并不仅仅是要夯实社会主义的物质经济基础，满足人民群众对物质生活的需要，更要提升社会主义精神文明程度，满足人民不断增长的精神文化生活的需要。共同富裕是社会主义的本质特征，是亿万人民群众的美好期待。以共同富裕为价值目标和实践理想的社会主义，显然是中国共产党所提倡的爱社会主义的基本依据，也是爱国主义教育的重要内容和根本方向。中国共产党的爱国主义教育始终坚持社会主义的方向和性质。基于经济社会协调发展的道德觉悟而进行满足人民对美好生活的向往、推进共同富裕的价值重构，实现了在发展问题上社会主义价值理性对资本主义工具欲望的超越，从根本上区别于资本主义社会因财产私有和资本垄断而导致的制度性的贫富分化和根源性的社会不公。因此，中国共产党的爱国主义教育必须坚持的是社会主义的性质和方向，是热爱社会主义的教育，也是建设、提升和完善社会主义的教育。

3. 中国共产党的爱国主义教育是爱中国共产党的教育，基于对先进政党精神的道德觉悟而进行立党为公、全面从严治党的价值重构，实现了中国共产党依党德合作共治对资产阶级政党依党力分权制衡的超越

中国共产党是中国无产阶级的革命政党，葆有先进的政党精神和崇高的道德觉悟。从中国共产党作为无产阶级政党的本质属性看，她从立党之本上就超越了资产阶级政党对本党本阶级狭隘的、自私的、贪婪的利益追求，并且始终代表着最为革命、最为先进的阶级和最广大劳动群众的利益，始终处在革命运动的最前列，也始终引领革命运动前进的方向。在酝酿成立和筹建党的过程中，中国共产党人孕育了伟大建党精神，并在长期的革命、建设、改革和新时代中国特色社会主义建设进程中弘扬和培育了伟大的政党精神，形成并丰富着中国共产党的精神谱系，展现了无产阶级坚韧的革命精神和崇高的社会主义革命道德觉悟。无产阶级革命精神是最伟大的精神，社会主义革命道德是最高尚的道德。正是在这样的精神觉悟和道德觉悟的支配下，中国共产党确立了立党为公、执政为民的价值目标，制定了新时代全面从严治党的战略布局并不断推进党的建设新的伟大工程。

在领导实现救国富国强国的进程中，中国共产党坚持以德立身、以德施政、以德成事，团结和带领人民群众及其他党派为共同目标而奋斗。在革命战争年代，中国共产党与各民主党派相互支持、团结合作，结下了彼此信赖的深厚友谊。新中国成立后，中国共产党又坚持实行多党合作和政治协商制度，在实践中形成并坚持了“长期共存、互相监督、肝胆相照、荣辱与共”的基本方针。从中国共产党执政治理的政党精神和道德品质看，她所坚持的合作共治无疑是一种新型的现代政党的党德，是受无产阶级政党精神和政治道德支撑的先进政治觉悟的表达。这种以高尚的精神觉悟为底色的党德型政党政治体现的是政治道德和法治体系的融合，是以公德大德为基础的德法并治、法德兼治，无疑超越了资产阶级政党那种三权分立、分权制衡、借力驭治的党力型政党政治。这也是中国共产党能够赢得其他政党真诚拥护、得到最广大人民群众坚定支持的价值基础，是中国共产党爱国主义教育中实现爱党倡议的内在规定性，是爱国主义教育中爱党政治认同的前提。这种道德觉悟和价值重构，自然是资产阶级政党所难以实现的，也是其难以比拟的，是中国共产党领导开展爱国主义教育的优势所在。

4. 中国共产党的爱国主义教育是爱中华人民共和国的教育，基于对社会主义法治的道德觉悟而进行以德治国和依法治国相结合的价值重构，实现了现代国家法德合治治理模式对传统中国政权德化治理模式和资本主义国家法化治理模式的超越

中国共产党是为实现无产阶级革命而产生的党，也是为救中国、兴中国和强中国而组织起来的党。中国共产党从小到大、从弱到强、从夺取政权到执掌政权的过程，伴随的正是中国从不能独立到半独立再到完全独立的过程。可以说，是中国共产党带领人民创建了新中国，党的爱国主义教育中所爱之“国”，显然是中华人民共和国，而中华人民共和国显然也是政治意义上超越一切旧体制和旧模式的新国家。当然，这个新国家是从传统的中华国度延伸转型而来的，自然也有其文化意义和社会意义的传承之基。但是在政治和法理意义上，中国共产党所提倡的爱国主义教育确然无疑是爱中华人民共和国的教育。新中国成立以来，中国共产党致力于创新社会建设的模式和国家治理的道路，逐步探索出中国特色社会主义道路，创造了中国特色社会主义理论，完善了中国特色社会主义制度，创新了中国特色社会主义文化。党的十八届三中全会启动了新时代的全面深化改革，十九届四中全会又擘画了新时代推进国家制度和治理体系建设的蓝图，作出了推进国家治理体系和治理能力现代化的决定，为新时代中国的国家治理提供了宏伟蓝图和可行路径。

中国传统社会治理中长期保持的人治模式，伴随着社会主义制度的建设和完善特别是社会主义制度现代化的进程而出现了向现代化的法治模式的重大转变。基于对社会主义法治的道德觉悟，中国共产党人在国家治理模式上推进了以德治国和依法治国的价值重构，把爱国主义的道德教育和法治教育紧密结合起来，实现以德济法、以法彰德、德法兼容、德法并举、德法合治。换言之，中国共产党的爱国主义教育既是道德要求也是法律要求，既是德治教育也是法治教育。众所周知，制度现代化是国家现代化和治理现代化的核心。中国共产党在推进社会主义中国走向现代化的进程中，创造性地推进德法合治的现代化国家治理模式，既通过倡导社会主义核心价值观为国家和社会明心立德，也通过推进国家治理体系现代化为国家和社会建章立制，这样就把爱国主义的德治基础和法治基础确立下来，实现了对传统中国德化治理模式和资本主义国家法化治理模式的超越。基于此，中国共产党的爱国主义教育就获得了全新的德治基础和法治基础，获得了不断实现中国式现代化的支撑条件和实践保障。

（三）坚持并促进新时代爱国主义教育中若干关系的统一

新时代是中国特色社会主义的新时代，是中华民族实现伟大复兴历史伟业进入不可逆转的历史进程的时代。中国共产党领导的爱国主义教育既面临着巨大的挑战，也获得了前所未有的时代境遇和实践条件。抓好新时代的爱国主义教育，需要处理好与爱国主义教育紧密相关的若干重大关系，特别是要做到若干重大关系的协调统一。

一是坚持并促进爱党爱国爱社会主义相统一。中华人民共和国是中国共产党带领全党全国各族人民经过长期奋斗而建立的社会主义国家。党、国家和社会主义具有理论逻辑的同源性、历史发展的接续性和实践生成的相合性，天然地结合在一起而不可分割。《新时代爱国主义教育实施纲要》指出："新中国是中国共产党领导的社会主义国家，祖国的命运与党的命运、社会主义的命运密不可分。当代中国，爱国主义的本质就是坚持爱国和爱党、爱社会主义高度统一。"[①] 爱国主义教育是个体成长和发展中必然接受的教育，处理好对个体爱国主义教育中爱党爱国爱社会主义相统一的关系，是个体政治社会化的必然要求。它既是个体必须明白的大道理和真道理，也是提升个体成长成才成功机遇和可能的根本保障。坚持并促进爱国主义教育中爱党爱国爱社会主义相统一，就要妥善处理爱党爱国爱社会主义之间的个人和政党、个人和国家、个人和社会的关系，坚持从统一论出发把党、国家和社会主义之间的逻辑梳理好，这就需要在教育过程中把爱党爱国爱社会主义的理论逻辑、历史逻辑和实践逻辑统一起来，讲清楚中国共产党缘何而生、为何而奋斗，讲清楚中华人民共和国从哪里来、到哪里去、因何而立、为谁而存，讲清楚社会主义由谁领导建设、藉何得以繁荣的道理。

二是坚持并促进爱国主义、集体主义和社会主义相统一。中华民族有悠久的爱国主义传统，崇尚集体主义的价值理念，近现代以来又逐步走上了社会主义的道路。事实上，在历经了无数艰难困苦后，中国共产党领导中国人民选择社会主义、建设社会主义，也是承袭历史和传统中的家国情怀使然。可以说，对中国人而言，家是最小国，国是最大家，人人为社会，社会为人人，家、国和社会不可分割也不能分开。爱国主义、集体主义不但是凝结在民族文化传统和精神血脉中的特质，也是锻造和培育社会主义精神和价值的基础。不论是在政治选择上，还是在经济、社会和文化追求上，爱国主义、集体主义和社会主义都是中华民族的道德品格和价值底色，也是内化于当代中国人精神世界的行为取向和实践逻辑。因此，新时代爱国主义教育要坚持并促进爱国主义、集体主义和社会主义相统一，把爱国、爱集体和爱社会主义熔铸到人们的思想

①《新时代爱国主义教育实施纲要》，《人民日报》2019 年 11 月 13 日，第 6 版。

认知和行为实践中。在日常生活和社会教育体系中，要切实防止用形而上学的思维方法看待个人与国家、集体、社会的关系，避免爱国主义教育上的狭隘主义和空头主义，避免把爱国主义与集体主义、社会主义割裂和对立起来的思想观念和错误做法。

三是坚持并促进党的领导、人民当家作主与依法治国相统一。党的领导是中国特色社会主义的最本质特征，是中国共产党自诞生以来就一直保持的实践品格和领导优势，也是中国共产党领导中国革命、建设、改革和新时代中国特色社会主义建设事业取得成功的宝贵历史经验。人民当家作主是人民民主专政的具体体现，也是社会主义国家政权性质的内在规定。依法治国是人民当家作主的法律保障，也是建设社会主义法治国家的根本要求。中华人民共和国成立后，党的领导成为人民当家作主的政治前提，也成为依法治国的根本保障。党的领导、人民当家作主与依法治国的统一，是实现和保证党、国家和人民根本利益的客观要求。在社会主义制度下，党、国家和人民的利益在根本上是一致的、无差别的。坚持并促进党的领导、人民当家作主与依法治国相统一，就要把爱党、爱国和爱人民结合并统一起来，始终坚持党的领导，坚持人民至上、以人民为中心，坚持走中国特色社会主义法治道路，这就需要把党规、国法和人民意愿有机统一并科学结合起来，让人民始终成为党和国家的坚实基础，让党的执政和国家权力始终成为维护和发展人民根本利益的保障。这是新时代爱国主义的实践要求，也是新时代爱国主义教育的基本原则。

四是坚持并促进国家富强、民族振兴和人民幸福相统一。中华民族的振兴是千百年来中国人延续已久的夙愿，更是近代以来在挫折和失败中苦苦挣扎的中国人民的追求。党的十八大以来，习近平总书记明确提出要实现伟大复兴的中国梦，并把国家富强、民族振兴和人民幸福视作中国梦的本质内涵。国家富强是人民幸福的基础，是民族振兴的前提。人民幸福是国家富强和民族振兴的立足点，是二者的内在要求。民族振兴是国家富强的价值目标，也是人民幸福的最终保障。在中国特色社会主义新时代，国家富强、民族振兴和人民幸福并不是虚幻的，也不仅仅是个口号，而是要体现到人民群众的实际生活中。国家富强、民族振兴、人民幸福，最终要体现在千千万万个家庭都幸福美满上，体现在亿万人民生活不断改善上。就此而言，国家富强、民族振兴和人民幸福需要有机结合、完全统一起来并落到实处。毫无疑问，新时代爱国主义教育就是要提升人们对国家富强、民族振兴和人民幸福的价值认同，提升国家号召力、民族凝聚力和人民向心力坚持并促进国家富强、民族振兴和人民幸福相统一，就是要把国家利益、民族利益和人民利益从根本上统一起来，在实现国家富强中促进民族振兴，提升人民幸福，并把人民的最大幸福提升到国家富强和民族振兴的高度，使之得到升华和超越。

五是坚持并促进中华文明创造、西方文明变革和人类文明进步相统一。中华文明和西方文明都是人类文明的组成部分，都是历史悠久、源远流长的文明，也都对人类文明作出过重要贡献。尽管中华文明和西方文明的源头机理不同、发展道路不同，但也都对人类文明发展和进步承担着不可推卸的责任。人类文明是多样性和一致性的辩证统一，在人类文明体系中，不同源流、不同道路的文明既有坚持自身独立性的必要，也有增强相互交流合作、实现和谐共存的必要。中国共产党既是中华文明的继承者和守护者，也是人类文明的建设者和贡献者。中国共产党自诞生之日起就秉持爱国主义和国际主义相统一、世界和中国共同发展的理念。中国特色社会主义进入新时代以来，习近平总书记站在人类文明共荣共昌、和谐共生的角度提出了人类命运共同体的倡议。他指出："文明只有姹紫嫣红之别，但绝无高低优劣之分。认为自己的人种和文明高人一等，执意改造甚至取代其他文明，在认识上是愚蠢的，在做法上是灾难性的！""文明因多样而交流，因交流而互鉴，因互鉴而发展。……我们既要让本国文明充满勃勃生机，又要为他国文明发展创造条件，让世界文明百花园群芳竞艳。"[①] 中国共产党素来有胸怀天下、为人类谋大同的情操和志愿，新时代中国共产党的爱国主义教育自然要站在人类文明共同发展和繁荣的高度，以促进文明进步为己任。这也就决定了这种爱国主义教育绝不能是偏狭的自私的，而是宏阔的包容的，绝不能是唯我独尊的，而是互济共生、平衡协调的。坚持并促进中华文明创造、西

①《习近平谈治国理政》（第3卷），北京：外文出版社2020年版，第468—469页。

方文明变革和人类文明进步相统一，就需要在爱国主义教育中处理好中国与世界、中华文明与西方文明及人类文明的关系，既保持中华文明发展的独立性和自主性，也吸取西方文明和人类其他文明的长处与优势，不忘本来，吸收外来，面向未来，实现中华文明的创新性繁荣、包容性增长和协同性进步，达成与西方文明的有效对话、充分理解和有机合作，共同为人类文明的发展进步作出新的更大贡献。

（原文发表于《思想政治教育研究》2022 年第 6 期）

八

论新时代中华传统美德的赓续与创新

一个时代有一个时代的价值观念，一个民族有一个民族的道德体系。作为中华文明和中国文化内在灵魂的中华美德，是在一代又一代的社会变革和观念更替中逐步稳定和传承下来的。中华传统美德既具有历史延续性，也具有时代创造性，是延续与创新的结合。中国特色社会主义新时代是社会主要矛盾发生重大变化的时代，是社会关系变革、社会结构调整、社会发展加速的时代。在新时代，如何继承和发展中华传统美德，中华传统美德又怎样得到转化与创新，都是值得深入思考和探讨的现实命题。

（一）中华传统美德的历时性基因

美德是一个民族、国家或社群对一定时代内形成和秉持的道德品质与行为规范的崇认，是对符合其根本利益诉求的良性道德内容的美称。美国著名伦理学家麦金太尔认为："美德是一种获得性的人类品质，对它的拥有与践行使我们能够获得那些内在于实践的利益，而缺乏这种品质就会严重地妨碍我们获得任何诸如此类的利益。"[①] 需要说明，任何称之为社会美德的品质，尽管会在个体身上体现，但都不是社会中某个个体所独有的，而是社会性、集体性或大众性的，是社会共同体所共有的。构成美德的要素：一是规范性的品质内容，也即美德是一种具有特定原则和规范的品德。二是实践性的回馈内容，也即所有美德并不是想象的，只能在实践中带来回馈和激励。三是积极性的价值内容，也即美德在本质上具有进步性和创造性，能够产生积极效应。这三者结合在一

①［美］麦金太尔:《追寻美德：道德理论研究》，宋继杰译，南京：译林出版社 2008 年版，第 215—216 页。

起，构成了美德的要素，三者缺一不可，乏此则不能称之为美德。

美德起源于人们对外部世界与自身关系冲突的判断、比较和选择，包含着人们对外部世界的理解、认识和权衡。在一个民族或社群中，基于特定生存关系的自然环境、人文传统、制度法纪都对美德的形成起到了制约和推动作用。与世界其他文明体和主要民族相比，中华民族由于在生存空间上的稳定性、生存历史上的恒久性、生存模式上的一致性和生存关系上的绵延性，所形成的中华传统美德具有较为显著的自洽性和内部同质性。从本质、结构、作用和方法的角度看，中华传统美德具有一些历时性的基因，这些基因是中华道德体系得以传承和绵延的根本保障。

1. 时代化的共同准则

中华先民是在对抗恶劣环境、摆脱个体面临的生存威胁的过程中慢慢结成群体组织的，有了群体就有了对个体的约束，就有了共同的行为准则和群体法则，也就有了道德。中国古人把美德称为“懿德”，认为“天生烝民，有物有则；民之秉彝，好是懿德”[①]。这里，物之法则同人之美德类似，物法是物存在的维持，美德也是人们在常情常理中愿意持守的法则。这种合于常情常理的美德显然不是人们天性中就有的，也不是人们头脑中固有的，而是在生活和生产实践中逐渐积累形成的。中华传统美德之所以能够传承，是因为其中有一种时代化的共同准则。所谓时代化也就是每个时代具有属于该时代的美德，而所谓共同准则则是尽管有时代差别，但贯穿各个时代，中华民族的美德又有跨越具体时代的共同要素和内容。因此，中华美德变中有常，常中有变，既有历史性，又有时代性，其历史性正是通过传统社会形成的美德跨越时代的历史延续性体现出来，而其时代性则体现为在不同时代之间，即便相同的德行范畴，其具体要求和实践表现也存在差异。从大历史的视角来看，不同的时代之间有继承有延续的共同道德准则形成了美德传统，而各个时代中的共同道德准则则是属于每个时代的美德。上古时期，敬天法祖即是教人向善向好的美德；周秦时代，以“至德、敏德、孝德”为主要内容的

①［春秋］孔丘编订：《诗经 · 大雅 · 烝民》，于夯译注，呼和浩特：远方出版社 2007 年版，第 169 页。

“三德”和以“仁、义、礼、信、勇、谋”为主要内容的“六守”是社会共同的道德法则；及至汉唐以降，“三纲五常”的伦理法则成为很长时期内的社会美德的标准和法则。从近现代开始，以构建社会主义价值体系为主要内容，现代性的美德体系也开始形成时代性的共同准则。社会主义核心价值观的提出，无疑奠定了中国特色社会主义社会的共同价值基础，也为社会主义美德奠定了共同准则。在这个意义上说，中华传统美德变中有常、常中有变，其中具有规律性的遗传基因是每个时代都具有与时代要求相适应的共同准则。

2. 大众性的主体基础

道德的社会基础是人民大众，人民大众是社会组成的主体性元素，也是社会美德的支撑性载体。提倡美德作为社会治理的手段之一，无疑有利于维护社会秩序，实现社会良性运行。一个社会的美德绝非仅指少数管理者或统治者的美德，在其实际意义上指的是全体人民群众共有的普遍性的美德。实际上，从很早开始，中国古代的社会管理者和智慧之士就十分重视民德的问题，屡屡提倡培养民众的美德。从官宦阶层以身作则的“敬德保民”“徽柔懿德”到士人庶子诚意正心的“修齐治平”，中国传统社会屡屡不绝的对美德的倡导和教化，其主要对象就是民众。所谓“有德不可敌”“树德莫如滋”“德厚者流光”“德润身”“德为本”等等传之后世的道德教化言论，其主体也是普罗大众。故此，社会管理者和统治者才提出“德俟民茂、义以民行”[①]的说法。当然，在不同的时代，统治者对于人民大众的态度有所不同，但重视民众美德、强调以民为本却始终是维持社会美德体系传承延续的政治基础。一个朝代，一旦失去了民心、背离了民德，便失去了其存在和延续的合法性基础，政权往往会迅速瓦解。而只要民众的美德不丧失，对政权尚能认可并支持，那么政权就会存在和保持。可以说，中华传统美德之所以绵延不绝，是因为始终有人民大众作为美德的传递者和延续者，人民大众是中华传统美德赓续不断的主体要素，也是其中主体性的基因。

①［西晋］陈寿：《三国志·吴书·骆统传》，郑州：中州古籍出版社1995年版，第274页。

3. 道义性的价值支撑

道德始终包含着义利关系，道义和利益是道德关系内在的悖论性“杠杆”。事实上，无论是东方社会还是西方社会，评价一种道德是否美德的重要指标是看其对待利益的态度，尤其是处理道义和利益关系时的立场、态度和方法。中华文明是重道德、尊道德和守道德的文明，中华文化遵奉道德至上，提倡人伦美德，对利益问题拥有理性的评价和衡量。就主流而言，传统的中国人持守重理节欲的利益观，一方面认为对欲望应当进行克制，另一方面也认为利益并不局限于物质利益，也包括精神道义，故而也常把对道义的追求置于对物质利益的追求之上。譬如，《管子》中提出：“道德当身，故不以物惑。”[①]《大学》也提出：“德者，本也；财者，末也。”[②]可以说，在中国社会发展的历程中，不同时代对道德的具体规定和要求会有差别，但贯通所有时代的一条线索是：中国人始终葆有对社会道义的考量，中华美德也始终离不开道义性的价值支撑。道义性在中华文化中指向了不同的思想范畴，如仁、义、礼、荣、忠、善等等，这些范畴实际上代表了不同的价值范畴，为人们的思想和行为划定了基本规范，也构成了社会美德的道德约束和价值支撑。依据这样的道德规范和价值支撑，传统的中国人的道德境界也便有了分化和分层，其中那些能够摆脱了自然愚昧状态、摆脱了只受欲望支配的功利状态的人，便可称之为有道德的人，而能够秉持浩然正气、做到“富贵不能淫、贫贱不能移、威武不能屈”、杀身成仁、舍生取义的人，则毫无疑问是具有美德的人。穿透道德演化的迭代之谜，可以看出，每个时代的美德都毫无例外地保留着其道义性的价值支撑，其中的价值冲突是道义和利益的争讼，而价值后果则是在达到义与利、理与欲、德与力、法与教的有机平衡基础上的自我超越。

由此，概括起来说，中华传统美德之所以源远流长，是因为其中有一些超越时代限制的历时性基因，共同的思想和行为准则、作为社会大多数的民众基础以及具有积极意义的进步价值要素支撑着美德的沿袭和延续，使之像一条汩汩不断的生命之河流淌至今。

---

① 谢浩范、朱迎平译注：《管子全译》，贵阳：贵州人民出版社 1996 年版，第 375 页。
② 梁海明译注：《大学》，呼和浩特：远方出版社 2007 年版，第 55 页。

（二）新时代美德塑造的实践境遇

新时代是中国社会发展和中国特色社会主义建设的新的历史方位，新时代的社会主要矛盾已经转化为人民日益增长的美好生活需要和不平衡不充分的发展之间的矛盾。进入新时代意味着人民美好生活需要在内容、范围和程度上将不同于以往，“不仅对物质文化生活提出了更高要求，而且在民主、法治、公平、正义、安全、环境等方面的要求日益增长”[①]。这也意味着，新时代的人们会更加注重精神生活和道德生活的品质，更加讲求生活道德和社会道德的集美性、普惠性和高端性。为此，新时代美德建设必须更加注重人们对美好生活的感受，更加注重人们在精神文化和精神生活层面的体验感和获得感，这就需要构建与当代经济社会协调发展相适应的高品质的道德生活内容和道德活动体系，为更加美好的社会治理和更加优质的民生幸福提供支撑。

1. 新时代美德塑造的实践指南

党的十九大为新时代中国社会发展制定了指导纲领，确定了中国特色社会主义必须坚持的基本方略。其中，关于新时代的道德建设作出了四个方面的规划：一是在总体规划方面，加强思想道德建设，深入实施公民道德建设工程，这是一项持续性的社会道德和精神文明建设工程，也是实现传统美德有效赓续、新时代美德有机创新的基础工作。二是在建设目标方面，要提高全民族的道德素质和道德水准，这与人们日益增长的美好生活需要相匹配，重点是在新时代实现社会道德的美化和跃升。三是在政治方向方面，要把道德观念纳入社会意识形态建设体系中，使全体人民在理想信念、价值理念、道德观念上紧紧团结在一起，增强社会主义意识形态的凝聚力和引领力。四是在实践方略方面，要深入挖掘中华优秀传统文化蕴含的思想观念、人文精神、道德规范，结合时代要求继承创新。2019 年 10 月颁布的《新时代公民道德建设实施纲要》（以下简称《纲要》）对新时代公民道德建设作出了具体规划，并把传承中华传统美德列为新时代公民道德建设的重点任务之一。《纲要》指出，

① 习近平：《决胜全面建成小康社会　夺取新时代中国特色社会主义伟大胜利——在中国共产党第十九次全国代表大会上的报告》，北京：人民出版社 2017 年版，第 11 页。

中华传统美德是中华文化的精髓，是道德建设的不竭源泉。要深入挖掘传统美德，“并结合新的时代条件和实践要求继承创新，充分彰显其时代价值和永恒魅力，使之与现代文化、现实生活相融相通，成为全体人民精神生活、道德实践的鲜明标识”①。上述这些规划与党和国家近年来关于弘扬中华优秀传统文化、传承中华民族传统美德的指导意见一起，紧扣新时代中国特色社会主义建设特别是公民道德发展的实际，为新时代美德塑造提供了实践指南。由此来看，新时代社会美德塑造的基本框架体系是明确的，思路也是清晰的，其中一个重要的着眼点是实现传统美德在新时代的创造性转化和创新性发展，实现其价值转换和内涵提升，为新时代社会主义美德的塑造找到支点和突破点。

2. 传统美德向新时代美德转化的实践困境

毫无疑问，近年来党和国家提倡弘扬中华传统美德，并对其内容作出过政策性指导，提出要大力弘扬自强不息、敬业乐群、扶危济困、见义勇为、孝老爱亲等传统美德。然而，在社会发展的实际进程中，传统美德却遭遇了传承困境和转型困局。这种困境和困局之所以出现，主要与道德发展中存在的两方面现状有关：一方面，某些传统道德规范在要素和内容上出现了时代性落差，与经济社会发展和观念变革不相适应，因而难以付诸实践。众所周知，道德作为社会上层建筑，是伴随着经济基础的变化而变化的。它具有鲜明时代性特征的范畴，不同时代的道德既有相同的范畴，也有不同的内涵。传统社会的道德规范在经历社会发展后会在要素和内容上呈现出与新的时代不尽相同的特征。特别是当新的更好的经济生活水平、社会交往模式、生存价值观念和行为选择途径出现显著代际差异后，原有的道德规范虽然存在但在实践中却多了疑问和顾虑。另一方面，社会生活的市场化变革扩大了社会个体的逐利本性，使得不少人在思量传统美德的现实补偿价值上出现功利倾向，在原来生活模式下的美善传统和优良道德发生裂变，一些优秀道德观念在开放的、变化的新环境、新条件中受到一定程度的遮蔽，在一定范围内被忽略和抛弃，而自私、功利的道德认知一时无法受到合理约束和有力控

①《新时代公民道德建设实施纲要》，《人民日报》2019 年 10 月 28 日，第 1 版。

制。这样一来，就传承困境而言，传统美德中哪些范畴已经发生变化，哪些内容已经不再适应，哪些因素在今天依旧存在，哪些易于脱胎换骨成新时代的美德，在不少人心中仍有困惑。换言之，传统美德中有什么核心性的要素仍旧可以彰其义、行其道、利其世，这些问题并没有得到完整、细致和深入的回答，人们在社会生活中弘扬传统美德和改变旧有习惯依旧缺乏科学且权威性的保障。就转型困局而言，传统美德固然要向社会主义美德转化，但转变的节奏如何，现时状态如何，转型后的新形态又如何，依旧是一系列尚待澄明的问题。基于此，可以说传统美德向新时代美德的转化并不是顺理成章、一蹴而就的。

3. 新时代美德塑造的实践转向

新时代是中华传统美德得到励新和提升的时代。倡扬新面貌、展现新风采不仅是新时代社会主义道德建设的题中之义，也是时代之美、道德之新的根本要求。当然，新时代的美德不可能是无源之水、无本之木，而应当从传统中发现源头活水，继承中华传统美德的优秀基因，植根于当代中国特色社会主义的生动实践中。概括而言，中华传统美德要在新时代实现赓续和创新，就必须在社会人的生存法则上实现以下转变：

一是实现从个体利己假设向整体利他假设的转变。在任何社会中，利己与利他都是一对矛盾，是个体道德观念和社会道德体系中潜在的核心冲突，社会美德往往以一个人的利益天平是向自己还是向他人、向个体还是向群体倾斜而有所分别。实际上，超越利己与利他既作为道德义务也作为道德权利的争讼，当个体在考量自身利益时能够自觉兼顾群体利益并且对后者予以更大程度的付出，那么他相对于其他人展现出的就会是美德，反之就是自私自利。社会主义道德也是集体主义道德，倡导社会本位而非个人本位。因此，新时代的社会主义美德应当以整体利他假设为首要的价值预设，扭转西方化、市场化所带来的个体利己假设，最大程度上摒弃个人主义和利己主义对社会主义道德的侵蚀。

二是实现从物质利益驱动向合理需要驱动的转变。改革开放以后，市场化思维催生了个体追逐物质利益的兴趣，导致某些人出现唯利是图、个人物质利益至上、一切向钱看的行为取向，这是客观存在的事实。由此，一段时间以来，有人借此认为我国社会伦理和公共道德领域已经出现严重滑坡，现在非但人心不古，甚至已经滑落到道德沦丧的边缘。事实上，社会主义道德建设不会是一帆风顺的，必然要经历一个螺旋上升的过程。如果说，过去经济社会发展某些领域和部类中的确存在靠物质利益驱动和满足个人需要以获得发展的因素，那么，新时代的社会主义美德就理应摆脱纯粹物质性的刺激思维，特别是要超越只有物质利益才能获得发展的唯利论倾向，积极推动从物质利益驱动向合理需要驱动的转变，建设更为全面、更为丰富的社会发展驱动机制，为社会主义美德的塑造匡正方向。

三是实现从行为工具导向向思想目标导向的转变。动机引导行为，思想指引方向。支配人的道德活动的既有行为工具因素，也有思想目标因素。由于思想是行为的先导，而目标是行动的导航，因此相比较而言，目标性因素更具思想性和综合性，也更容易纠正行为偏差。要在新时代为广大人民群众构建幸福而美好的道德生活，就需要不断提升人们对道德的深层理解和深度认同，帮助人们建立起自觉的道德目标，从而使人们的道德活动脱离行为工具支配的自发自为状态而成为道德自信和道德自强的表现。为此，新时代的美德塑造需要让社会人的道德生活实践从单向度的行为工具导向转向综合性的思想目标导向，增强道德行为主体实现思想目标的主动性、自觉性和自我建构性。

四是实现从满足基本生存引领向扩展生命价值引领的转变。道德既是规范人们思想和行为的，又是服务人们生活和实践的。美好的道德不但能够支撑人们的幸福，而且能够引领人们的未来。在低层次上，人的生活需要美德，美德能够满足人们基本的生存价值需要，但仅仅满足人们基本生存价值需要的美德注定不是最好的美德。在高层次上，人们对于美德的需求应当超越基本生存引领而过渡到对生命价值的引领。这样一来，美德就“不仅能维系实践，使我们能够获得实践的内在利益，而且还会通过使我们能够克服我们所遭遇的那些伤害、危险、诱惑和迷乱而支持我们对善作某种相关的探寻，并且为我们提供越来越多的自我认识和越来越多的善的知识”[①]。言外之意，高层次的美德将会充盈人们的

①[美]麦金太尔:《追寻美德：道德理论研究》，宋继杰译，南京：译林出版社2008年版，第248页。

道德生命，实现生命价值的开拓和扩展。由此，旨在实现人民对美好生活期待的新时代美德应当摆脱纯粹物的层面的追逐，实现从满足基本生存引领向扩展生命价值引领的转变。

（三）推动中华传统美德的赓续和创新

恩格斯指出："我们拒绝想把任何道德教条当作永恒的、终极的、从此不变的伦理规律强加给我们的一切无理要求……我们断定，一切以往的道德论归根到底都是当时的社会经济状况的产物。"① 毫无疑问，中华传统美德是由中国传统社会特定的经济社会状况决定的，具有传统社会的时代特征。然而，这并不意味着中华传统美德已是僵死无力的历史朽物。事实上，正如前文所论，中华传统美德有贯通性的社会联系和文化基因，有在今天可以发挥作用的有益因素，值得继承和发扬。那么，中华传统美德中到底有哪些内容可以继承和发扬，这始终是萦绕在人们心头的一个疑问。可以说，对这个疑问并不会有百分之百完备的答案，因为美德渗透在人们日常生活和社会实践的具体过程中，美德体系本身就是一个复杂的社会生活和实践体系，很难一一细数和列举出来。不过，就基本线索而言，中国传统社会中人们在修齐治平、尊时守位、知常达变、开物成务、建功立业过程中所遵循的嘉善德行，在讲仁爱、重民本、守诚信、崇正义、尚和合、求大同等核心思想理念中所展现的道德品格，无疑都可以纳入中华传统美德之列。由于社会发展和时代变迁，今人不可能也没有必要去完全照搬古人的言行。继承和发扬传统美德需要分辨传统德目是否还有社会认可度，汲取传统美德的精髓，对之进行适应性的改造和创新，继承其中利今利世的内涵，以达到调整和约束人们行为、维护和治理社会道德秩序的目的。

1. 提升传统美德在当今社会治理中的作用

毋庸讳言，传统美德是在传统社会中形成并发挥了重要治理价值的道德体系，因其具有现实意义和实践价值而需要沿袭保留乃至发扬光大。因此，对于中华传统美德，既要延续其优秀的基因和德目，也要创

①《马克思恩格斯选集》（第3卷），北京：人民出版社2012年版，第471页。

新其思想内涵以符合时代要求。新时代中华传统美德的赓续与创新是在妥善处理新旧道德嫌隙之后的转化与发展，而传统美德的创造性转化和创新性发展则有待于实现中华美德的突破性增长，即突破原有思想内容的时代束缚，使其中跨越时代的有益基因能够在新时代的社会土壤中扎根并成长。从社会治理的角度看，也就是要把传统美德的治理功能和实践价值经时代化改造后用之于今天的社会生活，提升传统美德在当今社会治理中的作用。过去一段时间以来，由于种种原因，一些人对传统美德重视不够，认为传统的东西早已经过时，不会再起到有益作用，甚至已成为社会发展和社会建设的羁绊。实际上，传统美德通过道德的内在约束和外在评价对社会个体产生道德制约作用，是调节社会关系、维护社会制度的有力工具。这在过去如此，在今天依然可以如此。按此逻辑，应结合新时代社会发展的客观需要，有意识地通过政策管理机制、社会资源配置、思想文化导向和生活环境治理加大对中华传统美德的提倡。与此同时更加注重传统美德的创造性转化和创新性发展，特别是把传统美德的德目精髓与已经变化了的现实生活样态结合，塑造结合现实生活、具有时代精神、能够产生积极引导力并且为群众喜闻乐见的美德生活的新样式，让践行美德成为调节人们社会关系、维护良善社会秩序的生活常识和行为习惯，成为新时代道德治理的重要内容。

2. 承用“褒奖与惩戒并举”的道德调节手段

爱德华·希尔斯认为：“在任何时期的任何社会中都存在着各种各样的传统……没有一个社会中的人们可以完全受传统支配而生活……人们沿袭一个传统——接受它、遵奉它并拥护它——所采取的形式可能各不相同。”[①] 此言不虚，即便是社会公认的传统美德，不同的人对其理解和支持的态度也不尽相同。在维系中华传统美德上，传统社会所采取的“褒奖与惩戒并举”的治理模式至今仍有实践价值。布劳提出：“一种更为深刻的道德必须不仅仅以群体压力和长期利益为基础，而且必须主要以内化的规范标准为基础。在理想的情况下，不管结果如何，一个个体

①[美]爱德华·希尔斯:《论传统》，傅铿、吕乐译，上海：上海人民出版社1991年版，第36页。

应当毫无偏差地遵循其良心的道德律令。”[①]通过褒奖，美德的正能量得以散发，激励更多人去遵守和效仿；通过惩戒，腐蚀美德的负能量得以消解，违背美德的人会受到限制和约束。相比较而言，道德惩戒能够更好地强化个体内心的道德律令。就现实情况看，国家在社会治理中已经重视大力褒奖社会美德，但对违背美德的行为惩戒不够。如果完全把违背社会美德的行为交付法律来惩戒，无疑将会造成道德约束的失效，在道德治理上留下空白地带，从而减弱道德约束力和道德引领力。因此，应在社会道德治理体系中同等程度地实施美德褒奖和道德惩戒，在鼓励嘉行懿德的同时加强对违背社会道德行为的惩戒。当然，“对严重违反基本道德标准的人进行的严厉惩罚可能仅仅使他更坚定地侵犯性地拒绝共同体的习俗。但是，他受到的惩罚向共同体的其他人鲜明地表明了不道德行为的悲惨后果以及遵从习俗的巨大意义，因此加强了他们对主流道德规则的认同”[②]。由是言之，在新时代美德塑造过程中，应继承传统社会道德治理褒奖和惩戒“两手抓”的策略，创造具有新时代特点的道德褒奖和惩戒的实践模式，实现奖惩并举、褒贬同行，以实现道德治理上的惩恶扬善、激浊扬清。

3. 提升人们对传统美德的认识水平和实践觉悟

德国思想家叔本华指出：“思想高尚的人对美德认识较深，而其他人则实践美德较好。”[③]言外之意，思想高尚的人会对美德有更高的体认和理解，而其他人则只是在实践中追随性地履行美德，他们对美德的理解其实并不透彻，因而较多是在模糊地顺从公共规则。美德既包含着知识和价值，更依赖理性信仰。如果没有对美德的深信，那么美德行为是难以持久的。新时代是人们理性地创造并享受美好生活的时代，人们对传统美德的遵奉和追随不应当是盲目地、肤浅地随波逐流，也不应当是情绪化的复古主义，而应当是建立在充分理解和高度理性基础上的价值自觉。只有这样，人们对传统美德的服膺才能够彻底，对美德的践行才能

①［美］彼得·M.布劳：《社会生活中的交换与权力》，李国武译，北京：商务印书馆2012年版，第57页。

②同上书，第332页。

③《叔本华论说文集》，范进等译，北京：商务印书馆2004年版，第683页。

够做到真实可信、心口一致。为此，在新时代美德塑造中，应尽可能消除人们所受到的道德绑架和道德遮蔽，最大限度地提升人们对传统美德的认识水平和实践觉悟。要做到这一点，一方面要在正本清源中客观准确地讲述传统美德的源和流，还传统以本来面目，还美德以真实容貌，让人们认清传统美德在历史上的积极作用及其在今天的有益价值，澄明传统的东西在今天日常生活和社会交往中的不适用之处，提升人们对道德命题的辨识能力和解析水平，从而获得面对道德问题的认知自由，达到对美德行为的欣赏和信服；另一方面要激发人们对传统美德的实践觉悟。时代在变化，社会在发展，传统的东西之所以在今天仍然具有生命力，之所以仍值得人们去践行，那它就必然有益于当下且能够融入现实生活。因此，无论是何种美德，始终不应离开对现实生活的关照和对人们生命意义的激励与引领。只有这样，才能够逐步提高人们践行美德的觉悟，并进而达到美德自信和美德自强。

（原文发表于《中国社会科学院研究生院学报》2020 年第 5 期）

第五编

思想政治教育理论研究

马克思恩格斯“人与环境”关系论及其思想政治教育应用
论思想政治教育本质：政治价值观再生产
新时代思想政治工作现代化的进向
意识形态教育与民族性的互塑与协同
高校思想政治教育学科化与科学化刍议
新时代思想政治教育学科的学术进路
论现代思想政治教育学的学科制度
思想政治教育专业课程的规范化建设
新征程上思想政治教育学理创新的范式
论思想政治教育的文本研究方法

一

马克思恩格斯“人与环境”关系论及其思想政治教育应用

长期以来，我国学者一直都比较重视环境对于人的思想政治教育的作用，也都强调要坚持把马克思主义的环境育人理论作为思想政治教育的理论基础。近年来，伴随着“大思政”观念的普及和高校环境育人实践的拓展，环境育人的理念在思想政治教育学界中也再度成为热点。作为思想政治教育理论基础的马克思主义到底提供了何种人与环境的思想观念，马克思恩格斯究竟是如何看待并处理人与环境的关系的，他们的思想在思想政治教育中有何实践意义？回答这些问题是夯实并深化思想政治教育环境理论的必要前提，也是探究思想政治教育环境育人实践的马克思主义理论基础的要求。本文初步分析马克思恩格斯人与环境关系的理论并揭示其在思想政治教育中的应用价值，探究思想政治教育环境育人的马克思主义理论基础，以此澄清思想政治教育环境育人理论与实践中的误区，为更好地培育和利用环境来加强思想政治教育提供思路。

（一）马克思恩格斯对“人与环境”关系的理论创新

人与环境的关系问题既是一个久远的思想命题，也是一个鲜活的实践命题。该命题的出现，远起于上古时期人们对外部世界的认知和理解特别是在探究自身与外部世界关系之初。在中国的上古时期，当经历了鸿蒙初辟时以“天命论”为基础的神怪论和不可知论后，不论是秉持“天人合一”的看法还是坚持“人定胜天”的理念，思想家们都会把人与自然环境联合起来考虑问题，考虑外部世界的发展变化与人的存在和发展的关系。这样一来，他们关于认识论和方法论的思想体系中也都或多或少地触及了人与自然环境的关系，特别是关注到了人与环境之间存在的那种相克相生、相辅相成的依存和补益的关系。

在古希腊和古罗马时代，同样是那些关注外部物质世界、探讨物质世界的本质的思想活动，实际性地揭开了关注自然环境的序幕，也开启了探讨人与环境关系的历史篇章。以探讨万物之“始基”、研究天、地、水、空气和灵魂的米利都学派为发端，在思想者们对自然及其构成定位的研判中，人多是作为自然元素或其产物来出场的。如思想者希波吕特提出:“生物是从太阳所蒸发的湿的原素里产生的。人是从另一种动物产生的，实际上就是从鱼产生的。”[①]与此类似，思想者阿那克西曼德也认为，人是从另一种动物中产生的。时光蔓延，思想传续，到爱菲斯学派哲学家赫拉克里特那里，尽管他认为物质性的活火是万物的本原，但却已经提出了朴素的辩证法思想，认为自然和日常生活中对立的双方是相互依存、相互统一、相互转化、相互作用的。经过这一里程碑式的朴素辩证思想之后，等到了毕泰戈拉学派、爱利亚学派那里，人尽管还被解释为“生于自然”(如德谟克里特认为人是从地里出来的，就和虫豸之类产生的方式一样。见拉克唐修:《神圣的创制》)，尽管仍处在不可知的“神性”的笼罩之下，但在大部分的先贤看来，人本身就构成了一个小小的世界，他相对于自然界的独立性和自主体性已经表现得非常明显了。

自苏格拉底以降，由于人们对思想、灵魂、心智、精神等那些与人自身不可剥离的“神性”的理解尚不清晰，或者说此时人类的理解能力尚处于“神魅”的缠绕之中，虽然有先贤曾经倡言“人是万物的尺度，是存在的事物存在的尺度，也是不存在的事物不存在的尺度”[②]，但在理解和解释人与其身外环境的关系之时，片面地倚重外部环境因素、把外部环境神秘化成为一种重要的思想倾向。换句话来说，当人们还难以理解自身和自然界的关系时，出现神化自然或圣化人自身的思想倾向也就不难理解了。随着文明的进步和发展，人类理解中出现了人性智慧超越神性蒙昧的趋势，哲学家和思想家们开始准确地解释人、自然与社会的

① 北京大学哲学系外国哲学史教研室编译:《古希腊罗马哲学》，北京:生活·读书·新知三联书店1957年版，第10页。

② 同上书，第133页。

关系。于是，人归属于自然界同时又受制于自然界的思想开始普遍地流行起来。希罗多德、希波克拉底、柏拉图、亚里士多德等均把人的属性乃至社会性质与地理环境联系起来，为之后逐渐成形的“地理环境决定论”提供了思想先导。由此以降以至于在欧洲启蒙运动之前，在看待人与环境的关系方面，认为地理因素（气候、地质、天文等）决定人的物质生活和精神生活的看法仍然是非常突出的。

马克思恩格斯是人类思想世界中的智者，也是西方文明和哲学思想的集大成者，他们是在批判地继承前人思想的基础上确立其思想学说的。在“人与环境”的关系上，马克思恩格斯通过对人的本质及其主体性的发现而对前人的思想进行了超越式的批判。他们主要是通过三大批判提出了历史理论与生产现实相结合、自然与社会相统一的“人—环境”互化的实践观，确立了融辩证唯物主义和历史唯物主义于一体的人与环境的关系论，从而实现了理论上的超越和创新。

首先，恩格斯批判了自然主义的历史观，他指出：“自然主义的历史观（例如，德莱柏和其他一些自然科学家都或多或少有这种见解）是片面的，它认为只是自然界作用于人，只是自然条件到处在决定人的历史发展，它忘记了人也反作用于自然界，改变自然界，为自己创造新的生存条件。”[①] 对自然主义历史观的批判直接指向“地理环境决定论”，通过这个批判，恩格斯开启了唯物的人本主义的历史观。

其次，马克思恩格斯批判了旧唯物主义和空想主义者在社会环境教化问题上的机械论与唯心思想。旧唯物主义者法国的爱尔维修认为人是环境和教育的产物。受其影响，空想主义者罗伯特·欧文也认为“人的性格是先天组织和人在自己的一生中、特别是在发育时期所处的环境这两个方面的产物”[②]，“世界各地的儿童过去是、现在是、将来也永远是具有与父母和师长相类似的习惯和情感的，只是由于过去和现在的或将来可能遇到的环境以及个人特有的体质的不同而有所变化”[③]。他迷信“人

①《马克思恩格斯全集》（第 20 卷），北京：人民出版社 1971 年版，第 574 页。

② 同上书，第 286 页。

③《欧文选集》（上卷），柯象峰等译，北京：商务印书馆 1965 年版，第 23 页。

类能像数学一样准确地得到必然会逐步增进其幸福的环境”[①]。马克思并没有直接对欧文的观点进行批判，但却注意到了他们的不足之处。马克思指出：“有一种唯物主义学说，认为人是环境和教育的产物，因而认为改变了的人是另一种环境和改变了的教育的产物，——这种学说忘记了：环境正是由人来改变的，而教育者本人一定是受教育的。因此，这种学说必然会把社会分成两部分，其中一部分高出于社会之上（例如在罗伯特·欧文那里就是如此）。”[②] 恩格斯也在批判欧文及其实验时指出：“他给他们（指工人——引者注）安排的比较良好的环境，还远不足以使人的性格和智慧得到全面的合理的发展，更不用说自由发挥其才能了。”[③] 经此批判，马克思恩格斯提出了关于自然界、人与社会环境的新观点，确立了辩证的唯物的人与环境互动的思想。

再有，马克思批判了费尔巴哈的直观唯物主义和唯心史观。马克思指出：“从前的一切唯物主义——包括费尔巴哈的唯物主义——的主要缺点是：对对象、现实、感性，只是从客体的或者直观的形式去理解，而不是把它们当作人的感性活动，当作实践去理解，不是从主体方面去理解。”[④] 他强调：“环境的改变和人的活动的一致，只能被看作是并合理地理解为变革的实践。”[⑤] 在这里，马克思指出了费尔巴哈旧唯物主义的突出缺陷，即它所忽略了的内在于环境与人关系的人的主体性及人改造环境的实践性。通过该批判，马克思同唯心主义和旧唯物主义划清了界限，展露了其包含着新世界观——辩证唯物主义——的天才的萌芽。而正是在上述批判中，马克思恩格斯不断拓展和深化了对人的本质以及环境内涵的认识，提出了人与环境互动、人在实践中改造环境同时也改造自身等重要的观念，在建构科学的辩证唯物主义和历史唯物主义进程中实现了人与环境理论的超越和创新。由此可见，马克思恩格斯针对人与环境关系所作出的批判，并不是片面的单纯的破坏性和毁灭性的批判，而是具有建构性并能最终实现超越和创新的批判。

①《欧文选集》（上卷），柯象峰等译，北京：商务印书馆1965年版，第21页。
②《马克思恩格斯全集》（第3卷），北京：人民出版社1960年版，第4页。
③《马克思恩格斯全集》（第19卷），北京：人民出版社1963年版，第215页。
④《马克思恩格斯全集》（第3卷），北京：人民出版社1960年版，第3页。
⑤ 同上书，第4页。

（二）马克思恩格斯“人与环境”关系理论的核心内涵

马克思主义是研究和揭示自然界、人类社会与思维发展基本规律的科学。马克思和恩格斯在创立马克思主义的过程中，以自然界和人类社会的发展为观察和分析的宏阔背景，以透视人、自然和社会发展的关系与规律为微观对象。他们辩证地继承了前人关于环境与人关系的理论，研究了人与环境有机互动的关系和规律，丰富并发展了“环境与人”关系的理论。择要而言，马克思恩格斯关于“人与环境”关系的理论具有以下几个方面的核心内涵：

其一，人与环境具有双向互动性。以前的思想家从研究自然环境入手，看到了环境对于人的作用，也看到了人对于环境的依赖，但却只是片面地强调环境在人境关系中的决定作用。因此，在马克思恩格斯之前，“地理环境决定论”大行其道。马克思和恩格斯认为，人与环境之间具有双向互动性，其具体表现是人能够创造环境，但同样环境也能够制约和影响人，人与环境的发展是同步的，作用也是同时的。恩格斯就此指出：“人本身是自然界的产物，是在自己所处的环境中并且和这个环境一起发展起来的。”[①]与自然环境的关系如此，人与社会历史环境的关系也同样如此。马克思恩格斯指出：“人和自然以及人与人之间在历史上形成的关系，都遇到有前一代传给后一代的大量生产力、资金和环境，尽管一方面这些生产力、资金和环境为新的一代所改变，但另一方面，它们也预先规定新的一代的生活条件，使它得到一定的发展和具有特殊的性质。由此可见，这种观点表明：人创造环境，同样环境也创造人。”[②]需要指出的是，人与环境的双向互动性所包含的是一种人与环境之间相互依存、相互依赖的关系，在这种双向关系中，片面地强调或忽略任何一方的作用和关系的说法都是不完整的，也是不准确的。

其二，社会性是人与环境关系的中心特征，要用社会化的标准来把握人与环境的关系。毫无疑问，马克思恩格斯是承认自然环境的客观性和有用性的。但是，在他们的思维框架和分析格局中，自然环境只有通

①《马克思恩格斯全集》（第 20 卷），北京：人民出版社 1971 年版，第 38—39 页。
②《马克思恩格斯全集》（第 3 卷），北京：人民出版社 1960 年版，第 43 页。

过社会化才能够对人与人类产生意义，只有社会化了的自然环境才有可能进入人的类生产和类活动中。他们指出："自然界的人的本质只有对社会的人说来才是存在的；因为只有在社会中，自然界对人说来才是人与人联系的纽带，才是他为别人的存在和别人为他的存在，才是人的现实的生活要素；只有在社会中，自然界才是人自己的人的存在的基础。只有在社会中，人的自然的存在对他说来才是他的人的存在，而自然界对他说来才成为人。因此，社会是人同自然界的完成了的本质的统一"[①]。藉此，马克思恩格斯提出了衡量人与环境关系上的社会性的标准，指出："既然人的性格是由环境造成的，那就必须使环境成为合乎人性的环境。既然人天生就是社会的生物，那他就只有在社会中才能发展自己的真正的天性，而对于他的天性的力量的判断，也不应当以单个个人的力量为准绳，而应当以整个社会的力量为准绳。"[②]就这一点，我们也可以认为，马克思恩格斯视野中的环境，尽管不排除自然环境，但更多情况下却侧重了社会历史环境。

其三，人始终在人与环境关系中具有主体性和主导性。尽管人与环境具有双向互动性，但二者的互作用力却不是等量齐观、毫无二致的。人尽管也受到环境的制约和作用，但始终具有主体性，并由此具备环境所难以企及的主动性和主导性，这是由人的本质及其根本属性所决定的。马克思恩格斯指出："只有人才给自然界打上了自己的印记，因为他们不仅变更了植物和动物的位置，而且也改变了他们所居住的地方的面貌、气候，他们甚至还改变了植物和动物本身。"[③]"动物的正常生存条件，是在它们当时所生活和所适应的环境中现成具有的，而人一旦从狭义的动物中分化出来，其正常生存条件却从来就不是现成具有的，这种条件只是由以后的历史的发展造成的。人是唯一能够挣脱纯粹动物状态的动物——他的正常状态是一种同他的意识相适应的状态，是需要他自己来创造的状态。"[④]正是由于人具有相对于环境的显著的主体性和主导

①《马克思恩格斯全集》(第42卷)，北京：人民出版社1979年版，第122页。
②《马克思恩格斯全集》(第2卷)，北京：人民出版社1957年版，第167页。
③《马克思恩格斯全集》(第20卷)，北京：人民出版社1971年版，第373页。
④《马克思恩格斯文集》(第9卷)，北京：人民出版社2009年版，第408页。

性，在处理人与环境关系时就既要看到环境的制约性，也要在允许的范围内和可能的条件下充分地且正当地发挥人的主体性和能动性，发挥人改造环境的积极性和主动性。

其四，实践是改变人与环境关系的根本活动。与以往的旧唯物主义和唯心主义不同，马克思主义揭示了通过人类活动改变自然环境和社会环境的关键点，也即实践。实践不仅是人改造自然界和人类社会的根本活动，也是推动人类社会发展的基本方式。马克思把实践放在人类改变自然和改变自我的一致性上来看待其重要性，指出社会生活在本质上是实践的。他和恩格斯强调，人类“在革命活动中，在改造环境的同时也改变着自己”①。正是在生产劳动、阶级斗争和科学试验等各种形式的社会实践中，人类完成了对自然以及自身的改造。在这个意义上说，人与环境的关系本质上就是一种实践关系，实践是检验和改变人与环境关系的本质活动，人与环境之间的双向作用在根本上也要坚持实践的标准。只有在实践中，人才能发挥其主体性和主导性，环境才能够被改造和改变。也只有在实践中，环境才能够展示出对人的反作用，在一定程度上促进或者抑制人的实践进程。马克思恩格斯在人与环境关系上的实践观，是科学辩证的实践观，它正确地揭示了人与环境之间的关系生成和发展的秘密，从而也破解了人与环境关系的本质。

（三）马克思恩格斯“人与环境”关系论在思想政治教育中的应用

思想政治教育是一项脱离不开人和环境的实践活动，不仅要始终围绕着人展开工作，也始终离不开环境的影响和制约。人与环境不仅构成了思想政治教育的重要组成要素，他们之间的互动也是思想政治教育得以存在和开展的基本保障。马克思恩格斯“人与环境”的关系论以其辩证唯物主义和历史唯物主义的科学性超越了以往形形色色的人与环境关系理论，为思想政治教育提供了思想指南和理论指导。

第一，把马克思恩格斯“人与环境”关系论应用到思想政治教育

①《马克思恩格斯全集》(第3卷)，北京：人民出版社1960年版，第234页。

之中，需要在理论研究中实现“人与环境”相结合的研究。“人与环境”的关系论是马克思恩格斯辩证唯物主义和历史唯物主义的一个缩影。在运用该关系论关照思想政治教育问题时，需要全面地看待和理解人与环境的双向互动关系，其中不仅要全面地看待人的产生、发展、本质、关系、需要和目的，也要立体式地看待环境的内涵和意旨。就前者而言，需要把人看作居于特定社会生产和生活关系格局中的完整的人。就后者而言，也需要把环境看作一个具有动态圈层结构的对象，它包含明显的层次性、结构性和相对性。当指向思想政治教育以及人与社会的关系时，环境就不仅仅是外在的物质环境和物性空间了，也包括内在的精神环境、思想环境等灵性空间和以交往、交换为内核的社会场域。换言之，思想政治教育环境不仅仅是自然环境，也包括非自然环境，而且更重要的是精神环境和社会环境。从人与环境双向互动的关系出发，思想政治教育应把握好人与环境互动的结合点和切入点，特别是要善于把握好个体自我的内部与外部、个体与群体、个人与社会等对偶元素所构成的相对环境及其关系互动性，防止出现人与环境相隔离或相割裂的现象。从思想政治教育科学命题和学科进路的角度看，实现“人与环境”结合的研究，一方面要把人作为背景去研究具有当下性的社会问题，另一方面也要把社会作为背景去研究具有普遍性和融入性的人的问题。这既是植根于马克思恩格斯所注重的人与环境的双向互动关系，也是与他们特别重视和强调个体性与社会化的思想、意识、精神及其产生环境相关联的。

第二，把马克思恩格斯“人与环境”关系论应用到思想政治教育之中，需要在实现思想政治教育社会化进程中准确发挥人的主动性和环境的利好性。思想政治教育是一项指向政治社会化的长期工程，也是立足于人与环境的现实，要在解决人与物、人与自我、人与人（社会）等多重关系中创造并利用好自然的、社会的和精神的环境来推动思想政治教育发展、提升人的思想政治价值和素质的活动。按照马克思恩格斯的“人与环境”关系论，人与环境两种因素在思想政治教育活动中都不能偏废。人既具有个体性，又是社会化的人。作为思想政治教育的主体，人应当在思想政治教育活动中发挥主体性，这种主体性自然而言会引致人在思想政治教育系统中潜在的主动性和主导性。这里需要指出的是，不管是教育者还是受教育者，在思想政治教育过程中都是具有主体性的人，都需要发挥主体性和主动性，只不过受思想政治教育的属性和过程所限，教育者要始终占据主导地位，发挥主导性；受教育者也具有主体性，需要发挥主动性和积极性。环境虽然是思想政治教育的外部条件，但直接作用于人和思想政治教育过程中的其他要素。对环境的作用既不能过分夸大，以至于发展为“环境决定论”，也不能无根据地缩小，藐视甚至忽视环境的效用。在思想政治教育活动中处理好人与环境的关系，需要人们在充分调动和发挥自身的主体性，始终把人的因素作为思想政治教育系统的核心，激发人的主体意识，展现人的主体价值，同时也要消除不利环境的限制和影响，创造出利好的思想政治教育生态和环境。

第三，把马克思恩格斯“人与环境”关系论应用到思想政治教育之中，需要把提升思想政治教育效果的目标和要求纳入思想政治教育的具体实践中。对于马克思恩格斯而言，“人与环境”的关系问题尽管包含了理论性和理论方向，但最终要体现到实践中来。换言之，人与环境的关系根本上是一种实践关系。没有了实践，也就无所谓人创环境和环境造人，人和环境就会相互脱离、不再依赖而成为两张皮。正是在发现其实践性这一点上，马克思恩格斯才从根本上实现了思想超越和思想创新。思想政治教育学是一门实践之学，思想政治教育也是一种过程化和具体化的意识形态教育实践，应用性和实践性是思想政治教育的生命之所在。经过多年的积累，思想政治教育学科和理论研究已经取得了不少重要成果，从思想和理论上深化对思想政治教育的研究是必要的，也是必须的。不过，思想理论研究不能只停留在形而上的层面上，与鲜活具体的思想政治教育实践隔岸相望。理论成果和思想创获为思想政治教育实践提供的只是思想指导、理论准备和精神条件，从某种意义上说是提供了一种开展思想政治教育实践的理论环境、思想环境和精神环境。开展思想政治教育需要把这种思想的、理论的和精神的环境因素纳入到思想政治教育实践中来，在尊重实践的质性、发现实践的机缘和把握实践的规律中实现人的因素与环境因素在思想政治教育实践过程的有机结合。如何实现理论与实践的结合，用科学的理论指导思想政治教育的实践，在实践中提升思想政治教育的效果、完成思想政治教育的目标和要求，这依然是思想政治教育界所面临的重要任务。

（原文发表于《思想教育研究》2016 年第 5 期）

二

论思想政治教育本质：政治价值观再生产

对思想政治教育本质问题的探讨，不仅是对思想政治教育实践进行理论反思的需要，也是深化思想政治教育理论研究、摆脱纯粹经验论和唯活动论的要求，是随着思想政治教育逐步理论化、科学化和学科化而出现的针对思想政治教育这一特殊教育实践活动的本质追问。思想政治教育理论研究越深入，人们对其科学性、学科性和独立性的哲学思考也就越多，对思想政治教育的本质也就越发关注。本文在学习和借鉴学界同行有关研究的基础上，以检省思想政治教育本质研究中的“问题”与“方法”为切入点，从马克思主义辩证唯物主义和历史唯物主义整体论和统一论的视角出发，对思想政治教育这一实践活动的根本性质进行了探讨和论析，以期深化对思想政治教育本质的认识。

一

目前，学界对思想政治教育本质问题的探讨可谓众说纷纭，学者们提出了很多颇有见地的观点，学习这些观点也很受启发，但同时也总有一种言不尽意和言不及义之感，令人对思想政治教育的本质到底是什么、怎样才能揭示其本质的问题始终怀有疑窦。从基本研究思路来看，学者们对思想政治教育本质的探讨主要有三类：一是属性论，即以思想政治教育的属性代替其本质，概括出各种说法的属性，其中以坚持意识形态性、政治性或阶级性观点者为众。二是实践论，即把思想政治教育的本质界定为一种特殊的或超越性的实践活动，至于其特殊性或超越性在何处，却又语焉不详。三是综合论，即把若干与思想政治教育本质密切相关的要素归总起来，从这些综合后的特征中发现其本质，这种做法的优势是能够最大限度地接近思想政治教育的本质属性，综合性强，但其缺陷是分析的多向度视角与本质的一维性难以相洽。[①] 笔者认为，要想深化对思想政治教育本质问题的研究，首先应对其间的“问题”和“方法”进行检省，以便归拢思路，正本清源，找到研究的基点和探寻的“舟楫”。

首先，就“问题”而言，笔者认为有两个层次的问题需要澄清并予以准确定位：其一，思想政治教育的本质到底是何种层面的问题，是“原生问题”还是“次生问题”，即它是基础性、根本性的问题还是从属性、附加性的问题。其二，思想政治教育的本质与其属性、特征乃至规律是否等同，是“类问题”还是“质问题”，即本质是对类特性还是对质特性的描述。综合这两方面的关照，我们的看法是，思想政治教育的本质属于“元问题”，即它是一个“原生问题”和“质问题”。换言之，思想政治教育本质问题是最具有根源性和奠基性的问题，是反映思想政治教育“质特性”的问题。我们知道，所谓“元问题”，是指一个学科所应解决的最基本、最原初的问题，即涉及学科理论构建性和实践生殖力的原生性问题。“元问题”代表了“元认知”，蕴含着“元叙事”和“元理论”。由“元问题”可以衍生出一系列带有原初特质的概念话语、范畴体系、叙事过程和行为活动来，从而为立足于本体的理论构建和实践拓展奠定基础。对思想政治教育进行科学化和学科化的理论拓展、深化思想政治教育实践显然都离不开对思想政治教育本质的把握。思想政治教育的本质，说到底也就是思想政治教育是什么的问题。但对其本质的追问不同于对思想政治教育一般性征和现象的描述，而是要揭示出思想政治教育所蕴含的最深刻的内在本质关系。这种关系不是思想政治教育的基本特征和一般属性，甚至也不是思想政治教育的根本属性，而是思想政治教育的“质的规定性”。这样一来，思想政治教育的本质既不能用其现象、属性、特征和规律所代替，也不能由这些元素的叠加和综合来涵盖。

---

① 目前在思想政治教育学领域颇有影响的《现代思想政治教育原理》一书，就是把思想政治教育的本质分解为思想政治教育的性质、规律和功能这三个能够揭示其某方面实质关系和根本特征的属性并加以综合。这种方法只是最大程度地接近了对思想政治教育本质的解读，但三者的加合并不等于思想政治教育本质。参见张耀灿等:《现代思想政治教育学》，北京：人民出版社 2006 年版，第 102—130 页。

其次，就“方法”而言，学者们在近年来关于思想政治教育本质问题的研究都或多或少地注意到研究方法的重要性。这无疑有利于澄清进行本质研究的立场和思路，从而为研究找到得以遵循和推进的思维线索。然而，由于没有注意到方法的整体性、系统性和根本性，不少人因此并没有把探析思想政治教育本质时的思维方法和分析方法有机统一起来，因此，不少关于思想政治教育本质的概括虽然各有道理，但又常常因论出一域，或者因为诠释者的主体论域、时序结构和价值取向而难免使结论流于表面、疏于精准或失于偏颇。譬如，把思想政治教育的本质概括为意识形态性，实际上是混淆了本质属性和本质这两个不同概念，把二者等同看待了。再如，把思想政治教育的本质单纯地概括为教育实践，无疑也泛化了思想政治教育活动范畴，扩大了其内涵，实际上也没有揭示出思想政治教育的本质所在。当然，从方法的整体性和系统性出发，并不是要把在各种不同视角下揭示出的关于思想政治教育的特性和表征进行简单叠加，而是要寻找到用不同方法解读思想政治教育实践而得出的本质性内涵的相互会通和统一之处，从源头上总结思想政治教育的一维本质，而非其多维特征。

那么，在把思想政治教育的本质设读为“元问题”后，该用什么样的思想方法来分析其所包含的质性关系呢？我们认为，思想政治教育是源于无产阶级革命斗争实践的群众性的思想武装和理论教育活动。马克思主义是思想政治教育的理论基础和思想指南，为思想政治教育提供了科学的世界观和方法论。在探讨思想政治教育本质问题时，理应采用马克思主义的科学立场和研究方法。然而，马克思主义的立场和方法有很多，在分析思想政治教育本质问题时到底应该把哪种立场和方法作为出发点呢？这确实需要做出认真的甄别和选择。我们认为，甄别的依据是从一种综合的思维视角来诘问思想政治教育到底是为什么服务的以及马克思主义的根本方法是什么。对于前者，我们需要把握思想政治教育是属人、为人的根本目的。而对于后者，我们则要秉持一种方法论上的综合观。因此，在分析思想政治教育的本质时，必须坚持两点：一是人是思想政治教育活动的根本主体和系统核心，要以贯穿思想政治教育全过程的人的全面发展及其过程为观察和分析的前提。即马克思所指出的：

“我们的出发点是从事实际活动的人……从现实的、有生命的个人本身出发，把意识仅仅看作是他们的意识。这种考察方法不是没有前提的。它从现实的前提出发，它一刻也不离开这种前提。它的前提是人，但不是处在某种虚幻的离群索居和固定不变状态中的人，而是处在现实的、可以通过经验观察到的、在一定条件下进行的发展过程中的人。”[①] 二是要把马克思主义的根本方法即唯物主义方法和辩证方法结合起来，统一于分析的全过程，不可偏废其中任何一方，因为不坚持唯物主义，就不能把握思想政治教育的客观性和实践性。而不坚持辩证法，也就不能用全面的、发展的和联系的观点理解思想政治教育活动，从而在解读思想政治教育本质时出现执其一端而不及其余的偏差。

二

从性质和任务上说，思想政治教育尽管是一种具有特殊要求和特殊形式的教育，但归根结底也是一种教育。在我国，思想政治教育最初的学科归属是教育学，是隶属于教育科学的一类专业化教育。在教育学领域中，对于教育本质的探讨在过去数十年来不仅很早就出现过，而且也历经了长时期的、反复的讨论，足以给我们探讨思想政治教育的本质提供镜鉴。概括起来说，围绕着教育的本质是什么的问题，我国的理论界曾经出现了生产力说、上层建筑说、生产部门说、属性说、功能说、规律说、实践说、社会化说等不同意见，具体观点有数十种之多。[②] 反观目前学者们对思想政治教育本质的讨论，尽管已经发出了一些不同的声音，但讨论的深度和广度远不及教育学界对教育本质的讨论，已经出现的观点也远没有超出人们对教育本质的概括。我们认为，如果能够对学界关于教育本质的讨论加以学习和研究，将会有效地减少思想政治教育本质讨论中无谓的摩擦和麻烦，有助于推进和深化人们对思想政治教育本质的认识。那么，反反复复出现的关于教育本质的各种提法和表述，又在多大程度上接近或相对接近了教育的本质呢？关于教育本质的

①《马克思恩格斯选集》(第 1 卷)，北京：人民出版社 2012 年版，第 73 页。

② 参见瞿葆奎主编:《教育基本理论之研究（1978—1995）》，福州：福建教育出版社 1998 年版，第 151—207 页。

讨论又给我们讨论思想政治教育本质以什么样的启发呢？在对教育学界辩论教育本质的背景、过程和细节进行学习的基础上，我们分析了出现教育本质论争的原因，认为在探讨本质问题时至少需要注意以下三点内容。一是首先要探求“本质”之源。在这方面，我们需要明确的是，事物的本质是由事物内部的一贯、稳定而深刻的矛盾和联系所构成的，是不随外部条件的变化而变化的根本规定性。二是厘清并明确“本质”与“目的”“归属”“功能”“属性”“规律”“现象”的区别，防止在描述和概括本质时出现以上述范畴及其特征和表现来代替之或与之相混淆的倾向。三是在概括思路上，要避免思维的单向度和思考的片面性，尽可能采取一种高度综合化、具有高度抽象性和概括性、能够揭示思想政治教育独特之处的术语来表达和描述其本质。

分析人们关于教育本质争论出现的原因，我们还可以清晰地看到：在不同的时期、不同的社会背景和政策形势下，人们对教育的定位不同，对教育本质的概括归纳和表述也有所不同。这种不同表明了认识主体对教育本质进行认知判断时的随机性、偶然性和不确定性，并不能够代表教育的本质会随着时间、外在环境特别是当下政策的变化而不断变化。由此关照人们对思想政治教育本质的研究，人们也极有可能因受到时代主题的影响甚至受到某种随机性或临时性的政策干预而对当时情境中的思想政治教育本质加以断言。这种做法及其结论，尽管在当时会表现出一定的合理性，但实际上并没有真正揭示出研究对象的实质。我们认为，不管是教育的本质还是思想政治教育的本质，都应当是具有历时共同性、价值恒定性和普遍适用性的内容，同时也是反映教育和思想政治教育实践规律性的对象，既不能因为外部环境的改变而被现象化，也不能因为政策的调整而被随机化。概括它们的本质时，要尽可能地实现对外在因素的超越性以及对教育与思想政治教育内部因素和诸多特征的综合化。这种超越性和综合化的程度越高，就越能接近教育和思想政治教育的本质。

以上我们所检省和反思的理论界关于教育本质的讨论，只是为了给讨论思想政治教育本质问题提供参考借鉴。需要明确的是，一方面，我们不能因为教育本质的讨论而产生思想束缚和路径依赖。虽然思想政治教育是一种教育，但它毕竟是具有特殊源起、特定内容和特别地位的教育，其本质显然不能完全等同于教育的本质。另一方面，我们在探讨思想政治教育本质问题时应当充分避免学者们在探讨教育本质问题时已经走过的弯路，不应当照搬照抄学界对教育本质的某一片面性的认定，而是需要在已有讨论的基础上直接进行更高境界和层次的探讨。由此，结合上面对思想政治教育本质进行的定位，我们觉得还有必要指出两个需要注意之点：其一是解析思想政治教育本质的视角。此前在进行教育本质问题的讨论中，研究者们认识到本质是教育的原生问题和根本问题，因此在分析本质时提出要按照哲学思维并运用矛盾分析法来找寻教育活动中所蕴藏的基本矛盾，力图从把握基本矛盾中概括出教育的本质。这种矛盾分析法当然是有道理的，但也不能说是完美无瑕的，因为即便大家都认识到要从基本矛盾中寻找教育的本质，但不同论者仍会从不同的视角来认定教育的基本矛盾，因此他们得出的结论仍有不同。毋庸置疑，看问题的视角反映的是观察者的思维路径和分析方法，视角不同，结论很可能不同。目前学者们关于思想政治教育本质的不同解读，显然也是出于不同的认识视角。而且，在可以预见的范围内，学者们仍会秉持不同的视角来解析思想政治教育的本质。我们认为，在一定意义上获得的关于思想政治教育本质的共识，实际上应当是学科内研究者们的公共认知和重叠性共识。这种综合了多数人认知的见解在短时间内或许不能被轻易接受，但历久将会获得公共认可。其二是要结合思想政治教育的实践来把握思想政治教育的本质。我们知道，对思想政治教育本质的概括尽管是一种把握研究对象实质的思维抽象和理论归纳活动，具有明显的思辨性，但是这种理论活动始终不能脱离思想政治教育实践和应用过程，不能离开将思想政治观念对象化和现实化的细节。鉴于通过主观判断和逻辑推演而得出的理论概括，往往因为缺乏实践感知而限于“形而上”的层面上难以深入，也难于获得普遍的学术共识，因此，要深入地把握思想政治教育的本质，相对科学的办法是从思想政治教育的实践价值出发，结合思想政治教育实践的具体内容和丰富内涵来描述其独特性和根本性。

三

前面我们把思想政治教育本质问题定位为“元问题”，这就要求我们在概括和归纳思想政治教育本质时尽量摆脱枝节和表象的干扰而直接寻找思想政治教育的“根源”，此时所应采取的立场是马克思主义的根本立场，所采用的方法应当是体现马克思主义唯物主义精神和辩证法要求的综合法。从这样的精神和要求出发，我们既不能把思想政治教育当成纯粹的观念活动和思想意识活动而忽略其实践性、客观性，也不能不顾及思想政治教育作为意识形态教育的基本形式所具有的思想启蒙、政治教化和人格培育的精神价值；既不能忽视思想政治教育突出政治性和意识形态性的根本特征，也不能把它唯政治化和泛政治化，从而忽略思想政治教育承受者在思想觉悟、个体素质上全面发展和整体进步的基本要求；既不能不通过本质来包含和揭示思想政治教育的特质、功能和规律，又不能用特质、功能和规律来代替其本质。由此，不言而喻的是，概括和归纳思想政治教育本质的难度就非常之大，因为它不仅要综合并体现思想政治教育的多维属性和特征，又要把这些属性和特征融为一体并用简明的话语表述出来。那么，在做出如上的描述和限定、讨论探讨思想政治教育本质的条件后，我们又能提出什么样的基本判断呢？

思想政治教育是一种特殊教育，其特殊性在三个维度上表现得非常明显。第一，服务政治的维度。尽管脱离不开思想层面，但思想政治教育这个概念和范畴的核心精神不在“思想”这个字眼上而在“政治”的基本意蕴中。不管我们把思想政治教育划分为多么精细和丰富的内容，它所包含的所有教育都不能不包含政治目的。一旦失去了政治精神和政治要求，思想政治教育将失去其特性和价值。第二，思想改造的维度。不管采取何种手段，也不管通过什么样的方式，思想政治教育都必须达到改造思想的目的。这种思想改造，就其本原来说，是指通过思想政治教育者的工作来实现受教育者的思想变化。当然，在促使受教育者思想变化的过程中，教育者本人也需要推进自我的思想改造。第三，人的发展的维度。思想政治教育不仅仅是为了达到思想层面的灌输和教育，从其根本性上来说，更是为了实现人的发展，即包括教育者和受教育者在内的所有人的发展。这种发展不是片面的、畸形的和暂时的发展，而是全面的、协调和可持续的发展，即人在自由和全面状态上的科学发展。

概括思想政治教育本质时，需要将上述维度相互结合，将其在上述维度中所展现的特性、功能和所蕴含的线索和规律统一起来并综合出一种本质化的表述。我们认为，不论是作为实践活动还是作为思想革命，思想政治教育都应当坚持马克思主义的指导，在马克思主义指导下的思想政治教育是注重人的发展并可以归之于人的发展的实践活动，其根本逻辑起点是人的实践和发展。在思想政治教育实践中，人不仅是主体，也构成了思想政治教育得以存在的诸范畴之源。按照马克思和恩格斯的说法："全部人类历史的第一个前提无疑是有生命的个人的存在。"[①]"人不是抽象的蛰居于世界之外的存在物。人就是人的世界，就是国家，社会。"[②]"社会本身，即处于社会关系中的人本身。"[③]由此，与人有关并且归之于人的特性也就成为最能统一、综合和概括思想政治教育精髓和实质的特性了，因为人的因素和作用不仅不可缺少，而且人及其活动的意义和价值也不能被低估与撕裂。看不到这一点，对思想政治教育本质的概括就会失去综合性而流于片面性、失去根本性而流于表面化。

人来源于劳动和创造。按照马克思主义的唯物史观，人与动物的本质区别有两个重要的支点。一是生产劳动。恩格斯指出："一句话，动物仅仅利用外部自然界，简单地通过自身的存在在自然界中引起变化；而人则通过他所作出的改变来使自然界为自己的目的服务，来支配自然界。这便是人同其他动物的最终的本质的差别，而造成这一差别的又是劳动。"[④]"人类社会和动物社会的本质区别在于，动物最多是搜集，而人则能从事生产。"[⑤]二是社会关系。马克思认为："人是最名副其实的政治动物，不仅是一种合群的动物，而且是只有在社会中才能独立的动物。"[⑥]"……人的本质是人的真正的社会联系，所以人在积极实现自己本质的过程中创造、生产人的社会联系、社会本质，而社会本质不是一种

①《马克思恩格斯选集》（第1卷），北京：人民出版社2012年版，第67页。

② 同上书，第1页。

③《马克思恩格斯全集》（第46卷下），北京：人民出版社2006年版，第226页。

④《马克思恩格斯选集》（第4卷），北京：人民出版社2012年版，第383页。

⑤ 同上书，第623页。

⑥《马克思恩格斯选集》（第2卷），北京：人民出版社2012年版，第2页。

同单个人相对立的抽象的一般的力量，而是每一个单个人的本质，是他自己的活动，他自己的生活，他自己的享受，他自己的财富。”① 思想政治教育正是能够体现人的本质的实践活动。首先，思想政治教育是一种生产劳动。就其内涵和侧重点而言，思想政治教育是偏重于思想启蒙、观念生产、创造意识和价值观的实践活动，因而属于马克思和恩格斯所谈论的精神生产。在思想政治教育过程中，人们从事的是一种创造具有特定政治意蕴的精神产品和精神价值的劳动，但这种劳动的目的并不止于个体乃至社会思想、观念和精神追求的改变，最终是为了实现对物质世界的改造。正缘于此，思想政治教育成效的大小将取决于它所包含的劳动的精神价值的创造程度和物质价值的获得程度。

虽然思想政治教育过程包含了教育者同时也需要接受教育的意蕴，但其在教育上和政治上却是带有明确的方向性和指示性的。在思想政治教育过程中，教育者向受教育者传递的内容可以非常丰富，但其核心却始终都必须是既定的政治价值观。从目的上说，思想政治教育重在促使受教育者获得理解社会政治生活、生发特定政治观念和参与社会政治活动的知识、情感、意志和能力，达到教育者所代表或期望的那种政治态度与价值观。在此过程中，由于思想政治教育的交互性、连续性和周期性，既定政治价值观的产生就既不能是单向度的，也不能是一次性的，而是在不断的创新中得到巩固和发展的。正是在这个意义上说，思想政治教育的本质就是以受教育者思想政治素质的养成为指向的政治价值观再生产。其中，政治价值观是思想政治教育所涉及的思想教育、政治教育、道德教育和法律及心理教育等诸多教育内容的核心，也是综合各种形式的教育之后得出的思想政治教育活动价值的精髓。而再生产是基于并服务于社会劳动的特定实践类型，政治价值观的再生产既包含了涉及教育者和受教育者双方但以受教育者为观察人群的思想改造与价值更新，也包含了以创造精神成果为代表、融具体劳动和抽象劳动于一体的社会生产劳动，这种社会生产劳动的最终结果是在一定程度上带来的对人们的思想世界和物质世界的改造。

（原文发表于《马克思主义与现实》2013 年第 1 期）

①《马克思恩格斯全集》(第 42 卷)，北京：人民出版社 2006 年版，第 24 页。

三

新时代思想政治工作现代化的进向

党的二十大提出了以中国式现代化全面推进中华民族伟大复兴的使命任务，明确了全党和全国人民在新时代新征程上的奋斗目标。报告中所提出的“完善思想政治工作体系，推进大中小学思想政治教育一体化建设”[①]的任务，无疑是在中国式现代化的时代命题和战略部署中作出的新决策与新安排。众所周知，思想政治工作是中国共产党的法宝，是在革命、建设和改革中开展思想武装的利器。在全面建设社会主义现代化强国、全面推进中华民族伟大复兴的时代征程中，党的思想政治工作也必须现代化。一方面，思想政治工作现代化是中国社会现代化的题中之义。另一方面，只有现代化的思想政治工作才能够更好地适应和服务于国家治理现代化，更好地服务于党和国家的中心任务。那么，新时代思想政治工作现代化的基本路向或根本进向如何？推进思想政治工作现代化又需要作出哪些努力呢？

（一）新时代思想政治工作的关键命题

思想政治工作是中国共产党自创立之初就高度重视的一项重要工作，在革命战争年代、社会主义建设时期、改革开放与中国特色社会主义建设时期都曾被誉为“生命线”，发挥过极其重要的作用。中国特色社会主义进入新时代以来，我国的经济社会发展和国家安全面临着前所未有的新形势新任务，宣传思想文化领域也出现了前所未有的新情况新矛盾，党和国家领导人突出地强调了思想政治工作和意识形态工作的

① 习近平:《高举中国特色社会主义伟大旗帜　为全面建设社会主义现代化国家而团结奋斗——在中国共产党第二十次全国代表大会上的报告》，北京：人民出版社 2022 年版，第 44 页。

极端重要性，并就开展思想政治工作作出了一系列重要论述。从总体上看，新时代的思想政治工作出现了一些具有时代性的命题，也凸显了一些具有标志性的话语。它们构成了新时代思想政治工作的宏观图景，也预示了思想政治工作在内容和形式上的现代转变。

1.“加强和改进思想政治工作”是确立新时代思想政治工作总体布局的基本命题

中国特色社会主义进入新时代以来，我国经济社会发生了历史性变革，中国特色社会主义建设取得了历史性胜利，党的思想政治工作备受关注、持续改革、不断推进。十多年来，在我国思想政治工作领域中，加强和改进思想政治工作成为显著的时代命题和高频的时代话语。客观地说，改革开放后到新时代以前的一段时间内，在中国共产党的话语体系中曾经出现过“加强和改进思想政治工作”的说法，甚至就加强和改进思想政治工作作过专门决定。譬如，1989 年 9 月，江泽民在庆祝中华人民共和国成立 40 周年大会上讲话提出“要紧密结合现代化建设和改革开放的实际，结合人们的思想实际，大力加强和改进意识形态领域的工作，加强和改进思想政治工作”[①]。1999 年 9 月，中共中央还制定和颁发了《关于加强和改进思想政治工作的若干意见》，对在社会主义市场经济条件下发挥思想政治工作的优良传统和政治优势进行了部署。新时代不但继续沿用了“加强和改进思想政治工作”的说法，而且以更大的力度、在更广泛的范围内对深入推进思想政治工作进行了安排。从 2013 年召开的全国宣传思想工作会议到 2014 年党的群众路线教育实践活动总结大会，从 2014 年全军政治工作会议到 2016 年全国高校思想政治工作会议，从 2018 年全国教育大会到 2019 年学校思想政治理论课教师座谈会，加强和改进思想政治工作都是贯穿其中的重要话语。从工作布局上看，自党的十八大以来，加强和改进思想政治工作历经了结构性调整，逐步向现代化、精细化和体系化迈进。

在中国共产党成立 100 周年之际，中央又印发了《关于新时代加强和改进思想政治工作的意见》，从总体要求、把思想政治工作作为治

①《十三大以来重要文献选编》（中），北京：人民出版社 1991 年版，第 626 页。

党治国的重要方式、深入开展思想政治教育、提升基层思想政治工作质量和水平、推动新时代思想政治工作守正创新发展、构建共同推进思想政治工作的大格局六个方面对新时代加强和改进思想政治工作作出了全面部署。该意见深入分析了新时代党所面临的思想政治工作形势和任务的变化，对思想政治工作应该加强什么和改进什么做了明确区分。其中，要加强的工作主要是党的领导责任、分类分层教育和类别化时代化教育，而要改进的工作主要是思想政治实践的方式。循着改革开放以来中国共产党开展思想政治工作的思想主线和实践逻辑可见，思想政治工作始终围绕着党的中心任务进行，始终处于与经济社会生产的有机互促和有为互动中。新时代对思想政治工作的加强和改进，最突出的表现主要有两点：其一是提出并强调了四个服务，即为人民服务、为中国共产党治国理政服务、为巩固和发展中国特色社会主义制度服务、为改革开放和社会主义现代化建设服务。其二是把思想政治工作作为治党治国的重要方式，贯穿于党的建设和国家治理的始终。可以认为，这二者是对新时代思想政治工作的重新定位，这种改变既是对思想政治工作最大的“改进”，也是最显著最突出的“改观”，它所包含的不仅仅是一个工作方式的改变，更重要的是为新时代思想政治工作现代化指引了方向。

2.“巩固马克思主义在意识形态领域的指导地位”是引领新时代思想政治工作实践的核心命题

思想政治工作是把党的思想理论和路线方针政策灌输到人们头脑中，借以塑造和改变人们的思想观念、意识觉悟以求达到既定目标状态、产生理想行为的工作，是调整和改变社会思潮对人们思想观念、价值体系影响效果的工作，本质上也是意识形态工作。意识形态建设是为国家立心、为民族立魂的工作，也是思想政治工作体系中基础性、根本性的工作。在社会主义社会中，开展意识形态建设的要义是进行正确的思想武装、抵御消极的负面的社会思潮和敌对思想观念的影响。中国特色社会主义进入新时代以来，巩固马克思主义在意识形态领域的主导地位成为思想政治工作的重中之重。以 2013 年 8 月 19 日召开的全国宣传思想工作会议为标志和起点，党和国家高度重视并切实开展了加强意识形态的工作，努力弘扬和践行社会主义核心价值观、积极开展马克思主义理论研究和建设工程，通过明确导向、聚拢资源、建构平台、完善机制、培育队伍，开辟了马克思主义学科建设和马克思主义理论教育的新局面。正是在此基础上，党的二十大报告才明确指出："我们确立和坚持马克思主义在意识形态领域指导地位的根本制度，新时代党的创新理论深入人心，社会主义核心价值观广泛传播，中华优秀传统文化得到创造性转化、创新性发展，文化事业日益繁荣，网络生态持续向好，意识形态领域形势发生全局性、根本性转变。"[①] 这一论断，既是对过去十多年来意识形态工作取得巨大成就的肯定，也是对党的思想政治工作所取得的发展进步和改革创新的肯定。

在中国扩大开放和广泛对外交流中，人们的思想观念和价值体系比过去在更大程度上受到了国外思想文化的影响。在日趋激烈的国际竞争中，以美国为代表的西方国家蓄意干扰破坏中国现代化和民族复兴的进程，对我国进行有目的有意识的意识形态渗透，使我国意识形态领域呈现出思想观念多元、杂音噪音增多、不利因素增强的趋势。在新时代中国特色社会主义建设中，经济工作是中心工作，意识形态工作是一项极其重要的工作。遵循中国共产党意识形态建设的基本规律和实践逻辑，为建设具有强大凝聚力和引领力的社会主义意识形态，就必须巩固马克思主义在意识形态领域的指导地位。从十八大以来党的工作图景看，重视思想政治工作，尤其是重视马克思主义理论建设是党的总体工作中的重要内容，也是全面加强党的领导、推进新时代党的建设新的伟大工程的重要表现。在包含着公民道德建设、精神文明建设和思想文化建设等重要内容在内的思想政治工作总格局中，马克思主义在思想话语、理论阐释、体制机制、方法实践上得到极大改善，在一定范围内存在的马克思主义被虚化、弱化和边缘化的问题得到大幅改变，马克思主义在意识形态领域指导地位的根本制度得到建立和完善，马克思主义对新时代中国意识形态的凝聚力和引领性得到明显提升，马克思主义在思想意识形态领域的指导地位得到显著巩固和加强。毋庸置疑的是，巩固马克思主

① 习近平:《高举中国特色社会主义伟大旗帜　为全面建设社会主义现代化国家而团结奋斗——在中国共产党第二十次全国代表大会上的报告》，北京：人民出版社 2022 年版，第 10 页。

义在意识形态领域的指导地位成为了引领新时代思想政治工作实践的核心命题。

3.“立德树人”是教育领域的主导命题，贯穿新时代学校思想政治工作体系

思想政治工作是针对人、关于人、教育人和服务人的工作，是学校各项工作的生命线。在教育领域中，思想政治工作的主旨是立德树人。党的十八大以来，习近平把握住教育要培养什么样的人、如何培养人以及为谁培养人这个根本问题，多次就教育领域的思想政治工作作出重要论述，提出了一系列重要的教育主张，指导开展了教育领域的综合改革和创新。他指出：“思想政治工作从根本上说是做人的工作，必须围绕学生、关照学生、服务学生，不断提高学生思想水平、政治觉悟、道德品质、文化素养，让学生成为德才兼备、全面发展的人才。”①在党中央的指引下，立德树人成为新时代教育领域的主导命题，成为学校思想政治工作的思想主线、根本任务和中心环节，成为检验学校一切工作的根本标准。这里所谓的立德就是要培养包括社会公德、职业道德、家庭美德和个人品德在内的全方位的道德素质，其中最重要的就是符合社会主义核心价值观要求的公德和大德。所谓树人，是要培养有理想、敢担当、能吃苦、肯奋斗的新时代青年，即堪当民族复兴重任的时代新人。思想政治工作是一项综合性的工作，学校的党政群工团都负有相应的育人责任，新时代立德树人的任务需要贯穿到学校思想政治工作体系之中，贯穿教育教学全过程，发动各方面的力量、调动各方面的资源，实现全员育人、全程育人、全方位育人，达到育人实效最大化。

新时代对立德树人的强调是对学校思想政治工作本质的回归，也是对学校教育本质的回归。鉴于通过思想政治工作育人的综合性，新时代的思想政治工作呈现了如下几个方面富于创造性的发展趋势：一是在纵向上提出贯通各学段的大中小学思想政治教育一体化，设置分段化的思想政治教育目标和教学重点，强调小学阶段重在开展启蒙性学习，重在启蒙道德情感；初中阶段重在开展体验性学习，重在打牢思想基础；高

①《习近平谈治国理政》(第2卷)，北京：外文出版社2017年版，第377页。

中阶段重在开展常识性学习，重在提升政治素养；本专科大学阶段重在开展理论性学习，重在增强使命担当；研究生阶段重在开展探究性学习，重在夯实理论基础。二是在横向上提出学生个体在德智体美劳各方面全面发展，强调教育为本、德育为先，提升学生多方面的能力和素质；同时，在课程的横向联系上提出思政课程与课程思政并联建设的思路，在用好课堂教学这个主渠道的同时做到满足学生成长发展需求和期待，其他各门课都要守好一段渠、种好责任田，使各类课程与思想政治理论课同向同行，形成协同效应。三是在工作体系上提出“全员育人、全过程育人、全方位育人”的“三全”育人格局和“课程育人、科研育人、实践育人、管理育人、组织育人、服务育人、文化育人、网络育人、心理育人和资助育人”的“十全”育人体系，把立德树人贯穿到思想道德教育、文化知识教育和社会实践的各个环节。总的来说，新时代思想政治工作显著地聚焦了教育和学校的育人工作，开辟了大思政的工作格局和全域育人的工作模式，为新时代思想政治工作现代化奠定了基础、培育了方向。

（二）新时代思想政治工作现代化的定向

以党的二十大提出的“中国式现代化”为起点，中国共产党带领中国人民开启了实现党的第二个百年奋斗目标、全面建设社会主义现代化强国、全面推进中华民族伟大复兴的新征程。由此开始，中国式现代化成为了中国人民和中华民族经济社会生活的显著命题，也成为新时代思想政治工作改革创新的总基调和总方向。概括而言，新时代思想政治工作现代化要与中国特色社会主义现代化建设和发展方向保持一致。

1. 中国式现代化规范了新时代思想政治工作现代化的方向

改革开放以来，我国的现代化建设实现了从探寻“适应中国情况的社会主义现代化”到走出一条中国式现代化道路的重大挺进，实现了通过借鉴外国技术以强大自身到实现大幅赶超、迎头赶上世界发展潮流的重大转变。走上中国式现代化的过程无疑反映了中国共产党领导现代化的思想自觉、理论自信和道路自强，标志着社会主义现代化的中国特点愈加显著和突出。可以预见，从基本实现现代化到全面建设社会主义现代化强国、全面推进中华民族伟大复兴使得现代化成为新征程上中国人社会生活的主题，成为新时代社会主义现代化发展和前进的主旋律，也使得中国式现代化成为社会主义建设各领域各行业各维度上都要达到的基本目标。众所周知，中国式现代化是全面的、系统的现代化，具有特定的规范和模式，它为新时代思想政治工作现代化规范了发展方向，提供了政策指引，提出了实践要求。

党的二十大报告阐述了中国式现代化的中国特色和本质要求，为新时代思想政治工作现代化提供了必须适配和遵循的方向。从中国式现代化所提供的规定性出发，新时代思想政治工作的现代化应当坚持中国共产党的领导，坚持中国特色社会主义前进方向，致力于实现思想政治工作的高质量发展，致力于促进全过程人民民主，致力于丰富人民的精神生活。在具体实践方面，思想政治工作的现代化应当关照人口规模巨大的国情特点，解决大国独有的思想政治工作难题；应当为全体人民共同富裕的目标服务，解决人们在致富共富过程中出现的思想政治问题；应当通过有效的思想政治工作促进物质文明与精神文明的协调发展，在提升人们的精神觉悟和精神境界中促进物质与精神的互益互促；应当为生态文明建设服务，为人与自然和谐共生提供精神动力和思想保障；应当为中国的和平发展道路服务，合理有效地向国际国内阐释好中国和平发展的思想、道路和故事。

2. 国家治理现代化更新了新时代思想政治工作现代化的取向

国家治理现代化是中国特色社会主义制度建设的根本要求，是社会主义现代化的题中之义。党的二十大报告中提出，到2035年，我国发展的总体目标之一就是基本实现国家治理体系和治理能力现代化，使中国特色社会主义制度更加巩固更加完善。中共中央在《关于新时代加强和改进思想政治工作的意见》中提出把思想政治工作作为治党治国的重要方式，并从党委主体责任、基层思想政治工作、思政工作融入党建、加强党对国家和社会的全面领导等方面明确了工作思路。[1] 显而易见，作为治党治国重要方式的思想政治工作，理应在国家治理现代化的进程中

① 参见《关于新时代加强和改进思想政治工作的意见》,《人民日报》2021 年 7 月 13 日，第 1 版。

实现自身现代化并服务于国家治理和社会发展。具体而言，一方面，思想政治工作体系是国家治理体系的组成部分，必将随着国家治理体系的现代化而现代化，从而使思想政治工作在体系化的基础上走向现代化和制度化。另一方面，思想政治工作能力也是国家治理能力的重要体现，要提升国家治理能力现代化水平，自然也包括提升思想政治工作能力现代化水平。藉此，循着国家治理现代化的方向，新时代思想政治工作服务内容和实践方向也朝着现代化迈进。

择要而言，国家治理现代化为新时代思想政治工作现代化更新的指向至少有两个方面：其一是站在历史正确的一边，站在人类文明进步的一边。从中国国家治理和社会发展的视角看，思想政治工作要站到为人民服务、为社会主义服务、为党的治国理政服务、为改革开放和社会主义现代化建设服务的一边。但从更为宏大的世界历史和人类文明视野看，思想政治工作要站到符合历史发展规律和科学理性的正确的一边，站到符合文明发展规律、为人类文明谋进步的一边。然而，对于在中国式现代化和中国特色社会主义发展进程中的思想政治工作而言，上述宏观层面和具体层面的规定性是同向一致、并行不悖的。其二是顺应中华民族伟大复兴不可逆转的历史进程和全面建设社会主义现代化强国的历史过程。中华民族伟大复兴之所以不可逆转，是由中国社会发展的历史规律、内在机理和时代条件的共同作用来决定的。全面建设社会主义现代化强国的历史过程，依赖并规范着思想政治工作现代化。思想政治工作要始终服务于党和人民的事业，思想政治工作的现代化就要顺应中华民族伟大复兴的根本要求和必然趋势，服务于民族复兴伟业和社会主义现代化强国大业。

3. 教育现代化确定了新时代思想政治工作现代化的面向

教育是国之大计、党之大计。教育现代化是中国式现代化的题中之义，是国家现代化的重要支撑。中国是人口大国，教育现代化与人口质量和人才素质的提升休戚相关，对于推进中国式现代化也至关重要。就其基本内涵而言，教育现代化既包括人及其思想观念的现代化，也包括物质以及技术的现代化。一般说来，由于人的思想观念和精神意识变革的复杂性与隐秘性，相比较于物质的和技术的现代化，人的现代化就显得更为关键和紧迫。习近平指出："培养什么人，是教育的首要问题。我国是中国共产党领导的社会主义国家，这就决定了我们的教育必须把培养社会主义建设者和接班人作为根本任务，培养一代又一代拥护中国共产党领导和我国社会主义制度、立志为中国特色社会主义奋斗终身的有用人才。这是教育工作的根本任务，也是教育现代化的方向目标。"①需要明确的是，新时代思想政治工作现代化本质上就是要服务并推进人的现代化和物的现代化，不论是人的现代化还是物的现代化，都是新时代思想政治工作现代化的重要面向。

中国特色社会主义进入新时代以来，党中央确立了建设教育强国的新目标，中国教育现代化也进入了加速发展和综合改革实践的新车道。党的二十大面向建成社会主义现代化强国，明确了实施科教兴国战略、强化现代化建设人才支撑的时代任务，提出："育人的根本在于立德。全面贯彻党的教育方针，落实立德树人根本任务，培养德智体美劳全面发展的社会主义建设者和接班人。"②新时代思想政治工作现代化要面向社会主义现代化强国建设的任务，服务推进科教兴国战略，贯彻落实现代化建设人才培养目标，就需要紧紧扭住培育合格人才、促进经济社会发展和科学技术进步的任务。在人才培养方面，由于思想政治工作是管方向、管规格、管标准的，思想政治工作的现代化重在保障现代性人格的养成，尤其是促进人的现代思想政治素质、精神文明观念、道德觉悟能力、文化知识素养的提升。在物质技术方面，由于思想政治工作是经济技术工作的生命线，思想政治工作现代化就要充分发挥对经济技术工作的反作用，一方面利用经济技术工作提供的条件改善思想政治工作的状况，另一方面也发挥思想意识的主动性和能动性，为经济技术进步提供思想保障和政治保证。

① 习近平：《坚持中国特色社会主义教育发展道路　培养德智体美劳全面发展的社会主义建设者和接班人》，《人民日报》2018年9月11日，第1版。

② 习近平：《高举中国特色社会主义伟大旗帜　为全面建设社会主义现代化国家而团结奋斗——在中国共产党第二十次全国代表大会上的报告》，北京：人民出版社2022年版，第34页。

（三）新时代思想政治工作现代化的进阶

新时代思想政治工作现代化是在中国改革开放以来社会主义现代化建设所取得的实践成就的基础之上、面向新时代中国特色社会主义建设的新形势和新任务而出现的时代课题。伴随着中国式现代化的推进，新时代思想政治工作需要也将会在诸多方面出现新的拓展，在现代化的进程上有所进步。思想政治工作现代化是一项系统工程，至少包括思想观念、体制机制、内容结构、技术方法等多个方面的现代化。总的来说，新时代思想政治工作现代化将会在以下几个方面出现进步：

1. 从服务中国式现代化到实现思想政治工作自身现代化

长期以来，思想政治工作始终是隶属于党的工作大局、服从并服务于党和国家中心工作的关键任务。它是党和国家工作中不可或缺的重要组成部分，一直被视作党和国家工作的“生命线”。客观上说，在改革开放以来中国共产党领导进行中国特色社会主义现代化建设的进程中，党的思想政治工作始终处在现代化转型中。从过去基于革命实践经验而在军队和地方的革命斗争与生产实践中进行的即时感很强的思想政治工作，到在改革开放的环境中探索学科化、科学化、学院化的思想政治教育，思想政治工作无疑为中国特色社会主义现代化建设建立了功勋、作出了贡献。但毋庸置疑的是，当中国式现代化成为时代命题，成为新时代中国特色社会主义建设的主基调时，思想政治工作必须把促进中国式现代化作为中心任务，必须致力于服务中国式现代化的实际和实践，必须发挥在支撑、维护和保障中国式现代化总体布局以及中国特色社会主义建设上的积极作用。不过，服务对象不等于服务者本身，服务中国式现代化并不等于思想政治工作自身的现代化。面对未来中国式现代化道路的探索和掘进，思想政治工作需要在思想理念、体制机制、方式方法等方面进一步增强基于中国特点的理论意识，进一步提升基于中国实际的实践效果，进一步培育基于中国文化的现代经验，在保障和促进中国式现代化的同时进一步提升自身的现代化水平。换言之，在中国式现代化的体系和进程中，思想政治工作仍需要实现自身的现代化，需要用社会主义现代化的思想理念武装思想政治工作者的头脑，形成现代化的思想政治工作体制和机制，建构现代化的思想政治工作平台，培育现代思想政治工作环境和方法。

2. 从提高思想政治上的积极性到形成现代思想政治素质

20世纪80年代，思想政治工作之所以被作为一门科学来对待、思想政治工作科学化的命题之所以提出，一个重要而基本的着眼点就是如何提高企业职工和社会大众的思想政治积极性，如何实现企业管理的现代化。毋庸置疑，人是现代化的主体因素，也是思想政治工作的根本对象。在社会发展和建设进程中，培育出包含新素质的新人是至关重要的。恩格斯曾经指出："用整个社会的力量来共同经营生产和由此而引起的生产的新发展，也需要一种全新的人，并将创造出这种新人来。"[①]实现中国式现代化的进程中，提高人的现代化状况、素质和水平同样是十分关键的。在思想政治工作现代化、科学化起步之初，人的积极性被当作重要命题提了出来。人最大的积极性就是思想政治上的积极性，"这里讲的思想政治上的积极性，是拥护党、拥护社会主义的积极性，是拥护坚持四项基本原则的积极性，是健康的积极性。这是最可贵的积极性"[②]。从发掘人的积极性、主动性到探求人的思想和行为的内在机理与规律，从研究人的思想品德形成与发展到关注人的政治意识、政治认同和政治参与的主体支撑，思想政治工作的现代化在新时代发展和创新的支点就寓于社会主义现代化之中，而其要义则在于对人的现代思想政治素质的塑造与熔铸。实际上，现代政治社会化进程中所需要和所培养的"什么人"，在根本上取决于人的现代思想政治素质。而现代思想政治素质一方面包括人在现代社会中对于占主导地位的思想体系和政治体制所持的情感态度和价值判断，另一方面包括人在现代社会体系中通过既定的思想教育或自我教育而获得的政治参与、政治行为的意愿、能力、程式和效果。可以说，具备现代社会政治思维的能力和政治行动的素质，是人的现代化的重要标志，也是新时代思想政治工作现代化的基本要求。

①《马克思恩格斯选集》(第1卷)，北京：人民出版社2012年版，第369页。
②《胡耀邦文选》，北京：人民出版社2015年版，第219页。

3. 从借鉴性的思想政治教育体系到独立完整的现代思想政治工作制度

思想政治教育是改革开放后伴随着中国特色社会主义建设而建设和兴起的科学化、学科化、现代化的学科理论和政治教育实践，是马克思主义理论学科和教育实践的重要组成部分。由于中国共产党在革命战争年代领导的思想政治工作主要是从实际工作和实践角度出发的，在近数十年来建构科学知识体系和理论体系时又借鉴了诸如哲学、社会学、心理学等其他学科的知识、概念和原理，因而迄今为止的思想政治教育学科理论是依附性、借鉴性和半独立性的，在很大程度仍处于从借鉴到融合再到独创的学科纯化和独立化进程中。新时代思想政治工作现代化是以习近平新时代中国特色社会主义思想为指南、在逐渐成熟的现代学科制度下、以现代思想政治教育学为支撑的融合式的思想政治工作实践。现代思想政治工作制度既是新时代思想政治工作现代化的产物，也是其进一步现代化的依托和保障。在推进中国式现代化的进程中，独立而完整的现代思想政治工作制度是思想政治工作创新和发展的不二选择。从学科理论角度看，思想政治教育学科的现代化是本学科建设和发展的必然趋势；从工作实践的角度看，思想政治工作无疑仍需要摆脱单纯经验主义的盲目性和片面性，摆脱纯粹学院化和书本化的窠臼与桎梏，摆脱官僚主义、形式主义和教条主义的教化做派，实现工作理念上从管理思维向治理思维的转变、工作主体上从单一隶属主体向综合责任主体的转变、工作方法上从单向灌输向多维疏导的转变、工作模式上从传统模式向现代样态的转变、工作制度上从机制建构向体系贯通的转变。无疑是其现代化的重要内容和基本标志。

（原文发表于《思想教育研究》2023 年第 5 期）

四

意识形态教育与民族性的互塑与协同

意识形态教育是思想教育的重要内容和组成部分，自古迄今一直存在于人类有意识的教育活动之中。在阶级社会里，意识形态教育的目的是为了维护统治阶级的根本利益，常以有组织的国家教育的形式出现，带有鲜明的阶级色彩和政治立场。在不同国家、社会和历史时代中，意识形态教育的称谓千变万化，形式也多种多样，但不论以何种名称、以何种方式实现，也不论其实施过程中有多少差异，意识形态教育总是始终而普遍地存在着。[①] 民族性是一个内涵丰富的概念，在今天的社会科学研究中有着不同的解释路径和界定方法，其基本含义接近“民族性格”“民族气质”，一般是指一个民族表现在文化上的共同心理素质。尽管现代民族国家框架和话语范围内的意识形态与民族性“尚不能竭尽个人认同”[②]，而且均因为个体的独立性而使其统一性遭到质疑，但它们仍都具有明显的集合性，仍可被当作整体来分析。与此同时，正如前人所说：“教育应当适应一国的民族性，正和教育应当适应各人的个性同样重要。”[③] 鉴于此，我们认为，意识形态教育与民族性的关系是颇值得关注和研讨的。实际上，它们之间的关系内在于政治、政权、国家等阶级

① 意识形态的基本存在形式是思想、意识等观念性和精神性的对象。在无阶级社会中，意识形态教育以思想教育的形式存在，而在阶级社会中，意识形态教育则带有明显的阶级性和政治性，其名称多种多样，常见的有“国民教育”“公民教育”“政治教育”和“思想政治教育”等，意识形态教育的形式则包括了社会化的政治思想宣传和体制化的学校思想教育活动等。本文所论述的意识形态教育是以民族国家为单位的特定政治教育类型，对于民族国家中意识形态内部的差异不作具体讨论。

②［美］杜赞奇：《从民族国家拯救历史：民族主义话语与中国现代史研究》，王宪明译，北京：社会科学文献出版社 2003 年版，第 7 页。

③ 沈有乾：《中国民族性之一斑——一种品性测验的试用结果》，《教育杂志》1935 年第 25 期，第 279 页。

性范畴与性格、精神、民族等文化性范畴之间，既相互独立，又相互纠缠，其中存在着一种共生互塑的关系。探究二者之间的关系，有助于弄清意识形态教育对民族性的影响，也有利于把握在既定的民族共同体中适于推展的意识形态教育的类型。

（一）意识形态与民族性的文化通约性

意识形态与民族性是两个独立的概念。意识形态的概念由17世纪法国思想家特拉西提出，经马克思和恩格斯的研究而广为人知。时至今日，尽管人们对意识形态的理解仍旧复杂多样、莫衷一是，但其作为表达特定阶级思想观念的基本含义已成共识。民族性的概念同样最初由17世纪法德两国的思想家们使用，其最初含义是指民族性格，即一个民族在长期的历史发展和生活生产实践中沉淀而成的气质和性格。随着现代科学学科的关注和介入，民族性的界定和阐释方式也多样化了。不过，民族性的基本含义仍是指一个在国家和社会意义上存在的民族群体的文化共同性，即民族的集体文化人格。19世纪中后期，我国洋务派人士和早期维新派思想家在对比分析中西社会发展与文化人格问题时使用了“民气”“民心”“民情”等许多与民族性概念很接近的说法。到19世纪末20世纪初，民族性这个概念因对变革动荡之中的中国和中国人在思想观念、文化性格上的强大解释力，一时间竟成为政论时评中频频出现的新名词。20世纪80年代初，我国有学者在一场关于“国民性”的讨论中区分了“国民性”和“民族性”这两个概念，指出民族性是“一个民族在特定社会、历史、经济条件制约下的思想、情绪、情感、意志特征的总和。从本质上说，它就是那个民族国家中的社会心理”①。这一界定截至目前仍颇有代表性。

在多数情况下，当人们提到意识形态这个概念时，会首先注意到其思想性和政治性，特别是阶级社会中的意识形态所具有的阶级性。马克思、恩格斯说过：“占统治地位的思想不过是占统治地位的物质关系在观念上的表现，不过是以思想的形式表现出来的占统治地位的物质关

① 鲍晶：《鲁迅“国民性思想”讨论集》，天津：天津人民出版社1982年版，第2页。

系；因而，这就是那些使某一个阶级成为统治阶级的关系在观念上的表现。因而这也就是这个阶级的统治的思想。”[①] 正缘于此，在一个社会中占统治地位的阶级的意识形态，总是要通过各种方式成为占统治地位的意识形态，并在社会意识形态系统中发挥主导作用、占据支配地位，对其他意识形态的内容发挥引导性的影响。但是，由于意识形态的主要表现形式是思想观念、价值信仰等精神形态，因此它在广义上也是一种文化。民族性是一个民族在长期的历史实践过程中锤炼和培育而成的独特品质。造成特定民族性的因素和条件是多方面的。其中，一个民族在其经济、政治活动中的实践方式和该民族所处的自然的、社会的环境对于其民族性的形成具有很重要的作用。但是，由于民族性属于抽象的精神气质，对它的描述常常需要用形而上的语言和表达方式来进行。此外，民族性与民族的文化系统直接相关，而且也是其中最根深蒂固的内容，因此更容易与民族的历史和文化现象联系起来。这样一来，意识形态和民族性实质上是拥有共同的存在方式和表述空间的，这就是民族国家的文化系统。换言之，当我们提到某一个民族国家的意识形态与其民族性时，我们实际上会指向二者的文化属性，文化是意识形态与民族性的共同场域，是二者相互联系、相互通约之处。当然，与民族性所直接反映的民族共同文化有所不同，意识形态所指向的更多是一种带有政治目的、反映阶级意志的政治文化。

仅有文化通约性并不能说明意识形态与民族性之间的内在关联。实际上，任何民族性的形成和发展都不是单纯的文化现象，而是出于文化和价值的群体理性选择，在这种选择中，民族的共同性慢慢地构造出民族的或国家的政治理性。现代教育家庄泽宣曾引证并分析过民族性内在的趋政治性。他认为，民族性“当然免不了心理或精神因素，但它是确指实在的人群，这种人群，多为同一种族，居住同一地域并有共同之语言，类似之历史与传统思想，共同利害，共同政治组织及共同政治统一的理想”。他引述了英国历史学家爱克顿（Lord Acton）的研究，指出：“民族性由两个阶段形成：第一个阶段只是一种社会的事实，就是共同的

①《马克思恩格斯选集》（第2卷），北京：人民出版社1995年版，第98页。

思想、共同的感情、共同的风俗习惯和共同的语言文字的表现。这种表现，并非政治的表现，至多不过是政治范围以内的一种帮助构成、组织和限制群己权界的力量。仅有这些共同成分，还不能形成一个成熟的或健全的民族和民族性，必须要有第二个阶段。在这个阶段里，须兼有政治的和社会的事实，就是共同的组织，去拥有共同的权威，以表现共同而独立的意志。”① 当第二个阶段在完备的民族国家体制中得到充分孕育和发展时，民族性与国家政权和由国家主导的意识形态之间就出现了相互渗透乃至“征战”的场面，到那时，“一方面民族（或者更确切地说，具有民族性观念的群体）力争夺取或共同掌握国家和国家政权，另一方面国家也力争夺取并垄断民族性观念”②。

对于民族国家而言，意识形态与民族性都不是凝固不变的，而是动态发展的。与意识形态相对较快的变迁不同，由于民族性直接反映民族在心理和文化价值观上的共同性，因此它所带有的文化印痕更深刻，延续性更明显，变革的速度也相对迟缓。一个国家的政权发生更迭变化了，意识形态特别是主导性的意识形态内容可能会随之而变化，但民族性却可能长时期保留不变，并对意识形态产生“拖曳”。一般说来，激烈的意识形态变革当然会对意识形态主体的民族性造成冲击，特别强大的意识形态变化甚至会重构民族性。不过，在多数情况下，由于民族性涉及民族的深层心理结构和文化价值观念，因此常会对变革中的意识形态造成较为持久的影响。研究该问题的学者曾以中国近代意识形态与文化变革为例指出：“坚持一定意识形态的特定群体的文化遗产常常使这一意识形态发生重大的重构。例如，中国的马克思主义和由此而产生的政策就是对中国文化遗产和环境状况（地理、政治、社会和经济方面）的反映。”③ 总之，在社会的变迁中，意识形态与民族性之间存在着一种双向互动的关系，虽然很难说二者之间的相互影响和作用力孰大孰小，但它们所具备的文化通约性却让人们找到了描述二者各自变革与相互影

①庄泽宣、陈学恂:《民族性与教育》，北京：商务印书馆1938年版，第3页。

②汪晖、陈燕谷主编:《文化与公共性》，北京：生活·读书·新知三联书店2005年版，第6页。

③［英］杰拉尔德·古特克:《哲学与意识形态视野中的教育》，陈晓端等译，北京：北京师范大学出版社2008年版，第158页。

响的空间。对这一空间内二者的关系及其变化，至今仍值得关注和深入研究。

（二）意识形态教育与民族性的互塑

当今世界，甚至自有阶级产生以来的社会开始，每个独立的国家都有其特定的意识形态教育，每个国家的人们也都有一种属于他们自己的文化历史和民族性，其意识形态教育与民族性是如何相互影响的，二者之间的逻辑互洽性和实践互动性能否给我们当代中国的意识形态教育提供一些启示呢？更具体地说，今天中国的意识形态教育有何民族性依据？在借鉴国外意识形态教育之时，有哪些内容是没有办法“拿来”的？这是颇值得思考和探讨的问题。当前，中国实行的主导性的意识形态教育是思想政治教育，而在一些西方国家则盛行公民教育，在思考中国思想政治教育的发展前景与创新路径时，有不少人提出要用西方的公民教育取代中国的思想政治教育，或者照搬西方教育制度下的意识形态教育模式。笔者认为，这里的问题不是表面化地赞成谁取代谁的问题，更重要的是要分析两种意识形态教育的实质，特别是二者与各自所对应的民族性之间的关系。这应该是主导性意识形态教育能否借鉴以及如何借鉴的前提。

简单地说，意识形态教育包含三层意思：一是“关于意识形态的教育”（of the ideology），即有助于了解和认识意识形态的知识教育。二是“通过意识形态的教育”（by the ideology），即把意识形态作为教育的载体和工具而进行的教育。三是“为了意识形态的教育”（for the ideology），即达到某种意识形态目标或以维护意识形态安全为目的的教育。通常情况下，当人们提到意识形态教育时，侧重指“为了意识形态的教育”，但它很难离开意识形态的内容和中介。换言之，不管是哪种教育都离不开意识形态，都会是有意识、有组织、有目的的教育行为，也都会在特定的社会心理基础和民族文化性格中发生。前面提到，民族性是一个民族在长期的历史发展和实践活动中所培养出来的精神共同性和公共性，集中表现在共同的思想心理和文化习惯中。从文化的角度看，民族性意味着历史在一种文化中长期积淀下来的集体无意识，它使得一种文化在发展过程中获得了一种内在的一致性和共同性，通过反映民族特性的某些形式表现出来。意识形态教育作为教育之一种，与民族性之间存在着密切的联系。庄泽宣也分析过民族性与教育的关系。他指出："民族性与教育的关系是互相连锁的。各国教育的理论和设施的不同反映着民族性的歧异：因为教育的理论和设施的不同，更加深了各国民族性的歧异。所以民族性不同的国家，绝不能产生同一的教育的理论和设施，世界上也决没有一种教育理论和设施可以适用于民族性歧异的各个国家。"①庄泽宣的这一论断，为我们探究意识形态教育与民族性的关系提供了内在的思考维度。一般意义上的教育尚且如此，意识形态教育作为工具价值更显著的教育类型，它在不同民族国家之间那种基于民族性的差异就更加显著和深刻了。

意识形态教育的发生，与该意识形态所在的国家、社会中民族成员的民族性，即那种普遍的、一般的和共同的文化心理和公共性格有着密不可分的互塑关系。这种互塑关系的表现是：一方面，民族性对意识形态教育具有塑造性。在一个民族国家范围内，意识形态教育要借助民族性来进行，任何顺应民族性特质的主导意识形态教育将会取得较大的实效，而违背民族性的意识形态教育将会遭受抵触，从而易遭受挫折，或陷于困顿。这其中的原因是，意识形态教育是植根于国家教育目标并受国家教育制度保护的教育，有比较直接的政治价值和思想导向性，但任何国家教育制度和意识形态教育模式都离不开民族性。正如有学者指出的："国家教育制度像民族政体或民族文学一样，都是民族性的表面体现，使一个民族得以区别于另一个民族。……国民教育制度即使是通过革命政府有意建立起来以改革原有的民族性，也不可避免受（构成民族性的）这些因素的影响，并深深植根于过去。"②另一方面，意识形态教育对民族性也具有塑造性。众所周知，民族性依赖教育或习俗得以传递，但有意识的民族性改造则需要借助教育特别是意识形态教育来进行。意识形态教育所产生的强大控制力和引导力，会促使深藏在民族群

① 庄泽宣、陈学恂：《民族性与教育》，北京：商务印书馆1938年版，第182页。

② N. Hans, *Comparative Education: A Study of Educational Factors and Traditions*, 3rd edition, London: Routledge & Kegan Paul, 1958, pp. 9–10.

体心理内部的价值观念和行动意志发生改变，从而产生在主导意识形态指引下的活动。长期以来，正是借助意识形态教育的作用，不同国家民族群众才会在调整民族心理中增进对意识形态体制和国家体制的认同。纵观人类有国家制度以来的发展历史，不难发现，每当伴随着社会变革而开展意识形态教育时，民族性都能够得到一定程度的磨砺和适度更新。意识形态教育与民族性的这种互塑关系，同时也包含了二者之间的排斥性，即当二者基于某种政治、经济或其他利益因素而出现价值取向上的分歧时，民族性和意识形态教育之间会出现相互抵触，由此所产生的逆势和反向作用，也会构成彼此间的阻碍。

（三）当代中国意识形态教育与民族性的有效协同

鉴于对意识形态教育与民族性之间关系的把握，任何足够睿智的国家体制都会通过各种手段、特别是借助政党和政府的力量来对意识形态教育和民族性进行有效管控，努力推进意识形态教育与民族性的有效协同，其基本目标是利用二者之间可以互为“杠杆”的关系来达到有利于政治活动和政权运行的目的，其基本表现是在国家和民族内部有利于平衡社会各阶层思想争端，协调利益集团关系，维持政治稳定，在其外部则有利于进行文化角力，打好意识形态战争，谋取国家、民族、政党或政府利益的最大化。笔者认为，与近现代中国相比，西方发达资本主义国家在实现近代化和现代化的进程中，较好地驾驭了意识形态教育这架国家治理机器，也较好地利用了意识形态教育来作为政治运作的工具，并且在提升意识形态教育与民族性的适切性上找到了相对稳固的支点，其经验值得借鉴和吸取。以美国为例，众所周知，自启蒙运动以来，资产阶级所信奉的“自由、平等、博爱”的价值观念深深地影响和塑造了美国人的民族性。在现行体制下的美国意识形态教育始终不放弃也不背离上述已经在民族性中扎根的价值观念。在当代美国大学中，所开设的一门典型的国家意识形态教育课程是公民教育，这门课程的内容多种多样，但始终都贴近美国人的民族价值追求和性格气质。假如该课程的主题和内容是要研讨美国和世界各国当今所面临的经济不平衡现象及其根源的话，那么教育者设定的结论就会是世界各地都有经济不均衡现象，美国本土的经济发展也不平衡，但美国的民主、自由、平等观念至高无上，是解决经济不平衡和世界经济不均衡的良方，不仅需要在美国本土强化，也需要向世界各国传播，因为只有这样才能消除美国本土的局部经济不平衡，也才能帮助其他“专制体制”消除其内部难以克服的经济不平等现象。在这场以宣扬美国和西方社会核心价值观念为目的的意识形态教育中，赤裸裸的国家意识形态价值与长期积淀的美国民族性不但结合起来，而且结合得让人看不到丝毫的漏洞和缝隙。不得不承认，这样的意识形态教育，其说服力还是很强的，课程效果也是很明显的。

倘站在国家的政治立场上来思考如何有效协管意识形态教育与民族性的关系，需要首先强调的是，一个国家的主导意识形态教育应以尊重和维护民族性诉求为前提和条件，即便是那些专门为改变民族性而进行的意识形态变革，也应以了解和把握民族性特质为基础，以适应民族性变化的规律为出发点。这不仅是因为民族性以其所代表的深厚历史基础和文化积淀为意识形态及其变革设置了发生发展的宏大情境，而且是因为意识形态教育只有深入到民族的精神文化血脉和心灵深处才能够真正起到最佳作用。违背民族性的意识形态教育难免会出现“淮橘成枳”的不良后果，不顾及民族性要求而强行实施的“硬性”意识形态教育只会“强扭的瓜儿不甜”。当代中国是历史中国的延续，当代中国的主导意识形态教育是立足于维护当代中国的社会制度、政治架构和国家政权的思想政治教育，它所面临的基础文化实境是有着数千年传统文化积淀和厚重民族情操的中国人的民族性。为此，要使当代中国的主导意识形态教育取得实效，就要深入把握支配人们价值心理和文化情操的民族性及其变化规律，结合中国民族性的传统习惯和现代诉求巧妙设置思想政治教育的内容和方式。在这方面，当代中国主导意识形态教育面临的最大任务就是要推进意识形态教育革新，这就需要重新审视和设计这类教育的内容，特别是正规化的学校教育中意识形态课程的教学命题，避免把刻板的政策语言和文件思维不加改造地用作教材内容。就此而言，当代中国主导意识形态教育革新的基本任务之一是要消除意识形态教育内容仅仅停留于叙述国家政策和政党学说上的肤浅性，增加意识形态教育命题的民族文化含量，提升民族文化与主导意识形态价值的思想结合度和理论深刻性。

伴随着经济全球化的扩展和中国改革开放的日益深化，当代中国的意识形态形势更加复杂，意识形态领域的思潮更加多样，意识形态冲突和斗争更加激烈，意识形态教育的任务也更加繁重和紧迫。党的十八大报告提出，要“牢牢掌握意识形态工作领导权和主导权，坚持正确导向，提高引导能力，壮大主流思想舆论”[①]。要实现这一目标，就要提高党管意识形态的能力和水平，提高社会主义主导意识形态的导向力和引导力，提高国家意识形态教育的可信性和实效性。笔者认为，这一要求实际上也就是要增强主导意识形态的生命力和战斗力，增强意识形态教育的吸引力和凝聚力。而要实现这样的目标，就要实现意识形态教育与民族性的有效协同，追求主导意识形态与民族性的顺势对应和价值吻合，这也就需要更加清醒地分析党和国家所倡导的意识形态理论与中华民族的民族性以及民族文化价值追求之间相互沟通、相互扶助、相互纠偏的原理和机制，明确在民族性的支撑下运用主导意识形态整合与引导各种社会思潮的目标，掌握并运用好意识形态教育的文化方式。需要指出的是，与其他民族国家的民族性类似，中华民族性所积蓄的价值力量虽然能够对国家的意识形态教育产生干预，但它并不天生地就是促进社会进步、特别是符合政治进步要求的力量。要使中华民族性符合国家主导意识形态所指引的方向，成为适应社会进步和政治理性的科学力量，也应该适时地推进针对中华文化的改革和创新，消除中国人在民族性上存在的陋习和积弊。这不仅是面向未来的中华文化建设的基本任务，也是中国现时代意识形态建设的内在要求。

（原文发表于《毛泽东邓小平理论研究》2013 年第 10 期）

① 胡锦涛:《坚定不移沿着中国特色社会主义道路前进　为全面建成小康社会而奋斗》，北京：人民出版社 2012 年版，第 32 页。

五

高校思想政治教育学科化与科学化刍议

自1984年设置思想政治教育专业开始，高校思想政治教育学科化和科学化的命题就提上了日程。三十多年来，学科化和科学化始终是高校思想政治教育专业建设和学科发展的重要线索与价值取向。经由学界同仁的齐心努力，高校的思想政治教育学科建设取得了重要成绩。从宣传工作模式到教育教学模式、从总结感性经验到探索理性规律、从专业话语表达到学科思维凝练、从价值单向输入到知性多维培育、从仅有本科和二学位专业到形成本硕博梯次完善的学科建制如此等等，都反映了高校思想政治教育学科沿着学科化和科学化方向的推进。高校思想政治教育学科建设所取得的成就是学科自信的源泉，也是学科实践的基础。不过，面对复杂的学科环境和科学进境，推进高校思想政治教育学科化和科学化仍需要解决学科自信和实践自觉的问题。

（一）高校思想政治教育学科化、科学化的关系与进程

学科化与科学化是知识学的重要术语，二者既有密切联系，也有一定区别。学科化是经过知识聚拢和方法革新而形成学科的过程，科学化则是学科成为科学、消除经验主义和认知盲目性的过程。尽管两者的内涵和指向有所不同，但也相互依存、互有渗透。一般说来，科学化是学科化的前提和基础，某个领域的知识只有经过科学化并成为科学知识后才能够被纳入相应的学科中，因此，学科化的研究起点和逻辑起点是经过科学化而产生的思想成果和理论成果；学科化既是科学化的催化剂，也是科学化的结果。学科化既可以被看作科学化的过程，也可以说是科学化的升华。在某种意义上，学科化为科学知识的分类和发展规制了范围与方向，“科学一旦融入专业之中，就必须与其纯科学的地位相分离，

并作为专业技术要在一个新的中心和一条新的原理基础上重新得到组织”[①]。

对于高校思想政治教育而言，所谓学科化就是要将思想政治工作和思想教育研究的学术传统和科学认识转化成一门现代的综合学科，而科学化则是要把思想政治教育的实践过程和教育活动纳入科学程序，使之按照科学规律发展。经过长期的实践摸索和经验积累，我们可以认识到的是，学科化和科学化都既是高校思想政治教育学科目标和方向，也是其发展规律和要求。但相对而言，高校思想政治教育科学化的要求会更突出、更强烈，涵义范围也更为广阔。思想政治教育学科化的直接目的是促使思想政治教育成为包含着科学含量和教育价值的学理化的科目，这个目的的实现要依托于思想政治教育科学化的进程。试想，如果思想政治教育还不是一门科学，不具备科学性、真理性和学术性，又哪里能谈得上会成为一门学科？当然，按照一般科学发展的规律，科学化的进程自然也会伴生学科化的实践并产生相应的结果。自成立以来，伴随着思想政治教育的专业化，其学科化和科学化的程度也不断提高。可以说，高校思想政治和教育专业化与科学化、学科化的进程是有机融合在一起的。

对于一个处于发展中的高校思想政治教育学科而言，其学科化和科学化的进程是同向的、并行的，学科化与科学化裹挟在一起，共同推进。就总体情况而言，在思想政治教育实践活动的基础上，思想政治教育学科化和科学化大体上呈现出两种趋势：一是针对思想政治教育的“分门别类”的细化研究，二是对某个区间性理论的深度犁耕。不管是哪种趋势，都没有绕开思想政治教育学科概念、范畴和方法的拓展、增殖与稳定化。众所周知，范畴是科学研究的基本出发点，是学科化和科学化的前提。一门学科基本范畴的产生、演变及其相互间的联系与变化，常常反映出该学科学科化和科学化的状况。此外，学科基本方法的养成也是学科化与科学化程度的标志。不同学科间的差别不仅在于知识体系的差别，更重要的是知识背后的方法与价值的差别。结合概念、范

①［西班牙］奥尔特加·加塞特:《大学的使命》，徐小洲、陈军译，杭州：浙江教育出版社 1996 年版，第 82 页。

畴和方法的变迁来看，思想政治教育学科的学科化和科学化大体上要经过几个阶段：一是对思想政治教育感性经验的描述阶段，即把思想政治教育活动或实践中获得的感性经验用特定的语言、话语和概念描述出来。二是对思想政治教育命题进行哲学升华和科学思辨阶段，即通过对思想政治教育活动的思想概括和理论总结，把上述经验描述用具有哲学普遍性的学术语言表现出来，构成思想政治教育理论的原始形态。三是对思想政治教育进行科学性调查和实证培育阶段，这个阶段也是与理论思维相对存在的实证思维的生长和呈现阶段。在这一阶段中，对思想政治教育实践和实证的呼声较高，会有声音要求用实证来验证前面所得到的哲学思辨性的理论成果，或者要求用理论来反哺实践。四是对思想政治教育进行科学规范与再综合化阶段，也就是思想政治教育学科与科学范畴的稳定化和再理论化的阶段，学科的共识大多在该阶段达成。五是思想政治教育实践归化阶段，即使理论再回归到实践，通过解决实践中的问题来检验理论的效果和信度的阶段。

经过新中国成立前后很长时期内党和国家所进行的政治工作的积累与思想宣传的铺垫，在思想政治教育专业和学科建立并得到初步探索后，该学科的学科化和科学化的共同进程目前已经初步完成了上述前二个阶段，即已经完成了纯粹经验描述的阶段，并在哲学思辨的阶段上取得了巨大进展。甚至可以认为，思想政治教育学科建设已经完成了学科化和科学化的“第一季”，正迈进以再理论化和深度结构化、体系化为特征的“第二季”。在接下来的第二季中，思想政治教育学界会一方面进行理论反思，再度求索“元理论”及其体系，另一方面也会寻求“第一季”中所创造的理论成果的科学确证，即深入追问前期理论的实践意义和应用价值，以完善思想政治教育理论的体系与结构。因此，从科学研究的角度看，在接下来的学科建设中，思想政治教育学科的研究范式将会发生从“文本式”向“田野式”的转向；教学理论来源不会仅仅停留在思辨演绎层面，而会由实践生成，即从理论教学为本到实践教学为重；研究取向也不会只停留在追求宏大理论上，而是更关注教育过程和教学细节，实现由“泛科学化”向“深度学科化”的迈进。

（二）高校思想政治教育的学科化、科学化与学科自信

学科自信是对学科发展状况和前景所抱有的自信心。一个学科在其发展进程中不仅要凝聚学科中人的思想共识，更要建构起学人对本学科的自信，因为只有有了自信，才能赢得他信，才能为学科发展创造良好的内外环境与条件。当前高校思想政治教育专业的学者们和学生们的学科自信如何？如何才能够建构起一种高度的、适宜的学科自信？这是思想政治教育学科建设所要关注的问题。如果经过三十多年的发展，高校思想政治教育专业和学科的自信还没有建立起来，这恐怕也是学科化和科学化最值得反省的问题了。应该承认，目前，那种认为高校思想政治教育专业和学科不是一门科学、不是真正学问、从事思想政治教育的学者没有真才实学的想法和看法是存在的，不仅在国内相应领域中存在，即便是在马克思主义一级学科内部也同样存在。有些相邻专业和学科的学者对思想政治教育研究不认可，认为思想政治教育学科的科学性不强、学术肤浅。而有些高校思想政治教育专业教师和学生对本学科也缺乏足够认同和自信，甚至不敢承认自己是从事思想政治教育学科研究和学习的。那么，造成思想政治教育学科自信心不强的原因是什么？该学科自信源于什么，又怎样才能提高呢？

造成思想政治教育学科自信心不强的原因有以下几个方面：一是该学科建立的时间太短，学科的理论基础尚欠雄厚，学科认同尚处在形成期。思想政治教育这个专业至今才只有二十余年的历史，与那些历史长达百年甚至上千年的学科相比较，它显然尚年轻，不成熟的地方仍旧很多，对此，我们必须承认并要清醒地认识到这种自然的“短板”。二是该学科尚处于“借鉴”阶段，学科边界还不够清晰，学科的独立性尚弱而依附性太强，理论争议过多而共识太少，这当然也是与前一个问题相关联的，但也不能全部归之于时间短，该学科的跨学科性所带来的边界模糊感是主要原因。三是该学科理论的应用度还不高，可资用于解决实践问题和实际问题的理论还不够完善，理论说服力和应用性有待提升。作为学科和专业，思想政治教育在其发展中还存在着大量的学科借鉴（目前主要是知识借鉴和方法借鉴），学科发展的独立性不强，专业色彩

不够明显。“吃百家饭”“当万金油”在一定程度上还是该学科从业者知识建构与技能发展的形象标签。不过，无论是上述哪方面的原因，实际上都与思想政治教育的学科化和科学化程度有关，特别是与学科化和科学化的阶段、进程及方法有关。

思想政治教育学科的学科自信源于什么？我们认为，它应该源于人们对思想政治教育学科发展现状和前景的判断与把握，源于思想政治教育学科不断成熟的理论知识体系和应用方法体系，也源于不断提升的思想政治教育学科化和科学化程度。实际上，一个学科的发展就如同一条大江的形成，江水的源头是从千里外若干座高山上流淌下的山泉和溪水。在江河形成的早期，水的源头不一，支流众多，众多溪水汩汩而入，自然少不了汇入泥沙、溅起浪花。然而，等过了一定阶段，当江水汇流达到一定量时，支流就汇成干流，河水就汇成了江水，江水汹涌而成其大势之时，自然会出现“大浪淘尽泥沙，江河自成一体”的局面。当前，高校思想政治教育的学科化和科学化正是实现思想政治教育以“大浪淘沙”的取向不断向前发展和迈进的根本方向，也正是思想政治教育学科从不成熟走向成熟、从弱小走向强大的实际过程。只有通过学科化和科学化，才能消除该学科建设初期存在的大量的“依附性”，增强思想政治教育学科的独立性、系统性和完整性，才能更好地彰显思想政治教育的学科殊别性。

在思想政治教育学科建设特别是理论建设中，对于其他学科的借鉴和关照依旧是当前、恐怕也是今后很长一段时间内都要存在的现象。在某种意义上说，单纯地借鉴其他学科的知识对于建构本学科的学科自信也有一定影响。当很多新范畴、新概念、新话语和新理论都是从其他学科中搬借而来，当“自己的篮子中装的都是人家的馍”时，我们难免会觉得本学科缺乏自己的特性，缺乏原创的知识体系和方法体系。那么，在借鉴其他学科时应该借鉴什么、借鉴到何种程度、如何处理好模仿与更新、借鉴与独创的关系，的确是学科建设特别是思想政治教育学科化和科学化中不可忽视的内容。中国共产党早期革命家恽代英曾指出：“我们凡研究一种学科，固然要涉及其他有关系的各种学科；然而研究各种学科，究竟是与他人的研究方法不同，因为我们究竟是以一种学科为中心去研究他。”因此，“一种学科没有研究到多少自信，不敢扯动别种学科”[①]。这个看法是很有启发的。照此来看，高校思想政治教育在推进其学科化和科学化的进程中就需要紧紧扭住本学科的中心性，厘清本学科所要解决的独特矛盾和所要化解的内部张力，增强学科的主体性和本体意识。在这个进程中，学科化和科学化既需要有意识地保持和提升学科自信，又能够不断地培育着学科自信。

（三）高校思想政治教育的学科化、科学化与实践自觉

实践性是思想政治教育的根本属性之一，脱离了鲜活的社会生活和生产实践，高校思想政治教育学就成为了纯粹的思辨之学，成为了“书斋里的学问”。在以往思想政治教育学科化和科学化的进程中，学者们并不普遍缺乏实践意识，也不普遍缺乏对思想政治教育的现实关怀。但是，由于科学化是以理论生产和再生产为直接目标和思想导向的，而学科化在内部逻辑上是以知识区分为价值标准的，因此，在理论创造和知识生产的目标驱动下，思想政治教育学科建设在初期也出现了急于理论化和过于理论化的苗头，在现阶段也暴露了一种脱离实践、唯理论至上的倾向。这也是现实中思想政治教育实效性不强、可信度低下的原因之一。

实践自觉是指对实践的自发觉悟，强调投入实践的主动性和积极性。高校思想政治教育的科学化和学科化本身就是社会生产和生活中人们开展思想政治工作和进行意识形态教育的主动活动，是发挥教育实践自觉性的过程，也是实践自觉的结果。在高校思想政治教育科学化和学科化的进程中，保持实践自觉不仅指要积极自觉地推进该进程，更重要的是要坚持理论来源于实践并服务于实践的基本立场，始终保持理论创新与实践创新的一致性、统一性。从实践的角度看，思想政治教育的科学化就是要不断提升思想政治教育的科学性，即以事实为依据、以规律为对象、用实践来检验学术探索及知识的属性。在理论建设和理论发展方面，思想政治教育科学性的提升也就是要不断提升理论内容的客观真理性、理论目标的合乎规律性和理论品质的发展进步性。伴随着科学性的提升，思想政治教育的学科化程度才能不断提高，学科性才能不断增

①《恽代英文集》（上卷），北京：人民出版社 1984 年版，第 203—204 页。

强，学科的结构和体系才能不断完善，学科价值也才能得到大尺度显现。

为保持实践自觉，在高校思想政治教育的科学化和学科化的进程中应努力克服两种不良倾向：一是“唯科学主义”。德国思想家狄尔泰把那种试图将自然科学的方法应用于人文学（法律、艺术、历史和宗教）研究的思想称为科学主义。唯科学主义是对科学知识和技术万能的一种过度的迷恋和痴信。在目前高校的思想政治教育特别是思想政治理论课教学中存在着唯科学主义的思想倾向，它把含有意识形态价值的思想理论当作一种纯粹的科学知识，完全按照纯科学（甚至是自然科学、工程科学和技术科学）的做法和思路拓展思想政治教育的理论体系，进行所谓科学化推演。同时，不少学生也深受现代普遍流行的唯科学主义思想的毒害，认为唯有可量化、可即时兑现的“硬知识”才是真知识，唯有自然科学才是真科学，对思想政治理论这类“软知识”“软科学”采取漠视、逃避和应付的态度。近年来，在思想政治教育科学化和学科化进程中涌现出来的理论研究做法，也带有某种盲目迎合学生需要的唯科学主义倾向，把思想政治教育当作与物理学、化学、数学同样的自然科学学科来建设，这显然是唯科学主义影响下的实用主义观念在作怪。

二是“伪科学主义”。在思想政治教育理论研究中，也一直存在着热衷于赶时髦、炒热点、追风潮的短期行为和实践倾向。如果科研致力于打造“书斋里的学问”，不立足于事实和实际，也不敢直面问题，缺乏科学精神和批判精神，那么研究就势必玄虚、浮夸。在高校思想政治教育的科学化和学科化中，如果伪科学主义研究占了上风，而思想政治理论课教育教学只是去传递一种玄奥晦涩的理论，或者就此进行宗教式的“布道”，那么这种思想政治教育就会落入“伪科学化”的窠臼中。因此，我们既不应当把思想政治教育理论搞成“注释学”“诠释学”，也不应当把它化作玄而又玄的学问，使人产生对理论的恐惧感和厌恶感。实事求是地开展科学研究和教育，这才是思想政治教育科学化和学科化的内在需要，也才是正直的研究者纳而不弃的科学态度和实践自觉。

（原文发表于《思想理论教育导刊》2016 年第 5 期）

六

新时代思想政治教育学科的学术进路

作为马克思主义理论一级学科下属的二级学科，思想政治教育学科不仅承担着思想理论研究的任务，而且要把研究成果转化为可教育的内容，完成马克思主义理论教育的任务。在这个意义上说，思想政治教育学科堪称马克思主义理论学科的“神经末梢”，承担着把学科的基础理论和新思想新理论通过教育教学的方式传输到受众中去。故此，思想政治教育学科的理论发展和学术建设既要遵循马克思主义理论学科发展和学术建设的一般规律，同时也要遵循思想政治教育思想创造、理论创新和教育教学的特殊规律。党的十八大以来，在以习近平同志为核心的党中央高度重视和领导部署下，马克思主义理论学科获得了强劲的发展动力，思想政治教育学科也得到了长足发展。党的二十大明确提出：“完善思想政治工作体系，推进大中小学思想政治教育一体化建设。”[①]结合这样的要求思考思想政治教育学科的发展前景，笔者认为，把握新时代中国特色社会主义事业为思想政治教育学科的学术创新提供的重要契机，扎实推进该学科的理论创造和学术创新至关重要。本文试分析新时代思想政治教育学科的发展机遇和创新方向，探讨该学科的发展趋势和学科进路，以期为新时代思想政治教育学科的创新发展提供参考。

（一）新时代思想政治教育学科创新的宏大图景

新时代是对党的十八大以来我国经济社会发展所处的历史阶段的统称，是对当代中国特色社会主义历史方位的科学界定。《中共中央关于

① 习近平:《高举中国特色社会主义伟大旗帜　为全面建设社会主义现代化国家而团结奋斗——在中国共产党第二十次全国代表大会上的报告》，北京：人民出版社 2022 年版，第 44 页。

党的百年奋斗重大成就和历史经验的决议》指出："中国特色社会主义新时代是我国发展新的历史方位。""党面临的主要任务是，实现第一个百年奋斗目标，开启实现第二个百年奋斗目标新征程，朝着实现中华民族伟大复兴的宏伟目标继续前进。"[①] 由此可见，新时代开辟了中国特色社会主义建设的新局面，承担着建设社会主义现代化强国、推进实现中华民族伟大复兴的历史使命。众所周知，伟大的事业呼唤伟大的实践，伟大的实践需要伟大思想理论的引领，同时也创造伟大思想理论。新时代中国特色社会主义事业的发展，需要党的思想政治教育紧跟时代步伐和社会发展节奏，投身其中并提供思想教育服务。作为政治性、思想性和应用性都异常显著的科学学科，思想政治教育必须不断夯实理论基础，持续推进学术创新，努力在更大程度上实现学科化、科学化和现代化。

新时代预示了思想政治教育学科创新的宏大图景，这是由新时代中国特色社会主义发展建设的基本进程和态势所决定的，也是与当代中国哲学社会科学的发展样态、创新趋势和建设目标息息相关的。概括而言，新时代思想政治教育学科面临的创新态势有如下三个方面：

1. 思想政治教育的学术拓展与新时代中国社会的变革紧密相关

当今时代，"人类正处在大发展大变革大调整时期。世界多极化、经济全球化深入发展，社会信息化、文化多样化持续推进，新一轮科技革命和产业革命正在孕育成长"[②]。伴随着中国特色社会主义进入新时代，中国经济社会发展也进入了一个快速变革、矛盾激增、挑战频发的阶段。这种变革性具体表现在：一是当今中国在世界体系中的角色、地位和作为正在发生变化，并且必将引发国际秩序变革。中国的外交政策始终是以推动中国与世界的和平、发展和稳定为目的的。近些年来，伴随着中国综合国力的增强、全球影响力及国际话语权的扩大，中国在世界体系中的地位越发重要。中国所面对的国际关系和世界秩序正在发生变化。二是 20 世纪 70 年代末启动的以改革开放为标志的社会变革，在新时代得到持续深入推进，全面深化改革开放已成为中国经济社会发展的

①《中共中央关于党的百年奋斗重大成就和历史经验的决议》，北京：人民出版社 2021 年版，第 23 页。

②《习近平谈治国理政》（第 2 卷），北京：外文出版社 2017 年版，第 538 页。

恒常状态。在持续深化改革、日益扩大开放的信息社会中，社会变革力度空前巨大，社会调整容量空前扩充，社会发展进程出现更多机变，人们的生产生活也出现更大的不确定性。三是经济科技信息的快速发展和迭代增殖，使得人的附庸化、符号化和数字化特征越发明显，人们思想的认同与认异、一体与多元、建构与解构的张力明显增大，社会信任的两极化发展趋势明显增强，价值观念的多元化、多样化明显增进。当历史变动、社会变革和思想变化成为新时代发展的主潮时，哲学社会科学必然会遭遇挑战，同时也会迎来创造创新的契机。“历史表明，社会大变革的时代，一定是哲学社会科学大发展的时代。当代中国正经历着我国历史上最为广泛而深刻的社会变革，也正在进行着人类历史上最为宏大而独特的实践创新。这种前无古人的伟大实践，必将给理论创造、学术繁荣提供强大动力和广阔空间。”[①] 作为哲学社会科学学科的组成部分，思想政治教育学科的学术发展和创新也必然会在新时代的社会变动中获得机遇，从而在为服务国家建设和社会治理、构建崭新的思想政治秩序中发展和生长。

2. 思想政治教育的理论创新与新时代中国的现代化紧密相关

中国特色社会主义进入新时代的一个重要标志就是社会的主要矛盾发生了新变化。党的十九大明确提出：“中国特色社会主义进入新时代，我国社会主要矛盾已经转化为人民日益增长的美好生活需要和不平衡不充分的发展之间的矛盾。”[②] 党中央提出社会主要矛盾发生变化，是中国共产党在不断推进社会主义现代化进程中，从适应生产力和生产关系变革要求的方面做出的科学判断，也是根据中国社会发展的实际状况制定的战略决策。党的十九届四中全会从制度层面为中国式现代化做出了规范和保障，十九届五中全会则把制度性现代化的部署落地为方程式和路线图。党的二十大更是提出了以中国式现代化全面推进中华民族伟大复兴的中心任务。从中国现代化的进程看，新时代意味着中国特色社会

① 习近平：《在哲学社会科学工作座谈会上的讲话》，北京：人民出版社 2016 年版，第 8 页。

② 习近平：《决胜全面建成小康社会　夺取新时代中国特色社会主义伟大胜利——在中国共产党第十九次全国代表大会上的报告》，北京：人民出版社 2017 年版，第 11 页。

主义现代化事业到了加速发展的思想自觉期和历史主动期。新时代提出的现代化目标是以完善中国特色社会主义制度基础为要义，包括党的领导、国家治理体系和治理能力、经济社会发展和人的现代化在内的全局性、系统性、综合性的现代化目标。在这样的目标指引下，人们对美好生活的需要逐步呈现，社会文明程度逐步提高，国家总体上由前现代化半现代化向基本现代化和充分现代化转变。人们对美好生活的向往，既是党的奋斗目标，也为党的思想政治教育设定了教育指向和服务方向。具体来说，思想政治教育要适应中国式现代化不断走向深入的节奏和趋势，适应不断提升的经济科技水平和社会发展程度，并借以解决不平衡不充分发展中的思想困惑和价值矛盾，激励人们在科学认识美好生活、努力创造美好生活和正确享受美好生活中找准定位，提升人们的思想政治素质和社会文明程度，提升人们参与和创造现代化生活的积极性和凝聚力，都需要在新阶段新形势下发挥政治教育、价值引导和思想团结作用，也需要提供有解释力有说服力有影响力的中国思想政治教育新理论、新学说和新学术。

3. 思想政治教育的学科创造与新时代意识形态的科学化紧密相关

马克思主义是揭示自然界、人类社会和思维发展一般规律的科学。作为科学的意识形态，马克思主义给人们提供的是用以武装头脑和改造世界的世界观与方法论，而不是宗教式的思想禁锢和观念遮蔽。马克思主义传入中国并指导中国共产党开展革命、建设和改革的历程，是在解放思想、实事求是的基础上实现马克思主义化中国和中国化马克思主义的过程，期间孕育和创造的中国化时代化的马克思主义思想理论成果，构成了同中国具体实际相结合、同中华优秀传统文化相结合的科学成果，也是当代中国的主导意识形态。作为马克思主义理论学科下属的思想政治教育学科，自其成立之初就开启了学科化和科学化的历程，并先后在学科制度、学科组织、学科内容、学科队伍和学科课程等方面取得了显著成绩，不但形成了日渐完善的学科体系，而且培育了相对独立的学术理路。时至今日，思想政治教育学科依然在学科化和科学化的道路上不断探寻进路，为形成更加成熟、更加完善的思想政治教育学科体系而掘进。新时代是包括哲学社会科学在内的中国科学突飞猛进地增长并实现大发展大繁荣的时代，也是中国的科学和学术日益走出国门、走向全球，在更大程度上促进文明进步、造福人类发展的时代。新时代思想政治教育学科的创造和发展，必然会围绕着新时代党和国家意识形态的科学化而展开，这就需要进一步发掘新思想新理念新观点的科学价值和学术价值，不断把思想和实际、理论和实践相结合，用科学思维和学术方法解析新时代意识形态体系，分辨意识形态体系中的政治性概括和学术性底蕴，发掘其中富有规律性、真理性的科学世界观和方法论价值，将新时代意识形态中所包含的经验认识和理性逻辑升华为理性的科学认识，实现马克思主义中国化的新成果从舆论宣传转变为理论命题，从思想观念转变为理论认识，从政策体系转变为理论体系。在这个意义上说，新时代思想政治教育学科同整个马克思主义理论学科一样，都需要持续不断地推进其科学化进程，让新时代的意识形态学科焕发出新光彩。

（二）新时代思想政治教育学科学术思维的变革

学术思维是学科建设的内在逻辑，是制约学术理论创造创新的关键。新时代思想政治教育学科的理论建设和学术创造，离不开本学科学术思维的变革和更新。站在新时代回望思想政治教育学科的学术发展和创新的路程，展望未来思想政治教育学科发展的前景，有必要从该学科学术思维的变革进行深入省察和深刻反思。可以说，新时代思想政治教育学科的学术进路，在很大程度上是由学科的学术思维变革引发甚至决定的。笔者认为，新时代思想政治教育学科的学术思维将会在以下几个方面发生变革：

第一，从重要性假设到事实性验证的变革。任何学科在其发展的初始阶段都必然从基于经验的重要性假设起步，这种经验当然是从对事实和现象的观察开始的，一般是基于经验或期待而提出若干重要概念、范畴和知识模型，在此基础上学科的基本理论范式和现象验证逻辑得以建构。众所周知，思想政治教育学科的理论研究和学术建构首先是从明确学科的基本概念和主要范畴开始的，进而引申出基于思想政治工作经验思考的理论命题和学理体系，之后通过演绎论证形成了比较完整的学科理论的基本样貌。需要指出的是，思想政治教育学科本身就是一个基于实践需要并从实践中成长起来的学科，单纯从概念到概念、从文本到文本、从理论到理论的演绎并不是学科设立的初衷，也不符合实践学科建构的客观规律和根本要求。要提高对当代中国经济发展现实的关切，新时代的思想政治教育学科就需要在学术思维上实现从重要性假设到事实性验证的变革。具体来说，就是要把学术思考的着力点从纯粹的思辨哲学转向现实问题，聚焦到中国特色社会主义建设的鲜活实践上，对经济社会生产和生活中那些客观存在的、显性事实命题进行理论思考和深入研究，使得新时代思想政治教育学科的学术生长点获得扎实的问题关照和事实验证。这是保持学科学术生命力的基础，也是促使学科学术健康发展和真正创新的关键。

第二，从学理相关性到学科规定性的变革。在迄今为止的学科建设中，思想政治教育学从相邻学科和相关学科进行了大量的学术借鉴，其中既有概念、范畴和命题的引入，也有学科理论、学科方法甚至结构体系的借用。因此，直到今天为止，思想政治教育学科在知识结构和学理逻辑上都带有其他学科的痕迹，有移植其他学科理论和方法的影子。就其要者而言，思想政治教育学科与哲学、教育学和政治学之间存在较大的学理相关性，而这种学理相关性也成为思想政治教育学科在理论建构和学术创造上的主要着眼点和着力点。毋庸置疑，要形成真正成熟而独立的学科，必须经过长时间的积累和反复沉淀，必须使学科自身发展出内涵独特、边界清晰的学科知识，拥有独立的研究对象、学科领域和学科方法。这也就意味着，新时代的思想政治教育学科必须提升学科自身的主体性，不能总是由学理相关性出发借鉴和套用其他学科的内容，而是以学科规定性为标准审视本学科与其他学科的关系，深度犁耕中国特色意识形态教育的理论园地，夯实思想政治教育学科的理论基础，着眼于中国特色社会主义建设和发展的实际与实践来建构本学科的基础理论，创造本学科独特的思想方法和工作方法。显而易见，当思想政治教育学科在思想理论上消化吸收了借鉴来的学科知识和方法，其学术生长模式由学理相关性转移到学科规定性的时候，它的学科独立性、自主性和独特性无疑就会大大增强，也就能够越发展现出独立学科的主体性特质了。

第三，从传统型正向思维到创新型复合思维的变革。在传统意义上开展的思想政治教育理论建设和学术创造，其理论演绎的范式多沿用传统型的正向思维，即按照从“是什么”中推导出“为什么”以及“怎么样”的过程，其中的学术思维套用了一般因果论的模式，按事物理想化发展的进程、状态和模式进行推理和推测，从已知中推断未知，从成说中发展出学说。这种思维方式有助于理论构建，在学术创造工作中当然也是必要的。但是，在新时代思想政治教育学科的学术创新中，仅仅依赖传统的正向思维是不够的。根据思想政治教育学科交叉发展的总体状态和基本趋势可见，新时代思想政治教育学科的学术创造正在发生从传统型正向思维到创新型复合思维的变革，其具体表现至少有三个方面：一是长期作为学科依据和规则的政策阐释，由原则上的唯一解释性向事实上的多维论证性转变。二是由于多学科理论、方法的介入与化合，思想政治教育学术思维已从单一思维模式转向多元综合思维模式，尤其是出现了从习惯性的求同思维向创造性的逆向思维、从思辨式的抽象思维向验证式的形象思维、从感应化的直觉思维向精细化的分析思维的转变。三是伴随着学界对学科独立性和主体性的追寻，新时代思想政治教育学科的学术创造更多地呈现出融合性创造与复合式建构的特征和动向。总之，伴随着学科建设进程中学术思维的转换和励新，思想政治教育学术必将得到创新和发展，学科的独立性和成熟度也必将得到提升。

（三）新时代思想政治教育学科学术创新的趋向

在中国特色社会主义新时代，党和国家对马克思主义理论学科高度重视，思想政治工作蓬勃开展。作为马克思主义理论一级学科下的二级学科，思想政治教育学科在新时代也迎来了加速发展的契机，学科的学术创新出现了新的取向。

1. 在理论基础上，新时代思想政治教育学科的理论领域需要发生由分到合的学术变革，藉此学科的理论创新会出现向时代化中国马克思主义理论的迁移

学科发展是在综合化和分化细化的二律背反趋势中得到推进的，学科发展的过程也难免出现理论体系和学科结构上的变动与分合。当学科处于初创之时，往往需要通过实践经验或学科借鉴从各方面汇合并制造出学科的粗糙体系，之后伴随着学科资源和学科队伍的壮大，学科在细化和分化中产生出分支学科，这个过程即学科体系不断完善和渐趋健全的过程。但当学科分裂到一定程度、各分支学科之间出现难以抗拒的巨大张力或斥力时，学科的整体化和综合化又成为学科发展的主导性趋势。马克思主义理论学科和思想政治教育学科的发展，同样遵循着如此的学科发展规律。众所周知，思想政治教育学科是具有中国特色的意识形态学科，以马克思主义为指导，隶属于马克思主义理论学科。由于马克思主义中国化在新时代出现了新飞跃和新进展，新时代党和国家又高度重视马克思主义理论学科的建设和发展，对习近平新时代中国特色社会主义思想的研究不但成为思想政治教育学科的重要命题，也必然会带动思想政治教育学科的理论融合和学术创新。具体来说，新时代思想政治教育学科的理论领域出现的融合式变革主要有：一是原典马克思主义理论与中国化马克思主义理论之合。马克思主义在中国新时代的发展和飞跃不但丰富并拓展了思想政治教育理论和实践的内容，同时也引发一个基本理论命题，即与原典马克思主义构成发展链条的马克思主义中国化时代化的新成果能够为思想政治教育学科的发展提供何种系统性的支撑和整体性的奠基。换句话说，对习近平新时代中国特色社会主义思想的原创性贡献和继承性贡献与原典马克思主义融合性的反思与研究，是新时代思想政治教育学科理论基础研究的重要命题。二是马克思主义与中华优秀传统文化之合。党和国家在新时代对发展和创新中国文化高度重视，不仅提出了促进社会主义文化大发展大繁荣和建设社会主义现代化强国的任务，而且尤为强调马克思主义与中华优秀传统文化相结合的命题。新时代思想政治教育学科的学术研究应当在这个结合点上寻求突破，在对马克思主义与中国文化的融合与互动中夯实思想政治教育的理论基础，拓展和创新其基础理论。三是现有马克思主义理论学科体系内部各分支学科之合。思想政治教育学科的理论基础是马克思主义，在此前的建设和发展中所采取的基本理论范式是哲学范式，按照本体论、目的论、认识论、实践论、价值论和方法论的基本逻辑结构展开学科理论体系的建构，在基础理论、历史发展、内外比较和方法论上有持续拓展。在经过一段时期的建设和沉淀后，新时代思想政治教育学科应把前期分化细化的研究再次综合化，藉此会带来本学科学术创新向中国化马克思主义理论的规范化整合和迁移。

2. 在学术命题上，新时代思想政治教育学科的话题范围需要发生由虚到实的扩容变化，藉此学科的研究对象会出现向新时代中国发展现实的适切性转向

在思想政治教育学科创建初期，学者们主要聚焦于学科的基本理论建设，旨在构建本学科的理论框架和理论体系。在随后的学科建设中，思想政治教育学科的前辈学者为本学科理论构建和理论研究作出了不可替代的贡献。但就学科发展的整体样态看，对学科理论基础和客观现实问题的研究仍存在不平衡不充分的状况。这与该学科先定制度后成理论、先自成学科体系后纳入马克思主义理论学科的建设需要和发展历史有关。因此，自从成为马克思主义理论一级学科下属的二级学科后，思想政治教育学科就面临着学科有序规范和理论有效归依的问题。众所周知，思想政治教育学科具有显著的实践性和应用性，需要围绕着党和国家在新时代设定的根本任务，服务党和国家发展的大局，从客观现实中寻找学术命题。藉此，新时代思想政治教育学科的话题范围，应当走出书斋式理论推演的阈限，把目光投向社会主义现代化强国建设和中华民族伟大复兴进程中的重大现实问题。进而言之，新时代对思想政治教育理论创造的渴望，呼唤本学科超越理论框架构建和范畴演绎，发扬主动精神，立足现实国情和客观生活，从实践中自觉地采掘学术命题，借以丰富思想政治教育研究视域。近年来，一些具有很强现实感和针对性的话题，比如，思想政治教育的教学实践与应用表达、人的思想政治素质与价值观念、文化生活与精神成长、价值责任与道德判断、多元认同与社会发展、政治文明与人类命运共同体、中国式现代化等均成为思想政治教育领域的重大现实问题，也成为重要的理论前沿和学术命题。由此，从命题选择看，新时代思想政治教育学术研究期待出现向新时代中国发展现实的适切性转换，学科的学术创造实现从结构研究到类型研究、从理论研究到实践研究、从思辨研究向实证研究的适度挺进。

3. 在学科融合上，新时代思想政治教育学科的学科借鉴需要发生由外到内的向度转换，藉此学科的研究使命会在跨界融合中走向确证本学科的主体性存在

思想政治教育学科起源于中国共产党的思想政治工作，是在推进党的思想政治工作科学化的过程中出现的新学科，具有明显的学科借鉴性和学术跨界性。思想政治教育学科的主概念涉及思想、政治和教育三个范畴，其交叉性体现在三者的有机统合上，其中思想为学科定型、政治为学科定性、教育为学科定位。从学科借鉴的状况看，思想政治教育学科理论在建设和发展过程中，从既有的哲学、教育学中借鉴了概念范畴和逻辑体系，同时与伦理学、逻辑学和历史学兼用或共用类似的学科线索，对经济学、社会学、文化学、法学借鉴较少。众所周知，学科的生命在于其主体性，活力在于其自觉性，学科发展和构建的过程就是探寻并建设学科独立性、自在性和主体性的过程。新时代思想政治教育学科的发展，无疑需要主动发挥自觉性，在探寻学科的逻辑自洽性中推进学科自治和学科主体性建构。因此，对于新时代的思想政治教育学科而言，真正重要的问题在于学科何以自立、如何自立，学科有何独立性、如何建构学科的主体性。学科的独立性和主体性在很大程度上要依赖于形成本学科独有的概念对象、独特的话语体系和独立的研究方法。一个独立的学科首先要有独立的学术范畴，即具有某种学科界限以及某种公认的合理的研究方法。其次，学科是组织结构，有以学科命名的院系和学位。最后，学科也是文化，属于同一个学术共同体的学者在很大程度上培育共同的阅历和同属一个学科领域的研究方向。就此而言，思想政治教育学科在过去的建设周期和发展历程中已经取得了显著的成绩，在学科组织、学科文化和学术范畴上建立了较高的学科内共识。新时代思想政治教育学科的学术创造需要致力于提升学科的学术范畴、学科知识、学科方法的独立性，实现从学科借鉴的“彼岸”向学科自成的“此岸”的向度转移，并在此基础上实现学科使命的转换，由凝聚学科内部认同向提升学科外部认同转变，促使新时代思想政治教育学科在与多学科跨界融合中走向学科主体性存在的证成与构建。

4. 在研究状态上，新时代思想政治教育学科的学术研究需要实现由表及里的深度犁耕，藉此学科的研究指向会沿着双向循环逻辑推进精细化研究

与学科在发展状态上由总到分、再由分到总、在不断演进的细化分化与综合化一体化的双向循环逻辑中得到创新相类似，学科的学术生长和理论创新也总是在正题与反题、建构与解构、分析与综合的双向逻辑中实现的。在思想政治教育学科创立和建设的早期，学科的理论命题主要是在建构和发展“正题”上展开的，即较多地为“是什么”“应当怎么样”作设计、诠释和论证，对学科中提出的命题本身缺乏足够而充分的批判性反思和切实性讨论。这个阶段固然是思想借鉴、命题涌现、学科建构和理论创造的重要阶段，但实事求是地说，早期学科理论探索和学术构建不免会带有较强的主观性和盲目性，学科理论建设的个人色彩和地方风格较为明显，对本学科中具有边界性、标志性和特质性的深层次思想理论命题的研究不够深入和彻底，对思想政治教育现实中存在的关键难题的思考和回应不够有力和深刻，对学科独立性和主体性的建设也不够充分和完善。随着新时代思想政治教育学科建设的推进，学科中人需要对既有学科命题和理论创造进行批判性反思，使学科的学术研究在由此及彼、再由彼及此的双向循环中得到反复创造和不断提升。此外，按照一般学科学术发展的原则和创造模式，学术生产往往是沿着“概念（范畴）—主题（意义群）—理论（观点）—思想（学说、学派）—文化（学科体系和历史）”的逻辑推进的，期间也会出现由学科概念到学科文化、再由学科文化到学科新概念的双向循环演进的情况。就目前思想政治教育学科的研究状况看，既有在概念、范畴上作出的、指向精微主题考辨的针对性研究，更有朝向宏大的原理铺陈的在理论、思想和文化上作出的原则性研究。可以预期的是，新时代思想政治教育学科的学术创新会沿着双向循环的逻辑推进，在诸多环节和命题上出现精耕细作式的研究，从而使得思想政治教育学科的学术研究在新时代得到更大程度的发展和创新。

（原文发表于《思想理论教育导刊》2023 年第 4 期）

七

论现代思想政治教育学的学科制度

现代思想政治教育是改革开放以来沿着科学化、学科化、专业化和课程化的方向不断得到开拓和发展的意识形态教育。它与我国有史以来传统意义上的政治教化和道德教育相承接，与国外的公民道德教育、民主政治教育相比照，既具有“形而上”的学理性，也具有“合于时”的实践性。在思想政治教育科学化的进程中，学科制度既是学科化的标尺，也是专业化的保障。经过近三十年来的建设和发展，今天的思想政治教育学已经成长为一门人文性和综合性相统一的哲学社会科学学科。从学科制度化的角度看，目前的思想政治教育学已初步形成了相对稳定的学科教育制度，但同时在制度的完善性和实现度上也仍有亟待补进和加强之处。本文从制度建设的视角切入，就现代思想政治教育学的学科制度问题做些探讨，以此为学科进向探路。

一

学科制度（disciplinarity）是近年来我国社会科学研究中出现的新话题，其内涵与“学科”和“制度”这两个概念都密切相关。关于学科，人们一般在两种意义上界定其内涵：一是指学术的分类；二是“教学科目”的简称。[①] 前者与知识及其专业化分类有关，后者则与教育教学和课程有关。不难看出，人们在解读学科概念时的着眼点是知识系统及其教育应用。事实上，“学科”一词也有“规范”“约束”和“规章”之义。这个层面上的意涵恰是学科所具有的制度性和规范性的起点，也是学科从“知识”到“知识应用”的衔接并发生转换的制度“生长点”。其实，

① 参见夏征农主编：《辞海（1999 年版缩印版）》，上海：上海辞书出版社 2002 年版，第 1934 页。

只要问一下知识如何分门别类以及类别化的知识如何进入到学科教学的应用体系中，我们就不难发现初始形态的知识系统和改造后的教学科目之间需要规范空间和制度安排。[①]关于制度，其内涵也有多种。《现代汉语词典》中对该词有两种释义：一是要求大家共同遵守的办事规程或行动准则。二是在一定历史条件下形成的政治、经济、文化等方面的体系。《牛津大辞典》的释义为：一个民族的政治或社会生活中已确立的法律、风俗习惯、常例、组织或其他要素。一种规范性的原则或惯例，有助于满足一个安排有序的共同体之需或实现文明的一般目标。根据上述释义，有人把制度理解为伦理精神，有人视之为行为和交往关系结构，还有人把它看成特定组织机构和行为模式。我们认为，制度的内核应该是规则和规范，伦理、组织、结构、行为等虽与制度有关，但只有在规则和规范的支撑下才能得到呈现出来。

由于对学科特别是对制度理解上的多样性，学界关于学科制度的界定就不统一。广义的理解把学科制度等同于所有与学科相关的制度，狭义的理解认为学科制度就是学术和知识制度。我们认为，学科制度是学科发展所依托的基本规章和法度，是在学科建设中起到支撑、约束和保障作用的体制性规则和规范化体系。学科制度与社会形态层面的若干制度都有关系，但也不仅仅限于学术和知识分类制度。就其基本内涵来说，学科制度包括保障学科良性发展的科内规章和范式，即与学科相关的课程知识与教学、学位组织和专业管理以及学术运行和评价的基本体制与机制。17 世纪捷克著名教育家夸美纽斯指出，制度使学校成为智慧工厂，就像钟表的自动装置一样。在学科中，“制度才是一切的灵魂。通过它，一切产生、生长和发展，并达到完善的程度。哪里制度稳定，那里便一切稳定；哪里制度动摇，那里便一切动摇；哪里制度松垮，那里

① 国内外知识界都有把学科与制度联结乃至等同的学术见解。米歇尔·福柯（Michel Foucault）的权力技术观下的学科 / 规训论、沙姆韦（David R. Shumway）和梅瑟 – 达维多（Ellen Messer-Davidow）的“学科规训制度”以及国内学者鲍嵘、韩水法、吴国盛等人的“学科是制度性存在”“学科是制度”“学科内在制度”的观点均展示了学科自身所带有的制度性。

便一切松垮和陷入混乱；而制度恢复之时，一切也就恢复”[①]。不言而喻，由于制度的整肃、规范和支撑效应，学科制度对于学科的建设和发展是至关重要的，其作用不可代替，也不可废弃。

思想政治教育学科制度是与思想政治教育作为一门独立学科相关的专门制度。思想政治教育学科成立以前，虽然在党和国家的思想政治工作中也形成了一些可操作性的管理制度，但它们并不属于思想政治教育学的学科制度。思想政治教育学的学科制度立足于思想政治工作的正规化、科学化、现代化和专业化，起源于思想政治教育的学科化。我们知道，制度以政策法规和准则章制为基础，思想政治教育学科是与国家意志、意识形态、政治思想紧密相关的学科，必须借助政策和体制的力量确立学科的专业雏形和人才培养体制。这既是该学科的特色，也是其优势所在。因此，与一般学科相比，思想政治教育学科制度的一个基本特征就是以政策性和规范性制度起家，从党和国家的政策、法令中获得学科的合法性。这多少有些类似于康德关于高等学科的甄别。康德认为：“政府最关切的，是它借以使自己对民众产生最强有力和最持久的影响的东西，这类东西就是各高等学科的对象。因此，政府为自己保留核准高等学科本身的学说的权力。”[②]按照他关于学科一般划分的标准，思想政治教育学应当属于高等学科，因为这样的学科是“公开宣讲为政府本身所关切的学科”而不是“只应关照科学的利益的学科”。事实上，早期的思想政治教育学科制度大多是通过国家政策法规的形式来加以固定和保障的。如 1984 年 4 月《教育部关于在十二所院校设置思想政治教育专业的意见》和同年 6 月的《教育部关于在高等学校举办思想政治教育本科班的意见》开启了思想政治教育的专业设置制度；1993 年 10 月《国家教委关于高等学校思想政治教育专业办学的意见》则完善了该学科的人才培养制度；2004 年中共中央和国务院《关于进一步加强和改进大学生思想政治教育的意见》不仅明确提出完善保障机制，建立思想政治教育和管理的制度体系，而且自身也构成了思想政治教育学科制度建设的

①［捷克］夸美纽斯:《夸美纽斯教育论著选》，任钟印选编，任宝祥等译，北京：人民教育出版社 2004 年版，第 247 页。

②《康德著作全集》（第 7 卷），北京：中国人民大学出版社 2008 年版，第 14 页。

重要规范。正是这些关于思想政治教育学科建设的政策和规范，才树立了最初的学科规则意识，确立了学科制度的内在价值依据，为思想政治教育学科制度的形成奠定了坚实的基础。

二

任何学科的建构和成熟都是一个过程，思想政治教育学也不例外。从学科初建时作为教育学下属的专业到后来划归政治学再到成为马克思主义二级学科的嬗变，既反映了思想政治教育学作为“高等学科”所受到的政策指导性，也揭示了思想政治教育学内在的知识变革性、学科综合性和实践复杂性，同时也映射着其学科制度不断构造和完善的变化过程。目前，思想政治教育学界尚没有形成关于学科制度的广泛讨论，对思想政治教育学学科制度的具体内容也鲜有明确看法。我们认为，一般学科制度的形成与知识发展和科系分类有关，思想政治教育学科的特殊之处在于其学科制度遵从知识分类和政治服务两种目标，而且后者在学科制度构建中的地位和作用并不亚于前者。英国社会学家巴兹尔·伯恩斯坦曾经分析过学科规训的三种基本维度，即知识、教学和评价。有论者也就此指出:“课程代表正确的知识，教学法代表正确知识的传授，评鉴则衡量学生接受与运用知识的结果。课程、教学法与评鉴三者，是教育制度中的重要环节。”① 以此为基础并关照和借鉴国内外知识分类学和教育科学领域的新见，我们尝试归拢并考察几种最基本的思想政治教育学学科制度。

1. 思想政治教育学的学科知识制度

美国学者华勒斯坦认为，19 世纪思想史的首要标志就在于知识的学科化和专业化，即创立了以生产新知识、培养知识创造者为宗旨的永久性的制度结构。② 知识的学科化依赖于特定学科知识制度的保障。所谓学科知识制度是指“秉承确定的职业伦理体系的知识行动者，在特定学

① 林清江:《教育社会学新论——我国社会与教育关系之研究》，台北：五南图书出版公司 1981 年版，第 78 页。

② 参见［美］华勒斯坦:《开放社会科学》，刘锋译，北京：生活·读书·新知三联书店 1997 年版，第 8—9 页。

科的知识生产和知识创新过程中所建构的制度体系”[①]。我们知道，任何学科都是知识的专门化集合。美国教育家伯顿·克拉克指出：“每一个学科都有一种知识传统——即思想范畴——和相对应的行为准则……刚刚进入不同学术专业的人，实际是进入了不同的文化宫，在那里，他们分享有关理论、方法论、技术和问题的信念。”“特定的学科，首先就是埋置在特定的知识群之中。这种知识包含特定的理论、分析的方法、方法论和专门的技术。”[②]学科使知识专业化、门类化、系统化和规范化，同时也内在地包含着知识的分类、创新和应用。从知识学的角度看，知识的形成既是制度的条件，又是制度的结果。学科知识制度的存在和发展有助于整肃知识体系、廓清知识边界、划分知识范围。处在不同学科内部的人，其知识发生、获得和衍生的思维、行为都会有差异，这种差异恰恰就体现了学科知识制度的影响。

一般来说，思想政治教育学的学科知识制度包含着知识准入的规则和学术创造的秩序，规定着哪些知识能够获准进入到思想政治教育学的知识范畴，或学科范畴内的知识和学术按何种准则进行再生产、再创造。就学科发展现状而言，目前的思想政治教育学科已经形成了以哲学为基础、以马克思主义、教育学、政治学为主体，容社会学、心理学和伦理学等多学科知识于一体的综合性知识系统，呈现出明显的跨学科交叉性和复合性特征，但其学科知识体系仍处在“海纳百川、众流待汇”的阶段，学科的整体专业性和科学规范性还有待增强。建构起比较完善和成熟的学科知识制度，无疑将有助于提升思想政治教育学的学科纯度和知识专业化程度，也有助于增强学科的知识认同度和增殖自觉性。现有的学科成就之作大多对现代知识系统采取了开放态度，提出了借鉴和吸收不同学科知识的原则，但遗憾的是尚未在知识制度上有所突破，这也成为制造思想政治教育学科内外纷争、影响其健康发展的关键节点。

2. 思想政治教育学的学科教学制度

教学是学科的核心内涵之一，必须依赖一定的制度才能够开展。思

① 方文:《后学的养成、评价和资助》,《中国社会科学》2002 年第 3 期。

②［美］伯顿·克拉克:《高等教育新论——多学科的研究》，王承绪等译，杭州：浙江教育出版社 2001 年版，第 17 页。

想政治教育学并不是单纯地供研究或把研究成果束之高阁的学问，而是具有很强的现实针对性和实践应用性。思想政治教育学的直接实践指向是做好党和国家意识形态教育，做好思想宣传、理论武装工作。毋庸赘言，为保障思想政治教育的教学化实现，有必要建立和完善思想政治教育学的学科教学制度。简言之，思想政治教育学的学科教学制度是指囊括了教学内容、教学对象、教学工具、教学地点、教学时间和教学过程等诸要素的教学设计或设置在内的有关范式和章制。或者说，它是规定本学科的教学原则以及关于教什么和学什么的制度。

客观地说，自成为独立学科之日起，思想政治教育学就在建构学科教学制度方面获得了一些直接的政策规范或行政指令，也逐步搭建了保障该学科教学顺利进行的系列制度。不过，科学的学科教学制度并不能全部听凭指令性安排，也不能完全靠政策施压来获得合理性，而必须遵从学科发展的根本规律和教学实践的内在要求而设置。具体来说，关于学科、学生和教师的规定，关于课程设置和教学内容安排的原则，关于分专业按等级教学的制度，关于教材编订和使用的制度，关于教学时间、地点和实施过程的规定等，不仅应当符合教学目的和目标，也应当遵循思想政治教育课程教授与学习的阶段性和规律性。当然，随着针对思想政治教育学开展的科学研究的深入，人们对该学科教学制度的认识也会加深，建设什么样的教学制度、如何建设好教学制度的问题也就愈能更好地得到解决。

3. 思想政治教育学的学科管理制度

思想政治教育活动是有目的、有计划的领导式的实践，包含着浓厚的管理色彩。毛泽东指出："思想政治工作，各个部门都要负责任。共产党应该管，青年团应该管，政府主管部门应该管，学校的校长教师更应该管。"[①] 在思想政治工作基础上形成的思想政治教育学也是一门思想管理之学，必须建构完善的学科管理制度。顾名思义，学科管理制度是指对学科的运行和发展进行管理的相关制度，如学科方向管理、学科基地管理、学科学术管理、学科人才队伍管理和服务环境管理等。但需要强

①《毛泽东文集》（第7卷），北京：人民出版社1999年版，第106页。

调的是，思想政治教育学的学科管理制度既不是针对整个思想政治教育活动的管理制度，也不是针对思想政治教育学科的教育制度。因此，思想政治教育学的学科管理制度虽然与其他管理范畴紧密相关，但只限于对学科管理的建章立制。从基本内容上划分，思想政治教育学的学科管理制度大体上包括学科领导制度、学科组织制度、学科决策制度、学科评价制度等。同时，这些具体的管理制度又可以再分为次级制度，如学科评价制度又包括学科准入、过程监督、学科检查和淘汰制度等。

学科管理具有针对学科的组织功能、指导作用和建设价值，因而思想政治教育学科管理制度在一定程度上能够直接服务和促成该学科的建设和发展。举例来说，根据1987年《中共中央关于改进和加强高等学校思想政治工作的决定》中关于思想政治教育师资聘任和管理的规定，我国思想政治教育学科的师资地位和聘任体制得以确立，不仅启动了该学科师资管理制度的建设，也直接促进了学科的建设和发展。事实上，目前我国思想政治教育学作为“学科建制”对象，理所当然地会受到教育行政部门的管理。这些管理内容中针对学科的部分或直接就是学科管理制度，或为学科管理制度奠定法规和政策基础。同时，作为独立的科学学科，思想政治教育学的学科管理还应当有包括从事学科教育教学和科研、学习工作的教师、学生等学科人群的参与。他们对于该学科的认同、参与和实践，能够为学科管理制度的构建和完善提供最强大的支持。

三

不言而喻，截止到今天，思想政治教育学科在理论建设和教学实践上都已经取得了丰硕的成就，学科的专业课程、教学、学位和学术体制上都拥有了扎实的政策基础，学科的知识制度、教学制度和管理制度也都或多或少地具备了雏形。伯顿说过：“如果要使智力活动的契机不被消散，那么在取得学术成就之后，必须迅速作出制度上的反应……经久不息和有控制的发展只有通过制度上的构架才能得到。”[①] 这也暗喻了加强

①［美］伯顿·克拉克：《高等教育系统——学术组织的跨国研究》，王承绪、徐辉等译，杭州：杭州大学出版社1994年版，第4页。

学科制度建设的必要性和紧迫性。毋庸讳言，由于思想政治教育本身和现实社会生态以及时代环境的复杂性，再加上思想政治教育学作为独立学科出现的时间尚短，思想政治教育学学科制度的建设必将是一个长期而艰难的过程。但遗憾的是，在目前关于现代思想政治教育学科的研究中，学者们并没有广泛地关注到该学科所蕴含的制度特征、制度功能和制度化趋势。事不宜迟，思想政治教育学的学科制度同任何其他制度一样，重在建设和落实，当前特别需要关注和致力的是要认清学科制度建设的价值、内容和规律，在理论和实践的结合中进一步明晰学科的制度化路径，推进学科的制度化建设。

在社会生活中，“制度化是群体与组织发展和成熟的过程，也是整个社会生活规范化、有序化的变迁过程”[①]。可以说，制度化标志着群体、组织和对象的发展状态从特殊的、不固定的方式向被普遍认可的固定化模式的转化。对学科而言，其制度化的过程也是学科成熟的过程，具体表现为学科组织由非正式系统发展到正式系统、学科体制从不健全到健全的过程。经过多年建设，思想政治教育学科在学科组织和学科知识方面都取得了重要成绩，保障学科教学秩序的基本组织体系已经形成，学科课程制度正在完善，学科学位制度已趋完备，学科学术组织和表达机制有序生长。经验表明，要实现更加完善有序的制度化，促进思想政治教育学科的善治，必须得经过学科准则、规范、机制和制度的适应性配置。从宏观的视角看，这种适应性配置的过程并不是一个孤立的过程，而是需要处理好以下几种关系：

一是要处理好思想政治教育学科与宏观社会制度的关系。从严格的学科建制上讲，思想政治教育学科归属于马克思主义一级学科，但从大的方面讲也是哲学社会科学学科。哲学社会科学的发展与宏观意义上的社会制度、社会体制是分不开的，它既要服务和适应社会大制度，同时又能在一定程度上影响某些方面的社会体制和机制的运行。为此，思想政治教育学科制度化必须处理好与包括经济制度、政治制度和文化制度在内的社会制度体系的关系，一方面在整个社会制度体系中找准定位和

① 中国大百科全书出版社编辑部:《中国大百科全书（社会学）》，北京：中国大百科全书出版社 1998 年版，第 477 页。

发展建设的目标，另一方面也要协调好与上述各种制度体系的关系。这是思想政治教育学科制度建构的前提，也是推进学科制度化的基础。在这方面，我们长期努力的方向和经验都表明思想政治教育学科的学科制度与社会的经济、政治制度之间的关联十分密切，同时歧义和纷争相对较少，但目前最需要关注的是学科的文化制度，即思想政治教育学科与社会的文化、知识、思想之间的关系，以及如何在理顺这些关系的基础上建构可靠的学科关系秩序和应用制度问题。

二是处理好思想政治教育学科与相邻学科制度的关系。萨克雷和默顿指出："学科的制度化是指出于零散状态且缺乏独立性的一个研究领域转变为一门独立的、组织化了的学科的过程。"[①] 任何学科，其学科制度的形成和发展都反映学科自身及其与相邻社会科学的关系乃至与整个科学体制的关系。学科制度化的一个基本过程和趋势就是每一个学科都试图对它与其他学科之间的差异进行界定，尤其是要说明它与那些在社会现实研究方面内容最相近的学科之间究竟有何分别。这在思想政治教育学科制度建设过程中也不例外，思想政治教育作为独立学科、二级学科与其他学科的边界何在？在学科新的生长期如何协调与其他学科的关系，如何实现合理越界与有效整合。为此，妥善地处理思想政治教育学科与其他相邻学科的关系，实际上也就成了剥离出并彰显其自身独立性的关键。在这方面，多年的学科建设已经驱使学科中人关注本学科的价值认同以及对其他学科的学科认异问题，这是应当和必须的选择。然而，学科和学科制度化毕竟都是长期的过程，也都需要具备一定的前提条件。伴随着科学综合和分裂的趋势，等何时百川归海且大浪淘沙之后，思想政治教育学科迎来的必将是清澈的渠流。

三是处理好思想政治教育学科内部结构和布局的关系。思想政治教育学本身就是一个独立而相对微观的学科系统，内部存在着许多既与其他学科类似同时也可与其他学科媲美的学科要素。这些要素的合理有序的组织和运行，关系到思想政治教育学科的整体结构和形象，实际上也制约着思想政治教育学科理论建设和实践发展的成效。在思想政治教育

① A. Thackray and R. K. Merton, "On Discipline Building: The Paradoxes of George Sarton", in *Isis*, vol. 63, no. 4 (1972), p. 473.

学学科内部，知识的容纳与课程的设置、科研方向的管理与教学任务的调配、理论建设的质量与学术表达机制的完善程度是关系到该学科知识制度、教学制度和管理制度建设的基本内容，也是影响学科制度化程度的关键要素。就目前情况来看，与这些基本要素的配置和运用相关联的学科制度化“软要求”仍需要明确，学科制度化赖以存在的物质性“硬条件”仍需要获得。反过来，实现学科制度化的“硬要求”和“软条件”之间的矛盾仍需要克服，二者的博弈关系仍需要理顺。以课程设置为例，目前全国各地的高校为思想政治教育专业学生开设的课程五花八门，有些甚至为了某些实用目的而废止思想政治教育学科的基础课程。即便在一些相对“传统”和“正统”的课程中，哪些应该保留，又该增添哪些，目前仍需机制化保障和制度性规范。

（原文发表于《思想理论教育导刊》2012 年第 9 期）

八

思想政治教育专业课程的规范化建设

今年是思想政治教育专业设置三十周年，也是思想政治教育课程建设和实施三十周年。三十年来，在党和国家的重视与指导以及思想政治教育学界的共同努力下，思想政治教育专业和学科建设取得了长足进展，学科的组织体系、人才培养和科学研究都取得了突出成就。这些成就的取得与该学科课程的设置和实施密不可分。三十年来，思想政治教育专业的课程建设既有成就，也存在着一些问题。伴随着思想政治教育学科的深入发展，现有思想政治教育专业课程的建设也亟待改革和创新。本文拟结合思想政治教育专业课程建设的历史，对课程建设中的问题加以分析，就课程改革和创新的方向提出思考和建议。

一

思想政治教育专业课程是为培养思想政治教育专门人才而设置和实施的课程，目前包括本科生课程、硕士研究生课程和博士研究生课程三个层次。这三个层次的专业课程在该学科专业建设进程中逐步丰富和发展起来并朝着规范化方向迈进，到目前大致经历了三个发展阶段：

第一个阶段是思想政治教育专业初设时的“预制”课程阶段。1984年4月13日，教育部颁发了《关于在十二所院校设置思想政治教育专业的意见》（以下简称《意见》），决定在部分高校设置思想政治教育专业，采取正规化的方法培养大专生、本科生和第二学士等各种规格的思想政治工作专门人才。[①] 该意见首先明确了思想政治教育专业的培养目

① 参见《教育部关于在十二所院校设置思想政治教育专业的意见》，见教育部思想政治工作司组编:《加强和改进大学生思想政治教育重要文献选编（1978—2008）》，北京：中国人民大学出版社2008年版，第33页。

标是“使学生成为德智体全面发展、又红又专的思想政治工作的专门人才”，提出了课程设置要从培养目标出发的原则。《意见》第一次规定了为实现上述培养目标而必需的人才知识结构。这一知识结构由三部分组成：马列主义理论素养和党的政策水平；文史知识；思想政治专业知识。按此结构，《意见》为初设的思想政治教育专业“预制”了包括 4 门公共课、11 门基础课、6 门专业基础课、4 门专业课和 3 门实践课在内，共计 28 门课程（其中主要必修课为 14 门）的庞大课程体系。从该课程所涉知识领域看，它横跨了文（文艺理论与文学名著选读）、史（中国通史和世界通史）、哲（马克思主义哲学和中、欧哲学简史）三大门类，兼及教育学、伦理学、心理学、法学等学科，其中最侧重的（列为主要必修课）是我们今天所归列为马克思主义理论的若干课程（含哲学、政治经济学、科学社会主义或国际共产主义运动史、中共党史、中国社会主义建设的基本问题、当代西方思潮评价、马列主义原著和重要文献选读）。1984 年 6 月 9 日，教育部在《关于在六所高等院校开办思想政治教育专业第二学士学位班的意见》中规定思想政治教育第二学士学位班的课程设置与本科班基本相同，酌情略有减免。紧接着，在同年 6 月 30 日下发的《关于在高等学校举办思想政治教育本科班的意见》中，又提出了与前者大体相同的课程目录。需要指出的是，上述课程设置是针对本科生做出的。1987 年 9 月 20 日，国家教育委员会印发了《关于思想政治教育专业培养硕士研究生的实施意见》的通知，确定在十所院校首批招收思想政治教育专业硕士生。通知要求培养单位按照《中华人民共和国学位条例暂行实施办法》的第七条安排设置三类课程：一是马克思主义理论课；二是三到四门基础理论课和专业课；三是一门外国语课。由于这一时期的思想政治教育课程是在专业初设、独立学科属性尚未揭示出来的情况下依靠行政指令方式、遵照期望的人才规格而确定下来的，因而它们是一种体现应然性、尝试性和探索性的“预制”课程。这种“预制”性比较多地彰显了思想政治教育课程反映党的意志、作为国家课程的特征。

第二个阶段是 20 世纪 90 年代初思想政治教育蓬勃发展中的“规整”课程阶段。思想政治教育课程在 90 年代初获得了发展契机，也得到了规整，其主要的动因有：一是 80 年代末发生的“动乱”暴露了社会思潮和思想政治教育中存在问题。按照邓小平的话来说，“我们最近十年的发展是很好的。我们最大的失误是在教育方面，思想政治工作薄弱了，教育发展不够”①。基于此，国家教育委员会在随后一段时间高频而且集中地颁发了一系列旨在“规整”思想政治教育的文件，其中主要有6个最直接相关的文件：1989年11月17日的《关于办法〈高等学校学生行为准则（试行）的通知〉》、1989年12月5日的《关于思想政治教育专业本科招生工作几个问题的通知》、1990年1月24日的《关于加强高等学校专职思想政治工作者正规培训的通知》、1990年2月12日的《关于进一步做好高等学校毕业生思想政治教育工作的通知》、1990年7月17日的《关于加强高等学校党的建设的通知》以及1991年2月6日的《关于高等学校党政领导干部深入师生做好工作的几点意见》。二是原有的思想政治教育研究生培养和课程教材建设中存在问题。国家教委于1990年8月召开了研究生思想政治教育工作座谈会，于1991年3月5日印发了座谈纪要，分析了研究生思想政治教育中存在的突出问题。1992年7月10日，国家教委又印发了《关于加强高等学校思想政治教育课程教材建设的管理的意见》，就课程教材编写中的乱象特别是有政治性问题或质量低下的教材管理问题提出了“规整”。三是适应邓小平“南方谈话”后改革开放和中国特色社会主义建设的新形势和新任务而提升思想政治教育人才培养层次的需要。1993年2月13日，《中国教育改革和发展纲要》颁布，对新形势下的教育做出部署。1993年8月13日，中组部、中宣部和国家教育委员会印发《关于新形势加强和改进高等学校党的建设和思想政治工作的若干意见》，对思想政治工作做出规划。这一时期的课程规整主要体现在1993年10月8日国家教委颁发的《关于高等学校思想政治教育专业办学的意见》中。该《意见》明确规定了思政专业本科设置4门公共课、包括7门必修和作为必修或选修的青年学、政治学、教育学、中国近现代政治思想史以及经济类、管理类、应用类和系统性、行业性业务知识课在内的基础课，包括马克思主义思想政治教育著作选读、马克思主义思想政治教育理论基础、思想政治教育学原理、方法论、教育史、基本思想政治观教育在内的6门专业课，其中思想政

①《邓小平文选》（第3卷），北京：人民出版社1993年版，第290页。

治教育案例分析、社会舆论与社会思潮分析可作必修或选修。研究生的学位课分为5类，包括马克思主义经典著作选读、中国特色社会主义理论与实践、社会思潮与青年教育、基本思想政治观教育研究、思想政治教育理论与实践（原理研究、方法研究、史研究）。此外，亦可开设特色课和方向课。此次“规整”，主要体现在基础课朝着整体化（先前的哲学、政治经济学、科学社会主义等整合为马克思主义理论课）、专业化（由心理学过渡为思想政治教育心理学）和实用化（增加了经济类、管理类和行业方向课程，如企业管理、行政管理、计算机应用等）方向迈进，而专业课则更多地朝着思想政治教育专业方向上拓展。

第三个阶段是2005年学科调整后思想政治教育学科化的“定界”课程阶段。基于对进入新世纪后经济社会发展形势以及长期以来高校大学生思想政治工作实效性的判断，中共中央于2004年1月3日发布了《关于进一步繁荣发展哲学社会科学的意见》，提出了实施马克思主义理论研究与建设工程、建设哲学社会科学学科体系和教材体系的规划。同年8月26日，中央和国务院又下发了《关于进一步加强和改进大学生思想政治教育的意见》（16号文件），致力于解决大学生思想政治教育效果不佳的问题。形势的需要将马克思主义理论教育学科化的命题提了出来，国务院学位办和教育部遂于2005年12月23日发文调整了原有的学科布局，将马克思主义增设为一级学科，将原属于政治学一级学科的思想政治教育归列为马克思主义一级学科下的二级学科。学科化促使思想政治教育课程朝着科学化的方向迈进，进而也提出了如何为该学科进行“定界”的要求，特别是将作为二级学科的思想政治教育与马克思主义一级学科下的其他几个二级学科的课程边界问题凸显出来。按照《关于调整增设马克思主义理论一级学科及所属二级学科的通知》的规定，思想政治教育二级学科的业务范围被划定为12个研究内容①，课程设置为

① 这12个研究内容是：思想政治教育的性质、规律、功能、内容、方法研究，中国共产党思想政治工作史与基本经验研究，马克思主义理论教育研究，中国化马克思主义教育研究，思想政治教育创新与发展研究，新时期世界观、人生观、价值观教育规律与特点研究，经济全球化条件下爱国主义教育与民族精神培养研究，思想政治教育案例研究，高校学生思想政治教育与管理工作研究，大学生职业道德教育研究，未成年人思想道德建设研究，干部与群众思想政治工作研究。

11个研究命题[①]。因为这一阶段的课程主要是针对研究生而制定的，在其学科关涉面上更为狭窄，而课程内容上则更为专业、更加深化了。可以说，思想政治教育专业以相对独立的学科身份呈现，其课程与其他学科甚至马克思主义一级学科内部相邻的学科课程的边界也逐渐清晰。此时思想政治教育专业课程的一大特点是：它把马克思主义原理和马克思主义中国化二级学科的基础课程同时作为自己的基础，但反过来，其他几个二级学科的课程却鲜有关涉思想政治教育专业的课程。这就为我们的课程建设提出了三个问题：一是思想政治教育的科学研究以及课程内容如何处理好马克思主义理论与马克思主义以外的其他理论的关系。二是思想政治教育学科自身的理论体系如何获得其他二级学科理论体系的共鸣与认同。三是思想政治教育的理论和课程内容在多大程度上可以借鉴以及如何借鉴其他学科的内容，如何获得其他学科的支撑。该问题恐怕也是目前思想政治教育专业课程建设中具有方向性、规定性和边界性的重要命题。

二

美国课程论名家艾斯纳指出："一般而言，在教育理论，尤其是在课程理论中，规范性理念是其核心。教育本身是一项规范性事业，就是说，它追求的是有价值的目的的实现。"[②] 由此推论，思想政治教育作为一种特殊的意识形态教育，其课程的规范性更是明显，因为它要传播和传递的是主流政治价值观，是有目的有意识的主导意识形态教育的基本形式。规范性的特征意味着规范化的要求，从学科和专业发展的角度讲，思想政治教育课程的规范化是该学科科学化的题中之义，也是该学科和专业在走向成熟的过程中必然要经历并达到的目标。不过，尽管经过了三十年的发展，目前我国思想政治教育专业和学科的课程仍有诸多

① 这11个课程命题包括：马克思主义主要经典著作与基本原理专题研究，中国化马克思主义理论，思想政治教育理论与方法，中国共产党思想政治工作史，政治观教育研究，人生观教育研究，思想道德与法制教育研究，思想政治教育心理学，当代西方思潮及其影响研究，高校学生管理工作研究，心理健康教育研究。

②［美］艾利奥特·W·艾斯纳：《教育想象：学校课程设计与评价》，李雁冰等译，北京：教育科学出版社2008年版，第36页。

不符合规范、溢出规范边界或需要加以规范的问题。概括而言，这些问题有以下几种表现：

一是课程设计不规范。课程设计是一项严肃的、科学的、创新性的工作，要求课程在结构和内容上实现四个统一：主体与客体的统一、事实与价值的统一、合目的性与合规律性的统一、继承和创新的统一。但是，在过去很长一段时间内，思想政治教育类课程比较多地强调了课程的主体应然而忽略了客体实然，偏重了课程讲价值的一面而轻视了用事实传递价值的重要性，强调了课程的合目的性而忽略了课程以及课程教育的合规律性，偏重了对党的文件等短期政策精神的继承而轻视了独立的思想政治教育哲学和理论的创新。此外，在整体建设和设计上，思想政治教育课程的创新度也不够高，老生常谈的色彩比较浓厚。面向未来的思想政治教育课程在设计上应切实把握好课程的时空定位，在时间上多面向未来，在空间上多立足国内、放眼世界，更多地考虑如何将我国思想政治教育的特殊规律、特殊事实、特殊价值与世界意识形态教育、价值观教育的普遍做法巧妙地衔接起来，在课程设计上主导意识形态与文化多样化、思潮多元化的关系，处理好对显性课程、隐性课程和空无课程（null curriculum）的遴选与建设。

二是科目设置不规范。在狭窄意义上使用时，科目就是课程的直接体现，是课程化的结果，也是课程价值的教学表达。在1993年的课程规整期时，由于对本科思想政治教育课程在科目设置上并没有做出严格的数量限制，不论是公共课、基础课还是专业课都采取了“开口”的思路，在提供的课程设置方案中也都用“××等”来规定课程类别中的课程名目。研究生的学位课除去未限定具体科目外，还下放课程设置权限，允许自行开设特色课程和方向课。这样一来，目前我国全国高校思想政治教育专业的课程与科目都出现了五花八门的样态：一方面是由于师资力量的学科背景比较复杂多样，另一方面也是由于各地对于特色课和方向课的规范程度不高。因此，截止到目前，各地思想政治教育专业的科目设置很不一致，随意开设某课或不开设某课的情况相当普遍，不但某些原本应当必修的科目可以随意不开设，有些不属于该领域的科目也可能会随意开设。据考察，一些学校的本科生教育并没有严格遵循既定的科目，而是在必修课和选修课之间任意替换，而研究生教育则疏于精细，冲着新颖、方便的目的，打着创新、前沿的旗号而随意兜售大量非马克思主义、非思想政治教育内容的现象普遍存在。科目设置的不规范使得各地思想政治教育专门化的程度参差不齐，也使得近年来所培养的思想政治教育人才素质出现空壳化和滑坡。

三是教材实施不规范。对任何一门专业和学科而言，开设哪些课程很重要，采用什么样的教材以及如何实施好这些教材同样重要。近三十年来，由于全国各地纷纷上马思想政治教育专业的学位点，同时教育管理部门和学校在师资配备、教材管理上鲜有从严从紧的监管措施和反馈机制，因此各地在本科生特别是研究生层次上的专业教材建设和实施上就出现相对宽松和空缺的状态。据统计，距今最近的思想政治教育专业系列教材也是由学界同仁们自发组织编写的教材，尽管学者们花费了很大心血，也投入了很大精神，教材质量也颇为上乘，但是如何把教材科学有效而严格地推广到体制化、系统化的思想政治教育专业的教学实践中，却仍然是摆在学科建设者们面前的一个难题。教材的建设和实施既需要各地发挥自身的优势和能量，更需要有统一的安排和指导。如果不能做到上下一致、各方协调，那么思想政治教育专业教材的应用就会遭遇重重困境，教材实施就会呈现“挂羊头、卖狗肉”或“新瓶装旧酒”的乱象。这不仅是课程规范发展中的羁绊，也是学科发展和专业建设的大忌。

众所周知，课程是价值和知识的承载者。任何学科和专业都必须依靠课程来传递既定的知识和价值，因此课程在学科化和专业化的教育中的地位至关重要。思想政治教育课程具有两种价值：育人价值和育知价值。相比较而言，这门课程由于承担着传导主流意识形态和政治价值观的使命，因而其育人价值要重于育知价值。可以说，思想政治教育课程的首要价值是育人，但显而易见，育人并不能够凭空实现，而必须依赖特定的知识。在过去革命战争年代，由于具备了客观生活条件的感受和个体需要的期望，党的思想政治工作只需要在“是”与“非”、“好”与“坏”、“善”与“恶”的价值比较中就能顺利展开。在当时外部恶劣社会发展环境和生活条件的逼迫下，广大劳动群众能够凭借自我感受和共同感受从现实生活中寻找到进行价值比较和价值判断的切入点，也能够比较容易选择跟共产党走革命道路。因此，当时的思想政治工作不需要特别地突出知识的作用。与之相比，当下的时代则大为不同：一方面，今天已经失去了当年两党及其主张和作为的对比，思想政治教育要解决的问题失去了过去那种尖锐的阶级冲突性而呈现为思想对立性。另一方面，由经济全球化、政治自由化、文化多元化所带来的价值多样化已经浸透人们的生活，人际依赖的离散、信息和知识的充斥都极大地增加了做好思想政治教育的难度。在这样的情势下，只讲价值、不讲知识的思想政治教育课程势必难以吸引处在知识技术崇拜浪潮中的受众。不过，思想政治教育课程要借重的知识并不是纯粹知性、绝对中立的信息流，而是必须包含着特定价值信息的人工化的知识。换言之，思想政治教育课程所要传递的知识并不是纯粹技术性的知识，其目的是为了生成教育所期望的价值，这种价值要么是以显性价值判断来呈现的，要么就是隐性的价值基因。因此，思想政治教育课程的规范化建设就需要从课程设计、科目设置和教材实施上充分考虑到该课程在这方面的定位、本质和内在要求，考虑到现时代思想政治教育的环境、条件和生态，促使课程在结构体系、思想内容和教学实施上逐步朝规范化靠拢。

三

当前和今后的思想政治教育专业课程应该怎样才能更加规范化呢？推进思想政治教育课程的规范化应着手做哪些工作呢？这不仅是课程管理者和编制者的责任，也是课程实施者和教育群体的使命。一言以蔽之，思想政治教育课程的规范化应在把握课程的性质定位、课程的历史进程和现实状况的基础上有理有利有节地推进，做到既符合课程教育的现实需要，又符合学科和专业发展的阶段与节奏。

思想政治教育课程规范化建设中的第一个命题是处理好学科跨学科交叉和增强自身独立性的问题，这既涉及学科的个性与共性问题，也涉及课程结构和内容的继承与创新问题。众所周知，思想政治教育学科从其产生之初就带有明显的跨学科性质，其知识来源具有多学科性和综合性。但是，思想政治教育要实现学科化和科学化，就不能是个大杂烩，不能是没有学科边界的“万花筒”。同样，本学科的课程设置也不能不去研究和探讨属于自己的教育实践的规律，发展出自身的专业特色。前面提到，思想政治教育学科和专业的设置与课程建设应实现党和国家的思想政治工作在合目的性与合规律性上的统一。实际上，20 世纪 80 年代初，在该专业设置之前曾经出现的关于“思想政治工作科学化”的讨论，探讨的就是思想政治工作和思想政治教育合规律性的问题。在那次讨论中，有人初步地描绘了思想政治工作者应具备的思想方法和知识素质：在思想方法上，应坚持马克思主义的世界观和方法论；在知识素质上，应具备心理学、社会学和行为科学等有关社会科学的知识。[①] 这种描绘探讨的是思想政治教育的学科跨界性，同时也是该专业所要培养的人才的知识素质。截止到目前，思想政治教育学科仍处在与其他学科“学科单向度涉入”“跨界对话”以及“边界作业”的进程中，而且这个进程暂时也不会终止。我认为，一种理想的学科交叉和跨学科借鉴的状态，就应该像美国学者克莱恩所引述的那样，“住在房间里的人在房门紧闭的情况下，从敞开的窗户里探出身去，与周围的邻居愉快地交谈”[②]。鉴于此，思想政治教育课程的学科牵涉度不宜无限扩张，目前应该暂时固定在以马克思主义学科为主，以政治学、教育学、社会学和心理学为四大基本支撑学科的格局上。

思想政治教育课程规范化建设的第二个命题就是把握并贴近要培养的人才规格和职业标准。任何学科和专业都应该具有独特的人才规格，因此相应的课程也应该朝着模塑特定规格的人才的方向出发。有什么样的课程，就能够培养什么规格的人才。思想政治教育专业要培养和造就的是一种具有高度政治觉悟、能够自觉拥护党的路线、方针和政策并具备做好思想政治工作的综合素质的又红又专的人才。这种人才具备广博的思想交际能力和宽泛的综合素质，应成为具有特定规格、符合特定社会职业角色定位的专门人才和专业工作者。长期以来，思想政治工作人

① 参见孙友余、钱学森、费孝通等著：《论思想政治工作科学化》，太原：山西人民出版社 1981 年版，第 17—18 页。

②［美］朱丽·汤普森·克莱恩：《跨越边界——知识、学科、学科互涉》，姜智芹译，南京：南京大学出版社 2005 年版，第 23 页。

才多出现并在思想教育、党的建设、宣传组织部门发挥着积极作用，但也因为所从事职业的广泛性和延展性而模糊了专业特色和职业能力，从而一度被称作“万金油”“万事通”。在我看来，由于思想政治教育的复杂性和综合性，思想政治教育工作者和专门人才可以成为“多面手”，但绝不会成为“万能钥匙”。一旦模糊了专业性和职业范围，思想政治教育从业者的归属感和尊严感就会受到削弱。恩格斯曾经说过：“由整个社会共同经营生产和由此而引起的生产的新发展，也需要完全不同的人，并将创造出这种新人来。”[①] 为此，应按照现时代科学化的社会分工和职业角色分类重新思考思想政治教育人才的素质标准，借以调整目前思想政治教育的课程属类、规范现有思想政治教育课程。

思想政治教育课程规范化建设的第三个命题是处理好课程的统一性和多样性的关系。课程要有统一性，统一性代表着规定性，是教育目标和教学工作按照既定规划实施的保障，没有统一性就没有课程的专业权威，也就不能完成学科与专业的基本要求。当然，这种统一性并不是死板的“大一统”，也不是绝对的无差别。思想政治教育课程要在保证基本科目和教材具备一致性的前提下，允许课程的多样化和特色化。就目前的实际情况来说，由于全国各地情况差别较大，不宜在课程范围上搞“一刀切”，但应该规定必须执行的课程规格和科目，在课程和科目实施中不应当允许以特殊性、灵活性来冲击整体性、规定性现象存在。当然，需要指出的是，课程的规范化意味的并不是简单地增减课程科目，而是要使课程科目搭配更合理，更富有科学性和针对性，能够更充分地体现专业特征和学科特色。照此思路出发，我认为在目前的思想政治教育课程结构和内容上应作出调整，重点要强化或增补三类课程：一是增强马克思主义理论的整体含量，借以夯实马克思主义对本课程的基础性和指导力。我们看到，伴随着思想政治教育和学科建设的发展，本科生的思想政治教育课程结构已经于 1993 年 10 月 8 日颁发的办学意见中有所调整，取消了专业基础课的称谓，对原有的各结构内的课程进行了清理和补充。但马克思主义理论内容和方法魅力尚未引起足够重视，反倒

①《马克思恩格斯选集》（第 1 卷），北京：人民出版社 2012 年版，第 307 页。

是一些非马克思主义的理论大行其道，冲击学科的理论基础，此种状况应从根本上改变。二是将多年来一直存在但并未充分落实的实践课程落到实处。不论是本科生课程还是研究生课程，此前的所有办学意见和文件都提出除去此知识结构外，还应注重思想政治教育专业学生的实际工作能力（如调查研究、群众思想工作、宣传鼓动工作）的训练。遗憾的是，目前各地对实践教育和实践课程的重视程度普遍不高、执行不到位。实际上，思想政治教育的价值在很大程度上是起于实践并且终于实践的，应当通过实践课程的规范化来提升课程效果和课程价值。三是增添专业外语课程。目前，几乎所有的专业和学科都设置了本专业的外语课，思想政治教育本科课程目录中虽然有外语类的公共课，但长期以来效果不佳，缺乏专业意识，也不能支持专业发展。伴随着高等教育的国际化和思想政治教育的国际化，提升国际思想、文化交际能力已经成为思想政治教育工作者和专门人才的必然之需。为此，应该在专业课程目录中添加并不断完善各个层次的专业外语课，以帮助学生开阔视野、提升应用能力。

（原文发表于《思想教育研究》2015 年第 6 期）

九

新征程上思想政治教育学理创新的范式

思想政治教育专业创立以来的四十年，是党的思想政治工作科学化、制度化和规范化的四十年，也是思想政治教育工作者和研究者在党的思想指导下进行学科创新、理论阐释、学术拓殖和教学育人的四十年。四十年来，思想政治教育专业实现了从无到有、从小到大、从弱到强的转变，思想政治教育学科也实现了从依赖到独立、从乏本到开新、从幼稚到成熟的进展。党的二十大确立了在中国共产党领导下以中国式现代化全面推进强国建设和民族复兴的中心任务，提出完善基层思想政治工作体系和加强大中小学思想政治教育一体化建设的意见。在新阶段新征程上，思想政治教育学科建设如何深化、思想政治教育学术繁荣何以创造、思想政治教育学理创新的面向和范式发生何种变化，凡此种种都是在总结和纪念思想政治教育专业创立四十年之际需要思考的重大问题。本文试就新征程上思想政治教育学理创新的面向和范式予以探讨，以期就教并求得共识，推进未来思想政治教育学科的学理创新。

（一）思想政治教育学理构建的基本逻辑

从 1984 年在我国高校设立思想政治教育本科专业起，思想政治教育专业已有四十年的历史。尽管从严格意义上说专业设置与学科建设并不是一回事，但随着思想政治教育专业的成立，伴之而来的是本专业的人才培养、课程建设、教材编写和科学研究等各项工作，而随之展开的思想政治教育学科建设无疑就开启了思想政治教育学理创造的征程。思想政治教育学理是从党和国家的指导思想、政治理论和路线方针政策中延伸并升华而成的学术理论，也是从政治价值体系和生产生活常识中演化而成的哲学道理。因此，思想政治教育的学科理论就不应当仅仅停留在政治政策和政治规范的层面，而应当上升为具有高度科学性和严格学科性的学术理论。经过长期的学科建设和理论发展，思想政治教育学科已经形成了独具特色的学科结构和学理模型，展现出具有显著包容性的学科理论基础和学理建构逻辑。概括而言，业已形成的思想政治教育学理建构的基本逻辑主要有如下几个：

1. 以社会为本兼及个体的主体服务逻辑

思想政治教育是在党的指导思想和国家方针政策的指引下，以促进社会政治思想的有效传播和个体政治社会化良性发展为目标的特殊教育。从性质上看，思想政治教育既是高度整体性的政治意识形态教育，也是显著个体化的政治思想理论教育。思想政治教育学理构建的立足点是要保证理论始终服务于党的领导和国家治理，着眼点则是服务于思想政治教育所面对的社会和个体。众所周知，社会是由诸多散在的个体组成的统一体，是“人同自然界的完成了的本质的统一”[①]。个体隶属于社会，社会囊括和包含着个体。中国文化是集体主义文化，遵奉社会本位，但也不忽视个体在社会组织和发展中的主体地位。思想政治教育的起点范畴是社会和个体，思想政治教育的学理构建遵循以社会为本兼及个体的主体服务逻辑，把理论为社会和个体服务作为支点，致力于让思想的闪电贯流于社会，让理论的力量武装个体。实际上，思想政治教育学科从马克思主义理论中发掘自身的学理基础，也意味着它遵从的是社会本位、兼顾个体的主体服务逻辑。在业已形成的思想政治教育学理体系中，作为主体的社会和个体是统一而不可分割的，学科理论也是围绕着服务社会本位和个体主位而构建的。

2. 以思想为要兼及实际的内容选择逻辑

从名称上看，思想政治教育所包含的第一主题词就是“思想”，开展思想政治教育首先要明确“思想”的内涵，即谁的思想以及何种思想。但是，思想始终离不开实际，思想一旦脱离了实际，就一定会使自己出丑。马克思恩格斯指出：“共产党人的理论原理，决不是以这个或那个世界改革家所发明或发现的思想、原则为根据的。这些原理不过是现

①《马克思恩格斯全集》（第3卷），北京：人民出版社2002年版，第301页。

存的阶级斗争、我们眼前的历史运动的真实关系的一般表述。”[①] 这表明，共产党人所信奉的思想理论始终是思想与实际相结合的产物，而用以进行思想政治教育的思想理论需要把思想理论内容与客观现实的实践及实际结合起来。毫无疑问，作为创造思想政治教育的政治组织主体，中国共产党所信奉的马克思主义尤其是中国化的马克思主义显然是此“思想”的首要指向，但这种思想既是实践的产物，也是实际的反映。藉此，思想政治教育的学理构建以马克思主义及其中国化的思想成果为理论之源和内容之本，但同时也要注重学理的客观实际性和现实针对性。这样看来，把思想与实际结合起来，从中发掘和拓展思想政治教育的学理内容，才符合思想政治教育的理论逻辑和实践逻辑，也才能够为思想政治教育创造有价值的学科理论。

3. 以辩证为魂兼及形式的思维运演逻辑

学理创造离不开思维活动，既需要辩证思维也需要形式思维，并且遵循特定的思维运动逻辑。辩证思维是以运动变化的视角来认识事物的思维方式，形式思维是以客观对象的实证性知识为依据、沿着推理和演绎的路径进行的线性思维方式。思想政治教育学科是思想政治工作科学化、专门化和学科化的结果，思想政治教育学理的概括和提炼离不开理性思维的运演和升华。由此，以马克思主义哲学的基本范畴为借鉴，结合人的思想品德形成发展的规律和教育规律，思想政治教育学理的框架体系得以构建。纵观思想政治教育理论的学术图景和核心脉络，不难发现业已形成的思想政治教育学理贯穿以辩证思维为灵魂、同时兼顾形式思维的基本运算逻辑。换言之，在思想政治教育学理构建中，理论拓荒者们既描述了静态的思想政治教育理论样态，也把握了思想政治教育发展变化的图式。从总体上看，思想政治教育学理推演兼顾了抽象思维中的思想概括和具体思维中的事实阐释。不过，正如马克思所指出的那样：“在黑格尔看来，思维过程，即甚至被他在观念这一名称下转化为独立主体的思维过程，是现实事物的创造主，而现实事物只是思维过程的外部表现。我的看法则相反，观念的东西不外是移入人的头脑并在人的

①《马克思恩格斯选集》（第 1 卷），北京：人民出版社 2012 年版，第 413—414 页。

头脑中改造过的物质的东西而已。”[①] 思想政治教育学理的全部描述，在本质上是离不开客观而鲜活的思想政治教育实践活动的。

4. 以结构为主兼及功能的体系发展逻辑

虽然只有短短的四十年发展和建设的时间，思想政治教育学的学科建设却取得了显著成就。从思想政治教育研究的总体图景看，学理构建展现出以结构为主兼及功能的体系发展逻辑。具体来说，在思想政治教育理论框架上，经过几代学人的努力，已经形成了包括基本原理、发展史、比较学和方法论为主要代表的学理系统。其中，对于思想政治教育基本理论的研究最为繁盛，成果也最为显著。透视思想政治教育学理构建的基本逻辑，可以看到研究的焦点集中在理论结构的搭建和完善上，其具体表现是以横向铺设的思维统领思想政治教育学理的框架体系，同时兼顾对思想政治教育实践谱系的功能描述。也就是说，在过去长期的思想政治教育学理研究和学理体系构建中，研究者们较多地思考了“如何建成和完善思想政治教育理论体系”的命题，同时也兼顾了对思想政治教育实践活动功能的理论描述和学术概括。毫无疑问，在接下来的思想政治教育学理构建中，在继续深入探讨思想政治教育学理结构体系的基础上，对思想政治教育范畴、要素、对象、载体、环境、政策和制度等诸多领域的功能系统的研究将会更加引人瞩目，这既是思想政治教育理论体系日渐完善的一般趋势，也是思想政治教育实践本质的内在要求。

5. 以论理为法兼及写实的学术创新逻辑

思想政治教育学理创新贯通了以论理为法兼及写实的学术创新逻辑。从思想政治教育学业已构建的学理状况看，论理为先是比较显著的特征，且所论之理也并非是空中楼阁，更不是痴人说梦，而是具有鲜明的实践关怀和现实关照。诚然，对任何社会科学研究来说，理论和实践都是需要统一并结合的。然而，理论和实践之间也难免存在张力，甚至会在学科的学理形成初期出现理论和实践不一致、不同步的情况。但从科学研究的规定性上说，“理论研究的是理论与实践之间

①《马克思恩格斯选集》(第2卷)，北京：人民出版社2012年版，第93页。

的双重关系：它一方面研究全局利益（Interessenlage）的历史结构联系（Konstitutionszusammenhang）（理论仿佛也通过种种认识活动从属于全局利益）；另一方面也研究历史活动的联系（Aktionszusammenhang），理论可以通过给行为指明方向来影响历史活动的联系”[①]。对于应用性很强的思想政治教育学科来说，不仅徒有理论是远远不够的，甚至仅从固有实践中产出理论也是不充分的。“理论对于行为的指导，必须产生于它对世界所作的科学说明。”[②]进而言之，“实践中提出的理论，不是金科玉律，不能被神圣化；它要经受不断变化的社会现实的检验”[③]。由此看来，思想政治教育学理构建无疑是理论和实践之间不断互动和参照、持续检验和更新的进程，其学术创新的基本逻辑蕴含在由实到理、由理到实的动态渐进中。

（二）新征程上思想政治教育学理创新的机遇

中国特色社会主义进入新时代以来，我国的经济社会发展展现出全新局面，思想理论创新也展现出全新气象。习近平指出：“当代中国正经历着我国历史上最为广泛而深刻的社会变革，也正在进行着人类历史上最为宏大而独特的实践创新。这种前无古人的伟大实践，必将给理论创造、学术繁荣提供强大动力和广阔空间。这是一个需要理论而且一定能够产生理论的时代，这是一个需要思想而且一定能够产生思想的时代。我们不能辜负了这个时代。”[④]在全面建设社会主义现代化强国新征程上，思想政治教育学科的理论创造也迎来了变革和创新的良好机遇。

1. 党的创新理论为思想政治教育学理创新提供新的思想指南

马克思主义中国化是一个不断发展马克思主义、持续创新马克思主义的进程。恩格斯指出：“我们的理论是发展着的理论，而不是必须背

---

①［德］尤尔根·哈贝马斯：《理论与实践》，郭官义、李黎译，北京：社会科学文献出版社 2004 年版，第 2 页。

② 同上书，第 387 页。

③［德］哈贝马斯：《再论理论与实践的关系》，见《哈贝马斯在华讲演集》，北京：人民出版社 2002 年版，第 140 页。

④ 习近平：《在哲学社会科学工作座谈会上的讲话》，《人民日报》2016 年 5 月 19 日，第 2 版。

得烂熟并机械地加以重复的教条。"[1] 中国特色社会主义进入新时代以来，马克思主义中国化最显著最重要的理论成果就是以习近平新时代中国特色社会主义思想为代表的党的创新理论。习近平新时代中国特色社会主义思想是马克思主义基本原理同中国具体实际相结合、同中华优秀传统文化相结合的产物，是当代中国马克思主义、21 世纪马克思主义。作为党的创新理论的代表，习近平新时代中国特色社会主义思想不仅为新征程上思想政治教育实践创造提供了思想指导，也为思想政治教育学理创新提供了思想指南。其中，习近平新时代中国特色社会主义思想的世界观和方法论是马克思主义世界观和方法论的中国新版本，内在地指引了思想政治教育学理变革的基本立场、观点和方法。习近平新时代中国特色社会主义思想的内容丰富了思想政治教育的学理主题和学术范畴，为思想政治教育研究提供了科学的思想指导，注入了鲜活的思想资源。可以认为，以习近平新时代中国特色社会主义思想为代表的党的创新理论为思想政治教育研究提供了强大指导和思想指引，也为思想政治教育学理变革和创新提供了重要机遇。

2. 经济社会发展和教育科技进步为思想政治教育学理创新注入动力

当前经济社会发展不仅为思想政治教育学科建设提供了强大的物质支撑，也赋予了思想政治教育学术研究全新的命题和创新的机遇。作为中国共产党在新征程上的中心任务，以中国式现代化全面推进强国建设和民族复兴提出了教育现代化和建设教育强国的命题，从而也提出了思想政治教育现代化的命题，促使思想政治教育的学理创造必须向现代化的社会创新看齐和迈进。当前中国教育现代化的转型伴随的是人口低生育率显著、社会老龄化加快、学历教育进入瓶颈期和社会成熟化显现的进程。与此同时，信息科技的日新月异使得思想政治教育进程对新技术手段产生依赖，人们对高科技支撑下的信息通信和交互生活需要量增大与质量的精密化趋势日渐明显，大大改变了思想政治教育的实践过程和发展条件，既为思想政治教育实践创新提供了支撑，同时也涌现了诸多传统思想政治教育理论无法完整充分解释的新问题新挑战。在教育现代

①《马克思恩格斯选集》（第 4 卷），北京：人民出版社 2012 年版，第 588 页。

化和科技现代化的进程中，人们的思想观念、价值意识和思维方式都会发生或多或少的变化，对待经济社会发展中的现实问题也难免会出现思想困惑，需要以创新的思维提供思想政治教育学理支撑和学术解释。总的来说，新征程上的思想政治教育如何服务中国式现代化、如何实现自身理论思维和理论体系的现代化，网络信息化和新科技革命带来的思想政治教育范畴变动和模式变革如何解释、如何应对，都是亟待变革、急需创新的学术命题和理论课题。

3. 哲学社会科学创新和自主知识体系建构为思想政治教育学理创新提供机遇

伴随着中国式现代化的进程，中国哲学社会科学已经呈现出构建本土特色理论和自主知识体系的客观要求与显著趋势。习近平指出："如果不能及时研究、提出、运用新思想、新理念、新办法，理论就会苍白无力，哲学社会科学就会'肌无力'。"[①] 他强调："加快构建中国特色哲学社会科学，归根结底是建构中国自主的知识体系。要以中国为观照、以时代为观照，立足中国实际，解决中国问题，不断推动中华优秀传统文化创造性转化、创新性发展，不断推进知识创新、理论创新、方法创新，使中国特色哲学社会科学真正屹立于世界学术之林。"[②] 众所周知，思想政治教育学科是在跨学科知识借鉴和多学科理论融合中形成的交叉学科，是在博采其他哲学社会科学理论和自然科学知识的基础上不断建构自身学科独立性和学术自主性的学科。如果说前期的思想政治教育学理是在大量借鉴哲学、政治学、教育学等相关哲学社会科学思想理论基础上得到构建的，那么新阶段新征程上的思想政治教育学科就必须把握机遇乘势而上，实现学理变革和学术创新。就此而言，一方面，思想政治教育学理变革是中国特色哲学社会科学创新体系的题中之义，既要从中国特色哲学社会科学创新中汲取思想理论营养，也要与中国特色哲学社会科学的创新同程并进、同向而行。另一方面，借助中国特色哲学

① 习近平:《在哲学社会科学工作座谈会上的讲话》,《人民日报》2016 年 5 月 19 日，第 2 版。

②《坚持党的领导传承红色基因扎根中国大地　走出一条建设中国特色世界一流大学新路》,《人民日报》2022 年 4 月 26 日，第 1 版。

社会科学自主体系构建的契机，思想政治教育学科也需要打造更加贴近中国具体实践和思想实际的自主知识范畴与理论体系，形成既解决中国内部问题也能够与世界对话、为世界之问、时代之问作贡献的崭新学理范式。

（三）基于时代面向的思想政治教育学理创新的范式

范式这个概念是由美国学者库恩在探讨科学研究中提出的、指向具有科学共同体意义的类型化思路。按照英国学者马尔凯对库恩本意的解读，“常规的科学研究是由各种范式指导的，也就是受一系列的相关假定——理论的、方法的和经验的假定——来指导的，它们被各个领域里研究者所普遍接受。”[①] 在一般情况下，范式被通俗地理解为“典型的例子或模式；样式或模式”[②]。在科学研究和学术探索中，范式是指包括世界观、方法论、理论基础、思维路径和理论逻辑在内的系统样式和基本模型。本文所使用的思想政治教育学理范式是在中观意义上专门指代的思想政治教育学科理论研究生成和推导演绎的基本样式。毋庸置疑，在思想政治教育学科走向成熟的过程中，自然需要经过学科积累和学科蜕变，尤其是要经过学科的学理和学术不断趋向稳定化、公理化的转型。在学科成熟的进程中，学科理论的创新全赖学理范式的转换和变革。马克思恩格斯指出：“一切划时代的体系的真正的内容都是由于产生这些体系的那个时期的需要而形成起来的。”[③] 中国特色社会主义进入新时代以来，我国思想政治教育面临的时代条件、社会境遇、制度氛围和思想状况发生了显著变化，传统的思想政治教育模式明显滞后于形势需要，出现了与思想政治教育发展需求和对象要求不能充分适应的局面。就思想政治教育理论形态和理论内容而言，对新思想新理念新战略的学理准备不足、学术阐释不到位、哲理概括和科学规律总结不深入的情况已逐渐显现出来。在一定程度上说，思想政治教育学理的研究模式和创造范式

①［英］迈克尔·马尔凯：《科学社会学理论与方法》，林聚任等译，北京：商务印书馆2006年版，第98页。

② “paradigm, n.”, in *Oxford English Dictionary Online*, Oxford University Press, https://www.oed.com/dictionary/paradigm_n?tab=meaning_and_use#31853767[2015-8-26].

③《马克思恩格斯全集》（第3卷），北京：人民出版社1960年版，第544页。

已呈现滞后状态，沿用传统理论框架和话语体系也出现难以跟上思想进步和时代精神创新的隐忧。“一个由范式所引导的研究的成效会暴露出越来越多的问题，而这些难题用现有的规则根本不能解答。这些规则普遍的无能为力导致了人们去探求新的规则，特别是那些对旧的思想方式不太认同的青年人更会积极去寻求新的东西。”[①] 藉此，基于时代面向的思想政治教育研究创造和学术创新亟待实现范式转换，需要用新范式激活思想政治教育学理创造，提升思想政治教育学理价值。在系统考察思想政治教育学界长期以来沿用的学理阐释范式的基础上，笔者认为，新征程上的思想政治教育学理创新需要在原有基础上拓展和培育新研究范式。

1. 以唯物史观为基础的实践科学范式

思想政治教育学科是马克思主义理论学科的二级学科，思想政治教育也是马克思主义理论教育的重要组成部分，理应以唯物史观为根本出发点，并作为其世界观和方法论的支点和基础。一段时间以来，思想政治教育学界关注并探讨学术研究从哲学范式向人学范式的转换，提出早期思想政治教育学科理论的构建遵循的是哲学范式、沿用哲学的概念、范畴和理论命题构建起思想政治教育的原理体系。随着时代发展，有学者建议思想政治教育学原理应从哲学范式向人学范式转换，构建以人为本的思想政治教育人学理论模型。实事求是地说，这种建议的确适应了在中国倡导以人为本的发展理念、时代思想政治教育理论创新的客观要求，也具有较强的指导意义和实践价值。不过，人学范式到底是何种范式，人学范式的思想逻辑和理论体系如何建构，却是一个值得深入思考和持续探讨的命题。不管是哲学范式还是人学范式，归根到底都是以唯物史观为基础的实践科学范式。也就是说，不论形势如何变化、理论如何演进，思想政治教育学理创新始终不能离开唯物史观的指导，离不开思想政治教育学作为实践科学的构建模式和解释范式。因此，要在保留思想政治教育学作为工具理性的意识形态学科基础上，拓展思想政治教育作为实践科学对象而不仅仅是哲学对象的理论生长空间，拓展其实践

①［英］迈克尔·马尔凯:《科学社会学理论与方法》，林聚任等译，北京：商务印书馆2006年版，第98—99页。

科学的学理内涵，提升其科学论理和学术应用的含量，特别是跳出人为设定的从“应该是什么”推导出它“本来是什么”的传统思路窠臼，以全新的知识模型、学理逻辑、实践规律和科学方法发掘思想政治教育学建构的新规范和新路径。

2. 以系统思维为基础的交叉融合范式

列宁说过：“形成各门科学学科之间的联系，使它们简明易懂，建立科学创造的新的方法学，——这就是科学发展的前景。”[①] 现代科学学科创新离不开学科之间的交叉和理论的跨界融合，其中学科交叉是原则、要素跨界是思路、理论融合才是关键。倘若思想政治教育学科仅有对其他不同学科知识、理论和方法的借鉴而不能够实现理论融合和学理再造，那就不能够产生思想政治教育学科的理论主体性，也就不会实现真正的学理创新。就四十年来思想政治教育学科理论建设进展看，思想政治教育学科的确从其他先行的基础学科中借鉴了大量的概念、范畴和理论，事实性地推动了学科的理论交叉，但迄今为止，占主导地位的理论创造和生成模式依然是两类：一类是原理相对多地依靠纯粹哲学思辨和逻辑推演，另一类则是政理相对多地依靠纯粹政策叙事和思想阐释。之所以出现这种学理创造模式，一方面与思想政治教育学科仍处在孕育和转型期有关，另一方面也与该学科始终与政治活动和政策导向保持不可脱离的亲密关系有关。笔者认为，要推进思想政治教育的学术变革和学理创新，就要切实推动思想政治教育学科思维从单一向多样、从零散到复合的转型，并以系统思维为基础推进思想政治教育学理的深度融合。其具体要求是：一、从整体性原则和系统性视角出发，科学审视和评估思想政治教育学科理论交叉融合状况，辨梳学理变革的进度，明确学理创新的进境。二、在学科理论的交叉融合中逐步提炼富有思想政治教育针对性、规律性和时代性的主体范畴与自主逻辑，构建思想政治教育自主知识生成逻辑和理论创新体系。三、强化思想政治教育学理应用和测评，提高思想政治教育学理创新的时效与实效。

①《列宁全集》（第60卷），北京：人民出版社2017年版，第465—466页。

3. 以社会文化为基础的客观叙事范式

长期以来，思想政治教育学科理论建设的主线索是以政治思想为依托，侧重对学科理论进行结构化铺陈和政策性诠释，致力于实现对政治社会化的理论体系架设。客观地说，传统学科理论思维的基本演绎模式是相对静态化和扁平式的。这是由思想政治教育学科建设周期尚短、研究的思维方式深受中国传统学术思维范式影响而决定的。当然，由此产生的理论建构模式并不是没有成效的。不过，面对新的形势发展和社会变革，要深化思想政治教育学术建设，推动学理变革和创新，就需要把理论构建的横向拓展模式推进为纵向拓展与横向拓展相结合、平行结构与垂直结构相交叉的架构方式，把学理叙事中以政策代理论、以他者代自我的传统主体解释范式转换为以社会文化为基础的客观叙事范式。众所周知，社会是思想政治教育得以存在和开展的基本场域，文化是人们从事生产生活和精神活动的产物，也是开展思想政治教育的深厚土壤。客观叙事是基于人们的生活现实和行为模式而进行的描述方式。有论者指出："人可以说是在叙事中梦想，在叙事中幻想，通过叙事去信仰、质疑、计划、交谈、调整、记忆、期待、学习、希望、绝望、建构、批判、恨以及爱。……叙事也可以被理解为一种特定的看待世界的方式，它使世界变得有序和可以理解：具有当下性。叙事是人们进行表述的形式，关系到表述在时间上连贯性；它给人们的生活带来了经历并跨越时间的秩序和意义。"①从人类发展和社会演进的宏阔视角看，新时代的社会文化为思想政治教育理论诠释和学理变革提供了契机。拓展以社会文化为基础的客观叙事范式，不失为新征程上思想政治教育学理创新的范式选择。

4. 以综合实证为基础的理性假设范式

思想政治教育学理要实现"觉民行道"的任务，就不能总是落在事实后边，仅以解释事实或总结经验为主旨，也不能总是跟在政策后边，仅以阐释政策依据和解释政治活动为主要形态，而是要培育学科理论的科学理性，发展其作为现代科学理论的指引功能和导向价值。要使

①[英]奈杰尔·拉波特、乔安娜·奥弗林:《社会文化人类学的关键概念》，鲍雯妍、张亚辉译，北京：华夏出版社2005年版，第244—245页。

思想政治教育学真正成为一门现代科学，就要在学科早期理论建设成就的基础上，致力于探索思想政治教育学理的未知领域，拓宽学理变革的预设空间，提升思想政治教育学理内蕴规律性和普遍指导性。事实上，思想政治教育学理作为科学理论的分量，在很大程度上取决于它对思想政治教育规律的把握和揭示，以及对思想政治教育发展趋势的前瞻性预测和规范性领进。面对复杂多变的经济社会形势和日新月异的网络空间格局，新征程上的思想政治教育学理变革不但要跟上形势，而且要超越固有静态思维方式的束缚，从人类社会发展规律、人的政治思想品德形成和发展规律、思想政治教育实践规律的结合中探寻思想政治教育在本质领域、根源空间和本来世界的普遍律动与特殊样态。藉此，新征程上思想政治教育学理的创新需要开辟以综合分析和实证研究为基础的理性假设范式，实现从跟踪性研究向预设性研究的转变，提升思想政治教育学理的主动价值和能动作用。具体来说，开辟思想政治教育学理创新的理性假设范式需要把综合研究和分析研究相统一，把规范研究和实证研究相结合，把整体研究和具体研究相协调，把事实研究和价值研究相融汇，并在此基础上作出感性归纳和理性演绎，发掘思想政治教育学理的“未来学”意义，拓展思想政治教育学理创新的全新空间。

（本文发表于《思想理论教育导刊》2024 年第 10 期）

十

论思想政治教育的文本研究方法

开展思想政治教育研究是实施思想政治教育的前提和基础，是加强思想政治教育学科建设的必然要求。自思想政治教育学科被纳入马克思主义一级学科之下、成为独立的二级学科之始，按照马克思主义的思想原则和理论要义进行思想政治教育学科建设，就成为思想政治教育学科界不可推卸的学科使命和研究责任。从方法论的角度看，思想政治教育文本研究法是开展思想政治教育研究的基本研究类型之一，也是发掘文本底蕴和夯实研究基础的重要研究方法。本文集中探讨思想政治教育文本研究法的类型特质、实践原则和实施思路，以期引起学界对思想政治教育研究方法论的关注，推进思想政治教育文本研究法的理论关切和实践创新。

（一）思想政治教育文本研究法的涵义和价值

文本原是指“文件的某种本子（多就文字、措辞而言），也指某种文件”。文本研究中的“文本”则指文件和文献本身，多是对承载了某种思想内容和理论精神的文体之本的统称。有研究者把文本界定为：“广义的言语的运作，是固着在物体上或者通过各种媒介传输的符号。这样，文本就可以不仅仅是文字形态的文本，还可以包括口头、体态语，以及电影、电视等多种形态。”[①] 在现代学术领域中，文本这个词多见于语言学和传播学领域，被解读为由传播活动中必不可少的符号或者符码所组成的某一表意结构，是指那种具有自身的物质形态、依赖其发送者或者接受者、因此由表述性符码（representational codes）所组成的一则、

① 刘顺利：《文本研究》，延吉：延边大学出版社 2003 年版，第 1 页。

一组或一类讯息。由此，文本便隐含了这样的意味，即它是意义生成与思想交换的核心。一个文本由一个运行于许多层面的符码网络组成，从而能根据读者的社会——文化经验产生不同的意义。从这个解释中可以看到，文本是有意义的，也是需要解释和分析的。[①] 文本研究法是包含着文本采集、文本整理和文本分析等过程在内、侧重对文本进行理解、诠释和辩证的综合性的研究方法。文本研究法并非首先起源于思想政治教育学科，但近年来却成为进行思想政治教育研究的重要方法论之一。

按照通常的理解，所谓文本研究法就是对文本进行分析和研究的方法，这是一种基本的研究方法，也是较为常用的社会科学研究法。但需要明确的是，这里所说的“文本”到底是什么内容，又有哪些文本隶属于所要研究的范围，这是探讨思想政治教育文本研究法必须澄清的基本问题。如前所述，在一般意义上，文本是指任何书写或印刷的文件。但是在文献学中，文本则指原文。这样一来，文本研究法所关涉的文本就有两个维度的含义：一是文件的文体本身，二是文献的原文或原件。由此，思想政治教育文本研究法对应的文本，从其广泛范围上讲，就是思想政治教育专门文献，而从其直接对象上讲，就是思想政治教育文献的文本本身。至于其他学科专业所拥有的文献，即便可以从思想政治教育的角度进行文本分析和文本评价，也不宜纳入思想政治教育文本研究法所指涉的范畴。

思想政治教育文本研究法是指运用文本分析、文本解读和文本阐释等手段对思想政治教育的原生性文本进行分析，从而发掘其思想政治教育价值和意义的方法。鉴于思想政治教育是具有特定所指的特种类型的意识形态教育，尤其是指由中国共产党所创建并领导的，以捍卫党、国家、民族和人民根本利益的政治教化和思想教育，因此思想政治教育的文本便专指以马克思主义经典文献，中国共产党在建党、建国和建设社会主义历程中所形成并积累的政治性文本素材和文献资料为代表的原生性和规范性的文献。一般说来，思想政治教育文本研究的主要对象就是以这类文献为主体的研究，而思想政治教育文本研究法的目标就是通过

① 参见［美］约翰·费斯克等：《关键概念：传播与文化研究辞典》，李彬译注，北京：新华出版社2003年版，第291页。

对此类文献的研究，发掘其中所蕴含的思想政治教育意义和价值。换言之，思想政治教育文本研究法是基于对文本的研究来发现其中所蕴含的思想政治教育价值、从而产生思想政治教育意义和功能的研究方法。

从研究方法类型上看，思想政治教育文本研究法属于质性研究法，也是对文本进行思想政治教育定性的研究方法。概括而言，思想政治教育文本研究法至少具有三方面的价值：一是发掘思想政治教育之思想理论基础的定位价值。思想政治教育是以思想教育和理论教育为基础的政治教育，也是具有特定学科蕴含的价值教育。在一定意义上说，思想政治教育必须以扎实雄厚的思想理论作为教育实践的基础，必须从既定的思想理论内容出发，它既不是无源之水、无本之木，也不是单纯的经验教育和常识教育。思想政治教育的思想理论基础扎实与否、科学与否，在很大程度上决定了思想政治教育的有用性和有效性。文本研究法聚焦思想政治教育文本，对思想政治教育文本的科学思想内涵和理论要义进行发现和发掘，直接为思想政治教育的思想理论是否科学、是否精准、是否到位进行定位，因而会产生重要的界定功能。二是匡扶思想政治教育之教育内容的校正价值。某种文本材料是否具有思想政治教育价值，很大程度上要靠文本研究法来确证。而该文本材料中发掘的思想政治教育内容是否合理、能否达意，可否会被曲解或误读，则要依赖思想政治教育文本研究法来明确。譬如，某些原本具有特定批判指向的文本材料，如果不加以文本和情境分析，或者说只从文本字面上进行直描或平叙，就有可能失去文本的真实含义，或者曲解文本的精神实质。而文本研究法所要求对文本及其情境的全面覆盖则能够校正文本诠释的精准度。藉此，文本研究法具有鲜明的内容校正价值。三是指引思想政治教育之实践过程的导向价值。思想政治教育的过程是一个复杂而曲折的观念塑造和价值引领的过程，不可能一蹴而就，也不会计日程功。尽管思想政治教育文本研究法重在发掘思想政治教育文本的科学内涵和内容实质，但绝不会止步于文字表象和文本表面，而是致力于提供对思想政治教育目标、结构、节奏、逻辑、规律和方法的启示，它贯穿在思想政治教育的实施过程中，伴随着思想政治教育内化和外化的实际链条而推演。在一定意义上说，真正的思想政治教育文本研究法也是思想政治教育实现的辅助方法，它所发挥的导向价值也是思想政治教育过程中所要遵循的基本价值指归。

（二）思想政治教育文本研究法的基本形式

思想政治教育研究之所以要关注文本，一方面是因为思想政治教育的文本和实践之间有着天然的不可分割的联系。不论是历史上还是现实中，党的思想政治教育实践所产生和依赖的思想报告、政策法令、文件档案和理论著作等各类文本文献中蕴含着思想政治教育实践的原生态样貌。另一方面，思想政治教育文本包含着思想政治教育思想演进和理论创新的大量信息，其中也蕴含着思想理论创造的逻辑与规律。藉此，思想政治教育文本研究法应当指向并作用于思想政治教育文本本身，以便从中获得思想启迪和理论指导。在一定意义上说，文本研究法的核心对象是文本内容。开展文本研究的要义首先要对文本进行内容分析。恰如有论者所言："所有研究者要想系统地分析文本，都必然会考虑到文本分析的内容。因为，内容分析是从已有的数据源中提取获悉新的观点的分析方法，因此，它是一种几乎应用在所有项目中都非常有潜力的分析方法。"[①]那么，当聚焦于内容分析这一关键议题时，采用思想政治教育文本研究法开展思想政治教育研究，又会有哪些基本形式呢？

1. 思想政治教育文本归类

开展思想政治教育文本研究的前提是获得充足的专业文本文献。文本归类是文本研究法的技术性方法，也是奠定文本分析和研究基础的重要方法。在一定的主题之下，对思想政治教育文本文献进行目录学的整理和编纂，既是文本研究的基础，也是文本研究的组成部分。其中，文本归类中最重要最基本的方法之一就是文本编目，也即按照一定的主题对思想政治教育文本文献进行类别化汇总和类型化整理，使同类文本文献归档为某一特定专题或主题。譬如，在林林总总的思想政治教育文本文献中，按照时间、地点、主题、人物、事件等不同性质和类别的因素进行材料划分和文本归类就属于这一种研究方法。这种文本研究方法

① 李钢、蓝石等编:《公共政策内容分析方法: 理论与应用》，重庆: 重庆大学出版社 2007 年版，第 23 页。

看似简单，但实则是文本研究的基本功，它既需要扎实的文献目录学知识，也需要训练有素的图文编辑技术。通过对思想政治教育文本的归类，我们既可以区分原始文本和二手文本，又可以对各类文本进行体例化的划分，从而使得文本能够按其固有属性和类别呈现出来。运用思想政治教育文本归类的方法，所考验的不仅是研究者的学术能力和学术视野，而且是研究者的方法论觉悟和方法意识。

2. 思想政治教育文本调查

调查是了解并获取事件或事物真实情况的基本手段。在社会科学研究中，进行文本调查是文本研究法的常用手段，也是开展文本研究的基础过程。鉴于进行思想政治教育需要历史经验和事实数据的支撑，因此，开展思想政治教育文本调查就成为思想政治教育文本研究法的重要方法，也成为思想政治教育研究的重要组成。事实上，思想政治教育文本调查是研究文本和文献的主要抓手，也是掌握文本情况和思想状况的关键环节。对思想政治教育文本进行调查，重点是要弄清楚思想政治教育文本的思想基础、理论起源、时代背景、历史面貌、学术意义和实践价值。开展思想政治教育文本调查，应按照思想政治教育专业调查的要求，遵循特定的调查原则，制定规范的调查纲要和程序，以最大限度获取文本信息为目的。在思想政治教育文本调查中，有两个维度的调查取向：一是获得定量数据，二是进行定性分析。二者或提供科学的数据支撑，或提供可靠的经验分析，对于思想政治教育文本分析和研究都十分必要。

3. 思想政治教育文本阐释

思想政治教育文本研究中最关键的是应当关注思想政治教育文本本身，即某个文本的内容，包括其文本主题、核心命题、成文时间、篇章结构、思想内容和重要主张。这既是思想政治教育文本研究的重要旨趣所在，也是文本分析的重点所在。对思想政治教育文本的内容进行文本阐释，通常需要从结构论和意义论的视角出发，对文本构成的逻辑和要件进行剖析和解读，从中发现文本的书面意蕴及其与作者及读者间的关系，解读出文本中所包含的作者世界与读者世界、思维世界与现实世界的联系。正是由于文本自身的形成和发展是在作者与读者、内部与外部、想象与现实的多维坐标系中展开的，因此在本文阐释中常常遇到“知人论世”与“以意逆志”的状况及相应的规范要求。客观地说，由于思想政治教育的专业文本多是在党所领导和从事的思想政治教育实践中积累而成的经典文献，运用思想政治教育文本阐释过程中最大的困境不再是揣度某位作者自己的写作意图，而是归附于某种特定情境和条件下该作者对于党的思想理论、路线方针、策略思路的体验性诠释与政策性复盘。

4. 思想政治教育文本评论

一般情况下，思想政治教育文本都是静态存在的文化产品，常以历史的或现实的文献形式存在。对思想政治教育文本进行的解读或阐释，常常因为解读者的主观立场、个体视野和外部条件的限制而呈现出不同的结论。作为思想政治教育文本研究法的重要组成，文本评论的意义和价值并不在于以一种观点否定或批判另一种观点，而在于在文本分析中融入批判思维和批评精神，给文本阐释以一种正确的总体性诊断和反思性评定。文本是一种作品，但又不简单地是作品。“文本与作品之间的最大差异在于：作品的生产是有源头的，作者既是作品形式的制造者，更是作品意义的赋予者；而文本强调语言自身的自主性，强调意义决定于语境。”[①] 如前所述，在文本阐释中，文本世界与思想世界、思想世界与外部世界、作者世界与读者世界之间并非是天然一致的。因此，在思想政治教育文本研究中，如果通过科学的文本评论获得最正确的思想界定和价值引导，这恰恰是决定思想政治教育文本研究价值高低和成效大小的关键环节，也是思想政治教育文本研究法的根本指归所在。

5. 思想政治教育文本应用

文本应用既是文本研究的目的所在，也是文本研究法的实践形式。不难想见，如何科学、精当地把思想政治教育文本研究的成果应用到思想政治教育实践活动中，显然是文本研究所应关照的重要内容。作为文本研究法的构成链条，思想政治教育文本应用关乎文本研究的目的和宗旨，而文本应用的途径和方法无疑也是文本研究法的核心命题。从狭义

① 汪民安主编：《文化研究关键词》，南京：江苏人民出版社2007年版，第341页。

上讲，对思想政治教育文本应用的研究专指对思想政治教育文本应用实践和方法的研究。从广义上讲，思想政治教育文本应用是思想政治教育文本研究法题中之义，是服务于思想政治教育文本研究和思想政治教育实践的重要议题。通常情况下，思想政治教育文本应用需要聚焦于文本解读的原因、目的、条件、方法、过程和效应，以文本所应发挥的使用价值和所能产生的教育功能作为研究的着力点。这样看来，思想政治教育文本应用可以被视作思想政治教育文本研究的“神经末梢”，或者说是思想政治教育文本研究法需要着力的重点环节。

（三）思想政治教育文本研究法的实践原则

思想政治教育文本研究法是思想政治教育研究的基本方法，它聚焦思想政治教育文本本身，从原汁原味的思想政治教育文本和文献中获取支撑思想政治教育的原理和方法，因而在思想政治教育研究和教学中占有重要席位，成为思想政治教育重要的方法论之一。实施思想政治教育文本研究法，需要遵循由教育目标、研究重点和方法特征相匹配的实践原则。择要而言，思想政治教育文本研究法应遵循的实践原则有如下几条：

1. 整体性原则

整体性原则又称综合性原则，是一种把思想政治教育文本文献进行整体观瞻和综合研究的实践原则。众所周知，中国共产党所创造和积累的思想政治教育文献是在党领导革命、建设和改革、推进中国特色社会主义建设的全过程中逐步积累和形成的，不仅卷帙浩繁、浩如烟海，而且门类不一、类型多样。常见的文献资料有报告文件、理论著作、年谱传记、日记日志、期刊档案等，均可作为思想政治教育文本研究法所指向的对象。需要指出的是，这些文本文献尽管千差万别，但都是党在成长壮大过程中的客观记载，也都是党所领导的伟大事业的真实见证。用之于文本研究法的整体性原则，要求把文献文本当作统一的整体而不是孤立的、互斥的独立存在物，要从整体上把握各级各类各种文献的文本内容和思想内涵，从差异中找统一、在殊别中求共性。当然，在思想政治教育文本研究中，我们固然需要坚持具体文本具体分析，从具体文本对象出发考虑问题的特殊性，但切不可因为强调某个或某篇文本的特殊性而忽视了思想的发展性和整体性、强调文本个性而忽视了思想共性。

2. 求是性原则

实事求是是中国共产党的根本思想路线，求是也就是尊重事实、尊重真理、始终沿着科学和正确的方向前进。党领导和开展思想政治教育的过程，是贯彻实事求是思想路线的过程，同样需要遵循求是性原则。思想政治教育文本研究最终是要为党的思想政治教育服务的，离开了实事求是的思想路线就不能真实地反映党从事伟大事业的客观历史过程，也不能够准确地揭示党开展思想政治工作的科学规律和正确启示。用文本法开展思想政治教育研究，也需要遵循求是性原则，这意味着文本研究要还原历史真实，把记载了历史过程的思想内容、理论要义、政策策略、方针原则和实践艺术真实地发掘出来，把蕴藏于文本文献中的党的决策的客观过程、对形势的判断、对任务和目标的推进以及其中的思想逻辑、实践逻辑揭示出来。按照求是性原则的要求，思想政治教育文本研究法一定要坚持求真务实的态度，从尊重事实、联系实际、结合实践的维度解读思想理论性的文本文献，力求从文本中发现事实、从思想中寻求逻辑、从实践中探寻规律、从价值中获得启示。

3. 充分性原则

充分性原则又称饱和性原则，是针对思想政治教育文本研究法中进行文本分析和思想诠释的深入程度而设定的实践原则。该原则关乎文本研究的信度和效度，其基本要求是文本分析要充足、思想诠释要充分、理论析读要饱满、理实结合要到位。众所周知，思想政治教育文本一般都是历史上遗留传承下来或者当今社会实践中由党中央凝聚全党和全国人民智慧而形成的思想理论结晶。所有文本都含有特定的思想信息和实践信息，包含创作者的思想理论智慧和思维运作方式。思想政治教育文本研究法应当贯彻充分性原则，也就是要求把文本中所蕴含的信息充分发掘出来并分析诠释到位。具体而言，运用充分性原则一方面要忠实文本原意、对文本中所包含的思想理论内容和精神价值原汁原味地发掘出来，达到释义完整而准确、解析精当而深刻。另一方面也要全面地把握文本的能指与所指、应然与实然、意向与意义、言功与事功，既防止出现文本解释不足、信息缺位，又防止出现文本过度解读，出现偏差和误读，乃至任意诠释、随性发挥的情况。

4. 导向性原则

文本研究不是随心所欲的平面化、无因化的研究，而是抱有一定的价值取向和思想导向的研究。在一般情况下，研究文本是为了什么，通过文本研究又能获得什么，文本内外隐含着什么，诸如此类的问题都是文本研究者应当关心的基本问题。就文本自身而言，任何文本其实也都不是简单的文辞堆积和文字编织，而是带有产生这些文本的时代形势、社会背景、思想诉求、道德情操和价值取向。思想政治教育文本研究法的根本目标是发掘文本所蕴含的思想内容和理论要义，从中获得符合思想政治教育目的的素材，并用之于思想政治教育过程，以便获得既定的思想政治教育实际效果。因此，思想政治教育文本研究法必然坚持导向性原则，即在文本研究过程和结果中都体现鲜明的思想政治教育导向。在中国特色社会主义新时代，思想政治教育文本研究法的导向性原则就是要坚持把思想政治教育文本分析和文本诠释与思想政治工作为人民服务、为中国共产党治国理政服务、为巩固和发展中国特色社会主义服务、为改革开放和社会主义现代化建设服务的政治意识和根本取向结合起来。

（四）思想政治教育文本研究法的实施思路

对于学科理论建设和学术理论研究而言，文本研究法都是不可或缺也不可多得的重要方法。思想政治教育文本研究法是思想政治教育研究的重要方法之一，是通过文本发掘、文本阐释和文本评析来发掘思想政治教育思想内涵、澄清思想政治教育理论主张、夯实思想政治教育学术基础的基本研究方法。因此，为夯实思想政治教育理论基础、拓展思想政治教育理论视野、实现思想政治教育的学理创新，就需要关注并拓展思想政治教育文本研究法的实施思路。

1. 服务思想政治教育活动

顾名思义，文本研究法是一种针对文本进行研究的方法，但发掘思想政治教育文本研究法的目的并不限于介绍如何研究文本，或者说研究文本究竟要采用何种具体方法。在一定意义上说，文本研究不能纯粹为了文本而研究文本，研究方法也是为目的服务的，思想政治教育文本研究法的根本目的在于通过对文本的深入发掘和科学分析，尤其是运用科学的文本研究方法来获得真知，得到有价值的思想启示。在思想政治教育研究方法体系中，有很多已经相当成熟的研究方法，比如历史研究法、比较研究法、社会调查法等等。与这一类研究方法相似的是，思想政治教育文本研究法虽然隶属于思想政治教育方法体系，但其从根本上却是需要服务于思想政治教育实践的研究方法。通过思想政治教育文本研究法的运用，尤其是对思想政治教育文本的发掘、整理、分析和评价，充实思想政治教育的基础理论和核心要义，得出有利于思想政治实践活动的结论，这正是思想政治教育文本研究法的功能和价值所在。

2. 坚持科学思想方法论的指导

文本研究法是一种工作方法，需要科学思想方法论的指导。众所周知，从文本到现实之间存在着作者与读者、文字与思想、内心与外物、事实与价值等不同领域是与非的隔离，也存在着多样且差异化的思想世界和解读方案。思想方法不同，显然会造成文本解读和分析时视角和立场的差异。按照德国思想家哈贝马斯的解读，文本与内外世界的关联体现在文本与作者生活世界的关联、作者生活世界与创作时代的关联、虚构和现实之间的关联、文本与文本之外的真实世界的关联。思想政治教育文本的文本内容、文本时代、文本思想世界与党的历史真实、党的路线体系、党的实践活动的客观现实之间，也同样存在着需要剥离、需要澄清的众多层面的现象与事实。因此，要清晰而准确地阐发思想政治教育文本的科学内涵，就需要坚持从马克思主义的唯物史观出发，以历史唯物主义和辩证唯物主义的世界观和方法论指导思想政治教育文本的分析和解读，准确揭示思想政治教育文本所蕴含的科学的立场、观点和方法。

3. 坚持义理、考据和辞章相统一

一般说来，思想政治教育元文本是中国共产党领导开展思想政治工作的经典文献类文本，次生文本则是包含着思想政治教育价值的各类文献所代表的文本。不论是哪一类文本，实际上都是集义理、考据和辞章于一体的研究对象。义理是文本所蕴含的思想和理论，考据是文本中所包括的事实和证据，辞章则是文本的话语形式和篇章形态。这三者包含着文本的关键信息，是文本研究的重要内容。对思想政治教育文本的研究不应当仅仅停留在话语阐释和篇章分析上，而是要通过文本研究说明其中所蕴含的思想内容、理论命题和价值意义。换言之，采用思想政治教育文本研究法来研究文本，绝不能仅就文本作结构分析和逻辑推演，而是要通过对文本形式的研究发掘其中所蕴含的深邃的道理、学理和哲理。藉此，在思想政治教育文本研究中，要善于把义理、考据和辞章统一起来，从文本中析出世界观的层次，从辞章中感受价值论的逻辑，从思想和实际、理论和实践相统一中找寻到思想政治教育的意义和规律。

4. 做到点、线、面、体相结合

文本分析是思想政治教育文本研究法的核心任务。在思想政治教育文本研究中，最关键的实践思路是要实现文本分析点、线、面、体的结合。所谓点即文本所包含的信息点，也就是文本自身所承载的信息量，包括文本语言、文本篇章和文本风格；所谓线即文本所蕴藏的逻辑线，也就是文本自身所沿用的逻辑链条，包括文本的逻辑主线和逻辑分支；所谓面即文本的面向和幅面，包括文本所囊括的多维侧面、文本所呈现的面貌和样貌；所谓体即文本的形态和体式，即文本的总体。思想政治教育文本分析中实现点、线、面、体的结合，要求不仅对文本本身的思想内容和表现形式进行充分发掘，而且对文本所处的时空维度和社会维度进行探究，在对思想政治教育文本进行全方位、全过程、全维度解读和分析的基础上，既明晰文本之内的本意，也参透文本之外的用意，把文本分析的着力点、中心线、真实面和统一体贯通起来，实现文本分析上的“究天人之际、通古今之变、成一家之言”。

（原文发表于《教学与研究》2023 年第 12 期，被人大复印报刊资料《思想政治教育研究》2024 年第 3 期转载）

第六编

高校思想政治理论课教学研究

全身心立德，下功夫树人

立德树人与课程协同建设

高校思想政治教育应加强对大学生人格精神的培育

努力掌握并用好思想政治理论课教学的科学规律

思想政治教育课程论：现状、问题与发展

高校思想政治理论课信任危机论析

再论高校思想政治理论课教学的内在关系

当代青年爱国主义教育中批判性思维的正向引导

“思想道德与法治”课程中理想信念教学的基本理路

一

全身心立德，下功夫树人

习近平总书记在全国教育大会上指出，我国是中国共产党领导的社会主义国家，这就决定了我们的教育必须把培养社会主义建设者和接班人作为根本任务，培养一代又一代拥护中国共产党领导和我国社会主义制度、立志为中国特色社会主义奋斗终身的有用人才。这是教育工作的根本任务，也是教育现代化的方向目标。围绕着培养德智体美劳全面发展的社会主义建设者和接班人的根本任务，习近平总书记提出了“六个下功夫”，这是落实立德树人任务的基本要求，也是当前和今后教育工作的重中之重。深入学习习近平总书记关于立德树人“六个下功夫”的论述，对于我们把握新时代社会主义教育的方向、内涵和工作重点、培育社会主义有用人才具有重要的指导意义。

（一）立德树人是党一贯的教育方针，也是新时代培养社会主义人才的关键

中国共产党是为人民服务的政党。党的一切事业从而教育事业都要始终服务于为人民服务的根本宗旨。无论是在当年的革命战争年代，还是在今天中国特色社会主义建设的新时代，中国共产党始终都坚持党的教育目标是要不断培养人才，人才对于革命、建设和改革事业至关重要。尽管革命、建设和改革的事业对人才规格和人才素质的具体要求不同，不同时代中开展教育的侧重点和方式方法也会有所差异，但培养党和人民事业所需要的高尚道德情怀和政治觉悟无疑是始终不可变的。建党之初，中国共产党就意识到培养革命人才的必要性。在党的第一个党纲中关于“工人学校”的规定部分提出：“学校的基本方针是提高工

人的觉悟，使他们认识到成立工会的必要。”[①] 在此后党的历次重大会议上，革命宣传教育都是其中重要而不可舍弃的议题。多数情况下，各地党组织在每次党的代表会议期间都要进行本地方革命工作汇报，而汇报中关于教育问题则直接指向了工人队伍和革命人才的培养情况。尽管严格意义上的学校教育并不是当年组织革命活动的中心任务，但显而易见的是，离开了革命人才的培养和教育，革命事业是根本不可能取得成功的。需要强调指出的是，在革命战争年代中国共产党所进行的革命教育工作中，倡导无产阶级革命道德、培养革命者“健全的唯物主义宇宙观及社会观及‘集体主义’人生观”[②]、塑造能够坚定不移地从事无产阶级革命人才的工作是最重要的“立德树人”的工作。在社会主义革命和建设时期，培养为社会主义事业而奋斗的道德觉悟和情怀成为党的教育事业的重点。正如毛泽东指出的：“我们的教育方针，应该使受教育者在德育、智育、体育几个方面都得到发展，成为有社会主义觉悟的有文化的劳动者。”[③] 这一论断中关于德育、智育的强调以及培养社会主义劳动者的设计，无疑是当时情况下具体的“立德树人”的目标。

改革开放和中国特色社会主义事业进入新时代之际，中国共产党人更加清醒地认识到立德树人对于实现中华民族伟大复兴中国梦的时代价值和重大意义。党的十九大提出要优先发展教育事业，强调“要全面贯彻党的教育方针，落实立德树人根本任务，培养德智体美全面发展的社会主义建设者和接班人”[④]。在全国教育大会上，习近平总书记再次强调要坚持党对教育事业的全面领导，坚持把立德树人作为根本任务，坚持中国特色社会主义教育发展道路，培养德智体美劳全面发展的社会主义建设者和接班人。新时代是中国特色社会主义的新时代，是具有里程碑意义的社会主义建设新阶段。在新时代，推进中国特色社会主义事业的直接任务是实现“两个一百年”的奋斗目标、建设社会主义现代化强国。毋庸置疑，建设社会主义现代化强国必须要首先建设教育强国，因

①《中共中央文件选集》(第1卷)，北京：中共中央党校出版社1989年版，第7页。
② 同上书，第206页。
③《毛泽东文集》(第7卷)，北京：人民出版社1999年版，第226页。
④ 习近平：《决胜全面建成小康社会　夺取新时代中国特色社会主义伟大胜利——在中国共产党第十九次全国代表大会上的报告》，北京：人民出版社2017年版，第45页。

为建设教育强国是中华民族伟大复兴的基础工程，而建设教育强国则意味着我们需要也必将培养大批社会主义建设者和接班人。立德树人作为党的根本教育方针之一，尽管精炼但却内涵丰富，其基本要义中包含着培养对受教育者的思想素质、道德素质、政治素质等精神品格内容和人才专业技能、专业水平和业务素质的要求。简言之，立德树人就是要注重世界观、人生观、价值观特别是理想信念的培植，一方面把人培养成为中国特色社会主义和共产主义远大理想的坚定信仰者和忠实实践者，另一方面也要提高受教育者的专业能力和素质，培养出合格的社会主义建设人才。藉此，我们说，立德树人是建设社会主义教育强国的必然要求，也是新时代培养社会主义人才的关键。

（二）“六个下功夫”涵盖我国高校育人的主要内容，确立高等教育的新使命

立德树人是一项总体而宏观的育人要求，但其中的“德”无疑是在社会主义道德和共产主义道德体系的具体德目，其中的“人”也是与新时代中国特色社会主义事业息息相关的时代新人。思想政治教育是我国高校的优良传统和政治优势，新时代的思想政治教育应以培育学生的思想政治素质和品德为重点，但绝不应当停留在狭义的育德上面，而是要从“大教育观”出发，按照“大教育学”的思路来确立教育立德树人的目标和任务。习近平总书记提出了“六个下功夫”的要求，强调要在坚定理想信念上下功夫、在厚植爱国主义情怀上下功夫、在加强品德修养上下功夫、在增长知识见识上下功夫、在培育奋斗精神上下功夫、在增强综合素质上下功夫。这“六个下功夫”涵盖了受教育者个人成长所需要的基本德目和教育内容，包括了德和才两方面的要求，涉及个体素养与社会需要二维互动的内在关系，囊括了我国高校育人的主要内容，也为新时代高等教育确立了新使命。

理想信念是“志”，坚定理想信念的教育就是“立志”“励志”的教育。古人说，“功崇惟志，业广惟勤”，大丈夫应当志存四海、志达四方。社会主义的建设者和接班人要担当起民族复兴的重任，就要有崇高而远大的志向，这种志向就是共产主义的远大理想和中国特色社会主义的共

同理想。习近平总书记指出，“理想因其远大而为理想，信念因其执着而为信念。我们要把理想信念教育作为思想建设的战略任务……自觉做共产主义远大理想和中国特色社会主义共同理想的坚定信仰者、忠实实践者”[①]。共产主义远大理想和中国特色社会主义共同理想是社会主义新人的思想精魂。我们需要用远大的理想信念夯实青年人奋斗的基础，巩固其人生发展的根本。因此，在坚定理想信念上下功夫是在培植学生思想志向上下功夫，是在树人之“根”上下功夫。只有坚定了中国特色社会主义的道路自信、理论自信、制度自信、文化自信，青年人才能够立志肩负起民族复兴的时代重任。

爱国主义是“情”，厚植爱国主义情怀的教育就是“通情”“致情”“达情”的教育。需要指出，爱国主义之情不是一般意义上的儿女情长和代际亲情，而是基于伦理道德要求、政治法律规制和文化精神传承的大爱至情，是个体生来就无法随意抛弃和割舍的“价值脐带”。随着经济全球化的发展及其所带来的文化拔根思潮，在那些视野越是开阔、知识层次越高的精英人群中，就越容易出现“政治冷淡症”和“文化谵妄症”。有些人自恃高人一等，在多元文化碰撞时容易出现对本民族、本国家和本土文化的“健忘”和“厌恶”。他们想当然地把自己看作超越国家民族、超越政治政党，甚至超越种族的“超人一族”，因而也很容易出现对自己的祖国妄加指责、任意贬损和厌弃的现象。实际上，无论古今中外，真正伟大的思想和伟岸的人物，从来都不是数典忘祖、背叛祖国的小人。在厚植爱国主义情怀上下功夫就是要用文化的魅力、传统的精神把爱国主义与时代要求融汇起来，讲清楚中国从哪里来，我们个人与国家又是怎样的关系，中国共产党在铸造新中国上扮演了什么角色，新时代的爱国主义又有什么具体要求，就此谱写出新时代爱国“主义”与“精神”的协奏曲，让爱国主义精神在学生心中牢牢扎根，引导学生热爱和拥护中国共产党，立志听党话、跟党走，立志扎根人民、奉献国家。

品德修养是“心”，加强品德修养的教育就是涵育人心、锤炼人格

①《习近平谈治国理政》（第2卷），北京：外文出版社2017年版，第35页。

的德育，也是修身教育。中国古人非常重视修身，视之为个人成长成功的必然途径。《大学》中说："自天子以至于庶人，壹是皆以修身为本。"[①]修身之要在于修德，修德是中国人立身立业的第一道功夫；修德之深在于修心，修心是从本心和内心深处获得某种德性的生长，即"正其心"。正心即在人的内心确立价值标准，使其言有所据、行有所依、为有所归。在新时代，社会主义核心价值观就是一种大德，是国家之德、民族之德，是社会见之于个体、群体见之于个人的价值标准和道德依据，是正人心、正国心、正社会之心的标准。习近平总书记要求要在加强品德修养上下功夫，强调要教育引导学生培育和践行社会主义核心价值观，踏踏实实修好品德，成为有大爱大德大情怀的人。这恰恰是要求继承和发扬中华传统修身之学的精华，是从根本上、从内心世界建设为培育社会主义时代新人指明路向和途径。在品德修养上下功夫就要努力把社会主义核心价值观融入学生的生活、渗透到他们的心灵中去，使之成为他们最重要也最需要的心灵营养剂。

知识见识是"识"，增长知识见识的教育是智识教育。韩愈说："人生处万类，知识最为贤。"知识和见识是表明一个人视野开阔与否和才学高低的重要砝码，也是人发挥才干、建功立业的基础。但是，"古人学问无遗力，少壮工夫老始成"，要获得知识、增长见识并不是一朝一夕、一蹴而就的事，而必须下大功夫、花大力气。然而，获得了知识和见识，并不等于掌握了人生成功的"金钥匙"，如何运用知识见识和能否用好知识见识是更为重要的问题。古人说，"凡知说，有益于理者为之，无益于理者舍之"[②]，"其知弥精，其所取弥精；其知弥粗，其所取弥粗"[③]，所说的恰是要参透并掌握知识见识之中的道理，把知识和见识运用到坦途正道和宏图大业中去。毫无疑问，一个人只有见识得多、见识得广，并且对道理通晓明白得深刻透彻，他才能够把道理运用得精深、把知识见识运用到恰当的地方。习近平总书记要求在增长知识见识上下功夫，所强调的正是虽艰难但却十分重要的求学增识之道。他提出要教

①［宋］朱熹：《四书集注》，王浩整理，南京：江苏凤凰出版社 2005 年版，第 4 页。
② 北京大学《荀子》注释组：《荀子・儒效》，北京：中华书局 1979 年版，第 86 页。
③［战国］吕不韦：《吕氏春秋》，呼和浩特：内蒙古人民出版社 2008 年版，第 60 页。

育引导学生珍惜学习时光，心无旁骛求知问学，增长见识，丰富学识，沿着求真理、悟道理、明事理的方向前进，也说明了青年学生掌握知和识、辨析识和理之间关系的重要性和方向性。对于当代大学生而言，最需要做到的就是把学到手的知识和不断增长的见识运用到为中国特色社会主义建设服务的伟大事业中去，运用到报效祖国、服务人民的伟大事业中去。

奋斗精神是“意”，培养奋斗精神的教育就是培养意念和取向的教育。“天行健，君子以自强不息。”中国文化倡导刚健有为，长于立命，主张以不息为体、以日新为道，认为胜人者有力而自胜者强。因此，奋斗精神说到底就是一种战胜困难、战胜自我的意志和品质。习近平总书记号召要在培养奋斗精神上下功夫，教育引导学生树立高远的志向，历练敢于担当、不懈奋斗的精神，具有勇于奋斗的精神状态、乐观向上的人生态度，做到刚健有为、自强不息。这不但是对中华优秀传统文化中自强不息的人文精神的倡导，而且更重要的是对社会主义新人所具备的进取精神、实干素质和坚韧品格的倡导。众所周知，建设中国特色社会主义事业是一项艰辛的事业，绝不是轻轻松松、敲锣打鼓就能够实现的，需要的是艰苦奋斗的精神和坚韧不拔的意志。当代大学生是新生代的年轻人，他们生活在和平稳定和相对富裕的时代，经受时代变革和社会动荡的风雨较少，在艰难困苦中挣扎奋斗的日子也少，因而就更加需要磨炼出坚韧不拔的进取意志和顽强拼搏的奋斗精神，这是社会主义新人必须具备的精神品质，也是他们为中国特色社会主义事业建功立业的基础。

综合素质是“能”，增强综合素质的教育就是要开展综合性的思能教育。一般来说，所谓人才往往包括德、才两方面的素质，德主要体现在志、情、心和意上，而才则体现在识、思和能上。习近平总书记所强调的“综合素质”，实际上侧重了对学生思和能的教育。他指出，要在增强综合素质上下功夫，教育引导学生培养综合能力，培养创新思维。思维既是一种能力，也是拓展其他方面能力的前提和基础。学生的综合能力体现综合素质，其中不仅仅有思考和思维的能力，也有判断选择、语言表达、组织管理、沟通协调、批判反馈等各方面的素质和水平。完成某一项具体工作可能需要某一方面的具体能力，但完成一项事业特别是作为社会主义的建设者和接班人去完成中国特色社会主义建设与中华民族伟大复兴的蓝图伟业，需要的无疑是卓越的综合素质。这其中的道理，是不言而喻也是不证自明的。在增强综合素质上下功夫要求我们全方位、多侧面地锻炼和培养人才，切实提高社会主义建设者和接班人的综合素质和能力，切忌造成人才素质的片面化和碎片化。

从上述分析可以看出，习近平总书记提出的“六个下功夫”，实际上强调了社会主义建设者和接班人所需要的德与才两方面的素质标准，涵盖了对社会主义人才“志”“情”“心”“识”“意”“能”六个方面的基本要求。这六个方面相互联系，既有德的要求，又有才的规定，沟通了知和能两个维度的素质，构成了综合性的人才标准的要目。显而易见，要培养符合上述规格的社会主义的建设者和接班人，绝非某一方面的专业教育所能完成的。因此，这个综合性的社会主义人才标准，需要高等教育中各个学科、各个专业之间通力合作、同向同行，在完成人才培养任务上同频共振、同程共进。这无疑也为新时代的高等教育确立了新使命，提出了新要求。

（三）建设社会主义教育强国，把“六个下功夫”落到实处

习近平总书记“六个下功夫”的论述，集中揭示了我国高等教育在进入新时代后所承担的育人责任，指明了当前和今后我国高校综合育人的工作重点和实践着力点，为深入落实立德树人的教育方针提供了基本遵循。贯彻落实党的十九大关于优先发展教育事业的精神和习近平总书记全国教育大会讲话精神，我们需要深化教育综合改革，积极推进教育现代化，把“六个下功夫”的要求落到实处。

1. 进行观念革新，认清“六个下功夫”在建设社会主义教育强国中的重要作用

建设教育强国是建设社会主义现代化强国的前提，是中华民族伟大复兴的基础。纵观世界各国发展的历史特别是世界强国强大的历史，不难看出，国家的发展首先要有教育的发展，所有现代化强国都必定是教育强国。教育不强，根本就谈不上国家的强大。早在一个世纪以前，罗

家伦就提出过中国“弱大”的说法，他认为中国的确是个大国，但中国根本不是强国，而是弱国，是“弱大”。他为中国开出的药方就是要实现现代化，并提出：“自从机械征服了距离以来，我国已托生在现代的国群里，哪能不急起直追，加紧现代化？”[①]然而，那个时代的中国尚且不能获得真正的独立和解放，根本谈不上实现真正的现代化。中国特色社会主义进入新时代，标志着我国社会主义现代化建设也进入了新阶段和新征程。教育的现代化首先要求教育观念的现代化，过去因为学科专业化分工而带来的培育专业人才的优势可以保持，但因学科分工过细和学科隔离而造成的人才素质的肢解和矛盾必须克服，因教育市场化、产业化和学科市场化发展而造成的人才评价的过分功利化和人才异化趋势必须克服，否则就无法培养出综合素质高的复合型人才。“六个下功夫”有利于纠正当前高等教育中出现的学科之争和学科过分分化的矛盾，有利于培养德才兼备的社会主义人才，因此应当高度重视，这也需要我们从新时代、新观念的角度去认清“六个下功夫”在建设社会主义教育强国中的重要作用。

2. 发扬钉钉子精神，切实把“六个下功夫”融入到教育发展和管理的工作中

“空谈误国，实干兴邦。”马克思说过：“一步实际行动比一打纲领更重要。”[②]言之凿凿不如行之切切，口号喊一万句也不如采取一个切实的行动。今天的时代是实干的时代，是脚踏实地、勤勉务实的时代，对于教育工作者而言，务必加油实干是由建设中国特色社会主义事业和建设教育强国的时代使命所决定的。“六个下功夫”指明了高校思想政治工作的重点，也指明了高校其他一切教育的工作任务。贯彻落实习近平总书记关于“六个下功夫”的重要论述，至关重要的是要发扬钉钉子精神，切实把理想信念教育、爱国主义情怀的教育、品德修养、奋斗精神的培育与增进学生知识见识、增强学生综合素质的教育有机结合起来，消除思想政治教育与专业知识教育之间的壁垒，一步步打通人才德与能之间的连接通道。需要指出的是，人才培养是一个系统工程，绝非单一

① 罗家伦：《历史的先见》，上海：学林出版社1997年版，第1页。
②《马克思恩格斯选集》（第3卷），北京：人民出版社2012年版，第355页。

部门、单一岗位就能够彻底完成的。为此，应当把“六个下功夫”中所强调德、识、能的素质要目融入到教育发展和教学管理的具体工作中，秉持全员育人、全过程育人、全天候育人的理念，注重方向、注重细节、注重动态、注重效果，使社会主义人才的培育和成长得到肥沃的教育土壤，获得丰厚的教育滋养。

3. 改进工作思路，采用联合手段设计“六个下功夫”的教学实现路径

按照内容分解，“六个下功夫”中既包括高校的思想政治工作，同时也包括专业育人工作。其中，理想信念、爱国主义情怀、品德修养、奋斗精神的培养重点是针对学生的思想道德素质而进行的培养，在传统的教育模式中较多地由思想政治理论教育这一部类的教学来承担。而帮助学生增长知识见识、增强综合素质的工作，则是针对学生知识结构、知识视野和全方位能力和素质的教育，过去主要由分门别类的专业教育来承担。在实际工作中，由于学科分别和学科差异，上述教育德目中不少内容可能会出现冲突和矛盾，有时候甚至出现相互排斥的现象。按照融合发展和协作教育的思路，我们应该改进传统的教育方法和工作方法，采取多种手段设计上述教育德目在教学中的实践方式和实现路径。例如，实现思政课程与课程思政的结合、实现思想学习和专业实践的结合、实现知识传授与价值传递的结合、实现综合思想与多元实际的结合、实现学术与政治、问题与主义的结合等等。所有这些工作思路都要保持一个最根本的育人价值，那就是要实现教育立德树人的目标，培养思想上明白、政治上坚定、品德上高尚、能力上突出的社会主义合格人才，培养社会主义的建设者和接班人，为中国特色社会主义建设和实现中华民族伟大复兴的中国梦贡献力量。

（原文发表于《思想理论教育导刊》2018 年第 11 期）

二

立德树人与课程协同建设

中国特色社会主义进入新时代以来，以习近平同志为核心的党中央高度重视教育事业，确立了新时代立德树人的教育理念和建设社会主义教育强国的目标，提出了优先发展教育事业、深化教育改革、加快教育现代化、办好人民满意的教育的任务。课程是教育教学的重要实现方式，也是完成教书育人任务的基本载体。教育的现代化要求课程建设也必须朝着现代化的方向迈进。贯彻新时代立德树人的教育理念，需要清晰把握课程所承载的育知养德的属性，准确定位课程协同所面临的问题，找准推进课程协同建设的路径。

（一）新时代立德树人教育理念的要义

育人养德是中国传统教育的内在价值要求，也是新时代教育事业的指导理念。党的十八大提出把立德树人作为教育的根本任务，培养德智体美全面发展的社会主义建设者和接班人。在领导全党和全国各族人民进行中国特色社会主义建设、推进中华民族伟大复兴的历程中，习近平反复论及立德树人，多次强调其重要意义和时代价值，使之成为新时代重要教育理念和工作指针。择要而言，新时代立德树人教育理念有如下几个方面的要义：

1. 学校工作中立德树人的重要性

立德树人是教育的使命，也是学校工作的本职。从学校工作的总体要求、首要任务和评价标准来看，立德树人都是其中不可忽视的重要内容，在其中发挥着重要作用，具有重要地位。

（1）办好中国特色社会主义学校的基本要求

学校是人才培育和社会治理的重要方式。从现代教育建立之初开始，学校就承担着为服务国家和社会而培育人才、创造知识、创新文化的职能。办好中国特色社会主义学校是当代中国教育不可推卸之责任。扎根中国大地办好中国特色社会主义学校，首要任务就是要把立德树人明确为学校的发展方向和建设职责。立德树人的问题，从根本上来看，就是培养什么人、怎样培养人和为谁培养人的问题。其中，培养什么人涉及学校教育的规格，怎样培养人涉及学校教育的方法，而为谁培养人涉及办学办教育的方向。在中国特色社会主义建设的进程中，教育是要为人民服务、为中国共产党的治国理政服务、为巩固和发展中国特色社会主义制度服务、为改革开放和社会主义现代化建设服务的。失去为谁培养人的正确的办学办教育方向，就失去了学校存在的价值和意义，也就丢失了教育的灵魂。因此，立德树人作为教育的根本任务，是办好中国特色社会主义学校的基本要求。

（2）学校思想政治工作的中心环节

在革命战争年代，思想政治工作是党的革命工作和军事工作的生命线。在社会主义建设时期，思想政治工作依然是经济、技术和一切工作的生命线。学校是人才培养的大本营。人才培养涉及学科体系、教学体系、教材体系、管理体系等各方面，但贯穿其中的是思想政治工作。思想政治工作既是学校党的领导和党的建设的重要内容，也是领导和带动学校教育事业发展的首要任务。就思想政治工作和业务工作的关系看，思想政治工作是管方向、带路线、定目标的工作。从根本上说，思想政治工作是做人的工作，是培养人的思想观念、价值信念、道德修养和政治素养的工作。立德树人是学校思想政治工作的中心环节，其根本要求是培养出思想端正、品格健全、价值合理和素质过硬的人才，离开了思想政治工作，这个要求就无从实现。正如爱因斯坦所说："用专业知识教育人是不够的。通过专业教育，他可以成为一种有用的机器，但是不能成为一个和谐发展的人。要使学生对价值有所理解并且产生热烈的感情，那是最基本的。他必须获得对美和道德上的善有鲜明的辨别力。"①

（3）检验学校一切工作的根本标准

习近平指出："要把立德树人的成效作为检验学校一切工作的根本

①《爱因斯坦文集》，北京：商务印书馆2011年版，第358页。

标准，真正做到以文化人、以德育人，不但提高学生思想水平、政治觉悟、道德品质、文化素养，做到明大德、守公德、严私德。要把立德树人内化到大学建设和管理各领域、各方面、各环节，做到以树人为核心，以立德为根本。”[①] 学校的工作内容很多，但从根本上说，学校的核心工作就是育人，其他一切工作都应当围绕着培育人才来进行，并始终服务于这项任务。因此，检验学校一切工作成败得失的根本标准，全在于育人的效果。如果学校培养出来的人仅仅是掌握了某种知识和技能但却是反社会人格的人，是给国家、社会和人民带来灾难和祸患的人，那么这种学校教育无疑是失败的，甚至是有极大罪责的。因此，把立德树人确立为检验学校一切工作的根本标准，就是抓住了学校教育的根本。在这个意义上说，能不能做好立德树人的工作，是检验学校一切工作成效的根本标准。

2. 立德树人的基本内涵

（1）立德树人是立德与树人的辩证统一

自古以来，人才就是国家管理和社会发展中的要素，成才也是个人事业成功的前提。古语说：“功以才成，业由才广”说的就是成才对于建功立业的重要性。但是，对于一个人才来说，品德与才识的关系始终是对人才判定的核心关系，德才之辨也是确定人才规格的重要命题。立德树人要求把个体德性的增进作为人才成长的核心要件，并把道德品质的确立作为判断人是否为合格人才的前提条件，实际上就明确了新时代学校教育的目标指向，强调了教育的社会服务和政治服务功能。一方面，立德和树人是统一的，没有合格的道德品质就不是国家和社会需要的合格人才。与个体的智育、体育、美育、劳育相比，立德是最重要的，也是具有决定性和贯通性的。另一方面，培育道德品质也不是人才成长的唯一要件，人才不但应当培育德性，而且应当增长才干，使德性与才智有机结合并统一起来、相辅相成、相互支撑。

（2）培育以社会主义道德为核心的崇高道德品质

培育道德品质向来就是中国教育的核心命题，但在不同时代的教

① 习近平：《在北京大学师生座谈会上的讲话》，北京：人民出版社2018年版，第7页。

育理念和教育体系中，对德的规定却有显著不同。自周秦时期开始，中国传统所谓的“德”就是周礼中所规定的“至德、敏德和孝德”。中国封建社会流传甚久的“三纲五常”本身也是家庭伦理和社会道德规定性的化身。然而，传统社会所倡导的“德”具有鲜明的阶级局限性和社会分化性。今天所谓“立德”中的“德”，是与社会主义本质相结合、与社会主义实践相适应、与社会主义精神相符合的大德，是把个人之德融入国家之德、民族之德的统一之德，是以社会主义道德为核心的个人品德、家庭美德、社会公德和职业道德的结合之德，也是以社会主义之公益超越传统社会之私利的崇高道德。所谓“立德”，就是要通过明大德、守公德、严私德来塑造这种崇高的道德品质，锤炼出社会主义道德人格。

（3）培育担当民族复兴大任的时代新人

育人是学校的主体责任，也是教育的基本任务。但是，培育什么样的人始终是学校教育需要作出准确回答的根本命题。近代中国在西方列强的胁迫和欺凌下陷入颓势，时人在尝试变器物、变制度未果后，才明白要挽救中国必须要靠新教育来培育新人。然而当时所谓新教育并没有起到挽救国运民运的作用，于是有时贤指出：“新教育之所以没有起到真正的效果，就是大家只注意到知识的‘新’，而没有注意到人格的养成。新教育培养出来的人，如果在人格上是东倒西歪的话，就不是一种成功的教育。”[①] 新时代对学校人才培养的规格提出了鲜明要求，即培育担当民族复兴大任的时代新人。民族复兴大任是时代主题，也是实践主题。时代新人要成为合格的社会主义建设者和接班人，就要勇于在不可逆转的民族复兴的历史进程中建功立业，成为德智体美劳全面发展的社会主义建设人才，担当起民族复兴的大任。

（二）课程立德树人的价值呈现

课程教学是教育实现的基本形式，是有目的有计划的规范性的学校育人活动。从课程教学的社会功能看，所有课程教学都是为特定阶级和

① 张元济：《中华民族的人格》，成都：天地出版社 2013 年版，封二。

社会集团达成有效管理、构建治理秩序、培育特定规格的人才服务的。从课程的价值和功用上看，所有课程都有立德树人的意义和价值，也都承载着立德树人的共同使命。

1. 所有课程均反映人的思维立场和主观判断

课程是人们开发的具有教育功能和育人价值的专门化的知识体系，是便于教育教学的组织实施而制定和设计的课业方案及其实现系统。从总体上看，课程是教育教学得以实现的根本载体，也是反映人们系统化、专业化和知识化思维系统的基本形式。按照人类对外部世界认知的分类标准，课程一般可以分为自然科学类课程、社会科学类课程和思维科学类课程。其中，自然科学类课程重在揭示自然规律、传递科学知识，教人掌握并运用自然规律来为人类社会及其发展服务。社会科学类课程重在揭示社会规律、传播社会价值，教人掌握并运用社会规律为人类社会及其发展服务。思维科学类课程重在揭示思维规律、研究思想方法，教人掌握并运用思维规律为人类社会及其发展服务。不论是自然科学类课程还是社会科学类课程，抑或是思维科学类课程，所有课程都是由人类开发并反映人的思维立场和主观判断的。不论是自然规律还是社会规律，抑或是思维规律，都离不开人的思维认知和主观判断，其差别仅在于是基于客观存在的自然现象和事实、社会现象和事实还是思维现象和事实。因此，所有课程都与人的主体意识和认知觉悟有关，也都与宇宙自然的存在、人类社会的发展以及人的思维世界的进步状况有关。在这个意义上说，课程是人的社会实践的产物，所有课程都是与人有关的课程，都离不开人这一核心的建构要素。

2. 对课程蕴含规律的运用包含德性标准

所有课程，不管其包含的是什么样的知识、揭示的是什么样的规律，只要是作为可以传授给学生和受众的对象，都毫不例外地蕴含着价值因素。教授课程的目的在于让学生或受众能够掌握知识和规律，从而运用知识和规律来服务于个人成长和社会进步。在课程所传授的知识和所揭示的规律中，除了包含着人的认识和觉悟外，更包含着因何运用（课程目的）、为谁运用（课程价值和立场）、如何运用（课程方法）和运用效果（课程结果）等一系列价值层面的判断和选择，这就自然不能脱离开对课程主体和课程受用者德性标准的依赖。换句话说，在所有课程系统中，不论是自在的课程本身，还是因在的课程目标，都自然而然地与人的价值目的和德性标准结合在一起。相较于社会科学类课程和思维科学类课程，自然科学类课程所包含的知识和规律在科学普遍性和客观自在性上要显著一些，但只要是作为有计划有目的的课程，它们就绝非价值无涉，更不可能离开课程教学的目的性而凭空存在。这样看来，在课程的实施过程和实践系统中，对学生或受众的道德判断能力、思想认知素养和价值选择水平的训育和塑造就成为课程活动中不可剥离的内容，而这样的内容恰恰蕴含着教育者和受教育者的德性标准的培养，也直接关系课程的功能、价值、目标和目的。

3. 课程以立德树人为核心的德性价值

所有课程都包含着知识、价值和方法等维度的目标和效用。从“什么样的知识最有价值”到“谁的知识最有价值”，再到“知识和价值怎样结合”，始终是课程知识论和课程价值论中的重要命题。知识本身并非德性但知识只有转化为德性，才能称得上是有用的知识。在这个意义上说，知识价值因何且如何转化为德性价值，是确立立德树人原则和落实立德树人理念必须回答的问题。从不同的课程类型来看，要实现教育为本、德育为先的目标，就需要把德育类课程置于比其他课程更重要的地位来对待，而这里的“先”无疑体现在课程立德树人的核心价值。按照课程建设的目标和发展的逻辑看，课程以立德树人为核心也就需要把立德的要求融入到所有课程中去，把德性价值作为所有课程的内在首要价值和终极价值。这样一来，贯穿所有课程的价值主线就应当是其德性目标，也即课程能否、在多大程度上以及以如何方式实现德性价值对知识价值的驾驭和超越，实现德育为基础和根本的课程德化。需要指出的是，课程以立德树人为核心，也就意味着把德的要素和内容作为贯穿所有课程的共同要求，把德的标准作为评价课程能否立足、是否真正立足的指标。由此出发，在现有课程体系中，所谓德育为先就不是单纯地把德育课程线性地安排在其他课程之前教授，而是要把立德的要求辐射和贯通到所有课程中去，以立德引领课程树人的价值。

4. 课程立德育智的辩证发展逻辑

从一般意义上说，课程既承担着传递知识的功能，也承担着塑造德性价值的功能。知识的传授和培养目的是提升受教育者认识和理解外部世界和社会，进而以知识和技能驾驭并改造世界和社会的能力。课程立德树人的重心在于通过课程来培育学生的德性修养，以作为其成人立世兴业的基础。说到底，德性的培养是为人作为社会分子参与社会交往、提升社会化程度做铺垫的。但显而易见的是，在人成长的过程中，知性和德性的培育是并行不悖、完全可以统合起来的。知识视野愈开阔，知性能力越高，对德性的科学认知和理性解读就愈深入。反过来，德性觉悟愈高，价值观念愈科学深刻，对知识的理性驾驭和科学运用就愈发符合社会发展和进步的潮流。良好的课程应当寓德于知、寓理于识，在提供知识经验和思维训练的同时也给受教育者提供德性要素和价值标准。传递知识能够提升受教育者的知性，讲授道德能够塑造受教育者的德性。足够的知性能够使受教育者对德性有更深刻更清晰的理解和感悟，使得其价值选择和价值判断更科学更富有理性。知识的增进和德性的提升在动态发展中彼此消长，并在消长中获得补益。课程的立德和育智功能既是结合在一起而不可偏废的，又是不断提升和相互支撑的。通过课程实现立德树人的目标，也就意味着受教育者的知性和德性沿着理性的逻辑不断循序渐进、螺旋上升。

（三）实现课程协同育人过程中的制约因素

课程具有立德树人的使命，在课程活动和实践过程中也完全有必要有可能实现课程的系统育人，实现知识传授和培育德性的共同增进。然而，在现实教育体系和课程系统中，课程协同育人的效果仍然不够理想，客观上仍存在不少制约课程协同育人的因素。择其要者而言，现实中有如下几个方面的因素在限制课程协同育人的开展：

1. 应试教育模式下的观念因素

应试教育是目前基础教育的主要模式，是在由考试来设定升学门槛和经应试来实现升学遴选的前提下开展的以应对考试而进行的有目的、有计划、体系性的教育模式。在多年来应试教育的影响下，我国基础教育的课程体系形成了以必考科目和课程为主、参考科目和课程为副的结构模式。为更顺利更高效地完成和应对以高考为代表的一系列考试，升入最理想的高等学府或获得期望中的考试资格，应试教育的课程体系便只聚焦知识类或专业类考试课程，而对于那些旨在培育学生思想品德和价值观念的课程则相对被轻视或忽略，甚至在课程设置和教学实施上也付之阙如。这样一来，不光在教育机构内，即便是在社会中都形成了一种重智育轻德育、重分数轻人格、重专业技能轻综合素养、重实用主义轻理想主义的不良教学倾向。在不少教师、学生及其家长的头脑中，实际存在的教育顺序和课程顺序是利于应考的智育类课程占首位，德育类课程往往被置放于末位。换句话说，对德育类课程的社会性轻视是由应试教育模式导致的一种大众观念，而这种观念的普遍存在无疑会影响课程协同育人的组织和实施。

2. 教育领导管理中的体制因素

课程设置和实施属于教育领导管理范畴内的基本命题。众所周知，特定的社会体制和运行机制决定教育领导管理体制，从而也决定课程观和课程体制。尽管目前我国实行的是集中统一的教育领导管理模式，但在教育领导管理体系中并没有完善有效的课程一体化管理体制和运行机制，教育划界管理和职权分割不利于课程协同育人的领导与组织，学科分设和学段分界的现行状况也不利于课程的统一管理和实质衔接。就现实情况看，不仅不同时序中的课程存在科目重叠、内容重复、梯次模糊的问题，而且同一门类的课程体系（如，思想政治理论课）内部也存在内容交叉、思想重复和逻辑结构主观性过强的问题。而欠缺有效的教育领导管理体制，单凭某个教育机构或教师群体自身，这类问题是很难解决的。因此，要实现在立德树人目标下的课程协同育人，就必须从教育领导管理的体制和机制入手，切实建构强有力的课程协同机构并促使其发挥有效作用，借以统筹课程规划和组织实施，屏蔽因学科分化、课程繁殖而造成的协同困局，消除课程结构、体系和逻辑中的矛盾与壁垒，实现课程之间的有效衔接和有机共生。

3. 教育资源配置中的杠杆因素

教育资源是包含教育经费、人才和招生配额、物理空间和教育设施配备等人、财和物要素在内，为教育教学活动的顺利开展提供支撑的内外部资源。教育资源配置是教育发展趋势的指挥棒，也是教学设置和课程变更的定向器。教育资源配置直接影响学科专业和课程教育的结构及其效果。在一定社会发展阶段，教育资源配置受国家政策和社会建设中时代性任务的影响，往往与现实性、实用性的发展目标紧密结合。在现行教育体系内，教育资源配置呈现出向硬科学及其相关专业倾斜的特点，而作为软科学的社会科学在获得教育资源方面则相对困难且明显受限。以教育系统中的科研经费配置为例，自然科学类学科和课程领域内的经费资助力度要远远高于社会科学类学科和课程项目，这不但是不争的事实，而且也客观上造成了学科专业壁垒和课程地位的不平等，从而也制约着课程的有效协同和有机协作。有鉴于此，要实现以立德树人为目标的课程协同，就必须处理好对各类课程进行教育资源配置的现实问题，把握和利用好资源配置的杠杆，促进课程间的协调均衡与同向发力，使得所有课程都能够在资源有效支撑下同向同行，同步同功。

4. 专业教育系统中的能力因素

从形式和内容上看，现代教育是分科化的专业教育，即按照不同学科和科目来组织专门的知识学习、技能训练和思想教育。不同学科和科目之间存在着一定的专业边界和领域差异，在具体的知识和能力培养上也有不同的指向和重点。按照专业学科和科目组织起来的专业化的课程，自然就以特定的专业知识和能力为教育教学的中心工作。立德树人尽管是专业教育理应承担而不可放弃的任务，但毕竟属于统一的高位的要求。从现有学科、科目和课程布局看，教师的教育教学能力、学生的学习兴趣和关注点，会因分科课程的差异而不同，在实现立德树人的任务时所扮演的角色、所承载的具体任务和实现该任务的途径当然也有所差异。因此，在实现课程协同育人上客观存在的一个难题就是课程立德树人的综合要求与该要求在专业性分科化课程中如何具体实现上的困难。事实上，面对立德树人的综合要求，不少专业类课程教育者会遇到跨界瓶颈，在寻找科学的立德目标和价值培育侧重点上往往会出现“本领恐慌”和“能力不足”，常常陷入茫然失措、无从下手的境地。藉此，要实现课程立德树人的协同推进，需要重视超越现有专业教育结构中的能力因素。

（四）促进课程协同建设的基本路径

在立德树人教育理念的引领下，课程协同建设是当前我国教育现代化的基本趋势和重要选择，也是实现培养社会主义建设者和接班人目标的根本任务。从基础教育到高等教育、从职业教育到综合教育、从精英教育到大众教育，教育系统内课程体系的现代化发展也要求推进课程的协同建设和综合创新。结合上述对课程系统育人中制约因素的分析，我们可以从以下几个方面着手开展课程的协同建设：

1. 统一思想观念和实践目标，消除认知屏障

思想观念是行动的先导，只有统一的思想观念，才会有统一的行动。要实现课程立德树人的目标，需要把课程各有关方的思想观念统一起来，使得各方在课程协同的指导思想上达成一致，形成关于课程立德树人的共同认识。就目前实际情况而言，一方面要提升课程各相关方对于立德树人的理解，明确把课程立德、思想育人摆在课程建设的首要位置，把立德树人作为课程协同的第一要务。另一方面，也要细化课程立德树人的实践目标，结合课程活动过程来明确课程何以立德、如何树人的实践方向，把思想认识和实践目标结合起来。在此过程中，我们需要通过政策的、组织的和教育的手段引导思想认识，消除关于课程立德树人命题中的认知屏障，特别是消除课程本位主义、狭隘专业主义和唯知识论的影响，克服在思想上不重视立德树人，在实践上不愿作为、不敢作为和不会作为的现象，把课程活动和课程建设统一到立德树人的目标中，使之成为所有课程共同的使命和价值。

2. 建立课程协同育人机制，制定协同建设规划

在一定意义上说，立德树人的工作是思想政治工作，思想政治工作是覆盖面广、牵涉范围宽、对协同要求高的工作，需要有科学稳定有效的机制保障。在课程协同育人工作中，至为重要的是要建立课程协同育人的机制，把领导、管理、组织、参与的各方责任明确下来，形成课程协同的科学领导机制、工作落实机制和监督评价机制，使得课程协同的方向有人管、责任有人担、事情有人做，课程建设的相关方都在机制的系统中，对机制负责，为机制运行服务。在此基础上，也要进一步制定好课程协同的建设规划，有计划、有步骤、有分别、有层次地推进课程协同育人机制的落实。需要指出的是，在立德树人课程协同育人和协同建设的过程中，科学有效的机制和规划是保障目标落到实处的关键。建立机制并运行好机制、制定规划并落实好规划，这是当前落实课程立德树人目标中亟待解决、亟待推进的重要任务。

3. 完善跨学科融合平台，推进多课程合作共生

在立德树人目标的指引下，各学科、科目和课程有超越本科边界、实现跨界合作的必要。譬如，在体育科学中，一门名为“中华毽”的体育课程要实现立德树人的目标，就要把技能教育和关于毽子的历史文化、道德价值、体育精神等要素巧妙融合到课程教育和教学活动中，形成技能和素质、知识和价值的有效结合。但是，仅凭体育教师本身很难完成技术教学之外的任务，这就需要其他相关学科的教师共同参与完成综合性的教育教学设计和实施。由此来看，要实现课程协同育人，就需要推进学科、科目和课程间的跨界融合平台建设，为不同学科、不同专业和不同课程的教师提供合作共享、相互支持的空间、资源与机会。跨学科融合平台的建构，无疑能够推进多课程合作共生，实现课程知识互利和价值互补，从而为从不同课程中抽取共性的立德树人的精神价值类元素提供支撑，为实现课程协同育人提供保障。

4. 构建教学研习联盟，促进师生朋辈互联互动

课程教育教学活动是内生性增长和外生性增长相统一的活动。教与学既是其中相互对立的范畴，又是密不可分、相辅相成的单元。古语说：“教学相长。”实际上，没有学就无以为教，没有教也无以为学。课程立德树人的目标固然需要由教育者把规范的、正确的道德价值传输引导给学生，但如果仅仅是单向度的灌输，就偏置了道德价值教育和人才培养的实质。对于教育者而言，如果不了解学生的思想价值实际和道德状况，而仅仅照本宣科、教条式地宣讲书本上的抽象道理和固化知识，就很难取得良好的教育效果。这也是目前不少思想类课程难以真正赢得学生信任和认同的原因。在一定意义上说，朋辈之间的沟通学习会大大提升学习效率和教学效果，对课程教育教学起到有益补充和有力支撑。

为此，在建设协同性的课程体系进程中，应当构建出稳固的教学研习联盟，促进道德价值命题在师生之间、生生之间广泛沟通，促进学生思想道德素质和价值能力的有效提升。

（本文系作者于2018年10月20日在河海大学召开的“课程思政与思政课程”研讨会上的发言）

三

高校思想政治教育应加强对大学生人格精神的培育

一

高校思想政治教育是一项特殊的教育，从其本质上说是旨在培养具有高度思想觉悟和政治方向的社会主义合格建设者与可靠接班人的意识形态教育。英国著名哲学家、教育家罗素在谈论教育的目的时说过："首先我们必须对我们所欲培养的人才类型持有某种观念，然后才能对我们认为最优良的教育持有明确的意见。"[①] 按照1984年思想政治教育专业设置时的文件精神，高校思想政治教育的培养目标是"使学生成为德智体全面发展、又红又专的思想政治工作的专门人才"[②]。这里的"德"与"红"，指的是人的思想品德和政治觉悟问题，也即思想政治工作专门人才在"思想上、道德上、品格上和精神上"的标准和水平问题。我们常说，百年大计、教育为本，立德树人、德育为先，所强调的就是作为教育对象的人在其道德品质和精神境界上接受教育的优先性与重要性。但是，在过去几十年中，随着思想政治教育学科化和科学化的发展，我国哲学社会科学领域出现了一种"唯科学主义"的倾向，唯智主义成为教育的首要目标，"看学分、比成绩、抓绩点"的情绪在高等教育系统中弥漫，思想政治教育这种原本旨在培育人的"思想""精神""品格""道德"和"价值观"的"软体教育"也出现了过分追求智力体验和知识积累的倾向。这不仅与思想政治教育的本质目标和根本宗旨不符，在实践

①［英］罗素：《罗素论教育》，杨汉麟译，北京：人民教育出版社2009年版，第29页。

②《教育部关于在十二所院校设置思想政治教育专业的意见（1984年4月13日）》，见教育部思想政治工作司组编：《加强和改进大学生思想政治教育重要文献选编（1978—2008）》，北京：中国人民大学出版社2008年版，第33页。

中也产生了很多不良效果。

从根本上说，高校思想政治教育领域内出现的“唯科学主义”倾向是与我国所处的特定经济社会发展阶段，特别是与由市场经济的负面影响所造成的“个人利益最大化和绝对化”、人际交往困境和人格异化有关，与福利化、技术化所带来的“经济增长崇拜论”“科技万能论”的思维方式有关。在这种思维方式的驱使下，我国高等教育领域中出现了一些令人不安的现象：一部分大学生出现了追逐个人私利、远离崇高、淡化理想、放逐信仰、贪图享乐、羡慕时尚，玩味感官刺激等不健康甚至低级庸俗的思想倾向；有些大学生的社会服务观念淡漠，责任感、使命感下降，道德水平和伦理修养欠佳，社会化能力低下，大局意识、团结意识、合作意识和奉献精神匮乏，拜金主义、个人主义、利己主义、享乐主义、消费主义的思想在校园内大行其道；在某些高校也发生了违背伦理规范、漠视生命尊严、摧残教育价值的“二奶院系”“同学偷拍”“自杀”“他杀”“弑师”等恶性事件。据报道和统计，近年来我国高校出现的大学生违背道德常规、打架斗殴、违法涉案事件、自杀事件和人格精神障碍类问题频发高发，甚至到了令人匪夷所思的地步。这些事件尽管诱因不同、性质不同，但却有一个共同的特点，即都与大学生的精神世界中出现的混乱和畸变有关。

早在2004年，中共中央颁布的《关于进一步加强和改进大学生思想政治教育的意见》（16号文件）中就指明了一些大学生在精神层面存在的问题：“政治信仰迷茫、理想信念模糊、价值取向扭曲、诚信意识淡薄、社会责任感缺乏、艰苦奋斗精神淡化、团结协作观念较差、心理素质欠佳等。”[①] 不难看出，这些问题均发生在大学生的思想观念领域，有的是政治意识问题，有的是价值标准问题，有的则是对社会外界的态度和对他人的基本取向，包括人际关系、社会公德、交往和社会行为问题，还有的是自我意识问题，这些问题虽然在不同思想层面和精神层次上存在，但均可以归结为精神世界的问题。精神世界的问题有一个总的

①《中共中央、国务院关于进一步加强和改进大学生思想政治教育的意见（2004年8月26日）》，见教育部思想政治工作司组编：《加强和改进大学生思想政治教育重要文献选编（1978—2008）》，北京：中国人民大学出版社2008年版，第377页。

源头，也就是“人是什么”的问题，而这个问题转移到思想政治教育的实现系统中也就成了“如何做人”的问题，特别是“做什么样的人”的问题。改革开放以来，我国高校的思想政治教育注重了对学生基本政治立场、政治价值观的引导，强调对其作为“建设者和接班人”这一政治组织角色的培养，却在一定程度上忽略了学生作为原始的、本色的“人”及其社会角色的培养。换言之，我们在力图培养出合格的“政治人”的同时忽略了思想政治教育所肩负的培养“社会人”的职能，在强化大学生“政治精神”获得的同时缺乏了对大学生人格精神的重视，缺乏了基于培养“人”这一基本要求而必需的人文关怀和心理疏导。由此，我们也就不难理解党的十七大报告中所鲜明提出的要“加强和改进思想政治工作，注重人文关怀和心理疏导”。党的十八大报告不但重复强调了这一点，而且还进一步提出要“培育自尊自信、理性平和、积极向上的社会心态”[①]。毋庸置疑，这种对社会心态的要求同样也适用于大学生。但是，除此之外，作为当今时代的参与者和建设者，当代大学生应该具备什么样的人格精神呢？

二

人格精神是与人格密切相关的概念。众所周知，人格是在现代心理学和伦理学中常用的概念。在心理学中，人格又称“个性”，是个人稳定的心理品质，这是一种在家庭、社会的影响下逐步形成的包括人格倾向性和人格心理特征在内，含需要、动机、兴趣、信念以及气质、能力、性格等特征的综合。除此以外，人格这一术语也用于伦理学，指的是道德主体品格的综合，是个体内在的精神特征和外在的行为倾向性，是行为意向和态度的统一，是个人做人的尊严、价值和道德品质的总称，表现为一个人的思想心理、道德情操、价值判断系统上的不断变化的精神综合。蒋梦麟先生解释说：“何谓人格？本个人固有之特性，具独立不移之精神，其蕴也如白玉，其发也如春日，而此特性，此精神，即

① 胡锦涛：《坚定不移沿着中国特色社会主义道路前进　为全面建成小康社会而奋斗——在中国共产党第十八次全国代表大会上的报告》，北京：人民出版社2012年版，第32页。

所谓人格也。”[①]综合起来说，人格包含两层含义：一是做人的规格，二是为人的品格。人格精神是人格的思想存在和精神体现，是人格的核心和灵魂。在西方精神哲学中，人格精神被唯心主义者们视作精神的存在形态之一，它“不仅仅是反映实在世界和观念世界的精神……特别是由于上述那些感情的——超验的作用而被纳入生活关系的现实之中”[②]。我们认为，人格精神指人稳定的、积极的、健康的精神状态，是人的观念的、道德的、情感的、意志的和审美的理想品质与精神品格。人格精神既有个体呈现，也有集体或群体的公共表现，但其最核心的表现就是人的尊严、价值、荣誉和品性中所具备的基本精神，这种精神可以具体体现到人的思想观念、生活实践与行为活动中。

高校思想政治教育为什么要注重培育大学生的人格精神呢？我们认为，其原因至少有以下三个方面：

第一是“正本”。高校思想政治教育尽管是一种特殊类型的教育，但仍然是教育，是教育就不能脱离开与“人格精神”的关系。这包含两层关系：一是和“人”的关系。人是需要教育的。捷克大教育家夸美纽斯在《大教学论》中认为，人是一个小小的宇宙，人是造物中最崇高、最完善、最美好的。但是“人不是良善的，而是变善的！事实上只有受过一种合适的教育，人才能成为一个人”[③]。人格的形成与多方面因素有关，除去自然性的遗传外，更多地与人后天的生存环境、成长条件特别是所受教育有关。二是和“精神”的关系。教育不能仅限于教给人从事物质生产劳动的知识和技能，不能仅限于带给人以获得物质福利的能力，同时也应当给人以精神财富和精神能力，譬如思维、方法、信仰和价值观等。甚至，教育所赋予人的改造“物”或获得“物质”的能力，也终究是通过与精神相联系的对象而起作用的。照此看，注重培育大学生的“人格精神”，乃是思想政治教育的“正本之策”。

第二是“纠偏”。现代大学教育中，大学生的人格精神教育往往被

① 蒋梦麟：《进化社会的人格教育》，《教育杂志》1918 年 6 月第 10 卷第 6 期。

②［联邦德国］施泰格缪勒：《当代哲学主流》（上卷），王炳文等译，北京：商务印书馆 1986 年版，第 297—298 页。

③［捷克］夸美纽斯：《大教学论》，傅任敢译，北京：人民教育出版社 1984 年版，第 67 页。

忽视或者说不够理想。联合国教科文组织的教育总干事雅克·德洛尔在提交给联合国教科文组织的报告中指出："目前教育青年人的方式，对于青年人的训练，人们接受的大量信息，这一切都有助于人格的分裂。为从事某种内容分得很细或者某种效率不高的工作而进行的训练过高地评估了提高技术才能的重要性而损害了其他更有人性的品质。"① 前面也提到，现代教育，甚至高校的思想政治教育都深受"科学主义"和"唯智主义"的影响，不少教育内容和过程都是打着科学的旗号追求教育的"精致化"和"细腻化"，教育过程中所运用和发现本质上却是"唯科学主义"和"伪科学主义"的产物，所采用的是虚假的知识和冒牌的科学，尽管敷衍了教育的过程，但起不到思想政治教育特别是人格精神培育的作用。

第三是"升华"。冯友兰先生说："真正的教育的目的，是在于使人知人的应该是什么，并且使人照着'应该是什么'去做，但并不能对任何人都有相同的功效，虽真正的教育也是如此。"② 教育虽具有等差性和殊别性，但却是改变人的本性、提升人的精神境界的活动。哲学家德谟克里特也有一句名言，教育很可以改变一个人，但这样做了它就创造了一种第二本性。人是否有第二本性是一个值得探讨的问题，但德谟克里特这句话给我们的启示是：教育能够改变人的本性，甚至能够创造出那些与人的本性紧密相关的东西。思想政治教育是指向性很明确的教育，它要进行的是思想改造、精神塑造和素质养成。通过思想、精神的训育和素质的培育，人就可能实现思想觉悟、道德水准、信念水平和精神境界的提升，人格精神也就能够得到升华。

总的来看，注重人格精神培育实际上是通过思想政治教育而在大学生群体中进行"心魂再造""精神再生""灵根再植"的工程，是"修明一己"并进而成君子之性、育至善明德的事业，也是思想政治教育臻于成熟、追求全面育人的最高境界的必然要求。

① 21世纪教育委员会：《教育——财富蕴藏其中》，北京：教育科学出版社1996年版，第195页。

②《冯友兰论教育》，谢广宽编，北京：人民出版社2010年版，第130页。

三

思想家叔本华说过:"'人是什么'以及'人自身所固有的东西',一言以蔽之曰,人格,由它所造成的一切,乃是我们幸福和福祉唯一直接的源泉,而其他则只是媒介和手段,因而不会对幸福发生特别的影响。但人格的影响就不同了。由个人品性所激发起来的嫉妒何以最难平息,其原因也就在此。"[①]要解决当代大学生精神世界中存在和出现的问题,需要按照"以人为本、科学发展"的要求,在加强思想政治教育中提升对大学生人格精神的培育力度,促使大学生养成健全、完善的人格,具备崇高而美善的人格精神。

那么,高校的思想政治教育如何才能注重人格精神教育呢?

首先,思想政治教育者和教育管理者要研究并运用人格精神教育的理论,提出人格精神的内容规范和培育目标。目前,我国关于人格和人格教育的研究有两大特征:一是照搬照抄西方人格理论者居多,探讨中国本土人格教育理论者寡鲜稀少。西方的理论可以借鉴,但毕竟不一定符合中国的"水土"。二是局限于个别学科(如心理学)且停留于"纯学术"层面,不仅面窄,而且应用度弱。此外,中国文化传统和历史传统中也有着相当丰富的对于"人格精神"的倡导,譬如大丈夫精神、圣贤精神等,这些思想资源十分宝贵,但作为理论资源却不够系统和完整,也未必与时代要求完全合拍。[②]当代中国人应该具有何种人格精神才能生活得幸福快乐自由且能造福于人类?当代中国大学生应具备一种

①《叔本华论说文集》,范进等译,北京:商务印书馆1999年版,第13页。

② 唐君毅先生认为,中国与西方的具体人格精神有所不同:"人之超越现实之精神表现,可为一往直前之向慕理想,而亦可为超越此一往直前之态度本身,或此超越精神之本身,转而着重于现实或凡俗中实现超越的理想。前者为西方人格精神之所特表现者,而后者则为中国人格精神之所特表现者。"他专门列举论述了11种人格之精神,最后提出"故真正儒家之狂者之志,即为贯通天人与古今之人格精神,并以其人格精神,改造现实社会"。这11种人格精神包括:一、有功德于民生日用之人物;二、学者;三、文学家与艺术家;四、儒将与圣君贤相;五、豪杰之士;六、侠义之士;七、气节之士(四、五、六、七为中国之社会政治性人格);八、高僧;九、隐逸与仙道(八、九为宗教性人格);十、独行人物;十一、圣贤(十、十一为道德性人格)。参见:唐君毅:《中国文化之精神价值》,桂林:广西师范大学出版社2005年版,第280—307页。

什么样的人格精神？其内容和目标是什么？这些都是需要深入研究并需要加以规范和明确的问题。我以为，当代中国大学生的人格精神也即与大学生的尊严、价值、荣誉和品性紧密相关的基本精神，这种人格精神是复杂的、具有一定层次和结构的，但其内容应至少是以下三方面人格精神的融合：一是“好人”精神，即做一个善良、公正、具有平等心、正义感和关怀度的良民，这是日常生活中所展现的人格精神。二是“士人”精神，即保持严谨求实的态度、独立思考、自由批判能力与坚定的建构意志的学人精神。按照顾炎武、梁启超的说法，“士人”人格“最忌的是圆滑，最要的是方严”。这是职业生活中所展现的人格精神。三是“君子”精神，即具备“温良恭俭让”的品性，同时在面临利益抉择时不仅仅能够“己所不欲，勿施于人”，而且能够发扬“利人达人”的精神。这是在日常生活和职业生活的基础上所构建的理想人格精神。当然，这样的人格精神中也一定包含着前面所提到的“自尊自信、理性平和、积极向上的心态”。

其次，以培育完全人格和健美精神为中心，调整高校思想政治教育的教育教学实施与评价机制。目前，无论是作为学科和专业的我国高校思想政治教育，还是在实践层面上开展着的高校思想政治理论课教学，都仍然沿袭传统的“说服教育”和“思想灌输”的实践模式，不仅实践效果较差，而且实施信度也低下。同时，国内思想政治教育学界正在致力从教学方法、教学手段和教学实现形式上做出调整和改变，力图提高思想政治教育的实效性。这些改革当然是有益的，也是值得肯定的，但这并不意味着它是治本的，不意味着它能够彻底扭转目前高校思想政治教育出现的困局，为解决大学生精神世界中存在的问题找到科学、正确和适宜的路径。要切实改变高校思想政治教育在应对和解决大学生精神世界诸问题上的窘境，一方面需要在高校思想政治教育的育人理念上进行调适性的改革，建构其以培育完全人格和健美精神为中心的人才培育系统，力争促进大学生能够获得保持知情意行全面发展、均衡进步的价值和能力。另一方面也要启动相应的配套改革，重点是与大学生的思想发育和精神成长紧密相关的教育教学环节的改革。在这方面，当前急需要改变和调整的是高校思想政治教育在课程体系、教学内容和考核评价机制上那些已经僵化、过时，甚至成为教学禁锢的做法（譬如，教材管理方式、教学方式和考试方式等）。

最后，要把抽象的精神要求物化和具象化，在思想政治教育实践中为人格精神培育找到适切的实现路径。在高校思想政治教育的语境和实践中所要培育的人格精神，尽管必然要尊重学生们形形色色的性格选择和价值需要，但必定也是一种共同的人格精神，至少是大学生群体所要具备的群体性的人格品质，有特定的标准和要求。思想政治教育者要善于把抽象的精神要求转化为具象的行为指标，并结合思想政治教育的实践体系为大学生人格精神的培育找到实现的空间和路径。英国学者彭迈克（Michael Harris Bond）在研究中国人的心理时提到了一种“内隐人格理论”（implicit personality theory），他认为中国人在知觉他人时也用他们知觉自己时的“簇群”。例如，一个“社会取向”的人拥有下列特性：诚实、善良、温和、忠诚、友好、仁慈、不自私、不投机取巧，也不羞怯。[①] 由此，若要培育“社会取向”的人格精神，思想政治教育就可以从由上述特性所构成的“簇群”中找到可行的或可能的实现手段。在这个意义上看，大学生人格精神培育的过程，其实也就是把思想的、伦理的、道德的、政治的乃至经济、文化和社会的精神规范现实化的过程。在此过程中，对于人格精神的传统气息与时代特征、思想认知和现实行为、理想人格和实际标准、榜样示范与自我修习、自觉教育与学习从教之间的衔接是十分重要的。

（原文发表于《中国高等教育》2014 年第 9 期）

① 参见［英］彭迈克：《难以捉摸的中国人：中国人心理剖析》，杨德译，沈阳：辽宁教育出版社 1997 年版，第 51 页。

四

努力掌握并用好思想政治理论课教学的科学规律

思想政治理论课是我国高校普遍开设的一门公共必修课程，是我国高校意识形态教育的重要途径和基本载体。从隶属关系上看，思想政治理论课既属于哲学社会科学类课程，也是马克思主义理论类课程。这类课程的教学中既包含着哲学社会科学的教育规律，也包含着马克思主义理论的教学规律。研究和探索思想政治理论课教学的科学规律，对于更好地理解和把握思想政治理论课的设置目的、实践本质和活动关系，处理思想政治理论课教学过程中的矛盾，改善思想政治理论课教学质量，提升思想政治理论课的针对性和亲和力具有重要意义。

（一）思想政治理论课教学重在把握科学规律

思想政治理论课是我国高校开设的一门特殊的课程，是用中国共产党的思想学说和政治理论来塑造学生的思想意识、思维方式和价值观念的专门性的教育活动。顾名思义，思想政治理论课教学的主体内容是思想政治理论，呈现方式是思想教育、政治教育和理论教育。其中，思想教育主要是思想意识教育，重在培育学生正确的思维方法、情操意识，形成科学的思维方式和思想意识；政治教育主要是政治立场、政治观点教育，重在使学生养成正确的政治价值观，形成对党的政治认同；理论教育主要是党的理论的传播和教育，重在使学生接受党的主张，理解党的路线、方针和政策，形成对党的理论认同。总的来说，高校思想政治理论课教学是以思想意识教育和价值观教育为主体、以理论教育为载体的价值型教学，它不同于自然学科或人文学科中以传授知识、教会技能为主题的知识型教学，具有比知识型教学更高的实践经验性、价值抽象性和不可再现性。

思想政治理论的形成不是人类思维在书斋中凭空发挥或抽象演绎的结果，也不是在实验室中用仪器计算或测量而得出的结论，而是在长期复杂而丰富的社会改造过程中凝练的实践智慧和理性经验的结晶。用之于高校思想政治理论课教学的主要内容，是中国共产党领导中国人民在长期的革命、建设和改革过程中积累形成的基本价值、基本经验和基本理论，是改造社会关系和进行社会化再生产过程中得到的基本思想、基本规律和基本结论。因此，思想政治理论课教学就是要把这些基本价值、基本经验和基本理论讲清楚，把这些基本思想、基本规律和基本结论说明白，让学生从中感知其中所包含的思想的魅力、理论的魅力和真理的魅力。综合起来看，思想政治理论课实际上包含了在改造社会过程中人的思想形成发展的规律与社会控制和变迁的规律。这些规律不是出自自然科学的认知规律而是隶属于社会科学的价值规律，它们反映了中国共产党在带领广大人民群众改造中国社会中所获得的科学规律。

教学涉及教与学双方的互动关系，思想政治理论课教学是先知教育后知的哲理教育活动。德国思想家雅斯贝尔斯说："哲理课发展思想和精神的敏锐和透明，培养说话的清晰和简明、表达的严格与简洁、把握事物的形式、特征，以及了解思想论争双方的焦点所在，以及如何运用'思'而使问题得以澄清。""因此教育的原则，是通过现存世界的全部文化导向人的灵魂觉醒之本源和根基，而不是导向由原初派生出来的东西和平庸的知识。"[①] 可以说，在思想政治理论课教学关系框架中，科学规律是融合了知识与价值的综合体，既反映思想政治理论课的本质关系和基本价值，又能够衔接成长阶段学生的认知偏好和学习志趣。在解析思想和传授价值方面，教师应当成为传道和解惑的人师而不仅仅停留于传递需要死记硬背的知识，学生应当通过思想政治理论课的学习做到学以成人、学以知世、学以有德而不仅仅是获得专业技能。换言之，教师是思想政治理论课教育链条和教学活动中的"先知先觉者"，教学的过程是面向学生的价值型教育，其根本目标是"使先知觉后知，使先觉觉

①［德］雅斯贝尔斯：《什么是教育》，邹进译，北京：生活·读书·新知三联书店1991年版，第3—4页。

后觉”[①]，让学生掌握思想政治理论中所包含的有助于学生成长、成才和实现其社会化的思想和价值。这也就意味着，在思想政治理论课教学过程中，无论是作为教授方的教师还是作为学习方的学生，都需要掌握这门课程所包含的科学规律。

（二）思想政治理论课教学中的科学规律

俗话说：“教无定法、贵在得法。”这里所说的“法”，指的是一般意义上的“教学方法”。这句话强调了教学活动的灵活性和教学方法的多样性，强调了教学方法因人制宜、因事制宜的一面。但是，所有方法都是解决教学活动内在矛盾，处理教学关系的规律、原则和准则的具体化，尤其是对教学活动中所包含的科学规律的反映。不符合科学规律的方法不但对于解决教学中的矛盾是无效的，对于提升教学质量和效果肯定也是无益的。恩格斯指出：“自由不在于幻想中摆脱自然规律而独立，而在于认识这些规律，从而能够有计划地使自然规律为一定的目的服务。这无论对外部自然的规律，或对支配人本身的肉体存在和精神存在的规律来说，都是一样的。”[②]在思想政治理论课教学中，我们应努力认清、切实尊重并把握课程教学的科学规律，从规律出发，按规律办事，让遵循规律成为思想政治理论课教学的自觉。

一是思想政治理论课教学中传授知识与传递价值统一渗透的规律。如前所述，思想政治理论课是以价值型教学为主的特殊课程，它既具有科学的属性，又具有哲学的特征，既有知识含量，又有价值意涵。不过，由于课程的属性特别是受其政治规定性约束，思想政治理论课教学不能等同于一般的知识型教学，不能以传授知识为教学目标，而应当把价值传递作为教学的最终目的。也就是说，思想政治理论课教学不能停留在授业层面上，而应当完成传道的任务。当然，显而易见的是，传道和授业又不能截然对立和断然分开。由于所有的道理和经验都必须以信息传递与知识表达为载体，思想政治理论只有通过可以感知并且易于固化的知识呈现出来才更形象、更容易为学生获得，因此思想政治理论课

①《孟子译注》，杨伯峻译注，北京：中华书局1960年版，第225页。

②《马克思恩格斯选集》（第3卷），北京：人民出版社2012年版，第491—492页。

教学中的传道又不能过于抽象，不能仅仅把实践经验和价值结论以课堂展示的枯燥形式简单地告诉学生。从过程角度看，由于思想政治理论兼具社会科学和政治哲学的双重特征，教授思想政治理论就必须注意传授知识与传递价值之间的统一渗透规律，注意到二者之间既相互融合又不能完全替代和任意取消的对立统一关系。藉此，讲授思想政治理论课就需要注意到用定量的知识传递定性的价值，发现知识与价值之间的融合度和结合点，一方面不能把知识和价值割裂开，另一方面又要努力实现通过传授知识来传递价值的目的。

二是思想政治理论课教学中认识反复、思想提升和价值观念转化的规律。与其他学科的知识相比，思想政治理论课的思想价值含量更高，也可以说它根本上就是以思想塑造和价值培育为主的。与形成某种以识别记忆为目的的知识化教学相比，思想政治理论课教学包含了更大更多的思想反刍的过程。在思想政治理论课教学中，教师讲解和传授了一种预设的理论观点或价值观念，但它在学生头脑中形成的认识有可能是模糊的、不全面的甚至是值得怀疑的，在这样的认识基础上形成的价值观念则有可能是不稳定的。因此说，思想政治理论课教学必然包含着认识反复、思想提升和价值观念的转化，而认识的不断反复和思想价值观念的螺旋式提升就构成了思想政治理论课教学中一条基础性的教学规律。恩格斯曾经指出："人脑是彼此并列和前后相继地从事这种无限的认识的，会在实践上和理论上出差错，从歪曲的、片面的、错误的前提出发，循着错误的、弯曲的、不可靠的道路行进，往往当正确的东西碰到鼻子尖的时候还是没有得到它……因此，对无限的东西的认识受到双重困难的困扰，并且按其本性来说，只能通过一个无限的渐近的前进过程而实现。"[①] 照此来看，在思想政治理论课教学过程中，教师和学生都需要不断地提高自身的学术修养和学习自觉，教师应尊重自身和学生的思想认识具有反复性的规律，允许并接纳学生对所接受的思想认识和价值观念持观望和怀疑态度，并努力消除学生的思想疑惑和价值困惑，不断强化和提升正确的思想价值观念。

三是思想政治理论课教学中博采众长、因时而化、稳中求进的协

①《马克思恩格斯选集》(第3卷)，北京：人民出版社2012年版，第938页。

同规律。思想政治理论课所包含的思想、理论和价值在多个学科和多项工作中都能够得到体现，也都能够获得培养，因此，可以说它们在思想政治理论课教学中是显性主旨，在其他学科教学和学校相关工作中则是隐性主题。即便是在思想政治理论课教学系统内部，也存在着各种要素之间的配合与协同问题。因此，要提升思想政治理论课的教学质量和效果，需要从整体视角分析并掌握思想政治理论课教学中的复杂因素、多维关系和动态效果，尊重做好思想政治理论课教学中博采众长、因时而化、稳中求进的协同规律。首先，从资源角度看，思想政治理论课教学需要博采众长，聚拢各方面的优势和资源以形成合力，构筑各方面教育资源、各类课程和各种力量同向同行、协调共进的局面。其次，思想政治理论课教学也是一个动态的与时俱进的过程，无论是教学内容还是教学方法都不能僵化凝滞、墨守成规，而是需要因事而化、因时而进、因势而新，把科学的理论、正确的思想和有益的价值观念与时代感强、说服力强的教学素材相结合并以恰当灵活的方式展现出来。还有，思想政治理论课教学效果形成和质量提升是一个缓慢积累的过程，不可能计日程功，也不可能一蹴而就，要在长期的变革和积累中逐步提升思想政治理论课教学的实效，坚持在改进中加强思想政治理论课教学过程中科学规律的把握和运用，使学生思想观念和价值体系的调整与改善始终处于良性循环之中。

总之，思想政治理论课教学是具有科学规律也需要尊重科学规律的实践活动，思想政治理论课教学的科学规律本质上是实现社会科学与政治哲学相融合的育人规律。科学是实验的科学，科学就在于用理性方法去整理感性材料。在思想政治理论课教学中，运用理性分析和理性思考去破除学生头脑中的感性认识和感性经验、提升思想政治理论课教学的针对性和亲和力既是教学的常态，也是教学的长态。《吕氏春秋》在谈到国家的教学问题时有警示之言说："达师之教也，使弟子安焉、乐焉、休焉、游焉、肃焉、严焉。此六者得于学，则邪辟之道塞矣，理义之术胜矣。"[①]"师操不化不听之术而以强教之，欲道之行、身之尊也，不亦远

①［战国］吕不韦：《吕氏春秋》，呼和浩特：内蒙古人民出版社2008年版，第23页。

乎？”[①] 教师是思想政治理论课教学的第一责任人和首席实践者，对于思想政治理论课教师而言，掌握并运用好该类课程教学中的科学规律，不失为教学活动提质增效的良策。

（三）运用科学规律提升思想政治理论课教学质量

当前，我国高校的思想政治理论课改革正处在一个关键时期，全面深化教育综合改革既对思想政治理论课改革提出了要求，也为其提供了机遇和条件。从总体上看，提升思想政治理论课教学质量和效果是目前打赢教育综合改革攻坚战的题中之义和必然之行。在提升思想政治理论课教学质量和效果方面，运用科学规律又是其根本出路。

一是坚持教书与育人相统一，教学旨在立德树人，教书当以育人为本。思想政治理论课不同于其他的知识型课程，不应以传授技艺或知识为主，而应当坚持育人为本，这是由思想政治理论课的性质和使命所决定的。藉此，评价思想政治理论课教学质量的标准也不应当看教师是否教给学生某种知识和技能，而应当看教师在多大程度上塑造了学生的思维方式和价值观念。这样一来，掌握并运用好思想政治理论课教学的科学规律就要求教师和教学应坚持教书与育人相统一，把教学的目的定位于立德树人，把教书的目标定位在价值教育而非知识教育上，把思想政治理论课教学的科学规律转化为育人实践的实际活动中，把提升思想政治理论课质量和效果的标准设置在如何以及在多大程度上改变和塑造了学生的政治素养、思想道德品质和社会情怀上。实际上，只有真正校准了思想政治理论课教书育人的定位，才算得上真正把握住了思想政治理论课教学的规律。

二是坚持在价值目标指引下尊重学生成长的过程和现实。在当前的社会发展阶段和国内外环境影响下，高校中存在着明显的实用主义和功利主义思想倾向，不少学生只看重显性的学业成绩而忽略个人思想和价值观的培养，只关注事件的成功而忽略成长的细节和过程，不少教师只注重个人物质获利和科研投入而忽视教学投入。运用好思想政治理论

①［战国］吕不韦：《吕氏春秋》，呼和浩特：内蒙古人民出版社 2008 年版，第 21 页。

课教学的科学规律、提升思想政治理论课教学质量既要提升教师教学的质量，也要提升学生学习的质量。提升教师教学的质量需要教师对教学有更多的投入，提升教师的能力、水平和素质；提升学生学习的质量需要学生更多地关注学习的意义和价值，提高学生对课程和教学过程的兴趣。教师教学质量和学生学习质量的结合点在于要坚持在价值目标指引下注重学生成长的过程和现实，聚焦学生真正关心也真正需要关心的深层次的思想理论问题和价值生存问题。实际上，学生的成才只是一种最后的结果，这种结果的达成和实现需要有正确价值目标的指引，也需要注重成长过程和成长现实，否则就容易走向邪路。

三是坚持从思想政治工作全局出发抓好思想政治理论课教学。在我国高校，思想政治理论课教学无疑是思想政治教育的主渠道，也是高校思想政治工作的重要内容和基本组成部分。思想政治理论课教学的科学规律直接反映思想政治理论课教学活动内部的本质关系。毫无疑问，要提升思想政治理论课教学质量，应当首先从内部关系着手并切实解决好贯穿于思想政治理论课教学诸环节的内部矛盾。不过，在当前情况下，仅仅关注教学活动内部的问题并不能够充分反映思想政治理论课建设面临的现实状态和客观情况，也不能够完全消除影响思想政治理论课教学效果的障碍性因素。要提升思想政治理论课教学质量和效果，应当切实关注教学规律得以发生、发展和发生作用的场域空间与外部关系，坚持从思想政治工作全局出发，协调好思想政治理论课教学的外部关系，整合有利于教学规律实施的资源与因素，保障和促进教学规律的发生与实现。

（原文发表于《思想理论教育导刊》2017 年第 9 期）

五

思想政治教育课程论：现状、问题与发展

课程是思想政治教育学科的内在要素和构成质料，是思想政治教育得以实施的基本抓手。三十年来，伴随着思想政治教育专业的设立和思想政治教育学科的建设，思想政治教育课程也不断创新，在课程的内容、结构和教学实施上取得了突破式进展，思想政治教育的知识化和课程化也迈出了重大步伐。但是，面对日趋深入的全球化、市场化和信息化的发展境遇与生存状态，思想政治教育课程建设领域也出现了一些新问题和新任务，在课程管理的灵活性、课程内容的针对性、课程结构的协同性、课程体系的科学性、课程技术的适应性以及课程应用的实效性等方面都有待提高。面对现实的要求和未来的趋势，思想政治教育课程的发展和创新依然任重而道远。

（一）三十年来思想政治教育课程建设的基本成就

思想政治教育课程包含两类课程：一类是作为广义思想政治教育课程的思想政治理论课，另一类是作为学科和专业的思想政治教育课程。前一类课程在新中国成立前就已存在，其发展的历史很长，至今已有丰富的积累，在实践中也取得了良好效果。后一类课程是自 1984 年思想政治教育专业设立才开始提到建设日程上来的专门课程，是学科意义上的专业课程，迄今已有 30 年的建设和发展史。思想政治教育专业和学科一经设立，便提出了思想政治教育课程专业化的任务。它一方面打开了思想政治教育课程学科化、正规化建设的大门，另一方面为该课程的科学化和系统化建设提供了崭新的平台。三十年来，思想政治教育课程建设不断推进，取得了比较大的进步。概而言之，思想政治教育课程建设的成就主要包括四个方面：

一是坚持并运用了一脉相承的课程指导思想，明确了课程建设的思路和原则。我国的思想政治教育课程是中国共产党领导下的意识形态教育的重要载体，必须坚持党的领导，坚持把马克思列宁主义的指导思想贯穿到思想政治理论课程的建设和实践中。这既是中国共产党在领导新民主主义革命过程中以课程的形式教育党政干部、工农群众和军队所积累的经验，也是新中国成立后在复杂的国际国内斗争与社会主义革命和建设实践中获得的启示。三十年来，思想政治理论课程和思想政治教育专业课程都努力坚持并运用马克思主义和中国化的马克思主义作为指导，不断推进课程的发展和繁荣。中国化马克思主义是马克思主义中国化的成果，其内容和表述会有时代性的变化，但在思想实质上却是一脉相承的。1992 年 7 月，国家教委在加强高校思想政治教育课程教材建设的管理意见中提出该门课的课程建设“必须坚持以马克思主义为指导”[①]。在马克思主义和中国化马克思主义的指导下，思想政治教育课程建设遵循了精要务实、突出特色、针对教育现实、贴近教育培养目标的原则，努力把马克思主义和中国特色社会主义理论融入思想政治教育课程和教材，确立并落实了把思想政治教育专业的学生培养成为德智体全面发展、又红又专的思想政治工作的专门人才，把接受教育的广大学生培养成为社会主义合格建设者和可靠接班人的课程建设思路。

二是形成了专业性的课程结构体系和教材体系，规范了教育教学的基本内容。三十年来，思想政治教育专业从无到有、从小到大、从弱到强，在规模和质量上不断提升。在课程设置方面，1984 年《教育部关于在十二所院校设置思想政治教育专业的意见》就提出了包含马列理论、党的政策、文化科学特别是文史知识、思政专业以及实际工作能力在内的 28 门课程，确立了由公共课、基础课、专业基础课、专业课和实践课组成的课程结构。[②] 1993 年，《国家教育委员会关于高等学校思想政治教育专业办学的意见》中也提出“要形成主体一致、互相衔接、门数和深广度要求有所不同的研究生、第二学士学位生、本科生、专科生等不

① 教育部思想政治工作司组编:《加强和改进大学生思想政治教育重要文献选编（1978—2008）》，北京：中国人民大学出版社 2008 年版，第 176 页。

② 同上书，第 34—35 页。

同学历层次的方案”，明确了思想政治教育专业设置为“公共课、基础课和专业课”三个部分，规定了各学历层次所学的课程科目等。[①]经过多年建设，目前我国的思想政治教育学界已经编制了若干轮的“思想政治理论课教材”和思想政治教育专业系列教材（面向21世纪课程教材、21世纪思想政治教育专业系列教材等），形成了以不同学历层次为纵向课程梯次和以原理研究、发展史研究、方法研究和比较研究为横向课程领域的专业性思想政治教育课程体系，形成了以多学科广泛交叉、有限借鉴、有机融合为内容源、由课程决定的教材体系。尽管这两个体系建设的进度不同，但在过去三十年中均有大尺度的发展，有效地塑造并规范了思想政治教育专业课程的教育教学内容。

三是搭建了专业教育和公共教育互补共建的平台，构设了课程双轨发展的机制。自思想政治教育专业和学科设立以来，原有的思想政治理论课（即公共课）系统不但没有废止，反而得到了加强。出现这样的结果实际上正符合思想政治教育专业的设置初衷，即以专业化的人才培育体系和理论成果体系支撑思想政治理论课的教育教学，同时用思想政治理论课教学中的问题反哺和促进专业理论研究和发展。事实上，从思想政治教育专业设立之初，思想政治理论课程的改革就紧跟着启动了。三十年来，思想政治教育课程建设的显著成就是搭建了专业教育和公共教育互补共建的平台，构设并稳定了课程平行推进、双轨发展、相互补益的机制。尽管原有的思想政治理论课程建设经历了从“85”方案到“98”方案再到“05”方案的调整，但每次课程调整都有明显的现实需要和针对性，也都会与专业化的思想政治教育课程建设形成呼应并带来互动。相对而言，由于公共性的思想政治理论课偏重思想政治工作和思想教育在实践层面上呈现的教学问题，而专业性的思想政治教育课程更偏重于解决作为学科和科学的思想理论研究层面的问题，这种双轨式的课程发展价值实际上就构成了思想政治教育课程建设从实践到理论再到实践的良性循环，从而大大有利于两类课程的交叉建设和共同发展。

四是广泛开展了思想政治教育课程实践，有效推动了思想政治教育

① 教育部思想政治工作司组编:《加强和改进大学生思想政治教育重要文献选编（1978—2008）》，北京：中国人民大学出版社2008年版，第189页。

事业的发展。课程实践是思想政治教育的实现途径，也是教育过程具体化的基本保障。三十年来，伴随着思想政治教育课程的建设和发展，课程实践也得到了较大推进。除去常规性的理论宣传和课堂教学外，思想政治教育者们也通过生产劳动、公益实践、社会调查、课程实习等多层次、多形式的实践课程辅助进行了教育活动，拓展了启发式、参与式和研究式课程教学模式，从而在一定程度上弥补了理论教育的不足，增强了思想政治教育课程的实践感和体验性，提升了课程教育教学的感召力和实效性。从高校思想政治理论课的发展情况看，自“05”方案开始，课程实践更多地添加了“实践教学”的内容，从而保障思想政治教育课程为适应时代要求和教育现实而实现的“课程—科目—教学”的实践化转向。与此相对应的是，大致从同一时期开始，专业化的思想政治教育课程也摆脱了对纯粹理论研究和理论教学的倚重，转而较多地重视了课程及其内容的针对性和现实性，较多地强调思想政治教育专业课程理论的实践来源和实践取向。这一转变，也集中反映在思想政治教育专业课程的设置和修订上。总之，由于课程实践是关系到课程实现形式的关键环节，因此实践化转向自然就能够反映到课程教学的最终效果中，从而有效地推动了思想政治教育事业的发展。

（二）思想政治教育课程建设中的现存问题

思想政治教育学虽然已经有了三十年的建设和发展史，但对于一个独立学科而言，这段历史还相对短暂。学科建设是一项复杂工程，内容繁多，项目林立，课程仅是学科建设的任务之一。经过专业化、学科化和科学化的尝试，思想政治教育课程建设所取得的成就是值得肯定的。但与此同时，与国内外相邻学科和相似学科的课程建设作比较，思想政治教育课程目前也存在一些不足和问题，需要认真加以解决。

第一，课程理论建设滞后，目前多以政策性文件代替课程理论，导致课程稳定性弱，随机性和权变性过高。思想政治教育课程必须有独立的课程理论来支撑，这是发展独立学科课程的前提和基础。思想政治教育课程理论有两个层面：一是作为课程理论基础的马克思主义，二是作为课程发展理论的思想政治教育课程论。目前，尽管思想政治教育在学科组织、科学研究、人才培育等方面取得了较大的成就，但课程理论尚未得到重视和发掘。指导课程建设的，往往是由教育主管部门或中央相关领导机构下发文件和通知，由此作为课程改革和推进的“尚方宝剑”。由课程性质所决定，政策和文件在本课程建设中起重要指导作用，这毫无疑问是正确的。但政策和文件不能代替科学性的课程理论，否则课程就会随着政策变化而出现随机性和权变性过高的问题，课程因此就难以保持稳定性和一贯性。需要指出的是，加强思想政治教育课程理论建设一方面应坚持马克思主义的指导，以马克思主义理论为理论基础，从马克思主义理论中掘取理论生长点和发展源，这是由本门课程的本质属性决定的，也是符合课程目标的。另一方面也要加强对思想政治教育课程论的研究。但遗憾的是，这两方面的研究和探索目前都不够深入。就马克思主义思想政治教育课程理论而言，长期以来，思想政治教育课程在探究作为其理论基础的马克思主义理论方面存在两个重要缺陷：一是缺乏对作为思想理论基础的马克思主义的深度犁耕，仅把马克思主义及其理论停留在口头上，没有深入地探究马克思主义思想政治教育课程理论到底是什么，有什么内容，又有什么优势。二是误解了马克思主义对于思想政治教育课程的作用和价值，错误地把马克思主义对思想政治理论课在世界观、方法论和价值观上的指导作用理解为马克思主义是现实中思想政治教育课程理论的“圭臬”，以至于把马克思主义解释为一种知识性的理论。这是思想政治教育课程理论研究方面必须加强和改进的重要任务，是下一步推进思想政治教育课程建设和发展的当务之急。

第二，课程科目繁多，设置杂乱，内容的针对性和甄别性较弱，问题意识不够鲜明。目前，我国的思想政治理论课教育教学采取了必选统编的方式，不论是哪一级的教育单位，也不论是何种类型的高校，都必须把思想政治理论课列为必修课，课程设置和教材编写也都是统一的。但是对作为专业和学科的思想政治教育而言，情况就大为不同了。据不完全统计，目前我国各级各类高校马克思主义一级学科中开设得最多最普遍的就是思想政治教育专业。由于各地情况差异较大，思想政治教育课程在名称上是统一的，但各地各校开设的具体课程科目差别却非常大，随意开设某些课程科目或随意不开设某些课程科目的情况比较普遍。据笔者考察，在一些边远地区的高校和高职院校，公文写作、电影欣赏、插花艺术、体育健身甚至金融理财等都被列为思想政治教育专业的必修课，而教育部门所要求的思想政治教育的基本理论、基本方法、基本历史和国际比较等方面的课程和科目却不见踪影。究其原因，除去教育教学单位和部门在课程领导和管理层面的问题外，也与课程师资配备不到位、课程学习实用化、课程研究功利化的价值取向有关。具体到科目方面，目前的思想政治教育课程内容在针对性和甄别性上尚较为薄弱，课程内容的理论色彩浓厚且偏重于对理想的、未来的“应然”状态作出解释，对现实经济社会发展和人们思想状况的实际关注较少，从而使得课程内容的问题意识不够鲜明，现实关怀力度较弱。由此，思想政治教育课程在下一步的改革和建设中应切实把理论的立足点和建构点放在回应现实上，使课程理论和内容不是“空中楼阁”或纯粹“书斋里的学问”，而是“现实中的操练”。

第三，课程的评价体系建设不够完善，课程效果测评的标准和方式方法相对滞后。思想政治教育课程在本质上是意识形态课程。所谓意识形态课程，其施教主体是通过人们的思想观念和精神意志而表达出来的“形而上”的对象，即重在解决人们的思想问题、改变人们的精神价值取向的课程。众所周知，人们的思想具有模糊性和变动性，不易把握，也不易评价，往往不是通过外在的标准和方法就可以轻易检测出的。因此，对思想政治教育课程及其实施效果的评价，不宜采用简单的自然逻辑和纯粹的科技思维，也不能完全用纯实证或量化的方法来包办。长期以来，思想政治教育学界对思想政治教育课程及其效果的评价研究颇为重视，但争议也颇多。目前课程的评价体系建设尚不够完善，课程效果测评的标准和方式方法相对滞后。比如，对大学生思想道德水准的衡量，如果完全采取在教室里进行试卷答题的方式、以卷面成绩的高低来评定学生思想觉悟和道德水平的高低，即便试卷设计得再严密，其结论也未必准确可靠，这样的测评方式与手段显然也就不够科学和理性。近些年来，一些学者借用了其他科学和学科中常用的实证主义的方法，采取在自然科学研究中常用的统计手段和计量工具进行检测。这些方法虽然新颖，但也有不少可指摘之处，在思想政治教育课程的评价特别是课程效果的测量上仍有不少问题亟待解决。总之，伴随着思想政治教育的科学化和现代化，课程评价的问题也是必须得到解决的难题。

从总体上看，思想政治教育课程现存问题是与思想政治教育学科建设中的若干事实和取向相联系的，其出现问题的症结在于：一是由于学科设立和建设的时间不长，因此学科化的程度还比较低，思想政治教育的学科特殊性和独立性尚未充分发掘，学科课程配置不周全也不彻底。二是由于对思想政治教育学科的定位尚有争议，在推进学科的科学化的进程中仍存在偏误，特别是把学科的科学化片面地理解为知识化和技能化，从而仅注重课程现实的、当下的应用性。三是对思想政治教育课程建设的原理、规律、特性、目标和路径的研究尚不够精深准确，对思想政治教育课程学的探究亟待加强。同其他学科的课程建设一样，思想政治教育课程的建设同样是在不断变革和创新的过程中才能获得进步，才能日臻完善的。因此，目前思想政治教育课程建设上所存在和出现的种种问题，只有通过进一步的改革和更加持续的建设才能够解决。

（三）思想政治教育课程发展和建设的根本路径

2014 年召开的全国教育工作会议重申了党的十八大以来中央强调教育重在立德树人的根本任务，提出了深化教育领域综合改革、全面贯彻党的教育方针，坚持社会主义办学方向，做好立德树人、教书育人的工作的目标，明确了培育和践行社会主义核心价值观要求。在课程改革方面，会议提出要修订思想政治理论课教材，高质量编写马克思主义理论研究和建设工程重点教材，确保其政治性和学术性的高度统一。[①] 这些原则和要求，为思想政治教育课程的发展和建设提供了赖以依据的方向，为课程下一步的改革和创新提供了可资参考的标准。从这些原则和要求出发，思想政治教育课程要继续推进并拓宽以下根本路径：

一要明确思想政治教育课程的价值定位。思想政治教育课程在其形成之初就负有育人的重要责任，也就是说，这类课程虽然有传递知识、技能和信息的工具价值，但其根本的生命价值是育人。如果以传递知识

① 袁贵仁:《深化教育领域综合改革，加快推进教育治理体系和治理能力现代化——在 2014 年全国教育工作会议上的讲话》,《中国教育报》2014 年 2 月 13 日。

的工具价值超越或取代了培育人才的生命价值，那么这类课程就失去了根本，就会本末倒置或舍本逐末。随着思想政治教育的发展，不少教育者和受教育者曲解了思想政治教育的科学化和学科化，片面强调课程的“科学”功能，片面强调课程所提供的知识量和信息量。实际上，思想政治教育类课程的真正价值并不在于它能够提供多少实用技能和知识，而在于它能否教给人正确的情感、态度和价值观，能够传授给人以科学的思维方法、精神信仰和生存智慧。因此，课程建设者们不能盲目地强调知识和科学在思想政治教育课程中的价值，特别是要避免课程的“唯科学化”和“伪科学化”。反过来，课程的受教育者也要明白这类课程的真正价值在于教授以思想、方法、态度、信仰而非可以量化的技能和纯粹的知识。只有找到了准确而切实的价值定位，思想政治教育课程的建设才不会误入歧途。

二要规范思想政治教育课程的结构内容体系。思想政治教育课程是服务于意识形态教育的课程，必须讲政治，坚守其政治性的特质。与此同时，思想政治教育学也是一门科学，必须讲科学，拓展其科学性的内涵。客观地说，思想政治教育课程结构体系的形成和内容设置既要考量政治需要，受到政治政策的影响，也应当遵循其作为科学的逻辑主线和发展规律。目前，我国的思想政治教育课程的结构体系和内容受政策的、人为因素的影响比较大，而对课程科学因素的遵循尚不够明晰和规范。正缘于此，思想政治教育课程的稳定性就较弱，课程可持续发展能力也就相对低下。长此以往，势必会影响课程科学性的发挥。按照一般课程论的基本原则，规范思想政治教育课程的结构体系和内容均属于课程领导和课程管理范畴内的工作，但这类工作并不等于纯粹的、权宜性的行政命令和政策安排。就其可能性而言，课程建设者需要对课程的长远发展作出科学规划和战略部署，对课程在何种时间段内侧重发展哪种科目、每种科目应教授哪些内容作出切合实际而又有前瞻意识的安排。唯如此，才能避免课程系统内的结构性张力，避免课程发展中肤浅喧嚣的乱象。

三要开展思想政治教育课程的实践创新。课程实践是课程的题中之义，没有任何一门课程不是依靠课程实践来得到实施的。思想政治教育课程实践有多种形式，思想政治教育课程实施的最终效果取决于课程实践的成功与否。由于现时代的思想政治教育课程要传递给受教育者以正面的、朴素的甚至是常识性的价值观，而对于大多数高校学生而言，尽管他们受各种因素的影响在价值认知上还存在迷惑和不清晰之处，但就其在日常生活中养成的思维能力和所获得知识信息而言，多数已经超越了课程所配置的水平。这样一来，照本宣科或者传统的课堂理论灌输就会变得索然无味，激发不起学生的关注热情和学习兴趣，这也是目前在全国高校学生中普遍存在着的对思想政治教育课程不重视的原因之一。要加强思想政治教育课程的建设和发展，提升课程的指导力和实效性，需要努力开展思想政治教育课程的实践创新。就课程发展的规律和趋势看，这种课程实践的创新包括这样几个方面：加大有效知识的含量，拓展能够承载既定价值的知识深度；广泛利用隐形课程，深挖隐形课程的潜力；开辟活动课程空间，创造新鲜课程活动类型；增加体验式、探究式、感悟式和研究式课程的比重和含量等。总之，思想政治教育课程实践需要在不断创新中得到发展，在创新中增强实效。

（原文发表于《思想理论教育》2014年第4期）

六

高校思想政治理论课信任危机论析

近年来，党和国家高度重视高校思想政治理论课（以下简称“思政课”）建设，召开多次会议、做出多方面部署来加强和改进高校思政课建设状况。教育管理部门特别是高等院校加大对思政课的建设力度，出台各种举措支持人才队伍和教材建设，推动课程和教法改革创新，课程建设取得了很大进展。但课程建设和人才培养是长期的事业，很难计日程功，也不会一蹴而就。面对培养社会主义建设者和接班人的教育使命，坚持立德树人的教育方针，高校思政课建设任重道远，必须着力解决一系列深层次、根本性和关键性的问题。本文聚焦高校思政课在现实中面临的信任危机，就课程建设中信任关系的状况及其重构作些探讨，以期揭示思政课程体系内外信任关系迷雾，廓清思想认识，为提升思政课程效果献思献智。

（一）高校思政课信任危机的教育诱因

按照德国社会学家卢曼的解释，信任是社会生活的基本事实，指的是对某人期望的信心。[①] 从相对方的关系看，信任是一种由内在心理契约和情感联系支持的关系双方相互或一方对另一方赋予的肯定性的期望、信念或行为表达。信任产生的前提是人们需要通过角色选择和一致性期望来获得对他人行为的可理解性、可预期性、可信性和可生效性。当这种理解、期望、信念和效果不能达到预期或与预期不一致时，信任危机就会发生。信任危机通常被视作伦理道德范畴，意味着肯定性道德

① 参见［德］尼可拉斯·卢曼：《信任：一个社会复杂性的简化机制》，翟铁鹏、李强译，上海：上海人民出版社 2005 年版，第 3 页。

关系的打破、道德作用的下降和人际道德关系的紧张。[①]实际上，从更广泛的视野来看，信任危机并不仅限于人际道德关系，也包括人对物、事的社会价值评价。由此，本文所使用的信任危机就指由于对某一客体因模糊、怀疑等不确定性和不信任性而持冷漠、抵触和对抗性认知态度的状态。简单地说，高校思政课信任危机是指对课程持一种综合性、整体性的不信任感，对课程内容、教学效果和使用价值总体感受和评价不高，对课程抱疑信参半、冷眼旁观或置身事外的疏离态度。这种信任危机的出现往往与课程过程中有效性承诺缺失或实用性期望缺位而导致信赖关系出现不确定性或明显遭遇困境的关系状况有关。课程信任危机是关系课程意义和存在价值的大问题，解决课程信任危机是理顺课程建设者和参与者关系、营造良好课程环境、提升课程教育教学效果的重大命题。

从实践过程看，信任的产生“既依赖于空间、领地和边界，也依赖于时间和历史”[②]。这意味着，信任不是虚幻的，而是有特定的情境构造和条件支撑的。与此相关，信任危机也并不是无限的，而是有特定的范围和对象的。从本质上看，今天高校开设的许多课程在其思想导向、学术质量和专业价值上都能够经得住历史检验和社会发展的实践考验，也能赢得学生和社会大众的信赖与支持。人们对高校思政课有这样那样的看法，并不意味着他们对整个教育体系和体制失去信任。因此，我们所说的高校思政课程信任危机，就其属性和范围而言，并非制度性、系统性的教育危机，而只是过程性、实践性的教学危机和课堂危机。从教育要素及其实施角度看，高校思政课程信任危机的具体诱因有以下几个方面：

一是教育信息失衡。今天的社会是信息网络社会，信息渗透于社会生活生产的方方面面。与以往相比，高校学生获取信息的渠道已经多维化多元化多样化。信息数量倍增，在日常生活和教育教学中的渗透司空见惯，对于学生的冲击力和影响力不容小觑。其中，大量芜杂的、碎片化的信息势必会影响学生的思考力和判断力，而很多负面信息则直接

① 参见冯契:《哲学大辞典》，上海：上海辞书出版社 2007 年版，第 1689 页。
② 郑也夫:《信任论》，北京：中国广播电视出版社 2001 年版，第 122 页。

冲击思政课程的实现过程。倘若思政课承载和传递的课程信息与学生自发获取的信息不能完全对冲并产生按预定方向的价值引导，那么将会出现教育信息失衡。在这种情况下，有效教育信息的声音会弱化甚至被遮蔽，而大量不良信息会引发学生对课程的怀疑和批判，从而衍生为课程信任危机。

二是教化价值失序。高校思政课承担着立德树人的任务，承载的是思想教化和价值塑造的责任，旨在通过思政课教育教学达到传递政声、端正思想、校正价值的目的。由于受外部世界的干扰和影响，如今的高校已不再是纯粹的象牙塔和思想净土。近些年来，在各种社会思潮的冲击和影响下，校园内思想多元、价值混乱，保守主义与自由主义、道德主义与功利主义、理想主义与实用主义交织碰撞，传统的规范的教化价值出现失序，各种新奇的价值观念争抢风头，这无疑会增加学生的思想困惑和价值迷惑，导致他们对课程的信任度降低，信赖感弱化，进而诱发课程信任危机。

三是课程实施失当。高校思政课一方面要传递党和国家的政治意志，具有显著的政治性，另一方面也要讲科学性和学术性，必须以科学、学术的样态进入学生的思想视野、认知领域和接受空间。对于学生来说，学习有阶段性的兴趣，也多依靠惯性来推动。他们对学科知识与科学思想的接受方式大大不同，对直观化、模块性和即用性的知识更易于接受，对思想性强、抽象度高、体验感低的科学思想则不易产生兴趣。在思政课实施过程中，如果以未加工或浅加工的宣传性内容或者仅以理论宣传而非实践感知的直观教学作为课程实现的主要方式，那么学生的体验感、参与感和挑战感就不甚强烈，他们对课程的感受和兴趣就不易得到激发。因此，课程设置和实施妥当与否将直接影响学习感受，并从而引发对课程的失趣和失信。

四是学习过程失真。学习是一个实实在在的浸入过程，是获取知识、价值并通过思考来产生后续效果的过程。随着高校学科专业的细化、分化和深化，学生在每个单位学科内需要掌握的知识呈迭代增长趋势，学习强度不断加大，学业压力不断上升。出于兼顾各门课程学时和学分的现实需要，不少学生对偏重思想性且不能立竿见影的“长线课程”——思政课就习惯性地采取敷衍应付、得过且过的态度。如果多数学生持此种态度，那么他们对思政课的学习就会成为一种“浅学习”或“假学习”，而“浅学习”或“假学习”无疑会虚化思政课程的学习过程，弱化课程效果，使得学习出现似是而非、半真半假的失真状态。长此以往，势必会带来思政课程的信任危机。

五是教学预期失落。大学阶段是学生收获思想、储备知识、获取技能以便走向社会的阶段。大学生对大学中各类课程及其教学的预期往往与日后的职业生涯准备和发展联系起来，视为社会化做准备为第一需要。在思政课教育教学的过程中，教师们的教学预期是通过课程教学实现育人价值，达到立德树人的目的，而学生对教学的预期则往往是获取技能和知识。如果思政课及其教学不能够给学生强烈的获得感，或者不能满足学生对课程的期待，则必然会出现教学预期的失落。一旦如此，教师会有明显的受挫感，而学生则会丧失学习兴趣。可以说，在多数情况下，思政课信任危机的出现往往是与学生一方的教学预期失落相关。

（二）高校思政课信任危机转化的辩证关系

一般情况下，危机是由于作为介质的事物或事件突然出现，使得某一系统内既定秩序在时间、空间、主体和事件等要素或过程发生超常规变化而导致的。但是，危机是个关联性、发展性的范畴，本身就包含着一种演化逻辑，它不是固化的，也不可能永远存在。一旦把握了危机转变的条件和机遇，危机就有可能变成契机。就高校思政课教育教学的现实状态看，“我们确实处在信任危机之中。它在社会、组织机构、人际关系和个人等各个层面影响着我们。它自身有很强的持续效应”[①]。从要素结构和对象关系来看，高校思政课包含教育者和受教育者、主体和客体、理想和现实、内容和形式、过程和结果等要素关系或实践范畴。这些要素关系的变革和实践范畴的变化，包含着高校思政课信任危机辩证转化的实践关系和发展逻辑。

---

①［美］史蒂芬·M·R·柯维、丽贝卡·R·梅丽尔:《信任的速度：一个可以改变一切的力量》，王新鸿译，北京：中国青年出版社 2008 年版，第 33 页。

1. 教育者主导教学与学习者主动学习的关系

受中国传统教育权威主义和思想政治教育灌输理念的影响，高校思政课过去采取教师通讲、学生主听的“填鸭式”“满堂灌”的授课模式，其效果并不理想，也常常会引发学生不满，从而带来对课程的信任危机。众所周知，思政课教学必须坚持教育者主导，以便把握课程的大原则和大方向，这是必须坚持且不可撼动的。但如何在教育者主导教学的前提下同步发挥学习者作为学习主体的作用，这不仅是理顺“教”与“学”辩证关系的内在要求，也是构建课程信任关系的基本任务。为此，在教育者和受教育者之间建立起教师主导和学生主动的辩证关系，把导和学统一起来，充分发挥学生学习的主体性和主动性，将有助于实现教学过程内在动力的转移，使学生由消极被动学习变为积极主动学习，从而建立学习信心，改善教与学的信任关系。

2. 教育主体主体性与教育客体工具性的关系

按照双主体理论的解释，教育者和受教育者在教育过程中都具有主体性，都能够开展主体活动，而作为教育客体的教材、教具和教学资料等是教育主体加工或作用的对象。在高校思政课教学中，作为课程核心客体的教材是统编教材，教学内容相对固定。只有在具有主体性的教育主体的积极挖掘和深入挖潜下，具有工具性的教育客体才能够充足地满足课程教学的要求，否则将会死板干瘪，作用不甚了了。这样一来，如果作为教育者的教师在教学过程中仅仅照本宣科，不去补充鲜活而丰富的教学素材，不对书本上的教育内容进行深度加工和有逻辑的补充扩展，不去开展灵活教学以适应和引领学生的领悟力、认知力和判断力，那么他自然会遭受课程信任危机。由此，适应主客体关系的要求，思政课教师应下足功夫，对教学内容和教学客体进行精心设计、深度犁耕和有效提升，这是提升课程信任度的关键选择。

3. 教育理想高远性与社会现实平凡性的关系

人们常说，理想很丰满，现实很骨感，说的是理想和现实之间的落差。思政课程旨在立德树人，重在培养人的理想信念、价值观念和道德情操。课程所承载的教育理想应当高远，以净化人的精神世界、提升人的价值层次为目标。但是，出于生活压力和学业压力，学生在课程学习中难免会侧重讲究务实、注重实用、关注实际价值，特别是重视课业成绩。然而，正因为如此，思政课就更应该坚守其崇高性和提升性的一面，坚持用高远的理想激励和培育学生。当然，这并不意味着思政课教学要板起面孔、高高在上、崇尚空谈，作出一幅神圣不可侵犯的样貌，而应善于俯下身来，把高远的教育理想寄托在平凡的现实叙述中，把高深的思想理论转化到鲜活的生活表达里，使思想政治理论如同生活中不可缺乏的水一样，进入并浸润学生的心田。

4. 教育内容单一性和教学形式多样性的关系

从现有思政课的内容样态看，具有高度抽象性的思想和观点被浓缩在统编教材中，思想高度凝练，理论观点单一，主体内容往往呈现为原则性、宏观性和规定性的理论表述，很少出现更易吸引人阅读的鲜活故事和具体数据。与此同时，课程的呈现形式也比较单一、硬性灌输的色彩相对浓厚。如果不以生动有趣的教学形式来呈现思政课的思想内容和理论原则，那么教学过程的单调性和学习内容的抽象性势必会使学生感到兴味索然，不利于理解和接受。在思政课体系中，内容和形式始终存在如何相匹配、相协调的问题，始终存在内容如何驾驭形式、形式如何服务于内容的问题。因此，如何把抽象性的教育内容加工改造为范式多元、样式新颖、形式活泼、为学生们喜闻乐见而又不失其哲理底色的新颖表达方式，将是避免思政课陷入信任危机的有效办法。

5. 教学过程即时性和教育效果延时性的关系

思政课的教学过程是个即时性的过程，课程教学依据课程安排和教学大纲分学年、学期和学时依次展开，课程在限定时间内结束意味着教学活动在相应规定时间内完成。课程一俟完成，教学本身就会得到即时的跟踪反馈，课程实施和教学过程随即获得相应的评价。然而，从根本上看，思政课程的育人效果却是由受教育者的思想、观念、价值和素质的提升和变化来规定，这种变化很难在短时限内充分展现出来，也很难以在短时间内得到衡量和检测，而且往往需要学习者在相当长时间内的内化和自我省察，并且只能由其行为所发生的潜移默化的变化来表征。这样一来，思政课教学过程即时性和教育效果延时性之间便存在显著落差。这也是目前普遍存在的高校思政课评价不高但受教育者踏入社会多年后却对课程价值多持肯定意见的原因之一。这种情况表明，思政课及其教学的信任问题，实际上是一个需要在较长时期内观测并做出客观评估的问题，不能因为某时某刻和某件事情而忽略更为长期、全面和客观的评价。

（三）化解高校思政课信任危机的对策

卢曼指出："日常生活的经验告诉我们，正像社会系统一样，人们如果具有内在安全感，或是具有某种存在于内心之中的自信心，使他们能够镇定自若地预见信任可能带来的失望，那么他们会更愿意去信任。"①事实上，高校思政课信任危机的出现很大程度上与学生或受众对于课程教育教学的期望有关。如果他们感受不到教学的吸引力，短期内也不能够享用到课程对其社会价值的保障和支撑，那么他们就会倾向于失望并丧失对课程的爱好和信任。不过，正如前文所提到的那样，由受众失望所带来的课程信任危机，就其本质而言只属于课程危机和课堂危机，是受社会大众观念影响的高校思政课及其授受双方信任关系上出现的教学危机。当然，这种课程、教学和课堂危机也足够值得重视，需要采取有效的措施加以应对和化解，以免它成为教育危机的种子，引发更为严重的思想危机和社会危机。

1. 以提高育人实效性为目标创新思政课教育模式

近年来，党和国家高度重视高校的思政课程建设，从政策、制度和资源方面予以大力支持。各地陆续出台了很多鼓励和支持思政课建设的举措，高等学校也想方设法整合资源支持思政课程的改革和创新，广大思政课教师更是使尽浑身解数来创新思政课授课的方式方法。可以说，上述各方的努力对于思政课建设起到了良好的保障和推动作用，在一定程度上增强了思政课的凝聚力和吸引力，提高了课程的认同度和美誉度。然而，纵观数年来的思政课程改革，可以认为它在课程形式上所作出的努力远远大于结合着育人目标对课程内容进行的深度犁耕和精心雕琢，远远大于按育人规格对课程内容进行时代性、适应性和创造性的设

①［德］尼可拉斯·卢曼：《信任：一个社会复杂性的简化机制》，瞿铁鹏、李强译，上海：上海人民出版社 2005 年版，第 102—103 页。

计和创新。笔者认为，如果仅是对课程形式进行创新，那么思政课的信任危机并不会真正地解除，学生对于课程的信任感和信仰度也不会提升到令人满意的程度。

2019 年 3 月 18 日，中央召开的学校思想政治理论课教师座谈会指出："办好思想政治理论课，最根本的是要全面贯彻党的教育方针，解决好培养什么人、怎样培养人、为谁培养人这个根本问题。"[①] 这是对思政课办课方针的重申。据此要求，结合由教育目标和教学实现形式的关系而造成的课程信任危机，深化对课程育人目标和内容的思考设计理应成为推进思政课程改革创新的关键。思政课必须贯彻党和国家的教育方针和育人精神，这是毫无疑义的，但贯彻党和国家的教育方针绝不意味着把党的方针政策和国家文件停留在口头上，或者教条式地塞进课程内容和教学活动中，而应当加大对育人目标实现模式和层次的研究与设计，把重点放在研究如何最好最大程度地实现立德树人的目标上。换句话说，思政课必须是有思想含量和研究质量的金牌课程，思政课教学必须是有思维挑战性和思想启发性的教学，思政课教师的任务就是要把党和国家的思想理论、政策文件转化为可教且宜教的知识体系和价值内容，而绝非刻舟求剑、照本宣科，在目标思考和内容设计上无计可施或浅尝辄止。20 世纪 60 年代，美国公立大学中出现过教学和教师因缺乏教学思考、单纯采取"填鸭式"灌输而带来的"教室里的危机"。在对教室中的危机所作的反思中，教育学者西伯曼指出："如果缺乏思考是核心问题的话，那么解决方案就在于给各种机构输入目标……对目标的思考，对通过教学技巧、教育内容和组织机构实现或改变目标的方式的思考。"[②] 这个观点对于我们加强对思政课育人实效性这一实践目标的思考是有启发性的。由此，从设置思政课的根本目的出发，把育人实效性作为第一要义，精心设计课程目标、内容及其教学实现的模式，这应当是当前高校思政课教育教学改革创新的重点。

① 本报评论员：《把思政课办得越来越好——论学习贯彻习近平总书记在学校思政课教师座谈会上重要讲话》，《人民日报》2019 年 3 月 19 日，第 1 版。

② Charles E. Silberman, *Crisis in the Classroom: The Remaking of American Education*, New York: Random House, 1970, pp. 10–11.

2. 切实提高教育者思想政治素质和专业教学能力

高校思政课教育教学一要把握好方向，二要提升质量。无论是把握方向还是提升质量，都与教学人员紧密相关。列宁说过："在任何学校里，最重要的是课程的思想政治方向。这个方向由什么来决定呢？完全而且只能由教学人员来决定。"[①] 教学人员在一线组织教学，如果对课程方向把握不准，疏于察觉不良动向，那么教学活动必然会滑向错误的深渊。同时，作为课程的组织者和教学活动的实施者，教育者和教学人员的能力、素质和水平直接影响教育效果，直接影响学生对于课程和教学的感受。在目前高校思政课的教育教学实施中，限于对应学科建设的周期尚短、课程体系庞大复杂、课程内容覆盖面广泛以及教师专业背景多元多样，课程教学的思想深度、内容的理论性、价值的规范性和活动的有效性都有待提升。消除因教育者思想政治素质和专业教学能力而带来的课程信任危机，仍是目前高校思政课教育教学改革的重任之一。

在教育活动中，教育者始终是教学系统的关键因素。习近平指出："思政课作用不可替代，思政课教师队伍责任重大。"[②] 办好高校思想政治理论课，关键在教师。教师是从事思想政治理论教学的直接教育者，在教与学这对辩证关系中起主导作用。在教师教授和学生学习上，教师的素质和能力颇为关键，是教学效果的生命线和保障线。思想政治理论课教学是一种不同于单纯知识学习和技能习得的教学，教学中政治性、方向性、价值性的把握和思想素质能力的提升尤为重要。为此，一方面，教师要具有清醒的政治头脑和鲜明的政治立场，具备卓越的思想政治素质，要有理想信念、道德情操、仁爱之心，要政治强、情怀深、自律严、人格正，以便在教育教学中给学生心灵埋下真善美的种子，帮助学生扣好人生价值方向和价值选择的扣子。另一方面，教师也要有扎实学识，有良好的学术品格和优良学风，能够以新颖的思维和宽广的视野思考教育教学如何开展，切实提升自身的业务素质和专业教学能力。在这方面，善于进行教育教学反思十分重要。反思是学习的有效途径，是提

①《列宁全集》(第45卷)，北京：人民出版社2017年版，第240页。

② 习近平：《思政课是落实立德树人根本任务的关键课程》，《求是》2020年第17期。

升素质和能力的不二法门。有论者指出："教学当然不仅仅意味着给学生讲授或对学生进行测试，学习也不仅仅是听教师宣讲和对知识记忆。真正优质的教育要求教师不仅要对应该教什么以及为什么要教那些内容进行反思，还要对学生学什么以及如何学进行反思。"① 此言不虚，在思想政治理论课教学活动中，教学反思是把握课程方向、提升思想政治素质和专业教学能力的重要抓手。因此，在目前的思想政治理论课教育教学改革中，通过适当方式促使教师开展教学反思，提供助力帮助教师提高自身的思想政治素质和专业教学能力，是不应忽视的课程教学改革的立足点和质效生长点。

3. 在全社会营造思想政治理论教育同向同行局面

高校学生正处在思想活跃、精力充沛、思维敏锐但价值观念和信仰系统都不够成熟、坚定且异常敏感易变的特殊年龄阶段，他们批判思维、猎奇意识和叛逆心理比较强烈，对于从社会上、网络上听到的不同声音、不同意见和看到的异类现象常常感觉新奇，而且很容易不加思考地接受。因此，一些来自家庭、社会和网络上的对思政课的批评意见，毫无疑问会影响学生的思想认知和价值判断，从而也会制造出对课程的信任危机。长期以来，教育领域中流传的"5+2=0"或"5+2<1"的说法，就是对这种"逆教化"现象的揭示。实事求是地说，目前高校开设的思政课，不仅在社会上有批评的声音，即便是在高校系统内部也并非铁板一块，不存在矛盾和张力。正源于此，党和国家才要求在高校加大各学科专业中马克思主义理论类课程建设和教育教学力度，充分挖掘和运用各学科蕴含的思想政治教育资源，各守一段渠，种好责任田，实现思政课程和课程思政同向同行，形成协同效应。与此同时，构建学校、家庭、社会"三结合"教育网络，形成学校教育、家庭教育、社会教育相互配合、协同育人的工作合力。

当前，我们已经意识到要为高校思政课建设创造和谐、有利的社会环境和思想氛围，关键要抓好落实，从观念、政策、组织、资源和模式上为消除思政课内在的阻滞力提供保障。高校思政课教育教学是思想政

①［美］杰克・L. 纳尔逊等：《教育的关键议题》，杨晓琼译，北京：中国人民大学出版社2018年版，第190页。

治工作的重要组成部分，也是意识形态教育的主渠道和主阵地，社会各个方面的力量都对思想政治工作负有责任。20世纪50年代，毛泽东针对当时思想政治工作松弛的现象鲜明地指出："思想政治工作，各个部门都要负责任。共产党应该管，青年团应该管，政府主管部门应该管，学校的校长教师更应该管。"[①]这个要求，今天仍有其必要性和现实性。在营造良好社会氛围和思想环境，实现社会力量与学校教育力量同向同行方面，一方面，学校应加强对消弭社会教育、家庭教育和学校教育内在价值差异的研究，用个体在政治社会化整个过程中相对恒定的价值原则来教育学生，既不过分地教授理想主义，在学校思政课教学中不切实际地拔高生命价值目标，也不实际地助长实用主义，在学校教育中灌输表面崇高实际虚伪的世俗主义生存法则。另一方面，党和政府也需要在社会上建构相配套的政策措施、组织体系和资源管理体系来保障学校教育、家庭教育和社会教育形成稳定的教育合力，消除学校教育和社会教育、家庭教育之间的价值落差，实现三者的有机协调、同向同行，同频共振。

（原文发表于《唐山学院学报》2021年第5期）

①《毛泽东文集》（第7卷），北京：人民出版社1999年版，第226页。

七

再论高校思想政治理论课教学的内在关系

今年是我国高校思想政治理论课“05”方案实施十周年。十年来，高校的思想政治理论课建设取得了重大成就，在课程目标和指导理念、人才队伍培养、课程教材建设、教学方法改革、教学资源配置等多方面都取得了前所未有的进展。从总体上看，高校的思想政治理论课呈现出欣欣向荣的局面：党和国家高度重视、社会各界普遍关心、相关师生齐心协力、教育状况逐步改善。当然，面对不断发展变化和持续更新的形势与任务，高校的思想政治理论课教育教学仍有很多亟待改进和提高的地方。总结过去的经验，面向未来的发展，高校思想政治理论课教学要秉承优良传统、发挥既有优势，仍需要围绕“谁的教学（教学主体）、教什么（教学重点）、教得够不够（教学内容）、怎样教（教学方略）和教得怎么样（教学评价）”这些教学论的核心问题处理好一系列基本关系。

（一）谁的教学？——关于教与学的关系

长期以来，国内教育领域普遍存在的一个错误认识是：高校的思想政治理论课不是专业课，作为公共政治课，其主要作用就是宣讲政策，没有什么真正的教学价值可言，思想政治理论课教学也不值得深入研究。这种错误认识不仅在思想政治理论课以外不少学科从业者头脑中存在，甚至在某些思想政治理论课管理、教育和学习者头脑中也存在。高校的思想政治理论课是党和国家组织实施的国民教育性质的公共课，但这种公共课与专业课的定位只是相对的。相对于旨在传授某种专门知识和技术的课程来说，思想政治理论课的确受众更广泛、价值导向比知识导向更明显，但这并不意味着思想政治理论课没有专业性。实际上，思想政治理论课的每一个议题都是具体的、专门的，也都需要专业知识作为基础。只不过，思想政治理论课所包含的专业性在一定程度上被课程的跨学科性和教学内容的综合性给遮掩住了。马克思主义成为独立的一级学科之后，伴随着该学科的建设以及学科课程与教学理论的发展，思想政治理论课也将更大尺度地显现其专业属性。马克思主义理论学科不仅培养专门人才，而且其专业性和教学难度并不亚于任何其他学科的课程。

对于“谁的教学”的诘问直接涉及教学进程中的主体责任问题。思想政治理论课不同于其他课程的地方，在于这类课程中教与学的主体比较特殊。在一般学科课程那里，教师的主要角色是教授，学生的主要角色是学习，教与学的角色相对分明，教学结构也比较清晰和稳定。因为具有学生所缺乏的先期知识积累和技法优势，教师在学生心目中成为不可替代甚至不容置疑的学习对象，在教与学的对应关系中占有绝对权威地位。但在思想政治理论课教学结构中，尽管师生分工和教学地位也都相对明确，教师也需要发挥主导作用，但囿于课程性质的规定性、学习内容的泛在性、价值指向的统合性以及知识体系的模糊性，课程内容和教授过程更难制造“学习挑战”，学生对课程知识和教学内容往往不易产生兴奋点和向往心，这在一定程度上会影响学生在教学活动中作为学习角色的投入。特别是当教学内容和价值被设置为政治敏感点和思想禁区时，学生会倾向于采取逃避的态度，教学如果只采取单方面灌输的策略时会很容易制造知行分离、言行不一的“假面人”。

教学不仅要处理好谁在教与谁在学的问题，更重要的是处理好教学双方在教育图景中的互动性。对于谁在教的问题，最直接回答就是教师毫无疑问应该是教授活动的主体，学生应该是学习活动的主体。但是，这种情况在思想政治理论课中需要进行再甄别，也需要对具体问题做出具体分析。我们认为，思想政治理论课教师作为教授活动的主体，最重要是要保证课程所规定的教育导向和教育价值的正确性与准确性，保证把科学、良善和崇高的政治价值观传递给学生。在具体的教学过程中，学生可以转身成为自我教育和朋辈教育的主体，甚至有可能在知识、信息、资源等方面因走在授课者前面而成为教与学互动中的主体。简言之，与一般课程相比，思想政治理论课既先在性地由教师教，又可能性地由学习者自教或互教。在“师—生”与“教—学”的天平上，思想政治理论课要比其他课程更易于出现师生互动互补或教学平衡、授受平等的状况。当然，这也就使得思想政治理论课教学过程中教与学活动变得相对复杂化了。不过，尽管比较复杂，但只要教学有序、教学互促，教不失职、学不薄责，思想政治理论课的教学就一定能够取得实效和佳绩。

（二）教什么？——关于知识传授与价值观塑造的关系

在人类所创造和运用的知识体系中，所有的知识都是包含价值的，不具价值的东西很难进入课程和教学系统。英国哲学家斯宾塞提出了“什么知识最有价值”的命题，但认为决定教育性质的东西以及教育中的问题“不在知识的内在价值，而多半在于它对别人的外部影响”。换言之，“最关重要的问题并不在于这个或那个知识有没有价值，而在于它的比较价值”①。知识的比较价值不光关涉知识本身，而且关涉知识与人类价值观的关系。大学是传授科学文化知识和价值观的地方，要使其开设的科目和课程具有普遍性，就需“在任何学科上把知识灌输给全体学生”②。在多数专业课程教学中，注重知识和知识传授是本职要求，也是教学重点。与之不同的是，思想政治理论课的最终教育目标不是终止于获得知识而是向人传递价值观念，因此它需要更加审慎地处理知识与价值的关系，需要巧妙地找到并把握好知识传授与价值观塑造的结合点与平衡点。

不少人曾经认为思想政治理论课传递的只有价值而没有知识，因此不需要做知识准备而只要告诉学生顺从或接受教师所告知的价值观就可以了。这种错误的想法和做法代表了一种不正确的教学观，即在思想政治理论课教学中只宣讲价值观而不辅以知识传授。事实上，如果不用特定数量和质量的知识来承载带有特定目标的价值观，思想政治理论课所

①［英］斯宾塞：《教育论》，北京：人民教育出版社1962年版，第4—5页。
②［捷克］夸美纽斯：《大教学论》，傅任敢译，北京：人民教育出版社1984年版，第243页。

要传递的“道”就失去了所赖以载之的“文”，势必带来思想政治理论课实效低下甚至无效。按照现代课程和教学的本质规律，思想政治理论课就要首当其冲地回答“教什么”的问题。诚然，思想政治理论课不同于一般课程的地方就在于它强调思想性和价值性、突出思想指导和价值引导、注重学生的价值观塑造和人格培育，期望能够使受教育者养成正确的政治价值观念、高尚的伦理道德情操和人格精神。但这并不意味着思想政治理论课不需要知识，恰恰相反，正是由于价值观的抽象性、内在性和潜存性，负有塑造和培育价值观的思想政治理论课就更需要发掘并运用科学有效的知识作为载体。

在思想政治理论课程及其教学中，知识与价值观是紧密结合在一起的，价值观隐藏在知识的背后。因此，思想政治理论课教学既要教价值观，也要教知识，二者不能偏废。在当下的思想政治理论课教学中，过分强调价值观的外部输入和政治意识的天然缺陷、只告诉学生既定的价值结论而不解决“为什么”的现象比较普遍。这恐怕也是引发课程失效、课堂疲惫和教学倦怠的重要原因之一。事实上，思想政治理论课教学若要达到传递某种价值观的目的，就要以知识为工具来支撑学习内容，引发学习兴趣，延伸思维训练和价值判断的过程。罗素指出：“知识是使人从本能冲动及破坏激情的帝国中解放出来的救星；缺乏知识，我们所期盼的世界就无法建成。”① “如果我们能想方设法使年轻人从恐惧、禁律以及叛逆的或受压抑的天性中解放出来，我们就能在他们面前自由、全面且毫无隐瞒地展现一个知识世界；如果教授得当，获取知识对于接受者与其说是一项任务，不如说是一种乐趣。”② 在保证有适量知识储备的基础上，思想政治理论课教师的任务就是要研究如何把适量知识与价值观培育过程相结合的细节与艺术，高超的教授者必定是那些善于准确而恰当地裁量与价值观相对应的知识细节、善于运用知识启发学生智慧、调动学生用科学的思维力和判断力形成理想中的价值观的教学艺术家。

---

①［英］罗素：《罗素论教育》，杨汉麟译，北京：人民教育出版社 2009 年版，第 209 页。
② 同上书，第 208 页。

（三）教得够不够？——关于理论体系与专题要点的关系

思想政治理论课所面对的理论对象是一个庞大的政治意识形态系统，也是一个厚重的思想理论体系。在目前所设置的四门课程中，不论是“原理”课背后的马克思主义基本理论还是“概论”课背后的中国特色社会主义理论体系，不管是“史纲”课所要应对的历史思潮还是“基础”课所要解释的人生修养理论和法律体系，都包含着多元的理论对象和复杂的理论细节。伴随着马克思主义理论科学化和学科化的进程，日益深化的科学研究还必将使上述理论体系更加复杂化和精细化。限于课程形式和教学时间及能力，不少课程只能采取专题化的方式有选择地讲授理论重点、思想要点和问题焦点。在这样的情势下，思想政治理论课教学中就面临着如何处理庞大的理论体系与受限的教学容量之间关系的问题。换句话来说，目前的思想政治理论课教学在迎接日益膨胀的学科化研究成果的同时，需要解决所授内容是否合理、到位与充足的问题，也就是在内容安排上是否合理、在价值引导上是否到位、在知识诠释上是否充足等这样一系列“教得够不够”的问题。

显而易见，要在有限的教学时间和空间内完成大量的教学内容，就需要把握和处理好教学中理论体系与专题要点之间的关系，也就是所要教授的理论对象之“整体”与“部分”、“过程”与“线索”、“结构”与“逻辑”的关系。事实上，所谓教学内容“够与不够”的问题，表面上看似乎只是个内容量多与少的问题，但实际上却涉及价值质是否有代表性、是否充足到位的问题。因为在思想政治理论课教学中，要把所有的理论体系讲解得清楚透彻，在目前的教学系统和教育过程中恐怕难以完全做到。这样一来，选择什么内容来教授就至为关键。我们认为，一个成熟的理论体系总会有其合理的逻辑结构、科学的规律依据和相对完善的系统关联性。思想政治理论课所要解释清楚的理论命题，本质上都是来自于客观世界和历史真实之中，是党和人民实践活动的思想智慧升华与理论结晶。尽管发展和创新会使思想政治理论变得丰富和不同，但不同时代、不同层面的理论之间存在着不可割舍的内在关联。因此，在思想政治理论课程内容选择和设置中，如果能够对某一个理论要点进行巧妙的逻辑分析和典型性的结构解析，自然也可以产生解剖麻雀、小中见大的效果。

在当前的思想政治理论课教学中，选择授课内容进行专题化教学的做法比较普遍。由前面的论述可知，所选择教授的专题要点不仅应当是整体思想政治理论体系的核心和精华，而且应当充分地展现思想政治理论体系中不同理论对象间的逻辑共同点和价值共同点。因为只有这样，经过精选后的专题教学内容才能真正反映整个理论体系的全貌和特质，代表理论体系的精髓，从而实现庞大的理论体系经由课程体系的梳理和整合转化为可以实现的教学体系的过程。故此，在遴选作为教学内容的专题重点时，思想政治理论课教育者必须结合本地区、本部门教育教学的客观现实与实际情况，认真研究所要讲授的专题要点的内容，对其合理性、典型性和认同性进行反复斟酌，找到其以点带面、以局部映射全局、可以纲举目张、举一反三的思维连接点和价值衔接点，保证通过对一个或几个专题要点的讲授就能够有助于促进学生展开自主的想象并可进行可持续的思维推演，使学生在自我反思和学习过程中能够按照“方法”展开而不简单停留在某个听来的结论上。一言以蔽之，只有处理好专题要点和理论体系的关系，才能使思想政治理论课教学中的“点面”之间没有断裂感和违和感，也才能通过有限制的教学产生无局限的效果，准确而充足地呈现整个理论体系的特色和魅力。

（四）怎样教？——关于显性教学与隐性教学的关系

“怎样教”的问题是教育教学中永远存在且历久弥新、需要不断思考并作出回答的问题，它一方面指向了教学方法，另一方面也指向了教学态度，即它所包含的是以什么样的方式方法和什么样的精神状态从事教学的问题。众所周知，方法是隐藏在知识和技能背后更为重要的教授内容。因为方法所具有的中介价值和工具意义，它在教育教学活动中便成为比知识和技能更值得掌握的学习对象。与此同时，教学态度、教学精神和教学状态也是“怎样教”的题中之义，表明了教学的方式、样态和状况，是制约学习兴趣、教学效果和教学价值的重要因素。罗素曾指出："比课程更为重要的问题是关于教学方法和教学精神。"[①] 这里的"教学方法和教学精神"就涵盖了方法和态度两个层面的内容，直接对应"怎样教"的问题。思想政治理论课以传递知识、能力、情感态度和价值观为要旨，其教育教学的重要目标是通过信息、知识和文化等媒介物来塑造人的价值体系和思想政治素质。鉴于价值判断的个体性、复杂性、多元性以及思想政治素质的综合性，与单纯的知识教育的课程和科目相比，思想政治理论课所负担的上述教育教学目标更不易于完成。因此，思想政治理论课"怎样教"的问题就更值得关注和研究。

常言说：教无定法、贵在得法，强调的是教学方法的灵活性和适宜性。思想政治理论课教学方法研究是一个庞大而复杂的命题，可以从多个视角和路径深入探索。目前，思想政治理论课教学在宏观层面上需要处理好显性教学与隐性教学的关系。显性教学以系统化、专门化和规范性的方式进行，以学校课程、理论课堂为依托，强调教学的有组织性和明确性。隐性教学借助心理、风俗、环境和文化因素，通过非正式方式起到熏染、转化和移入教育的作用。众所周知，情感、态度、价值观等素质并不能全部在显性教学过程中获得。因此，要保证良好的教育效果，思想政治理论课教学就不能仅仅局限于单纯的课堂讲授和简单的显性教学上，而是应当坚持显性教学与隐性教学相结合，坚持系统化的课堂理论教学与日常生活感染、文化训育、社会规范教化相衔接，发挥隐性教学的作用。需要指出的是，目前国内高校思想政治理论课教学比较侧重发挥显性教学的作用，而对于隐性教学到底有何种作用、其作用如何才能发挥得更好以及如何协调显性教学与隐性教学的实施比重与互补关系上尚未形成共识，在如何衔接显性教学与隐性教学的路径上也无重大突破。与我国高校的情况相反，美国名校哈佛大学则是在隐性教学之余努力寻求显性的专门课程来补充和提升价值观教育的效果。该校委员会认为："隐性教学与显性教学有所不同。当课程设置、学校氛围、课外活动已经充分发挥了作用之后仍然达不到预期的效果时，学校必须求助

①［英］罗素：《罗素论教育》，杨汉麟译，北京：人民教育出版社2009年版，第185页。

于某些特定课程的教学。”[①] 这也从侧面提示我们需要做好显性教学与隐性教学相衔接、互补充的工作。

在“怎样教”的命题中，除去对教学方法的关切外，同样也包含着对教学方式、教学态度和教学精神的诘问。鉴于教授内容的特殊性和培育目标的人文性，思想政治理论课教学比一般的知识教育科目的教学更强调人际影响、人格魅力和价值权威，更需要超乎寻常的敬业态度和奉献精神，更需要人文关怀、道德示范和情感投入。这样一来，思想政治理论课教师就不应仅仅停留于做教育学意义上的经师，而要做教育人的人师，做学生心灵的匡扶者和价值塑造者。在教育活动中，教育者应当以满腔的爱意和热情投入教与学的全部过程中，此间，“他的灵魂正以信仰、希望、爱与敬的形式移情于其学生的灵魂之中”，“内在价值与亲和力越大，移情的条件就越好。移情作用就越强烈，本身灵魂同他人灵魂的共振就越强”[②]。因此，不论是显性教学还是隐性教学，思想政治理论课教育者只有全身心地投入教学中，才能促使这类课程教学真正成为“爱的教育”，也才能取得实实在在的教育效果。

（五）教得怎么样？——关于书面考核与行为检验的关系

目前，关于思想政治理论课争议最大的问题之一就是教育效果问题，而“教得怎么样”是对课程教育效果的直接诘问。当然，教育效果是个非常复杂的问题，它有多方面的评价指标和检测条件，既有内部与外部之分，也可区分为体现在个人身上的微观效果和体现在社会整体中的宏观效果。在通常情况下，教育效果需要通过教育评价来加以检测和反映，而教育评价则要依据课程和科目所规定的各种教育目标从各个侧面分析教学内容的质量水平、价值和效果。因此，“从学习指导和学校管理等微观角度来看，明了课程、教学方法、教学条件等对学生的学习成绩和学习态度将产生怎样的影响，无疑是十分重要的”[③]。目前，我国

① 哈佛委员会:《哈佛通识教育红皮书》，李曼丽译，北京：北京大学出版社2010年版，第138页。

②［德］凯兴斯泰纳:《凯兴斯泰纳教育论著选》，郑惠卿选译，北京：人民教育出版社2004年版，第134—135页。

③［日］市川昭午:《教育的效果》，李守福等译，南昌：江西教育出版社1993年版，第5页。

高校思想政治理论课最主要的教育效果检测方法就是考核，其中书面考核仍是较为通行的方法之一。

然而，在目前的思想政治理论课考核中，一个显而易见的吊诡是，书面考核的结果与受教育学生的行为表现之间并不必然构成正比关系。也就是说，一个完成了思想政治理论课学习并在书面考核中取得优异成绩的学生，并不必然会在实际行为中展现相应的政治素质和道德素质，也并不一定能够将同等的优异成绩转化为长期社会活动中正向的积极行为。甚至可以认为，对一些学生而言，思想政治理论课书面考核与其行为表现之间并不存在正相关关系。由此，思想政治理论课教得怎么样固然关涉受教育者的政治态度、社会情操、道德目标和价值倾向，但仅仅从书面考核的结果这一项内容的确无法完全准确地反映思想政治理论课的教育效果。然而，如果没有书面考核而仅仅采取操行评定的观测法作为思想政治理论课的全部考核方式，又容易使考核陷入模糊、任意和难以追踪的境地，并在一定程度上削弱思想政治理论课的权威性和指导力。为此，认真梳理并妥善处理书面考核与行为检验的关系，是目前思想政治理论课教学研究中的难点，也是课程与教学改革中需要深入探索的命题。

在思想政治理论课“教得怎么样”的问题上，应该首先认可考核的必要性和必然性，这是教育测量学的基本要求，也是衡量教学状况和水平的抓手。失去了考核，就难以把握教育教学的价值和意义。其次，思想政治理论课的考核应该是全面的综合的考核，绝不能仅限于书面考核，特别是不能以完全考核知识性内容作为唯一标准。众所周知，开设思想政治理论课是我国高校思想政治教育旨在通过课程实现教化育人的教育目标的具体做法。思想政治理论课教学中显然应当有知识性内容，否则教育中的价值就失去了载体，学习内容就难以具体化，教与学也难以操作。但是，事实、知识、原理等属于认知层面，此外更重要也更关键的是技巧、方法、态度、价值等技能、情意层面的内容，而后者恰恰是教学育人的核心要素，也是受教育者思想政治素质和道德素质的主体元素。在过去长期的思想政治理论课教学书面考核中，“课堂评量所强调的常常是外显、客观、理性、逻辑的部分，而漠视内隐、主观、感性、诠释的内容，所以在评量的实施上，通常是偏向易于界定、容易观察的认知部分，而忽略自由、开放、整体的人性观点。”[①] 这恐怕也是造成考核低效或失效的内在原因。基于此，应对思想政治理论课的书面考核进行精心设计，不但使之更科学、更合理、具有更好的信度和效度，而且也要把行为考核和日常生活评定纳入考核体系中，使书面考核与行为检验共生互补、相得益彰。

（原文发表于《思想政治教育研究》2016 年第 1 期）

① 高博铨:《教学论：理念与实施》，台北：五南图书出版股份有限公司 2007 年版，第 348 页。

八

当代青年爱国主义教育中批判性思维的正向引导

思维是人们思考问题时的基本方式，也是形成思想认知、判断力和价值观的枢纽，是决定人的思想取向和行动意志的关键因素。在当代青年爱国主义教育中，真实面对和科学把握青年人在爱国主义问题上的批判性思维，不仅关系到能否正确地理解和掌握青年在爱国主义问题上的思想动态和价值取向，也关系到能否有效引导他们真正认同爱国主义、养成并践行正确爱国价值观。厘清青年对爱国主义所持的批判性思维的特征并对之进行正向引导，是加强青年爱国主义教育的必由之路，也是提升当代爱国主义教育针对性和实效性的必然选择。

（一）对当代青年进行爱国主义教育不能忽视批判性思维

爱国主义教育是思想政治教育的重要内容，是当代中国意识形态教育的重要任务。党的十八大以来，习近平总书记多次论及爱国主义教育，强调要抓好爱国主义这一课。他指出："必须把爱国主义教育作为永恒主题……要深化爱国主义教育研究和爱国主义精神阐释，不断丰富教育内容、创新教育载体、增强教育效果。"[①] 对爱国主义教育的深入研究和阐释，乃至对教育内容和载体的创设，都离不开对教育对象本身的关注，离不开对受教育者思想实际和行为实际的研究。长期以来，青年一直是爱国主义教育的重点人群和主要对象，青年的爱国主义教育也是国家爱国主义教育体系中的关键环节。当代青年身处时代巨变和社会转型的重要时期，恰逢社会发展加速、信息交换频繁、价值观念多元的节点，他们思想丰富、思维活跃，对未来、社会、现实和对自我都充满期

① 习近平：《大力弘扬伟大爱国主义精神　为实现中国梦提供精神支柱》，《人民日报》2015年12月31日，第1版。

许。在爱国主义问题上，当代青年的一个重要思维特征是他们多富于批判性思维，即对爱国主义多抱有批判和挑剔的眼光。青年人对爱国和爱国主义为何会持有批判性思维？对他们的批判性思维该如何看待？这是对青年进行爱国主义教育时不可忽视的重要内容。

首先，批判性思维是青年人的重要思维方式。“青年是整个社会力量中的一部分最积极最有生气的力量。他们最肯学习，最少保守思想。”① 在人的整个一生中，由于受生理和心理的发展阶段性所制约，青年时期也是思维养成和训练的特殊阶段，是思维力充沛、思考力旺盛、想象力丰富的阶段，也是活力最旺盛、最易于提出问题、最善于提出批评意见的阶段。瑞士心理学家荣格把青年时期称作人生的二元阶段，认为这一阶段最易产生困惑、怀疑和内在矛盾。他指出：“二元阶段的基本特征是扩大人生的见识，遭到强烈抵制的也正是这个特征。”② 在这一阶段，随着青年人人生见识的增进和扩大，个人在心理和精神上遇到的强烈抵制形成了他们思维世界的突出矛盾和内部危机，这种矛盾和危机的集中表现就是青年人对外部世界既充满着理想和对权威的反叛，也充满着怀疑和不确定性，充满着挑剔和批判，有时也难免陷于激进和偏执。由此，对于青年而言，批判性思维就成了他们最重要最显著的思维方式之一。当然，这是就青年普遍存在的思维特征而言的。若就当代青年思维特征的特殊性而言，众所周知，当今中国恰逢急遽变革和转型时期，科技革新、网络普及、社会发展都改变着青年生活、工作的环境与生态，知识信息化、社会现代化和思想多元化呼唤着现代意识和公共理性。现代意识意味着打破旧观念的束缚和旧思维的藩篱，而公共理性则要求青年以公共的情怀和视野对待一切社会生活现象和价值对象，在行为主张上不盲信盲从、在价值判断和选择上不随波逐流，由此，他们的批判性思维得到了极大张扬和普及，既需要加以关注和发现，也需要正确引导和纠偏。

其次，养成正确价值观需要开展批判性思维的教育。人的价值观形

①《毛泽东文集》（第 6 卷），北京：人民出版社 1999 年版，第 466 页。

②［瑞士］荣格：《人生的各阶段》，见［美］亚伯拉罕 · 马斯洛等著，林方等主编：《人的潜能和价值》，北京：华夏出版社 1987 年版，第 55 页。

成是一个不断进行思想反刍、长期积累并稳中有变、变而后定的过程，其中既有传统习惯和社会习俗的模塑，更有人自身有意识的体悟和系统化的学习，前者多是环境熏染，后者多靠专门教育。由于人的价值观具有明显的个体性和自主性，而个体的、受自主意识支配的价值观并非都是符合社会标准的价值观。在强调集体性、社会性和整体性的中国文化语境与社会生态中，人们往往把判断价值观正确与否的标准归于集体或社会一方，即以公共意志和集体判断为标尺。在这样的标准支配下，只有与社会健康发展进步吻合、为人类和社会提供正能量和正动力的价值观才能够被认定为正确价值观。今天，尽管人们对正确价值观的看法可能存在分歧，但价值观判定始终逃脱不了对群与己、义与利、公与私、理与欲之间矛盾和冲突的抉择。由于社会的发展变迁与转型，传统社会中个人与社会之间占主导地位的统一性的价值观在今天日益扩大的利益纷争和社会裂变中逐渐分化，呈现为以二元对立为主的价值观。由此，个人价值系统与社会公共价值系统之间的互动就较多地呈现为批判与反批判的对立。在人的正确价值观形成过程中，知识、信息和思维方式的混合加工是产生新价值认知和价值判断的必经阶段。其中，批判性思维会让人一方面质疑自身价值观的合理性和可行性，另一方面也坚定对既定价值观的信仰，为形成巩固而持久的正确价值观奠定基础。值得注意的是，在现实生活中，无论是可以赋予主观观念的自然环境还是人人都无法逃避的社会生活环境，都不可能天然地赋予人以恒定的正确价值观，而基于批判性思维的个体价值判断又往往会带有负面指向或产生负面效应，由此，针对批判性思维的教育便成了养成和训导正确价值观的基本手段。这种现象在爱国主义教育上尤其明显。

再次，对青年以批判代替批判性思维的思维误区需要正向引导。批判和质疑是青年人的天性，他们乐于批判但不善于批判，常常质疑但又往往疏于精深、难臻准确。对不少青年人来说，批判的乐趣和成功往往在于语词上的机巧锋利和观点上的压制征服，而不在于是否真正达成了思想和价值观的认同，甚至不在于是否真正能够让对方信服一种正确的、科学的观点。他们往往把驳倒对方视作批判的重点，而不是将批判性思维贯彻始终并在思考和建构上取得突破。由此，不少青年人常常会以批判代替批判性思维，以对事物的表面化挑剔代替深入的思考和建议，这实际上会使得批判变得简单、粗暴和肤浅，使沟通流于形式。对于青年人这种以批判代替批判性思维的状况，我们应该高度重视，尤其需要重视对其思维误区进行正向引导。概括地说，青年人以批判为主旨的思维方式实际上是不健康的思维方式，它所陷入的思维误区是：以片面思维掩盖整体思维，仅仅把思维触点停留在寻找被观察对象和事物的毛病上，只攻一点，不及其余；以扁平思维取代立体思维，在思维和思考的向度与力度上都趋于扁平化、思维的空间受到压缩、不能充分展开；以感性思维阻滞理性思维，用基于情感和兴趣的批判对待爱国主义以及相关的理论体系和行为系统，而难以避免认知上的肤浅和盲目；以静态思维阻碍动态思维，把某些在凝固的、僵化的思维定式中获得的思想认识当作权威的或科学的认知。上述思维误区需要予以正向引导，主要是要采用马克思主义的科学世界观、方法论和价值观来引导青年，使青年人掌握马克思主义的立场、观点和方法，获得整体性、立体化、理性化和动态化的思维方式，用全面的、联系和发展的观点认识爱国主义这一时代命题。

（二）当代青年爱国主义教育中批判性思维的科学内涵

在当代青年爱国主义教育中，对其批判性思维进行正向引导的前提是准确把握该种思维的科学内涵。概括地说，针对爱国主义教育的批判性思维具有以下几个方面的特殊意涵：

首先，针对爱国主义教育的批判性思维是求真求是思维。批判性思维是建立在对客观事实的理性分析基础之上的一种客观性评估与事实性评价的逻辑意愿与思维形式。其中，批判是一种选择、分析和判断的技能和智慧，包含着对事实与证据、思想与观点的研究。在批判性思维中，所谓求真就是掌握对象的真实状况；求是即把握对象的客观现实和实际规律。就高等教育领域而言，批判性思维是在美国高校教育中首先发端且颇为流行的一种思维方式。美国高校十分注重青年批判性思维的养成，在其教育资助委员会的大学学习评估（CLA）项目中就列举了很多批判性思维的技能，其中关涉点之一就是信息是否恰当、分析数据、识别证据、区别事实与观点。[①]事实上，不论中外，所有的批判性思维都要求以客观事实为基础，以求真求是为支点。在爱国主义教育中，价值植根于事实，对祖国传统、国家政体、政党体制、政治运行这些精神对象、制度对象和行为对象的价值把握，必须以客观事实为前提。对爱国教育体系内诸多对象的批判性思考，也应当以尊重事实和现实、求真求是为思维出发点。当青年人在尚未获得客观、全面、真实的信息与知识及把握爱国主义及其教育的历史和现实时，迫不及待地发表批评意见就难免会失之偏颇，出现曲解和误解。因此，求真求是思维为进行科学、严谨、准确的批判和思考奠定基础，离开了求真求是思维，所进行的批判和思考只能是雾里看花、难及真实。

其次，针对爱国主义教育的批判性思维是整体系统思维。在爱国主义的“名”下，包含着相当丰富多样的“实”。对于当代青年而言，爱国与爱家、爱社会的统一，爱国与爱己、爱群的统一，爱经济政治制度与爱历史文化传统的统一，爱国主义、集体主义与社会主义的统一，如此等等，都需要采用一种整体系统的思维才能够看得清、辨得明、认得准、爱得真。或者说，只有以当下为坐标起始点，在特定的时空维度和物象本身的结构联系中，以整体系统的思维为思考视点才能保证青年人在思考爱国主义教育问题时获得全面而丰富的信息、获得全局性的理解和认识，从而为做出科学判断打好基础。很多时候，当代青年谈到爱国主义问题时最容易出现以点代面、以静代动、以小代大、以表代里的判断，这恰恰是其思维局限性的表现。真正的批判性思维本质上必然是整体系统的思维。整体系统的思维所要求的是一种全局观和整体观，而不是一叶障目也不是以偏概全。因此，在对待爱国主义教育上，青年人应当摒弃片面的、孤立的和静止的观察分析问题的方式，不能割裂爱国主义系统内外诸要素、诸对象之间的联系，也不能犯下“攻其一点不及其余”的错误。

再次，针对爱国主义教育的批判性思维是创造建构思维。批判性思维的实质是反思，目标是建构。任何批判性思维都应当是以建构为出

① 参见［美］布鲁克·诺埃尔·摩尔、理查德·帕克:《批判性思维：带你走出思维的误区》，朱素梅译，北京：机械工业出版社2012年版，第3页。

发点而做出的思考和批判。需要说明的是，批判性思维包含批判，但批判和批判性思维是不能等同的，批判中有批判性的思想，但它们并非全部意义上的批判性思维，批判性思维重在反思、甄别和建构，其目标不是批驳而是构建，是破旧后的立新。因此，在培育爱国主义教育的批判性思维时，我们绝不能教导青年人只会批判国家的现实而不思考国家的历史和未来、只会挑剔社会的毛病而不善于创造致力于建设社会的道路、只会摧毁既有的民族国家观念而不提出有益于民族发展的思想。实际上，爱国主义教育固然包含着对国家和社会发展进程中不良现象、不善之举的批判，也应当容纳这类批判，但对于批判者而言，仅仅会批判而不会建构则是对批判性思维的极大曲解。爱国是要以建设更加美好的国家为目的，建设更好的国家绝不应仅仅止步于挑毛病、话短缺、苛闲责，而应秉持“不但要善于破坏一个旧世界，更要善于建设一个新世界”的态度，从维护国家整体利益，捍卫国家安全、稳定、和谐与发展的美好目标出发去提出有针对性、有实践价值和积极意义的建设思路。客观地讲，在这方面，当代青年在对爱国主义及其教育的批评上仍存在较大差距，多数青年仍需要提高自我反思能力和建构意识。

最后，针对爱国主义教育的批判性思维是价值导向思维。在爱国主义教育问题上，当代青年对不少根本问题是有共识的，也能抱有一致的看法和见解。但由于自身条件和认知环境的差异，他们在很多具体问题上可能有不同的思想认识和价值判断，甚至存在思想分歧和价值分裂。毫无疑问，无论是过去还是现在，无论是中国还是外国，爱国主义教育都是统一思想、纠正偏识、建构共同价值观的教育，没有任何一个国家的爱国主义教育是为给自身制造分歧、混乱和麻烦的。鉴于爱国主义的“社会态度和行为是理性的与非理性的、有意识的与无意识的、私人的与公共的因素相互作用、复杂互动的结果”[①]，因此爱国主义教育的根本指向就是要消除其中多种因素、多重矛盾之间的张力，把诸多分散的、凌乱的、条块分割的价值观念整合为统一的、和谐的价值共识。这样看来，在爱国主义教育上尊重和提倡批判性思维是为了更好地弄清事实，

① Joel Westheimer ed., *Pledging Allegiance: The Politics of Patriotism in America's Schools*, New York: Teachers College, Columbia University, 2007, p. 40.

更好地澄清模糊认识，以便更好地建立一致的价值观念。显然，这种批判性思维应并不止步于价值澄清和价值辨别，而是要进行有目的、有效果的价值引导，要把分散的思想凝聚到统一的价值主张上来，把有差别的认识转化为无分歧的价值共识。

（三）引导青年养成正确批判性思维的基本途径

在对待爱国主义及其教育问题时，面对纷繁复杂的信息和林林总总的现象，青年人往往难于做出准确的判断和正确的选择，甚至会因错误思潮影响而误入歧途。此时，对青年人的批判性思维进行正向引导十分必要。那么，该如何就爱国主义教育问题对当代青年进行正向引导呢？

首先，要给当代青年提供方向并指导他们获得真实而全面的专业信息与知识。

多数情况下，人的价值判断是需要信息、经验和知识来支撑的。当代青年在对爱国主义及其教育问题做出判断和批判性思考时，必须要对他们已经获得的信息、经验和知识进行加工并由此形成认知和定论。倘若青年人获得的信息、经验和知识只是虚假的、凌乱的或片面的材料，他们所掌握的知识只是非相关的或边缘性的知识，所借助的经验也是不可靠的间接经验，那么他们在选择和判断爱国主义问题时自然就很难得出科学的、准确的和正确的结论。此时，他们的批判往往就会流于肤浅和表面、难以精准到位，他们对爱国主义及其教育的理解就极有可能会出现偏差。现实情况是，青年人之所以在爱国主义及其教育问题上多有肤浅的批判，十之八九是与他们并没有掌握全面的信息、专业的知识和可靠的经验有关。因此，要保证青年人形成有效的批判性思维，一方面要给青年人提供真实、全面的专业信息和专门知识，另一方面要指导他们自己去获得真实、全面的信息和知识，这是促使其养成科学的批判性思维的前提和基础。具体地说，应当让当代青年掌握丰富而全面的历史知识和政治科学知识，特别是关于国家、政治的哲学知识，在对爱国主义及其教育问题发表评论和批评意见之前，尽可能多地获取相对丰富、准确的信息，借助有益的优良经验，避免“盲人摸象”式的随意判断，避免得出匆忙、草率和不准确的结论。

其次，引导当代青年养成并善于运用独立的实践精神、科学态度和辩证方法。

当今时代，对青年的价值选择和价值判断造成最大干扰的是各种泛滥的信息，影响青年人批判性思维的也是各种随意漂流的看法。恩格斯当年在批评某些大学生不负责任地批评工人阶级的革命活动时就曾指出："某些对党的事务的发展表示不满的大学生先生们又开始学习了，这当然很好。他们学习得越多，对那些担任负责工作并勤勤恳恳履行自己职责的人们就越会采取宽容态度；随着时间的推移，他们将会看到，为了达到伟大的目标和团结，为此所必需的千百万大军应当时刻牢记主要的东西，不因那些无谓的吹毛求疵而迷失方向。他们还应当发现，他们在工人面前所极力炫耀的'学识'，还是差得很远的，而工人们本能地、'直接地'（用黑格尔的话来说）掌握了的东西，他们这些大学生要费很大力气才能获得。"[①] 事实上，当代青年要想清晰地看到爱国主义的现实和事实，准确地提出有效的批评意见和建议，就必须摆脱各种随意性很强的干扰因素，养成独立的实践精神、科学态度和辩证方法。独立的实践精神、科学态度和辩证方法是把青年人的知识体系、思维方法和价值系统有机统一、有效结合的综合性的实践法则，也是正确解析爱国主义现象和本质的"解剖刀"。引导青年运用独立的实践精神意味着在认识爱国主义及其教育问题时青年不应人云亦云、不应随波逐流；采取科学的态度意味着青年要尊重事实和现实，既要解放思想，也要实事求是，不迷信盲从，不陷入愚昧；坚持辩证的方法则要求青年必须客观公允地看待关于国家的历史、现实和未来，全面地把握爱国主义的真谛和真实。

再次，要在有益比较和反复甄别中帮助青年夯实正向价值标准，筑牢价值观堤坝。

批判性思维是形成价值判断和价值观念的前奏。任何价值判断和价值观念都是在比较、交换和反复中形成的，也都包含着一定的价值标准。"当价值判断是基于丰厚的经验并得到规范时，价值判断是或者至

①《马克思恩格斯全集》（第38卷），北京：人民出版社1972年版，第270页。

少可能是理性的；它们是可沟通的，而且可以称为理智讨论的内容和信念的内容。”[①]青年人形成价值观的过程要借助批判性思维，而有意识地训练和养成批判性思维对于形成理性的、科学的价值观是不可或缺的。但是，由于价值选择和价值判断是由价值主体以自我意识为支点而推出的，自我意识又具有散乱性和任意性，因此要形成理性的思维方式，就需要借助提前预设的规范和标准。在爱国主义问题上，“真正的爱国主义存在于支持国家所应珍视的价值观之中”[②]。为此，要使得当代青年养成针对爱国主义及其教育的批判性思维，就需要在有益比较和反复甄别中帮助青年夯实正向的价值标准，让他们懂得何种价值标准会支配何种价值选择，而何种价值选择又影响何种人生价值。显而易见，青年人的价值观形成并非一次就能够完全定型，往往要经过多次认识反复和思想反刍，但只要能够确定正向的价值标准，就能够有效地帮助青年筑牢价值观的堤坝，奠定人生健康发展和积极向上的价值基石。

（原文发表于《思想教育研究》2017 年第 8 期）

① 哈佛委员会:《哈佛通识教育红皮书》，李曼丽译，北京：北京大学出版社 2010 年版，第 47 页。

② Joel Westheimer ed., *Pledging Allegiance: The Politics of Patriotism in America's Schools*, New York: Teachers College, Columbia University, 2007, foreword xii.

九

“思想道德与法治”课程中理想信念教学的基本理路

理想信念是人生的目标和意志，代表了人生奋斗的价值追求和实践状态。理想信念教育对于处在人生成长成才关键期、个体社会化过渡期和事业发展准备期的大学生极其重要。帮助大学生坚定理想信念、明确人生奋斗的方向和状态、确立崇高远大的精神追求，是“思想道德与法治”课程教育的题中之义，也是其中“理想信念”章节教学的重点。贯彻落实中办、国办《关于深化新时代学校思想政治理论课改革创新的若干意见》（2019）和中宣部、教育部《新时代学校思想政治理论课改革创新实施方案》（2020）的精神，新修订的“思想道德与法治”（2021版）教材对“理想信念”章节内容进行了适当调整和补充，突出理想信念与国情形势和社会发展目标的结合，突出与大学生思想实际和理论困惑的结合，突出与增强使命担当、激励责任豪情的结合。本文试提出该课程“理想信念”章节教学的基本思考和建议思路，供交流讨论和批评指导。

（一）“思想道德与法治”课中“理想信念”的认知辨梳

理想信念是大学生们比较熟悉的教育话语，他们从中小学教育阶段开始就接触并接受过关于这个话题的思想灌输。但出于升学和应试的客观要求，中小学课程体系中所包含的“理想信念”的内容并未引起学生们的真正重视，该阶段的“理想信念”教学也多因拘于诸多限制而不够充足，或只是留下模模糊糊的印象。大学教育是知识与素质并重的教育，大学的思政课承担着对大学生进行思想导向和价值矫正的任务，重在形成理论思维，实现从学理认知到信念生成的转化，增强使命担当。理想信念是大学生思想素质和价值体系的重要内容，是大学生在愈加清晰的追逐梦想的阶段锚定人生航向、增强进取信心的必然话题。故此，“思想道德与法治”课程中的“理想信念”教育从一开始就承载着思想与实际并重、以生活导入理论、以观念引领行动的教学目标，负有引导学生从重知识向重价值过渡、由强技能向强素质转型、变学习模仿为思维拓展的使命。换言之，大学阶段“思想道德与法治”课程的“理想信念”教学一方面要夯实学生的基本认知和知识基础，另一方面要有效衔接并提升学生的思考能力、思维水平和价值觉悟，并由此形成崇高理想和坚定信念。

1. 两组概念的辨析

概念并不是“理想信念”这一章节的教学重点，但作为关键概念却是教学的知识基础。“每一概念都处在和其余一切概念的一定关系中、一定联系中。”[①] 倘若不能够清晰地给学生建构起关键概念的认知链条，学生就难以理解由此概念衍生的一系列思想和理论命题，也就会囫囵吞枣地对待由此而展开的一系列理论教学。因此，本章节教学的第一步就是要进行简单而必要的概念辨析，从而获得进一步思考的知识基础。

第一组概念是“理想”概念群，包括理想、空想、臆想和幻想，区分本组概念的关键是突出目标的科学性、合理性和可实现性。理想是基于现实又超越现实的，具有实现的可能性，是基于科学认知和实践规律的目标或目的。空想、臆想和幻想虽然可能是美好的，但是是不切实际的、胡乱的、不能够实现的。之所以作此区分，是为随后教学中引出的社会理想做铺垫。在清晰定位理想概念的基础上，还有必要引出不同类型的理想并以辩证分析的方法进行不同类型理想之间关系的区别，借以映射其后关于“理想—行动”关系的分析。

第二组概念是“信念”概念群，包括意念、信心、信念和信仰，区分本组概念的关键是突出实现理想过程中主体的情志表现及状态。人的精神系统是复杂的、分层次的，人的精神发展也是逐步成熟的。对于特定的理想或目标，追求和信奉它的程度主要体现在主体行动中。从不够稳定、不够清晰的意识开始，经过从弱到强、从零散到系统、从感性到

① 列宁:《哲学笔记》，北京：人民出版社1974年版，第210页。

理性、从游移到稳定的变迁，逐渐呈现由意念到情绪、意志到情操、信心信念到信仰的升华。作如此区分的目的在于从知行关系角度引出对信仰层次的认知，其中的关键在于突出信仰的意志基础，凸显追求信仰的长期性、过程性和崇高性，为随后探讨社会信仰奠定思维途径和逻辑基础。

人的理性思维是从掌握概念开始建构的。在区分“理想”“信念”两个概念群的基础上，特别需要引导学生获得以下认识：第一，理想与信念虽有差别，但理想信念作为近年来约定俗成且见之于国家文献的说法，构成了对人的精神目标和精神状态的统一描述。第二，理想信念的层次性，特别是随着生理成熟、社会化发展程度特别是个体成长的思想文化环境、经济社会依据和个体价值选择的差异而呈现的理想样态和信念状态。第三，理想信念的基本特征，对二者的特征可以分述，因二者毕竟有异，但其重点是通过对特征的描述帮助学生更好地理解理想信念“是什么”，从而更深入地体会关键概念的内涵和外延。第四，理想与信念的关系，尤其是要阐明只有在信念的支撑下才能实现理想、高远的理想需要比普通理想有更为坚定的信念和信心的事实。

2. 理想信念的科学性

在实际生活和现实教学中，真正困扰学生的问题除去对上述概念理解不透、从而出现认知干扰和思想混乱外，更严重的问题在于如何甄别不同价值的、合理与否的理想和信仰。不少学生基于对自身生活范围和发展视野的考虑，往往从实用主义、功利主义和自由主义的视角出发，在理想的自我与他者、个体与社会、信念的坚定与否、信仰实现的可能性及其价值上产生“缩窄”判断或“畸形”认知。因此，本章节的教学重点是要讲清楚理想信仰科学性以及信念坚定性的行为标准和实践依据。

在实际教学过程中，要清晰地解释理想信念的科学性，就要准确揭示理想信念是事实与价值的结合，是合目的性与合规律性的统一。事实代表的是客观状况和客观要求，反映的是基于科学的规律性。价值代表的是主体判断和主体目标，反映的是基于需要的目的性。理想反映了个体或群体的价值目标，固然有超越现实的诉求，但只有在尊重现实和规律的基础上才能实现。换言之，理想的实现不是随心所欲、全凭赖主观意志就能够达到的。只有合理合乎律则的理想信念才能够最大程度地实现。理想信念只有在合目的性与合规律性统一的基础上才是科学的、可实现的。中国特色社会主义共同理想和共产主义远大理想之所以值得信仰，关键在于它们是建立在对社会生产结构科学分析基础上的对资本主义和以往一切剥削制度的超越，是符合人类社会发展规律和社会主义建设规律的科学选择。

3. 理想信念的可实现性

人是有灵性有觉悟的社会动物。人之所以要有理想信念，在很大程度上在于人具有内在的主体自觉性和社会道德意识。理想信念是过程论和目的论的结合，是支配人自觉社会化和进行价值升华的要素。理想不论大小，都具有实现的可能性。倘若人们的信念坚定且强大，就能够实现远大崇高的科学理想。因此，在讲授“理想信念”章节时，需要在学生的认知观念系统中注入理想信念可实现性的种子，阐明理想信念可实现性的思想基础、动力源泉、价值方向和道德原则，需要阐明实现理想与增强信念的关系，教会学生把握好个人理想与社会理想的辩证统一，处理好个体信念与社会共同信念的结合。

在阐明实现理想信念一般原则和普遍要求的基础上，本章节的教学仍需要由“形而上”的思想转移到“形而下”的现实中，需要结合学生的思想实际、中国特色社会主义共同理想的源头和依据、中国经济社会发展的现实状况和目标规划，进一步阐明理想循序渐进实现的可能性以及信念对其所产生的辅助支撑作用，明确大学生结合自身实际为实现理想需要做的准备、明确理想实现的途径以及坚定信念的方法。思想政治理论课的目标是立德树人，将正确的理论内容转化为学生可理解接受的思想认知并进入其价值系统中，这是实现教育转化和教学育人的基本要求。学习理想信念章节一方面要让学生弄清楚为什么要有理想信念、该树立什么样的理想、坚定什么样的信念，另一方面让学生知道如何坚定理想信念，即坚定理想信念需要做什么、怎么做，由此开启追求理想人生的道路、明确坚定人生信念的方向。这是本章节教学的目标和重点所在。

（二）“思想道德与法治”课中“理想信念”的教学逻辑

教学是有目的有规律的科学活动，既包含既定的学习秩序也需要特定的教学逻辑。教学逻辑是知识和价值得以展开的根本依据，是教学活动的内在遵循。“理想信念”是隶属于“精神”系统的抽象度很高的概念和范畴，其教学呈现应当遵循精神成长和发展的实践逻辑，以贴近学生认知和需要的科学方式表达出来。依据新教材“理想信念”章节的结构逻辑，我们建议在本章节的教学中重点遵循和实现如下教学逻辑：

1. 深研课程的理论逻辑

不同的专业课程有不同的建构逻辑，这是由课程属性和课程定位决定的。同样一个命题，在不同课程中的理论基础和打开方式不尽相同。教学之关键就是要遵循不同的方法论把特定命题的思想理论逻辑用科学适应的方式展现出来。“思想道德与法治”课坚持以马克思主义为指导，要求把马克思主义的基本原理贯彻到教学活动中。由此，“理想信念”这一重大命题天然地就承担了区分科学理想与非科学理想、处理个体理想信念和社会理想信念的任务。众所周知，没有思想理论基础的思政课教学是苍白无力、缺乏说服力的教学，只有以科学的思想和彻底的理论为支撑，本课程中“理想信念”的命题才能获得正确的价值原则和教学立场。为此，在讲授“理想信念”这个命题时，我们需要一方面阐明马克思主义、共产主义理想的科学性、崇高性，以区别非科学理想、宗教信仰，另一方面也要从“个体—群体—社会”相辅相成、相互关联的角度，阐明个人理想和社会理想的辩证统一关系，阐明以马克思主义的科学世界观、人生观和价值观为基础的社会主义的人生理想和社会理想，以及为实现崇高的、远大的共产主义理想而必备的坚定信念。一言以蔽之，理想信念这一章节的教学应从马克思主义世界历史理论、人的本质理论、物质与精神的辩证关系理论中获得基本的理论支撑，借以从思想深度和理论密度上展开对理想信念基础理论的发掘，从历史规律、科学规律和实践规律中把命题的理论性阐述出来。一般情况下，由于思想理论抽象度高、所针对的历史年代久远、个体实践体验感淡泊，涉及思想理论部分的教学是相对比较艰涩难懂的，这就需要我们在教学过程中注重介绍思想理论形成的背景、所要解决的问题，梳理理论发展和演进的脉络，重点介绍思想理论的现实价值和实践意义。应当承认，课程理论逻辑的教学是教学的重点和难点，需要下足功夫研究教学对象的接受能力和学习兴奋点，最好以通俗鲜活、现实性强的语言和案例组织教学，避免脱离教学环境实际和学生思想实际。

2. 阐明内容的结构逻辑

新教材“理想信念”章节的布局采取了最为浅显易懂的“是什么”“为什么”“怎么办”这一“三段论”式的布局思路和结构方法，在基本内容上按照由小及大、由此及彼、由我及他、由近及远、由浅入深、由知到行的基本逻辑进行安排和设计。本章为帮助学生理解理想信念到底是什么，特意对理想信念的特征进行了描述，并进行适度区分，以求更加准确地揭示理想信念的基本内涵。在描述理想信念是什么的基础上，从作用和意义的角度揭示了其最为突出的实践价值，并按照理想在精神系统中的定位采用了“钙”的形象说法揭示了理想信念的作用。但是，本章节的重点并非只是说明理想信念是什么，而是要说明什么样的理想信念是值得坚持的，并且要解释其根据和理由，也即说明最为现实、最为重要的科学理想信念到底是什么、应该坚持什么、应该实现什么。就此，章节的重点内容就要侧重揭示对马克思主义、共产主义远大理想的信仰与对中国特色社会主义共同理想的信念、实现中华民族伟大复兴的信心之间的逻辑关联，揭示信仰信念信心所映射的理想与现实、思想样态与精神状态的关系。可以说，对这一部分内容的建构，既符合了马克思主义和科学社会主义的思想逻辑，又切合了由社会主义到中国特色社会主义的实践逻辑。只有把这个逻辑建构起来并阐释清楚了，我们才能进而提出确立理想和坚定信念的具体要求。具体到教学活动中，教育者应根据学生受众的学习能力、思想基础和客观情况进行有条件的选择，也应当在教材提供的基本素材的基础上进行增删取舍，真正实现由教材体系向教学体系的转化，实现教育内容因时而进、因势而新、因材而异，真正起到思想内容吸引人、劝导人和培育人的目标，抓住开展理想信念教育的金钥匙。

3. 紧扣学生的认知逻辑

认知逻辑是学生学习的出发点，也是教学实践的立足点。一般情况下，中小学生的学习过程是由兴趣激发并支撑的，但到大学阶段，大学生对思想政治理论课的学习往往不再因兴趣而起，而是更受一些实用目标和可变现价值的支撑，比如分数、绩点、在团队中获得认同和自我实现的愿望乃至近期可获得的功利性目标激励等。从个体成长的阶段特征看，大学阶段是大学生半封闭半社会化的阶段，也是学生们积极主动地思考人生和社会、谋划个人成长和发展的阶段。从个体学习的普遍特征看，大学生们学习的计划性和自主性明显增强，专业意识和选择能力更加显著。从总体上看，大学生的认知逻辑遵循“问题—事实—价值”的基本链条，倾向于从问题出发，在提出问题和思考问题中依据事实作出价值判断和价值选择。由此，“理想信念”章节部分的教学要紧扣学生的认知逻辑，直面学生在学习过程中提出的问题和疑问，以准确充分的客观事实中蕴含的价值启发和晓喻学生，帮助学生确立正确的价值观念，选择崇高远大的理想，坚定实现理想的信念，达到传道授业解惑的目的。在教学过程中，我们既需要尊重学生的认知逻辑，善于从他们的逻辑思考的起点出发设定教学的切入点，更要善于从他们的认知逻辑链条中选择最为重要、最为关键的链扣破解命题，教会学生从认知逻辑中超脱出来，善于驾驭认知逻辑，善于抓大放小，抛弃自私的、狭隘的、微小的、片面的认知和结点，从大处谋划人生格局和思想境界，从远处设计人生目标和发展规划，从而使得学生能够实现个体理想信念的升华和超越，勇于把个体发展与社会发展融合起来，去追求更有价值、更有意义的社会目标。

4. 注重知识的价值逻辑

思想政治理论课的目标不仅仅是增长知识和才干，更重要的是塑造品格和价值。但是，没有知识的支撑，品格和价值就失去了认知基础，也就失去了思想进阶和价值提升的可能。由此，在“思想道德与法治”课程教学中，教师需要深入研究的就是如何用科学的知识传递正确的价值，如何借助知识工具推进价值塑造。就现实情况看，大学生刚刚从以知识教育为核心的义务教育阶段走出，心目中仍然存留并且会长期保持着对知识的渴望和依赖，不以知识赢得他们的认同，价值教育就失去了抓手。但是，需要指出的是，本门课程和本章节的价值教育应以什么样的知识为基础和铺垫，这是考验教师素养、能力和水平的关键。在教学设计中，教师应当注重知识得以展开的价值逻辑，注重知识链条的关联性、层进性和方向性。就一般意义而言，不同的知识传递不同的价值，一定量的知识也传递一定量的价值，知识的联系和密度对于既定价值的表现既影响价值定向，也影响价值定量。举例来说，中国近代历史上有很多学富五车、满腹经纶的人，单就拥有知识这一点而言，他们的确是知者，但未必是真正洞悉历史和社会发展规律、把握正确价值方向的智者。那些眼中只有小我私利且为此蝇营狗苟的人，非但不能担当社会历史责任，反而往往会陷入生命泥淖。在设计理想信念章节的知识价值谱系时，我们可以把科学知识、历史事实和社会价值融入对理想信念进行概念界定、范畴划分、事实阐述和价值发现中，用理想信念的科学性和合理性讲述远大崇高理想的政治意义、社会价值和道德境界，讲好因知而悟、由智而华的道理，衔接好学生成长中知识和价值的关系链条。

5. 把握行为的实现逻辑

人的行为受知识和价值交互作用的支撑，遵循“认知—信任—行动”的知行循环，呈现出无知盲行、无信虚行、无行枉知的特征。在思想政治理论课教学中，思想脱离不开实际，理论教学的目的全在于指导学生们的行为实践。因此，教学环节的末梢神经是要通过知识传授和价值传递提供行动标准和依据，进而塑造或改变学生们的行为方向，这也就意味着思想政治理论课教学最终要发挥养成正确行动方式和行为习惯的作用。在讲授“理想信念”章节时，教师要善于把握学生们的行为实现逻辑，为他们在实际生活中采取正确的行为和行动植根铸魂。在讲授理想信念的基本特征时，需要强调其实践性；在讲授远大理想和崇高信仰时，也要强调历史的规律性、理论的实践性和行动的客观性；在提出实现梦想的要求时，仍然要强调实践的重要性和方向性。与此同时，教学过程也需要结合学生行为的实现逻辑，把握理想与现实的辩证统一、个人理想与社会理想的有机结合，在统一论中建立心中有远大理想、脚下有坚实道路、行动有前进方向、目标有实现依据、境界有提升空间的价值选择结果。毋庸讳言，受理想和目标而支配的行动会是学生们的自然选择，“理想信念”章节教学的目的不在于依从这种自发行为，而是要澄清更为合理、更有价值、更有益于他们自身及其所处时代、所属社会的行为应当是什么，肯定他们选择更有抱负、更能担当的行动模式，让他们看到更大的世界、更高的人生境界。行动是价值的传感器，行为是思想的试金石。在这个意义上说，把握学生们行为实现的逻辑一方面要尊重他们的现实要求，另一方面更要提升他们为追求更好的人生理想和更高的社会目标而作出选择的行为意愿与行动能力。

（三）“思想道德与法治”课“理想信念”教学的方法建议

“理想信念”既是一个思想理论命题，也是一个价值实践话题。针对该问题的教学不能够没有思想性和理论性，同时也不能够脱离学生们的思想实际和生活学习实际。教无定法、贵在得法。为更好地提升“思想道德与法治”课中本章节的教学，我们建议可参考采用以下教学方法：

一是专题讨论法。真理越辩越明，思想越辩越清。就普遍情况看，大学生对于为什么要有理想信念、应该有什么样的理想信念以及如何实现理想信念存有一定的困惑和疑问，甚至会在巨大的压力面前采取逃避或消极的态度。如果教学的过程只是轻描淡写地把一般原则、专门知识告知学生，则并不能够真正解决他们在理想信念问题上的难题。根据大学生所处的特定年龄阶段和学习特征，针对理想信念章节的教学宜于采用专题讨论的方法，最好能够在前期调研、广泛征集的基础上把真正困扰学生们的问题作为专题讨论的命题，在讨论的基础上采取对症下药的办法对学生们关于理想信念的思想认识和价值判断加以正确引导和科学指正，如此将会在很大程度上增强教学的针对性和有效性，也将会提升教学的亲和力和感染力。开展专题讨论法的前提是要进行讨论问题的周密设计，以便就学生们关心的理想信念上的真问题、重大问题进行讨论。讨论的过程也需要加以合理的安排和控制，以便讨论能够真正启发学生思考、拓展学生的思维视野，增强他们自身寻找正确答案的素质和能力。关于理想信念的专题讨论，教师应有意识、有目的地引导学生敢于说出自己真正关心的问题，特别是关于中国特色社会主义共同理想和共产主义远大理想方面存在的疑虑，教会学生历史地、辩证地看待社会问题和自我发展的关系，让学生心中埋下树大志、立大德、办大事、成大业的种子。

二是矛盾分析法。理想的确立和信念的坚定并非自然形成的，而是一个复杂的、反复的过程。从类别上看，理想信念是隶属于人的精神系统的范畴，精神的对立物是物质，精神的载体也是物质。人们确立理想信念的过程并非单纯的精神活动，而是与物质活动密切关联的。实际上，人们理想信念形成和发展过程中的一个重要变量就是对于物质问题的考量与平衡。由此，不论是作为精神范畴还是作为精神对象，理想信念都蕴含着对立性的矛盾，蕴含着个体在确立精神目标时不可避免的思维矛盾和思想冲突，蕴含着物质与精神、个体与他者等一系列矛盾。正如恩格斯指出的："在思维的领域中我们也不能避免矛盾。"[①] 大学生确立理想信念的过程也是一个克服内在思想矛盾和价值冲突的过程，是从思想矛盾和思维斗争中寻求突破并进而积淀成为确定理想信念的过程。教师在讲授理想信念问题时，非但不宜回避学生思想世界中客观存在的种种矛盾，反而应当运用矛盾分析法透视理想的形成和信念的确立。具体来说，要承认并让学生意识到思想与实际、理想与现实、闳放与狭隘、奉献与索取、坚韧与脆弱、顺境与逆境等矛盾范畴在理想信念上的表现及其处理方法，深入分析在各种矛盾冲突中作出不同选择的差异及其价值，为学生们作出更为科学合理的选择提供思想指导和理论指引。

三是比较教育法。比较是理性思考的主要条件，也是深化研究的重要手段。对于处于竞争意识强烈、进取精神浓厚、习惯于进行比较的特殊年龄阶段的大学生而言，比较教育不失为一种有独特价值和实际效用的方法。客观地说，理想是因比较而分高下的，信念也是由比较来定强弱的。中国特色社会主义共同理想之所以成为中华民族的共同目标，是因为它超越了单个人的小我理想；马克思主义、共产主义的崇高信仰之所以成为优秀中华儿女的坚定信念，是因为它们意味着高尚政治道德和

①《马克思恩格斯选集》（第3卷），北京：人民出版社2012年版，第499页。

人类道义的价值升华。这其中蕴含的比较教育，能够很好地给学生们提供思想借鉴和价值启示。在运用比较教育法时，教师需要选择客观的事实为比较的坐标，选择科学的比较维度，把握周密的比较方案，在古与今、中与外、他与我、大与小等一系列范畴的比较中得出正确的结论，为校正和塑造学生的价值认同提供扎实基础。需要指出的是，比较教育既能够塑造思想认同，也能够制造价值认异。由此，教师在教学过程中就需要把握何种材料、何种内容引导出何种价值倾向，以便因势利导、因材施教。实际上，在理想信念问题上的比较，其目的重在从异同分析中找到辨别不同理想所蕴含的个体价值和社会价值的切入点、支撑点和立足点，借此展开对基本思想、基本理论、基本价值的有机灌输和有效传递。

四是文献研习法。文献是思想理论的承载体，是重要的学习素材。思想政治理论课以蕴含和传递思想理论见长，但教学过程中如果仅仅是理论阐述，那么教学过程自然会逊色很多，教学效果也将难以达到充分和显著。支撑思想政治理论课的马克思主义理论和中国特色社会主义思想理论体系既有厚重的历史实践基础，也有丰富的文献资源材料。这些文献素材无疑蕴含着辉煌的思想、科学的规律和巨大的价值，需要运用到教学过程中。在讲授“理想信念”专题时，把适度适量的文献作为学生们研究学习的素材，对于他们体味历史真实样态和社会发展过程、感受思想魅力和理论价值、陶冶个体思想情操至关重要。具体来说，不少党的历史文献、经典著作、档案材料乃至专业资料中都存有展现理想信念的篇章，可供研究学习和教学参考。教师在教学过程中可以选择适当的材料作为学生的阅读书目和研习文献。一言以蔽之，文献研习法是进行本章节教学中可资采用的重要方法。

（原文发表于《思想教育研究》2021 年第 9 期）

第七编

党史党建理论与实践研究

百年中国共产党坚持爱国主义与国际主义相统一的实践逻辑

党的最新历史决议的思想政治教育价值及其实现

论中国共产党的长期执政

论中国共产党的党德

论中国共产党的民族复兴教育

中国共产党伟大建党精神的意涵与特质

中国共产党对劳动精神的弘扬和培育

论李大钊的青年奋斗观

李大钊：塑造革命的雄健国民和青春力量

新时代加强李大钊研究的若干思考

一

百年中国共产党坚持爱国主义与国际主义相统一的实践逻辑

中国共产党的百年，是为人民谋幸福、为民族谋复兴、为世界谋大同的百年，也是通过中国站起来富起来强起来造福中国、造福人类、构建安全、美好世界的百年。百年来，中国共产党坚持爱国主义和国际主义相统一，始终把中国发展与世界发展和人类命运结合起来，在实现中国事业的进程中促进世界进步。坚持爱国主义是中国共产党的政治本色，是中国共产党根植于内的道德基础和思想根基。与此同时，坚持国际主义也是中国共产党长期秉持的对外交往的价值原则和处理国际事务时的政治遵循。本文聚焦并系统考察百年来中国共产党坚持国际主义的思想轨迹、价值逻辑和实践方略，有针对性地审思中国共产党坚持国际主义路线的政治考量和价值立场，以期在新时代中国特色社会主义建设和实现“两个一百年”的奋斗目标中对中国共产党与世界的互动关系提出有借鉴意义的思考。

（一）新民主主义革命进程中阶级意识支撑的爱国主义与国际主义的耦合

新民主主义革命既是民族民主革命，也是世界无产阶级革命。中国共产党诞生于科学社会主义运动和国际共产主义运动在历经挫折、经受磨炼后形成的资产阶级革命向无产阶级革命过渡和转变的大背景中。1917 年俄国十月革命爆发、1918 年第一次世界大战结束、1919 年第三国际成立，世界范围内的革命形势急剧变幻，而中国人民和中华民族的命运日趋悲惨。国际帝国主义的侵略和国内封建主义的压迫，将处在半殖民地半封建社会的中国人民推向了为生存而挣扎的边缘。马克思主义在中国的传播和社会运动的活跃，为中国共产党的建立创造了条件。中国共产党是坚持爱国主义的党，是近代爱国主义知识分子和工农群众相结合并共同高举爱国主义旗帜的政治组织。坚持爱国主义对于中国共产党而言是不言自明的主题。可以说，没有爱国主义，就没有中国共产党，中国共产党就是因爱国主义而生、因爱国主义而壮大、因爱国主义而取得胜利、因爱国主义而执政的。与此同时，从组织体系上说，中国共产党是作为共产国际的东方支部建立的，其建立之初就得到了共产国际的指导和帮助，因此从一开始就具有隶属于国际主义运动体系的色彩。中国共产党的第一个纲领明确提出“联合第三国际”[①]。第一个决议也专门设定了“党与第三国际的联系”之条款，提出“党中央委员会应每月向第三国际报告工作。在必要时，应派一特命全权代表前往设在伊尔库茨克的第三国际远东书记处。此外，应派代表赴远东各国，以便商讨发展和配合今后阶级斗争的进程”[②]。如此纲领和决议，无疑也为党成立后坚持国际主义提供了立党依据和行动准则。

陈独秀是中国共产党的创始人，也是党从“一大”到“五大”的总书记，是党的最高领导人。由于主客观条件的限制，他对于来自共产国际的指令虽然未必句句照搬，甚至会提出相左意见，但总体上却是贯彻了党在初创时期拟定的处理与共产国际关系的基本原则。1922 年 4 月，针对国际代表马林关于中国共产党及社会主义青年团均加入国民党的提议，陈独秀在据实分析国民党立场的基础上向共产国际驻中国代表吴廷康陈述了反对意见，并委托其向可能议及此事的第三国际代陈此意见。但同年 6 月，陈独秀又按照党纲规定代表中央执行委员会向共产国际提交了详细工作报告，完全履行了中国共产党作为共产国际支部的义务和职责。与此同时，中国共产党秉持高度的国际主义关怀，对世界革命的形势密切关注。按照第三国际召集全世界无产阶级建立联合战线的要求，中国共产党在“二大”决议中就发出号召，召集中国工人们加入世界工人的联合战线，保护无产阶级的祖国——苏维埃俄罗斯。

① 中央档案馆编：《中共中央文件选集》（第 1 册），北京：中共中央党校出版社 1989 年版，第 3 页。

② 同上书，第 8 页。

中国共产党建立的初衷就是要解决国家、民族和人民遭受封建主义剥削和帝国主义压迫的问题，因此爱国主义毫无疑问是其立党精神和实践价值，坚持爱国主义也是所有共产党人笃信不移的决心。然而，处于初创时期的中国共产党严重缺乏革命斗争经验，在革命进程中接受来自共产国际的经济帮助和思想指导，这显然符合国际共产主义运动的通则，也是中国共产党恪守国际主义的要求。1922 年中共二大议决，中国共产党的任务是要召集中国工人加入世界工人的联合战线，通过中国共产党加入第三国际决议案，明确中国共产党为共产国际的中国支部，并发出“一齐来和全世界的革命伙伴们并肩前进”[①]。此后，中国共产党一直按照国际主义的原则，与共产国际保持着紧密联系，为中国革命寻求出路和方略。实际上，在整个新民主主义革命时期，为发展国内民族革命统一战线，同时也为维护第三国际的权威和对独立国家民主革命的指导地位，中国共产党始终把国际主义作为重要遵循，履行作为共产国际支部的责任和义务。1937 年西安事变发生后，毛泽东分析说：“中国共产党人是国际主义者，他们主张世界大同运动；但同时又是保卫祖国的爱国主义者……这种爱国主义与国际主义并不冲突，因为只有中国的独立解放，才有可能去参加世界的大同运动。”[②] 随后，他又强调说：“中国共产党人必须将爱国主义和国际主义结合起来。我们是国际主义者，我们又是爱国主义者。”[③]“把国际主义的内容和民族形式分离起来，是一点也不懂国际主义的人们的做法，我们则要把二者紧密地结合起来。”[④] 可以说，中国共产党之所以坚持国际主义，是与其自身对无产阶级世界革命体系中中国无产阶级意识的定位分不开。中国革命是世界革命的一部分，中国无产阶级是世界无产阶级的重要组成。在无产阶级革命的国际形势中，中国革命自然就要秉持国际主义的原则，从爱国主义和国际主义相结合中实现“双赢”和“共赢”。

---

① 中央档案馆编：《中共中央文件选集》（第 1 册），北京：中共中央党校出版社 1989 年版，第 117 页。

②《毛泽东文集》（第 1 卷），北京：人民出版社 1991 年版，第 484 页。

③《毛泽东选集》（第 2 卷），北京：人民出版社 1991 年版，第 520 页。

④ 同上书，第 534 页。

（二）社会主义建设进程中主权国家利益支撑下爱国主义与国际主义结合的原则立场

新中国是基于中华民族和中国人民争取自身解放、获得独立和自由的前提而奋斗的伟大成果。可以说，没有对民族解放意识的追寻，也就没有中国共产党艰辛探索的动力。正是秉持着追求“为中国人民谋幸福、为中华民族谋复兴”的初心使命，中国共产党才领导中国人民开创了辉煌的历史，建立了人民民主专政的共和国。在对即将建立的新中国的谋划和思考中，发扬国际主义、联合革命力量的思想逻辑在毛泽东等老一辈革命家的思想世界中是连贯且持续的。在庆祝中国共产党成立二十八周年之际，毛泽东在《论人民民主专政》中就对中国革命的经验和未来的国际策略进行了分析。他提出中国要走“一边倒”的道路，指出：“在帝国主义存在的时代，任何国家的真正的人民革命，如果没有国际革命力量在各种不同方式上的援助，要取得自己的胜利是不可能的。胜利了，要巩固，也是不可能的。……人民中国的现在和将来，也是这样。”[①] 由此可见，独立的中华人民共和国以及领导新中国建设的中国共产党同样秉持着爱国主义和国际主义相统一的基本原则，同样重视国际力量对国家建设的辅助和支持作用。这正如毛泽东所认为的那样，“社会主义国家是完全新型的国家，是推翻了剥削阶级而由劳动人民掌握权力的国家。在这些国家间的相互关系中，实现着国际主义和爱国主义相统一的原则”[②]。

毫无疑问，赢得独立的新中国十分珍惜来之不易的国家主权和民族权利。这不仅是长期民族解放斗争中无数革命志士梦寐以求的赤诚夙愿，更是翻身获得解放的亿万中华儿女共同心声。为了建设社会主义新中国，中国共产党领导中国人民一方面继续探索适合中国国情的建设道路，另一方面坚持从国际主义出发，开展有效的国际合作。还是在社会主义改造时期，毛泽东就提出：“鹅蛋看不起鸡蛋，黑色金属看不起稀有金属，这种看不起人的态度是不科学的。中国是大国，党是大党，也没

①《毛泽东选集》（第 4 卷），北京：人民出版社 1991 年版，第 1473—1474 页。
②《毛泽东文集》（第 7 卷），北京：人民出版社 1999 年版，第 319 页。

有理由看不起小国小党。对兄弟国家人民要永远保持学习的态度，要有真正的国际主义精神。”[①] 1958 年，他又强调指出：“马克思主义的普遍真理要与各国情况相结合。国际主义同爱国主义是统一的。”[②] 然而，由于苏联在“长波电台”和“联合舰队”问题上不顾及中国国家主权，在对华关系上采取大国沙文主义的做法，导致中苏关系恶化，也使得新中国建立后一段时期对苏交往关系出现障碍。但是，中国共产党始终是爱国主义和国际主义的统一论者，始终秉持维护国家主权和国家利益的根本原则，始终履行自己应尽的国际义务。中国共产党向来不是一个推行封闭主义和关门主义的政党，打破帝国主义国家的外交封锁使得中国共产党不得不在国际主义阵营中找到可以相互支持、携手发展的朋友。这一时期，中国加大了与第三世界亚非拉国家的友好交往与合作，大力无偿援助这些国家的民族解放斗争和发展事业，很好地履行了国际主义义务，展示了一个负责任大国的国际形象。1963 年，毛泽东在接见非洲来访朋友的谈话中提道：“被压迫人民争取彻底的解放，首先是依靠自己的斗争。其次才是国际的援助。已经获得革命胜利的人民，应该援助正在争取解放的人民的斗争，这是我们的国际主义的义务。”[③] 事实也恰如毛泽东所言，与亚非拉第三世界国家建立统一战线，把爱国主义和国际主义有机结合并运用到国家间友好交往的具体实践中，这无疑是新中国成立后社会主义革命和建设时期中国共产党实践国际主义的立足点和出发点，也是在民主革命时期业已形成的爱国主义与国际主义相统一的基本原则的逻辑延伸和灵活运用。

坚持国际主义并不等于不要爱国主义，对外开放并不等于要牺牲国家主权和根本利益。爱国主义是国际主义的前提和基础，国际主义是爱国主义的延伸和表达。拥有独立国家主权的中华人民共和国需要通过发展经济使自己发展起来和强大起来，这是中国共产党坚持爱国主义的内在要求，也是其秉持国际主义的价值逻辑。在独立国家主权的框架下，扩大朋友、减少敌对、在共同发展中赢得自己的发展，这个原则无疑是

①《毛泽东著作专题摘编》（下），北京：中央文献出版社 2003 年版，第 2128 页。
②《毛泽东外交文选》，北京：中央文献出版社 1994 年版，第 314 页。
③《建国以来毛泽东文稿》（第 10 册），北京：中央文献出版社 1996 年版，第 339—340 页。

新中国建立后中国共产党毫不动摇的国际主义原则。因此，当国际形势发生变化、历史提供了新的国际交往的机遇时，中国共产党打开与西方国家建交的大门，并在和平共处原则的指引下引领中国转向更为广阔的国际交往的舞台。从20世纪70年代初期的中日、中美建交一直到改革开放后收复香港、澳门，中国共产党坚持爱国主义和国际主义相统一的立场原则没有改变，与一切友好国家往来共建的实践逻辑也没有改变，坚持国家主权完整和国家利益至上的价值导向也没有变。邓小平强调："对我们的国家要爱，要让我们的国家发达起来。"这种爱国主义的原则是鲜明的，但它同时也不排斥中国秉持国际主义的立场。虽然此时的爱国主义和国际主义俨然具有了新的时代内涵和实践要求。但是，在以改革开放和中国特色社会主义建设为主题的国家建设体系中，秉持爱国主义和国际主义有机结合、从爱国主义的价值逻辑中升华国际主义的时代要求，在建立国际政治经济新秩序中捍卫国家主权、反对霸权主义和强权政治，也始终是中国共产党坚持国际主义的思想逻辑和实践方略。

（三）倡导构建人类命运共同体进程中爱国主义与国际主义的有机融合

中国特色社会主义进入新时代标志着中国经济社会发展和国际交往进入了一个具有里程碑意义的新阶段。新时代的中国特色社会主义继续高举和平、发展、合作、共赢的旗帜，致力于建立更加平等均衡的新型全球发展伙伴关系，同舟共济，权责共担，增进人类共同利益。习近平总书记指出，中国人是讲爱国主义的，同时我们也是具有国际视野和国际胸怀的。随着国力不断增强，中国将在力所能及范围内承担更多国际责任和义务，为人类和平与发展作出更大贡献。新时代的中国共产党同样是爱国主义和国际主义的统一论者，同样秉持爱国主义和国际主义的有机结合。作为爱国主义和国际主义相融合的实践体现，新时代的中国共产党提出了构建人类命运共同体的倡议。在党的十九大上，习近平总书记呼吁道："各国人民同心协力，构建人类命运共同体，建设持久和平、普遍安全、共同繁荣、开放包容、清洁美丽的世界。”[①]不难看出，中国所倡导构建的人类命运共同体既是新时代爱国主义的要求，也是中国一贯所坚持的国际主义的体现。人类命运共同体把人类的共同繁荣、普遍安全、健康发展作为立足点，倡导各国人民共同构建美好未来，其中渗透的就是新时代中国共产党所秉持的爱国主义和国际主义相融合的价值立场。这也正如习近平总书记指出的：“我们要坚定不移维护和发展我国发展利益，同时要坚定不移扩大对外开放，推动国际社会共担时代责任，合作应对经济全球化带来的挑战，推动经济全球化朝着更加开放、包容、普惠、平衡、共赢的方向发展，让不同国家、不同阶层、不同人群共享经济全球化带来的机遇。”[②]

新时代的中国共产党是领导全国人民实现中华民族伟大复兴中国梦的坚强领导者和忠诚实践者。要推进新时代中国特色社会主义现代化建设，实现中华民族的复兴大业，需要中国共产党高举爱国主义旗帜，同时也需要中国共产党秉承国际主义精神，其中的原因，一方面是因为当代中国的发展已经与世界的发展不可分割且更加紧密地联系在一起，另一方面新时代的中国也需要在实现自身发展的同时为人类作出更大更多的贡献。习近平总书记在2020年纪念中国人民抗日战争暨世界反法西斯战争胜利75周年座谈会上强调指出：“爱国主义是激励中国人民维护民族独立和民族尊严、在历史洪流中奋勇向前的强大精神动力，是驱动中华民族这艘航船乘风破浪、奋勇前行的强劲引擎，是引领中国人民和中华民族迸发排山倒海的历史伟力、战胜前进道路上一切艰难险阻的壮丽旗帜！”[③]与此同时，他也在很多场合强调中国的发展需要与世界进行更多、更好的互动和交流，并盛赞外国援华专家和中方援外人员所体现的新时代的国际主义精神。可以认为，世界各国越是开放交流，各国人民越是友好往来，新时代中国共产党人所倡导的爱国主义和国际主义精神

① 习近平：《决胜全面建成小康社会　夺取新时代中国特色社会主义伟大胜利——在中国共产党第十九次全国代表大会上的报告》，北京：人民出版社2017年版，第58—59页。

② 习近平：《深刻感悟和把握马克思主义真理力量　谱写新时代中国特色社会主义新篇章》，《人民日报》2018年4月25日，第1版。

③ 习近平：《在纪念中国人民抗日战争暨世界反法西斯战争胜利75周年座谈会上的讲话》，《人民日报》2020年9月4日，第2版。

就越能得到哺育和发扬，爱国主义和国际主义越能得到继承、融合、创新和表达。

新时代中国共产党所秉承的爱国主义和国际主义，既有长期以来中国共产党贯彻爱国主义和国际主义的传统原则，更需要结合新的历史方位、时代特点和使命任务进行新的融合与创造。众所周知，坚持爱国主义和国际主义相统一必须以维护民族团结、国家统一和人民群众的根本利益为前提，也必须从具有不同历史特点和时代特征的国情、世情、社情和民情出发，必须实现爱国主义和国际主义的良性互动、有机结合，绝不能执其一方而无视或废弃另一方。这不仅是由中国人民的精神传统决定的，也是由中国共产党的政治原则和阶级性质所决定的。在这个意义上说，新时代中国共产党人所要坚持和发扬的爱国主义与国际主义，就应当实现二者结合上的创造性转化和时代化创新，实现与中国共产党在“两个一百年”奋斗目标的高度契合与有机融合。毋庸讳言，新时代中国共产党所领导的建设社会主义现代化强国的任务既面临不可多得的历史机遇，也面临前所未有的时代挑战。在倡扬爱国主义的同时避免陷入大民族主义和狭隘民族主义的窠臼，在坚持国际主义的同时也不忘维护和捍卫中国的国家利益和民族利益，在爱国主义和国际主义的天平上找到科学、适宜和有效的平衡点，让爱国主义和国际主义在新时代走深走实，在构建人类命运共同体的宏伟事业中实现中国人民和世界各国人民责任共担、福祉共享、利益共赢、命运共建，这不仅是中国人民的心愿，也是世界友好人民的心愿。

（四）中国共产党坚持爱国主义与国际主义相统一的启示和思考

爱国主义是中华民族精神的核心，也是中华优秀传统美德，更是中国共产党自诞生以来就具有的内在品格。20世纪初叶，正是出于救国救民、实现民族解放和人民自由幸福的考量，大批知识分子和革命志士才发起组织了中国共产党，也才有了中国共产党后来的历史和命运。正如前文所述，自从诞生之日起，中国共产党就内在地把爱国主义和国际主义镶嵌在一起，从爱国主义和国际主义相结合的立场出发考量中国革命事业的前途，探寻中国进步和发展的路径。可以说，对于中国共产党而言，爱国主义和国际主义是同一枚硬币的不可分割的两面，既相克相生，也相辅相成，同时也必须同向同行，共同支配着中国共产党的对内对外政策，服务中国共产党领导的革命、建设、改革和实现中华民族伟大复兴的事业。

爱国主义与国际主义的结合是中国共产党在执行内外政策时的重要原则，既是中国共产党的思想武器，也是中国共产党领导的具体实践的精神品格。爱国主义与国际主义相统一的原则中所体现的辩证思维既符合中国优秀思想传统的要求，又符合马克思主义辩证唯物主义的要求。作为原则，坚持爱国主义与国际主义的结合始终是中国共产党需要秉持的基本立场。但是，在面对不同时代、不同情境和不同任务时，中国共产党又需要灵活地运用好爱国主义与国际主义的原则，创造性地转化并创新性地发展在具体实践中应采取的具体路线方针政策，既要避免狭隘的爱国主义，也要避免无原则的国际主义，既要避免把爱国主义凌驾于国际主义之上，更要避免把国际主义当作超越爱国主义的金科玉律。只有灵活地把握爱国主义和国际主义的有机统一，找好二者的结合点和平衡点，运用好二者的合力，才能够最大限度地实现爱国主义和国际主义的结合。

（原文发表于《当代中国与世界》2021 年第 2 期）

二

党的最新历史决议的思想政治教育价值及其实现

党的十九届六中全会通过了《中共中央关于党的百年奋斗重大成就和历史经验的决议》(以下简称《决议》)。这是党在成立百年的历史时刻，结合百年奋斗的伟大历程、重大成就和历史经验特别是中国特色社会主义新时代推进中华民族伟大复兴的成就而作出的具有战略意义和决定意义的历史决议。习近平总书记在关于《决议》的说明中指出:“全面总结党的百年奋斗重大成就和历史经验，对推动全党进一步统一思想、统一意志、统一行动，团结带领全国各族人民夺取新时代中国特色社会主义新的伟大胜利，具有重大现实意义和深远历史意义。”[①]党的最新历史决议既是一部简明的党的奋斗史，也是一部精炼的党史教科书。学习和把握最新历史决议的精神，有必要发掘其中所蕴含的思想政治教育价值，探讨该历史决议对于推动党的思想政治教育工作的意义和启示，从而更好地统一思想和意志，在鉴往知今中增长智慧、增进团结，在继往开来中增强信心、增强斗志。

(一)党的最新历史决议是思想政治教育的优质教材

“历史不能割断，如果不了解过去，就会妨碍我们对当前问题的了解。”[②]党的历史决议是对党的历史的基本总结和重要判断，是对党自身发展和开展政治领导活动的基本过程特别是重大成就和历史经验教训的最终历史结论和最高政治定论。党的十九届六中全会通过的《决议》是

① 习近平:《关于〈中共中央关于党的百年奋斗重大成就和历史经验的决议〉的说明》,《人民日报》2021年11月17日，第2版。

② 中共中央文献研究室编:《十一届三中全会以来党的历次全国代表大会中央全会重要文件选编(上)》,北京:中央文献出版社1997年版，第206页。

在中国共产党成立一百周年的重要历史时刻、在党和人民实现第一个百年奋斗目标、全面建成小康社会、正在向着全面建成社会主义现代化强国的第二个百年奋斗目标迈进的重大历史关头作出的重要历史结论。历史是最好的教科书，作为党的文献中最具政治性和最显权威性的文件，党的这一最新历史决议展现了党的历史，具有特殊的思想政治教育价值，是党组织开展思想政治教育的优质教材。

1. 最新历史决议书写了党的百年奋斗史，是进行思想政治教育的生动教材

与 1945 年党的六届七中全会通过的《关于若干历史问题的决议》和 1981 年党的十一届六中全会通过的《关于建国以来党的若干历史问题的决议》所分别涵盖的建党 24 年历史和建国 32 年历史不同，党的最新历史决议是对党成立 100 年以来历史的系统总结和科学概括。这个《决议》概括了党百年奋斗四个阶段中实现的四次实践飞跃，即党在领导新民主主义革命阶段实现的从几千年封建专制政治向人民民主的伟大飞跃，在领导社会主义革命和建设阶段实现的从一穷二白、人口众多的东方大国大步迈进社会主义社会的伟大飞跃，在领导改革开放和中国特色社会主义建设阶段所推进的中华民族从站起来到富起来的伟大飞跃和中国特色社会主义进入新时代以来迎来的从站起来、富起来到强起来的伟大飞跃。这四个历史阶段的总和构成了党的百年奋斗史，四个阶段的伟大飞跃构成了党百年奋斗的伟大成就。众所周知，党的思想政治教育从来都不应当是空洞的、虚幻的、无内容的教育，必须以丰富的、真实的、客观的历史过程为素材和填料。党的百年奋斗的历程及其所实现的伟大飞跃，真实生动地展现了党领导全国各族人民团结奋斗的历史，能够让人们清楚地看到近代中国是如何一步一步走出了半殖民地半封建社会的屈辱历史、如何一步一步走上了民族复兴的正确道路，对于塑造人们正确的思想政治观念具有重要价值。用最新历史决议进行思想政治教育，有助于人们熟悉历史、洞悉规律、增长智慧、增强信心、坚定信念，便于人们从党百年奋斗的鲜活历史中获得科学正确的世界观、人生观和价值观。由此说，最新历史决议是进行思想政治教育鲜活而生动的教材。

2. 最新历史决议浓缩了党的思想理论发展史，是进行思想政治教育的典型教材

党的最新历史决议在描述中国共产党领导中国人民进行革命、建设和改革、追求民族复兴的历史过程的同时，也概括了马克思主义中国化的历史，特别是明确了党的思想理论发展过程中的重大思想理论飞跃。毛泽东思想的创立构成了马克思主义中国化第一次历史性飞跃，邓小平理论的创立、“三个代表”重要思想、科学发展观的形成，促使了中国特色社会主义理论的形成，构成了马克思主义中国化的再次飞跃。党的十八大以来，习近平新时代中国特色社会主义思想的创立，实现了马克思主义中国化的最新飞跃。历史决议对这几次马克思主义中国化飞跃的概括，浓缩了党的思想理论发展史，是对马克思主义与中国实际相结合一般规律的精准揭示，对这一过程中所取得的思想理论成果的科学判断。开展思想政治教育首先要明确“谁的思想”，明确以什么思想和什么理论来教育人。思想理论问题是最容易给人们造成困惑的问题。这个问题不解决，不仅会造成思想政治教育之殇，而且会带来思想政治教育之乱，更谈不上取得思想政治教育的良好效果。党的最新历史决议对党的思想理论发展史特别是马克思主义中国化新飞跃的明确，不仅明确了党的指导思想和创新理论的科学内涵，也揭示了思想政治教育的正确方向和科学规律，为新时代的思想政治教育提供了典型教材。

3. 最新历史决议蕴含了党的意识形态斗争史，是进行思想政治教育的有益教材

一部党的历史同时也是党的意识形态斗争史。党的最新历史决议不仅概述了党在长期的革命、建设和改革进程中遭遇的“左倾”与右倾、正确与错误、胜利与失败的思想路线斗争，而且也着重指出了党的十八大以来开展意识形态斗争的方向、思路、原则和成就。实际上，无论是革命战争年代还是社会主义建设时期，党都遭遇过、正在面临和经历着、也必将不断遇到思想领域和意识层面的斗争。在中国特色社会主义新时代，党在意识形态领域的斗争非但没有减弱，反而日趋激烈和尖锐。新的意识形态斗争关系到国家的发展和安全，不但包括党内和党外、国内和国际范围内“举什么旗、走什么路、以什么样的精神状态、朝着什么样的目标前进”的斗争，而且更增添了互联网世界中以各种面目、各种形式涌现的跨界思潮和意识形态之争。《决议》指出：“党中央明确提出，过不了互联网这一关就过不了长期执政这一关。党高度重视互联网这个意识形态斗争的主阵地、主战场、最前沿。”[①]思想政治教育是做人的思想工作的，也是意识形态教育的主渠道，始终要关注社会思潮在人们思想领域的表现及其趋势，也始终要致力于解决意识形态领域中的矛盾、冲突和斗争。从实现形式上看，思想政治教育是批判性和建设性相统一的意识形态教育，只有在意识形态斗争中才能真正实现其价值和功能，只有在批判和纠正各种错误意识形态思潮中，思想政治教育才能发挥其真实作用和客观效用。因此，从党的最新历史决议中洞悉意识形态斗争的条件、规律和原则，不仅是开展新时代伟大斗争的必然要求，也是提高思想政治教育时效性的关键任务。最新历史决议中蕴含的党的意识形态斗争史，恰恰是进行新时代思想政治教育的有益教材。

（二）党的最新历史决议的思想政治教育价值

党的最新历史决议是新时代中国共产党人牢记初心使命、坚持和发展中国特色社会主义的政治宣言，是以史为鉴、开创未来、实现中华民族伟大复兴的行动指南。《决议》具有鲜明的思想政治教育价值，对于新时代开展思想政治教育具有重要指导作用，对于党通过思想政治教育来团结全党和全国各族人民凝神聚力实现中华民族伟大复兴的目标也具有重要的启示意义。

1. 目标导向和价值引领

思想政治教育是指引方向、规范价值的教育，其最显著的价值之一就是要提供明确的目标导向和价值引领。历史决议既包含着关于党的历史的定论，也包含着关于党的发展目标和发展方向的规定。从目标上看，《决议》明确了三个层次的目标：第一层次也是最高层次的目标是党的百年奋斗目标，即已经实现的党的第一个百年奋斗目标——全面建成小康社会和已经开启的党的第二个百年奋斗目标——全面建设社会主

①《中共中央关于党的百年奋斗重大成就和历史经验的决议》，《人民日报》2021年11月17日，第1版。

义现代化强国。这个层面的目标是管总带总的，是具有历史意义的方向性、决定性和根本目标，也是党实现百年来初心使命在新时代的奋斗目标。第二个层次的目标是中观层次的目标，包括全面建设社会主义现代化强国的总目标、全面深化改革的总目标、全面依法治国的总目标和全面从严治党的总要求。这个层面的目标是具有时代意义的系统性、战略性的目标，是落实“五位一体”总体布局和“四个全面”战略布局的关键目标。第三个层面的目标是具体工作目标，包括经济体制改革目标、强军目标、减贫目标和生态文明建设目标等实际工作目标。这个层面的目标是具有实践价值的计划性、操作性的技术目标，关系各项具体工作计划的进展和落实。这些目标包含了党的初心使命，包含了党满足人民群众对美好生活的向往的价值愿望，是利用最新历史决议进行思想政治教育的重要资源。把《决议》中所蕴含的目标和价值有效传递出来，是进行思想政治教育的重要抓手。从历史决议作为思想政治教育素材的角度看，它无疑具有显著的目标导向和价值引领的作用。

2. 思想鼓舞和精神激励

思想鼓舞和精神激励是思想政治教育的重要价值目标。但是，在思想政治教育过程中，只有真实生动的内容、切实可行的目标、科学有效的途径才真正能够产生思想鼓舞和精神激励。党的最新历史决议总结了党百年奋斗所取得的重大成就和历史经验，概括了党所领导实现的站起来富起来的飞跃和所迎来的强起来的实践飞跃，提出了从毛泽东思想到中国特色社会主义理论体系和习近平新时代中国特色社会主义思想的思想飞跃，特别是肯定了习近平新时代中国特色社会主义思想的“十个明确”的思想内涵和十三个方面的历史性成就与历史性变革。党百年奋斗实实在在地改变了中国的面貌，改变了中国人和中华民族的前途命运，产生了深远的历史影响和世界影响。中国特色社会主义进入新时代以来，党团结带领全国各族人民明确了推进中国特色社会主义事业、全面建设社会主义现代化强国和实现中华民族伟大复兴的奋斗目标，办成了很多过去想办而没有办成的大事，解决了很多过去想解决而没有解决的难题。这九年来所进行的改革消除了过去积累的一些沉疴和杂症，成功应对了过去没有遇到过的一些风险和挑战，所取得的成就凝聚了党心民心，提升了中国的国际地位。思想政治教育是暖民心聚人心的工作，也是鼓舞人激励人的工作。党所领导的变革催人奋进，党奋斗取得的成就令人鼓舞。《决议》对党百年奋斗所取得的成就、经验和未来发展之路的宣誓，无疑是进行思想政治教育的客观材料，无疑也能够产生思想鼓舞和精神激励的价值。

3. 组织整合和行动协调

党奋斗的历程不是一帆风顺的，期间自然会有各种各样的争论和斗争。但毫无疑问的是，正确的路线不是制造撕裂或扩大纷争，而是把党内外力量团结和组织起来，为党的目标而奋斗并最终实现党的目标。这就需要开展有效的思想政治教育，借以从思想上和政治上赢得最广泛的认同，实现组织整合和行动协调。历史决议代表了党对自身历史发展进程中重大决策、重要事件、会议和人物的评价，也包含对党的领导活动中成败得失的评价。而作历史决议的目的是为了在历史成就和经验的基础上创造更加美好的未来，因此决议的思想政治教育价值就在于通过决议的内容或结论来整合组织和协调行动，从而使全党更加紧密地团结起来，思想一致，意志一致，行动一致，同时带动其他社会组织和力量，为共同目标而奋斗。早在 1945 年 4 月，毛泽东主席在谈到党的第一个历史决议时就曾强调说："一切同志，要在这个历史决议案下团结起来，像决议案上说的团结得像一个和睦的家庭一样。"[①]党的最新历史决议也正是出于统一思想、统一意志和统一行动的目的而作出的。《决议》在陈述党百年奋斗的历史、成就和经验时频频使用的"统一""团结""组织""凝聚"和"号召"的字眼，无疑表明了党中央发挥领导作用、团结和带领全党全国各族人民共同奋斗的决心。藉此，党的最新历史决议无疑具有明显组织整合和行动协调的思想政治教育价值。

4. 社会发展和文明进步

思想政治教育作为思想教育实践活动，具有重要的社会价值。思想政治教育做的好，将会有利于经济、政治、社会和文化发展，推动社会变革和创新，对社会发展产生促进作用，对文明进步也具有提升价值。

①《毛泽东文集》(第 3 卷)，北京：人民出版社 1996 年版，第 297 页。

《决议》充分肯定党百年奋斗的成就，肯定了百年来党领导下实现的社会发展和文明进步，同时也表现了为人类文明进步贡献智慧和力量的信心与决心。近代以来中国发生的深刻变革充分证明，中国共产党的百年奋斗大大促进了社会发展和文明进步，不但创造了中国式现代化新道路，也创造了人类文明新形态。可以认为，一部党的百年奋斗史，同时也是一部中国社会发展史和文明进步史。《决议》不仅能够让人领略和感受中国共产党所创立的马克思主义中国化思想理论成果的魅力，而且也能够增强人们对中国共产党的认同、对马克思主义的认同和对中国特色社会主义的认同。从总体视角看，《决议》的思想政治教育价值就在于它勾勒了中国近代以来社会变革的图景，展现了党团结带领中国各族人民实现的社会发展和文明进步。在一定意义上说，《决议》呈现了党的奋斗历程和成就的社会价值和文化价值，这无疑是开展思想政治教育的重要内容和宝贵素材。

（三）充分实现《决议》的思想政治教育价值

习近平总书记在 2019 年 3 月 18 日学校思想政治理论课教师座谈会上指出："我们正在为实现'两个一百年'奋斗目标而努力。未来 30 年，我们培养的人要能够完成'两个一百年'的伟业。这就是教育的历史责任。"[①]《决议》也提出："要坚持用习近平新时代中国特色社会主义思想教育人，用党的理想信念凝聚人，用社会主义核心价值观培育人，用中华民族伟大复兴历史使命激励人，培养造就大批堪当时代重任的接班人。"[②]思想政治教育是教育的重中之重，是关系思想方向和政治素养的教育。学习贯彻《决议》精神，要充分发挥其作为新时代思想政治教育教科书的作用，切实把《决议》精神融入到教育教学的实际工作中去，实现其思想政治教育价值，开展好新时代的思想政治教育。

1. 把贯彻《决议》精神融入新时代思想政治工作体系中

思想政治工作体系是中国共产党开展思想政治工作、加强思想政

① 习近平：《思政课是落实立德树人根本任务的关键课程》，《求是》2020 年第 17 期。

②《中共中央关于党的百年奋斗重大成就和历史经验的决议》，《人民日报》2021 年 11 月 17 日，第 1 版。

治教育的重要抓手，是一个综合性系统性全面性的工作体系，涵盖党的领导工作的方方面面。1957 年 2 月，毛泽东指出：“思想政治工作，各个部门都要负责任。共产党应该管，青年团应该管，政府主管部门应该管，学校的校长教师更应该管。”[①] 2016 年 12 月，习近平在全国高校思想政治工作会议上明确指出：“高校思想政治工作关系高校培养什么样的人、如何培养人以及为谁培养人这个根本问题。要坚持把立德树人作为中心环节，把思想政治工作贯穿教育教学全过程，实现全程育人、全方位育人，努力开创我国高等教育事业发展新局面。”[②] 经过百年来革命、建设和改革的实践磨炼，中国共产党已经建立了完善有效的思想政治工作体系。具体到学校，思想政治工作体系除了作为主渠道和主阵地的思想政治教育教学外，还包括校园文化、学生工作、团建党建和服务管理等工作部门和工作系统。把贯彻《决议》精神融入新时代思想政治工作体系，要求我们不但要在教育教学中把中国共产党团结带领中国人民百年奋斗的历程、成就和经验讲清楚，把《决议》内容融入相关课程作为重点教学内容，使《决议》精神成为贯穿各门课程和教学的立场与原则，而且要把《决议》精神贯穿到科研、实践、文化、网络、心理、管理、服务、资助、组织的全过程全方位全系统中，使《决议》精神覆盖并融入到学校思想政治工作体系中，提升思想政治教育的质量，提升思想政治工作的效果。

2. 实现《决议》教育与“四史”教育相结合

借助庆祝中国共产党成立一百周年的历史契机，全国上下开展了深入的“四史”教育。习近平总书记强调：“要深入开展党史、新中国史、改革开放史、社会主义发展史教育……不断增强各族群众对伟大祖国、中华民族、中华文化、中国共产党、中国特色社会主义的认同。”[③]《决议》是根据中国共产党百年奋斗的历史作出的重大历史性结论，是对党的发展历程的客观概括和科学总结。从结构上看，《决议》概括了

①《毛泽东文集》(第 7 卷)，北京：人民出版社 1999 年版，第 226 页。

②《习近平谈治国理政》(第 2 卷)，北京：外文出版社 2017 年版，第 376 页。

③《习近平在中央第七次西藏工作座谈会上强调　全面贯彻新时代党的治藏方略　建设团结富裕文明和谐美丽的社会主义现代化新西藏》，《人民日报》2020 年 8 月 30 日，第 1 版。

党的历史发展过程和阶段，总结了历史性成就和历史性变革中积累的经验。从内容上看，《决议》以中国共产党百年奋斗为主题，以党百年成长壮大和领导中国革命、建设和改革的历程为主线，描述了建党强党的历程、建国强国的历程、改革开放的历程和中国特色社会主义建设的历程。因此，在一定意义上说，《决议》也是一部简明的党史传记，是把党史、新中国史、改革开放史和社会主义发展史有机结合、融为一体的历史教科书。为此，要实现《决议》的思想政治教育价值，就要把《决议》教育与正在开展的“四史”教育结合起来，讲明说透中国共产党为什么能、中国特色社会主义为什么好、马克思主义为什么行的道理和依据，讲明说透中国的历史、理论、制度、文化和实践之间的契合和统一，讲明说透中国特色社会主义道路自信、理论自信、制度自信和文化自信的历史根据和现实条件，讲明说透中国共产党一心实现什么、一路怎样走来、一直为谁奋斗的基本价值、基本逻辑和基本规律。

3. 着力抓好习近平新时代中国特色社会主义思想的学习教育和贯彻落实

习近平新时代中国特色社会主义思想是当代中国马克思主义、21 世纪马克思主义，是中国文化和中国精神的时代精华，实现了马克思主义中国化新的飞跃。《决议》提出，要“全面贯彻习近平新时代中国特色社会主义思想”“坚持用习近平新时代中国特色社会主义思想教育人”“自觉做习近平新时代中国特色社会主义思想的坚定信仰者和忠实实践者”。作为全党的指导思想和行动指南，习近平新时代中国特色社会主义思想是新时代思想政治教育的根本遵循和重要内容。着力抓好习近平新时代中国特色社会主义思想的学习教育和贯彻落实，是实现马克思主义时代化大众化的必然要求，是提高全党思想觉悟和理论素质的必然要求，也是武装青年、教育青年、为党和国家培养接班人和建设者的必然要求。在新时代抓好习近平新时代中国特色社会主义思想学习教育工作，要努力学习掌握这一思想的丰富内容和理论精髓。正如习近平总书记指出的，“新时代中国特色社会主义思想，不仅包含着党治国理政的重要思想，也贯穿着中国共产党人的政治品格、价值追求、精神境界、作风操守的要求。”[①]“学习新时代中国特色社会主义思想，要深刻认识和领会其时代意义、理论意义、实践意义、世界意义，深刻理解其核心要义、精神实质、丰富内涵、实践要求。”[②]藉此，我们要把习近平新时代中国特色社会主义思想作为新时代思想政治教育的必修课和关键课，紧密结合新时代新实践，紧密结合思想和工作实际，有针对性地重点学习，多思多想、学深悟透，知其然又知其所以然，同时开展广泛、扎实和深入的教育活动，从中汲取思想营养、理论智慧，获得思想力量和工作本领，从而更好地投身全面建设社会主义现代化强国、推进中华民族伟大复兴的新征程。

（原文发表于《思想理论教育导刊》2022 年第 1 期）

①《习近平谈治国理政》(第 3 卷)，北京：外文出版社 2020 年版，第 521 页。

② 同上书，第 519 页。

三

论中国共产党的长期执政

执政是政党的基本存在方式和活动方式，也是政党的内在要求和发展基石。长期执政是中国共产党的政治追求和实践目标。自从建立之日起，中国共产党就把实现共产主义写在自己的旗帜上，把消灭阶级区分和推动社会革命、实现民族解放、人民幸福和国家富强作为基本政治方向。在领导中国人民和中华民族进行革命、建设和改革的百年奋斗史中，中国共产党带领各族人民渡过了无数艰难曲折，取得了辉煌的历史成就，赢得了中国人民的广泛认可，也赢得了全世界有识之士的理解和尊重。中国共产党在推进社会革命中加强自我革命，不断提高执政能力、逐渐巩固执政基础，为长期执政做出了扎实积累、打下了坚实基础。新时代新阶段，长期执政不仅是党带领全国人民实现中华民族复兴伟大目标的前提，也是实现党的终极目标的保证。习近平总书记在纪念建党 95 周年大会上借用毛泽东 1949 年进京“赶考”的警喻指出：“我们党在这场历史性考试中取得了优异成绩。同时，这场考试还没有结束，还在继续。”[①] 这表达了对中国共产党长期执政的深谋远虑。在中国共产党百年之际，思考缘何长期执政、如何长期执政的命题，是反思历史经验、立足现实和展望未来的时代之问，也是事关党的建设和中华国运的灵魂之问。

（一）中国共产党人对党长期执政的基本思考

政党是代表某一阶级、阶层或利益集团并为维护其利益、实现其政治主张而以执掌或参与政权为主要目标开展活动的政治组织。在中外

① 习近平：《在庆祝中国共产党成立 95 周年大会上的讲话》，北京：人民出版社 2016 年版，第 28 页。

历史上，不论是何种性质的政党，都往往把实现自身的阶级的、政治的目标作为立党的内在价值原则和实践方向。执政作为实现党的目标的最直接、最简便的手段，因而也最容易成为政党的政治诉求。马克思主义政党是以马克思主义为指导、代表无产阶级利益的政党，是在资本主义生产条件下、以反对生产资料私人占有的资本主义制度而应运所生的政党。执政是马克思主义政党的天职，也是无产阶级政党的立党诉求。马克思恩格斯在《共产党宣言》中指出："共产党人的最近目的是和其他一切无产阶级政党的最近目的一样的：使无产阶级形成为阶级，推翻资产阶级的统治，由无产阶级夺取政权。"① 这就清晰地表明了共产党人通过组织阶级力量和阶级斗争实现获取政权并执政政权的政治规定性。可以说，为了最大限度地实现并捍卫无产阶级利益，共产党必须力争赢得获取政权的斗争，上升为执政党并通过执政方式才能实现其根本的长远的奋斗目标。正是在这样的逻辑中，马克思恩格斯旗帜鲜明地指出："共产党人不屑于隐瞒自己的观点和意图。他们公开宣布：他们的目的只有用暴力推翻全部现存的社会制度才能达到。"② 中国共产党人是马克思主义的忠实信徒，中国共产党自诞生起就把坚持马克思主义、实现共产主义写在自己的旗帜之上。中国共产党第一个纲领明确指出："必须与无产阶级一起推翻资本家阶级的政权……承认无产阶级专政，直到阶级斗争结束，即直到消灭社会的阶级区分。"③ 这个规定性意味着中国共产党从其诞生伊始就需要获取政权并长期执政，直到消灭阶级差别，这也就意味着中国共产党具有长期执政的可能和预期。

对于任何政党而言，执政都不是天生的，也不是空泛的，而是通过革命获取政权并且执掌有特定内容和性质的政权。获取政权是执政的前提，政权的性质是执政的生命基石。中国历史上无数短命的政权，往往与其本质上只是少数人专制和统治的阶级属性有密切关联。中国共产党所代表的无产阶级是在封建主义、帝国主义和资本主义多重压迫下寻求

①《马克思恩格斯选集》(第 1 卷)，北京：人民出版社 2012 年版，第 413 页。

② 同上书，第 435 页。

③ 中央档案馆编：《中共中央文件选集》(第 1 册)，北京：中共中央党校出版社 1989 年版，第 3 页。

自身解放道路的，无产阶级知识分子和革命力量在近代首先受到来自西方的民主政治思潮的洗礼，随后才在马克思主义指导下逐渐开辟出了以工农联盟为主体的中国革命的独特道路。可贵的是，中国共产党人一开始就意识到民主政权的特殊性，遂在对于时局的主张中提出："民主政治当然由民主派掌握政权，但所谓民主派掌握政权，决不是在封建的军阀势力之下选一个民主派人物做总统或是选几个民主派的人物组成内阁的意思，乃是由一个能建设新的政治组织应付世界的新环境之民主党或宗旨相近的数个党派之联合，用革命的手段完全打倒非民主的反动派官僚军阀，来掌握政权的意思。"① 因此，从对未来政权的预设中，中国共产党人就把彻底反对封建的官僚军阀势力作为靶的。这是中国共产党的政权与包括资产阶级民主政权在内的以往所有政权的不同之处，也是中国共产党领导的民主革命的彻底之处。不言而喻，这个彻底的民主政权的获得将不仅具有艰巨性和复杂性，而且具有长期性和超越性。

夺取政权是执政和长期执政的第一步。即便在取得政权之前，先进的革命人士就已经开始对革命性质、革命夺权以及要建立的政权的发展前途的考量。1920 年 9 月，蔡和森在给毛泽东的信中就提出："试问政权不在手，怎样去改造社会？怎样去组织共产主义的生产和消费？"② 罗亦农也说过："共产党如没有政权，是不会自由的，因为社会正待共产党来改造。"③ 从革命性质上看，中国共产党领导的是无产阶级革命而非资产阶级革命，无产阶级从夺取革命政权到建设新政权绝非易事，不可能一蹴而就；中国革命的发展前途是通过民主革命建立社会主义政权，并由此发展社会主义。社会主义政权与以往任何剥削阶级的政权也有着显著的、本质的区别，它的建立、巩固和发展也不是计日程功的。同样是在 1920 年，中国共产党的创始人李大钊对未来的社会主义进行了科学阐释和战略思考。他澄清了关于社会主义的种种误解，提出"社会主义是保护自由、增加自由者，使农工等人均多得自由。""社会主义不是破坏

① 中央档案馆编:《中共中央文件选集》(第 1 册)，北京：中共中央党校出版社 1989 年版，第 35—36 页。

②《蔡和森文集》，北京：人民出版社 1980 年版，第 72 页。

③《罗亦农文集》，北京：人民出版社 1999 年版，第 282 页。

生产，是求进步的、适合的生产，即整理生产，使归统一，免呈纷乱之象。”社会主义“压制资产阶级为怨仇，若就彼自己方面而言，是互助、相爱，不是谋怨仇，并为大多数人谋幸福。”[①] 这些关于社会主义的定位和发展社会主义的设想，是与革命问题紧密相联系的。毛泽东后来曾明确指出：“中国革命的全部结果是：一方面有资本主义因素的发展，又一方面有社会主义因素的发展。这种社会主义因素是什么呢？就是无产阶级和共产党在全国政治势力中的比重的增长，就是农民、知识分子和城市小资产阶级或者已经或者可能承认无产阶级和共产党的领导权，就是民主共和国的国营经济和劳动人民的合作经济。所有这一切，都是社会主义的因素。”[②] 尽管这方面的思考和辨析并不直接指向党的长期执政，但显然也为党夺取政权和发展政权预设了思想基础。

“世界上一切革命，都是为着夺取政权，巩固政权。”[③] 伴随着中国革命形势的发展和胜利的步伐，毛泽东清醒地预见了中国革命即将取得伟大胜利的前景。他在《新民主主义论》中鲜明地提出了“我们要建立一个新中国”的命题，指出：“我们不但要把一个政治上受压迫、经济上受剥削的中国，变为一个政治上自由和经济上繁荣的中国，而且要把一个被旧文化统治因而愚昧落后的中国，变为一个被新文化统治因而文明先进的中国。”[④] 在《论联合政府》中，他又明确指出：“我们的将来纲领或最高纲领，是要将中国推进到社会主义社会和共产主义社会去的，这是确定的和毫无疑义的。”[⑤] 在革命胜利的前夜，他更加明确地意识到革命胜利以后的路程更长，工作更伟大，更艰苦，因而对全党发出警示：“我们很快就要在全国胜利了。这个胜利将冲破帝国主义的东方战线，具有伟大的国际意义。夺取这个胜利，已经是不要很久的时间和不要花费很大的气力了；巩固这个胜利，则是需要很久的时间和要花费很大的气力的事情。”[⑥] 从这一系列论述看，以毛泽东为代表的共产党人实际上在革命

①《李大钊文集》（下），北京：人民出版社 1984 年版，第 375 页。
②《毛泽东选集》（第 2 卷），北京：人民出版社 1991 年版，第 650 页。
③ 毛泽东：《今年的选举》，《红色中华》1933 年 9 月 6 日，第 1 版。
④《毛泽东选集》（第 2 卷），北京：人民出版社 1991 年版，第 663 页。
⑤《毛泽东选集》（第 3 卷），北京：人民出版社 1991 年版，第 1059 页。
⑥《毛泽东选集》（第 4 卷），北京：人民出版社 1991 年版，第 1438 页。

胜利前夜就对未来长期执政的问题有了预计和思考，并且对执政后巩固和建设政权有了充分估计。有鉴于此，在即将出发进京前夕，毛泽东发出了“赶考”的感叹，提出：“我们决不当李自成，我们都希望考个好成绩。”“我们共产党人进北平，是要继续革命，建设社会主义，直到实现共产主义。”①

社会主义政权并不会从一开始建立就固若金汤，社会主义建设历程也不会是一帆风顺的。毛泽东指出：“社会主义制度的建立给我们开辟了一条到达理想境界的道路，而理想境界的实现还要靠我们的辛勤劳动。”② 不言而喻，党的长期执政与我国的社会主义建设是同程并进、同向同行、同频共振的。要保持党的长期执政，就要不断进行党的建设、政权建设和社会建设，巩固长期执政的思想基础、政治基础和社会基础，而社会主义建设正是不可或缺、不可代替的题中之义。在领导社会主义革命和建设的进程中，出于反资防修的目的，毛泽东发动了“文化大革命”，其本意在于巩固无产阶级的领导和社会主义国家政权，但因缺乏社会主义建设经验，结果却事与愿违。改革开放以后，在邓小平的领导下，中国共产党人成功开辟了中国特色社会主义建设道路，为巩固和发展社会主义奠定了思想理论基础和实践基础，也为党的长期执政提供了支撑条件。为保证党的长期执政，邓小平多次提出要防止西方的“和平演变”。以江泽民、胡锦涛为总书记的党中央也先后形成了“三个代表重要思想”“科学发展观”，从党的建设、社会主义建设和发展等方面为党的长期执政和社会稳定、和谐、持续发展创造了条件。中国特色社会主义进入新时代以来，以习近平同志为核心的党中央高度重视党的政治建设、思想建设、理论建设、组织建设、制度建设和反腐倡廉，提出协同开展社会革命和自我革命，为加强党的领导提供了坚实保障。在中国化马克思主义特别是习近平新时代中国特色社会主义思想的指引下，新时代的中国共产党人为实现党的基业长青、国家的长治久安、人民的幸福安康和中华民族的伟大复兴锐意进取、不懈奋斗，奠定并巩固

① 阎长林：《在大决战的日子里——毛泽东生活录实》，北京：中国青年出版社 1986 年版，第 219、222 页。

②《毛泽东文集》（第 7 卷），北京：人民出版社 1999 年版，第 226 页。

了党长期执政的思想基础、政治基础、经济基础和社会基础。

（二）中国共产党长期执政的根本依据

长期执政是中国共产党的执政夙愿，也是中国共产党超越其他政党的建党特征和政治信念。从建党之日起，中国共产党就确立了长期的奋斗目标，确立了组织工人、农民推翻过去一切压迫人民、剥削人民的专制政权的革命道路。党在纲领中提出的“直到社会的阶级区分消除为止”“直到消灭社会的阶级区分”“社会公有”，表明了她是为社会的平等和公正而生的。可以说，中国共产党的执政并非出于对党自身利益的考量，而是为维护和发展民族、国家和人民利益而作出的政治抉择。

1. 立党为公、执政为民、以人民为中心奠定中国共产党长期执政的政治道义基础

立党为公、执政为民是中国共产党自成立起就坚持的执政原则。成立之初，中国共产党纲领中所规定的“实行社会革命”“消灭社会的阶级区分”和“实现社会公有”，本身就意味着党不是谋私的而是为公的。1922年，中国共产党在对于时局的主张中更是鲜明提出：“中国共产党是无产阶级的先锋军，为无产阶级奋斗，和为无产阶级革命的党。……肃清军阀，没收军阀官僚的财产，将他们的田地分给贫苦农民。”[①]这同样宣示了中国共产党的立党宗旨。在领导广大人民群众夺取政权、建立新国家和社会主义制度的进程中，中国共产党人更是清晰地表达了为民执政的思想和理念。从毛泽东喊出“人民万岁”、倡导党全心全意为人民服务到习近平提出“人民至上”“以人民为中心”，中国共产党始终秉持“情为民所系、权为民所用、利为民所谋”，始终把立党为公、执政为民作为最高的政治原则和执政宗旨。与以往的和现存世界上其他任何政党相比，中国共产党坚持的为人民执政的原则无疑奠定了中国共产党长期执政的政治道义基础，为中国共产党赢得了最为广泛的支持和拥护，从而也奠定了党长期执政的群众基础。

① 中共中央文献研究室、中央档案馆编:《建党以来重要文献选编（1921—1949）》（第1册），北京：中央文献出版社2011年版，第97—98页。

2. 始终保持政治和理论的清醒坚定为中国共产党长期执政提供政治前提和思想基础

政党是承担执政使命的政治集团，保持政治上的清醒至关重要。在一定意义上说，政治清醒关系党的生命。中国共产党是重政治、讲政治、守政治的政党，但并不是从党成立之始就在政治上达到了成熟和完美。而且，在革命事业发展进程中，中国共产党也曾遭遇过挫折和困难，遇到严峻的政治挑战和政治风险。中国共产党的政治成熟是党在领导中国革命、建设和实践的过程中逐步实现的。但可以肯定的是，中国共产党是政治上坚定的党，一开始就有鲜明的政治主张、明确的政治方向和坚定的政治立场，从坚持无产阶级革命到主动创建人民军队、实现“枪杆子里面出政权”，到抗击政治危险、捍卫政治原则，总能够在摆脱各种错误思想的干扰和束缚中坚持正确的政治路线。与此同时，中国共产党也始终坚持马克思主义的指导，坚持把马克思主义普遍真理和中国革命、建设、改革的具体实践相结合，在运用和发展马克思主义上保持旺盛的生命力和鲜活的创造力，保持坚定的理论勇气，不断实现马克思主义的中国化、时代化和大众化，不断创造中国化马克思主义理论成果。习近平总书记指出：“只有理论上清醒才能有政治上清醒，只有理论上坚定才能有政治上坚定。”[①]“理论上清醒，政治上才能坚定。”[②]正是因为有了政治上和思想理论上的清醒坚定，才使得中国共产党的长期执政获得了政治前提和思想基础，使之在政治上立于不败，在思想理论上永葆活力。

3. 领导中华民族站起来富起来强起来的历程契合中国共产党长期执政的历史规律和实践逻辑

近代以来，中国共产党带领中国人民实现了从站起来到富起来再到迎接强起来的历史性跨越，实现了民族解放、国家富强和人民幸福的

① 习近平：《办公厅工作要做到“五个坚持”——习近平同志在同中央办公厅各单位班子成员和干部职工代表座谈时的讲话》，《秘书工作》2014 年第 6 期。

② 习近平：《在庆祝中国共产党成立 95 周年大会上的讲话》，北京：人民出版社 2016 年版，第 11 页。

历史性巨变。通过革命、建设和改革，中国共产党带领中国人民走出了一条成功的民族复兴的道路，解决了中国所面临的发展问题，也为中国人的生存和发展提供了有效方案。这一历史进程，是探索共产党执政规律、社会主义建设规律和人类社会发展规律的过程，也是近代以来中国社会发展和中国共产党领导开辟的伟大实践的逻辑延伸。通过新民主主义革命和社会主义革命，人民民主专政的国家政权和社会主义制度确立起来；通过改革开放和中国特色社会主义建设，社会主义中国实现了长期稳定和持续发展这“两大奇迹”，变得更加富强起来；通过党的十八大以来新时代中国特色社会主义的伟大实践，中华民族伟大复兴的前景变得更加光明、更加接近实现。中华民族和中国社会发生的巨变，充分证明了中国共产党执政实践合目的性与合规律性的高度统一，也夯实了中国共产党长期执政的实践基础。

4. 善于自我革命、不断推进党的建设新的伟大工程提升中国共产党长期执政的领导能力

中国共产党是善于自我革命、勇于自我纠偏、成于自我觉悟和达于自我完善的党，具有刀刃向内的革命精神、刮骨疗毒的革命勇气和不断自我建设的优秀品质。中国共产党从一开始建立就提出了严格的纪律要求，规定了党员和组织活动必须接受严格监督，1922 年中国共产党的第一个章程更是专门从组织建设的角度作出了纪律规定。在 1927 年的中共五大上，中国共产党又成立了中央纪律检查监督机构，对党的建设及各级组织的监察委员会、纪律监督进行了明确严格的规定。可以说，在不断领导社会革命的同时，中国共产党始终注意开展自我革命、不断加强党的自身建设、不断结合社会发展的任务和形势要求推进政治、组织、作风、纪律和制度建设，在反腐倡廉中增强党的肌体的纯洁性和先进性，不断提高党领导革命和国家建设的能力。党领导中国革命和建设的历程并不是一帆风顺的，但始终注重自我革命、不断提高领导能力为中国共产党成功领导革命、开展治国理政提供了坚强保障。不言而喻，不断推进党的建设的伟大工程必将为中国共产党长期执政提供强大助力，为党领导全国人民实现民族复兴的各项任务提供成功保证。

5. 不忘初心、牢记使命、永葆共产主义远大理想的价值选择延续中国共产党长期执政的目标使命

为人民谋幸福、为民族谋复兴、为世界谋大同是中国共产党的初心使命，是中国共产党百年来始终不变的革命情怀和奋斗指向。从民族独立到人民解放、从国家强盛到人民幸福，中国共产党始终在接续奋斗中把中国和世界、中华民族与全人类的发展紧密结合起来，始终坚守共产主义的远大理想。在领导中国革命之初，中国共产党就明确自己的目的“是要组织无产阶级，用阶级斗争的手段，建立劳农专政的政治，铲除私有财产制度，渐次达到一个共产主义的社会”①。党在第一个宣言中也庄严宣告：“共产主义者的目的是要按照共产主义者的理想，创造一个新的社会。”② 在革命、建设、改革和复兴的伟大征程中，从毛泽东到习近平，党的领导人也始终坚守共产主义的远大理想和奋斗目标。共产主义事业是长期的事业、伟大的事业，是共产党人长期奋斗的价值遵循，也是中国共产党长期执政的终极使命。只要始终胸怀党的初心使命、始终葆有共产主义的远大理想，中国共产党人就永远有前进的目标和方向，永远有接续奋斗的责任使命，也就有长期执政的必要性和必然性。

（三）面向长期执政，推进新时代党的建设新的伟大工程

长期执政不仅是新时代中国共产党人治国理政的政治自觉，也是共产党人领导实现中华民族伟大复兴、接力实现更高理想、更高目标的根本要求。对于长期执政问题，习近平总书记有着深入的思考和清醒的提示。他多次提到当年毛泽东主席提出的“赶考”命题，指出：“党面临的‘赶考’远未结束”。他提醒全党要回答好新时代的考题，强调“时代是出卷人，我们是答卷人，人民是阅卷人”③。在十九届中央纪委五次全会上的讲话中，习近平总书记又强调指出：“始终保持‘赶考’的清醒，……不断增强党自我净化、自我完善、自我革新、自我提高能力，

① 中共中央文献研究室、中央档案馆编：《建党以来重要文献选编（1921—1949）》（第1册），北京：中央文献出版社2011年版，第133页。

② 同上书，第486页。

③《习近平谈治国理政》（第3卷），北京：外文出版社2020年版，第70页。

跳出治乱兴衰的历史周期率，引领和保障中国特色社会主义巍巍巨轮行稳致远。”[①] 可以说，时代变化和社会变迁把中国共产党长期执政的命题摆在了新时代中国共产党人面前，需要中国共产党人就此找到合适的答题思路，作出准确回答、提供正确答案。

1. 用好中国共产党长期执政的基本规律，跳出治乱兴衰的“历史周期率”

中国共产党的执政与历史上的封建王朝政治和农民起义建立的政权有着本质的不同，其中最根本的差异就在于政权的阶级基础、社会的统治基础和生产的结构基础发生了根本变化。党领导的社会主义政权是人民民主专政的政权，占统治地位的是人民群众，人民是国家的主人而不再是被统治阶级。正是在这个意义上，毛泽东才指出共产党找到了一条不同于以往的新路：人民民主。在这样的新政权中，人民不仅监督政府而且人人参与政权。由此，人民民主专政的国体、人民代表大会的政体、中国共产党领导下的多党合作和政治协商制度、民族区域自治制度以及基层群众自治制度就构成了社会主义民主政治和社会主义国家政权的最稳固的基础与支柱。这种把马克思主义的普遍真理、基本原理和中国国情、文化、实践相结合的新型政权形式是人类历史上全新的政治形式，也是适合中国社会发展要求的自洽的政权形式，由此所确立的政权结构也为党的长期执政奠定了无比坚实的基础。但是，要真正跳出治乱兴衰的周期率并不是仅仅停留在认识上，而是体现在行动中。实现长期执政并不能仅仅停留在形成了好的政权结构上，而是需要中国共产党不断掌握和运用好执政规律、社会建设规律和人类社会发展规律解决问题上，特别是要在用好规律解决时代提出的新问题上下功夫，在用好规律克服不断涌现的新挑战新困难上下功夫，在变化了的形势和条件下丰富和发展新规律上下功夫，使中国共产党永远具备高超的领导能力和执政能力，具备应对长期复杂环境和随时涌现的新问题、新挑战、新风险的能力。

① 张洋、李学仁:《习近平在十九届中央纪委五次全会上发表重要讲话强调　充分发挥全面从严治党引领保障作用　确保“十四五”时期目标任务落到实处》,《人民日报》2021 年 1 月 23 日，第 1 版。

2. 把握中国共产党长期执政的实现逻辑，保持人民政权永不褪色变质

政权有政权的基础，执政有执政的逻辑。习近平总书记指出：“江山就是人民，人民就是江山，人心向背关系党的生死存亡。”[①] 人民政权属于人民，人民是政权的永恒基础。好的政权也需要有好的执政逻辑，以防好心办了错事和坏事，从而戕害政权的生命和活力。在党的历史上，出于对执政实现逻辑的陌生和误解，曾经出现过失误和失败，导致党的领导走了弯路。执政的实现逻辑关乎执政方法和方式，也关乎执政的效果和成就。从基本的形成逻辑看，中国共产党与马克思主义、社会主义、人民军队、人民民主共和国紧密联系、构成中国特色社会主义民主政治的内在逻辑。中国共产党是在领导中国革命、建设和改革事业中逐渐壮大、成熟起来的党，党的领导是一切事业成功的关键。人民政权需要人民军队保卫，党对军队的领导也是中国共产党夺取政权并长期执政的保障。在长期执政特别是建设社会主义国家的实践探索中，中国共产党领导形成了符合中国国情的科学执政、民主执政、依法执政的独特方法和方式。在这个意义上说，治党治国治军、内政外交国防、政治经济文化社会等各方面都蕴含着特定的执政实现逻辑和执政实践方式。只有把党长期执政的实现逻辑弄明白并按中国特色社会主义民主政治的逻辑执政，才能够选择最恰当的执政方法方式，达到最佳执政效果，实现长期执政的目标和任务。进入新时代以来，习近平总书记多次就党长期执政所面临的挑战和危险做出过提醒，对党所面临的改革开放考验、市场经济考验、外部环境考验乃至党的基层组织建设、互联网治理等新形势新任务提出要求。可以说，只有把握好长期执政的实现逻辑，并将此逻辑在保证人民政权长青的前提下有效展开、付诸实践，才能够真正实现长期执政。

3. 提升中国共产党长期执政的实践效能，确保社会发展和谐稳定可持续

中国改革开放以来之所以能够实现社会长期稳定和经济持续发展

①《习近平在党史学习教育动员大会上强调 学党史悟思想办实事开新局 以优异成绩迎接建党一百周年》,《人民日报》2021 年 2 月 21 日，第 1 版。

的奇迹，关键在于坚持党的领导，要义在于党执政的实践效能。执政既是科学也是艺术，根本在于实现最大程度的执政效能。执政科学要求政治治理符合科学性和规范性，按科学规律办事。执政艺术要求政治活动符合人性、国情和社情民意，具备高度执政智慧和执政活力，实现执政的持续施行，保证社会的和谐稳定和可持续发展。从各政党执政的历史经验和实践要求看，长期执政关键在于以科学思路保证执政过程政治清明、政府有效、施政合理、效能充足。习近平总书记曾多次提到执政过程中的制度效能、政府效能和机关效能问题，倡导通过政府机构改革、提升治理体系和治理能力现代化来提高执政的实效效能。他强调："进一步改革政府机构、转变政府职能，不仅是提高政府效能的必然要求，也是增强社会发展活力的必然要求。我们必须下更大决心、以更大力度推进政府职能转变，以更好适应深化改革开放、加快转变经济发展方式、转变工作作风、维护社会和谐稳定的迫切要求。"① 执政效能是管总的、带方向的，也是社会是否和谐稳定可持续发展的基础。在一定意义上说，只有不断提高党在长期执政过程中的执政效能，才能够不断完善和发展中国特色社会主义制度，提升国家治理体系和治理能力的现代化，也才能够顺利推进改革开放，更好地满足人民群众不断增长的新期待和新要求，使政权在稳定中巩固，在巩固中加强，在加强中持续。为此，要保证实现党的长期执政，就要不断推进国家治理体系和治理能力的现代化，推进中国特色社会主义事业行稳致远，朝着中华民族伟大复兴的目标和构建人类命运共同体的历史责任努力前进。就此而言，党长期执政的过程，也就是党不断带领全国各族人民实现其初心使命的过程。这个过程是持续而漫长的，党长期执政的任务同样是重大而长远的。

（原文发表于《西北工业大学学报》2022 年第 1 期）

① 中共中央文献研究室编:《习近平关于社会主义政治建设论述摘编》，北京：中央文献出版社 2017 年版，第 110 页。

四

论中国共产党的党德

党德是政党主体在政治目标上所信奉、在治党活动中所遵循的政治伦理精神和政治道德规范。它不仅包括党的纲领、制度、路线、方针和政策中蕴含的道德价值与道德原则，而且包括政党领导的社会实践和党员个人行为活动中所体现的道德能力与道德水平。共产党是无产阶级政党，是迄今为止最具先进性和纯洁性的劳动阶级的政治组织，具有超越以往一切阶级的阶级先进性和思想进步性。中国共产党既是中国工人阶级的先锋队，也是中国人民和中华民族的先锋队。中国共产党的党德是与中国共产党自身的阶级先进性、思想进步性和道德崇高性紧密联系的德性，是渗透于党的肌体之内及政党活动之中、彰显政党独有精神、标识政党独特价值的立身之本。探讨中国共产党的党德，对于深刻理解和把握中国共产党的初心使命和性质宗旨具有重要的启示意义，对于激励党的各级组织和党员清醒而坚定地肩膺历史责任和时代任务也具有实际的推动作用。

（一）政党党德的内涵及价值

政党是一个现代社会的概念，是阶级社会发展到一定阶段才出现的政治组织。按照西方政党研究者伯克的解释，政党是“建立在一些人们集体认同的特别的原则之上、以共同努力促进国家利益的联合起来的实体”[①]，是使人们“利用国家的全部力量和权威实施他们共同的计划的恰当手段”[②]。近代中国学人许正中也对政党作出过解释。他认为政党是

①[意] G·萨托利:《政党与政党体制》，王明进译，上海：商务印书馆 2006 年版，第 22 页。

② Edmund Burke, “Thoughts on the Cause of the Present Discontents, 1770” , in Susan E. Scarrow, eds., *Perspectives on Political Parties*, New York: Palgrave Macmillan, pp. 425–426.

“有共同政见并力求实现者之集团”，他表示，“政党对于何为公共之最大利益，要有清楚之认识”。[①]基于上述解释，我们可以认为，政党是服务于某个既定政治集团根本利益的，而不仅仅是政治竞争者个人福利这一目的的。在政党所服务的利益指向中，就蕴藏着政党的党德。党德与政党紧密地绑定在一起，与政党本身的性质及其所开展的活动不可分割。

1. 党德的内涵及形成

顾名思义，所谓党德就是政党的品德，是政党由其内在规定性所决定并由其外在实践性所呈现的道德品质和德性价值。有研究者认为，党德是指“一定的政党为了调整党员之间、党员与民众之间以及党员和社会之间的关系所提倡的行为规范的总和”[②]。我们认为，党德的标准高于一般而言的道德的标准，它是政党的伴生物，是与政党的性质、宗旨和奋斗目标紧密结合在一起的对党的伦理道德属性的基本规定。作为一个具有明显的综合性和鲜明指向性的概念，党德的基本内涵至少包括三个方面：一是指政党的纲领、路线、方针和政策中所蕴含的道德内容。在这方面，不同阶级性质的政党因为要维护不同阶级的根本利益，从而呈现出不同的道德目标和道德属性，秉持不同的道德观念。二是指政党的行为活动特别是政党的集团性、社会性实践中所展现的道德觉悟和道德价值，即在执政实践层面上得到现实化的道德水准和道德层次，此种意义上的党德接近于平常所说的政德，也即党的施政道德。三是指体现在政党成员的个体活动中的道德能力和道德水平，尽管它往往与个体自身的道德品格难以严格区分，但此种道德的实现却有相对独立的行为空间和实践领域，即主要是与党员个人参与的政党活动和政治生活相关，是与党员以党员身份活动时所具有的道德呈现，除此以外的党员个人在日常生活中的道德表现，不应当列为党德的范畴。简言之，党德是在立党、党政和党员身上所体现出的德性价值和道德品格。鉴于党德从性质和形式上都隶属于政党的精神体系内的概念，它往往会渗透在政党的政治实践、思想倾向、组织原则、精神风貌、纪律体系和制度规范中，并通过相应的建设活动得到塑造培育和创新发展。

① 许正中:《政党之理论与运用》，上海：大东书局 1947 年版，第 1、176 页。
② 朱其训:《治政学》，北京：人民出版社 2010 年版，第 77 页。

政党的党德是与政党自身阶级的、政治的规定性紧密相关的。众所周知，政党是代表阶级利益的政治集团，以维护既定阶级的根本利益、与异己党派的政治主张和阶级利益相对抗。一个政党秉持何种伦理道德观念，本质上是由该党的阶级属性以及由此产生的政治实践决定的。从现代政党发展史上看，资产阶级政党维护资产阶级的根本利益，持守资产阶级政治伦理和实践道德。在其政治主张上所坚持的自由、平等和博爱的观念，正是资产阶级反对封建地主阶级、维护和发展本阶级根本利益的表现，其中蕴含的是资产阶级的道德利益和道德价值。无产阶级代表并维护广大被剥削阶级、被压迫者的根本利益，代表其根本利益的无产阶级政党坚持的是无产阶级的道德观，不仅与资产阶级的政治道德相对立、相抗衡，而且也是与之相斗争的精神武器。可以认为，有什么样的阶级性质、维护何种阶级利益，就会产生并坚持什么样的政党道德。而脱离开阶级规定性的党德是不可能存在的，阶级属性和阶级利益才是决定政党党德的内在标尺。

政党的党德是随着政党的诞生同步产生的，是政党与生俱来的道德规定性。但是，党德并不是一个静态的固定化的概念，而是在实践验证和实现中不断丰富、发展的动态的过程性范畴。它有既定的框架性的思想内涵，也有伴随着实践而发展的具体性的内容元素。党德体现在党的性质、宗旨和奋斗目标中，在政党的治党实践和党务活动中得到彰显，在政党政治和社会实践活动中得到发展，在党的建设中得到丰富、巩固和创新。在一定意义上说，政党开展实践活动的过程也就是党德得到培育实践和弘扬发展的过程。鉴于道德本身就是蕴含着矛盾和冲突的概念，是在解决既定矛盾和冲突中形成的规范性范畴，党德作为政党的基本伦理品质和道德品格，自然也反映政党意志主张和政党精神体系中的内在矛盾，凝结着政党到底为什么人服务以及为何提供此种服务的道德异论和价值冲突。倘使政党的党德与时代发展要求不一致、与其所服务的对象要求和目标任务不一致，那么因党德而起的纷争就会突显并在政党实践中以阶级冲突和社会矛盾的形式呈现出来。换言之，当我们评说某个政党的党德如何如何之时，我们会内在地对其德性表现赋予比较的维度，而政党自身所秉持的党德自然也是其在与诸多利益相关方基于道德分歧进行的利弊权衡后的结果。藉此，可以说，党德的形成过程本身就是政党目标实现与其实践过程相互结合、相互作用的过程，是当政党的理想照进客观现实后，从政党的作为中实现或获得道德评价的对象。

2. 党德的基本价值

民国贤达人士曾有言："政党中最重要之点，在于党德，人无道德，即无人格，党无道德，即不党。"[①] 党德是政党之德，昭示政党之质、政党之格和政党之风，也是党纲和党章内在价值的重要体现。对于政党来说，党德内显政党品格、外彰政党精神，具有重要的思想价值和实践价值。

（1）党德彰显政党的政治觉悟。政治觉悟，亦称"阶级觉悟"，指一定阶级的成员，对本阶级的地位、责任、根本利益和历史使命的认识。[②] 概括地说，政党的政治觉悟即政党对其所代表阶级的阶级特征和政治使命的觉察与体认。之所以说党德彰显政党的政治觉悟，是因为在党德中蕴含并体现着党的纲领、章程和宣言中所规定的基本政治元素，而这些政治元素则规定着党对本阶级政治宗旨、目标、理想和路线等实践原则与未来使命，是政党在服务什么阶级、反对什么阶级、明确什么任务、采取什么路线等一系列关系政党政治生命的根本问题上的觉悟和确证。与此同时，党德的高低也可以从政党的政治觉悟中得到反映。具体地说，政治觉悟低的政党，往往只为少数人统治或狭隘的政治集团谋求私利。而党德高尚的政党，则会为更为广大范围内的人特别是劳苦大众为主体的阶级谋求生存和发展。就此而言，无产阶级政党的政治觉悟不同于资产阶级政党的政治觉悟，无产阶级政党的党德也不同于资产阶级政党的党德。

（2）党德决定政党的治党原则。无论是何种性质的政党，都必然有其治党的原则。就一般规律而言，政党只有在依靠治党原则、加强自身治理中才能得到有效生存和健康发展。党德是政党所坚守的伦理秩序和道德原则，不仅决定政党思想格局的高低，也决定政党的治党原则。具有高尚党德的政党，其治党原则不仅要符合本党利益，而且要兼顾社会

① 陈英士:《在北京国民党欢迎会上演说词》,《民立报》1911年9月21日。
② 参见王邦佐等编:《政治学辞典》，上海：上海辞书出版社2009年版，第19页。

其他阶级阶层的利益，甚至会以维护和发展社会多数人的利益为本。毋庸讳言，党德高尚的政党，必定会在其治党原则中嵌入为多数人谋公益、为大社会谋福祉的实践标准和发展要求。唯其如此，政党才能够实现长期执政，达到基业长青。以马克思主义理论武装起来的无产阶级政党，坚持共产主义道德，以实现人的自由全面发展为根本目的，在其治党原则上始终恪守最广大人民群众的根本利益，展现了至高无上的党德，也为无产阶级政党的长期执政奠定了坚实而崇高的道义基础。

（3）党德塑造政党的实践精神。德性生于内，精神彰于外。人们的实践精神一方面是从其既有的道德价值中衍生出来的，另一方面也会在实践中逐渐丰富和发展其道德观念。对一个政治组织而言，有什么样的政治道德，就会有什么样的实践精神，对政党也同样如此。政党的党德是对政党内在道德品质的规定，是政党行动实践的价值标准。通常情况下，政党的党德规范着政党的实践行动，从而也塑造着政党的实践精神。概而言之，党德一方面为政党的实践提供伦理道德上的标准和依据，另一方面也在实践中熔铸和凝练出新的精神品格。从近代以来中外政党发展的历程上看，西方资产阶级政党恪守资产阶级政治道德，自然就塑造出了代表资产阶级价值观念的自由、平等、博爱的实践精神。近代中国资产阶级政党从西方政治中接盘了民主、自由等功利主义和自由主义的道德价值观，从而也塑造着以国民党为主要代表的资产阶级政党的政治意志和实践精神。中国共产党是代表无产阶级和工农群众利益的政党，所奉行的无产阶级政党的党德对于熔铸以伟大建党精神为肇始的中国共产党精神谱系具有重要的规范和塑造作用。

（4）党德影响政党的外在形象。中国古训说："德之崇，不求名之远而名自远。"名声也即形象，名声好形象佳，名声差形象也不会好。一个人德性崇高，必然会在别人眼中心中留下好的名声，自然也会塑造出个体好的形象。政党的党德事关政党作为的格局与其实践活动的取向，影响着人们对党的价值判断，从而也影响着党的外在形象。在一定程度上说，党的外在形象就是党德的外化，凝聚了党德在具体实践中和行为行动中的气质特色与形象特征。正缘于此，党德也就发挥着展示政党形象以唤起民众、凝聚人心的作用。正如孙中山所指出的："惟是政党欲保持其尊严之地位，达利国福民之目的，则所持之党纲，当应时势之需要，以合乎世界之公理。而政党自身之道德，尤当首先注重，以坚社会之信仰心。”[①]他强调：“凡一政党欲求发达、求长久，必须党员明白党义，遵守党德，不可用欺骗手段逸出范围之外。……其求胜利之方法，须依一定之法则，不用奸谋诡计，是之谓党德。……无党德之政党，声誉必堕地以尽，国民必不能信任其政策，何能望其长久存在呢？”[②]藉此可说，党德对于政党的存在和发展是至关重要的。

（二）中国共产党党德的丰富和发展

客观地说，党德这个提法最早在民国时期出现时，是由资产阶级民主革命的先行者孙中山先生和早期国民党中某些人士较早使用的。他们除在一般意义上强调了党德的重要性外，也在具体意义上指出了当时党德的思想内容。不过，可以想见的是，由于受到阶级立场和革命认知的阈限，他们所提倡的党德，要么言之不详、言之无物，要么流于对中国传统伦理道德体系中“四维八德”的简单照搬。与之不同的是，作为新生的无产阶级政党，中国共产党开启了全新的无产阶级政治道德的建构历程，创生了具有先进性和超越性的共产主义革命伦理道德，也逐步建设和巩固了最能代表人民利益和发展民族利益的党德。众所周知，中国共产党是在20世纪初叶世界无产阶级革命风起云涌的时代成立的，既是国际共产主义组织东方支部的组成部分，也是植根于中华大地、汲取了中华优秀文化营养的无产阶级政党。“中国共产党深深扎根于中华民族之中。党从成立那一天起，就是中国工人阶级的先锋队，同时是中国人民和中华民族的先锋队，肩负着实现中华民族伟大复兴的庄严使命。”[③]中国共产党的党德与党的事业、人民的事业和民族的事业密不可分。从中国的国情到中国共产党的历史任务，决定了中国共产党从一开始就必须确立崇高而卓越的党德，并且伴随着党的壮大、党的事业的发展不断熔铸坚韧且巩固的高尚党德。

①《孙中山全集》(第3卷)，北京：中华书局1981年版，第1页。
② 同上书，第37页。
③《江泽民文选》(第3卷)，北京：人民出版社2006年版，第574页。

1. 中国共产党创立时期党德的初步规定

显诸建党时期重要文献的，可见中国共产党早期对自身党德的觉悟。就中国共产党第一个纲领看，其中“消灭社会的阶级区分”“消灭资本家私有制，没收机器、土地、厂房和半成品等生产资料，归社会公有”[①]的规定彰显了中国共产党大公无私、祛私为公的政治道德。“承认党的根本政治目的是实行社会革命……彻底断绝同黄色知识分子阶层及其他类似党派的一切联系”，要求入党者“成为忠实党员……必须与企图反对本党纲领的党派和集团断绝一切联系”“在党处于秘密状态时，党的重要主张和党员身份应保守秘密”[②]，也反映了中国共产党忠诚、干净、担当的实践伦理和组织道德。在中国共产党第一个决议中，无论是对党在工人组织、工人学校开展工作的规定，还是宣传、研究任务，抑或是对现有政党的态度，都渗透着党保持自身独立性、忠诚恪守建党原则的道德义务和伦理责任。其他诸如党的章程、宣言中，也均可见在党的原则、主张和实践中渗透着的党德规范。需要关注的是，尽管中国共产党此时仍处于初创时期，但已经把自身及其所领导的革命与人民群众的解放紧密联结在一起了。恰如1922年6月中国共产党对于时局的主张中对人民生活基础和人民政治状况所分析的那样，鉴于军阀混战迫使“全国人民之产业生命，亦必随而动摇而丧失”[③]，乃至民主主义派政党开展革命的游移彷徨与茫然失措，真正领导人民革命的任务自然就落到了中国共产党肩上。正是在这个意义上，中国共产党作为“无产阶级的先锋军，为无产阶级奋斗，和为无产阶级革命的党”[④]，注定需要领导必要的不可避免的“解放我们中国人民受列强和军阀两重压迫的战争”[⑤]。由此可以说，初生的中国共产党的党德是围绕着党为人民幸福和民族解放的奋斗目标确立的。

---

① 中央档案馆编:《中共中央文件选集》(第1册)，北京：中共中央党校出版社1989年版，第3页。

② 同上书，第3—4页。

③ 同上书，第42页。

④ 同上书，第44页。

⑤ 同上书，第46页。

2. 新民主主义革命进程中党德的多维凝练

新民主主义革命之不同于旧民主主义革命，既在于革命的性质、主力、对象、任务和途径大为不同，也在于革命政党的道德觉悟、境界和前途迥然有异。个中的原因，在于领导革命的不同的政党信奉的是不同的主义，各有不同的信仰，从而也就有了不同的世界观、人生观、价值观和道德观。概而言之，马克思列宁主义指引下的新民主主义革命实践孕育和塑造了中国共产党的党德，而这种党德是基于新的阶级分析和阶级斗争的实践的。正如毛泽东在新民主主义革命早期就指出的："谁是我们的敌人？谁是我们的朋友？这个问题是革命的首要问题。中国过去一切革命斗争成效甚少，其基本原因就是因为不能团结真正的朋友，以攻击真正的敌人。……我们的革命要有不领错路和一定成功的把握，不可不注意团结我们的真正的朋友，以攻击我们的真正的敌人。"[①]因此，中国共产党在新民主主义革命进程中对党德的认识以及党德的形成，无疑是在对革命思想基础的真切把握、对革命阶级力量的实践争取以及对革命形势任务的科学判定中实现的。在漫长的革命实践进程中，中国共产党的党德至少在以下方面得到规范和框定：一是通过逐步厘清什么是真正的马克思主义以及如何有效地运用马克思主义，实现了马克思主义中国化，确立了党的指导思想，明确了党的共产主义远大理想和崇高道德。二是通过调查研究实现了科学的阶级分析，走出了不同于苏俄的革命模式，实现了工农联盟，制定了正确的路线、方针和政策，找到了中国革命的正确道路，建构了新民主主义的政治道德。三是塑造了以伟大建党精神为源头的中国共产党的精神谱系，创造了以井冈山精神、遵义会议精神、长征精神、延安精神、西柏坡精神等以地名为代表的革命精神和以张思德精神为代表的英雄人物精神，此类精神中无疑蕴含着革命者和中国共产党的道德标准。譬如，毛泽东曾鼓励全党和广大人民群众要永久奋斗，他指出："永久奋斗，就是要奋斗到死。这个永久奋斗是非常要紧的，如要讲道德就应该讲这一条道德。……这样的道德，才算是真正的政治道德。"[②]又如，毛泽东在张思德的追悼会上提出"全心全

①《毛泽东选集》(第1卷)，北京：人民出版社1991年版，第3页。

②《毛泽东文集》(第2卷)，北京：人民出版社1993年版，第191页。

意为人民服务”的思想，党的“七大”将其作为中国共产党的宗旨写入党章，并形成“一切为了群众，一切依靠群众，从群众中来，到群众中去”的群众路线。“全心全意为人民服务”无疑彰显了中国共产党至高至纯至真的党德。总之，在新民主主义革命时期，中国共产党已经用共产主义道德约束党员言行，提倡和培育“全心全意为人民服务”“个人服从组织”“大公无私”“毫不利己、专门利人”“一不怕苦、二不怕死”等先进党德了。

3. 社会主义革命和建设中党德的纯洁化

从时间序列上讲，社会主义革命和建设时期既包含着新中国成立初期从新民主主义社会向社会主义社会的过渡时期，也包含着社会主义制度确立后党领导全国人民对社会主义道路建设的艰辛探索时期，当然也包括“文化大革命”的曲折发展时期。新中国成立初期国民经济的恢复和发展，旨在恢复战争创伤，通过“一化三改”的社会主义改造消灭封建残余和资本主义私有制，为社会主义公有制奠定物质的和思想上的基础。社会主义制度的建立既是社会关系变革的产物，同时也是另一场变革的起点，“是中国今后一切进步和发展的基础”①。毛泽东明确指出：“社会主义制度的建立给我们开辟了一条到达理想境界的道路，而理想境界的实现还要靠我们的辛勤劳动。”② 在社会主义革命和建设进程中，中国共产党作为执政党，其党德的塑造和培育不仅体现在党全心全意为人民谋福利上，而且具体化在党领导的执政活动中。鉴于当时客观存在的阶级变迁，此时中国共产党的党德必然要经历一个朝着无产阶级党性和社会主义人性方向纯粹化的过程，而这个过程只有在实践和实际中才能实现。也就是说，“只注重在从来的道德理论上断断不够的，一定要放到实际上去，放到行动上去才行，一定要根据于党的过去，现在与未来着想，自然而然地感觉到一种党的伦理的要求，由此要求，再产生出党谊党德来，那时一定切合于实际，而为个个党员所遵行的了”③。从主流

① 中共中央文献研究室：《关于建国以来党的若干历史问题的决议（注释本）》，北京：人民出版社 1983 年版，第 10 页。

②《毛泽东文集》（第 7 卷），北京：人民出版社 1999 年版，第 226 页。

③《胡汉民先生名著集》（下），军事新闻社 1936 年版，第 463 页。

看，这一时期的党德正是党的政治路线、思想路线和组织路线的联合作用下，在党性与人性、政治与伦理、自由与秩序、组织与个人的义利之辨、名实之择、正误之分中演化，在塑造和构建社会主义道德的进程中螺旋升华、曲折前进的。从内容上看，无产阶级革命道德、为人民服务的价值观、革命式的社会主义建设精神成为此时塑造中国共产党党德的主要元素，或成为党德的基本镶嵌物。可以认为，由于这一时期中国共产党是作为全新的执政党来领导全国性的社会主义建设的，党德的构建和培育也是在党受到党内外、国内外和社会主义事业内外的压力和矛盾中推进的，其总体趋势是促使党德逐渐纯洁化、逐步走向真实客观的社会主义国家执政党的党性道德。

4. 改革开放与中国特色社会主义建设时期党德的转型

改革开放被称为中国的第二次革命，意味着中国社会发展历史的大转折和大进步。由改革开放开启的时段之所以被称为新时期，并不仅仅意味着中国社会主义建设的新开端，更重要的在于它意味着社会发展模式和秩序的变动。改革开放带来思想文化的开放与社会政策的调整，在很大程度上改变了过去计划经济条件下人们的生产方式和交往方式，塑造着崭新的社会道德观念，毫无疑问也对执政党的党德产生影响。改革开放与中国特色社会主义建设时期党德建设最显著的特征是实现了由传统半传统的政党道德向现代党德的转型。该转型伴随的是80年代初启动的党和国家领导制度的改革，以及由政治体制改革和经济体制改革为主组成的社会全面改革。改革在精神文化建设方面的突出成就是提出并大力推进了社会主义精神文明建设，从而为党德建设开辟了崭新局面。邓小平在改革开放之初就回顾并重申了毛泽东在革命战争年代提倡的“发扬革命和拼命精神，严守纪律和自我牺牲精神，大公无私和先人后己精神，压倒一切敌人、压倒一切困难的精神，坚持革命乐观主义、排除万难去争取胜利的精神”，指出：“要教育全党同志发扬大公无私、服从大局、艰苦奋斗、廉洁奉公的精神，坚持共产主义思想和共产主义道德。我们要建设的社会主义国家，不但要有高度的物质文明，而且要有高度的精神文明。所谓精神文明，不但是指教育、科学、文化（这是完全必要的），而且是指共产主义的思想、理想、信念、道德、纪律，革命的立场和原则，人与人的同志式关系，等等。”[①]党德是社会道德体系的组成部分，是其中具有引领性、标志性的先锋道德。因为改革开放所带来的社会发展条件、环境和形势的变化，可以看到的是，此时党德的转型和发展是在社会主义道德和精神文明建设的洪流中朝着现代化、市场化和民主化的方向推进的。

5. 中国特色社会主义新时代党德建设的新进展

中国特色社会主义进入新时代以来，以习近平同志为核心的党中央高度重视加强党的建设新的伟大工程，结合经济建设、政治建设、文化建设、社会建设、生态文明建设“五位一体”的总体布局和全面建设社会主义现代化国家、全面深化改革、全面依法治国、全面从严治党的“四个全面”战略布局，结合着新时代新征程上的新任务新要求，下大力气以党的自我革命引领社会革命。在党的建设中，一方面全面加强党的领导、加强党的政治建设，另一方面以前所未有的勇气和力度清除腐败、根治党内存在的顽疾固障，在中国共产党党德培育和建设上迈出了新步伐、开辟了新境界、取得了新成就。习近平在深刻分析党内政治生活状况和存在的矛盾问题后指出：“这些问题，严重侵蚀党的思想道德基础，严重破坏党的团结和集中统一，严重损害党内政治生态和党的形象，严重影响党和人民事业发展。”[②]从总体上看，新时代党德建设是沿着三条线索推进的：一是在党的建设新的伟大工程中提升党组织和党员的政德意识，加强学习教育力度，系统开展全党的学习教育活动，先后进行了党的群众路线教育实践活动、“三严三实”专题教育、“两学一做”学习教育、“不忘初心、牢记使命”主题教育和党史学习教育活动，让全党深刻领会“两个确立”的决定性意义，切实增强“四个意识”，坚定“四个自信”，做好“两个维护”，对党德的塑造和培育自然渗透于其中，其力度空前强大，范围空前广大。二是有针对性地加强党员干部的理想信念教育，培育对马克思主义和共产主义的信仰、对中国特色社会主义的信念和对实现中华民族伟大复兴的信心。毫无疑问，德性是贯穿

①《邓小平文选》(第2卷)，北京：人民出版社1994年版，第367页。

② 习近平：《〈关于新形势下党内政治生活的若干准则〉和〈中国共产党党内监督条例〉的说明》，《人民日报》2016年11月3日，第2版。

信仰信念信心的内在品格，而信仰信念信心是党德的具体要求和价值规定。三是在大力弘扬以爱国主义为核心的民族精神和以改革创新为核心的时代精神的同时，积极倡导弘扬以伟大建党精神为代表的中国共产党精神谱系，在开创性地提倡社会主义核心价值观的同时要求共产党人加强党性修养，倡导树立忠诚老实、公道正派、实事求是、清正廉洁的新时代共产党人价值观。可以认为，新时代中国共产党的党德建设在全面建成小康社会、全面建设社会主义现代化国家和全面推进中华民族伟大复兴的实践中推进，并逐步实现了激浊扬清、惩恶扬善、举纲张目、抓标治本的目标。

（三）在推进新时代党的建设新的伟大工程中实现党德的守正创新

如前所述，一百多年前，中国资产阶级民主革命的先行者孙中山先生在屡屡创党建党的经历中提出了党德的命题，并对党德的重要性颇有建言。他指出："政党之性质，非常高尚，宜重党纲，宜重党德。"[①]"惟思政党天职，在恪守党纲，观察国情，以舒展国民意旨，种种应付，当剔除偏见，一以国家为前提，党德清澄，党势必日臻强盛。"[②]与孙中山创建的代表资产阶级利益的国民党不同，中国共产党是无产阶级政党，是代表并致力于实现最广大人民群众根本利益的政党。由此，中国共产党的党德是公德和大德，是为民为国之德，是致力于建设社会主义和实现中华民族伟大复兴之德。对于中国共产党而言，党德的特殊性就体现在它是中国共产党超越其他一切私有制政党、与本党的先进性紧密联系在一起的政党伦理道德的前提和政党执政道德的基础。众所周知，党德的概念不能泛化，不能把党德等同于党的建设的全部。当然，党德的培育和创新也断然离不开党的建设。恰恰需要指出的是，党德的培育和创新体现在党的建设的全领域、全过程中，渗透并融汇在党的政治建设、思想建设、组织建设、作风建设、纪律建设和制度建设之中。正是在加强党的建设新的伟大工程中，中国共产党的党德才能够实现守正创新。

①《孙中山全集》（第3卷），北京：中华书局1981年版，第4页。
②《孙中山全集》（第2卷），北京：中华书局1981年版，第486页。

1. 以党的政治建设为统领，恪守党纲党章以规范党德

中国特色社会主义进入新时代以来，以习近平同志为核心的党中央推进新时代党的建设新的伟大工程的显著特点之一就是突出强调加强党的政治建设。习近平总书记指出：“旗帜鲜明讲政治是我们党作为马克思主义政党的根本要求。党的政治建设是党的根本性建设，决定党的建设的方向和效果。”①“加强党的政治建设，必须把维护党中央权威和集中统一领导作为首要任务。党内所有的政治问题，归根到底就是对党是否忠诚。忠诚是共产党人必须具备的优秀品格。”②以党的政治建设为统领、把政治建设摆在首位，实际上是对中国共产党的党德建设作出了政治性的约束和规定。所谓统领，意味着不分、不散、不背离，也即思想一致、目标一致、行动一致。质言之，也就是要求全党必须以崇高的政治道德作为政治活动的底线，恪守党纲和党章中所作出的政治规定。党德的内容尽管十分丰富，但作为政党，必须把党纲党章中确立的基本政治原则作为党追求的政治目标和承担的政治任务。时代在变化，党的使命和任务也随着形势的变化而发生变化，但恪守党纲党章始终是党不可异移的基本政治伦理要求和政治道德规范。所谓党德的守正，就是要守住党的政治原则，这是党的政治建设的题中之义，也是党的政治发展的根本保证。

2. 以党的思想建设为基础，凝聚党义党魂以涵养党德

思想建设是党的基础性建设，是党淬炼自我革命的锐利思想武器。一个政党，只有思想上强大，才是真正的强大；只有思想上得到武装，才是真正得到武装。毛泽东指出：“掌握思想领导是掌握一切领导的第一位。”③习近平总书记领导全党进一步具体化了新时代党的思想建设的内容和要求，他强调：“我们要把理想信念教育作为思想建设的战略任务，保持全党在理想追求上的政治定力，自觉做共产主义远大理想和中国特色社会主义共同理想的坚定信仰者、忠实实践者。”④党的思想建设蕴含

①《习近平谈治国理政》(第 3 卷)，北京：外文出版社 2020 年版，第 48 页。

②《习近平著作选读》(第 2 卷)，北京：人民出版社 2023 年版，第 119 页。

③《毛泽东文集》(第 2 卷)，北京：人民出版社 1993 年版，第 435 页。

④ 习近平：《在庆祝中国共产党成立 95 周年大会上的讲话》，北京：人民出版社 2016 年版，第 11 页。

党义、凝聚党魂，既彰显着全党前进的方向，也体现着党的思想觉悟和道德水平。在中国特色社会主义新时代，加强党的思想建设，应着重加强对习近平新时代中国特色社会主义思想的学习，不仅要从政理、政策上掌握该思想所蕴含的基本主张、基本观点、基本要求，而且要从世界观和方法论上感悟该思想所蕴含的智慧和启示，从而为建设新时代思想上、政治上和组织上高度巩固、具有远大共产主义理想信念和崇高共产主义道德的马克思主义政党奠定基础。

3. 以党的组织建设为根本，贯彻党见党务以历练党德

组织结构、组织关系和组织状况是事关党的组织是否健全和健康的基本内容，也是蕴含和体现党德状况的重要元素。一个政党有自己独特的核心主张，是为党见；同时，政党也有自己既定的使命任务，是为党务。在贯彻和执行党见党务的过程中，党组织内外的结构、关系和状况能够直接体现党德。在长期的组织建设中，中国共产党继承发展并贯彻了民主集中制的组织原则。民主集中制是民主和集中的统一、自由和纪律的统一，是维护党的团结和统一的工具。在民主和集中、自由和纪律的统一性悖论中，党的各级机构、党员之间、党的执政活动中的德性状况都能够得到充分彰显。党的组织建设的要义在于确立并不断巩固党的组织原则，使党德澄明、健康和高尚。以党的组织建设为根本，意味着必须围绕党德的养成，把党德的培育和历练融入到党的组织关系建构和组织活动中去，藉此使党的组织原则更加巩固、组织关系更加融洽、组织活动更加有效。这样一来，党见就会得到顺利贯彻，党务也会得到顺利完成。

4. 以党的作风建设为要务，淬炼党性党风以纯化党德

抓作风是推进党的建设新的伟大工程的重要切入点和着力点。党的作风事关党的形象，是凝聚人民的重要工具。从本质上讲，党的作风既是党性的内在要求，也是党德的外化表现。有鉴于此，党的作风及其所渗透和体现的党德就成为党和人民关系的黏合剂和添加剂。党风正是党性强、党德高的表现。党风正，人心就易齐易顺。毛泽东指出："只要我们党的作风完全正派了，全国人民就会跟我们学。"[①] 习近平总书记也强

---

①《毛泽东选集》(第3卷)，北京：人民出版社1991年版，第812页。

调:“党的作风是党的形象,是观察党群干群关系、人心向背的晴雨表。党的作风正,人民的心气顺,党和人民就能同甘共苦。”[①]因此说,党的作风建设体现党性、关乎党风、彰显党德。在中国共产党成长壮大的不凡历程中,作风建设一直是倍受重视的党的建设的重要内容,也是党始终不渝、致力于抓紧抓好的党的建设的基本任务。在马克思列宁主义的指导下,中国共产党形成了理论联系实际、密切联系群众、批评和自我批评的优良作风,这既是中国共产党坚强党性的体现,也是中国共产党党德的表达。党的作风建设永远在路上,必须常抓不懈。在新时代推进党的建设新的伟大工程中,要实现党德的守正创新,就要以党的作风建设为要务,一方面努力保持并发扬党的优良传统和作风,另一方面也通过实践磨砺来淬炼党性党风、纯化和创新党德,让中国共产党始终保持昂扬向上的精神状态,始终站在民族奋斗的前沿。

5. 以党的纪律建设为抓手,整肃党规党纪以澄明党德

纪律发挥着惩恶扬善、激浊扬清的作用,党的纪律既蕴含着党德,也制约着党德。党的纪律的严明程度、党组织和党员遵守纪律的程度,实际上都直接反映党德及其觉悟的程度。党的纪律不严、法纪不明,势必营造污浊邪恶的风气,也必然滋生不守法度、不崇党德的势力。同时,党的纪律严明、法度严格,自然也会涵养优质党德。习近平总书记指出:“‘道私者乱,道法者治。’纪律不严,从严治党就无从谈起。……纪律面前一律平等,党内不允许有不受纪律约束的特殊党员。……党的纪律是全党必须遵守的行为准则,严格遵守和坚决维护纪律是做合格党员、干部的基本条件。”[②]由此可见,加强党的纪律建设既是维护党规党纪尊严的抓手,也是涵养党德的手段。在全面从严治党的过程中,只有用党规党纪约束党的组织和党员活动,才能保证纪律的严肃性,也才能认清党德的边界,展现党德的层次。以党的纪律建设为抓手,意味着必须时刻用纪律捍卫党规党纪,用纪律维系党德。具体来说,对遵守党的

① 习近平:《在庆祝中国共产党成立95周年大会上的讲话》,北京:人民出版社2016年版,第23页。

② 习近平:《在党的群众路线教育实践活动总结大会上的讲话》,《人民日报》2014年10月9日,第2版。

法律、恪守党德者，应当予以肯定，甚或褒扬鼓励，而对党德败坏、腐化堕落者，自然应当以党规约束之、以党纪惩戒之，这是党的纪律建设的题中之义和根本要求。

6. 以党的制度建设为主线，保证党序党治以经略党德

“经国序民，正其制度。”制度是建秩序、保治理的，无论是对于国家、社会，还是政党，均是如此。对于一个政党来说，其德性见于行动，也见于制度。党的制度是党的生命所系，力量所在，也是彰显和维护党德的重要载体。新时代党的建设要求把制度建设贯穿党的建设的全部，不断增强党的创造力、凝聚力、战斗力。党的十八大以来，以习近平同志为核心的党中央高度重视党的制度建设，结合全面深化改革和全面建成小康社会的任务，从全面从严治党和全面依法治国的高度强调了加强反腐倡廉法规制度建设的命题。他指出：“法规制度带有根本性、全局性、稳定性、长期性。……加大反腐倡廉法规制度建设力度，把中央要求、群众期盼、实际需要、新鲜经验结合起来，本着于法周延、于事有效的原则制定新的法规制度、完善已有的法规制度、废止不适应的法规制度，努力形成系统完备的反腐倡廉法规制度体系。”①把党的制度建设作为主线，实际上也就是为党德的涵养和约束作出了规定。在系统完备、衔接配套、立治有体、施治有序的制度体系中，自然就蕴含着对党德的经略和谋划，蕴含着管党治党的制度规范和党序党治的道德规约。在这个意义上讲，要推进新时代党的建设新的伟大工程，实现党德的守正创新，自然也就需要把制度建设贯穿在党的建设的全过程、全领域和各个方面，在确立完备制度和贯彻实施制度中提升党德的层次与水平。

（原文系作者为全国党校系统干部授课课题，2022 年 5 月于北京）

① 习近平：《加强反腐倡廉法规制度建设　让法规制度的力量充分释放》，《人民日报》2015 年 6 月 28 日，第 1 版。

五

论中国共产党的民族复兴教育

习近平总书记在庆祝中国共产党成立100周年大会上讲话指出："中国共产党一经诞生，就把为中国人民谋幸福、为中华民族谋复兴确立为自己的初心使命。一百年来，中国共产党团结带领中国人民进行的一切奋斗、一切牺牲、一切创造，归结起来就是一个主题：实现中华民族伟大复兴。"① 实现民族复兴是近代以来中国人民梦寐已久的夙愿，也是中国共产党成立后矢志不渝的追求。在带领全国各族人民为实现民族复兴而进行的不懈奋斗中，中国共产党不但进行了彻底的革命、长期的建设和持续的改革，也组织开展了持久有效、形式不同的民族复兴教育。中国共产党的民族复兴教育以晓喻历史国情为基础、以社会实践为借径、以精神激励为主轴、以改造思想为线索、以砥砺品格为目标、以宣传教育为形式、以凝聚力量为效用，实现了教育服务革命、培育人才、转化思想、提振精神的目的。本文探讨中国共产党开展民族复兴教育的基本历程和思想内容，初步总结民族复兴教育的经验和启示，以期更好地探寻民族复兴的教育规律，为进一步做好民族复兴教育工作，为实现中华民族伟大复兴提供助力。

（一）中国共产党民族复兴教育的简要历程

近代中国历史是一部在沉沦、颓败和迷茫中挣扎、奋起的历史，也是一部梦想民族复兴、探求和推进民族复兴的历史。19世纪末，资产阶级民主革命的先行者孙中山积极组织革命团体，喊出了"联络中外有志

---

① 习近平：《在庆祝中国共产党成立100周年大会上的讲话》，《人民日报》2021年7月2日，第2版。

华人，讲求富强之学，以振兴中华、维持国体起见”[①] 的历史先声。在他看来，唯有振兴民族，才能挽救国运，也才能造福人类。他坚信：“占世界人口四分之一的国家的复兴，将是全人类的福音。”[②] 然而遗憾的是，尽管孙中山为民族振兴鞠躬尽瘁，他领导的辛亥革命推翻了封建统治，他开创的救国方略也开启了振兴中华民族的先河，但最终却因阶级局限和道路选择而归于失败，未能引领中华民族真正走上复兴道路。实现民族复兴的重任历史地落到了中国共产党的身上。中国共产党是致力于民族复兴、国家富强和人民幸福的先进政党，它一经成立，就把实现民族复兴列为自己的初心使命，作为自己的奋斗目标，并努力开展了挽救民族危亡、实现民族解放和民族复兴的教育，通过思想启蒙和思想引领为民族复兴凝聚起坚强意志和强大力量。

李大钊是中国共产党的创始人之一，他“自束发受书，即矢志努力于民族解放之事业，实践其所信，励行其所知”[③]。他痛心于晚清弊政带来的国事衰微、民族不振，痛心于“满地兵燹，疮痍弥目，民生凋敝”[④]，甚存“隐忧”、甚感“大哀”。为此，他努力鼓振民族斗志，倡导民族复兴教育，认为“今后之问题，非新民族崛起之问题，乃旧民族复活之问题也”[⑤]。为推动中华民族复兴，李大钊投身革命教育。他积极传播马克思主义，大力开展工农阶级意识、青年人格教育和国民教育，提倡民族平等、自由和国民权利，力图“涵育感化之，使其民族尽量以发挥其天秉之灵能”[⑥]。可以认为，作为中国共产党创始人的李大钊所提倡的复兴中华民族的教育，为中国共产党民族复兴教育开了先河、发了先声、闯了新路、立了新标，从思想上和行动上极大地推动了其身后的共产党人为中华民族的解放和独立而奋斗，投身中华民族复兴的大事业，也激励着后世共产党人结合不同时代任务持续进行致力于民族独立、国家强盛和人民幸福的民族复兴教育。

---

①《孙中山全集》（第 1 卷），北京：中华书局 1981 年版，第 22 页。
② 同上书，第 319 页。
③《李大钊文集》（下），北京：人民出版社 1984 年版，第 893 页。
④《李大钊文集》（上），北京：人民出版社 1984 年版，第 6 页。
⑤《李大钊全集》（第 1 卷），北京：人民出版社 2013 年版，第 332 页。
⑥《李大钊全集》（第 2 卷），北京：人民出版社 2013 年版，第 99 页。

以毛泽东为代表的中国共产党人团结带领中国人民和中华民族浴血奋战、百折不挠，取得了新民主主义革命的伟大胜利，建立了中华人民共和国，迈出了中华民族伟大复兴的第一步。在新民主主义革命时期，为最大限度地凝聚民族力量，毛泽东等领导人结合民主革命和民族解放的任务开展了卓有成效的民族复兴教育。面对内外强敌、复杂的斗争形势和艰巨的革命任务，中国共产党人展现了实现民族复兴的高度自信和坚定决心。毛泽东指出："我们中华民族有同自己的敌人血战到底的气概，有在自力更生的基础上光复旧物的决心，有自立于世界民族之林的能力。"[①] 这一时期中国共产党的民族复兴教育围绕着建立革命政权、扩大革命优势，以实现民族独立和人民解放为阶段性目标，以鼓舞民族斗志、凝聚民族力量为实践主线，以开展广泛而深入的反帝、反封和反官僚资本主义斗争的宣传教育为思想内容，以灵活多样的干部教育、学校教育和群众教育为基本形式，取得了突出的实践成效和重大成就，起到了培育民族精神、凝聚民心民气、巩固革命阵线、壮大统一战线的作用。其中，在新民主主义革命进程中，以毛泽东为代表的共产党人开展的民族复兴教育赢得了广大人民群众的信任和支持。老革命家谢觉哉在日记中就曾记述说："若干年的努力，不仅我们自信边区是中华民族复兴的基地，是民主的抗日的模范根基，全国人民也这样相信，他们把希望寄托于共产党。"[②]

新中国成立后的社会主义革命和建设开启了中华民族伟大复兴的第二步。国民经济的恢复和发展、社会主义改造的顺利完成、社会主义制度的建立和巩固、社会主义工业化基础的初步奠定以及随之而来轰轰烈烈的建设社会主义运动，构成了新中国成立后第一个三十年内中国共产党为实现民族复兴而作的艰辛努力和不懈探索。这种努力和探索直接指向建设社会主义制度和建成社会主义社会，从而为实现真正的民族复兴提供制度保障、奠定经济社会基础。正如毛泽东所指出的："社会主义制度的建立给我们开辟了一条到达理想境界的道路，而理想境界的实

①《毛泽东选集》(第 1 卷)，北京：人民出版社 1991 年版，第 161 页。

②《谢觉哉日记》，北京：人民出版社 1984 年版，第 564 页。

现还要靠我们的辛勤劳动。”[①] 他还指出：“中国已归人民，一草一木都是人民的，任何事情我们都要负责并且管理好，不能像踢皮球那样送给别人去。”[②] 这一时期内的民族复兴教育是围绕着巩固和发展社会主义制度，提高人们对社会主义国家政权的认同、凝聚各行各业力量投身社会主义建设来进行的。鉴于此，无论是出于扫除残存的旧思想、旧意识的目的，还是出于巩固新政权、建设新国家的目的，社会主义革命和建设进程中的民族复兴教育就具有了破旧立新的特点，并且融入到各行各业的具体实践中，对于使党内外广大干部和人民群众获得社会主义教育发挥了重要作用。

由于缺乏建设社会主义的实践经验，党领导进行的社会主义革命和建设既取得了重大成就，同时也遭遇了挫折。中国共产党始终是致力于实现民族复兴、为民族复兴而持续奋斗的。在总结经验教训的基础上，中国共产党领导开辟了改革开放和中国特色社会主义建设的新道路，迈出了实现中华民族伟大复兴的第三步。接过历史的接力棒，邓小平坚定地推动中国进行持续改革，他明确提出：“党的十一届三中全会以后，我们集中力量搞四个现代化，着眼于振兴中华民族。”[③] 他呼吁：“我们要共同奋斗，实现祖国统一和民族振兴。”[④] 这一时期内的民族复兴教育围绕着民富国强的目标，以解放思想为思维出发点，以引进外国技术和资金、学习外国长处、开展社会主义精神文明建设和思想道德建设为支点，积极培育具有社会主义觉悟的一代新人。因此，开展民族复兴教育的关键就在于发扬革命精神和艰苦奋斗的创业精神，用历史和国情教育青年，用坚定的信念团结人民群众，鼓舞全党和全体人民的创业志气与奋斗豪情。毫无疑问，这一时期所推进的民族复兴事业是此前一切革命和建设的继续，民族复兴教育恰是在改革创新精神指引下开启的以强国强军、富民利民为核心的教育新篇章。

党的十八大以来，中国特色社会主义进入新时代，中华民族伟大复

①《毛泽东文集》(第7卷)，北京：人民出版社1999年版，第226页。
②《毛泽东文集》(第6卷)，北京：人民出版社1999年版，第14页。
③《邓小平文选》(第3卷)，北京：人民出版社1993年版，第357页。
④ 同上书，第362页。

兴进入新阶段，以习近平同志为核心的党中央以高度清醒的政治自觉和历史主动担当起实现民族复兴的时代责任。在科学判断当代中国发展的方位和格局、精准把握民族复兴的责任和任务基础上，习近平总书记带领全党把坚持和发展中国特色社会主义、实现中华民族伟大复兴的中国梦作为新时代党和人民的奋斗目标。他满怀豪情地宣布："现在，我们比历史上任何时期都更加接近中华民族伟大复兴的目标，比历史上任何时期都更有信心、有能力实现这个目标。"[①] 在纪念中国共产党成立100周年大会上，习近平总书记更是把中华民族伟大复兴作为贯通党的百年奋斗历程的基本主线和新时代党的奋斗目标向全体人民和全世界进行宣告。可以认为，新时代的民族复兴教育是在全新的世界格局和时代方位上呈现的最为显著的实践命题，是围绕"加快实现民族复兴"这一根本任务而开展的系统性、针对性和全局性的实践教育。为推进这一重大任务，以习近平同志为核心的党中央把民族复兴教育纳入了政治经济文化、治党治国治军、内政外交国防的全过程，在努力推动社会革命和党的自我革命，加强党的全面领导和政治建设、巩固以马克思主义为指导的意识形态阵地、全面布局中国特色社会主义建设的进程中开展常态化的思想政治教育和广泛的社会精神教育，为在百年未有之大变局中和中华民族伟大复兴战略全局中推进中国特色社会主义建设提供强大的思想支撑和精神保障。

总之，民族复兴教育是伴随着民族复兴的要求而出现的，伴随着民族复兴的实践而进行的。中国近代的落后和挫败让民族复兴的命题凸显出来，但只有当中国共产党诞生之后，民族复兴事业才得到了最为可靠、最为正确、最为强大的领导力量。在中国革命、建设、改革和复兴的历程中，党领导的民族复兴教育坚持连续性与统一性相结合，始终围绕着伟大复兴这一主题，与不同时代的具体任务相结合，引导不同人群的价值诉求，在继承中发展，在变革中创新，凝聚了民族复兴的强大力量，构筑了民族复兴的强大阵线。

①《习近平谈治国理政》(第1卷)，北京：外文出版社2018年版，第35—36页。

（二）中国共产党民族复兴教育的基本内容

从性质上看，中国共产党领导进行的民族复兴教育隶属于党的思想政治教育，其根本目标是实现民族复兴，基本价值导向是民族解放、国家富强和人民幸福。从基本规定性上说，民族复兴教育是围绕着民族复兴而进行的有针对性的主题教育，是针对和关于“何为复兴、缘何复兴、如何复兴”的融思想和实践于一体的政治教育与价值教育，其内容涵盖了实现民族复兴的方方面面，因而其涵盖内容的范围博大、思想丰厚。择其中最为重要者，可以认为，百年来中国共产党领导和组织开展的民族复兴的基本内容有如下几个方面：

1. 世情国情教育

世情国情教育是关系社会发展、国家命运和人才培养的教育。所有国家和民族都生活在既定的世界历史和国家时代系统中，具有独特的世界格局和国家方位。任何一个国家和民族的国情，都蕴含着其生存和发展的血脉与基因，也蕴含着其国民和民族成员生存发展的密码。近代中国民族复兴命题的提出，无疑是与中国与世界发展大势的比较中凸显出的中国社会衰败落后、民族命运困厄联系在一起的。无数仁人志士之所以前赴后继、义无反顾地投身于挽救国家命运和民族危亡的活动中，在很大程度上也受到当时世情和国情的激发、从而衍生出实现民族复兴的觉醒和决心。中国共产党成立之后，高度重视向党员干部特别是工农群众介绍世界发展趋势和中国现实国情，尤其是社会的阶级和政治状况，以达到教育、组织和发动群众的目的。在党最早通过的决议案和对时局的主张中，显见诸多对于世界大势、国际政治和中国国情的分析，这些分析无疑是早期党开展世情国情教育的素材，也是指向和孕育党的民族复兴教育的重要内容。在革命、建设和改革的进程中，中国共产党不断接力进行世情国情教育。世情国情教育的重点一方面是世界历史发展的阶段、世界各国的社会性质与状况、世界各国相关革命运动的情况，另一方面则是中国社会在不同时期的性质、矛盾和特征，中国共产党在革命、建设和改革中的目标、任务以及由此而确定的政策和策略。进入新时代以来，以习近平同志为核心的党中央高度重视国际和国内两个大局，以更宽广的历史胸怀和世界视野观察分析中国和世界的关系，明确中华民族推进中国特色社会主义事业和实现民族复兴的定位。今天，世情国情教育不仅是系统化、体制化的学校教育的基本组成部分，也是广泛性、宣传性的社会教育的重要内容，其根本目的最终都指向并服务于推进中华民族的伟大复兴。

2. 阶级意识教育

阶级意识是民族意识的组成部分，阶级觉悟是民族觉悟的重要内容。唤起阶级意识、激发斗争觉悟是实现民族解放的根本前提。中国近代是在民族压迫和阶级压迫中落后的，只有唤起广大被压迫阶级的阶级觉悟、组织开展深入的阶级斗争才能够推翻旧政权，打破帝国主义和封建主义赖以压迫人民、制约民族独立的思想基础和制度基础，从根本上帮助中国人民和中华民族摆脱受奴役、受压迫的状态，实现民族独立和民族解放。中国共产党的根本政治目的是实行社会革命，而实行社会革命就需要有效的阶级行动，为此就需要开展阶级觉悟和革命斗争意识的教育，进而唤起民众，组织广泛的社会革命。为此，中国共产党在第一个决议中就明确提出“党应在工会里灌输阶级斗争的精神”[①]。中国共产党成立后，迅速组织工会，筹办夜校和党校，开展旨在唤起工人斗争觉悟的阶级意识教育，“教育工人，使他们在实践中去实现共产党的思想”[②]。随后，又根据形势的发展变化组织针对农民的阶级教育和士兵的军校、干校教育，为革命斗争打牢阶级意识，提供强大思想动力。可以认为，百年来中国共产党始终重视唤起斗争觉悟的阶级意识教育，从早期唤起工农闹革命，革命战争中对广大党员干部的政治教育、对人民群众的政治宣传，甚至直到新中国成立后陷入重大错误的“以阶级斗争为纲”的宣传教育，都具有浓厚的阶级觉悟和斗争意识教育的色彩。阶级意识教育的核心任务是灌输并提升工农阶级的阶级自觉性，这在革命年代无疑为党领导的革命斗争提供了强大的思想支撑，但也始终需要处理好阶级性和民族性、阶级矛盾和民族矛盾的关系。实际上，阶级意识教

① 中央档案馆编:《中共中央文件选集》(第1册)，北京：中共中央党校出版社1989年版，第6页。

② 同上书，第7页。

育是一柄锋利的双刃剑，在变化着的社会关系和民族形势面前，如何协调并处理好阶级与民族的关系，如何通过阶级力量实现民族发展，是不能离开精准分析并科学把握社会发展、阶级状况变化的实际情况的。

3. 马克思主义理论教育

马克思主义是中国共产党的指导思想，是自中国共产党成立之日起就写在旗帜之上并始终坚守和创新的思想武器。马克思主义传入中国后，之所以迅速被中国先进分子拿来作为冲破民族危机、挽救民族命运的思想工具，是与马克思主义本身所具有的实现阶级解放和民族解放的价值目标联系在一起的。换言之，马克思主义所倡导的人类解放和民族解放，正切中了当时中国深罹民族灾难、备受阶级压迫、遭受生存危机之脉搏，正契合了中国共产党为人民谋幸福、为民族谋复兴的初心使命。可以说，一部百年中共党史，既是马克思主义中国化的思想理论发展史，也是中国共产党运用马克思主义推进中华民族伟大复兴的实践史。百年前，李大钊等在中国大学中首开马克思主义理论教育的先河。百年来，马克思主义理论教育始终是中国共产党进行思想政治教育的一条红线，也始终是中国共产党加强理论武装、提升理论觉悟、深化思想认识的根本法宝。伴随着马克思主义中国化、时代化、大众化逐步系统和深入，马克思主义理论教育迄今已经实现了系统化、学科化、科学化和规范化，获得了坚实的学科支撑和平台支持，马克思主义理论教学和科研获得了长足进展，培养了大批马克思主义理论人才。马克思主义理论教育不仅巩固了马克思主义意识形态、提升了全党的党性修养、理论觉悟和思想水平，对于凝聚全党和全国人民的思想共识也产生了不可代替的重要作用。需要指出，马克思主义是实践的、开放的科学，马克思主义基本原理只有同中国具体实际相结合、同中华优秀传统文化相结合才能真正实现中国化、时代化和大众化。同样，马克思主义理论教育只有与中国的国情、实践和文化紧密结合并不断融合才能发挥应有的作用。

4. 民族精神教育

民族精神教育是党的思想政治教育的重要内容，也是凝聚民族力量、团结民族群众朝着民族的共同目标前进的重要手段。中国共产党是中国工人阶级的先锋队，同时也是中国人民和中华民族的先锋队。在革命、建设、改革和推进民族复兴的历史进程中，中国共产党始终站在民族解放斗争和社会主义建设的最前沿，维护并发展人民的和民族的根本利益。中国共产党从诞生到成长壮大的过程中，弘扬和培育了伟大建党精神以及内容丰富、博大精深的精神谱系。无论是革命年代培育的革命精神还是建设时期培育的建设精神，抑或是改革开放以来提倡和培育的改革创新精神，从根本上都是助力实现民族复兴的精神谱系的组成部分。正是在民族精神的引领下，无数中华优秀儿女为国家前途和民族命运殚精竭虑、奋勇拼搏。中国共产党是弘扬和培育中华民族精神的先锋，也是组织开展民族精神教育的先行者。从毛泽东在抗战时期强调“用民族精神教育新后代”到习近平十八大以来提出“培养担当民族复兴大任的时代新人”，党的历代领导人都非常重视民族精神教育。除去在特定的时间、空间、任务和社会情境中提倡开展具体的、有针对性的民族精神教育之外，对每一种精神的倡导和宣传，本身也构成了广义的民族精神教育。近年来，党中央特别强调弘扬中国精神，致力于用以爱国主义为核心的民族精神和以改革创新为核心的时代精神教育广大干部和青少年，为实现中华民族的伟大复兴凝聚力量、鼓舞斗志。总之，民族精神教育是中国共产党思想政治教育的重要内容和基本特色，是直接服务于民族复兴的典型教育。

5. 核心价值观教育

价值观教育是关于价值内容、价值关系和价值目的的教育，是塑造人格、指引方向和实现目标的教育。在任何社会中，人们的价值观都是多元而复杂的。所有社会都有自己的价值观教育，占主导地位的核心价值观教育决定着人们价值发展的方向和目标。中国共产党是坚持无产阶级专政、捍卫人民和民族的利益、致力于实现中华民族复兴的政党，从创立之日起就明确坚持无产阶级的价值观、坚守实现民族解放、国家富强和人民幸福的初心使命。从中国共产党领导组织开展的核心价值观教育的内容上看，革命战争年代的核心价值观教育集中体现为革命理想信念教育，建设时期的核心价值观教育集中体现为社会主义思想道德教育，改革开放后的核心价值观教育集中体现为社会主义精神文明和改革创新精神教育。党的十八大以来，以习近平同志为核心的党中央鲜明地提出了社会主义核心价值观，大力倡导并积极开展了社会主义核心价值观教育。他指出，实现中华民族伟大复兴是鸦片战争以来中国人民最伟大的梦想，是中华民族的最高利益和根本利益。“我们要在全社会牢固树立社会主义核心价值观，全体人民一起努力，通过持之以恒的奋斗，把我们的国家建设得更加富强、更加民主、更加文明、更加和谐、更加美丽，让中华民族以更加自信、更加自强的姿态屹立于世界民族之林。”[①]可见，社会主义核心价值观不仅在内容上包含了实现民族复兴的必要条件和核心要素，在根本意义上也为中华民族伟大复兴提供了最深沉最持久的价值支撑。由此也可以说，中国共产党领导组织的核心价值观教育尽管在不同时期以不同而多样的形式呈现出来，也有不同的侧重点和着力点，但最终都是为实现无产阶级革命任务、社会主义建设目标和中华民族伟大复兴服务的。

（三）中国共产党民族复兴教育的经验和启示

中国共产党建立以来的一百年，是为中华民族伟大复兴不懈奋斗的一百年，也是通过民族复兴教育唤醒民众、鼓舞斗志、凝聚力量、奋发有为的一百年。百年来，中国共产党在开展民族复兴教育中积累了一些重要经验，对今后推动中华民族复兴具有重要的启示意义。

1. 必须坚持中国共产党的坚强领导

在中国共产党诞生之前，民族复兴实际上就已成为近代众多仁人志士的追求和中国人民的夙愿了。近代许多政治势力和社会组织曾为扶救危亡中的中国和中华民族开出过“药方”，但它们的努力和尝试都无一例外地归于失败。中国共产党应运而生、应运而起，承担了实现民族复兴的历史重任并以此作为自己的初心使命，并在矢志不渝的奋斗中取得了彪炳史册的历史功业。正如习近平总书记指出的：“中华民族近代以来180多年的历史、中国共产党成立以来100年的历史、中华人民共和国成立以来70多年的历史都充分证明，没有中国共产党，就没有新中国，

①《习近平谈治国理政》（第1卷），北京：外文出版社2018年版，第169页。

就没有中华民族伟大复兴。”[①] 中国共产党是近代以来最强大、最忠诚的全心全意为中国人民服务的政治力量，也是最坚决、最彻底地实现中华民族伟大复兴的政治组织。在百年来中国共产党所开展的一切实践中，为着民族复兴、指向民族复兴的教育是其中最具决定意义的教育实践。中国共产党致力于实现中华民族伟大复兴，拥有领导开展民族复兴教育的思想指南和实践经验。民族复兴教育始终离不开中国共产党的带领和指引，应当也必须始终坚持中国共产党的坚强领导。

2. 必须建立最广泛的民族统一战线

中国共产党是中国人民和中华民族的先锋队，是指引并开展民族复兴教育的领导力量。但是，民族复兴并不是中国共产党一个政党自身就能够完成的，必须依靠和发动广大人民群众，必须依靠和组织全民族的力量。对于中国的民族复兴，国际主义运动者曾做过精确观察和分析：“在摆脱了殖民压迫的国家里，民族复兴的迫切任务，只有在同帝国主义和封建主义残余进行坚决斗争的条件下，把本民族的一切爱国力量——工人阶级、农民、民族资产阶级和民主知识分子联合成民族统一战线，才能顺利实现……当年轻的主权国家取得了政治独立以后，占首要地位的已经是它们反对帝国主义、争取彻底的民族复兴、争取经济独立的斗争了。”[②] 在坚持和发展中国特色社会主义、建设社会主义现代化强国的进程中，也必须动员广大人民群众参与其中。不难想见，民族复兴教育的直接任务就是要通过教育和动员全民族的力量加强中华儿女大团结，建立最广泛的民族统一战线，广泛凝聚共识，广聚天下英才，努力寻求最大公约数、画出最大同心圆，形成海内外全体中华儿女心往一处想、劲往一处使的生动局面，为民族复兴凝聚最磅礴最雄壮的力量。这不但是中国共产党开展民族复兴教育的历史经验，也是进一步推进实现民族最终复兴的根本出路。

① 习近平:《在庆祝中国共产党成立100周年大会上的讲话》,《人民日报》2021年7月2日，第2版。

②《关于国际共产主义运动总路线的建议和有关文件》，北京：人民出版社1963年版，第74—75页。

3. 必须践行社会主义核心价值观和中国精神

近代以来，中华民族之所以能够摆脱奴役和压迫，之所以抛开积贫积弱，之所以一往无前、在实现民族复兴的康庄大道上不断前进，关键在于她怀揣着伟大的梦想，选择了一条正确的复兴之路。习近平总书记在参观《复兴之路》展览时从回顾历史的角度强调了伟大的民族精神，也从展示现实的角度肯定了中国特色社会主义道路的正确性。可以说，中华民族的伟大复兴既是中国国家的物质和经济上的复兴，也是中华民族精神和中国人价值观的复兴。中华民族的复兴之路与中国人的精神特质分不开，也与中国人内在的价值追求分不开。社会主义核心价值观是中国共产党在探索并沿着中国特色社会主义道路前进、追求民族复兴的过程中创造出的价值观念，是中国精神的集中体现，既蕴含了中国精神的内在价值原则，也凝聚了民族复兴的社会主义方向。民族复兴教育在任何时候都不应当是无灵魂、无方向的教育，舍弃了灵魂和方向，民族复兴教育将失去根脉，民族复兴也难以实现。藉此，新时代的民族复兴教育必须践行社会主义核心价值观和中国精神，不断促进社会主义核心价值观在全社会扎根，使之成为全民族成员的共同价值追求。同时，也要通过中国精神的教育和传播鼓舞中国人的精气神，为全体中华儿女走中国特色社会主义道路、建设社会主义现代化强国、实现中华民族伟大复兴提供强大的精神支撑和精神动力。

（原文发表于《思想理论教育》2021 年第 9 期，被人大复印报刊资料《思想政治教育》2022 年第 1 期全文转载）

六

中国共产党伟大建党精神的意涵与特质

政党是政治团体开展政治活动和社会活动的“阶级的组织，负指导和组织阶级斗争之责任，而以夺得政权，或巩固政权为目的”[①]。现代意义上的政党是伴随着资产阶级革命而出现的，也是与特定的社会生产及生产关系紧密相关的。中国共产党是无产阶级政党，是以推翻资产阶级统治、实现无产阶级专政为目的的政治组织。从成立之日起，中国共产党就在自己的党纲、党章、决议和宣言中明确规定并宣称了其从事政治活动的原则和宗旨，内在地规定了党的政治行为的价值方向和精神气质。中国共产党的伟大建党精神是党的性质和宗旨的外化，是党的初心和使命的体现。与以往人类历史上任何政党不同，中国共产党的伟大建党精神凝聚着中国共产党人的价值目标和精神气度，彰显着党的思想原则、奋斗目标和实践标准，体现着与众不同的精神气质和品格特征。

（一）中国共产党创建时的时代精神

众所周知，中国共产党是在中国资产阶级民主革命不能完成反帝反封建革命任务之时、受世界无产阶级革命形势的激励和推动、在共产国际指导下建立的无产阶级政党。在中国共产党成立之前，具有无产阶级革命意识的革命先驱和先进分子们就已经酝酿并探讨将要成立的中国共产党的立党宗旨和革命目标了。据俄罗斯联邦驻远东全权代表威连斯基·西比里亚科夫的报告称，1920 年 5 月间，中国在学生组织中以及在中国沿海工业地区的工人组织中成立共产主义基层组织，进行了比较顺利的共产主义组织的基础工作，为举行党的代表大会做了准备。7 月

①《瞿秋白文集》(第 8 卷)，北京：人民出版社 1998 年版，第 166 页。

7 日的报告称“已经奠定了组织建设的初步基础，需要利用现有组织已经积累的经验把组织建设工作继续下去”。而“工作的基本原则应当是，通过有计划地吸收当地广大劳动人民群众参加党的建设工作的方式，尽可能把组织工作转移到这些人身上”[①]。1920 年 8 月，蔡和森在与毛泽东的通信中提出“现世革命唯一制胜的方法……在无产阶级专政，以政权来改建社会经济制度”。他把党看作无产阶级革命运动的利器之一，认为它是“发动者、宣传者、先锋队、作战部”[②]。至于如何立党，蔡和森提出：“照旧组织革命机关，是不中用的。”他提出：“我将拟一种明确的提议书，注重‘无产阶级专政’与‘国际色彩’两点……于此两点，非严正主张不可……将来讨论如得一致，则拟在此方旗鼓鲜明成立一个共产党。”[③] 同年 9 月到次年 1 月，蔡和森又在和毛泽东书信往来中明确了组织中国共产党的决心，同时明确了把唯物史观作为建党哲学、组织阶级斗争和实现无产阶级专政的建党目标。

1921 年 3 月 21 日，李大钊在考察俄罗斯革命时详细考察了革命党的历史和现实，认为俄国革命不独独代表俄国精神，是代表人类共同的精神。他认为俄国革命的组织是改造必经的阶段，“自由的花是经过革命的血染，才能发生的”[④]。1921 年 7 月 1 日，陈独秀在答张崧年（《英法共产党——中国的改造》）的短文中提出：“不但革命事业非以生命来换不可，在这种邪恶的社会里，要想处处事事拿出良心来说实话办实事，也都非有以生命来换的精神不可。”[⑤] 同日，他又在《随感录》中说道：“有产阶级各政党底过去的成绩，造谣、倾陷、贿卖、假公肥私、争权夺利、颠倒是非、排斥异己，不分东方西方都在百步五十步之间。……我以为共产党底基础建筑在无产阶级上面，在理论上，自然要好过基础建筑在有产阶级上面用金力造成的政党；……旧政党腐败诚然是信而有

①《联共（布）、共产国际与中国国民革命运动（1920—1925）》，中共中央党史研究室第一研究部译，北京：北京图书馆出版社 1997 年版，第 39—42 页。

②《蔡和森文集》，北京：人民出版社 1980 年版，第 50 页。

③ 同上书，第 52 页。

④《李大钊文集》（下），北京：人民出版社 1984 年版，第 463 页。

⑤ 陈独秀：《答张崧年》，《新青年》第九卷第三号，1921 年 7 月 1 日。

征，新的共产党究竟如何，全靠自己做出证据来才能够使人相信啊！”[①]如前所论，从提出组织建设到明确党的名称、从觉悟革命精神到分辨阶级觉醒，早期中国共产党的创建者们实际上已经清晰地表达了建立党组织、开展不同于以往的阶级活动而是要进行具有牺牲精神的无产阶级革命的强烈愿望。

精神是物质的对立物，是以物质对象作为承载主体的形而上的范畴。无论是一个人还是一个社会组织，都会因其价值目标和实践活动而造就和践行某种特定的精神。作为无产阶级革命政党，中国共产党建党的精神追求不是空虚的，否则将失去立党意义；其立党的精神追求也不是陈旧的，否则就不是进步的、超越资产阶级政党的新型政党。从形成时的时代特征和社会特征看，中国共产党是在无产阶级革命成为世界社会运动的潮流中开始酝酿和发展起来的。无产阶级革命时代的来临，不是想当然的，而是历史发展和社会运动的必然。当资本主义生产发展到垄断阶段以后，社会生产矛盾和社会危机发展到难以自抑、无法克服之时，无产阶级通过革命改变旧制度、废除旧政权、改变旧秩序就成为社会发展的必然要求，无产阶级革命就成为社会运动的时代潮流。按照马克思的说法，无产阶级革命时代的共产党人“到处都支持一切反对现存的社会制度和政治制度的革命运动”[②]。在这个意义上说，“共产党人的运动，是无产阶级的运动”[③]。而无产阶级登上历史舞台，领导推翻资产阶级统治的革命运动，恰恰是现代社会革命运动的时代潮流。

近代中国是在西方列强的侵略和压迫下一步一步滑入半殖民地半封建社会深渊的。自 19 世纪中期开始，中国社会沉沦，国家蒙辱、人民蒙难、文明蒙尘，中华民族遭受了前所未有的劫难，开始了漫长的自救自强之路。然而，封建势力和帝国主义相互勾结，资产阶级民主革命难以救赎中国。当“各种救国方案轮番出台，但都以失败而告终。中国迫切需要新的思想引领救亡运动，迫切需要新的组织凝聚革命力量”[④]。可见，

① 陈独秀：《答张崧年》，《新青年》第九卷第三号，1921 年 7 月 1 日。

②《马克思恩格斯选集》（第 1 卷），北京：人民出版社 2012 年版，第 435 页。

③《李大钊文集》（下），北京：人民出版社 1984 年版，第 463 页。

④ 习近平：《在庆祝中国共产党成立 100 周年大会上的讲话》，北京：人民出版社 2021 年版，第 3 页。

中国共产党的建立正应了无产阶级革命时代的要求，承担了以工农阶级为主体的阶级专政来实现彻底推翻旧秩序、建立新政权、实现民族复兴的使命。在这个意义上说，中国共产党是应运而生、应时而立，是历史进步、社会发展和阶级革命条件成熟后孕育而生的时代产物。对于共产党人来说，其全部理论和实践的根本指向就是“消灭私有制”[①]。由此，中国共产党成立之初，党的第一个党纲中明确规定了“直到社会的阶级区分消除为止”，“消灭资本家私有制，没收机器、土地、厂房和半成品等生产资料，归社会公有”[②]。这也就意味着，中国共产党建党的根本价值导向和精神追求，是由其作为无产阶级政党的根本性质决定的，也是与当时世界革命和社会运动的精神气质相一致的。从世界历史进程和社会发展的节奏看，中国共产党的成立及其革命目标正是秉承了国际共产主义运动、世界社会主义运动和中国无产阶级革命的时代精神。这种时代精神恰恰从中国共产党的性质、宗旨和奋斗目标中体现出来，从党成立后迅速开展的系列革命实践中展现出来。

（二）中国共产党伟大建党精神的意涵

习近平总书记在“七一”讲话中鲜明提出了中国共产党伟大建党精神，指出了这一精神的思想内涵和历史地位，揭示了伟大建党精神与中国共产党精神谱系的内在联系。把握中国共产党伟大建党精神的深刻意涵，需要理解这一精神所蕴含的对党的目标、品格、姿态和价值的定位，也需要从思想深度、政治高度、历史厚度和主体尺度上认清其精神实质。

1. 坚持真理、坚守理想

所有政党都有内在的思想理论支撑，都有作为其理想信念基础的思想理论源头。资产阶级政党奉行资产阶级的思想理论和理想信念，以资本主义、宪政主义、自由主义和极端个人主义等思想理论作为党派的政治理论基础和思想基础。无产阶级政党的思想理论基础是马克思主义，

①《马克思恩格斯选集》（第 1 卷），北京：人民出版社 2012 年版，第 414 页。

② 中央档案馆编：《中共中央文件选集》（第 1 册），北京：中共中央党校出版社 1989 年版，第 3 页。

其社会理想是社会主义和共产主义。中国共产党从成立之日起，就把马克思主义写在自己的旗帜上，把通过社会主义和共产主义最终实现人类解放、实现人的自由而全面发展作为自己的理想和信仰。马克思主义是真理，是揭示自然界、人类社会和思维发展规律的科学，社会主义和共产主义是马克思主义与具体国家的发展状况相结合后的社会形态，是凝聚和代表了人类社会发展最高境界的社会理想。自从选择了马克思主义、社会主义之后，中国共产党就矢志不渝地为这样的真理和理想而奋斗。中国共产党之所以创建、它的创建之所以具有历史的进步性和先进性，全在于它寻找到并坚守着马克思主义真理和共产主义理想指示的方向。有鉴于此，习近平总书记才在中国共产党建党一百周年大会上深刻指出："中国共产党为什么能，中国特色社会主义为什么好，归根到底是因为马克思主义行！"①

马克思主义是中国共产党人眼中的真理，实现共产主义是中国共产党人始终不渝的远大理想。毋庸讳言，真理和理想都是"形而上"的观念状态，要做到坚持真理、坚守理想就需要把它们付诸实践并在实践中检验真理和践行理想。毛泽东指出，"只有千百万人民的革命实践，才是检验真理的尺度"②，"共产党人决不抛弃其社会主义和共产主义的理想"③，但是"人们必须在自己的实践中精心地去寻找客观事物的固有的而不是自己主观地臆造出来的规律并利用这种由客观反映到主观的规律，亦即客观真理转化为主观真理，就可以改造客观世界，实现人们的理想"④。百年前，正是为了寻求救国救民的真理，无数仁人志士和革命先辈甘愿抛弃个人的名誉、地位、利益甚至生命选择了传播和践行揭示了人类社会发展规律的马克思主义，选择了符合社会建设规律的共产主义。在领导革命、建设和改革的进程中，中国共产党人为了坚持马克思主义真理、捍卫共产主义理想而赴汤蹈火、在所不辞，为了实践马克思主义真理、实现共产主义理想而义无反顾、勇往直前。在无数的困难和

① 习近平:《在庆祝中国共产党成立100周年大会上的讲话》，北京：人民出版社2021年版，第13页。

②《毛泽东选集》(第2卷)，北京：人民出版社1991年版，第663页。

③《毛泽东选集》(第1卷)，北京：人民出版社1991年版，第259页。

④《建国以来毛泽东文稿》(第9册)，北京：中央文献出版社1996年版，第210页。

挫折中，中国共产党人坚持马克思主义真理的决心不变、坚守共产主义理想的信念不变，始终坚持把马克思主义的普遍真理与中国具体实际相结合，致力于推进马克思主义中国化、时代化。正是基于对马克思主义真理和共产主义理想的持守，才铸就了中国共产党的伟大建党精神。同时，也正是在这种建党精神的指引和激励下，中国共产党才能够由小到大、由弱变强，最终成为一个在思想上政治上无比巩固的伟大政党。

2. 践行初心、担当使命

初心是本心和目标，是发轫之心；使命是责任和职责，是实现初心的担当，也是完成任务的立命。一般说来，所有政党都会有自己的奋斗目标和责任使命，差别之处在于其初心使命不同、对初心使命的坚持和实现程度也不同。对初心使命坚持与否往往取决于政党对自身价值、目标和方向的坚守程度，而这种坚持也往往决定了政党的生命。一个政党，如果失去了对自己初心使命的坚守，就会改弦更张、蜕化变质，甚至走上丧权亡党之路。在一定意义上说，能否践行初心使命，是政党从建立之日起就确立并且始终贯穿政党发展历程和实践活动的品质与精神，这种品质就是建党品质，这种精神就是建党精神。从历史进程看，中国共产党在建党过程中确立初心和使命，与中国近代以来罹患的灾难之深、人民承受的苦难之重、中华民族饱受蹂躏和奴役之困息息相关，更与中国共产党的性质、宗旨和奋斗目标紧密相连。中国共产党成立后，所有领导中国革命、建设和改革、实现中华民族伟大复兴的进程，也是践行初心、履行使命的过程。但是，以建党之初明确初心使命为起点，中国共产党寻找到自身存在和发展的价值，寻找到自身超越此前一切政党的理由。由此可以说，明确为国为民初心、担当救国救民使命是中国共产党建党之因由，是伟大建党精神的价值起点和内在支撑。

习近平总书记指出："中国共产党一经诞生，就把为中国人民谋幸福、为中华民族谋复兴确立为自己的初心使命。一百年来，中国共产党团结带领中国人民进行的一切奋斗、一切牺牲、一切创造，归结起来就是一个主题：实现中华民族伟大复兴。"[①] 党的初心是党从创建时期开始

① 习近平:《在庆祝中国共产党成立100周年大会上的讲话》，北京：人民出版社2021年版，第3页。

就确立的决心，党的使命是党从建立之日起就肩膺的成命。为中国人民谋幸福、为中华民族谋复兴是中国共产党矢志不渝的初心使命和责任担当。百年来，中国共产党之所以能够领导中国人民和中华民族接续取得新民主主义革命、社会主义革命和建设、改革开放和社会主义现代化建设以及新时代中国特色社会主义的伟大成就，从根本上讲是与党始终不断地践行初心、担当使命紧密相关的。初心易得，坚守却难；使命虽明，成之却繁。可以说，中国共产党在百年前埋在心里的初心使命的种子，尽管经历了千难万险和复杂严峻的考验，始终初心不改、使命在肩。站在百年后的今天回望一百年来中国共产党的奋斗史，可以说，践行初心、担当使命恰恰是中国共产党立党之基、建党之要、兴党之魂、强党之策。坚守并实现初心使命的精神，是创建党和党的建设的要旨。

3. 不怕牺牲、英勇斗争

斗争是马克思主义关于社会发展和阶级变革的关键词，是贯穿无产阶级政党征服自然界、人类社会和思维世界的重大主题。在创建党和发展党的全部过程中，不怕牺牲、英勇斗争是必要环节和必备素质。恩格斯曾经指出："在我们党内，每个人都应该从当兵做起；要在党内担任负责的职务，仅仅有写作才能或理论知识，甚至二者全都具备，都是不够的；要担任领导职务，还需要熟悉党的斗争条件，掌握这种斗争的方式，具备久经考验的耿耿忠心和坚强性格，最后还必须自愿地把自己列入战士的行列中。"[①] 斗争是中国共产党得以建立和发展、开展革命工作的必要手段和基本武器。中国共产党从无到有，面对的是极其残酷的敌人、极其复杂的环境和极其艰难的条件，必然要靠不怕牺牲、英勇斗争的精神。党从小到大、从弱到强同样要靠不怕牺牲、英勇斗争的精神。无数仁人志士为革命喋血，无数共产党人为斗争而牺牲，这在中国共产党初创时期是如此，在中国共产党领导中国革命的整个过程中也是如此。正源于此，毛泽东才鲜明指出："中国共产党在其诞生之时，即在中国历史上破天荒第一次向中国人民提出了反帝反封建的纲领，并根据此种纲领在各个时期规定了各种具体实施的政策。二十二年中，全体党员和全国

①《马克思恩格斯全集》(第22卷)，北京：人民出版社1965年版，第82页。

广大的人民群众在一道，为着实现此种纲领与政策，为着反对帝国主义及其在中国的走狗，为着民族解放与社会解放，流血牺牲，前仆后继，举行了轰轰烈烈英勇顽强的斗争。”① “中国共产党以自己艰苦奋斗的经历，以几十万英勇党员和几万英勇干部的流血牺牲，在全民族几万万人中间起了伟大的教育作用。”② 这个概括不仅是对中国共产党建党时期所具备的不怕牺牲、英勇斗争精神的概括，更是对中国共产党整体精神素质和整个发展历程所具备的精神品质的描述。

组织无产阶级政党少不了牺牲，党的活动及其发展也离不开斗争。创建中国共产党是破旧立新的事业，是在半殖民地半封建社会的中国孕育无产阶级革命的领导者并且组织起亿万工农无产阶级闹革命，借以推翻封建主义和资产阶级统治，建立人民民主专政的国家政权。这项事业是一项前无古人的事业，是开天辟地的大事变，需要付出艰巨的努力、重大牺牲，需要开展长期不懈、英勇无畏的斗争。当年为了创建中国共产党，无数中华儿女放弃了一切名誉和利益，牺牲了自己的青春年华和宝贵生命，开展了无私无畏的革命斗争。他们抛头颅、洒热血，冲锋在前，为了革命理想和目标奋不顾身。可以说，为了党而牺牲司空见惯，为了革命而斗争势所必然。在艰苦卓绝的环境中，牺牲，斗争；再牺牲，仍斗争；牺牲和斗争成了发展革命政党的必修课，也成为检验革命事业的试金石。害怕牺牲、畏惧斗争的人在革命中落伍了、变质了，而不怕牺牲、英勇斗争的革命者成为了中国共产党领导的伟大革命事业的中流砥柱。在这个意义上说，不怕牺牲、英勇斗争的精神正是中国共产党伟大建党精神的生命源。

4. 对党忠诚、不负人民

党是承担了特定使命的政治组织，要求党员必须对党忠诚。中国共产党又是为人民服务的政治集团，必须始终把人民放在心上、不负人民。对党忠诚与否直接关系党的安危，能否始终为人民负责更是从长远角度关系党的生命。中国共产党的第一个党纲实际上直接提出了对党忠诚的问题，而且把这方面的意思化为具体的直接的要求。譬如，要求

①《毛泽东文集》(第3卷)，北京：人民出版社1996年版，第46页。
②《毛泽东选集》(第1卷)，北京：人民出版社1991年版，第184—185页。

“彻底断绝同黄色知识分子阶层及其他类似党派的一切联系”“愿成为忠实党员”“必须与企图反对本党纲领的党派和集团断绝一切联系”以及对“党的重要主张和党员身份应保守秘密”①。而其中对党的阶级任务即推翻资本家阶级的政权、承认无产阶级专政和直到实现社会公有的规定，则从实质上反映了不负人民的革命目的。可以说，对党忠诚是党员的义务，也是党得以组织和发展的保障。人民是党的力量之源和生存之基，是党服务的对象，也是党存在和壮大的后盾。无产阶级政党与以往的政党不同，是因人民利益而起、为人民服务的政党，因此对党忠诚和不负人民在根本上是一致而无差别的、统一而不可分的。中国共产党在创建时期就实质性地明确了对党忠诚、不负人民的要求，这无疑是伟大建党精神的基本内容，也是对党的品质和党员党性的基本规定。

革命的洪流大浪淘沙，革命的实践沙里澄金。从一开始就在党员和党组织骨子里熔铸的对党忠诚、不负人民的伟大建党精神，成为中国共产党组织建设、思想建设的重要保障，也成为中国共产党成功的精神基础。在领导中国新民主主义革命和社会主义革命与建设的进程中，毛泽东多次强调过共产党人对党和人民的忠诚。他提出共产党“应该提起自己的无限的积极性和忠诚”②，“我们对人民是忠诚的，我们有决心有能力同人民在一起把祖国建设好”③。可以说，中国共产党对党忠诚、不负人民的伟大建党精神不仅在一代代真正的共产党人身上得到了显著体现，也在中国革命、建设和改革的全过程中通过党的实践得到了显著体现。中国特色社会主义进入新时代以来，以习近平同志为核心的党中央更是认真充分地继承了毛泽东等老一辈革命家在建党和强国过程中培育弘扬的伟大建党精神，把对党忠诚和以人民为中心的精神发扬运用到推进中华民族伟大复兴的进程中。习近平总书记在“七一”讲话中庄严宣告和郑重提醒，“我们必须坚持党的全面领导，不断完善党的领导，增强‘四个意识’、坚定‘四个自信’、做到‘两个维护’，牢记‘国之大者’”，

① 中央档案馆编:《中共中央文件选集》(第1册)，北京:中共中央党校出版社1989年版，第3页。

②《毛泽东选集》(第1卷)，北京:人民出版社1991年版，第263页。

③《毛泽东文集》(第7卷)，北京:人民出版社1999年版，第231页。

"中国共产党根基在人民、血脉在人民、力量在人民。中国共产党始终代表最广大人民根本利益，与人民休戚与共、生死相依"，"江山就是人民、人民就是江山，打江山、守江山，守的是人民的心"①，其中体现的正是中国共产党伟大建党精神的一贯传统和现实要求。

（三）中国共产党伟大建党精神的特质

在庆祝中国共产党成立100周年大会上，习近平总书记代表全党提出了中国共产党的伟大建党精神，展现了新时代中国共产党人的精神自觉、政治清醒和理论觉悟。中国共产党的建党精神虽然是在建党时期就孕育和形成的组织精神，但这种精神并没有仅仅停留在建党时期，而是贯穿于中国共产党成长壮大和带领中国人民实现中华民族伟大复兴的全过程，贯穿于不同时期推进党的建设伟大工程的全过程。就其实质而言，伟大建党精神本质上就是中国共产党的党魂，是贯穿中国共产党在革命、建设和改革全过程、治党治国治军全系统的伟大政党精神和政治精神。也正是在这个意义上说，中国共产党伟大建党精神是中国共产党精神谱系之源，是党的全部精神品质的基调和主线。

1. 伟大建党精神体现了立党合规律性与合目的性的统一

历史潮流浩浩荡荡，顺之者昌、逆之者亡。这里的"历史潮流"实际上是不以人的意志为转移的社会发展客观规律。政党的出现是现代社会的政治现象，是政治现代化的结果。一个政党，只有把自身的发展目标和实践作为与社会发展规律结合起来，实现自身目的性与社会发展规律性的有机结合和统一，才能够真正有所作为。在帝国主义和封建主义的压迫下，近代中国社会堕入了半殖民地半封建社会，出现了帝国主义与中华民族之间、封建主义与人民大众之间不可克服的社会矛盾。由于资产阶级天生的妥协性和软弱性，中国的资产阶级革命不可能带领中国人民走出被奴役被压迫的深渊。伴随着世界无产阶级革命形势的发展，中国的无产阶级登上政治舞台已经成为历史的必然。中国共产党的建立是作为先进的科学真理的马克思主义在中国传播和应用的结果，更是中

① 习近平：《在庆祝中国共产党成立100周年大会上的讲话》，北京：人民出版社2021年版，第11页。

国社会矛盾激化和发展的后果。她既适应了中国社会发展和政治变革的要求，适应了社会先进分子改造中国社会、挽救国运民运的目的，也符合了近代中国社会发展和政治演进的内在规律，因此是应社会发展和历史进步之运而生。在此时，中国先进的知识分子和工农阶级相结合并创建中国共产党，自然也是应时应运之作。在中国共产党的伟大建党精神中，马克思主义的真理、社会主义和共产主义的远大理想代表的是社会历史发展的客观科学规律，运用马克思主义改造中国社会并在此基础上确立为中国人民谋幸福、为中华民族谋复兴的初心使命反映的是共产党人实践的目的性。这二者是紧密结合和完整融合实际上就体现了中国共产党立党合规律性与合目的性的统一。

2. 伟大建党精神是贯穿中国共产党精神谱系的主基调

中国资产阶级民主革命的先行者孙中山在经历过艰辛的建党活动后，曾经提出过关于政党精神的命题。他把政党的作用概括为三个方面："一以养成多数者政治上之智识，而使人民有对于政治上之兴味；二组织政党内阁，直行其政策；三监督或左右政府，以使政治之不溢乎正轨，此皆共同活动之精神也。"[①] 由此可见，政党精神是在党的政治教育、政治活动和领导政府的执政实践中所蕴含的基本精神，是贯通党的政治行为的系统精神。中国共产党是高度重视党员和党组织精神状况的政党。蒋介石在日记中概括中国共产党的特点时就曾经提出中国共产党注重"精神紧张"，意指中国共产党高度重视思想教育和精神建设，注重从精神上纯洁党性、保持优势。可以说，中国共产党发展壮大的全部历程，既是艰辛的实践过程，也是培育和弘扬政党精神的过程。而中国共产党的伟大建党精神就是这个政党区别于其他政党的精魂，是中国共产党的精神原点，也是中国共产党的精神特质。在此后漫长的革命、建设和改革进程中，中国共产党人又因时因地、与时俱进地创造、培育和弘扬了诸多精神，但不管是哪种精神，也不管是何时培育成型的精神，伟大建党精神始终是中国共产党精神谱系之源，其内容成为贯穿于党培育和弘扬的一切精神的核心要素，也是中国共产党展现的所有精神品质的鲜亮底色和主基调。也就是说，中国共产党建党精神中对于党的思想理

①《孙中山全集》(第3卷)，北京：中华书局1983年版，第147页。

论原则、目标任务、精神姿态和价值立场的基本规定，尽管在此后的精神培育中幻化为具体的、特定的要求，但其主线却是始终如一的，本质属性也是长期不变的。

3. 伟大建党精神在“两种革命”的有机统一中孕育和发扬

中国共产党是在特定的社会环境和社会条件中孕育的政治集团，也是应社会革命需要而创建的先进政党。中国共产党的伟大建党精神本身就意味着党的自我革命和她引领的社会革命的统一。所谓自我革命就是中国共产党的创建者要从封建家庭环境、落后社会氛围，尤其是资产阶级和小资产阶级的阶级意识中摆脱出来，实现自身的阶级革命，以全新的无产阶级姿态登上社会革命的历史舞台。所谓社会革命就是中国共产党要领导和推进不同于以往一切革命性质的新型阶级革命，推翻旧政权、建立新政权。这两者在实际发生过程中是紧密结合、难以截然分开的。因此，自创立之日起，中国共产党就肩负起开展社会革命的任务，同时也开启了不断自我革命的征程。众所周知，尽管中国共产党天生具有阶级先进性，但并非天生就是成熟而强大的党，党是在不断推进社会革命和进行自我革命的统一进程中成长壮大的。由于缺乏经验，幼年时期的中国共产党经历了数不清的困难和挫折，经受了巨大的考验和挑战。伴随着自我革命和社会革命的推进，中国共产党驾驭复杂环境、完成艰巨任务的本领和能力不断增强。在加强党的建设、推进社会革命的进程中，中国共产党孕育并发扬了以伟大建党精神为源头，又在不同时段、不同活动中孕育、具有不同侧重点并传播到广大革命群众中去的政党精神。可以认为，中国共产党的自我革命和她所领导的社会革命始终是同程并进、同向同行的，中国共产党的建党精神和政党精神同样是“两种革命”的产物和结果。

4. 伟大建党精神贯彻了人民至上、为人民服务的党德

党德就是政党的品德，包括党员个体的在党品格，也包括党自身治党理政的德行标准。党德对于一个政党至关重要，是党纲的价值要求，也是党性的根本体现。孙中山说过：“政党之性质，非常高尚，宜重党

纲，宜重党德。”[①]“党德清澄，党势必日臻强盛。”[②]“凡一政党欲求发达、求长久，必须党员明白党义，遵守党德，不可用欺骗手段逸出范围之外。”“其求胜利之方法，须依一定之法则，不用奸谋诡计，是之谓党德。……无党德之政党，声誉必堕地以尽。”[③] 但显而易见的是，德性是党与党外对象处理相互关系时表现的价值格局和道德层次。政党是为特定阶级服务的政治集团，而为什么样的阶级利益服务就具有何种层次的党德。中国共产党是无产阶级的先锋队，也是中国人民和中华民族的先锋队。中国共产党代表的是中国人民和中华民族的根本利益，主张天下为公、大公无私、立党为公、执政为民，坚持党性与人民性相结合，因而其党德也是迄今为止最为高尚、最为先进的德性。在中国共产党伟大建党精神中，坚持真理、坚守理想是践行人民的理论，践行初心、担当使命是奉行为民的情怀，不怕牺牲、英勇奋斗是立足为民的事业，对党忠诚、不负人民是坚守人民的立场。一言以蔽之，中国共产党伟大建党精神的精髓是党始终贯彻人民至上、为人民服务的政党道德。这是中国共产党始终立于不败之地的坚强保障，也是中国共产党领导的事业取得最终胜利的政治道德基础。

（原文发表于《治理现代化研究》2021 年第 5 期）

①《孙中山全集》（第 3 卷），北京：中华书局 1983 年版，第 4 页。
②《孙中山全集》（第 2 卷），北京：中华书局 1983 年版，第 486 页。
③《孙中山全集》（第 3 卷），北京：中华书局 1983 年版，第 37 页。

七

中国共产党对劳动精神的弘扬和培育

习近平总书记在2020年11月24日全国劳动模范和先进工作者表彰大会上号召弘扬劳模精神、劳动精神和工匠精神，他强调：“劳模精神、劳动精神、工匠精神是以爱国主义为核心的民族精神和以改革创新为核心的时代精神的生动体现，是鼓舞全党全国各族人民风雨无阻、勇敢前进的强大精神动力。”[①] 在同年12月10日给首届全国职业技能大赛的贺信中再次提出要“大力弘扬劳模精神、劳动精神、工匠精神，激励更多劳动者特别是青年一代走技能成才、技能报国之路，培养更多高技能人才和大国工匠，为全面建设社会主义现代化国家提供有力人才保障”[②]。习近平总书记在上述场合不但揭示了劳模精神、劳动精神、工匠精神的科学内涵，也发出了倡议和号召，代表了新时代中国共产党人弘扬和培育劳动精神的鲜明态度。实际上，劳模精神、劳动精神、工匠精神在具体内涵上虽各有侧重，但在思想源头和实践方式上却可归于生产劳动，而劳动精神又是其中的基本精神。从中国共产党百年历史看，弘扬劳动精神是中国共产党一贯的精神传统，也是中国共产党作为工人阶级先进代表的价值表现。本文集中对中国共产党人弘扬和培育劳动精神的思想历程和实践过程进行探讨，以期更好地继承和弘扬中国共产党的优良精神传统，更好地把握新时代劳动精神的思想理论源头和科学内涵，更好地培育新时代的劳动精神。

---

① 习近平：《在全国劳动模范和先进工作者表彰大会上的讲话》，《人民日报》2020年11月25日，第2版。

② 习近平：《致首届全国职业技能大赛的贺信》，《人民日报》2020年12月11日，第1版。

（一）明确无产阶级的劳动属性，声明党作为劳动阶级先进代表的政治本色

爆发于20世纪初叶的第一次世界大战是资本主义生产体系的内部矛盾和帝国主义掠夺发展到不可调和阶段的结果，是植根于资本主义社会肌体内部的生产逻辑和发展危机的产物。从表面上看，第一次世界大战的胜败是国家之间的胜败，但实质上却意味着资本主义生产体系和社会内部的阶级分化，包含着阶级对立以及由此产生的危机和对抗。在一定意义上说，第一次世界大战也是无产阶级革命雄壮崛起的标志线，是无产阶级在资本主义生产体系和社会矛盾中展现自身力量的重要界碑。仅仅在一战结束后的第五天，蔡元培就喊出了“劳工神圣”的口号，他指出：“此次世界大战争，协商国竟得最后胜利，可以消灭种种黑暗的主义，发展种种光明的主义。……此后的世界，全是劳工的世界呵！……我们要认识自己劳工的价值。劳工神圣。”[①] 大约在同一时间，积极关注国际形势、宣传十月革命和马克思主义的李大钊也在《庶民的胜利》中提出，这回大战“社会的结果，是资本主义失败，劳工主义战胜。……须知今后的世界，变成劳工的世界”[②]。他在《Bolshevism的胜利》中再次指出，Bolsheviki 的战争“是阶级战争，是合世界无产庶民对于世界资本家的战争。……工作的男女都应该组入一个联合”[③]。他就战后世界上新起的劳工问题和劳动教育问题提出：“劳工们辛辛苦苦生产的结果，都为少数资本家所垄断、所掠夺，以致合理工作的生产者，反不得均当的分配”，由此，他认为，“现代的劳工社会，已经渐渐觉醒”[④]。也正是在这样的时代潮流裹挟和新锐思想的激荡下，中国共产党人对劳工的阶级组织和劳动的阶级觉悟得到了启蒙和孕育。

在一般意义上说，劳动精神是具有普遍意义的实践精神，但是在阶级社会中，劳动精神却因阶级区分而带有鲜明的阶级特征，成为阶级差

① 蔡元培：《劳工神圣——在庆祝协约国胜利大会上的演说词》，见欧阳哲生编：《中国近代思想家文库》（蔡元培卷），北京：中国人民大学出版社2014年版，第248页。

②《李大钊全集》（第2卷），北京：人民出版社2006年版，第256页。

③ 同上书，第260页。

④ 同上书，第291页。

别的精神标志之一。中国共产党是依靠和组织发动劳动群众来进行武装革命的，中国共产党人对劳动精神弘扬的起点在于他们对劳动阶级所处的时代形势、阶级地位、精神状况和生存状态的发现和判定。中国广大无产阶级处在劳动生产一线并深受资本家剥削压迫的事实，决定了无产阶级的政治组织从一开始就隶属于劳动阶级这一客观状况，孕育了无产阶级作为劳动阶级要推翻剥削阶级的阶级觉悟和政治本色。中国共产党是一个革命者的党，也是一个劳动者的党。从成立之日起，中国共产党就致力于打破一个充满剥削和异化劳动的旧世界，建立一个人人劳动、劳动光荣、按劳分配的新世界。1920 年 11 月的中国共产党宣言中明确提出，共产主义者主张废除（现行）政权，因为政权“是压迫多数劳动群众的”。他们对于社会方面的见解是“使社会上只有一个阶级（就是没有阶级）——就是劳动群众的阶级”[①]。中国共产党的第一个纲领明确了党把工农劳动者组织起来的任务，第一个决议也规定了组织工人、成立产业工会、维护劳动健康的使命。中国共产党创立后，迅速成立了中国劳动组合书记部，这是“一个要把各个劳动组合都联合起来的总机关”。1921 年 8 月，中国劳动组合书记部宣言中提出：“他的事业是要发达劳动组合，向劳动者宣传组合之必要，要联合或改组已成的劳动团体，使劳动者有阶级的自觉。”[②] 在此基础上，1922 年 5 月召开的全国第一次劳动大会就更加充分地阐明了中国劳动阶级的组织使命，并发出了“全世界劳动者和被压迫人民联合起来”的号召。中国劳动组合书记部是中国共产党领导下的工人劳动者的阶级组织，该组织对于劳动阶级的阶级地位以及劳动者劳动自觉的倡导，一方面佐证了中国共产党对自身作为劳动者代言人的确认，另一方面也展现了普遍存在于工农劳动群众中的劳动自觉和劳动意识。从劳动阶级自身的阶级觉悟看，中国共产党的上述规定无疑是其倡导劳动精神的思想源头和价值基础。

① 中央档案馆编：《中共中央文件选集》（第 1 卷），北京：中共中央党校出版社 1989 年版，第 548 页。

② 同上书，第 561 页。

（二）支持劳工运动，伸张劳工权益，唤起劳动者觉悟

中国共产党的先驱者们是与社会的底层劳动群众紧密联系、互相感知的群体。他们一方面自身要参与各种形式的劳动，对劳动本身有感悟有体验，另一方面也高度关注底层劳动群众的生活和劳动状况，对他们悲惨的生活境况和劳动境遇抱有强烈的集体同情心理和拯救合作意识。更为重要的是，他们以宏阔的历史视野和高度的政治关怀观察世界和中国劳动阶级的时代使命，提出了适应时代特征的对劳工阶级的价值判断，有力地唤起了劳动者的劳动觉悟和劳动使命。1920 年 1 月，李大钊从经济上揭示中国近代思想变动的原因时指出："现代的经济组织，促起劳工阶级的自觉，应合社会的新要求，就发生了'劳工神圣'的新伦理，这也是新经济组织上必然发生的构造。"[①] 他旗帜鲜明地指出："有一种自命为绅士的人说：'智识阶级的运动，不可学低级劳动者的行为。'这话很是奇怪。我请问低级高级从那里分别？凡是劳作的人，都是高尚的，都是神圣的。"[②] 藉此，李大钊认为"五一"纪念日本身就是劳工觉醒的日子，他主张本着自由、平等、博爱、互助、劳工神圣诸大精神，发布一种神圣的民权宣言，劳动者休息和工作的权益应与其他国家无差别地适用于中国的劳动阶级。在传播马克思主义和社会主义思想的过程中，李大钊更是先见性地把发展社会主义实业与劳动者的利益联系起来，清醒地认识到"劳动者能为自身的利益而发展实业需要有一个过程"[③],1920 年 5 月 1 日，陈独秀在《劳动者底觉悟》中指出："只有做工的人最有用最贵重。"他提出世界劳动者的觉悟分二步，并希望"我们国里底做工的人，一方面要晓得做工的人觉悟确有第二步境界（即要求待遇——引者注），就是眼前办不到，也不妨作此想；一方面要晓得劳动运动才萌芽的时候，不要以为第一步不满意，便不去运动"[④]。他在 1920 年 10 月撰写的《中国劳动者可怜的要求》中同样提出："中国工人

①《李大钊全集》(第 3 卷)，北京：人民出版社 2006 年版，第 149 页。
② 同上书，第 170 页。
③ 同上书，第 255 页。
④《陈独秀文集》(第 2 卷)，北京：人民出版社 2013 年版，第 11—12 页。

但能结起团体来要求得到外国工人已经得着的各样好处，那便算是大大快意的事了。”[1] 所谓劳动觉悟，也就是劳动者思想上的觉醒。这种觉醒自然是和劳动者自身的状况特别是他们的切身利益和核心权利结合在一起的。李大钊、陈独秀的上述论述，无疑说明了激发劳动觉悟的前提条件，也预示着劳动精神得以培育的主体基础。

唤起劳动者觉悟不仅成为早期中国共产党人关注劳动精神的集体群像，也成为无产阶级劳动精神在源起和肇始阶段的独特镜像。与李大钊、陈独秀类似，中国共产党的其他先驱者们也都大体在此前后关注劳动者状况，提出劳动者应更积极地参与劳动运动的号召。瞿秋白在1919年12月首次提出了中国的劳动问题和世界的劳动问题。他在1920年4月21日撰写的《劳动底福音》中指出：“最有幸福的，只是勤苦的劳动之后。劳动能给人以完全的幸福，幸福——劳动。救我们的只有劳动！”[2] 几天之后，他又在“五一”时列数了各国罢工斗争的状况。显然，瞿秋白在这里肯定了劳动的价值，但呼唤的是劳动者参与劳动运动的热情。蔡和森在1922年的《马克思学说与中国无产阶级》中从社会革命的角度定义劳动者的觉悟。他认为：“社会革命的标准在客观的事实，而不在主观的理想，在无产阶级经济生活，被压迫被剥削的程度之深浅，及阶级觉悟的程度之深浅。”[3] 他在1922年“五一”时为中国劳动运动提出的原则是“以阶级争斗的精神去做，万不要以阶级妥协的精神去做。……争斗一次，就要把范围扩张一次，性质严重一次，战斗力团整并发扬一次，阶级觉悟和阶级抵抗显著一次”[4]。同时，陈潭秋提出：“劳动者，就是世界的创造者，就是我们人类生活的维持者。”[5] 1924年3月间，邓中夏在《论劳动运动》中又提出：“现在做劳动运动，应视文化之提高和政治之宣传为唯一的工作。”[6]“五一”节之际，他又在《劳动常

①《陈独秀文集》(第2卷)，北京：人民出版社2013年版，第66页。
②《瞿秋白文集》(第1卷)，北京：人民出版社2013年版，第82页。
③《蔡和森文集》，北京：人民出版社1980年版，第76页。
④ 同上书，第82页。
⑤《陈潭秋文集》，北京：人民出版社2013年版，第11页。
⑥《邓中夏全集》(上)，北京：人民出版社2014年版，第434页。

识》中提出："我们工人虽确实人类的主宰，社会的柱石。"①需要指出的是，早期中国共产党人对劳动及劳动者觉悟的认识，尽管与我们今天理解的劳动精神有一定距离，但却是今天我们理解劳动精神的历史前提和思想基础。从尊重历史事实和客观真实的过程角度看，他们当年从对劳动者生存条件和劳动阶级的思想意识、阶级觉悟的角度出发来关注阶级解放和社会革命问题，这无疑是当时最为真实、至为客观的劳动精神。总的来看，早期中国共产党人借助"五一"劳动节谈论他们的劳动观以及他们对劳动运动的见解，显然预示着劳动精神并不是凭空存在的，也不是莫名出现的，而是与特定的时代条件、社会背景、阶级状况和实践方式联系在一起的。换言之，早期中国共产党人之所以把对劳动精神的把握与劳动阶级的解放、社会革命的开展、社会主义代替资本主义乃至走向共产主义的愿景联系起来，恰恰说明了他们在无产阶级革命时代培育劳动精神时重视社会实践要求和阶级思想特征的独特性，说明了中国无产阶级劳动精神启蒙的时代性、针对性、阶级性和实践性。

（三）保障劳动者权利，开展革命劳动教育，培育劳动观念

劳动精神是在社会生产劳动的实践中培育出来的，脱离了劳动实践就根本不可能塑造正确的劳动观念，也不可能培育出科学的劳动精神。劳动就是解放，劳动就是斗争。平民的劳动家的政党应产生出强固精密的组织以捍卫劳动者的利益。对于为实现自身阶级解放的无产阶级而言，劳动是开展斗争、实现解放的必要手段。中国共产党组织的政权"真正是劳动群众自己的政权"②。在中央苏区时期，中国共产党于1930年5月颁布了中华苏维埃共和国国家根本法（宪法）大纲草案，提出革命战争的目的是要推翻帝国主义国民党军阀的统治而建立全国工农群众自己的政权，提出苏维埃国家根本法的最大原则，并就此颁布劳动保护法令，在红军队伍和广大劳动群众中组织了独立自主、自力更生、以劳动支持革命事业的活动，借以"在事实上保障劳动群众取得这些自由的

①《邓中夏全集》（上），北京：人民出版社2014年版，第426页。

② 中共中央文献研究室、中央档案馆编：《建党以来重要文献选编》（第7册），北京：中央文献出版社2011年版，第224页。

物质基础”①。1931年11月，中华苏维埃第一次全国代表大会通过了中华苏维埃共和国劳动法，为维护和发展劳动者权益作出了法律保障，使得劳动成为革命的手段，成为提高工农群众增强革命积极性和创造性的途径。同年12月，中共中央在扩大劳动妇女斗争决议案中，明确提出了建立代表会组织、巩固妇委会领导、参加生产、出版劳动妇女刊物等针对劳动妇女的教育工作任务。显然，此时的劳动教育本质上是激发劳动群众参与和提升阶级斗争觉悟的教育，这是革命进程中劳动教育的本质与特色，也是中国共产党人组织开展劳动教育的中心任务。在这个意义上说，这里的劳动并不是狭隘意义上的生产劳动，而是把阶级斗争融于生产斗争的教育，是具有特定阶级内涵和革命精神的劳动教育。

在经过极其艰难的反“围剿”斗争后，中国共产党带领工农红军实现了长征的伟大胜利，最终达到延安，开始了长达13年的局部执政时期。在党的领导和陕甘宁边区政府的组织下，为保障经济供给，在地方和军队中都开展了独立自主、自力更生的劳动生产运动。此时，中国共产党领导的劳动革命就实现了从发动劳动者组织起来从事阶级斗争、争取劳动权益的阶段发展到为巩固革命政权而开展自觉生产劳动、进行劳动建权固政的转变。众所周知的南泥湾大生产运动就是党领导下抗日军队在边区腹地开展的一场轰轰烈烈的革命大生产运动，对于提高革命队伍和工农群众的劳动觉悟、培育劳动者的革命精神和劳动意志发挥了重要作用。

正是在这种劳动生产中，中国共产党领导下的劳动运动才发生了微妙而实际性的转变。各地的劳动英雄们，还有劳动的群众，“他们一面抹着额角上的汗珠，一边从他们的言语中暗示着一种含着无限光明、愉快的将来……反映在边区生产战线上的是有组织的动员了一切社会的劳动”，“劳动被真正地尊敬着，向着不是为了少数人，而是为了每个劳动者自己和全体社会的幸福而创造着的方向发展”。同时，“在边区的生产

① 中共中央文献研究室、中央档案馆编:《建党以来重要文献选编》(第7册)，北京：中央文献出版社2011年版，第223页。

运动中显然可以看得到集体主义的发展”[①]。1940 年 1 月，担任中共中央直属机关生产节约运动委员会主任的王首道在《中央直属机关学校十个月生产运动总结》的报告中也详细地总结了生产运动的开展情况。他认为，劳动“在精神上对我们是一种伟大的教育和锻炼”，“它本身就是最好的实践，最好的学习，最好的锻炼。……在这种生产劳动中，同时也改变了人们的生活、习惯和意识”。他强调：“我们在整个劳动生产的过程中，体验了‘劳动神圣’的真意……”他特别指出：“生产运动中的政治工作是提高生产工作效能，恢复疲劳，保持一贯持久的劳作精神，保证生产任务完成的有力武器。”[②]毛泽东在总结大生产运动时就列数了军队生产自给六个方面的益处，其中很重要的一个就是增强劳动观念。他指出：“生产自给以来，劳动观念加强了。”[③]当然，即便是在延安时期，中国共产党人所主要从事的是抵抗日本帝国主义侵略和反对国民党反动派的革命武装斗争，阶级对抗和革命斗争仍然是劳动的基本底色。不过，在陕甘宁边区局部执政条件下的生产劳动运动，无疑培育了共产党人和革命军队自力更生、艰苦奋斗的革命意志，磨炼了革命军民的劳动观念，为日后全国执政时开展建设社会主义国家、捍卫和促进社会主义制度发展意义上倡导的劳动精神做了奠基。

（四）明确劳动者主人翁地位，规范劳动者角色，增强劳动者意识

社会主义国家是劳动者的国家，社会主义制度是依靠和保护劳动者的制度。中华人民共和国的建立，让亿万深受封建主义压迫和帝国主义剥削的劳苦大众翻身成了国家的主人。经过新中国成立初期国民经济恢复和“一化三改”的社会主义改造，社会主义制度得以建立，中国进入了社会主义社会建设时期。彼时的毛泽东深刻认识到建设社会主义的复杂性和长期性，他深刻指出：“社会主义制度的建立给我们开辟了一条到

① 国林：《解放了的劳动》，见红色档案——延安时期文献档案汇编编委会编：《解放》（第 1 卷），西安：陕西人民出版社 2014 年版，第 433—434 页。

② 王首道：《我们是一支新的劳动军》，见红色档案——延安时期文献档案汇编编委会编：《解放》（第 5 卷），西安：陕西人民出版社 2014 年版，第 454—461 页。

③《毛泽东选集》（第 3 卷），北京：人民出版社 1991 年版，第 1107 页。

达理想境界的道路，而理想境界的实现还要靠我们的辛勤劳动。”[①] 从本质上看，社会主义国家和社会主义制度的建立是彻底的无产阶级社会革命的结果，带来的是社会生产力和生产关系的彻底变革，也意味着劳动人民的政治解放和政治自由。由此，新生的社会主义制度以及由此开始的社会主义建设就要把亿万人民群众作为社会主义劳动者和国家主人翁的地位明确下来，把劳动者主体角色凸显出来。从 50 年代中后期开始，毛泽东在领导探索中国社会主义建设道路的过程中，反复论及劳动者的解放及接下来的任务。1955 年 9 月，毛泽东在为《中国农村的社会主义高潮》写的按语中指出：“社会主义不仅从旧社会解放了劳动者和生产资料，也解放了旧社会所无法利用的广大的自然界。人民群众有无限的创造力。他们可以组织起来，向一切可以发挥自己力量的地方和部门进军，向生产的深度和广度进军，替自己创造日益增多的福利事业。”[②] 就此，他提出了“在建设社会主义社会的过程中，人人需要改造，剥削者要改造，劳动者也要改造”[③]，“剥削者变为自食其力的劳动者”[④]，“领导人员以普通劳动者姿态出现”[⑤]，“无产阶级不能剥夺劳动者”[⑥]等一系列重要的观点和理念。其中，毛泽东特别强调“普通劳动者的姿态”的问题。他认为：“任何人不论官有多大，在人民中间都要以一个普通劳动者的姿态出现。”[⑦]“以普通劳动者的姿态出现，则是一种高级趣味，是高尚的共产主义精神。”[⑧] 这种普通劳动者的姿态意味着人人都是平等的、脚踏实地的、自食其力的劳动者，是没有阶级差别的社会主义劳动群众的一员。这不但从经济上、政治上规定了社会主义劳动者的根本属性，也从精神上对社会主义的建设者的劳动精神作出了深层次的规定。

社会主义建设是一项长期的、复杂的、综合的任务，不可能一蹴而

①《毛泽东文集》(第 7 卷)，北京：人民出版社 1999 年版，第 226 页。
②《毛泽东文集》(第 6 卷)，北京：人民出版社 1999 年版，第 457 页。
③《毛泽东文集》(第 7 卷)，北京：人民出版社 1999 年版，第 223 页。
④ 同上。
⑤《毛泽东文集》(第 8 卷)，北京：人民出版社 1999 年版，第 135 页。
⑥ 同上书，第 234 页。
⑦《毛泽东文集》(第 7 卷)，北京：人民出版社 1999 年版，第 355 页。
⑧ 同上书，第 378 页。

就，也不会计日程功。邓小平指出："为了创造社会主义的幸福生活，没有极艰苦的劳动，是不可能的。我们要参加劳动，特别要积极参加工农业生产的体力劳动，因为体力劳动是社会存在和发展的基础，是最大多数人民都要担负的光荣义务。"[①] 在推进社会主义的事业中，劳动既是建设实践，也是创业实践。江泽民提出："我们的社会主义现代化建设还处在艰巨的创业时期。伟大的创业实践，需要有伟大的创业精神来支持和鼓舞。"[②] 胡锦涛提出"以辛勤劳动为荣、以好逸恶劳为耻"的荣辱观，同时也强调："要以高度的历史使命感和主人翁责任感，以解放和发展社会生产力为己任，积极投身经济建设伟大实践。要继续发扬艰苦创业精神，英勇劳动，勤勉敬业，奋力拼搏，竭诚奉献。"[③] 在进行社会主义建设，进而开辟中国特色社会主义道路的进程中，中国共产党人对劳动精神的弘扬和培育既具有一贯性和持续性，也与时俱进、因时而化、因势而新，特别是在新的实践和环境中对诚实劳动、合法劳动、提升劳动者素质的强调，进一步丰富了劳动精神的内涵，成为改革开放和中国特色社会主义建设进程中劳动精神的新进展。可以说，从提倡艰苦奋斗、自力更生到提倡改革开放、创业创新，从提倡科学劳动、劳动光荣到提倡"六十四字创业精神"，实际上都贯穿着中国共产党人对劳动精神的重视，体现着中国共产党人坚持不懈培育劳动精神的努力。

（五）继承劳动传统，提倡劳动精神，启动新时代劳动教育

中国特色社会主义进入新时代以来，中国特色社会主义建设面临了新任务，遇到了新情况，也出现了新机遇和新挑战。以习近平同志为核心的党中央在带领全党全国各族人民实现人民对美好生活的向往、实现民族复兴的进程中，在推进脱贫攻坚、全面建成小康社会和启动全面建设社会主义现代化强国的征程中，高度重视劳动精神的弘扬和培育。在继承前人关于劳动精神的提法和理念的基础上，习近平正式使用了劳动

①《邓小平文选》（第 1 卷），北京：人民出版社 1993 年版，第 276 页。

②《江泽民文选》（第 1 卷），北京：人民出版社 2006 年版，第 301 页。

③ 胡锦涛：《我国工人阶级的伟大使命——在中国工会第十二次全国代表大会上的祝词（一九九三年十月二十四日）》，《人民日报》1993 年 10 月 25 日，第 1 版。

精神的说法，鲜明地提出了弘扬劳动精神的理念，并开启了新时代劳动教育的新实践，不但丰富了新时代中国共产党精神谱系的内涵，也为培育新时代社会主义劳动者提供了根本遵循。

1. 首次阐释了劳动精神的内涵，为弘扬新时代劳动精神提供了科学依据

2020 年 11 月 24 日，习近平总书记在全国劳动模范和先进工作者表彰大会上提出了劳动精神，并首次对劳动精神的内涵进行了规范。他提出的劳动精神的内涵包括崇尚劳动、热爱劳动、辛勤劳动和诚实劳动。我们认为，崇尚劳动是劳动精神的思想基础，热爱劳动是劳动精神的价值情操，辛勤劳动是劳动精神的行为状态，诚实劳动是劳动精神的道德原则。简明而又系统地总结劳动精神的内涵，不但为我们准确认识和深入理解新时代党和国家的劳动精神提供了基本遵循，也为新时代人们的劳动实践提供了有针对性、教育性和指导性的行动指针。

2. 在提出劳动精神的同时也提出了劳模精神和工匠精神，并对三种精神进行了科学定位

在提出劳动精神的同时，习近平总书记也阐述了劳模精神、工匠精神的内涵并对三种精神进行了科学定位。他认为，劳模精神、劳动精神、工匠精神是以爱国主义为核心的民族精神和以改革创新为核心的时代精神的生动体现，是鼓舞全党全国各族人民风雨无阻、勇敢前进的强大精神动力。这个定位实际上把劳动精神和劳模精神、工匠精神一并纳入中国共产党领导创立的精神谱系中，也纳入中国精神的系统中，既强调了其民族性也强调了其时代性，是在继承传统的基础上提出的创造性的认识，也指明了三种精神的时代意义和实践价值。

3. 号召弘扬劳动精神，为社会主义建设者提供强大思想鼓舞和精神激励

2020 年 4 月 30 日，在“五一”国际劳动节来临之际，习近平总书记给郑州圆方集团全体职工回信，向他们并向全国各族劳动群众致以节日的问候。他在信中指出：“希望广大劳动群众坚定信心、保持干劲，弘扬劳动精神，克服艰难险阻，在平凡岗位上续写不平凡的故事，用自己的辛勤劳动为疫情防控和经济社会发展贡献更多力量。”[①]劳动是摆脱贫困的最可靠手段，也是创造财富的惟一途径。在劳动者节日之际倡导弘扬劳动精神，表明了以习近平同志为核心的党中央对社会主义劳动者和建设者的关心，更为社会主义劳动走向深入提供了思想动力。

4. 指出弘扬劳动精神的任务，为培育社会主义合格劳动者提供思想指导

在2018年9月10日召开的全国教育大会上，习近平总书记提出：“要在学生中弘扬劳动精神，教育引导学生崇尚劳动、尊重劳动，懂得劳动最光荣、劳动最崇高、劳动最伟大、劳动最美丽的道理，长大后能够辛勤劳动、诚实劳动、创造性劳动。”[②]学生是社会主义和共产主义事业的接班人，是中国特色社会主义劳动者和建设者的储备军。在学生中倡导弘扬践行劳动精神，是新时代教育的题中之义，也是劳动教育的支点和灵魂。在此基础上，中央在《关于全面加强新时代大中小学劳动教育的意见》中提出：“劳动教育是中国特色社会主义教育制度的重要内容。……全面贯彻党的教育方针……坚持立德树人……把劳动教育纳入人才培养全过程，贯通大中小各学段，贯穿家庭、学校、社会各方面。”要“把握育人导向”“遵循教育规律”“创新体制机制，注重教育实效，实现知行合一，促进学生形成正确的世界观、人生观、价值观”[③]。把弘扬劳动精神纳入教育系统中，就为新时代弘扬劳动精神找到了基本抓手和落实途径，也为培育社会主义合格劳动者和接班人提供了思想指导和思想保障。

总的看来，弘扬和培育劳动精神是中国共产党带领人民群众实现解放、获得自由的必经之路，也是建设社会主义国家、巩固社会主义制度的不二法门。百年来，中国共产党在不同时代条件下，结合革命、建设、改革和复兴的时代任务，对劳动精神有不同的理解。但中国共产党

①《习近平给郑州圆方集团职工回信勉励广大劳动群众：弘扬劳动精神　克服艰难险阻　在平凡岗位上续写不平凡的故事》，《人民日报》2020年5月1日，第1版。

② 习近平：《培养德智体美劳全面发展的社会主义建设者和接班人》，《求是》2024年第17期。

③《中共中央国务院关于全面加强新时代大中小学劳动教育的意见》，《人民日报》2020年3月27日，第1版。

人倡导弘扬和培育劳动精神的传统是一贯的、持久的。新时代新阶段，以习近平同志为核心的党中央结合新的时代要求正式提出了对劳动精神的阐释，展现了党的思想认识的深化和创新，也展示了新时代走好中国特色社会主义道路、实现中华民族伟大复兴的信心和决心。弘扬和培育劳动精神，正是中国共产党人构建精神谱系、丰富精神系统、增强精神动力的郑重选择，也是中国共产党带领中国人民赢得站起来富起来、迎接强起来的精神保障。

（原文发表于《马克思主义理论学科研究》2022 年第 1 期）

八

论李大钊的青年奋斗观

革命是李大钊人生哲学的雄浑基调，奋斗是李大钊青年思想的鲜亮主题。在李大钊短暂的有生之年中，对青春和青年的思考是他开启人生奋斗事业和革命斗争历程的起点。在李大钊关于青年和青年工作的思考中，青年奋斗观是其中一根突出的红线，贯穿在他思想体系之中，不但成为支撑他自己为革命奋勇前进的强大动力，而且成为鼓舞广大青年投身革命事业的思想旗帜。在中国共产主义青年团成立100周年之际，重温革命先烈李大钊关于青年奋斗的系列论述，发掘其中蕴含的深邃思考，汲取其中的思想力量借以关照新时代中华民族伟大复兴历史进程中青年群体的奋斗样态及其价值选择，具有十分重要的现实意义。

（一）李大钊青年奋斗观的时代特色

20世纪初叶的中国，在经历了自19世纪下半叶以来西方帝国主义的殖民侵略和残酷剥削之后，陷入了空前巨大的发展危机中。当时的中国政局不稳、社会动荡、思想迷茫、人心散乱，革命已成世界潮流，变革也是中国大势。从参与和组织新文化运动开始，李大钊就已经清晰地把世界和中国的发展形势与青年的使命紧密地结合在一起。他撰文呼唤青春中华，赞美青春的美好，激励青年觉醒和奋斗，形成了关于青年奋斗的一系列思想观点。马克思恩格斯指出："一切划时代的体系的真正的内容都是由于产生这些体系的那个时期的需要而形成起来的。"[①] 在介绍和传播马克思主义与社会主义思想的活动中，李大钊把目光投向青年，他所提出的青年奋斗观不仅在当时成为一道亮丽的思想风景线，而且也

①《马克思恩格斯全集》（第3卷），北京：人民出版社1960年版，第544页。

彰显了当时的时代背景，体现了鲜明的时代特色。

1. 与世界及中国无产阶级革命时代的趋势同频共振

马克思指出："社会的物质生产力发展到一定阶段，便同它们一直在其中运动的现存生产关系或财产关系（这只是生产关系的法律用语）发生矛盾。于是这些关系便由生产力的发展形式变成生产力的桎梏。那时社会革命的时代就到来了。"① 俄国"十月革命"的胜利，标志着无产阶级开始登上历史舞台，开辟了无产阶级革命时代的新纪元。李大钊关注青春中国和青年状况的时代，恰恰是在"五四"新文化运动时期，即中国在世界无产阶级革命的感召和影响下，迎来中国社会革命的时代。从1916年发表《〈晨钟〉之使命》开始，李大钊发表了一系列鼓励青年奋斗的文章，提出了许多激发青年进步的观点。从时代节点看，他的青年奋斗观正是适应了世界无产阶级革命时代的呼唤而产生的，也是与中国无产阶级革命的形势和趋势同步的。历史的步伐和时代的节奏，背书了李大钊青年奋斗观的时代背景。

2. 与中华民族由低谷向上升迁的时代诉求相适应

中国近代历史是一部充满屈辱和挫折的历史。从19世纪40年代开始，在西方列强的强力入侵下，中国一步步沦为半殖民地半封建社会。可以说，从鸦片战争到五四运动前，中华民族在沉沦和受挫中陷入历史谷底。而经过五四运动特别是中国共产党成立后，中华民族开启了从历史谷底向上升迁的历程。与这一时期内追求民族独立、人民解放的时代呼声相适应，李大钊先后提出了一系列鼓励青年奋斗的主张。这些主张蕴含着民族的生机、国家的新生、社会的觉醒，代表了在困顿的时代中激励青年追求美好人生愿望、实现人生成就的呐喊之声，也切中了中华民族向往光明前景、追求美好未来的心声。在这个意义上说，李大钊的青年奋斗观不仅体现了他个人洞悉民族意愿的睿智，也代表了他强烈的历史自觉性和时代主动性。

3. 与广大青年追求积极进步的生命律动和时代价值相吻合

在任何时代，青年都是最有朝气、最富于变革精神的群体。在历

①《马克思恩格斯选集》(第2卷)，北京：人民出版社2012年版，第2—3页。

史潮流和社会变革中，青年也是最具敏感性和进取性的群体。近代中国的衰败和羸弱深深刺激着追求进步的青年群体的心灵，呼唤着他们坚定为民族国家复兴和人民大众幸福奋斗的决心。当然，在一次次的失败和挫折面前，也有部分青年因为找不到光明的出路而陷入思想迷茫和价值困惑，甚至出现了消极、逐利和铤而走险的倾向。李大钊的青年奋斗观是在他把对历史、世界、时代和社会发展大势的洞察与对青春勃发的时代青年的阶段性生命特征相结合中提出的思想主张，其中透露着乐观积极、英勇果敢和牺牲奉献的精神之光，与时代发展和社会进步的潮流相吻合，与多数青年追求积极进步的生命律动和时代价值相契合，因此也成为唤起青年、引领青年前进的时代精神。

（二）李大钊青年奋斗观的思想意蕴

自从由革命的民主主义者转变为马克思主义者以后，李大钊就善用唯物辩证法看待社会生产、社会发展和社会生活诸领域的事件和现象。他认为当中国处在新旧衍嬗之交时，一切生活现象都包含着需要通过奋斗来解决的矛盾。他指出："吾侪欲于此矛盾生活中胜此二重之负担，实不可不以沈雄之气力、奋斗之精神处之。"[①] 对于青年，他更是屡屡鼓励和激发，唤起青年奋斗的意志和信心。1919 年 3 月，在《现代青年活动的方向》中，李大钊开篇便热情洋溢地呼吁："新世纪的曙光现了！新世纪的晨钟响了！我们有热情的青年呵！快快起来！努力去作人的活动！努力去作人的活动！"[②] 可以说，在李大钊的思想体系中，青年奋斗观是其中内涵颇丰富、底蕴极深厚的重要主张。从总体上看，李大钊的青年奋斗观有如下几个方面的思想意蕴：

1. 在文明变动和政治活动中明确青年奋斗的价值

奋斗是青年的标识码和度量衡，奋斗与否是鉴别青年是否有为、进取和创造的标尺。李大钊从文明发展的角度看待青年奋斗这一命题，提出青年的文明是奋斗的文明的论断。他指出："青年之文明，奋斗之文明也，与境遇奋斗，与时代奋斗，与经验奋斗。故青年者，人生之王，

①《李大钊全集》（第 1 卷），北京：人民出版社 2006 年版，第 235 页。
②《李大钊全集》（第 2 卷），北京：人民出版社 2006 年版，第 317 页。

人生之春，人生之华也。青年之字典，无‘困难’之字，青年之口头，无‘障碍’之语；惟知跃进，惟知雄飞，惟知本其自由之精神，奇僻之思想，锐敏之直觉，活泼之生命，以创造环境，征服历史。”[①]从文明的高度看待青年之奋斗和奋斗的青年，这反映了李大钊高远的思想境界和闳放的历史视野。文明是一个综合概念，在文明中包含着物质的、文化的、制度的等各方面的创造。藉此，在一个文明体系之中，历史过程、文化创造、社会生活等处处都包含青年奋斗的机遇，也都需要青年奋斗。当然，这里的奋斗不是静态的，而是动态的，不是死的，而是活的，不是僵化的，而是灵巧的。因此，要奋斗就要变动起来，在变动和变革中创造新生就成为青年的权利和义务。李大钊从世界变动的现状和规律的角度，提出若要创造动的文明、动的国家、动的民族、动的生活，就必须要依靠动的青年而非静的青年，青年要活泼泼而非奄奄待死。他热情宣称：“因此我很盼望我们新青年打起精神，于政治、社会、文学、思想种种方面开辟一条新径路，创造一种新生活……这全是我们新青年的责任，看我们新青年的创造能力如何？进！进！进！新青年！”[②]“故甚希望吾沈毅有为坚忍不挠之青年，出而肩此巨任。”[③]在世界变动、历史变革和社会变化中，政治活动是最关键也最富于创造性的活动之一。众所周知，青年群体是最热衷于政治、最善用关注和参与政治改革的群体。李大钊一向重视青年，把青年视为社会的优秀分子，从而也自然而然地把他们当作社会变革和政治改革的主力军。他指出：“我们深信，今日政治改革的第一步在于好人须具有奋斗的精神。凡是社会上的优秀分子，应该为自卫计，为社会国家计，出来和恶势力奋斗。”[④]总之，李大钊提倡青年奋斗，激励青年有所作为，他从文明历史和世界革命中看到了青年奋斗的意义和价值，充分肯定了青年的创造性，这是符合历史唯物主义和辩证法的奋斗观，也是科学进步的青年观。

①《李大钊全集》（第1卷），北京：人民出版社2006年版，第167—168页。
②《李大钊全集》（第2卷），北京：人民出版社2006年版，第198—199页。
③ 同上书，第97页。
④《李大钊全集》（第5卷），北京：人民出版社2006年版，第370页。

2. 指出奋斗青年要自觉觉醒并把握好人生奋斗方向

李大钊一方面指出了青年奋斗的必要性和必然性，强调了青年奋斗对于国家和民族的特殊价值，另一方面也强调青年要有奋斗的自觉性并且要把握好奋斗的方向。他指出："青年呵！你们临开始活动以前，应该定定方向。譬如航海远行的人，必先定个目的地，中途的指针，总是指着这个方向走，才能有达到那目的地的一天。若是方向不定，随风飘转，恐怕永无达到的日子。"[①] 概括而言，他主要从三个方面提出了主张：其一是奋斗青年要觉醒且担责。他指出："国家不可一日无青年，青年不可一日无觉醒，青春中华之克创造与否，当于青年之觉醒与否卜之。"[②] 他抨击那种抱着"伟丈夫"的大腿，躲在他背后的人说："须知中国今日如果有真正觉醒的青年，断不怕你们那伟丈夫的摧残；你们的伟丈夫，也断不能摧残这些青年的精神。"[③] 觉醒的本质在于对自身所承担的社会责任的觉醒，也就是要勇于承担责任。李大钊指出："等旧民族之复活，非其民族中老辈之责任，乃其民族中青年之责任也。"[④] 其二，他强调奋斗青年要与罪恶社会斗争，创造新生活。他呼吁："吾望吾青年，出其奋发活泼之精神，与兹罪恶之社会宣战，使之日进于光明。"[⑤] 他希望青年成为新生活的创造者，"希望活泼泼的青年们，拿出自杀的决心，牺牲的精神，反抗这颓废的时代文明，改造这缺陷的社会制度，创造一种有趣味有理想的生活。"[⑥] 其三，他指明了奋斗青年要在思想上追求进步，要冲决陈旧学说，拥抱时代精神和进步主义。他指出："青年之自觉，一在冲决过去历史之网罗，破坏陈腐学说之囹圄，勿令僵尸枯骨，束缚现在活泼泼地之我，进而纵现在青春之我，扑杀过去青春之我，促今日青春之我，禅让明日青春之我。"[⑦] "夫青年安心立命之所，乃在循今日主义

①《李大钊全集》（第2卷），北京：人民出版社2006年版，第317页。
②《李大钊全集》（第1卷），北京：人民出版社2006年版，第167页。
③《李大钊全集》（第2卷），北京：人民出版社2006年版，第313页。
④《李大钊全集》（第1卷），北京：人民出版社2006年版，第170页。
⑤ 同上书，第295页。
⑥《李大钊全集》（第3卷），北京：人民出版社2006年版，第124页。
⑦《李大钊全集》（第1卷），北京：人民出版社2006年版，第191页。

以进。”[①] 于此，按照李大钊的主张，奋斗青年的破旧立新就要从思想上寻求进步，要排除封建主义的陈腐思想，取纳马克思主义、社会主义和民主革命的思想。

3. 明确青年通过奋斗建设宏伟事业的目标和途径

对于李大钊而言，人生最宏伟最壮丽的事业就是为了国家命运、民族前途和人民幸福而奋斗的事业。他在《狱中自述》中曾指出：“钊感于国势之危迫，急思深研政理，求得挽救民族、振奋国群之良策。”“钊自束发受书，即矢志努力于民族解放之事业，实践其所信，励行其所知。”[②] 以此思想为根基，他特别重视青年通过奋斗来建设宏伟事业的问题。首先，对于青年来说，宏伟的事业体现为为国为民的事业，奋斗青年的贡献在于对创造新中华、新中国的贡献。他指出：“青年所以贡其精诚于吾之国家若民族者，不在白发中华之保存，而在青春中华之创造。”[③] “吾族青年所当信誓旦旦，以昭示于世者，不在龈龈辩证白首中国之不死，乃在汲汲孕育青春中国之再生。”[④] 其次，奋斗需要发挥伟大的奋斗精神，从中汲取精神力量，鼓舞青年前进。李大钊强调：“青年学子，惟当奋其慷慨悲壮之精神，以建宏伟盛大之事业。”[⑤] 最后，宏伟的事业并不是一句空话，也不是漫无目标的，而是在许许多多具体作为中体现，需要经历漫长复杂而且十分艰苦的过程才能达成。为此，在投身民主革命的每一阶段，李大钊都倾力支持和鼓励青年从奋斗中寻找人生的幸福和快乐。他号召广大青年投身国民革命运动，呼吁说：“我希望中国的青年诸位，全都起来，参加现在之国民革命运动，使之早日实现。”[⑥] 当李大钊认识到真正的中国革命事业就在发动工农运动后，他竭力呼吁青年到农村、工矿等中国革命第一线去奋斗。他倡导知识阶级与劳工阶级“打成一气”，号召奋斗青年到农村去。他号召说：“农村中很有青年活动的余地，并且有青年活动的需要……青年呵！速向农村去

①《李大钊全集》(第1卷)，北京：人民出版社2006年版，第190页。
②《李大钊全集》(第5卷)，北京：人民出版社2006年版，第226、230页。
③《李大钊全集》(第1卷)，北京：人民出版社2006年版，第167页。
④ 同上书，第187页。
⑤ 同上书，第196页。
⑥《李大钊全集》(第5卷)，北京：人民出版社2006年版，第57页。

吧！”[①]“革命的青年同志们，应该结合起来，到乡村去帮助这一般农民改善他们的组织，反抗他们所受的压迫！”[②]李大钊不仅对青年充满满腔希望，对青年成长竭诚帮扶，对青年做人认真教谛，他还十分关心爱护青年，始终保护青年。就在他走到人生尽头，走向绞刑架的时刻，他还表达“惟望当局对于此等爱国青年宽大处理，不事株连，则钊感且不尽矣！”[③]

（三）李大钊青年奋斗观的当代价值

李大钊是中国共产党的创始人，是伟大的无产阶级革命家和政治活动家。他对于青年的关心和提携不仅代表和反映了中国共产党始终一贯坚持的马克思主义青年观，而且极具鲜明的实践价值和教育意义。在李大钊的影响下，无数有志青年奔赴向前、继往开来地投入到中国共产党领导的革命、建设、改革和新时代中华民族伟大复兴的宏伟事业中，成就了光荣辉煌的历史伟业，也成就了光辉灿烂的奋斗人生。在中国特色社会主义新时代，中国共产党领导人民群众正奋力推进社会主义现代化强国建设，努力实现中华民族伟大复兴，广大爱国青年正恰逢人生事业的黄金期，处于大有可为的机遇期。从李大钊青年奋斗观中汲取思想营养，必将有益于中国和中华民族的事业，必将有益于青年成长。

1. 为中国共产党重视青年和用好青年奠定思想基础

青年代表着未来，决定着人类的前途和命运，历史的接力棒最终要交到一代一代新青年的手中。纵观李大钊的思想体系，重视青年、爱护青年并竭尽全力地帮助和支持青年是其中最为显著的思想亮色，也是李大钊青年奋斗观的主基调。李大钊对时代青年的重视和关怀为中国共产党种下了青年奋斗观的种子，衍生出了中国共产党重视青年、关心和爱护青年、引领和教育青年的优秀传统。从毛泽东当年所提出的“青年是革命的先锋队”[④]，到今天习近平所反复强调的“中华民族伟大复兴终将

①《李大钊全集》（第 2 卷），北京：人民出版社 2006 年版，第 307 页。
②《李大钊全集》（第 5 卷），北京：人民出版社 2006 年版，第 84 页。
③ 同上书，第 230 页。
④《毛泽东文集》（第 2 卷），北京：人民出版社 1993 年版，第 190 页。

在广大青年的接力奋斗中变为现实”[①]，都显著地体现了中国共产党重视青年、关心青年、信任青年和团结青年的传统，凝结了中国共产党对青年所抱有的殷切期望。在新时代新阶段，中国共产党和广大爱国青年面临着新形势新任务，需要发扬长期奋斗、永久奋斗的精神，实现建设社会主义现代化强国的梦想，实现中华民族伟大复兴的夙愿。可以说，李大钊青年奋斗观是他留给中国共产党的一笔宝贵的精神财富，也是广大青年在奋斗中实现人生价值、成就人生梦想的思想指南。

2. 勾画了新时代青年奋斗和建设青春未来的美好前景

在李大钊的青年奋斗观中，一条鲜明的主线就是青年要为青春中华进而为青春宇宙而奋斗。在他看来，奋斗是青年的人生关键词，人生需要奋斗，而且需要不懈奋斗。奋斗的青年一方面是青春中华的主人，另一方面也是中华美好前景和世界美好未来的缔造者。李大钊热情呼吁说：“青年循蹈乎此，本其理性，加以努力，进前而勿顾后，背黑暗而向光明，为世界进文明，为人类造幸福，以青春之我，创建青春之家庭，青春之国家，青春之民族，青春之人类，青春之地球，青春之宇宙，资以乐其无涯之生。”[②]这其中所体现的高瞻远瞩的历史视野和宽广博大的宇宙情怀，显然使得李大钊超越了不少同时代人士的思想格局和实践视野。今天看来，李大钊当年提出的青年奋斗的主题仍不过时，也不会过时，其中所提到的为世界文明、人类幸福而奋斗的任务依旧是新时代青年的责任。党的十八大以来，习近平总书记在擘画人类命运共同体蓝图时始终强调青年在其中的责任和使命，这无疑是对李大钊青年奋斗观的继承和发扬。在这个意义上说，李大钊当年提出的主张，今天正在一步步落到实处，也一步步走向更加成熟、更加成功的未来。

3. 激励有志青年养成投身国家建设、持续奋斗的责任意识

在李大钊看来，青年是国家之魂。他指出：“国家丧其青年，则其国无生机。”[③]按照这样的思考，李大钊一方面强调国家要助力青年，另一方面强调青年要报效国家。从 20 世纪初年开始，为国为民成为时代

①《习近平谈治国理政》(第 1 卷)，北京：外文出版社 2018 年版，第 49 页。
②《李大钊全集》(第 1 卷)，北京：人民出版社 2006 年版，第 192 页。
③ 同上书，第 168 页。

青年的最重要选择，也成为中国青年奋斗的主要潮流。对于新时代的广大青年而言，为国家建设而奋斗依旧是时代的最强音，是自身成长的强心剂。当年，李大钊曾经语重心长地指出：“吾惟盼吾新中国之新青年速起而耸起双肩，负此再造国家民族之责任，即由青年以迄耄老，一息尚存，勿怠其努力，勿荒其修养，期于青年时代为一好青年。”[①] 今天，党中央在所有重要的场合和重大时刻都会提到青年，也反复强调尊重青年、信任青年，为青年成长奠好基、铺好路。可以认为，新时代已经为青年奋斗提供了前所未有的机遇，为广大奋斗青年发挥聪明才干、展示飒爽英姿提供了舞台。广大青年理应从自李大钊以来的中国共产党的青年思想中获得精神武器，提高思想觉悟，增强责任意识，永担时代使命，为实现百年来中华民族的复兴梦想接力奋斗，成功完成属于这一代的历史任务。

（原文发表于《青年学报》2022 年第 4 期）

①《李大钊全集》（第 2 卷），北京：人民出版社 2006 年版，第 34 页。

九

李大钊：塑造革命的雄健国民和青春力量

李大钊是伟大的无产阶级革命家，是中国共产党的创始人之一。他一生从事教育救国、革命报国的事业，尽管只有短暂的38岁生年，但却在中共党史树立了光辉的典范，留下了崇高的丰碑。毛泽东在1945年中共七大时评价李大钊是五四运动中最有觉悟的知识分子，是代表左翼和起了大作用的。习近平2009年在纪念李大钊诞辰120周年大会上也指出要学习李大钊坚定的爱国主义精神、对马克思主义的坚定信仰、科学运用马克思主义并紧跟历史发展和时代潮流不断探索的精神、勇于献身的革命精神和无私奉献的高尚品德。在新时代新的发展阶段，在中华民族伟大复兴的战略全局和百年未有之历史大变局的交汇点上，学习百年党史特别是缅怀李大钊作为革命家所作出的教育贡献，需要认真梳理李大钊把革命和教育相结合、用革命精神改造中国社会、教育国人、确立信仰和塑造人格的辉煌业绩，需要在缅怀他的丰功伟绩和高尚人格中明理增信、崇德力行。

（一）读书为救国，教育为革命

李大钊出生于1889年，祖籍直隶乐亭。他出生在一个贫苦的农家中，“在襁褓中即失怙恃，既无兄弟，又鲜姊妹，为一垂老之祖父教养成人”。他自幼刻苦读书，先后在永平府中学、天津北洋法政专门学校和日本早稻田大学读书后受聘北京大学，期间也在朝阳大学、女子师范大学、师范大学、中国大学教授史学思想史、社会学等科。1920年9月，李大钊和陈启修、陶孟和、张慰慈等在北京大学政治系举办了“现代政治讲座”，讲授“十月革命”后苏俄、世界各国工人运动的情况及中国劳工状况。同年10月，李大钊又在北京大学开设了“唯物史观研究”，宣传唯物主义的基本原理，并用它来解释中国的历史和现实问题。此后，他又在史学系开设了“史学要论”“史学思想史”，在经济系开设了“社会主义与社会运动”，在法律系开设了“社会主义史”等多种课程。据粗略统计，李大钊先后开设和讲授多门与社会发展研究、马克思主义思想方法有关的课程，其中“唯物史观”“工人的国际运动与社会主义的将来”“社会主义与社会运动”等课程直接传播马克思主义，并尝试用马克思主义解释中国的历史和现实国情。这些课程是在旧中国最早传播马克思主义的课程，其中所贯穿的思想方法和立场既是对马克思主义中国化的教育尝试，也是马克思主义理论在时代青年中传播和教育的可贵探索。在这些课程中始终贯穿着一条线索，那就是教育青年人读书救国、改造社会。

在彼时的北京大学，蔡元培校长采取了“兼容并包、思想自由”的教育方针，倡导“无论为何种学派，苟其言之成理，持之有故，尚不达自然淘汰之运命者，虽彼此相反，而悉听其自由发展。”除去对各种思想、各种学说流派持包容态度外，当时的北京大学还流传蔡元培提倡的读书之道——“读书不忘救国，救国不忘读书”。这与李大钊早年立下的求学宏愿契合无余。对李大钊而言，读书并不是谋求个人升官发财、飞黄腾达的捷径，他是“感于国势之危迫，急思深研政理，求得挽救民族、振奋国群之良策”并“矢志努力于民族解放之事业”。确立了这样的认知和信念后，李大钊的教育救国之路就直接指向了挽救处在帝国主义列强和封建主义旧势力压迫下积贫积弱的中国，指向了传播救国救民的真理，教育青年知识精英和唤起广大民众了。可以说，他的“隐忧”和“大哀”已指向党国、心系民众和社会，他对于国情、风俗、政治、真理的关注就不再是狭隘的教育而是闳放且高尚的教育之道，他对于国民薪胆、新生命、青春的呼唤也就毅然超越了个人的荣辱而直接与国家、人民的命运相关联了。由此，作为教育家的李大钊所倡导的是革命的教育，是为国为民的教育，他所树立的教育丰碑是划时代、创时代和升华时代的教育丰碑。

（二）提倡民族精神，批判国民劣根性

百年前，在看到民族危亡、国破家败的社会实境时，不少有志之士都在探寻救国之途，所采用的思路和方法也迥异不一，实业救国和教育救国是其中颇有代表性的两种思路。就教育救国而言，既有提倡平民主义的教育论，也有开展职业教育的实践论。然而，恰如著名教育家、图书出版人张元济所言，新教育之所以不见效果，就是因为只注意了知识上的新，而如果教育不能改变旧人格、塑造新人格的话，那么教育出来的人在人格上仍旧是东倒西歪，新教育就不能从根本上起到改变国运的效果。据黄炎培回忆，他曾于1921年到北京专访李大钊，就国内、国际大局前途的看法交换意见。李大钊说："我们的看法大致相同，主要是唤起民众。只是在做法上，你们重教育，我们教育之外还重组织。"可以说，在积极筹建改变社会的革命组织力量之外，李大钊在教育问题上的思考着重放在启迪民智、唤起民气、升华民德和国民精神上。为此，他大力倡导中华民族精神，致力于改造国民性格，力图从根子上破旧立新，为中国社会的变革寻找精神解放和思想觉悟的曙光。

李大钊在国运衰微和民族的忧患中看到了振奋民族精神的必要性。他强调"现在是解放时代了！解放的声音，天天传入我们的耳鼓。但是我以为一切解放的基础，都在精神解放。……所以我们的解放运动第一声，就是'精神解放'。"然而，一个民族的精神解放，需要的是整体性的民族精神的觉悟和升华。因此，对于李大钊而言，真正能够促进革命和解放的不是别的，正是民族精神的强大。他认为，"强大优越之民族，其民族精神之缔结，足以助其争之本能，以高其固有之境遇。"针对当时国民精神疲弱、民气不振的情况，李大钊特别强调教育对于塑造民族精神的价值。他指出："是则吾民族特性……今而湮没不彰者，殆教育感化之力有未及。"因此，要强国兴邦，就必须通过教育筑造"国民精神知能"，教育是"培根固本之图，所关至钜"。他相信进行民族精神教育能够激发人的主体性，达到精神唤醒的目的，因此把民族精神教育看作比环境熏染更重要的手段。他指出："'境遇'属乎自然，'教育'基于人为。纵有其'境遇'而无'教育'焉，以涵育感化之，使其民族尽量以

发挥其天秉之灵能，则其特性必将湮没而不彰，久且沦丧以尽矣。”在李大钊看来，开展民族精神教育不仅仅是知识教育，而是人格教育和知识教育的综合。他认为教育如果只偏重知识，“而忽于使用知识之人格，知识也不过是作恶的材料”。这一点，恰恰与有深刻洞见的张元济先生不谋而合。

民族精神和国民性是表征民族特性这枚硬币的两面，二者互嵌相生，民族精神代表积极进步的精神因素，而国民性特别是国民劣根性则是民族性格中顽劣低俗的部分。李大钊一方面高度歌颂和倡扬民族精神，指出：“我们的扬子江、黄河，可以代表我们的民族精神。目前的艰难境界，那能阻抑我们民族生命的前进。我们应该拿出雄健的精神，高唱着进行的曲调，在这悲壮歌声中，走过这崎岖险阻的道路。”另一方面，李大钊也严厉地批判中国民众中的性格积弊和落后腐朽之处。对于国民劣根性，他毫不留情地指出，由于长期受传统文化中不良因素的影响，民众“惰性太深，奴性太深，总是不肯用自己的理性，维持自己的生存，总想用个巧法，走个捷径，靠他人的势力，摧除对面的存立。这种靠人不靠己，信力不信理的民族性，真正可耻！真正可羞。”为此，他倡导“铲除种族根性之偏执，启发科学的精神以索真理”。毫无疑问，真正能够启发科学精神的真理，就是李大钊追求并为之献身的马克思主义。

（三）着眼国情教育工农

李大钊出身农民家庭，在从事革命斗争事业中也深受俄国革命道路的影响，因而对于开展工农运动中教育问题颇有关注。他十分注意进行调查研究工作。他曾经多次深入到农村、工厂中了解工农的生活状况和思想状况。作为思想敏锐的革命战士，他通过调查研究洞察了中国国情，对处在社会剥削和阶级压迫链条最底端的农民和工人的生活状况、思想状况知之颇深、悟之颇透、育之颇切。他认为：“经济问题的解决，是根本解决。”而根本解决，必须用主义去教育、组织工农群众开展斗争。众所周知，中国共产党是靠工农革命起家的，作为中国共产党的创始人之一，李大钊当然不忽视对工农群众开展革命意识的启蒙和教育。

1919年2月，李大钊发表了《青年与农村》一文，其中对农民问题的严重性有十分深刻的提点。他指出："中国农村的黑暗，算是达于极点。"他说："我们中国是一个农国，大多数的劳工阶级就是那些农民。他们若是不解放，就是我们国民全体不解放。"他号召知识青年到农村去，运用现代民主政治的精神，去作开发农村、为立宪政治打下基础。他强调："要想把现代的新文明，从根底输到社会里面，非把知识阶级与劳工阶级打成一气不可。"中国共产党建立以后，李大钊积极领导北方区的农民革命运动，加强对农民的教育和指导。他不但亲自到京郊和北方一些省份指导农民教育活动，还派遣了一大批干部奔赴各地从事农民教育，借以指导农民运动。在一系列的农民教育活动中，李大钊和他领导下的北方地区有效地建立了农民武装，开展了农民合作斗争，壮大了农民运动的力量。

按照俄国革命的启示，工人是革命的中坚，是不可代替的革命力量。在五四运动前，李大钊就关注到中国工人的生存状况和教育状况，他对唐山煤厂工人的悲惨状况颇为担忧。同样是在1919年2月间，李大钊发表了《劳动教育问题》，集中对工人教育发表了自己的看法。他分析了工人教育的重要性和必要性，揭露了资本家迫害和奴役工人的罪恶，特别提出按照现代民主政治的精神维护工人权利、激发工人阶级觉悟的问题。他希望社会人士关心劳动人民的教育问题，指出现代教育必须多设补助教育机关，使一般劳作的人有受教育的机会，提出"在教育上、文学上也要求一个人人均等的机会，去应一般人知识的要求"。他在领导中共北方区开展工人运动的过程中，一方面特别强调教育工人加强自身的团结，另一方面也号召工人敢于斗争、敢于维护自身的权利。他从革命觉悟和阶级意识上唤醒工人，在大量的调研和协调工作中组织工人开展罢工运动。他指出："最后的阶级争战，在世界、在中国均已开始了。"尽管有流血牺牲，工人们"仍然要奋勇上前，继续牺牲者愿做而未成的事业"。正是在李大钊的指导之下，邓中夏等人于1919年3月发起成立了北京大学平民教育讲演团，致力于进行工农平民教育。李大钊本人也在同年12月参加发起组织"工读互助团"，全力投入启蒙工农、唤起工农阶级觉悟的革命教育活动中。中国共产党成立之后，李大钊又把提高工农群众阶级觉悟当作中国共产党的重要任务，提出“中国共产党要成为反对国际主义帝国主义斗争中的先锋队”，“要向工农大众解释清楚国内战争的起因何意义……将这些群众组织起来，以进行阶级和民族的决战”。总的说来，可以认为，对工农群众开展阶级教育，俨然是李大钊教育思想中的重点，是李大钊为革命教育所作出的神圣选择和伟大革命活动的中心工作。

（四）唤醒青春点教青年

在中国共产党的早期领导人中，李大钊是重视和关爱青年、保护和培养青年的典范。他认为中华民族虽遭逢大难，但青春中华断然有救、青春民族和青春国家依旧可爱而绝不可弃。为此，他充满热情地歌颂青春和青年，不仅称青春是“人生之华”“人生之王”，而且称青年是“国家之魂”，其“前途辽远”。他号召青年速向农村去，开发国民，把知识阶级与劳工阶级打成一气。他认为创造青春中华是青年之惟一使命，“惟盼吾新中国之新青年速起而耸起双肩，负此再造国家民族之责任”。他认为青年所有之中华是理想的中华、胎孕中之中华，而一切新创造、新机运都是青年独有之特权，青年之生为自我所生，青春中华之创造为青年而造，断不许老辈以其沉滞颓废、衰朽枯窘之血液侵及新生命。鉴于对青年的特殊倚重，李大钊对青年也极为理解、极其关爱。在北京大学任职期间，他关心青年学生生活和学习，为不少人提供学宿费用担保，接济条件困难的学生，也多次为青年爱国活动和社团学习提供资助。即使身陷囹圄、备遭折磨，但在最后的《狱中自述》中，李大钊仍坚定声明：“倘因此而重获罪戾，惟愿当局对于此等爱国青年宽大处理，不事株连”，展现了一位无产阶级革命家大无畏的牺牲精神和对爱国青年们的赤诚爱护。

革命是革命家的实践主题，教育是教育家的生命主线，革命教育最有价值、最有意义的地方不在书本中，不在课堂上，而在鲜活而丰富、充满艰辛的革命组织工作和革命斗争实践中。李大钊既是中国共产党卓越的革命家，也是杰出的革命教育家。他在从事革命教育工作中，既重视从理论和思想上启迪青年、在传播马克思主义中引导青年选择正确的人生道路，更重视从实践和发展中创造机会，让青年在投身革命活动中锻炼成长，为革命作实际贡献。他帮助同乡后生李运昌上军校并走上革命道路，也先后派王岑伯、王佩环到乐亭中学抓教育；他曾资助和安排秦德君参加革命工作，也曾派李子洲、多松年等分别到陕北、内蒙从事革命活动。在担任中国共产党北方区领导人期间，李大钊又抽调北方区委大批青年中坚干部南下，支援武汉地区和南方省区的革命，其中受他委派的革命干部中就有何孟雄、张昆弟、吴雨铭、贺昌、安体诚、史文彬等多人。革命是青年成长的催化剂，也是党员信仰的试金石。在广阔天地中进行革命教育、从事革命实践，不少青年为中国革命献出了生命、付出了巨大牺牲。当然，也有人在大浪淘沙中离开了革命队伍。不管怎样，革命先驱李大钊所点燃的熊熊火焰，燃起了无数革命青年的激情，为中国革命蓄养了火种、壮大了组织、储备了力量。李大钊对青年的教育和指引，无疑是中国革命得以持续和走向胜利的前因。正是在这个意义上，当站在新的历史起点上回首中国共产党百年走过的道路时，我们理应对革命导师李大钊敬献无上的钦佩，对他赤诚的革命精神、崇高的革命人格、坚韧的革命意志和伟大的革命理想再生难抑的赞叹和永恒的敬重。

（原文发表于《中国高等教育》2021 年第 15 期）

◎参考文献

[1]《李大钊文集》（上、下），北京：人民出版社 1984 年版。

[2]《李大钊全集》（1—5 卷），北京：人民出版社 2006 年版。

[3] 习近平：《在纪念李大钊诞辰 120 周年大会上的讲话》，《人民日报》2009 年 10 月 27 日。

[4] 许德珩等：《回忆李大钊》，北京：人民出版社 1980 年版。

[5] 朱建民、荣挺进：《李大钊教育文存》，北京：当代中国出版社 2019 年版。

[6] 许全兴：《李大钊语萃》，北京：华夏出版社 1993 年版。

[7] 杨琥：《李大钊年谱》，昆明：云南教育出版社 2020 年版。

十

新时代加强李大钊研究的若干思考

李大钊是中国共产党的创始人，也是党内最早传播马克思主义的旗手。李大钊研究是中共党史研究的重要领域，也是马克思主义研究的重要命题。自从1927年4月李大钊就义后不久始，对于李大钊生平、思想和贡献的研究就拉开了序幕。近百年来，国内外学术界对李大钊进行了多方面的研究，关于李大钊研究的著述积累已久、蔚为大观。2009年10月28日，时任国家副主席的习近平在纪念李大钊诞辰120周年座谈会上发表讲话，称赞李大钊开创的伟大事业，认为他留下的思想遗产永远不可磨灭。党的十八大以来，习近平总书记又先后在欧美同学会成立100周年庆祝大会、同北京师范大学师生代表座谈会、在哲学社会科学工作座谈会以及庆祝中国共产党成立95周年大会等众多场合多次提到李大钊，称赞他在传播马克思主义和创建中国共产党上作出的重要贡献。在建党百年之际的党史学习教育活动中，习近平总书记又强调加强马克思主义学习研究和深化中共党史研究，提出全党要坚持唯物史观和正确党史观。从这一要求出发，新时代如何加强和深化李大钊研究，如何在李大钊研究中坚持唯物史观和正确党史观，如何促进近百年的李大钊研究百尺竿头更进一步？这是一个值得深入思考的学术问题，也是一个需要明确回答的时代命题。

（一）近百年李大钊研究的重大成就

李大钊是活跃在20世纪初中国政界和学术界的重要人物，具有广泛的社会影响。在政治上，他是杰出的政治活动家，不仅是中国共产党的创始人，也是构建首次国共合作统一战线的领导者。在学术上，他用马克思主义唯物史观激活和革新旧传统旧学术，开辟了现代中国学术新境界。鉴于其重要的社会影响力，李大钊的被捕和就义在国内外产生了巨大反响。从1927年4月7日起，《世界日报》《晨报》等知名报刊就连续刊登了李大钊被捕和营救的消息，其中既有国内名流、大学联盟的教职员和李大钊乡友营救他和学生的信息，也有国内外政界驻华使团关注案件进展和就此发表政见的报道。从那时起，国内对李大钊的关注和研究事实上就开始了。百年来，李大钊研究的重大成就可略述如下：

1. 撰刊和出版李大钊的传记

传记是人物研究的最直接成果，体现传主的生平和思想。李大钊不幸就义后的第二天，即1927年4月29日，由高一涵执笔撰写的《李大钊同志传略》就在《中央日报》副刊发表，《顺天时报》同日亦刊登李大钊历略。1927年5月23日，国民党中央机关报《中央日报》附属《中央副刊》（汉口）再次发表高一涵的《李大钊同志传略》，24日、25日的《民国日报》（汉口）以《李守常先生传略》为名刊发。这几则履历略传虽然简单介绍了李大钊的生平，还不属于严格意义上对李大钊的研究，但却揭开了各界关注李大钊及其就义后续诸多事件的序幕，在一定意义上说也开启了对李大钊的研究。1933年4月，李大钊灵柩得以安葬后，国内外媒体上又出现不少对此事件报道和对李大钊追忆的文章。此时已是大钊就义数年之后，而出现于披露史料和人物评传中的李大钊形象，就不再是简单的生平记述，而是越发翔实、愈发深入和更为全面了。比如，1934年6月王森然在北京杏岩书屋出版的《近代二十家评传》中把《李大钊先生评传》作为一家，在一定程度上就已经可以被视作研究作品了。

近百年来，各界出版了多部关于李大钊的传记（含评传、传略和生平纪年），中文传记主要有：张次溪著《李大钊先生传》（宣文书店1951年版），朱乔森领衔的李大钊传编写组编的《李大钊传》（人民出版社1979年版，后由不同出版社分别于1980年后出版不同语种版本，计有蒙古语、维吾尔语、朝语、哈萨克文版等），张静如、马模贞编著《李大钊》（上海人民出版社1981年版），姚维斗和骆墨分别在1979年、1998年撰写过以《李大钊传》为名的论文，杨树升著《革命先驱李大钊》（北京大学出版社1989年），尚恒其主编《李大钊传略》（中国社会出版社 1995 年版），朱成甲著《李大钊传》（中国国际广播出版社 1996 年版），华岩著《李大钊》（中国和平出版社 1996 年版），朱志敏著《李大钊传》（山东人民出版社 1998 年版、中国日报出版社 1999 年版、红旗出版社 2009 年版），王桧林著《李大钊传》（山东人民出版社 2003 年版），郭一平编《李大钊传》（学苑音像出版社 2004 年版），朱文通著《李大钊传》（天津古籍出版社 2005 年版），朱成甲著《李大钊传〈上〉》（中国社会科学出版社 2009 年版），吕岗著《李大钊》（吉林文史出版社 2011 年版），刘建军著《李大钊思想评传》（福建人民出版社 2011 年版），汪建民著《李大钊》（北京工业大学出版社 2012 年版），覃艺、张倔著《中国工运历史人物传略——李大钊》（中国工人出版社 2012 年版），王珊珊著《李大钊传》（北京世代华文书局 2016 年版），郭德宏、张明林著《李大钊传》（红旗出版社 2016 年版），董宝瑞编著《李大钊评传》（燕山大学出版社 2017 年版）等二十余种。中国台湾曾由文献编纂委员会编辑《李大钊传》（载《中华民国史》，1988 年）。此外，日文版本的李大钊小传或传略主要有西顺代藏的《李大钊》（《一桥论丛》第 45 卷 4 号）、伊藤武雄的《关于李大钊》（《黄龙与东风》1964 年）、森正夫的《李大钊》（《中国人物丛书》1967 年）、丸山松幸的《李大钊革命史略》（《东洋研究》1980 年）及《李大钊传记资料记录》（东京大学教学部 1980 年）等。传记是人物研究的特殊文本，是记载和评述传主活动和思想的基本形式，构成了人物研究的主要载体。以上所列这些传记和传述的著刊时间、详略程度、研究侧重点和内容结构的组织方式虽同异相参、各具特色，但基本上都是按照李大钊生平时序，把他的思想融于活动之中、贡献彰于史实之内。可以认为，这些传记的思想价值不一而足、具体观点和立场不一而论，甚至有些观点带有明显的偏误和错解，但均可以被看作李大钊研究中的一类重要成果，其研究意义和参考价值无需赘言。

2. 汇编注释李大钊的文献与著作

李大钊不但是伟大的革命活动家，也是杰出的思想家。他生年虽短，但留下了大量文章和不少著述。研究李大钊的一个前提性工作就是汇编、整理李大钊的文献和著作。在这方面，既有团体性组织性的工作，也有学者个体性的工作，均是出于学习、研究李大钊的使命和责任，对学界研究李大钊也都发挥了重要的奠基性的作用。择其要者，近百年来这方面已经出现的代表性的成果有：其一，1984年，人民出版社出版了由中共北京市委党校中共党史教研室袁谦负责组织编辑的《李大钊文集》，该文集分上、下两册，汇编和收录了李大钊1912年至1927年间散见于报刊、杂志和党内刊物上的著文437篇，其中长短文387篇，诗歌24篇和书信26封。文集的出版掀起了国内李大钊研究的第一次高潮，对于系统化、整体性地研究李大钊的文献和思想起到了重要的推动作用。通过总览1927—1984年间李大钊研究的样态可见，《李大钊文集》出版前，国内出现的研究成果以纪念、回忆、宣传和史实考订类文章占比较大。文集出版后，借助文献资料进行思想探究类文章大量涌现，极大地丰富了李大钊研究的类型，也深化了李大钊思想研究。

其二，1999年，河北教育出版社出版了朱文通等整理编辑的《李大钊全集》，分四卷收录了1909年至1927年间的李大钊著文，共计577篇（部）文稿，其中增补新刊印文献61篇。该全集由河北省社会科学院、河北省李大钊研究会合编，在编排方式上作了更新和设计，并且添加了校勘性注释。同年，中国李大钊研究会编注《李大钊文集》（五卷本）（人民出版社1999年版），中共中央宣传部、中共中央文献研究室、中共中央党史研究室经党中央批准，于文集发行当天联合召开"《李大钊文集》出版暨纪念李大钊诞辰110周年座谈会"，胡锦涛在会上发表重要讲话。为更好地甄别、增补、修订、校勘和汇总文献，中国李大钊研究会于2006年编注并在人民出版社出版了五卷册《李大钊全集》最新注释本，该《李大钊全集》系上述五卷本《李大钊文集》更名而成，并于2013年再版。文集和全集的出版是国内李大钊研究中具有里程碑意义的重大成果，为海内外李大钊研究提供了迄今为止最为全面、最为翔实的文献资料，迄今仍是李大钊研究的权威材料。毫无疑问，全集的出版掀起了新一轮的李大钊研究高潮，进一步推动了海内外李大钊研究。

需要指出的是，多年以来，国内一大批从事中共党史特别是李大钊研究的学者为汇编整理校勘李大钊的文献呕心沥血、兢兢业业，先后编辑出版了《守常全集》（由李乐光1939年4月编辑出版，面世即被禁止，后更名为《守常文集》，北新书局1949年版）、《李大钊选集》（丁守和等编，人民出版社1959年版）、《李大钊文集〈续〉》（中共北京市市委党史研究室编，1989年10月版）、《李大钊遗文补编》（姚维斗、杨芹编，黑龙江人民出版社1989年版）。另外，按照类别汇编的著作有《李大钊史学论集》《李大钊法学文集》《李大钊诗文选集》《李大钊爱国文选》《李大钊教育文选》等。分类汇编的文献中，有的来自于文集和全集，有的也补充了之后出版的文集和全集。这一类文献汇编洋洋大观，是目前李大钊研究中最不可缺少的参考资料。

3. 编著出版李大钊年谱和辞书

年谱是按照谱主生年记时记录其生平和活动的直接成果，是时序性最强的著作品种，均以年、月、日顺序组织汇编材料记事叙事。年谱是殊别于传记和文集的特殊文体，是检索、查找谱主的活动的便捷工具。辞书（含辞典）则以关键词分类，以活动和思想中的关键点为题，汇编和诠释人物的活动样貌和思想面貌。在呈现方式上，年谱呈线性和纵向结构，而辞书呈点状和横向结构。无论是年谱还是辞书，均具有研究性质，是研究人物及其思想、活动的重要工具书。

数十载以来，国内出版的年谱主要有：杨树升等李大钊年谱编写组组编的《李大钊年谱》（甘肃人民出版社1984年版），张静如、马模贞编著《李大钊生平史料编年》（上海人民出版社1984年版），许毓峰编《李大钊年谱》（1983年在《信阳师范学院学报》连载，1985年出版单行本），韩一德、姚维斗编《李大钊生平纪年》（黑龙江人民出版社1987年版），朱文通编《李大钊年谱长编》（中国社会科学出版社2009年版），杨琥编《李大钊年谱〈上、下〉》（云南教育出版社2020年版）。就目前出版物的实际情况看，杨琥所著《李大钊年谱》借前人研究之基、累十数年之功，整理出版的年谱计达137万字，是目前集编、研、注于一体，融史、论、典于一本的标志性著作。相比较于年谱，有不少辞书类工具书设置了“李大钊”作为条目予以解释，但颇具综合性和要论性的李大钊研究的辞书出版的并不多，目前出版的主要有李权兴主编的《李大钊研究辞典》（红旗出版社1994年版），该辞典计200万字，规模庞大，囊括诸详，是迄今为止颇具参考性的研究辞书，为学界总结和深化李大钊研究提供了重要的参考资料。

众所周知，在中国近代历史上，无论是革命史、中共党史，还是思想史、中国学术史，李大钊都占有重要的位置，是不可忽视的代表性人物。他本人著述颇多，著研译文跨哲学、史学、法学各界，遗作被誉为“先驱者的遗产，革命史上的丰碑”。自李大钊就义后，国内外学界对李大钊的研究就慢慢拉开了帷幕。从那时起到今天，在近百年的历程中，对李大钊的研究也因为时代和形势的变化出现过反复，既有研究高潮，也有研究低潮。但是，纵览这一长时段的研究，可谓已形成“现象级”和“全覆盖”式研究。经过不完全统计，数十载来国内出版的李大钊研究论著有 200 余部。新中国成立前发表的研究论文相对较少，而新中国成立后至今以“李大钊”为题名的研究论文多达三四千篇，已显丰富和周全。限于篇幅和研究重点，关于这一方面的研究成果，在此就不予综述了。

（二）新时代李大钊研究的原则与进向

新时代是中国特色社会主义新时代，而不是什么别的新时代。在中国特色社会主义新时代，我们不但会持续推进中国特色社会主义实现新发展、新跨越，而且也会在思想文化和学术创造上迈出新步伐，取得新成就。就李大钊研究而言，我们站在时代发展的新起点上，在总结前人研究经验的基础上，把握研究旨意与方向，提出如下研究的原则与进向，以供讨论。

1. 政治性研究与思想性研究的新融合

李大钊既是中国共产党的创始人，也是北京大学的教授和学者，兼具政治家和学者双重身份。李大钊研究既是政治研究也是思想研究，需要把研究的政治性和思想性有机统一起来，实现有效融合。所谓政治性研究要求我们充分尊重和把握李大钊在中国近现代史、中国革命史、中共党史上的政治地位、政治角色和政治贡献，做到政治第一、政治优先。所谓思想性研究要求我们高度重视李大钊及其思想在中国近现代思想史、学术史上的地位、贡献和价值，做到尊重思想、发现思想、阐释思想。在新的历史方位和时代条件下，实现政治性研究和思想性研究的新融合，就是要达到“政治中见思想、思想上讲政治”，把李大钊研究的政治性和思想性充分统一起来，消除政治误解和思想遮蔽，以政治导思想、由思想观政治，给政治进步和思想创造提供更强的动力，给政治建设和学术繁荣提供更好的空间。

2. 价值性研究与关系性研究的新开拓

在此前李大钊研究中，既有价值性研究，也有关系性研究，但总体而言，对李大钊的价值性研究盛于关系性研究。价值性研究偏重了李大钊及其思想的政治价值、社会价值，而相对忽略了其人文价值、个体价值。关系性研究偏重了李大钊及其思想的组织关系、个体关系，而相对忽略了其世界关系、行为关系。事实上，价值性研究和关系性研究是相互伴随、互相启发的，价值性研究的新进展会带动关系性研究，反之亦然。在新时代李大钊研究中，价值性研究不仅依然要突出其政治价值、思想价值和学术价值，而且要着力扩大和推进对李大钊政治关系、思想关系和社会关系的研究。笔者认为，价值性研究和关系性研究的新开拓是新时代李大钊研究中的重要生长点，是深化新时代李大钊研究、推进研究走向深入、走向精准、走向全面的基本领域，值得高度重视、关注，也需要加大投入，促进研究实现新突破，取得新成果。

3. 单向度研究与多维度研究的新交叉

在人物研究中，事件是单向的，但人物却是全面的，因此研究人物不能仅仅局限于单向度研究，而是要开展多维度研究，尽可能多维度地揭示人物思想的过程性、复杂性并进而解释人物的立体性和全面性。恩格斯在谈到人物研究时曾经指出："据我看来，现实主义的意思是，除细节的真实外，还要真实地再现典型环境中的典型人物。"①"我觉得刻画一个人物不仅应表现他做什么，而且应表现他怎样做；从这方面看来，我相信，如果把各个人物用更加对立的方式彼此区别得更加鲜明些，剧本的思想内容是不会受到损害的。"②在新时代李大钊研究中，我们需要把单向度研究与多维度研究进行重新构设与交叉，在突出李大钊及其思想某一方面显著特点的同时揭示其完整性和丰富性，在多维度研究中把握正确方向，在单向与多维的新交叉研究中还原客观、真实和全面的李大钊政治作为与思想贡献。

①《马克思恩格斯选集》（第4卷），北京：人民出版社2012年版，第590页。
② 同上书，第441页。

4. 问题式研究与命题式研究的新结合

问题是历史琴盘上的按键。任何真正历史问题的提出，都如同按下历史的音键，必然会引起历史的回响和对历史的反思。恩格斯说："问题是靠权威来解决的。"① 只有权威的解答才能科学回答真正的问题。在近百年来的李大钊研究中，学界进行了广泛的问题式研究，解决了很多与李大钊生平、思想有关的历史疑难问题。当然，关注问题也产生了不少待解答的疑问，甚至引起过激烈的争论。命题式研究更多地需要把问题串联起来，构成历史的社会的命题。命题式研究需要用更为宏阔的历史视野和更为宽广的社会视角，需要把人物及其思想研究纳入到更系统、更基本的历史社会范围，把个体问题化为社会问题、把独立视角化为广域视角。列宁指出："在分析任何一个社会问题时，马克思主义理论的绝对要求，就是要把问题提到一定的历史范围之内；此外，如果谈到某一国家（例如，谈到这个国家的民族纲领），那就要估计到在同一历史时代这个国家不同于其他各国的具体特点。"② 由此，新时代李大钊研究需要把问题式研究与命题式研究结合起来，从问题中发现命题，从命题中深究问题，使研究上层次、得深入、开新局、增新意。

5. 经辨式研究与史辨式研究的新整理

论从史出、思自经来。经辨式研究依据于文本，史辨式研究采信于史实。这两种研究在近百年李大钊研究中均有呈现，也均有斩获。不少学者从李大钊的文献文本中推导出其思想观点，也有不少学者从李大钊所从事的历史活动和史实中析论其思想蕴含。但不论是经辨式研究还是史辨式研究，都需要做到一线串珠、缀珠成链，实现研究从点到线、从线到面、从面到体、从体到局的贯通与突破。伴随着与李大钊有关的文献和史料的发掘，新时代李大钊研究如若迎来新局面，取得新突破，需要我们把经辨式研究与史辨式研究结合起来，从整理经典中整理思想，在爬梳历史中爬梳精神，在典论和史论的新结合中升级已有的价值判断，在辨经与辨史的新融通中升华已有的思想认识。就此而言，关于李大钊的研究并不是要消除经辨和史辨中的争论，而是要使之不止步于争

①《马克思恩格斯选集》（第 3 卷），北京：人民出版社 2012 年版，第 275 页。
②《列宁全集》（第 25 卷），北京：人民出版社 2017 年版，第 232 页。

论。也就是说，通过经辨式研究与史辩式研究的新整理，让研究超越争论，达成新共识，上到新台阶。

6. 传统性研究与现代化研究的新协作

研究创新不仅包括内容的创新，也包括思路和方法的创新。在一定意义上说，思路和方法创新比内容创新更具有挑战性，也更不容易实现突破。传统性研究因袭旧的思路和方法，现代化研究则要求有新思想、新学理、新工具和新方法。以传统性研究为基础，现代化研究着力拓展新空间，二者的新协作则是为研究铺设新土壤和新根基。1919 年 12 月，李大钊在谈到“新文学”时指出：“我的意思以为刚是用白话作的文章，算不得新文学；刚是介绍点新学说、新事实，叙述点新人物，罗列点新名辞，也算不得新文学。……我们若愿园中花木长得美茂，必须有深厚的土壤培植他们。宏深的思想、学理，坚信的主义，优美的文艺，博爱的精神，就是新文学新运动的土壤、根基。在没有深厚美腴的土壤的地方培植的花木，偶然一现，虽是一阵热闹，外力一加摧凌，恐怕立萎。”① 由此，新时代的李大钊研究应追求以新时代的马克思主义为指导，以贯彻落实作为当代中国马克思主义和 21 世纪马克思主义的习近平新时代中国特色社会主义思想的精神要求为标准，把历史素材和时代方位结合起来，把历史主义与现实主义协同起来，实现研究的综合创新和整体推进。

（三）新时代李大钊研究的关键命题

把握新时代新阶段的新要求，找准找好新时代李大钊研究的关键命题，是深化李大钊研究的枢纽。在系统考察近百年来学界关于李大钊研究所取得的重大成就和分析新时代思想理论研究的基本形势的基础上，择要而言，新时代李大钊研究需要从如下几个方面扎实推进：

一是在中国共产党思想体系的框架和坐标中加强对李大钊政治思想和建党思想的研究。

李大钊是中国共产党早期的革命先驱，对李大钊的研究脱离不开对中国共产党的研究。一个没有争议的是事实，李大钊及其思想不仅在当

①《李大钊文集》(下)，北京：人民出版社 1984 年版，第 164—165 页。

时深深地影响了他的学生和朋辈，特别是深深地影响了他身后的共产党人，而且对于今天的中国共产党人也不无影响。目前研究尚存在的薄弱环节中，一个突出的弱项就是李大钊及其思想与早期的共产党人乃至后来的共产党人之间关系的研究，特别是李大钊与后世共产党人在政治思想和建党思想上的联系。为此，我们要在中国共产党思想体系的框架和坐标中加强对李大钊政治思想和建党思想的研究，从历史的纵深和思想的纵深中探究作为党的创始人的李大钊的政治思想和建党思想。这方面的研究目前亟待加强和突破。毋庸置疑，该研究也将有助于我们提高对新时代中国特色社会主义进程中党的领导的政治智慧、思想智慧的认识。

二是从马克思主义中国化的历史链条和时代进步中加强对李大钊马克思主义中国化思想的研究。

李大钊是率先传播和研究马克思主义的革命人士与学者。他对马克思主义采取了科学辩证的态度，提出“一个学说的成立，与其时代环境，有莫大的关系。马氏的唯物史观，何以不产生于十八世纪以前，也不产生于今日，而独产生于马氏时代呢？因为当时他的环境，有使他创立这种学说的必要和机会。”[①]“我们批评或采用一个人的学说，不要忘了他的时代环境和我们的时代环境就是了。”[②]今天，我们对李大钊马克思主义中国化思想的研究不但可以从政治角度，而且可以从思想史和学术史的角度展开。当然，这个研究不应该是片段的、断裂的，而应当是连贯的、贯通的。从马克思主义思想史和马克思主义中国化思想史的角度出发，我们应当从中国马克思主义发展的历史链条和时代进步中观看李大钊当年的实践与思想，从马克思主义中国化的历史联系、思想联系和时代联系中探究其中国化思想的内涵、意义和价值，探寻其作为马克思主义中国化开先河者的世界意义、中国价值和实践成效。

三是从百年来中国社会主义探索的系统中加强对李大钊社会主义思想的研究。

李大钊对在中国发展社会主义有着深入的思考。从 1920 年左右开始，他就连续发表了介绍世界社会主义运动和中国实行社会主义的思路

①《李大钊全集》(第 3 卷)，北京：人民出版社 2006 年版，第 35 页。

② 同上书，第 36 页。

和办法等方面的文章，集中探讨中国社会主义的前景，提出了很多今天看来仍有十分重要的参考价值的论点和看法。可以说，研究李大钊不能忽略其社会主义思想。同样，对李大钊社会主义思想的研究一方面不能脱离开当时的时代环境和思想环境，另一方面也不能局限于其中的只言片语。笔者认为，加强新时代李大钊研究，我们需要从百年来中国探索社会主义的历史进程和思想途程的角度加强对李大钊社会主义思想的研究，特别是他对社会主义本质、精神、阶段和关系的思考。这方面的研究一方面有助于深化对李大钊思想的认识，另一方面也有助于我们理解中国社会主义现代化建设的历史和现实，理解今天正在进行的社会主义现代化强国建设的思想渊源和历史发展。

四是加强对百年来海外李大钊研究与海外中国共产党研究之关系的研究。

李大钊生活的时代，是中国与世界有着千丝万缕联系的时代；李大钊的思想，也与国际共产主义运动、科学社会主义发展乃至世界人类文明进步中的优秀思想有着千丝万缕的联系。近百年来，国内李大钊研究取得了丰硕的成果，但学界对海外李大钊研究的研究尚存在不少空白点。据笔者调研，目前在日本、韩国、俄罗斯（苏联），均有不少亟待发掘的关于李大钊的档案史料、研究资料。部分史料深埋已久，相关研究有待整理、编译和再研究。在中国特色社会主义新时代，中国的发展和变革不仅深深地联系着世界，而且大大地改变和塑造着世界。从中国思想与世界思想互动的角度出发，加强新时代李大钊研究需要我们切实加强对百年来海外李大钊研究与海外中国共产党研究之关系的研究，从异域视角借鉴思想养料，纠正自身和他者研究中的偏差，这不但是政治的使命，也是学术的使命。

当然，李大钊研究是一个长期的命题，也是一个持久的使命。不同时代的学者，自然需要承担他的时代的使命，需要解决属于他那个时代的命题。新时代的李大钊研究者，理应承担起加强新时代李大钊研究的任务，扎实推进研究，不断推出新成果，作出新贡献。

（原文发表于《中国高校社会科学》2022 年第 2 期）